渡辺宝陽・小松邦彰 編

日蓮聖人全集

第一巻 宗義1

小松邦彰 訳

春秋社

目次

凡例

一　本全集には原則として、日蓮聖人遺文の真筆が現存するもの（完存・断片）、かつてあったことが書誌学的に確認できるもの（曾存）、古写本が現存するものを収録した。

二　底本は、立正大学日蓮教学研究所編『昭和定本日蓮聖人遺文』（改訂増補版、身延山久遠寺発行）を用いた。ただし、原文の一部を真筆にしたがって改めたところがある。なお底本の遺文番号は、目次・全巻一覧などで、〔　〕内の数字で示した。

三　巻立ては、内容・テーマに応じ七巻に分けた。また遺文の排列は、原則として年代順とした。

四　全二段組とし、上段に原文、下段に現代語訳を配した。

五　読解に資するため、適宜段落を設けた。また、句読点や並列点（・）を加え、引用文に「　」を付した。

六　現代語訳には適宜、小見出しをつけた。

七　字体は、原文・現代語訳とも新字体を使用した。

八　原文が漢文体のものは訓読文にした。底本の二行割書きは、一行にして〈　〉で囲んだ。

九　和文中の漢文部分は訓読文にして〔　〕で囲んだ。

一〇　訓読にあたっては、一部、ひらがな表記に改めたほか、底本の返り点・送りがな・ふりがなを変更したところがある。

一一　仮名遣いは底本どおりとした。ただし訓読文は読者の便宜を考えて新仮名遣いとした。

一二　かなの清濁は校注者の見解で付した。

一三　和文中の送りがなは本文に補って示した。

　例　慈悲ノすぐれたる事ハ→慈悲のすぐれたる事は

一四　原文で、当て字や同音で同義に用いられている文字は、底本のままとした。

一五　読みにくい語句には適宜ふりがなを付した。仮名遣いは現代仮名遣いによった。

一六　消息などの追記部分は本文の後ろにまとめて記した。

一七　巻末に語註・解題・索引などを付した。

一八　原文の引用文の○印は底本の中略の記号である。

一九　原文中の＊印は巻末の語註に収録されている語句を示す。語註は日蓮聖人の宗教思想等とくに特色のあるものを中心にした。

二〇　現代の社会では適切でないとみなされるような用語・表現はできるだけ避けたが、本書の性格上、原文については原型のまま掲載した。

二一　本巻所収の立正安国論は、文応本と広本とを対校し、異同については文応本に傍線を付し、広本の本文を《　》で囲んで示した。また広本のみに引用される経釈の文は、原文を一字下げて示した。

日蓮聖人全集　第一巻　宗義1

守護《しゅご》国家《こっか》論《ろん》

それおもんみれば、偶《たまたま》十方微塵《じっぽうみじん》*三悪《さんあく》の身を脱《のが》れて、希《まれ》に*閻浮《えんぶ》日本*爪上《そうじょう》の生《しょう》を受く。また閻浮日域《にちいき》爪上の生を捨て、十方微塵三悪の身を受けんこと疑いなきものなり。しかるに生を捨て悪趣《あくしゅ》に堕《だ》する縁、一にあらず。或《あるい》は妻子眷属《けんぞく》の哀憐《あいれん》に依り、或は殺生悪逆《せっしょうあくぎゃく》の重業《じゅうごう》に依り、或は国主と成《な》りて民衆の歎きを知らざるに依り、或は法の邪正《じゃしょう》を知らざるに依り、或は悪師を信ずるに依る。この中にお

守護国家論

正元元年(一二五九)、三八歳、於鎌倉、原漢文、定八九―一三六頁。

本論著述の理由

よく考えてみると、このたび思いがけずに十方世界の塵ほどに受けることの多い三悪道に堕ちる身を免れて、爪の上の土ほどに受けることの少ないこの娑婆世界の日本国に生まれることができた。しかしまた、後の世においては再び十方世界の塵の数ほど多い三悪道に堕ちることは疑いないのである。ところで死後に地獄などの悪道に堕ちる原因はいろいろである。あるいは妻子や親族を可愛がるあまりに犯した悪行により、あるいは殺生や五逆・十悪などの重い罪により、あるいは国主となりながら民衆の歎きを顧みなかった罪により、あるいは仏法の正邪を知らずに邪法を信じた罪により、あるいは悪師に勧められて悪法を信じた罪に

いても、世間の善悪は眼前《がんぜん》にあれば、愚人《ぐにん》もこれを弁《わきま》うべし。仏法の邪正・師の善悪においては、証果《しょうか》の聖人《しょうにん》すらなおこれを知らず。いわんや末代《まつだい》の*凡夫《ぼんぶ》においてをや。しかのみならず*仏日西山《ぶつにちせいざん》に隠れ、余光東域《よこうとういき》を照してよりこのかた、*四依《しえ》の慧燈《えとう》は日《ひび》に減《げん》じ、*三蔵《さんぞう》の法流《ほうりゅう》は月《つき》に濁《にご》る。*実経《じっきょう》に迷える*論師《ろんじ》は真理の月に雲を副《そ》え、*権経《ごんきょう》に執《しゅう》する訳者《やくしゃ》は実経の珠《たま》を砕《くだ》きて権経の石と成す。いかにいわんや震《しん》旦《たん》の*人師《にんし》の宗義その悞りなけんや。いかにいわんや日本辺土《へんど》の末学、誤りは多く実は少《すくな》きものか。随つてその教を学する人数は竜鱗《りゅうりん》より多けれども、得道《とくどう》の者は麟角《りんかく》よりも希《まれ》なり。或《あるい》は権教《ごんきょう》に依るが故に、或は時機不相応《じきふそうおう》の教《きょう》に依るが故に、或は凡聖《ぼんしょう》の教を弁《わきま》えざるが故に、或は権実《ごんじつ》二教を弁えざるが故に、或は権教を実教と謂《おも》うに依るが故に、或は位《くらい》の高下《こうげ》を知らざるが故なり。凡夫の習い、仏法について生死《しょうじ》の業《ごう》を増すこと、その縁《えん》一にあらず。

よるなどである。この中でも世間の道徳的善悪は日常的なことであるから、判断力の乏しい愚かな人にもわかりやすいが、仏法の正邪、師の善悪の判断については、悟りを得た聖人でも迷うこともある。まして末代のわれわれ凡夫などにはとうていわかるはずがない。その上、仏陀釈尊が西方のインドに入滅され、その教えが東方の諸国に広まってより以来、四依の論師がインドで掲げた智恵の光は日々に輝きを減じ、中国に経典を伝えた三蔵法師の仏法の流れは月々に濁ってきた。真実の経を誤り解する論師は真理の月を迷いの雲で覆い、方便の経に執着する訳者は宝珠のような真実経を漢訳する時に誤って方便経の石に変えてしまった。まして誤った経論によって仏教を解釈した中国の人師が立てた宗旨に誤りがないはずはないのである。まして日本のような辺鄙《へんび》な島国の末学は、誤りが多く真実が少ないに決まっている。したがって、その教えを学ぶ者は竜の鱗《うろこ》の数より多いが、悟りを得る者は麒麟《きりん》の角《つの》を得るよりも少ない。それは方便教を信じて修行しているか、または末法の時機に合わない教えを信じているからか、または凡師の教えか聖人の教えかを弁えないからか、または方便・真実の二教を弁えないからか、または方便教に執着して真実教と思うからか、または修行の上の自分の位の高下を弁えないからである。生死を出離すべき仏法を学びながら、かえって六道輪廻の原因となる罪業を増すのは凡夫の習いであるが、その因縁は一つで中昔《ちゅうせき》、邪智《じゃち》の上人《しょうにん》ありて、末代《まつだい》の愚人《ぐにん》のために一切《いっさい》の宗義《しゅうぎ》を破して、*選択 集《せんちゃくしゅう》一巻を造る。名を鸞《らん》・綽《しゃく》・導《どう》の三師に仮《か》りて、一代を二門に分《わか》ち、実経を録して権経に入れ、*法華・真言の直道《じきどう》を閉《と》じて、*浄土三部《じょうどさんぶ》の隘路《あいろ》を開く。また浄土三部の義《ぎ》にも順ぜずして、権《ごん》実《じっ》の*謗法《ほうぼう》を成《な》し、永く*四聖《ししょう》の種《しゅ》を断じて、阿《あ》鼻《び》の底に沈むべき僻見《びゃっけん》なり。しかるに世人《せじん》のこれに順《したが》うこと、譬えば大風《たいふう》の小樹《しょうじゅ》の枝を吹くがごとく、門弟《もんてい》のこの人を重んずること、天衆《てんしゅ》の*帝釈《たいしゃく》を敬うに似たり。この悪義を破らんがために、また多くの書あり。いわゆる*浄《じょう》土《ど》決義鈔《けつぎしょう》・*弾選択《だんせんちゃく》・*摧邪輪等《ざいじゃりんとう》なり。この書を造る人、皆碩徳《せきとく》の名一天に弥《はびこ》るといえども、恐らくはいまだ選択集謗法の根源を顕わさず。故に還つて悪法の流布《るふ》を増す。譬えば、盛なる旱魃《かんばつ》の時に小雨《しょうう》を降らせば草木 弥《いよいよ》枯れ、兵者《つわもの》を打つ刻《きざみ》に弱き兵を先にすれば強敵《ごうてき》倍《ますます》

はないのである。

その中でも五十年ほど昔、邪《よこしま》な智恵にたけた上人があって、末代の愚人のためにといって、一切の他宗の宗義を破って選択本願念仏集《せんちゃくほんがんねんぶつしゅう》という一巻の書物を作った。この書は中国浄土教の先師である曇鸞《どんらん》・道綽《どうしゃく》・善導《ぜんどう》の名前を借りて、釈尊一代の聖教を聖道・浄土の二門に分け、真実経を方便経の中に入れ、法華や真言の正しい成仏への道を閉ざして、浄土三部経の狭く険《けわ》しい道を開き、しかも浄土三部経の本意にも背《そむ》いて、方便経をも真実経をも共に謗《そし》ることとなった。これは四聖の悟りを開く種を永久に断ち切って、無間《むけん》地獄に堕ちる誤った意見である。ところが世間の人びとは、大風が小樹の枝を吹きなびかすようにこの教えに随《したが》い、門弟たちは天人が帝釈天を敬うようにこの人を尊重している。しかし、この悪義を破斥するために多くの書物が作られた。三井園城寺《みいおんじょうじ》の公胤《こういん》の浄土決疑鈔・定照《じょうしょう》の弾選択・明恵上人高弁《みょうえしょうにんこうべん》の摧邪輪などである。これらの書物の著者はみな高徳の僧として名声が天下に聞こえていたが、まだ必ずしも選択集の謗法の根源を追究して明らかにしたとはいえない。それがためにかえって選択集の流布を助けることとなった。たとえてみれば、旱魃のさかんな時に降る少しの雨は、かえって草木の枯れるのを早め、戦争の時に弱い兵士を先頭に出せば、強敵はいよいよ力を増すようなものである。私はこのことを歎かわしく思って、選択集がなぜ謗法で

力を得《う》るがごとし。予この事を歎く間、一巻の書を造りて選択集《せんちゃくしゅう》の謗法《ほうぼう》の縁起《えんぎ》を顕わし、名づけて守護国家論と号す。願わくは一切の道俗《どうぞく》、一時《いちじ》の世事《せじ》を止《とど》めて永劫《ようごう》の善苗《ぜんみょう》を種《う》えよ。今経論《いまきょうろん》をもって邪正《じゃしょう》を直《ただ》す。信謗《しんぼう》は仏説に任せ、あえて自義を存することなし。

分ちて七門となす。一には如来の経教《きょうぎょう》に権《ごん》実《じつ》二教を定むることを明《あ》かし、二には*正像末《しょうぞうまつ》の興廃《こうはい》を明かし、三には選択集《せんちゃくしゅう》の謗法《ほうぼう》の縁《えん》起《ぎ》を明かし、四には謗法の者を対治《たいじ》すべき証文を出《いだ》すことを明かし、五には*善知識《ぜんちしき》並《ならび》に真実の法には値《あ》い難《がた》きことを明かし、六には法華・涅槃《ねはん》に依る行者《ぎょうじゃ》の用心《ようじん》を明かし、七には問《とい》に随つて答《こたえ》を明かす。

大文《だいもん》の第一に、如来の経教において権実二教を定むることを明かさば、これにおいて四

あるかの理由を明らかにするため一巻の書物を作り、守護国家論と名づけたのである。どうか願わくは、この書によって一切の出家・在家の人びとは、仮りの世の一時の営みをやめて、未来永劫のためになる善根《ぜんごん》の苗を植えるがよい。今は私見を述べることなく、もっぱら経典や論書によって仏法の正邪を明らかにする。信じようと謗《そし》ろうとすべては仏説に任せて、決して私見を加えることはしない。

本書を部門に分けて七章とする。一には如来の経教には方便教と真実教との区別があることを明かし、二には仏の滅後における仏法の流伝に、正法・像法・末法の三時に興《おこ》り廃《すた》りの次第順序があることを明かし、三には選択集の謗法の理由を明かし、四には謗法の者を根絶しなければならない経文の明証を出し、五には善き師と真実の仏法とには値いがたいことを明かし、六には法華経・涅槃経を信仰する行者の心得を明かし、七には問答を設けてさらに説明を加えよう。

一　如来の経教に方便教と真実教との区別があることについて

第一に如来の経教には方便教と真実教との区別があることを明らかにするについて、さらに四節に分ける。一には仏の一代聖教の中の代表的

あり。一には大部《だいぶ》の経の次第を出《いだ》して流類《るるい》を摂《せつ》することを明かし、二には諸経の浅深《せんじん》を明かし、三には大小乗《だいしょうじょう》を定むることを明かし、四にはしばらく権《ごん》を捨て実《じつ》に就《つ》くべきことを明かす。

第一に、大部《だいぶ》の経の次第を出《いだ》して流類《るるい》を摂《せつ》することを明かさば、問うて云く、仏、最初に何《いか》なる経を説きたもうや。答えて云く。*華厳経なり。問うて云く、その証如何《いかん》。答えて云く、六十華厳経の離世間浄眼品《りせけんじょうげんぽん》に云く、「かくのごとく我れ聞く、一時《いちじ》、仏《ほとけ》、*摩竭提国《まかだこく》*寂滅道場《じゃくめつどうじょう》にあつて始めて正覚《しょうがく》を成《じょう》ず」と。法華経の*序品《じょほん》に*放光瑞《ほうこうずい》の時、*弥勒菩薩《みろくぼさつ》十方世界《じっぽうせかい》の諸仏《しょぶつ》の*五時の次第を見る時、*文殊師利《もんじゅしり》菩薩に問うて云く、「また諸仏聖主《しょぶつしょうしゅ》師子、経典の微妙《みみょう》第一なるを演説《えんぜつ》したもう。その声清浄《しょうじょう》に柔軟《にゅうなん》の音《みこえ》を出《いだ》して、諸《もろもろ》の菩薩を教えたも

経典の説法の次第順序を定めて、その中に一切の枝葉の経典を包含することを明かし、二には諸経の教理の浅深を明かし、三には大乗と小乗とを判定し、四には方便教を捨てて真実教を信仰すべきことを明かす。

仏の一代聖教の中の代表的経典の説時について

第一に仏の一代聖教の中の代表的経典の説法の次第順序を定めて、その中にその他のすべての枝葉のような経典を包含することを説明しよう。問うていう、仏が最初に説かれた経典は何か。答えていう、華厳経である。問うていう、その証拠は何か。答えていう、旧訳《くやく》の六十巻本の華厳経の世間浄眼品に、「私はこのように仏が説かれるのを聞いた。ある時、仏は摩竭提国の寂滅道場で始めて覚《さと》りを開かれた」とあるから、この経の説処は仏陀釈尊が成道された菩提樹下であることがわかる。また法華経の序品に、仏が眉間《みけん》の白毫《びゃくごう》から光を放たれて、もろもろの世界を照らす瑞相を示された時、弥勒菩薩が十方の世界の諸仏が説かれる五時の説法の次第を見て、文殊師利菩薩に問うた言葉の中に「諸仏の聖主・師子王が、微妙第一の経典を演説され、清らかで柔らかな音声《みこえ》をもって無数の菩薩たちを教えられるのを見た」とあるのは、最初の説法が菩薩のた

うこと、無数億万《むしゅおくまん》なるを観《み》る」と。また*方便《ほうべん》品《ほん》に仏自《みずか》ら初成道《しょじょうどう》の時を説いて云く、「我《われ》始め道場に坐し、樹《き》を観《かん》じまた経行《きょうぎょう》して、乃至《ないし》、その時に諸《もろもろ》の*梵王《ぼんのう》及び諸の天・帝釈《たいしゃく》・*護世《ごせ》四《し》天王《てんのう》及び*大自在天《だいじざいてん》並《ならび》に余《よ》の諸の天衆《てんしゅ》・眷属《けんぞく》百千万、恭敬《くぎょう》し合掌《がっしょう》し礼《らい》して、我《われ》に*転法輪《てんぼうりん》を請《しょう》ず」と。これらの説は法華経に華厳経の時を指す文《もん》なり。故《ゆえ》に華厳経の第一に云く、「*毘《び》沙門天王《しゃもんてんのう》〈略〉月天子《がってんじ》〈略〉日天子《にってんじ》〈略〉釈提《しゃくだい》桓因《かんいん》〈略〉大梵《だいぼん》〈略〉摩醯首羅《まけいしゅら》〈略〉」等と〈已上〉。*涅槃《ねはん》経に華厳経の時を説いて云く、「既《すで》に成道《じょうどう》し已《おわ》つて梵天勧請《ぼんでんかんじょう》すらく、ただ願わくは如来まさに衆生《しゅじょう》のために広く甘露《かんろ》の門を開きたもうべし。乃至《ないし》、梵王また言《もう》さく、世尊《せそん》、一切衆生《いっさいしゅじょう》に凡《およ》そ三種あり。いわゆる利根《りこん》・中《ちゅう》根《こん》・鈍根《どんこん》なり。利根は能《よ》く受く。ただ願わくはために説きたまえ。仏言《のたまわ》く、梵王諦《ぼんのうあきら》かに聴《き》け諦かに聴け、我《われ》今まさに一切衆生のために甘露の門を開くべし」と。また三十三に華

めに説かれた華厳経であることを示している。また方便品に釈尊が自ら初めて成道された時のことを説いて「我《われ》は始めて覚りの道場に入って、菩提樹《ぼだいじゅ》を観じて行道した。（中略）その時、もろもろの梵天王や帝釈天・世界を護る四天王・大自在天、その他のもろもろの天人やその従者たち百千万の多数が、敬《うやま》い合掌し礼拝《らいはい》して、我《われ》に説法を請《こ》うた」とある。これも法華経に華厳経の説かれた時をさし示した経文である。それゆえに華厳経の第一にも「毘沙門天王〈略〉月天子〈略〉日天子〈略〉帝釈天〈略〉大梵天王〈略〉摩醯首羅天〈略〉」などと華厳経の会座《えざ》に集まった聴衆の名をあげている。また涅槃経巻二十七の師子吼品《ししくほん》に華厳経の時を説いて「仏陀が成道し終わった時、大梵天王が説法をお願いして、願わくは如来よ、広く衆生のために甘露の美味である仏法を説きたまえ」といい、また「世尊よ、一切衆生にはおよそ利根と中根と鈍根の三種の人があるが、そのうち、利根の人はよく仏の教えを理解することができる。願わくはこの人びとのためにどうか法をお説きいただきたい」と言ったので、仏は「梵王よ、よく聴け。われは今こそ一切衆生のために甘露の美味である仏法を説くであろう」と答えられた。また涅槃経の巻三十三の迦葉品《かしょうほん》に華厳経の時を説いて「すべての大乗経の中の意味と道理とを微妙細密《みみょうさいみつ》に、昔、もろもろの菩薩のために説いた」とある。これらの経文はみな、諸仏が世に出られて一切経を説かれた最初には必ず華厳経を

厳経の時を説いて云く、「*十二部経の修多羅《しゅたら》の中の微細《みさい》の義を、我先《われさき》に已《すで》に諸の菩薩のために説くが如し」と。かくのごときらの文《もん》、皆諸仏世《しょぶつよ》に出《いで》たまいて、一切経の初めには必ず華厳経を説きたまいし証文《しょうもん》なり。問うて云く、無量義経《むりょうぎきょう》に云く、「初めに*四諦《したい》を説き、乃至、次に方等《ほうどう》十二部経・摩訶般若《まかはんにゃ》・*華厳海《けごんかい》空《くう》を説く」と。この文のごとくんば、般若経の後《のち》に華厳経を説けり。相違如何《そういいかん》。答えて云く、浅深《せんじん》の次第なるか、或は後分《ごぶん》の華厳経なるか。法華経の方便品に一代の次第浅深を列《つら》ねて云く、「余乗《よじょう》〈華厳経なり〉のもしは二〈般若経なり〉、もしは三〈方等経なり〉あることなし」と。この意《こころ》なり。

問うて云く、華厳経の次に何《いず》れの経を説きたもうや。答えて云く、*阿含経《あごんきょう》を説きたもうなり。問うて云く、何をもってこれを知るや。答えて云く、法華経の序品《じょほん》に華厳経の次の経を説いて云く、「もし人、苦《く》に遭《あ》うて老病死《ろうびょうし》

説かれたという証文である。問うていう、無量義経の説法品には「初めに四諦を説き、次に方等十二部経・摩訶般若・華厳海空の法門を説いた」とあるが、この経文によれば華厳経は般若経の次に説かれたことになり、仏成道の後、最初の説法とする諸経の文とおおいに相違すると思うが、どうか。答えていう、この文は説法の順序を述べたものではなく、浅い教えを先に深い教えを後に列ねた教理の浅深の次第を述べたものか、または後分の華厳といって、後に説かれた特別の華厳のことであろう。法華経の方便品にも仏一代の説法の浅深の次第順序を立てて「余乗〈別教を兼ねた華厳経をさす〉の、第二〈通・別の二教を帯びた般若経をさす〉、第三〈蔵・通・別の三教を兼ね説く方等経をさす〉も存在しない」とあるのはこれと同じ意味である。

問うていう、華厳経の次にはどの経を説かれたのか。答えていう、阿含経である。問うていう、どうしてそれがわかるのか、その証拠は何か。答えていう、法華経の序品に華厳経の次の経のことを説いて「苦しみに遭って老・病・死を嫌う者には、仏は寂滅の涅槃を説く」と凡夫の心の迷いを取り除く道を示され、方便品には「波羅奈国の鹿野苑《ろくやおん》に行って

を厭《いと》うには、ために*涅槃《ねはん》を説く」と。方便《ほうべん》品に云く、「即ち*波羅奈《はらない》に趣《おもむ》き、乃至《ないし》、*五比丘《ごびく》のために説く」と。涅槃経に華厳経の次の経を定めて云く、「即ち波羅奈国《はらないこく》において、正《しょう》法輪《ぼうりん》を転じて、中道《ちゅうどう》を宣説《せんぜつ》す」と。これらの経文は、華厳経より後に阿含経を説くなり。

問うて云く、阿含経の後に何《いず》れの経を説きたもうや。答えて曰く、*方等経《ほうどうきょう》なり。問うて云く、何をもつてこれを知るや。答えて云く、無量義経に云く、「初めに四諦《したい》を説き、乃至、次に方等十二部経を説く」と。涅槃経に云く、「修多羅《しゅたら》より方等《ほうどう》を出《いだ》す」と。問うて云く、方等とは天竺《てんじく》の語《ことば》、これには大乗と云うなり。華厳《けごん》・般若《はんにゃ》・法華《ほっけ》・涅槃《ねはん》等、皆大乗方等《だいじょうほうどう》なり。何ぞ独り方等部に限りて方等の名を立つるや。答えて曰《いわ》く、実には華厳・般若・法華等、皆方等なり。しかりといえども、今方等部において、別して方等の名を立つることは私《わたくし》の義にあらず。無量義経・涅槃経の文顕然《もんけんねん》なり。

（中略）五人の比丘に説法した」とある。また涅槃経の師子吼品にも華厳経の次の経のことを「波羅奈国鹿野苑において、中道、すなわち苦行や快楽への執着をはなれた人として行なうべき正しい道について説法した」と説いている。これらの経文によって、大菩薩に対して説かれた華厳経の次に声聞の弟子に対して阿含経を説いたことは明らかである。

問うていう、阿含経の次にはどの経を説かれたのか。答えていう、方等経である。問うていう、どうしてそれがわかるのか、その証拠は何か。答えていう、無量義経の説法品に「初めに四諦（阿含）を説き、次に方等十二部経（大乗）を説く」といい、涅槃経の聖行品に「修多羅（経）より方等を出す」というからである。問うていう、方等とはインドの語で、漢訳して大乗ということであって、華厳も般若も法華も涅槃もみな大乗方等経である。なぜ方等部の経だけを方等と名づけるのであるか。答えていう、実際には質問の通り、華厳も般若も法華などもみな方等経であるが、しかし今、方等部だけをとくに方等経と名づけたのは、日蓮の勝手な意見ではなく、無量義経や涅槃経の文に明らかな例がある。阿含経の証果《さとり》はすべて小乗教で、次に仏は大乗教を説かれたのである。方等部から後はみな大乗教であるが、方等部が大乗教の一番最初に説かれたから、これを後の方等大乗教と区別して、とくに方等と名づけたのである。た阿含《あごん》の証果《しょうか》は一向《いっこう》小乗なり。次に大乗を説く。方等より已後《いご》、皆大乗と云うといえども、大乗の始めなるが故に、初めに従いて方等部を方等と云うなり。例せば*十八界の十半は色《しき》なりといえども、初めに従いて色境《しききょう》の名を立つるがごとし。

問うて曰く、方等部の諸経の後《のち》には、何《いず》れの経を説きたもうや。答えて云く、*般若経なり。問うて曰く、何をもってこれを知るや。答えて曰く、涅槃経に云く、「方等より般若を出《いだ》す」と。

問うて曰く、般若経の後には何《いず》れの経を説きたもうや。答えて曰く、*無量義経なり。問うて曰く、何をもってこれを知るや。答えて曰く、*仁王経《にんのうきょう》に云く、「二十九年中」と。無量義経に云く、「*四十余年」と。問うて曰く、無量義経には般若経の後に華厳経を列《つら》ね、涅槃経には般若経の後に涅槃経を列ぬ。今の所《しょ》立《りゅう》の次第は、般若経の後に無量義経を列ぬ、

とえていえば、倶舎論《くしゃろん》などに色心《しきしん》の二法を開いて十八界を立てる時に、十八界の中の十と半分はみな色法で、その他は心法であるけれども、その十八界の最初が色法であるから、これを色境と名づけたのと同じである。

問うていう、方等部の諸経の次には、どの経を説かれたのか。答えていう、般若経である。問うていう、どうしてそれがわかるのか、その証拠は何か。答えていう、涅槃経の聖行品に「方等の次に般若」とあるからである。

問うていう、般若経の次にはどの経を説かれたのか。答えていう、無量義経である。問うていう、どうしてそれがわかるのか、その証拠は何か。答えていう、般若部の結経である仁王般若経に「般若を説き始めて第二十九年中に結経である仁王般若を説く」とある。よって般若経は、三七日《さんしち》の華厳経と十二年の阿含経と説時の不確かな方等部との後、三十年の間に説かれた経であると知れる。そして、無量義経にはこれらをすべて「四十余年の間は真実を顕わさなかった」と説いているからである。

問うていう、先にあげた無量義経の文には般若経の次に華厳経を列ね、

相違如何《いかん》。答えて曰く、涅槃経第十四の文《もん》を見るに、涅槃経已前の諸経を列ねて、涅槃経に対して勝劣を論じて、法華経を挙げず。第九の巻において、法華経は涅槃経より已前なりとこれを定めたもう。法華経の序品《じょほん》を見るに、無量義経は法華経の*序分《じょぶん》なり。無量義経には、般若の次に華厳経を列《つら》ぬれども、華厳経を初時に遣《おく》れば、般若経の後《のち》は無量義経なり。

問うて曰く、無量義経の後に何《いず》れの経を説きたもうや。答えて曰く、*法華経を説きたもうなり。問うて曰く、何をもつてこれを知るや。答えて曰く、法華経の序品に云く、「諸《もろもろ》の菩薩のために大乗経の無量義《むりょうぎ》、教菩薩法《きょうぼさつぼう》、仏所護念《ぶっしょごねん》と名づくるを説きたもう。仏この経を説き已《おわ》つて、結跏趺坐《けっかふざ》し、無量義処三昧《むりょうぎしょさんまい》に

また涅槃経の文には般若経の次に涅槃経を列ねていた。ところが今は般若経の次は無量義経であるというが、この相違はどう考えればよいのか。答えていう、涅槃経巻十四の聖行品の文を見るに、涅槃経以前に説かれた諸経を列ねて、それらと涅槃経とを比べて教理の勝劣を論ずるのに、涅槃経以前の経を般若経までとして法華経は除外してその名をあげていないのである。しかし第九巻には「法華の中の八千の声聞」とあって、法華経は涅槃経より以前の経であると定めている。また法華経の序品を見ると、文殊が弥勒《みろく》の問いに答えて、過去の日月灯明《にちがつとうみょう》仏は無量義経の次に法華経を説かれたから、今もまたそうであろうとあるから、無量義経は法華経の序分である。先にあげた無量義経の文では、般若経の次に華厳経を列ねていたが、前に論じた通り華厳経は最初の説法であるから、般若経の次は無量義経となるのである。

問うていう、無量義経の次にはどの経を説かれたのか。答えていう、法華経である。問うていう、どうしてそれがわかるのか、その証拠は何か。答えていう、法華経の序品に「仏がもろもろの菩薩のために大乗経の無量義・菩薩を教える法・仏に護念せらるるものと名づける経を説き終わって、結跏趺坐して法華経を説くために無量義処三昧に入られた」とあるからである。

入りたもう」と。

問うて曰く、法華経の後に何《いず》れの経を説きたもうや。答えて曰く、*普賢経《ふげんきょう》を説きたもうなり。問うて曰く、何をもってこれを知るや。答えて曰く、普賢経に云く、「却《さ》って後《のち》三月、我《われ》まさに般涅槃《はつねはん》すべし。乃至《ないし》、如来、昔《むかし》耆闍《ぎしゃ》崛山《くっせん》及び余の住処《じゅうしょ》において、已《すで》に広く一実《いちじつ》の道《どう》を分別《ふんべつ》す、今もこの処《ところ》においてす」と。

問うて曰く、普賢経の後に何《いず》れの経を説きたもうや。答えて曰く、*涅槃経《ねはんぎょう》を説きたもうなり。問うて曰く、何をもってこれを知るや。答えて曰く、普賢経に云く、「却《さ》って後三月、我《われ》まさに般涅槃《はつねはん》すべし」と。涅槃経三十に云く、「如来、何が故ぞ二月に涅槃したもうや」と。また云く、「如来は初生《しょしょう》・出家《しゅっけ》・成道《じょうどう》・転妙法輪《てんみょうほうりん》、皆八日《か》をもってす。何ぞ仏の涅槃のみ独り十五日なるや」と。

大部《だいぶ》の経大概《おおむね》かくのごとし。これより已外《いげ》、諸の大小乗経は次第不定《ふじょう》なり。或は阿含経よ

問うていう、法華経の次にはどの経を説かれたのか。答えていう、観普賢菩薩行法経である。問うていう、どうしてそれがわかるのか、その証拠は何か。答えていう、普賢経に説時を説いて「この後三か月して我は涅槃に入るであろう。（中略）また如来は霊鷲山《りょうじゅせん》やその他の処で、広く一乗真実の道を説いてきたが、今もまたここ大林精舎《だいりんしょうじゃ》で説く」というからである。

問うていう、普賢経の次にはどの経を説かれたのか。答えていう、涅槃経である。問うていう、どうしてそれがわかるのか、その証拠は何か。答えていう、普賢経に「この後三か月して我は涅槃に入るであろう」とあり、涅槃経の巻三十の師子吼品《ししく》にも「如来はどうして二月に涅槃されるのか」とあり、また「如来は誕生も出家も成道も最初の説法もみな八日であるのに、なぜ涅槃だけが十五日であるのか」とあるからである。

一切経の中の代表的な経典の説かれた順序次第は、大体において以上のようである。これ以外のもろもろの大小乗の経々は、説時の次第も一

り已後に華厳経を説き、法華経より已後に方等・般若を説く。皆義類《ぎるい》をもってこれを収《おさ》めて一処《いっしょ》に置くべし。

第二に、諸経の浅深を明かさば、無量義経に云《いわ》く、「初めに四諦《したい》〈阿含《あごん》〉を説き、次に方《ほう》等《どう》十二部経・摩訶般若《まかはんにゃ》・華厳海空《けごんかいくう》を説き、菩薩の*歴劫修行《りゃっこうしゅぎょう》を宣説《せんぜつ》す」と。また云く、「四十余年にはいまだ真実を顕《あら》わさず」と。また云く、「無量義経は尊《そん》にして過上《かじょう》なし」と。これらの文《もん》のごとくんば、四十余年の諸経は無量義経に劣ること疑いなきものなり。

問うて曰く、密厳経《みつごんきょう》に云く、「一切の経の中に勝《すぐ》れたり」と。大雲経《だいうんきょう》に云く、「諸経の*転《てん》輪聖王《りんじょうおう》なり」と。*金光明経《こんこうみょうきょう》に云く、「諸経の中の王なり」と。これらの文《もん》を見るに、諸《もろもろ》

定していない。あるいは阿含経より後に華厳経を説いたり、法華経より後に方等経や般若経を説かれたりもしている。これらの説時の不確かな経々は、華厳経に属するものは大部の華厳経の所に、阿含経に属するものは大部の阿含経の所にというように、教義の種類を同じくする経々の所に収めて一処に置くのである。

諸経の教理の浅深について

第二に諸経の教理の浅深について説明しよう。無量義経の説法品に「初めに阿含経の四諦を説き、次に大乗の方等経・大般若経・華厳経を説いて、菩薩の歴劫修行といって成仏に長い時間のかかる法門を説いた」とあり、また「この経を説く以前の四十余年間には、まだ真実を顕わさなかった」ともあり、また「無量義経はこの上もなく尊い教えである」ともいう。これらの経文によれば、無量義経以前に説かれた四十余年間の諸経は無量義経より劣った経であることは明らかである。

問うていう、密厳経には「一切の経の中で勝れた教えである」といい、大雲経には「この経は諸経の中の転輪聖王である」といい、金光明経には「諸経の中の王である」とある。これら諸経の文を見れば、自経が第一の経であるということは諸大乗経にみな説くところである。どうして

の大乗経の常《つね》の習いなり。何ぞ一文《いちもん》を瞻《み》て、無量義経は四十余年の諸経に勝《すぐ》るというや。答えて云く、教主釈尊《きょうしゅしゃくそん》、もし諸経において互《たがい》に勝劣を説かば、大小乗《だいしょうじょう》の差別《さべつ》・権実《ごんじつ》の不同《ふどう》あるべからず。もし実に差別なきに、互に差別・浅深等を説かば、諍論《じょうろん》の根源・悪業《あくごう》起罪《きざい》の因縁《いんねん》なり。*爾前《にぜん》の諸経の第一とは、縁《えん》に随いて不定《ふじょう》なり。或《あるい》は小乗の諸経に対して第一なりとす。或は報身《ほうじん》の寿《じゅ》を説いて諸経の第一なりとす。或は*俗諦《ぞくたい》・真諦《しんたい》・中諦《ちゅうたい》等を説いて第一なりとす。一切の第一にあらず。今の無量義経のごときは、四十余年の諸経に対して第一なり。

問うて云《いわ》く、法華経と無量義経と何《いず》れか勝《すぐ》れたるや。答えて云く、法華経勝れたり。問うて云く、何をもってこれを知るや。答えて云く、無量義経にはいまだ*二乗作《にじょうさ》仏《ぶつ》と*久遠実《くおんじつ》成《じょう》とを明かさず。故に法華経に嫌われて、*今《こん》

無量義経の一文だけを見て、無量義経は四十余年の諸経に勝れているということができようか。答えていう、もし教主釈尊がそれぞれの経の中で、この経こそ第一であると勝劣を説いているとすれば、大乗と小乗の区別も方便と真実の相異も立てることはできなくなる。もし実際には区別がないのに、諸宗の人びとが勝手に区別や浅深を説いているとするならば、それは争いの根源であり、謗法という悪業・罪業の原因でもある。よく考えてみると、法華経以前の四十余年に説かれた諸経でいうところの第一とは、何に対して第一なのか比べる対象が別々である。ある経は小乗の諸経に比べて第一といい、ある経は未来永遠の存在である報身仏を説いて八十歳入滅の応身《おうじん》仏を説く諸経に比べて第一といい、ある経は俗諦・真諦・中道諦の三諦を説くことにおいて第一というにすぎないのである。一切経の中の第一といっているのではない。ところが今の無量義経は、それ以前の四十余年の代表的な経典の名をあげて、それらすべての諸経に比べて第一であるというのである。

問うていう、法華経と無量義経とはどちらが勝れているか。答えていう、法華経の方が勝れている。問うていう、どうして法華経の方が勝れているとわかるのか。答えていう、無量義経にはまだ二乗が仏に成るということと、仏の久遠実成という法門とが説かれていないからである。ゆえに法華経法師《ほっし》品において、法華経が已説《いせつ》・今説《こんせつ》・当説《とうせつ》の三説に超え

説《せつ》の中《うち》に入るなり。

問うて云く、法華経と涅槃経《ねはんぎょう》と何《いず》れか勝《すぐ》れたるや。答えて云く、法華経勝るるなり。問うて曰《いわ》く、何をもってこれを知るや。答えて曰く、涅槃経に自《みずか》ら「如法華中《にょほっけちゅう》」等と説いて、「更無所作《きょうむしょさ》」と云う。法華経に*当説《とうせつ》を指して「難信難解《なんしんなんげ》」と云わざるが故なり。問うて云く、涅槃経の文《もん》を見るに、涅槃経已前をば皆邪見《じゃけん》なりと云う、如何《いかん》。答えて云く、法華経は如来出世《にょらいしゅっせ》の本懐《ほんがい》なる故に、「今は已《すで》に満足しぬ」、「今正《まさ》しくこれその時なり」、「然《しか》るに善男子《ぜんなんし》、我《われ》実に成仏してより已来《このかた》」等と説きたもう。ただし諸経の勝劣においては、仏自《みずか》ら「我が説く所の経典は無量千万億にして」と挙《あ》げ了《おわ》って、「已《すで》に説き、今説き、当《まさ》に説かん」等と説く時、*多宝仏地《たほうぶっち》より涌現《ゆげん》して、「皆これ真実なり」と定め、*分身《ふんじん》の諸仏《しょぶつ》は舌《ぜっ》相《そう》を梵天《ぼんでん》に付けたもう。かくのごとく、諸経

て勝れていることを説く時、無量義経は今説の中に入れられて、信じやすく解《さと》りやすい経とされ、法華経より劣ると定められているのである。

問うていう、法華経と涅槃経とはどちらが勝れているか。答えていう、法華経の方が勝れている。問うていう、どうして法華経の方が勝れているとわかるのか。答えていう、涅槃経の如来性品には仏みずから法華経を指して「法華経の時に一切の衆生が成仏したから、今は何もすることがない」といって、法華経を大収《だいしゅう》の位、涅槃経を捃拾《くんじゅう》の位と定めている。また法華経法師品では、三説の中の当説に入れて、「信じ難《がた》く解《さと》り難い法」とはいっていないからである。問うていう、涅槃経の文をみると、涅槃経以前は「みな邪見の人であった」とあるが、この経文によれば法華経も邪見の経典ではないか、どうか。答えていう、法華経を説くことが如来がこの世に出でられた目的であったから、方便品に「わが昔の願いは今満足した」といい、「今が正しくその時である」といい、如来寿量品に「善男子よ、われは実に成仏してから久遠《くおん》である」とも説かれているのである。ただし、法華経と諸経との勝劣については、法師品に仏みずから「わが説いてきたところの経典は無量千万億である」と比べるべき経典をあげて、次に「已に説き、今説き、まさに説く諸経に超《こ》えて法華経は勝れている」といわれた時、宝塔品で多宝如来が大地から涌き出でて「釈尊の説くところはみな真実である」と釈尊の説法の真実を証

と法華経との勝劣を定め了《おわ》んぬ。この外《ほか》、釈迦如来一仏の所説なれば、先後の諸経に対して法華経の勝劣を論ずべきにあらず。故に涅槃経に諸経を嫌う中に法華経を入れず。法華経は諸経に勝るる由、これを顕わす故なり。ただし、邪見《じゃけん》の文に至りては、法華経を覚知《かくち》せざる一類《いちるい》の人、涅槃経を聞いて悟りを得る故に、迦葉童子《かしょうどうじ》の自身《じしん》並に所引《しょいん》を指して、涅槃経より已前を邪見等と云うなり。経の勝劣を論ずるにはあらず。

明し、十方世界より来集した釈尊の分身の諸仏はその舌を梵天に届かせて釈尊の説法が真実であることを証明されたのである。このように諸経と法華経との勝劣は、釈尊・多宝仏・分身の諸仏の三仏が定められているのである。一切経は釈尊一仏の説法であるから、この他に法華経の前後の諸経に対して法華経との勝劣を論ずべきではない。故に涅槃経で諸経を斥《しりぞ》ける時に法華経は除かれているのである。それは涅槃経も法華経が諸経に勝れていることを顕わそうとしているからである。ただし、涅槃経が「邪見の人」といったのは、法華経を覚《さと》ることのできなかった迦葉童子やその眷属の人びとが、涅槃経を聞いて初めて覚りを得ることができたので、自分自身を指して「涅槃経以前は邪見の人であった」といったのであって、経典の勝劣を論じた文ではないのである。

第三に、大小乗を定むることを明かさば、

問うて曰《いわ》く、大小乗の差別如何《いかん》。答えて云《いわ》く、常途《じょうず》の説のごときは、阿含部《あごんぶ》の諸経は小乗なり。華厳・方等・般若・法華・涅槃等は大乗なり。或は六界を明かすは小乗、十界《じっかい》を明かすは大乗なり。その外《ほか》法華経に対して実義《じつぎ》を

大小乗の判定について

第三に大乗と小乗とを判定することを説明しよう。問うていう、大乗と小乗との区別は何であるか。答えていう、普通一般の説によれば、阿含部の諸経は小乗であり、華厳経と方等部の諸経と般若経と法華経と涅槃経とは大乗である。あるいはまた地獄・餓鬼・畜生・修羅・人間・天上の六界を説くのは小乗、さらに声聞・縁覚・菩薩・仏を説いて十界のすべてを明かすのは大乗である。しかし、法華経と諸経を比べてどちら

論ずる時、法華経より外の四十余年の諸《もろもろ》の大乗経は皆小乗にして、法華経は大乗なり。

問うて云く、諸宗に亘りて我が拠《よ》るところの経を実大乗と謂《い》い、余宗の拠るところの経を権大乗《ごんだいじょう》と云うこと常の習いなり。末学《まつがく》において是非《ぜひ》定め難《がた》し。いまだ法華経に対して、諸の大乗経を小乗と称することを聞知《もんち》せず、証文如何《いかん》。答えて云く、宗宗の立義互《りゅうぎたがい》に是非を論ず。なかんずく、*末法《まっぽう》において、世間《せけん》・出《しゅっ》世《せ》について非《ひ》を先《さき》とし是《ぜ》を後《のち》とす。自《みずか》ら是非を知らず、愚者《ぐしゃ》の歎《たん》ずべきところなり。ただしばらく我等《われら》が智《ち》をもつて、四十余年の現文を看《み》るに、この文を破る文なければ、人の是非を信用すべからざるなり。その上、法華経に対して、諸の大乗経を小乗と称することは、自答《じとう》を存すべきにあらず。法華経の方便《ほうべん》品《ほん》に云く、「仏は自《みずか》ら大乗に住したまえり。乃至《ないし》、自ら無上道《むじょうどう》大乗平等の法を証して、もし小乗をもつて化すること乃至《ないし》一人《いちにん》において

が真実かを論ずる時は、法華経以外の四十余年の諸経は一般には大乗経といわれていても、実はみな小乗経であって、法華経だけが大乗である。

問うていう、諸宗いずれの宗でも自分の拠りどころとする経を真実の大乗といい、他宗の拠りどころとする経は方便の大乗であるというのは常の習いである。故に末学の者が諸宗の主張のいずれが是か非かを定めにくいと思うが、法華経に比べれば諸大乗経はみな小乗であるという証文をいまだ聞いたことがない、一体その証文があるのかどうか。答えていう、諸宗それぞれにその立義について互いに是非を論じあっていて判定はなかなか困難である。とくに末法においては、世間のことにも仏法のことにも非理を優先させ道理を後まわしにしているので、自分で是非を弁《わきま》えられないことは愚者の歎くところである。しかしとりあえず自分の浅い智恵で、無量義経の「四十余年未顕真実」という眼前の経文を見る時、この文を破るほどの文がない限りは、諸宗の人師の立てた是非の判定を信用することはできない。その上また法華経に比べて諸大乗経を小乗というのは、自分が勝手に答えるべきではないので、経文の証拠を示そう。法華経の方便品に「仏は自ら大乗に住せられ、（中略）自ら無上道である大乗の平等大慧の法を証《さと》られた。もし小乗の法をもって衆生を教化すれば、それがただ一人に対してであっても、仏が法を惜しんだことになるから、これは不可である」とある。この経文は法華経以外の諸大

もせば、我《われ》則ち慳貪《けんどん》に堕《だ》せん。此の事《じ》は為《さだ》めて不可《ふか》なり」と。この文の意《こころ》は、法華経より外の諸経を皆小乗と説けるなり。また寿量品《じゆりようほん》に云く、「小法《しようぼう》を楽《ねが》える」と。これらの文は、法華経より外の四十余年の諸経を皆小乗と説けるなり。*天台《てんだい》・*妙楽《みようらく》の釈《しやく》において、四十余年の諸経を小乗なりと釈すとも、他師これを許すべからず。故にただ経文を出《いだ》すなり。

第四に、しばらく権経《ごんきよう》を閣《さしお》いて実経に就《つ》くことを明かさば、問うて曰《いわ》く、証文如何《いかん》。答えて曰く、十の証文あり。法華経に云く、「ただ楽《ねが》つて大乗経典を受持《じゆじ》して、乃至《ないし》余経の一偈をも受けざれ」と〈これ一〉。涅槃経に云く、「*了義経《りようぎきよう》に依つて不了義経に依らざれ」と〈四十余年を不了義経と云う。これ二〉。法華経に云く、「此の経は持《たも》ち難し、もし暫くも持つ者は、我《われ》即ち歓喜す、諸仏もまた然《しか》なり、か

乗経を指して、すべて小乗と説いている。また寿量品に「小法を願う」とある。これらの経文は法華経以外の四十余年の諸大乗経を指してすべて小乗と説かれた経文の例である。天台大師や妙楽大師の注釈にも四十余年の諸経を小乗と記しているが、他宗の人師は天台等の解釈を認めないであろうから、今はこれを省略してただ経文の証拠だけを示したのである。

方便経を捨てて真実経に帰依すべきことについて

第四にとりあえず方便経を捨てて真実経に帰依すべきことについて説明しよう。問うていう、その証拠の経文は何か。答えていう、十の経文の証拠がある。第一に法華経譬喩品《ひゆほん》に「ただ大乗経典を信じ持《たも》つことだけを願って、他の経の一偈《げ》すら信じてはならない」という。第二に涅槃経如来性品に「真実を説き尽くしている経によって、真実を顕わしていない経によってはならない」という。これは法華経以前の四十余年の大小乗の経々を不了義経といった文である。第三に法華経宝塔品に「この経は持《たも》ちがたい経である。もししばらくの間でも持《たも》つ者があれば、われも諸仏もみな同じく歓喜して、この人を讃歎《さんだん》する。これこそ勇猛の人で

くのごときの人は諸仏の歎《ほ》めたもうところなり、これ則ち勇猛《ゆうみょう》なり、これ則ち精進《しょうじん》なり、これを戒を持ち、*頭陀《ずだ》を行《ぎょう》ずる者と名づく」〈末代において四十余年の持戒《じかい》なし。ただ法華経を持つを持戒となす。これ三〉。涅槃経に云く、「乗《じょう》において緩《かん》なる者は、乃《すなわ》ち名づけて緩となす。戒《かい》において緩なる者をば名づけて緩とせず。菩薩摩訶薩《まかさつ》、この大乗において心懈慢《けまん》せずんば、これを奉戒《ぶかい》と名づく。正法《しょうぼう》を護るがために、大乗の水をもつて自《みずか》ら澡浴《そうよく》す。この故に菩薩破戒《はかい》を現ずといえども、名づけて緩となさず」〈この文は法華経の戒を流通《るつう》する文なり。これ四〉。法華経第四に云く、「妙法華《みょうほけ》経《きょう》、乃至《ないし》、皆これ真実なり」と〈この文は多宝《たほう》の証明《しょうみょう》なり。これ五〉。法華経第八に*普賢《ふげん》菩薩誓つて云く、「如来の滅後において、*閻浮提《えんぶだい》の内に広く流布《るふ》せしめて断絶《だんぜつ》せざらしめん」と〈これ六〉。法華経第七に云く、「我《わ》が滅度の後《のち》、後《のち》の五百歳の中に、閻浮提において断

あり、精進の人であり、また戒律を持《たも》って清浄の行を行ずる者と名づける」という。末代には、四十余年のように細かく定められた戒律を持たなくてもよい。ただ法華経を持つことが持戒である。第四に涅槃経如来性品に「禅定や智恵の修行に励《はげ》まない者は怠《おこた》る者と名づけるが、戒律を守らない者を怠る者とは呼ばない。菩薩よ、この大乗経の信仰に怠りの心を起こさなければ、それこそが戒律を持つことなのである。正法を護るために大乗の水を自らそそぎ浴する菩薩はたとえ破戒の行為があっても怠る者とは呼ばない」とある。この経文は法華経の戒律を未来のために詳しく説いたものである。第五に法華経第四巻の宝塔品に「妙法華経を大衆のためによくぞ説かれた。釈迦牟尼世尊の所説は、みな真実である」という。これは多宝如来の証明の文である。第六に法華経第八巻の普賢菩薩勧発品《かんぼっぽん》に普賢菩薩が誓った言葉に「如来の滅度の後に、この経を広く全世界に流布させて決して断絶させない」とある。第七に法華経第七巻の薬王品に「わが滅度の後、第五の五百歳にこの経がこの世界の内で断絶することのないようにする」とある。これは釈迦如来の誓いの言葉である。第八に法華経第四巻の宝塔品に、東方の宝浄世界の多宝如来や十方の世界で教化していた分身の諸仏が釈尊のもとに集まり来られた理由について「この法を後《のち》々までもこの世に留《とど》め置くために、この世界に集まったのである」とある。第九に法華経第七巻の如来神力《じんりき》品に、

絶せしむることなけん」と〈釈迦如来の誓いなり。これ七〉。法華経第四に多宝《たほう》並に十方《じっぽう》の諸仏来集《らいじゅう》の意趣《いしゅ》を説いて云く、「法をして久しく住せしめんが故に、ここに来至《らいし》したまえり」と〈これ八〉。法華経第七に法華経を行《ぎょう》ずる者の住処《じゅうしょ》を説いて云く、「如来の滅後において、まさに一心に受持《じゅじ》し読誦《どくじゅ》し解説《げせつ》し書写《しょしゃ》して、説の如《ごと》く修行《しゅぎょう》すべし。所在《しょざい》の国土に、乃至、もしは経巻所住《きょうがんしょじゅう》の処、もしは園《その》の中においても、もしは林の中においても、もしは樹《き》の下《もと》においても、もしは僧坊《そうぼう》においても、もしは白衣《びゃくえ》の舎《いえ》にても、もしは殿堂《でんどう》にあっても、もしは山谷曠野《せんごくこうや》にても、この中に皆塔を起《た》てて供養すべし。所以《ゆえ》は何《いか》ん。まさに知るべし、この処は即ちこれ道場なり。諸仏ここにおいて阿耨多羅三藐三菩提《あのくたらさんみゃくさんぼだい》を得《う》」と〈これ九〉。法華経の流通《るつう》たる涅槃経の第九に云く、「我が涅槃《ねはん》の後《のち》、正法《しょうぼう》いまだ滅せず、余の八十年、その時、この経閻浮提《えんぶだい》においてまさに広く流《る》

法華経を修行する人の住処を説いて「如来の滅後には一心にこの経を信じ持《たも》ち、読誦し、解説し、書写して、経文の説く通りに修行するがよい。いずれの所であっても、この経のある処は、園の中でも、林の中でも、樹の下でも、僧坊でも、俗人の家でも、殿堂の内でも、山や谷や広い野原でも、この中にみな塔を起てて供養しなければならない。なぜなら、そこは正しく法華経の道場であり、諸仏が覚《さと》りを開かれた処であるからだ」とある。第十に法華経の流通分である涅槃経第九巻の如来性《にょらいしょう》品に「わが涅槃の後に仏の正法が滅びようとして八十年を余す時、この涅槃経は広く全世界に流布するであろう。しかし、この時に、まさに多くの悪僧がいて、この経をかすめとり、いくつにも分断して正法の本来の色や香りや味わいをなくしてしまうであろう。この多くの悪人はこの勝《すぐ》れた経典を読んだとしても、如来の深い覚りの重要な意義を理解することができないで、かえって世間の美しく飾った文章や無意味な言葉を付け加えるのである。そして前の文を抜き出して後の文に付けたり、後の文を抜き出して前の文に付けたり、前後にあるべき文を中間に付けたり、中間にあるべき文を前後の文に付けたりするであろう。このような多くの悪僧は仏弟子ではなく悪魔の仲間である。（中略）たとえば、牛飼い女が多くの利益を得ようとして牛乳にたくさんの水を加えて売るようなものである。これらの悪僧たちもまた同じく、如来の言葉に世間の浅い不

布《ふ》すべし。この時まさに諸《もろもろ》の悪比丘あつて、この経を抄掠《しょうりゃく》して分つて多分となし、よく正法の色《しき》・香《こう》・味《み》・美《み》を滅すべし。この諸の悪人、またかくのごとき経典を読誦すといえども、如来の深密《じんみつ》の要義《ようぎ》を滅除して、世間《せけん》の荘厳《しょうごん》の文飾無義《もんじきむぎ》の語《ことば》を安置《あんち》し、前《まえ》を抄して後《のち》に著《つ》け、後を抄して前に著け、前後を中に著け、中を前後に著けん。まさに知るべし、かくのごとき諸の悪比丘はこれ魔の伴侶《はんりょ》なり。乃至、譬えば牧牛女《もくごにょ》の多く水を乳に加うるがごとし。諸の悪比丘もまたかくのごとし。雑《まじ》うるに世語《せご》をもつてし、この経を錯《あやま》り定め、多くの衆生《しゅじょう》をして正説《しょうせつ》し正写《しょうしゃ》し正取《しょうしゅ》し尊重《そんじゅう》し讃歎《さんだん》し供養《くよう》し恭敬《くぎょう》することを得《え》ざらしむ。この悪比丘は利養のための故に、この経を広宣《こうせん》流布《るふ》すること能《あた》わず。分流《ぶんる》すべき所少くして言うに足《た》らざること、彼《か》の牧牛《もくご》の貧窮《びんぐ》の女人《にょにん》の展転《てんでん》して乳を売るに、乃至、糜《かゆ》と成《な》すに乳《にゅう》味《み》なきがごとし。この大乗経典大涅槃経もま

純な言葉を混入して、この経の味を誤り定め、多くの衆生が正しく説き、正しく書写し、正しく意味を取ることをできなくし、この経を尊重し、讃歎し、供養し、敬うことができないようにするであろう。この悪僧たちは私利私欲を貪《むさぼ》るために、この経を広く流布させることができず、その弘まる所は少なく言うにたりないほどであろう。それも道理で、あの貧しい牛飼いの女が乳を売り、次々に転売して(中略)最後に買った人が乳がゆを作っても乳の味がしないように、この大乗経典大涅槃経もまた同じく、次第に伝えられて行く間に薄く淡くなって、その味わいもなくなってしまうであろう。しかしそれでもなお、他経に比べれば一千倍も勝れているのである。なぜなら、かの乳味はいかに薄くなっても、もろもろの苦味《にがみ》に比べれば千倍も勝れているのと同じである。なぜかというに、この大乗経典大涅槃経は如来の直弟子たちが伝えた経々の中で最も勝れた位置にあるからである」とある。

たかくのごとし。展転し薄淡《はくたん》にして気味《きみ》あることなし。気味なしといえども、なお余経に勝《まさ》ることこれ一千倍なること、彼の乳味の諸の苦味《くみ》において千倍勝るとなすがごとし。何をもつての故に、この大乗経典大涅槃経は声《しょう》聞《もん》の経において最もこれ上首たり」と〈これ十〉。

問うて云く、不了義経を捨てて了義経に就《つ》くとは、大円覚修多羅了義経《だいえんがくしゅたらりょうぎきょう》・大仏頂如来密《だいぶつちょうにょらいみつ》因修証了義経《いんしゅしょうりょうぎきょう》、かくのごとき諸《もろもろ》の大乗経は皆了義経なり。依用《えよう》すべきや。答えて曰く、了義・不了義は所対に随って不同なり。*二《に》乗《じょう》・菩薩等の所説の不了義に対すれば、一代の仏説は皆了義なり。仏説に就《つ》いて、また小乗経は不了義、大乗経は了義なり。大乗に就いて、また四十余年の諸経は不了義経、法華・涅槃・大日経等は了義経なり。しかるに円覚・大仏頂等の諸経は、小乗及び歴劫修行《りゃっこうしゅぎょう》の不了義経に対すれば了義経なり。法華経のご

問うていう、如来の真実を完全に顕わしていない不了義経を捨てて、完全に説き顕わしている了義経に従えというならば、大円覚修多羅了義経や大仏頂如来密因修証了義経などの大乗経は、経名に了義経とあるから、これらの経々を拠《よ》りどころとして用いてもよいかどうか。答えていう、了義といい不了義といっても、比べる対象によって同じではない。声聞・縁覚の二乗や菩薩の説いた不了義経に比べれば、仏の説かれた一代の聖教はみな了義経である。仏の説かれた経々の中では、小乗経は不了義経であり、大乗経は了義経である。また大乗経の中でも四十余年に説かれた華厳・方等・般若などの諸大乗経は不了義経であり、法華経や涅槃経や大日経などは了義経である。ところで円覚経や大仏頂経などは、小乗経や大乗経の中の成仏に時間のかかる諸経に比べれば了義経といえるが、法華経のような一切の経に比べての了義経ではない。

とき了義にはあらざるなり。

問うて曰く、華厳・法相・三論等の天台・真言より以外の諸宗の高祖、各《おのおの》その依憑《えびょう》の経に依りて、その経々の深義《じんぎ》を極《きわ》めんと欲す。これしかるべきや、如何《いかん》。答えて云く、*華厳宗のごときは、華厳経に依りて諸経を判じて、華厳経の方便となすなり。*法相宗のごときは、阿含・般若等を卑《いや》しめ、華厳・法華・涅槃をもつて*深密経《じんみつきょう》に同《どう》じ、同《おな》じく中道教と立つるといえども、また法華・涅槃は一類の一乗を説くが故に不了義経なり、深密経には*五性各別《ごしょうかくべつ》を存するが故に了義経と立つるなり。*三論宗のごときは、*二蔵《にぞう》を立てて一代《いちだい》を摂《せっ》し、大乗において浅深を論ぜず。しかも般若経をもつて依憑となす。これらの諸宗の高祖、多分《たぶん》は四依《しえ》の菩薩なるか。定めて所存《しょぞん》あらん。是非《ぜひ》に及ばず。しかりといえども、自身の疑いを晴らさんがために、しばらく人師の異解《いげ》を閣《さしお》いて、諸宗の依憑《えびょう》の経々を開き見るに、華

問うていう、華厳宗・法相宗・三論宗などの天台や真言以外の諸宗の高祖たちは、おのおの自分の拠りどころとして信ずる経々によって、その経の奥義を極めたと思っているが、はたしてそうであろうか。答えていう、華厳宗は華厳経によって五教判を立て、諸経は華厳経の方便と判定している。法相宗は三時教判を立てて、阿含経を有《う》教、般若経などを空《くう》教と卑しめ、華厳経・法華経・涅槃経の三経を自らの依る深密経と同じだとして、ともに中道教と立てるが、しかし法華経・涅槃経の二経は一部類の人を対象として一乗の成仏を説くから不了義経であり、深密経は五性各別といって、人の性分に五種類の区別があって仏に成れる者と成れない者とがあると説くから了義経であるという。三論宗は声聞蔵と菩薩蔵との二蔵の教判を立てて一代の仏教を判定し、大乗菩薩蔵においては浅深の区別を論じないが、それでも般若経を拠りどころとするのである。これらの諸宗の高祖は、もしかすると仏の教えを伝えて衆生の拠りどころとする導師であるかもしれないから、このような教判をされることはきっと深い考えがあってのことと思われる。それ故に末代のわれらがこれについて是非を批判するべきではない。しかしそのままにしておいては自分の疑いを晴らすことができないから、とりあえず諸宗の人師のさまざまな解釈は放っておいて、諸宗の人師が拠りどころとしてい

厳経は*旧訳《くやく》は五十・六十、*新訳《しんやく》は八十・四十なり。その中に法華・涅槃のごとく*一代聖教《いちだいしょうぎょう》を集めて方便となすの文なし。四乗を説くといえども、その中の仏乗において*十界互具《じっかいごぐ》・*久遠実成《くおんじつじょう》を説かず。ただし人師《にんし》に至りて*五教を立てて、先の四教に諸経を収めて華厳経の方便となす。法相宗のごときは、*三時教を立つる時、法華等をもって深密経に同ずといえども、深密経五巻を開き見るに、全く法華等をもって中道の内に入れず。三論宗のごときは、二蔵を立つる時、菩薩蔵において華厳・法華等を収め般若経に同ずといえども、新訳の大般若経を開き見るに、全く大般若をもって法華・涅槃に同ずるの文なし。華厳は*頓教《とんぎょう》・法華は*漸教《ぜんぎょう》等とは、人師の意楽《いぎょう》にして仏説にあらざるなり。

る経々を直接に開いて調べてみよう。まず華厳経は旧訳では五十巻または六十巻、新訳では八十巻または四十巻であるが、その中のどこにも法華経や涅槃経にあるように、仏一代の聖教をことごとく集めて方便であるといった明瞭な経文は一箇所もない。また声聞乗・縁覚乗・菩薩乗・仏乗の四乗の浅深を説くけれども、その中の仏乗を説くとき、仏教の最高教理である十界互具と久遠実成とを説いていない。ゆえに法華経を批判の対象にすることはできないはずであるのに、それを中国の杜順《とじゅん》や法蔵《ほうぞう》や澄観《ちょうかん》などの人師が小乗教・大乗始教・大乗終教・大乗頓教・大乗円教の五教判を立てて、前の四教にすべての諸経を収めて華厳経の方便であるとした。また法相宗は有相《うそう》教・無相教（空教）・中道教の三時教判を立てて、第三時中道教の中に法華経を収めて、法華経と深密経と同等であるとするが、深密経五巻を開いてみるに、どこにも法華経などを第三中道教に入れる明瞭な経文はないのである。三論宗は声聞蔵・菩薩蔵の二蔵の教判を立てて、菩薩蔵の中に華厳経や法華経などを入れて般若経と同等であるとするが、新訳六百巻の大般若経を開いてみるに、大般若経と法華経・涅槃経とが同じであるという経文はまったくない。また天台大師以前の江南の三師が立てたという華厳経は頓教であり、法華経は漸教であるという教判は、人師の勝手な私見にすぎないのであって、まったく経文にもとづいた説ではないのである。

法華経のごときは、*序分の無量義経に慥《たしか》に「四十余《よ》年」の年限を挙げ、華厳・方等・般若等の大部《だいぶ》の諸経の題名を呼んで「未顕真実《みけんしんじつ》」と定め、*正宗《しょうしゅう》の法華経に至りて一代の勝劣を定むる時、「我が所説の経典無量千万億にして、已《すで》に説き今説き当に説かん」との金言《きんげん》を吐きて、「しかもその中において、この法華経は最もこれ難信難解《なんしんなんげ》なり」と説きたもう時、多宝如来地より涌出《ゆじゅつ》して、「妙法華経《みょうほけきょう》、皆是《かいぜ》真実《しんじつ》」と証誠《しょうじょう》し、分身《ふんじん》の諸仏は十方《じっぽう》より尽《ことごと》く一処に集りて、舌を梵天《ぼんでん》に付けたもう。

今この義をもつて、余《われ》推察を加うるに、唐《とう》土・日本に渡れるところの五千・七千余巻の諸経以外の、天竺《てんじく》・竜宮《りゅうぐう》・*四王天《しおうてん》・*過去の七仏等の諸経、並に*阿難《あなん》の未結集《みけつじゅう》の経、十方世《じっぽうせ》界《かい》の塵《ちり》に同ずる諸経の勝劣・浅深・難易《なんい》は掌《しょう》中《ちゅう》にあり。無量千万億の中に、あに釈迦如来の所説の諸経漏るべきや。已説《いせつ》・今説《こんせつ》・当説《とうせつ》の年限に入らざる諸経これあるべきや。願わ

ところが法華経の場合はこれらの諸経とはまったく異なり、序分の無量義経に明瞭に「四十余年」と年限を挙げて、その間に説かれた華厳経・方等部の諸経・般若経などの代表的経典の題名をあげて、これを「未顕真実」と判定したのである。さらに正宗分の法華経では一代聖教の勝劣を定める時、法師品に、「我が説いてきたところの経典は無量千万億であって、已に説き、今説き、当《まさ》に説く」と三説を挙げて、「その中でこの法華経が最も信じがたく解《さと》りがたい」と定められたのである。その時、多宝如来は大地より涌出して「妙法華経の説はみな是《こ》れ真実である」と宝塔品で証明され、分身の諸仏は十方世界から集まり来たって、神力《じんりき》品で長広舌《こうちょうぜつ》を梵天につけて法華経の説の誤りなきことを証明されたのである。

今、これらの経文によって私《わたくし》に推察してみるに、中国や日本に伝来したところの旧訳五千余巻・新訳七千余巻の諸経、および伝来しなかったその他のインドや竜宮・四王天などにある諸経や、過去の七仏などが説いた諸経、阿難の結集にもれた諸経、これらの十方世界の塵の数ほどある諸経の教理の勝劣浅深や行法の難易などを判ずることは、掌中に握ったように明白である。法華経法師品の「無量千万億」の文の中に、釈尊の説かれた一切の経々はすべて収めつくされるのである。また「已に説き、今説き、当に説き」という三説の年限に入らない説時の諸経はない

くは末代の諸人、しばらく諸宗の高祖の弱文《じゃくもん》無義《むぎ》を閣《さしお》いて、釈迦・多宝・十方の諸仏の強文《ごうもん》有義《うぎ》を信ずべし。いかにいわんや、諸宗の末学は偏執《へんしゅう》を先《さき》となし、末代《まつだい》の愚者《ぐしゃ》は人師《にんし》を本《もと》となして、経論を抛《なげう》つ者に依憑すべきや。故に法華の流通《るつう》たる*双林最後の涅槃経に、仏迦葉童子《かしょうどうじ》菩薩に遺言して言《いわ》く、「法《ほう》に依つて人《ひと》に依らざれ、義《ぎ》に依つて語《ご》に依らざれ、智《ち》に依つて識《しき》に依らざれ、了義経《りょうぎきょう》に依つて不了《ふりょう》義経《ぎきょう》に依らざれ」と云云。予、世間を見聞《けんもん》するに、自宗の人師をもつて三昧《さんまい》発得《ほっとく》智慧《ちえ》第一と称すれども無徳《むとく》の凡夫にして、実経に依つて法門を信ぜしめず、不了義の観経《かんぎょう》等をもつて時機《じき》相応《そうおう》の教《きょう》と称し、了義の法華・涅槃を閣いて、譏《そし》りて*理《り》深《じん》解《げ》微《み》の失《とが》を付く。如来の遺言《ゆいごん》に背いて、人に依つて法に依らず、語に依つて義に依らず、識に依つて智に依らず、不了義経に依つて了義経に依らず、と談ずるにあらずや。請《こ》い願わくは心あらん人は思惟《しゆい》

のである。願わくは末代の諸人よ、とりあえず諸宗の高祖の経文の証拠も弱くその意味もない教判を捨てて、釈迦仏・多宝仏・十方の諸仏の三仏の文証も強く義理も正しい教えを信じなければならない。まして諸宗の末流の学者は宗派的偏見を先入観として諸経の勝劣を判定し、これら諸宗の末学の意見を基として仏・菩薩の経典や論書を捨てる末代の愚者たちを師と憑《たの》むようなことがあってはならない。故に法華経の流通分である沙羅《しゃら》双林《そうりん》最後の涅槃経の如来性品に、仏は迦葉童子菩薩に遺言して「仏の説かれた教法に依るべきであって人師の言葉に依ってはならない。仏の説かれた真実の義に依るべきであって文字言語だけに依ってはならない。仏の実智に依るべきであって凡夫の心情に依ってはならない。仏が真実を説きつくした了義経に依るべきであって真実を説きつくしていない方便の不了義経に依ってはならない」といわれたのである。自分が今、世間の様子を見たり聞いたりするに、自分の宗派の人師を指して覚りを開いた智恵第一の人であるなどと称讃しているけれども、その実体は無徳の凡夫であって、真実の経によって法門を信じさせようとはせず、かえって不了義・方便の観無量寿経などの浄土三部経こそが末法の時と機根とに合った教えであるといって、真実の了義経である法華経や涅槃経を捨てて、これらの経は教えが深くて解《さと》ることが困難であるから、今の末法の時と機根とには合わないと謗《そし》ったのである。これは、まさしく

を加えよ。

如来の入滅はすでに二千二百余の星霜《せいそう》を送れり。*文殊・*迦葉・*阿難、経を結集《けつじゅう》せし已後、四依《しえ》の菩薩重ねて世に出で、論を造り経の意を申《の》ぶ。末の論師《ろんじ》に至りて漸く誤り出来《しゅったい》す。また訳者においても梵《ぼん》・漢未達《かんみたつ》の者あり。権教宿習《しゅくしゅう》の人は、実の経論の義を曲《ま》げて、権《ごん》の経論の義を存せり。これについてまた唐土《とうど》の人師《にんし》、過去の権教の宿習の故に、権の経論心に叶う間、実の経論を用いず。或は小《すこ》し自義に違《たが》う文あれば、理を曲げて会通《えつう》を構《かま》え、もつて自身の義に叶わしむ。たとい後《のち》に道理と念《おも》うといえども、或は名利に依り、或は檀那の帰依に依りて、権宗を捨てて実宗に入らず。世間の道俗また無智の故に、理非を弁えず。ただ人に依りて法に依らず。たとい悪法

如来の四依の遺言に背いて「人師に依って教法に依るな、人師の語に依って仏の実義に依るな、凡夫の見解に依って仏の実智に依るな、不了義経に依って了義経に依るな」と教えるものではないか。どうか心ある人はよくよく考えるべきである。

仏が入滅されてから今日まで、すでに二千二百余年の年月が過ぎている。その間に文殊師利菩薩や迦葉・阿難が経典を編集し、その後は衆生の依るべき四依の菩薩が何人も世に出て、論書を作って経文の意を述べられた。ところがインドでも後《のち》々の論師になると次第に誤りを生ずるようになった。また経典を中国に翻訳する人たちにも、梵語や漢語に熟達しない者や、方便教に執《とら》われている人たちがあって、真実の経論の意味を曲げて方便の経論の意味とするにいたった。その上、また中国の人師たちは、過去に方便教に親しんできた習わしから、方便の経論の方が自分の心に合うので真実の経論を信用しない。そればかりでなく、もし少しでも自分の意見に合わない文があると、道理を曲げて解釈をして自分の意見に合うようにする。たとえ後になって自分の誤りに気づいても、自分の名誉と利欲のために、または信者の帰依の離れるのを恐れて、今までの方便宗を捨てて真実宗に改宗しようとはしない。これらの人師を師と仰ぐ世間の僧俗もまた無智であるから、道理に合うか合わないかも弁《わきま》えず、ただ人の言葉を信用して仏の正しい教法に依らない。たとえ悪

たりといえども、多人の邪義に随って一人《いちにん》の実説に依らず。しかるに衆生《しゅじょう》の機多くは流転《るてん》に随い、たとい出離《しゅつり》を求むるにも、また多分は権経に依る。ただ恨むらくは、悪業の身、善に付け悪に付け生死《しょうじ》を離れ難《がた》きのみ。

しかりといえども、今の世の一切の凡夫、たとい今生《こんじょう》を損すといえども、上《かみ》に出《いだ》すところの涅槃経第九の文に依って、しばらく法華・涅槃を信ぜよ。その故は世間の浅事《せんじ》すら多く展転《てんでん》する時は、虚《こ》は多く実《じつ》は少なし。いわんや仏法の深義《じんぎ》においてをや。如来の滅後二千余年の間、仏経に邪義を副《そ》え来《きた》り、万に一も正義《しょうぎ》なきか。一代の聖教《しょうぎょう》多分は誤りあるか。ゆえに、心地観経《しんじかんぎょう》の法爾《ほうに》無漏《むろ》の種子《しゅうじ》、正法華経《しょうほけきょう》の属累《ぞくるい》の経末《きょうまつ》、婆沙論《ばしゃろん》の一十六字、摂論《しょうろん》の識《しき》を八、九に分《わか》つ、法華論《ほっけろん》と妙法華経《みょうほけきょう》との相違、涅槃論《ねはんろん》の法華は煩悩《ぼんのう》に汚《けが》さるるの文、法相宗《ほっそうしゅう》の定性《じょうしょう》無性《むしょう》の不成仏《ふじょうぶつ》、摂論宗《しょうろんしゅう》

法であると知っても、多くの人が信じている邪義には随うけれども、ただ一人の説く真実の教えには依らないのである。ところが凡夫の悲しさ、衆生の多くは生死の流転をさまよっている。たとえ生死を離れようと志す者がいても、方便経を信じる人の方が多いのである。ただ残念に思うのは、この罪深い身は善きにつけ悪しきにつけ生死の迷いから逃れることはできないことである。

しかし、今の世のすべての凡夫は、たとえ今生において法華経を信じたために世間の人から迫害されるようなことがあろうとも、前にあげた涅槃経第九巻の法華最勝の経文を信じて、とりあえず法華経・涅槃経を信じてみるがよい。その理由は、世間のごく浅い事柄でさえ、人から人へと次第に伝えられてゆくうちに、真実は失われ誤りが多くなるものである。ましてや仏法の深い教義は難解であるから尚更《なおさら》のことである。それゆえに涅槃経の中で仏が説かれた基準によって決定するほかはないのである。如来の滅後二千余年の間には、仏の教えに邪義が添え加えられ、万に一も正義はないであろう。ゆえに仏一代の聖教にも多くの誤りがあるであろう。たとえば、心地観経に「法爾無漏の種子」を説いて、声聞・縁覚の二乗は本来仏に成れない者とあること、竺法護《じくほうご》訳の正法華経に属累品《ぞくるいほん》を経の最末に置いていること、大毘婆沙論《だいびばしゃろん》を玄奘《げんじょう》が翻訳した時に原本にない十六字を勝手に加えていること、無著《むじゃく》菩薩の摂大乗論《しょうだいじょうろん》

の法華経の一称南無《いっしょうなむ》の*別時意趣《べつじいしゅ》、これらは皆訳者《やくしゃ》・人師《にんし》の誤りなり。この外《ほか》にまた四十余年の経経において多くの誤りあるか。たとい法華・涅槃において誤りあるも誤りなきも、四十余年の諸経を捨てて法華・涅槃に随うべし。その証は上《かみ》に出《いだ》し了《おわ》んぬ。いわんや誤りある諸経において信心を致す者の生死《しょうじ》を離るべきや。

大文の第二に、*正像末に就《つ》いて仏法の興廃《こうはい》あることを明かさば、これに就いて二あり。一には、*爾前《にぜん》四十余年の内の諸経と浄土三部経との*末法における久住《くじゅう》・不久住《ふくじゅう》を明かし、

に人間の心の作用を九つに大別するが、それを玄奘訳は第八識、真諦訳は第九識を立てるという相違、天親の法華論と妙法蓮華経との相違、天親の涅槃論の中に「法華経は煩悩に汚されている」とあること、法相宗では二乗と定まった者と仏性のない一闡提《いっせんだい》とは絶対に成仏できないということ、摂論宗では法華経方便品の「一度南無仏と唱えた者までもみな成仏した」とあるのは、別時意趣としていること、これらはみな経論の翻訳者や諸宗の人師の誤りである。このほかにも四十余年の諸経にはまだ多くの誤りがあるであろう。たとえ法華経や涅槃経に誤りがあろうとも、四十余年の諸経を捨てて法華経・涅槃経に随うべきである。その証拠は前に示した通りである。もしこの誤りの多い法華経以前の諸経を信じて法華経を捨てるならば、どうして生死輪廻を離れることができようか、できるはずがないのである。

二　仏滅後の正像末三時における仏法の興廃について

大段の第二に、仏滅後の正法・像法・末法の三時において仏法の興《おこ》り廃《すた》りがあることを説明するのに、これを二節に分ける。一には法華経以前の四十余年に説かれた諸経と浄土三部経とは、いずれが末法において久しく衆生を利益しつづけるかを明らかにし、二には法華経・涅槃経と

二には、法華・涅槃と浄土三部経並に諸経との久住・不久住を明かす。

第一に、爾前四十余年の内の諸経と浄土三部経との末法における久住・不久住を明かさば、問うて云く、如来の教法は大小・浅深・勝劣を論ぜず、ただ時機に依つてこれを行《ぎょう》ぜば、定めて利益《りやく》あるべきなり。しかるに賢《けん》劫《ごう》・大術《だいじゅつ》・大集《だいしゅう》等の諸経を見るに、仏の滅後二千余年已後は仏法皆《みな》滅して、ただ教のみありて行・証あるべからず。随つて*伝教大師の末法灯明記《まっぽうとうみょうき》を開くに、「我が延暦《えんりゃく》二十年辛巳《かのとみ》一千七百五十歳」と〈一説なり〉。延暦二十年より已後また四百五十余歳なり。すでに末法《まっぽう》に入れり。たとい教法ありといえども、行・証なけん。しかるにおいては、仏法を行ずる者、万が一も得道あり難《がた》きか。しかるに*双観《そうかん》経《ぎょう》の「当来《とうらい》の世、経道滅尽《きょうどうめつじん》せんに、我慈悲《われじひ》哀《あい》

浄土三部経やその他の諸経といずれが久しく衆生を利益しつづけるかを明らかにする。

爾前諸経と浄土三部経との末法における久住について

第一に法華経以前の四十余年に説かれた諸経と浄土三部経とは、いずれが末法において久しく衆生を利益しつづけるかを説明しよう。問うていう、如来の教法について大乗と小乗と浅いと深いと勝れると劣れるとの違いを論じなくても、ただ時代と機根とに合った行法であるかどうかを考えて教法を選び出し、これを修行すれば必ず利益があるのである。ところが賢劫経・大術経・大集経などの諸経を見ると、仏が入滅されてから二千余年を過ぎた後は仏法はみな滅びてしまい、ただ教法だけはあっても、これを修行したり、証《さと》ったりする者はなくなるとある。また伝教大師の末法灯明記を見ると「わが延暦二十年（八〇一）は、一説によれば仏滅後一千七百五十年である」とある。延暦二十年から今日までは四百五十余年が過ぎているから、すでに末法の時代に入っている。経文に照らせば、たとえ教法はあっても、これを修行したり、証《さと》りを得たりする時ではない。そうであるとすれば、たとえ仏法を修行したとしても、万に一も覚りを得る者はないであろう。ところが無量寿経（双巻経）の下巻に「未来の世に仏の教えが滅びるであろう。その時、われは慈悲と哀《あわ》

愍《みん》をもつて、特《ひと》りこの経を留《とど》めて、止住せんこと百歳ならん。それ、衆生のこの経に値《あ》うことあらん者は、意《こころ》の所願《しょがん》に随つて、皆得度《とくど》すべし」等の文を見るに、釈迦如来一代の聖《しょう》教《ぎょう》皆滅尽して後、ただ特《ひと》り双観経の念仏のみを留めて、衆生を利益《りやく》すべし、と見え了んぬ。この意趣に依りて、ほぼ浄土家の諸師の釈を勘うるに、その意《こころ》なきにあらず。*道綽《どうしゃく》禅師は「当今《とうこん》末法はこれ*五濁悪世《ごじょくあくせ》なり、ただ浄土の一門のみありて通入《つうにゅう》すべき路《みち》なり」と書《しる》し、*善導《ぜんどう》和尚は「万年《まんねん》に三宝《さんぼう》滅し、この経のみ住すること百年なり」と宣《の》べ、*慈恩《じおん》大師は「末法万年に余経悉く滅し、弥陀《みだ》の一教利物《りもつ》偏《ひとえ》に増す」と定め、日本国の叡山の先徳*慧心僧都《えしんそうず》は、一代聖教の要文を集めて、末代の指南を教ゆる*往生要集《おうじょうようしゅう》の序《じょ》に云く、「それ往生極《ごく》楽《らく》の教行《きょうぎょう》は濁世末代《じょくせまつだい》の目足《もくそく》なり。道俗貴賤《どうぞくきせん》誰《たれ》か帰《き》せざる者あらん。ただし*顕密の教法はその文一にあらず。事理《じり》の業因《ごういん》はその行《ぎょう》これ

愍《れみ》の心をもって、とくにこの経だけを留めておこう。この経が世に弘まるのはおよそ百年くらいであろう。もしその時、衆生がこの経を信ずれば、その人の願い通りに救われるであろう」とある。この経文によれば、末法に入って釈迦如来の説かれた一代の諸経がみな滅びつくした後には、ただ無量寿経の念仏だけが残って衆生を利益すると見えるのである。この経文の趣旨にもとづいて、浄土宗の諸師の解釈を見ると、みなこの経と同じようなことを記している。中国では、道綽禅師は安楽集に「今末法は人間の心も時代も濁《にご》りきった五濁の悪世であって、ただ浄土教の一門だけが覚りに通ずる路である」と記し、善導和尚は往生礼讃《おうじょうらいさん》に「末法万年に入ると仏・法・僧の三宝は滅びて、ただこの経だけが百年間存続する」と述べ、慈恩大師は西方要決《さいほうようけつ》に「末法万年には、余経はことごとく滅びて、弥陀の教えだけが衆生を利益する」と定め、日本では比叡山の先徳である恵心僧都源信は、一代聖教の中から肝要の文を集めて、末代の人びとの信仰の指南として書いた往生要集の序文に「極楽に往生する教えとその修行は、五濁の悪世である末代の人びとの目となり足となる。僧侶も俗人も、貴い者も賤しい者も、一人として帰依しない者はないであろう。しかし顕教や密教の説く経文が一つでなく、いろいろな修行が多いので、智恵がすぐれ精進努力する人には困難ではないだろうが、私のような愚かな者には修行できない」といい、またその次に「とくに

多し。利智精進《りちしょうじん》の人はいまだ難《かた》しとせず。予《よ》がごとき頑魯《がんろ》の者あにあえてせんや」と。乃至、次下《つぎしも》に云く、「なかんづく、念仏の教は多く末代の経道滅尽して後の濁悪の衆生を利する計《ばか》りなり」と。総じて諸宗の学者もこの旨を存すべし。殊《こと》に天台一宗の学者、誰かこの義に背くべけんや、如何《いかん》。

答えて云く、爾前四十余年の経経は、各《おのおの》時機に随つて興廃あるが故に、多分は浄土三部経より已前に滅尽あるべきか。諸経においては多く*三乗《さんじょう》の現身《げんしん》得道を説く。故に末代においては現身得道の者これ少《まれ》なり。十方《じっぽう》の往生浄土は多く末代の機《き》に蒙《こうむ》らしむ。これに就《つ》いて、西方極楽《さいほうごくらく》は娑婆《しゃば》隣近《りんごん》なるが故に、最《さい》下《げ》の浄土なるが故に、日輪東に出《い》でて西に没するが故に、諸経に多くこれを勧む。随つて浄土の祖師のみ独りこの義を勧むるにあらず。天台・妙楽《みょうらく》等もまた爾前《にぜん》の経に依るの日は、しばらくこの筋あり。また独り人師のみにあ

念仏の教えは末代に仏の教えが滅びつくした後の濁世の衆生を利益するだけである」という。これらの人だけでなく、すべて諸宗の学者も無量寿経の説と同じように考えている。とくに天台宗の学者は源信以後はこの教えに背く者はないであろうと思うがどうか。

答えていう、法華経以前の四十余年に説かれた経々は、それぞれ時と機根とによって興《おこ》り廃《すた》りがあるから、大部分は浄土三部経より以前に滅びつきてしまうであろう。それらの大小乗経は、声聞・縁覚・菩薩の三乗が現在の生涯において覚りを開くことを説いている。ところが末代においては人の機根は劣っているから現在の生涯において覚る者は非常に希少である。ゆえに十方の浄土に往生することを勧める教えを末代の劣った衆生に説いて利益《りやく》するのである。十方の浄土の中でも、とくに西方の極楽浄土は、この娑婆世界に近く、また最も劣った浄土であるから、凡夫にも往生の可能性があること、さらに太陽が東から出て西に沈むから浄土を思い浮かべやすいことなどから、諸経は多く西方往生を勧めているのである。それゆえに浄土宗の祖師たちばかりでなく、天台大師や妙楽大師も法華経以前の経に依る時には、西方浄土を勧めることもある。

らず、竜樹《りゅうじゅ》・天親《てんじん》もこの意あり。これ一義なり。また仁王《にんのう》経等のごときは、浄土の三部経よりなお久しく末法万年の後《のち》八千年住すべしと。故に爾前の諸経においては一定すべからず。

第二に、法華・涅槃と浄土三部経との久住・不久住を明かさば、問うて云く、法華・涅槃と浄土三部経と何《いず》れか先に滅すべきや。答えて云く、法華・涅槃より已前に、浄土三部経は滅すべきなり。問うて云く、何をもつてこれを知るや。答えて云く、無量義経に四十余年の大部《だいぶ》の諸経を挙げ了《おわ》つて「未顕真《みけんしん》実《じつ》」と云う。故に双観経《そうかんぎょう》等の「特留此経《とくるしきょう》」の言は、皆方便《ほうべん》なり、虚妄《こもう》なり。華厳《けごん》・方等《ほうどう》・般若《はんにゃ》・観経*等の速疾《そくしつ》・歴劫《りゃっこう》の往生*・成仏*は、無量義経の実義をもつてこれを撿《かんが》うるに、

また中国の人師ばかりでなく、インドの竜樹や天親にも浄土往生の信仰があった。これらの念仏が久しく存続するという考え方は、仏教の中では一つの意見にすぎない。仁王般若経の嘱累品には、末法万年の後八千年も存続するであろうとあるから、浄土三部経より久しく続くわけである。それゆえに法華経以前の諸経においては、どの経が最も久しく存続するかを決定しがたいのである。

法華・涅槃と浄土三部経との久住について

第二に法華経・涅槃経と浄土三部経といずれが久しく存続するかについて説明しよう。問うていう、法華経・涅槃経と浄土三部経といずれが先に滅びるであろうか。答えていう、浄土三部経の方が先に滅びるであろう。問うていう、どうしてそれがわかるのか。答えていう、無量義経に四十余年の間に説かれた代表的な経典の名をあげて、「いまだ真実を顕わさず」という。それゆえに無量寿経などの「特にこの経を留めること百年」の言《ことば》はみな方便であり、虚妄である。華厳経・方等部の諸経・般若経・観無量寿経などの諸経に見える往生・成仏は、それが速《すみや》かにであれ長い年月の修行を要するものであれ、いずれも無量義経の真実義から考えてみると「無量無辺の思い測《はか》ることのできない無数の時間を経て修行しても、ついに覚りを開くことはできない。（中略）これらの経の修

「無量無辺不可思議阿僧祇劫《あそうぎこう》を過ぐれども、終《つい》に無上菩提を成ずることを得ず。乃至《ないし》、険《けわ》しき逕《みち》を行くに留難《るなん》多きが故に」という経なり。往生・成仏倶《とも》に別時意趣《べつじいしゅ》なり。大集《だいしゅう》・双《そう》観経《かんぎょう》等の住滅の先後は皆随宜《ずいぎ》の一説なり。法華経に来《きた》らざる以前は、彼《か》の*外道《げどう》の説に同じ。譬えば、江河《ごうが》の大海《たいかい》に趣《おもむ》かず、民《たみ》・臣《しん》の大王に随わざるがごとし。身を苦しめ行を作《な》すとも、法華・涅槃に至らざれば、一分の利益なく、有因無果《ういんむか》の外道《げどう》なり。在世・滅後倶《とも》に教ありて人なく、行《ぎょう》ありて証《しょう》なきなり。諸木は枯るるといえども松柏《しょうはく》は萎《しぼ》まず、衆草は散るといえども鞠竹《きくちく》は変ぜず。法華経もまたかくのごとし。釈尊の三説・多宝の証明《しょうみょう》・諸仏の舌相《ぜっそう》、偏《ひとえ》に*令法久住《りょうぼうくじゅう》にあるが故なり。

行は険《けわ》しい道を行くのにさまざまな障害が多いのと同じである」と否定されている。ゆえにこれらの諸経に説かれる往生や成仏は、ともに功徳を積めば何時《いつ》かは仏に成れるというにすぎないのである。大集経や無量寿経に、経々の存続するか滅亡するかについて先後次第を説くのは、みな方便の一説である。法華経以前の方便の経は外道の説と同じで、とうてい往生・成仏はできない。たとえば、江河の水は大海に流れ入らなければ一つにならず、民衆や臣下も大王に随わなければ統一されないようなものである。どんなに身体を苦しめて修行をしても、法華経・涅槃経に来なければ少しの利益もなく、修行の因があっても覚りの果を得ない外道と同じことである。末法だけでなく仏の在世でも滅後でも、教えはあっても正しい修行をする人はなく、また修行をしても証《さと》りを得ることのない教えなのである。しかし、冬が来ると木々は枯れて葉が落ちるけれども、松や柏は青々としている。霜が降りると多くの草花は枯れてしまうが、菊は花開き竹は青々としている。法華経もまた同じように諸経が滅びつきても永く衆生を利益しつづけるであろう。釈尊が法華経法師品で「已説・今説・当説の三説に超過している」といわれたのも、宝塔品で多宝如来が法華経の真実を証明されたのも、神力品で十方分身の諸仏が舌を梵天に付けて釈尊の説法の真実を証明されたのも、みなその目的は法華経をこの世に永く存続させるためである。

問うて云く、諸経滅尽の後、特《ひと》り法華経のみ留まるべき証文如何《いかん》。答えて云く、法華経の法師品に釈尊自《みずか》ら流通《るつう》せしめて云く、「我《わが》所説の経典は無量千万億にして、已《すで》に説き今《いま》説き当《まさ》に説かん。しかもその中において、この法華経最もこれ難信難解《なんしんなんげ》なり」と云云。文《もん》の意《こころ》は、一代五十年の*已今当《いこんとう》の三説において最も第一の経なり。八万聖教の中に殊に未来に留めんと欲して説きたまいしなり。故に次の品に、多宝如来は地より涌出《ゆじゅつ》し、分身《ふんじん》の諸仏は十方より一処に来集《らいじゅう》し、釈迦如来は諸仏を御使《おんつかい》として、八万四百万億那由佗の世界に充満せる菩薩・二乗・人《にん》・天・*八部等を責《せめ》て云く、多宝如来並に十方の諸仏の涌出来集の意趣は、偏《ひとえ》に令法久住のためなり。各《おのおの》三説の諸経滅尽の後、慥《たし》かに未来*五濁《ごじょく》の難信の世界において、この経を弘めんと誓言《せいごん》を立てよと。時に二万の菩薩、八十万億那由佗の菩薩、各誓状《せいじょう》を立てて云く、「我身命《われしんみょう》を愛せず、た

問うていう、諸経がすべて滅びつきた後に、とくに法華経だけが残るという明瞭な証文があるかどうか。答えていう、法華経法師品に釈尊みずからがこの法華経を未来に流通させるために「わが説くところの経典は無量千万億の多数であり、前に説き、今説き、後にも説くであろうが、その中でこの法華経が最も信じがたく解《さと》りがたい」といわれた。この文の意味は、釈尊一代五十年の間に説かれた過去・現在・未来の三説の中で、この法華経が最もすぐれた経典であって、八万四千の聖教の中で、とくに未来の人びとのために留めておきたいと思って説かれたのである。それゆえに次の宝塔品では、多宝如来が大地より涌出し、分身の諸仏は十方世界から集まり来たって、釈尊はその分身の諸仏を御使いとして、八方の四百万億の世界に充ち満ちている菩薩や二乗や人間や天の神々や八部の衆を叱責して、「多宝如来や十方の諸仏が大地より涌出し来集した目的は、すべて法華経を久しく存続させるためである。汝らは三説の諸経が滅びつきた後に、五濁のために正法を信じがたくなった未来の世界に、確かにこの法華経を弘めることを誓え」といわれた。この釈尊の勧めに答えて勧持品では二万の菩薩や八十万億那由他の菩薩がそれぞれ誓いを立てて「私どもは身命を惜しまず、ただ無上道を惜しみます」といい、嘱累品では千世界の微塵のような多くの地涌の菩薩や文殊などの菩薩もみな誓って「われらは仏の滅後に（中略）広くこの経を説き弘めま

だ無上道を惜しむ」と。千世界の微塵の菩薩、文殊等皆誓つて云く、「我等《われら》仏の滅後において、乃至、当《まさ》に広く此《こ》の経を説くべし」と云云。その後《のち》、仏*十喩《じゅうゆ》を挙げたもう。その第一の喩《たとえ》は、川流江河《せんるごうが》をもつて四十余年の諸経に譬え、法華経をもつて大海に譬う。末代濁悪の無慚無愧《むざんむき》の大旱魃《だいかんばつ》の時、四味《しみ》の川流江河は竭《つ》るといえども、法華経の大海は減少せず等と説き了りて、次下《つぎしも》に正《まさ》しく説いて云く、「我《わ》が滅度の後《のち》、後《のち》の五百歳の中に閻浮提に広宣《こうせん》流布《るふ》して、断絶せしむることなけん」と定め了んぬ。

　つらつら文の次第を案《あん》ずるに、「我が滅度の後」の次の「後」の字は、四十余年の諸経滅尽の後の後の字なり。故に法華経の流通《るつう》たる涅槃経に云く、「まさに無上の仏法をもつて諸《もろもろ》の菩薩に付すべし。諸の菩薩は善《よ》く能《よ》く問答するをもつてなり。かくのごときの法宝《ほうほう》はすなわち久住《くじゅう》することを得て、無量千世《むりょうせんぜ》にも

す」といわれたのである。その後、仏は薬王品で十の喩《たとえ》をあげて法華経が諸経にすぐれて尊いことを説かれたが、その第一の喩は、四十余年の諸経をもろもろの河にたとえ、法華経を大海にたとえている。末代の濁悪の良心を失い反省することを忘れた大旱魃のような時代に、華厳・阿含・方等・般若の法華経以前の四味の諸河は水が竭《つ》きてしまっても、法華経の大海だけは水が少しも減ることはない。こう説き終わって後、次にまさしく仏の本意を述べて「わが滅度の後、後の五百年の中に、この経を広く世界の内に流布させて、断絶させてはならない」と定められたのである。

　この経文の意味をよく考えてみると、「わが滅度の後」の次の「後」の字は、四十余年の間に説かれた諸経が滅びつきた後のことを「後」といわれたのである。それゆえに法華経の流通分である涅槃経の寿命品に「この無上の仏法をもろもろの菩薩たちに委嘱《いしょく》する。菩薩たちは問答に巧みだからである。この教法は久しく世に存続して、無量の千世の未来までも教えはさかんであって、衆生を利益し安穏にしつづけるであろう」といわれている。これらの経文によれば、法華経・涅槃経は無

増益熾盛《ぞうやくしじょう》にして衆生を利安《りあん》すべし」と〈已上〉。かくのごときらの文は、法華・涅槃は無量百歳にも絶《た》ゆべからざる経なり。この義を知らざる世間の学者は、大集権門《だいしゅうごんもん》の*五五百歳の文《もん》をもつてこの経に同《どう》じ、浄土三部経より已前に滅尽すべしと存せる立義《りゅうぎ》は、一経先後《いっきょうせんご》の起《き》尽《じん》を忘れたるなり。

問うて云く、上《かみ》に挙ぐるところの曇鸞《どんらん》・道《どう》綽《しゃく》・善導《ぜんどう》・慧心《えしん》等の諸師、皆法華・真言等の諸経において末代不相応《まつだいふそうおう》の釈を作る。これに依りて*源空《げんくう》並に所化《しょけ》の弟子、法華・真言等をもつて雑行《ぞうぎょう》と立て、難行道と疎《うと》み、行者をば群賊《ぐんぞく》・悪衆《あくしゅ》・悪見《あっけん》の人《ひと》等と罵《ののし》り、或は祖父《そふ》の履《くつ》に類し〈聖光房《しょうこうぼう》の語〉、或は絃歌《げんか》等にも劣る〈南無房《なむぼう》の語〉と云う。その意趣《いしゅ》を尋ぬれば、偏に時機不相応の義を存するが故なり。これらの人師の釈を如何《いか》にこれを会《え》すべきや。答えて云く、釈迦如来一代五十年の説教、一仏の金言《きんげん》において権実《ごんじつ》二教を分け、権経を捨て

量の百年にも絶えることのない経である。このことを知らない世間の学者が、方便である大集経の「第五の五百歳には仏法が滅びる」とある経文に法華経をあてはめて、法華経・涅槃経は浄土三部経より前に滅びてしまうと思うのは、法華経一部の経文の前後始終の大綱を知らないための誤った解釈である。

問うていう、上にあげた曇鸞・道綽・善導・恵心などの諸師は、みな法華・真言などの諸経を末代の時・機に合わない教であると解釈した。これら先師の解釈にもとづいて法然房源空とその弟子は、法華・真言の教法を往生の役に立たない雑行といい、難行道として斥《しりぞ》け、その行者を群賊とも悪衆とも悪見の人とも罵《ののし》り、また聖光房は祖父の履物《はきもの》を孫がはくようなもので役に立たないといい、南無房は絃歌は人の心を慰めるが法華・真言は何の役にも立たない教えだといった。これらの意見は要するに法華・真言などは末法の時機に合わないということである。これらの人びとの解釈をどのように考えたらよいのであろうか。答えていう、釈迦如来の一代五十年の説教については、釈尊みずからが方便と真実の二教を区別し、方便経を捨てて真実経に入れと明瞭に述べられている。ゆえに「もしただ仏乗の教えだけを賞《ほ》め讃《たた》えたならば、衆生は理解でき

て実経に入らしむる仏語顕然《けんねん》たり。ここにおいて、「もしただ仏乗を讃ぜば、衆生は苦に没《もっ》在《ざい》せん」の道理を恐れ、しばらく四十二年の権経を説くといえども、「もし小乗をもつて化《け》すること、乃至《ないし》一人においてもせば、我《われ》すなわち慳貪《けんどん》に堕《だ》せん」の失《とが》を脱《のが》れんがために、「大乗に入るにこれ本《もと》なり」の義を存し、本意を遂《と》げて法華経を説きたもう。しかるに涅槃経に至りて、「我《われ》滅度せば必ず四依を出《いだ》して、権実二教を弘通《ぐずう》せしめん」と約束し了んぬ。故に竜樹《りゅうじゅ》菩薩は如来の滅後八百年に出世して、十住毘婆沙《じゅうじゅうびばしゃ》等の権論《ごんろん》を造りて華厳・方等・般若等の意を宣《の》べ、*大論《だいろん》を造りて般若・法華の差別を分つ。天親《てんじん》菩薩は如来の滅後九百年に出世して、倶舎論《くしゃろん》を造りて小乗の意を宣《の》べ、唯識論《ゆいしきろん》を造りて方等部の意を宣《の》べ、最後に仏性論《ぶっしょうろん》を造りて法華・涅槃の意を宣《の》べ、了教《りょうきょう》・不了教を分ちて、あえて仏の遺言に違《たが》わず。末の論師《ろんじ》並に訳者の時に至りては、

ないで苦しみに沈むであろう」（方便品）という道理を恐れて、とりあえず四十二年の間は方便経を説かれたけれども、「もし小乗の教えによって、ただ一人でも教化すれば、仏は法を惜しむの罪を犯したことになる」過失を脱れるために、「真実の大乗に入ることが本来の目的である」考えによって、ついにこの目的を達成するために法華経を説かれたのである。その後、涅槃経の如来性品で「わが滅度の後には、必ず衆生の拠りどころとなる導師を遣《つか》わして、方便・真実の二教を弘めさせるであろう」と約束されたのである。この約束に応《こた》えて、竜樹菩薩は仏の滅後八百年に世に出て、十住毘婆沙論などの方便の論書を作って華厳・方等・般若などの方便の大乗経の意味を述べ、次に大智度論を作って般若経と法華経との相異を分別し、真実の大乗たる法華経が般若経よりもすぐれていると判定された。天親菩薩は仏の滅後九百年に世に出て、倶舎論を作って小乗経の意味を述べ、次に唯識論を作って方等部の意味を述べ、最後に仏性論を作って法華経と涅槃経の意味を述べて、了義経と不了義経とを分別した。このように、竜樹・天親などは決して仏の御遺言に背くことなく、先に方便経の意を述べ、最後に法華経・涅槃経の意を説いたのである。しかし、後世の論師や訳者の時になると、それぞれ方便経に執着して、真実経の文を曲げて方便経に入れたので、方便と真実とが混雑して区別がつかなくなってしまった。これから仏教の信仰が混乱す

一向権経《ごんきょう》に執《しゅう》するが故に、実経を会《え》して権経に入れ、権実雑乱《ごんじつぞうらん》の失出来《とがしゅつたい》せり。また*人師《にんし》の時に至りては、各《おのおの》依憑の経をもつて本《もと》となすが故に、余経をもつて権経となす。これよりいよいよ仏意に背く。

しかるに浄土の三師においては、鸞《らん》・綽《しゃく》の二師は十住毘婆沙論に依りて難易《なんい》・聖浄《しょうじょう》の二道を立つ。もし本論に違《たが》いて、法華・真言等をもつて難易の内に入《い》るれば、信用に及ばず。随つて浄土論註《じょうどろんちゅう》並に安楽集《あんらくしゅう》を見るに、多分は本論の意に違わず。善導和尚はまた浄土三部経に依りて、弥陀称名《みだしょうみょう》等の一行一願《いちぎょういちがん》の往《おう》生《じょう》を立つる時、梁《りょう》・陳《ちん》・隋《ずい》・唐《とう》の四代の摂論《しょうろん》師《じ》、総じて一代聖教をもつて別時意趣《べつじいしゅ》と定む。善導和尚の存念《ぞんねん》に違えるが故に、摂論師を破する時、彼《か》の人を群賊等に譬う。順次《じゅんじ》往《おう》生《じょう》の功徳を賊するが故に、その所行を雑行と称す。必ず万行《まんぎょう》をもつて往生の素懐《そかい》を遂《と》ぐる故をば、この人初むる故に「千中無一《せんちゅうむいち》」と嫌

るという状況が生じたのである。また中国の諸宗の人師の時になると、それぞれ自宗の拠りどころとする経を根本として一切経を読んだから、他経をすべて方便経としたのである。かくして論師も訳者も人師もいずれもますます仏の御意《みこころ》に背くことになったのである。

ところが浄土宗の三師の中でも、曇鸞《どんらん》と道綽《どうしゃく》の二人はともに十住毘婆沙論によって、仏一代の仏教を難行道と易行道、聖道門と浄土門に分けたのである。しかし、もし十住毘婆沙論に相違して、勝手に法華・真言などを難行道・易行道の区別の対象にしているのならば、この人びとの説を信用することはできない。そこで曇鸞の浄土論註や道綽の安楽集を調べてみると、だいたいは十住毘婆沙論の意に背くことなく説いている。善導和尚も浄土三部経によって、南無阿弥陀仏という称名の一行と西方極楽往生の一願とを説き勧めたのであるが、梁・陳・隋・唐の四代の摂論宗の人びとが、四意趣を立てて一代聖教を分別する時、念仏称名の行を別時意趣と判定したことが善導の考えと相違していたから、摂論師を破斥する時に彼らを指して群賊などにたとえたのである。それは摂論師が死後は必ず極楽に往生するという念仏の功徳を妨げたからである。また摂論師はさまざまな修行によっても極楽往生ができるというから、彼らの修行を雑行といったのである。またこの諸行による往生の教えを始

えり。この故に善導和尚も雑行の言《ことば》の中に、あえて法華・真言等を入れず。

日《に》本国《ほんこく》の*源信僧都《げんしんそうず》はまた叡山第十八代の座《ざ》主慈慧《すじえ》大師の御弟子《みでし》なり。多くの書を造れども皆法華を弘めんがためなり。しかるに往生《おうじょう》要集《ようしゅう》を造るの意は、爾前四十余年の諸経において*往生《おうじょう》・*成仏《じょうぶつ》の二義あり。成仏の難行《なんぎょう》に対して往生易行《いぎょう》の義を存し、往生の業《ごう》の中において菩提心《ぼだいしん》・観念の念仏をもつて最上となす。故に大文第十の問答料簡《もんどうりょうけん》の中、第七の諸行《しょぎょう》勝劣門《しょうれつもん》においては、念仏をもつて最勝となす。次下《つぎしも》に爾前最勝《にぜんさいしょう》の念仏をもつて、法華経の*一《いち》念信解《ねんしんげ》の功徳に対して勝劣を判ずる時《とき》、一念信解の功徳は念仏三昧より勝《すぐ》るること百千万倍なりと定めたまえり。まさに知るべし、往生要集の意は、爾前最上の念仏をもつて法華最下の功徳に対して、人をして法華経に入らしめんがために造るところの書なり。故に往

めたのも摂論師であったから、これを「千人に一人も往生することはできない」と斥《しりぞ》けたのである。だから善導が雑行の中に入れたのではない。したがって、決して法華・真言などを雑行の中に入れたのではない。

日本国の恵心僧都源信は、比叡山第十八代の座主である慈恵大師良源《りょうげん》の御弟子である。多くの書物を作ったのは、みな法華経を弘めることを目的としていた。往生要集を作った目的も同じである。源信は、法華経以前の四十余年の諸経の中に往生を説く経と成仏を説く経の二種があり、その成仏の難行を捨てて往生の易行を選んだのであるが、その往生の行業の中でも菩提心を磨《みが》く観念の念仏を最もすぐれたものとした。それゆえに第十章の問答料簡の第七番に諸行の勝劣を判ずる時には、念仏を往生のための最勝の行と判定した。そして次に法華経以前の四十余年の諸経の中では最勝の行である念仏と、法華経の一念信解の功徳とを比べて勝劣を判定する時、一念の信心の功徳は念仏三昧よりすぐれること百千万倍であると決定した。そこで往生要集を作った源信の真意は、四十余年の方便経の中では最上の念仏を、法華経の最下の功徳と比べ、法華経の方がすぐれていることを明らかにして、すべての人びとに法華経を信じさせようとすることにあったことが知られる。それゆえに恵心僧都は往生要集の後に一乗要決を作って、自分の本当の信仰を述べた時には、法華経を根本とされたのである。つまり恵心僧都は法華経を捨てて念仏

生要集の後《のち》に*一乗要決《いちじょうようけつ》を造りて自身の内証を述ぶる時、法華経をもつて本意となす。

しかるに源空《げんくう》並に所化《しょけ》の衆《しゅ》、この義を知らざるが故に、法華・真言をもつて三師並に源信の所破の難《なん》・聖《しょう》・雑《ぞう》並に往生要集の序の顕密の中に入れて、三師並に源信を法華・真言の謗法の人となす。その上、日本国の一切の道俗を化《け》し、法華・真言において時機不相応の旨《むね》を習わしめ、在家《ざいけ》・出家の諸人において法華・真言の結縁《けちえん》を留《とど》む。あに仏の記《しる》したもうところの「悪世の中の比丘は邪智にして心諂曲《てんごく》」の人にあらずや。また「則《すなわ》ち一切世間の仏種《ぶっしゅ》を断ずる」の失《とが》を免《まぬが》るべきや。その上、山門・寺門・東寺・天台並に日本国中の法華・真言等を習う諸人を群賊・悪衆・悪見の人等に譬うる源空が重罪、何《いず》れの劫《こう》にかその苦果《くか》を経尽《けいじん》すべきや。法華経の法師品《ほっしほん》に持経《じきょう》者《しゃ》を罵《ののし》る罪を説いて云く、「もし悪人ありて、不善の心をもつて、一劫の中において、現に

を信じよと説いたわけではないのである。

ところが源空やその弟子たちはこのわけを知らないで、曇鸞・道綽・善導が破斥のために立てた難行道・聖道門・雑行や、源信が往生要集の序文に述べた顕密二教の中に法華・真言を入れて、三師と源信とを法華・真言の謗法の人としてしまった。そのうえ、日本国じゅうの一切の出家や在家の人びとに、法華や真言の教えは深すぎて末法の時機には合わない教えであると教えて、彼らが法華・真言と縁を結ぶことのできないようにしたのである。これは仏が法華経勧持《かんじ》品に予言した「悪世の中の比丘は、邪《よこしま》な智恵にたけ、心は曲がっている」といわれた人ではないだろうか。もしそうならば、仏が法華経譬喩品に説かれた「もしこの経を信ぜず謗《そし》るならば、一切世間の成仏の種を断ち切って、死後は無間《むけん》地獄に堕ちるであろう」という罪を免れることはできない。そのうえ、比叡山の門流・三井寺《みいでら》の門流・東寺の密教・天台の密教、さらには日本国じゅうの法華経や真言経を学ぶ人びとを、群賊や悪衆、悪見の人などにたとえた源空の罪は極めて重く、いつの世になってその罪の報いを消すことができるであろうか、とてもその日が来ようとは思われない。法華経の法師品にこの法華経を持《たも》つ者を罵る罪を説いて、「もし悪人がいて、善くない心から仏の眼前で一劫の長い間、常に仏を毀《そし》り罵っても、その

仏前において、常に仏を毀罵《きめ》せん、その罪なお軽《かろ》し。もし人一つの悪言《あくごん》をもつて、在家・出家の法華経を読誦する者を毀訾《きし》せん、その罪甚だ重し」〈已上経文〉。一人の持者を罵る罪すらなおかくのごとし。いわんや、書を造り日本国の諸人に罵らしむる罪をや。いかにいわんや、この経を「千中無一」と定め、法華経を行ずる人に疑いを生ぜしむる罪をや。いかにいわんや、この経を捨てて観経等の権経に遷《うつ》らしむる謗法《ほうぼう》の罪をや。願わくは一切の源空が所化の四衆《ししゅ》、頓《とみ》に選択集《せんちゃくしゅう》の邪法を捨てて忽《たちま》ちに法華経に遷《うつ》り、今度《このたび》阿鼻《あび》の炎《ほのお》を脱《のが》れよ。

問うて云く、正《まさ》しく源空が法華経を誹謗する証文如何《いかん》。答えて云く、法華経の第二に云く、「もし人《ひと》信ぜずしてこの経を毀謗《きほう》せば、則ち一切世間の仏種を断ぜん」と〈経文〉。不信の相貌《そうみょう》は人をして法華経を捨てしむればなり。故に天親《てんじん》菩薩の仏性論の第一にこの文を

罪はまだ軽い。もし人がいて、法華経を読誦する出家や在家の人をたった一つの悪言で毀り罵ったとしたら、その罪は極めて重い」という。ただ一人の法華経を持《たも》つ者を罵る罪でさえも仏を罵る罪よりも重いというのである。まして源空のように書物を作って、日本国じゅうの人びとに法華経を持つ者を罵らせた罪はどれほど重いであろうか。そのうえ、法華経によって修行をしても千人に一人も覚りを得る者はないなどといって、法華経を信じ修行している人に疑いの心を起こさせた罪はどうであろうか。まして、法華経の真実経を捨てて観無量寿経などの方便経に移らせる謗法の罪はどうであろうか。これらの罪は実に重いのである。どうか源空のすべての弟子・信者たちよ、すみやかに選択集の邪《よこしま》な教えを捨てて法華経の信仰に入って、今度こそ無間地獄の苦しみを脱れるよう、よく考えなさい。

問うていう、源空が法華経を誹謗したという明瞭な証文は何であるか。答えていう、法華経第二巻の譬喩品に「もし人がこの経を信じないで誹《そし》ったならば、一切世間の成仏の種を断ち切る人である」とある。不信ということの様相は、人に法華経を捨てさせることである。それゆえに天親菩薩の仏性論第一にこの文を解釈して、「もし大乗を憎んだり背いたりする者は、不成仏の一闡提となる原因である。それは自分一人でなく

釈して云く、「もし大乗に憎背《ぞうはい》するは、これはこれ*一闡提《いっせんだい》の因なり。衆生《しゅじょう》をしてこの法を捨てしむるをもつての故なり」と〈論文〉。謗法の相貌《そうみょう》はこの法を捨てしむるが故なり。選択集は人をして法華経を捨てしむる書にあらずや。「閣抛《かくほう》」の二字は仏性論の「憎背《ぞうはい》」の二字にあらずや。また法華経誹謗《ひほう》の相貌《そうみょう》は四十余年の諸経のごとく、*小善成仏《しょうぜんじょうぶつ》をもつて別時《べつじ》意《い》趣《しゅ》と定むる等なり。故に天台の釈に云く、「もし小善成仏を信ぜずんば、則ち世間の仏種を断ずるなり」と。妙楽重ねてこの義を宣《の》べて云く、「この経は遍《あま》ねく六道《ろくどう》の仏種を開す。もしこの経を謗ぜば、義断《ぎだん》に当《あた》るなり」と。釈迦・多宝・十方の諸仏・天親・天台・妙楽の意《こころ》のごとくんば、源空は謗法の者なり。詮ずるところ、選択集の意は、人をして法華・真言を捨てしめんと定めて書き了《おわ》んぬ。謗法の義疑いなきものなり。

衆生に大乗の法を捨てさせるからである」と述べている。謗法の様相は、人にこの法を捨てさせることである。選択集は人に法華経を捨てさせて罪を作らせるところの書物ではないか。「閣《さし》けよ、抛《なげう》てよ」という二字は、仏性論の「憎み背く」という二字と同じではないか。また法華経を謗る様相としては、法華経を四十余年の諸経と同等に取り扱い、方便品の「小善でも成仏する」という経文を、別時意趣であると判定したことなどである。ゆえに天台大師は法華文句の巻五に「もし法華経の小善成仏を信じないならば、世間の人びとの成仏の種を断《た》つことになる」と解釈され、妙楽大師は法華文句記の巻五に重ねてこれを注釈して、「この法華経は広く地獄・餓鬼・畜生・修羅・人間・天上の六道の衆生にも成仏の種があまねく存在していると明かしている。それゆえに、もしこの経を謗るならば、一切世間の成仏の種を断つことになる」といわれている。以上のように、釈迦・多宝・十方の諸仏や天親・天台・妙楽の意見から考えてみると、源空はまさしく謗法の者であるといわねばならない。要するに選択集は、世間の人びとに法華・真言を捨てさせようと思いきって書かれた書物であって、謗法の書物であることは疑いないのである。

大文の第三に、選択《せんちゃく》集の謗法の縁起《えんぎ》を出《いだ》さば、問うて云く、何《いず》れの証拠をもつて源空を謗法の者と称するや。答えて云く、選択集《せんちゃくしゅう》の現文《げんもん》を見るに、一代聖教をもつて二に分《わか》つ。一には、聖道《しょうどう》・難行《なんぎょう》・雑行《ぞうぎょう》、二には、浄土・易行《いぎょう》・正行《しょうぎょう》なり。その中に聖・難・雑と云うは、華厳《けごん》・阿含《あごん》・方等《ほうどう》・般若《はんにゃ》・法華《ほっけ》・涅槃《ねはん》・大日経《だいにちきょう》等なり〈取意〉。浄・易・正と云うは、浄土三部経の称名念仏等なり〈取意〉。聖・難・雑の失《しつ》を判ずるには、末代の凡夫これを行ぜば、百の時に希《まれ》に一、二を得《え》、千の時に希に三、五を得ん、或は千が中に一もなし、或は群賊・悪衆・邪見・悪見・邪雑《じゃぞう》の人等と定むるなり。浄・易・正の得《とく》を判ずるには、末代の凡夫これを行ぜば、十は即ち十生じ、百は即ち百生ぜん等なり。謗法の邪義これな

三　選択集の謗法の理由について

大段の第三に、選択集が謗法であることの理由を説明しよう。問うていう、何を証拠として源空を謗法の人というのであるか。答えていう、選択集をよく読めば、それが謗法の書であることは明らかである。選択集の文章を見ると、まず一代の聖教を二つに分け、一を聖道門・難行道・雑行とし、一を浄土門・易行道・正行としている。その中の聖道・難行・雑行に属する経は、華厳・阿含・方等・般若・法華・涅槃・大日経などである〈取意〉。浄土・易行・正行とは、無量寿経・観無量寿経・阿弥陀経の浄土三部経に説く称名念仏の教えである〈取意〉。その聖道・難行・雑行の教えの欠点を批判しては、もし末代の凡夫がこれを修行しても百人にわずか一人か二人、千人にわずか三人か五人はあるいは往生をする者もあろうが、それは特別にすぐれた機根の人に限るのであって、普通には千人に一人も往生する者はないのであるといい、あるいは聖道の人びとを群賊・悪衆・邪見・悪見・邪雑の人であると断定しているのである。これに対して浄土・易行・正行の長所を述べるには、末代の凡夫がこれを修行すれば、十人は十人、百人は百人、すべて浄土に往生できるであろう、といった。謗法の邪義といったのはこのことである。

り。

問うて云く、一代聖教を*聖道・浄土、*難行・易行、*正行・雑行と分つ。その中に、難・聖・雑をもって、時機《じき》不《ふ》相応《そうおう》と称すること、ただ源空一人《げんくういちにん》の新義にあらず。曇鸞《どんらん》・道《どう》綽《しゃく》・善導《ぜんどう》の三師の義なり。これまたこれらの人師《にんし》の私《わたくし》の案《あん》にあらず。その源《みなもと》は竜樹《りゅうじゅ》菩薩の十住毘婆沙論より出でたり。もし源空を謗法《ほうぼう》の者と称せば、竜樹菩薩並に三師を謗法の者と称するにあらずや。答えて云く、竜樹菩薩並に三師の意は、法華已前の四十余年の経々において難易等の義を存す。しかるに源空より已来《このかた》、竜樹並に三師の難行等の語《ご》を借りて、法華・真言等をもって難・雑等の内に入れぬ。所化《しょけ》の弟子、師の失《とが》を知らず。この邪義をもって正義《しょうぎ》なりと存じ、この国に流布せしむるが故に、国中の万民は悉く法華・真言等において時機不相応の想《おもい》をなす。その上、世間を貪《むさぼ》る天台・真言の学者、世の情《こころ》に随わ

問うていう、仏一代の聖教を聖道門と浄土門、難行道と易行道、正行と雑行に分けて、その中の聖道・難行・雑行を末代の時機に合わない教えであるというのは、ただ源空一人が新しく言い出したことではなく、中国の曇鸞・道綽・善導の三師の意見でもある。またこの三師の勝手な私の考えではなく、その源は竜樹菩薩の十住毘婆沙論から出たのである。もし源空を謗法の者というならば、竜樹菩薩や中国の三師もみな謗法の者ということになるのではないか。答えていう、竜樹菩薩や三師は、法華経以前の四十余年の経々について難行・易行などの区別を立てたのであって、法華経などを含めていなかったことは、すでに前に述べた通りである。ところが源空が選択集を著わして以来、竜樹や三師が用いた難行・易行などの語を借りて意味を変え、法華経や真言経までも難行や雑行などの内に入れてしまったのである。源空の弟子たちは、師源空の犯したこの過失を知らないで、この邪義を正しい教えだと思いこんで、日本国じゅうに弘めたので、国中の万民はみな法華・真言などは末代の時機に合わない教えだと思うようになった。そのうえ、さらに罪深いことには、世間の名誉や利欲を望む天台や真言の学者たちが、世間の人びとの情にへつらって、自分の宗旨とするところの法華や真言は時機に合わないなどと悪言を吐いて、かえって自分たちの敵である選択集の邪義を

んがために、法華・真言等において時機不相応の悪言《あくごん》を吐き、選択集の邪義を扶《たす》け、一旦《いったん》の欲心に依りて、釈迦・多宝並に十方の諸仏の御評定《ごひょうじょう》の「法をして久住《くじゅう》せしめ」「閻浮提《えんぶだい》において広宣流布せしむ」との誠言《じょうごん》を壊《やぶ》り、一切衆生《いっさいしゅじょう》において一切三世《いっさいさんぜ》十方《じっぽう》の諸仏の舌を切るの罪を得せしむ。偏《ひとえ》にこれ「悪世の中の比丘は邪智にして、心諂曲《てんごく》に、いまだ得ざるをこれ得たりと謂《おも》い、乃至《ないし》、悪鬼その身に入りて、仏の方便《ほうべん》随宜《ずいぎ》所説《しょせつ》の法を知らざる」が故なり。

問うて云く、竜樹菩薩並に三師、法華・真言等をもつて難・聖・雑の内に入れざるを、源空私《わたくし》にこれを入《い》るとは何をもつてかこれを知るや。答えて云く、遠く余処に証拠を尋《たず》ぬべきにあらず。すなわち選択集にこれ見えたり。問うて云く、その証文如何《いかん》。答えて云く、選択集の第一篇に云く、「道綽禅師、聖道・浄土の二門を立て、聖道を捨てて正《まさ》しく浄土

助け、念仏の流布に力を貸し、一時のつまらぬ欲心から、釈迦・多宝・十方の諸仏が合議して決定された法華経宝塔品の「正法を久しくこの世に存続させる」、薬王品の「この世界に法華経を広く宣《の》べ伝え流布させる」との仏の金言を破り、一切衆生に三世十方の諸仏が舌を梵天につけて真実を証明されたその舌を切る罪を犯させたのである。この罪はまことに大きいものといわなければならない。これはすべて勧持品にいう「悪世の中の僧は邪《よこしま》な智恵にたけ、心は曲がって、まだ覚っていないのに覚ったなどと思い、（中略）悪魔にその心を奪われ、仏が衆生の機根に応じて説かれた方便の教えであるかどうかを知らない」ところにもとづくものである。

問うていう、竜樹菩薩や三師が法華・真言などを難行・聖道・雑行の内に入れなかったのに、源空が私に勝手に入れたというが、それはどうしてわかるのか、その証拠は何か。答えていう、それは遠いところに証拠を求めるまでもない。選択集を見れば源空の自分勝手な意見だという証拠は明白である。問うていう、その証文は何か。答えていう、選択集の第一篇を開くと、「道綽《どうしゃく》禅師が聖道・浄土の二門を立てて、聖道を捨てて正しく浄土に帰せよと勧める文」と標題を掲げて、次に安楽集の文を引いて、さらに「私に云わく」と源空自身の意見を述べている。その中

に帰するの文」と約束し了《おわ》つて、次下《つぎしも》に安楽《あんらく》集《しゅう》を引き、私の料簡《りょうけん》の段に云く、「初めに聖《しょう》道門《どうもん》とは、これについて二あり。一には大乗、二には小乗なり。大乗の中について、顕密《けんみつ》・権実《ごんじつ》等の不同ありといえども、今この集の意《こころ》は、ただ顕大《けんだい》及び権大《ごんだい》を存す。故に歴劫迂廻《りゃっこううえ》の行に当《あた》る。これに準《じゅん》じてこれを思うに、まさに密大《みつだい》および実大《じつだい》をも存すべし」と〈已上〉。選択集の文なり。この文の意《こころ》は、道綽禅師の安楽集の意《い》は、法華已前の大小乗経において、聖道・浄土の二門を分つといえども、我れ私に法華・真言等の実大・密大をもつて、四十余年の権大乗に同《どう》じて聖道門と称す。「準之《じゅんし》思之《しし》」の四字これなり。この意に依るが故に、また曇鸞の難・易の二道を引く時、私《わたくし》に法華・真言をもつて難行道の中に入れ、善導和尚の正《しょう》・雑《ぞう》二行を分つ時も、また私に法華・真言をもつて雑行の内に入る。総じて選択集の十六段に亘りて無量の謗法を作《な》す根源は、

に「まず聖道門とはこれに二つある。一には大乗で、二には小乗である。大乗の中にも顕教と密教、方便教と真実教などの区別があるが、今この安楽集では、ただ顕教大乗と方便大乗とだけを聖道門に入れている。ゆえにこれらの教えは、長い間修行して成仏する遠まわりの修行である、といって道綽はこれを破したのである。しかし今、これに準じてこれを考えてみると、密教大乗も真実大乗も聖道門の中に入れるべきであろう」とある。このように選択集の本文には明言している。この文の意味は、道綽禅師の安楽集は、法華経以前の大小乗経だけを対象として聖道・浄土の二門を分けたのであるが、源空は自分の考えでは法華・真言などの真実大乗や密教大乗をも四十余年の方便大乗と同じように聖道門に入れるべきであろうというのである。これは源空の自分勝手な解釈であって、「これに準じてこれを思うに」の四字によって源空が勝手な解釈をしたことは明白である。こういう考えであるから、曇鸞《どんらん》の難行・易行の二道を引く時も、勝手に法華・真言を難行道の中に入れてしまい、善導和尚の正行・雑行を分別する時も、また勝手に法華・真言を雑行の内に入れてしまったのである。総じて選択集の十六段にわたって無数の謗法を犯した根源は、この「これに準じてこれを思うに」の四字にあるのである。「これに準じて」といって、仏や先師の説を曲げて自分勝手な意見を述べた選択集の解釈は誤りであり、世間の多くの人を迷わせた

偏にこの四字より起る。誤れるかな、畏《おそろ》しきかな。

ここに源空の門弟、師の邪義を救うて云く、諸宗の常の習い、たとい経論の証文なしといえども、義類の同じきを聚めて一処に置く。しかも選択集《せんちゃくしゅう》の意《こころ》は、法華・真言等を集めて雑行《ぞうぎょう》の内に入れ、正行《しょうぎょう》に対してこれを捨つ。偏《ひとえ》に経の法体《ほったい》を嫌うにあらず。ただ風勢《ふぜい》なき末代の衆生を常没《じょうもつ》の凡夫と定めて、この機に易行《いぎょう》の法を選ぶ時、称名念仏《しょうみょうねんぶつ》をもってその機に当《あ》て、易行の法をもって諸教に勝《すぐ》ると立つ。権実《ごんじつ》・浅深《せんじん》等の勝劣を詮するにあらず。雑行と云うも嫌って雑行と云うにはあらず。雑《ぞう》と云うは不純を雑と云ふ。その上、諸の経論並に諸師もこの意《こころ》なきにあらず。故に叡山の先徳の往生要集《おうじょうようしゅう》の意《こころ》は偏《ひとえ》にこの義なり。所以《ゆえ》に往生要集の序に云く、「顕密の教法はその文一にあらず。事理《じり》の業因《ごういん》はその行《ぎょう》これ多し。利智精進《りちしょうじん》の人はいまだ難しとせず。

謗法の罪の報いは恐しいことである。

そこで源空の門弟たちが師の邪義の悪評を救うためにいうには、諸宗の常の習いとして、たとえ経論に確かな証拠の文がなくても、教義の似ているものを集めて一箇所に置くということは、どの宗にもよく見られるところである。しかも選択集は法華・真言などを集めて雑行の中に入れて、念仏の正行と比べてこれを捨てたけれども、決してその経のすぐれた教理そのものを否定するものではない。ただ教養もない末代の衆生を常に生死の苦海に沈む凡夫と定めて、こういう人びとに対して修行しやすい法を選ぶ時に、称名念仏が適当であるとして、この修行が諸教にすぐれていると立てたのである。教法が方便であるか真実であるか、教理が浅いか深いかを明らかにしようとしたのではないのである。また雑行といっても否定するために雑といったのではなく、ただ念仏の正行に対してその修行が単純でないのを雑といっただけである。そのうえ、もろもろの経論や諸師もこのような意見がないわけではない。そういうわけで、比叡山の先徳である恵心僧都の往生要集にもその意向が見える。往生要集の序文には、「顕教や密教の教法はその文が少なくない。修行や観念の行もまた多くある。しかし、これらの修行は智恵のすぐれた精進努力する人にはそれほど困難ではないだろうが、自分のような愚かな予がごとき頑魯《がんろ》の者、あにあえてせんや。この故に念仏の一門に依る」と云云。この序の意は、慧心先徳も法華・真言等を破《は》するにあらず。ただ偏に我等《われら》頑魯《がんろ》の者の時に当て、法華・真言は聞き難く行じ難きが故に、我が身鈍根《どんこん》なるが故なり。あえて法体を嫌うにはあらず。その上、序より已《い》外《げ》正宗《しょうしゅう》に至るまで十門あり。大文《だいもん》の第八門に述べて云く、「今念仏を勧むること、これ余の種種の妙行を遮するにあらず。ただこれ男女《なんにょ》・貴賤《きせん》、行住坐臥《ぎょうじゅうざが》を簡《えら》ばず、時処諸縁《じしょしょえん》を論ぜず、これを修《しゅ》するに難《かた》からず。乃至《ないし》、臨終には往生を願求《がんぐ》するに、その便宜《びんぎ》を得ること念仏には如《し》かず」と〈已上〉。これらの文を見るに、源空の選択集と源信の往生要集と、一巻と三巻の不同ありといえども、一代聖教《しょうぎょう》の中には易行を撰んで、末代の愚《ぐ》人《にん》を救わんと欲する意趣はただ同じ事なり。源空上人、真言・法華を難行と立てて悪道に堕《だ》せば、慧心先徳もまたこの失《とが》

者にはとうてい無理である。だから念仏の一門に依るのである」とある。この序によれば、恵心先徳も法華や真言の教義を破したのではなく、ただわれらのような愚かな者には、法華・真言は聞くに堪えがたく、修行しがたいから止めたのである。わが身が鈍根であるから法華・真言を止めたのであって、決して教理を否定したのではないのである。さらに要集は序文の次に本論を十章に分けているが、その第八章に「念仏を勧めることは、その他の種々の妙行を否定するのではない。ただ男女・貴賤にかかわらず、歩く時も止《とど》まる時も坐る時も臥《ね》る時も、いつでもどこでもどんな場合でも、修行しやすく、ついに最後臨終の時には西方極楽の往生を願うのに大変に都合のよいのはこの念仏が一番である」と述べている。これらの文を見れば、源空の選択集と源信の往生要集とは、一巻と三巻との違いはあっても、一代聖教の中から易行を選び出して、末代の愚人を救おうとする意向はまったく同じである。だからもし源空上人が真言や法華を難行道といったために地獄に堕ちるならば、恵心先徳もまた同じく地獄に堕ちる罪を免れることはできないであろうが、どうであるか。

を免《まぬが》るべからず、如何《いかん》。

答えて云く、汝《なんじ》師の謗法《ほうぼう》の失《とが》を救わんがために、事《こと》を源信の往生要集に寄《よ》せて、謗法の上にいよいよ重罪を招くものなり。その故は釈迦如来五十年の説教に、総じて先《さき》四十二年の意《こころ》を無量義経に定めて云く、「険《けわ》しき逕《みち》を行くに留難《るなん》多きが故に」と。無量義経の已後を定めて云く、「大直道《だいじきどう》を行くに留難なきが故に」と。仏自《みずか》ら難易・勝劣の二道を分ちたまえり。仏より外《ほか》等覚《とうがく》已下《いげ》末代の凡師に至るまで、自義をもつて難易の二道を分ち、この義に背く者は外道《げどう》・魔王《まおう》の説に同じからんか。随つて四依《しえ》の大士《だいじ》竜樹《りゅうじゅ》菩薩の十住《じゅうじゅう》毘婆沙論《びばしゃろん》には、法華已前において難易の二道を分ち、あえて四十余年已後の経において難行の義を存せず。その上、もし修《しゅ》し易《やす》きをもつて易行《いぎょう》と定めば、法華経の五十展転《てんでん》の行は称名念仏より行じ易きこと百千万億倍なり。もしまた勝《しょう》をもつて易行と定めば、分別功徳品《ふんべつくどくほん》に爾前《にぜん》

答えていう、汝は師の源空の謗法の罪を救おうとして、源信の往生要集を口実にして、かえってますます謗法の重罪を重ねている。その理由を説明しよう。釈迦如来は五十年の説教について、前の四十二年の説教の意味を無量義経に定めて「険しい道を行くのにいろいろな障害が多いようなものである」といい、次に無量義経以後の説教を定めて「まっすぐな広い道を行くのに何の障害もないようなものである」といわれた。これは仏みずから難易・勝劣の二道を区別された言葉である。だから仏以外の、仏の次に高位の等覚の菩薩から末代の凡師にいたるまで、自分の考えで難易の二道を分けて、無量義経の仏の言葉に背く者は外道や魔王の人をあざむく説教と同じである。それゆえに、仏滅後の四依の大士の一人である竜樹菩薩は十住毘婆沙論で、法華経以前の経について難行・易行の二道を分けたが、決して四十二年以後の法華経などを難行道とはいわなかったのである。そのうえ、もし修行しやすいのを易行というのならば、法華経随喜功徳品に五十人の人に順次に教えを聞き伝える功徳を説く五十展転の行は、称名念仏より修行しやすく功徳の多いことは百千万億倍である。もしまた功徳のすぐれたのを易行というのならば、法華経分別功徳品に、法華経以前の四十余年の経による菩薩の行である六波羅蜜のうち、般若波羅蜜を除いた布施・持戒・忍辱《にんにく》・精進・禅定の五波

四十余年の八十万億劫の間の、檀《だん》・戒《かい》・忍《にん》・進《しん》・念仏三昧《ねんぶつさんまい》等の先《さき》の五波羅蜜《はらみつ》の功徳をもって、法華経の一念信解《いちねんしんげ》の功徳に比するに、一念信解の功徳は念仏三昧等の先の五波羅蜜に勝《すぐ》ること百千万億倍なり。難易勝劣《なんいしょうれつ》と謂《い》い、行浅功深《ぎょうせんくじん》と謂い、観経《かんぎょう》等の念仏三昧を法華経に比するに、難行の中の極《ごく》難行、勝劣の中の極劣《ごくれつ》なり。その上、悪人・愚人を扶《たす》くること、また教の浅深に依る。阿含《あごん》十二年の戒門《かいもん》には、現身《げんしん》に四重《しじゅう》・五逆《ごぎゃく》の者に得道を許さず。華《け》厳《ごん》・方等《ほうどう》・般若《はんにゃ》・双観経《そうかんぎょう》等の諸経は、阿含経より教深きが故に、観門《かんもん》の時、重罪の者を摂《せっ》すといえども、なお戒門の日は七逆の者に現身の受戒を許さず。しかりといえども、*決定《けつじょう》性《しょう》の二乗・*無性《むしょう》の闡提《せんだい》においては戒・観共《とも》にこれを許さず。法華・涅槃等には、ただ五逆・七逆・謗法《ほうぼう》の者を摂するのみにあらず、また定性・無性をも摂す。なかんずく、末法《まっぽう》においては常没《じょうもつ》の闡提これ多し。あに観経等

羅蜜を八十万億劫の間修行する功徳と、法華経の一念信解の功徳とを比べて、一念信解の功徳は念仏三昧などの五波羅蜜にすぐれること百千万億倍であるという。修行の難易の勝劣においても、修行が浅くて功徳が深いことからいっても、観無量寿経などの念仏三昧を法華経の修行に比べると、念仏三昧の方が難行中の極難行であり、劣行中の極劣行である。それればかりでなく、悪人や愚人を救うというのも、ただ易行を修行すればよいのではなく、実は教法の浅いか深いかによるのであって、教法の深くすぐれたものほど、重罪の者を救うことができるのである。十二年間に説かれた阿含経の戒律を主として説く教えも、殺生《せっしょう》・偸盗《ちゅうとう》・邪淫《じゃいん》・妄語《もうご》の四重罪や、父を殺し・母を殺し・僧を殺し・仏の身を傷つけ・僧団の和合を破る五逆罪の者は、その身のままでは仏に成ることはできないと定めている。しかし華厳経や方等経・般若経・無量寿経などの諸大乗経は、小乗の阿含経よりは教えが深いので、智恵の修行を説く時にはこれらの重罪を犯した者をも救うけれど、戒律の上では七逆罪を犯した者には今生に戒を受けることさえ許さない。しかし二乗と性分の定まった者や仏性のない不信謗法の者に対しては、戒律の上でも智恵の修行の上でも、受戒も得道も許さないのである。これに対して、法華経・涅槃経などはただ五逆・七逆・謗法の者を救うばかりでなく、成仏できないと定められた二乗も仏性がないといわれた闡提《せんだい》も、ともに救うのである。

の四十余年の諸経においてこれを扶《たす》くべけんや。無性の常没・決定性の二乗は、ただ法華・涅槃等に限れり。四十余年の経に依る人《にん》師《し》は彼《か》の経の機を取る。この人はいまだ*教相を知らざるが故なり。

ただし往生要集は、一往序文を見る時は、法華・真言等をもつて顕密の内に入れて、殆ど末代の機に叶《かな》わずと書《しる》すといえども、文《もん》に入りて委細に一部三巻の始末を見るに、第十の問答料簡《もんどうりょうけん》の下《もと》に正《まさ》しく諸行の勝劣を定むる時、観仏三昧《かんぶつさんまい》・般舟《はんじゅ》三昧・十住毘婆沙論《じゅうじゅうびばしゃろん》・宝積《ほうしゃく》・大集《だいしゅう》等の爾前《にぜん》の経論を引いて、一切の万行《まんぎょう》に対して、念仏三昧をもつて王三昧《おうさんまい》と立て了《おわ》んぬ。最後に一つの問答あり。爾前の禅《ぜん》定《じょう》念仏三昧をもつて、法華経の一念信解に対するに、百千万億倍劣ると定む。また問を通

ことに末法の時代は生死の苦海に沈んで浮かび上がれない常没の闡提といわれる信を欠く者が多いから、どうして観無量寿経などの四十余年の方便経によって救うことができようか、できるはずがない。仏性のない闡提や成仏できないと定められた二乗の救済は、法華経・涅槃経だけに限られるのである。それを四十余年の方便経に依る人師たちは、その方便経で救うことのできる機根の者を取っているにすぎないのである。この人たちは仏一代の教法の浅深勝劣を考えるという仏教の根本を知らないから、機に合わせて教を選ぶという誤りを犯すことになったのである。

　しかし往生要集のことについては、一応序文を見ると、法華や真言などを顕教・密教の中に入れて、末代の機には教えが深すぎて合わないと書いているように見えるが、本文の一部三巻を始めから終わりまでくわしく調べてみると、第十の問答料簡の段の第七でまさしく諸行の勝劣を判定する時、観仏三昧経・般舟三昧経・十住毘婆沙論・宝積経・大集経などの法華以前の四十余年の方便の経論を引いて、一切の修行に対して念仏三昧が最勝であるといっている。そして最後に一つの問答があって、四十余年の最勝の禅定である念仏三昧を法華経の一念信解の功徳に比べると、百千万億倍劣っていると定められた。また次に答える時、念仏三昧を一切の修行にすぐれるというのは四十余年の方便経の範囲内でいうことであるといっている。こうしてみると、恵心僧都が往生要集を作っ

ずる時、念仏三昧を万行に勝《すぐ》るるというは、爾前の当分《とうぶん》なりと云云。まさに知るべし。慧心の意《こころ》は、往生要集を造りて末代の愚機《ぐき》を調《ととの》えて、法華経に入れんがためなり。例せば仏の四十余年の経をもつて権機を調え、法華経に入れたもうがごとし。

故に最後に一乗要決を造る。その序に云く、「諸乗《しょじょう》の権実《ごんじつ》は古来の諍《あらそ》いなり。倶《とも》に経論に拠《よ》りて是非を執《しゅう》す。余《よ》、寛弘丙午《かんこうひのえうま》の歳冬十月、病中に歎いて曰く、仏法に遇《あ》うといえども、仏意を了せず。もし終《つい》に手を空《むな》しうせば、後悔何《なん》ぞ追《お》よばん。ここに経論の文義《もんぎ》・賢哲《けんてつ》の章《しょう》疏《じょ》、或は人をして尋ねしめ、或は自《みずか》ら思択《したく》し、全く自宗・他宗の偏党を捨てて、専《もっぱ》ら権智《ごんち》・実智の深奥《しんのう》を探《さぐ》るに、終に一乗は真実の理、五乗は方便の説を得る者なり。すでに今生《こんじょう》の蒙《もう》を開く、何ぞ夕死《せきし》の恨みを遺《のこ》さんや」と〈已上〉。この序の意《こころ》は偏《ひとえ》に慧心《えしん》の本意《ほんい》を顕わすなり。自宗・他宗の偏党を捨つる時、浄土

た目的は、末代の愚かな機根を調《ととの》えて、次第に法華経へ導き入れるためであったと知らなければならない。たとえば、仏が四十余年のあいだ方便の経を説いて愚かな機根を調えて、法華経に導き入れたのと同じである。

それゆえに恵心僧都は最後に一乗要決を作って法華経を弘めたのである。その序文に「一乗と三乗の教えが方便か真実かの問題は古くからの争いで、いずれも経論を証拠としてお互いに自分がすぐれていると相争っている。寛弘三年（一〇〇六）の冬十月、自分は病中に歎いていうには、値《あ》いがたい仏法に縁があって値《あ》うことができても、仏の御心《みこころ》をよく理解できないでいる。もしこのまま何もしないで空しくこの世を終わってしまうならば、後に後悔しても及ばないであろう。そこで自分は経論の文句や意味を知り、昔の賢人や哲人が経論について注釈した書物を知りたいと思って、あるいは弟子たちに調べさせたり、あるいは自分で考え選択したりして、自分の宗や他の宗に執着する偏《かたよ》った考えを完全に捨てて、もっぱら仏の方便の智恵と真実の智恵の奥深いところを探究してみると、一仏乗の教えこそが真実であって、人間・天上・声聞・縁覚・菩薩の五乗の差別を説く教えは方便の説であることを知ったのである。もはや自

の法門を捨てざらんや。一乗は真実の理を得る時、専ら法華経に依るにあらずや。源信僧都は永観《えいかん》二年甲申《きのえさる》の冬十一月往生要集を造り、寛弘《かんこう》三年丙午の冬十月の比《ころ》一乗要決を造る。その中間二十余年なり。権《ごん》を先にし、実《じつ》を後にす。あたかも仏のごとく、また竜樹・天親・天台等のごとし。汝、往生要集を便《たよ》りとして、師の謗法《ほうぼう》の失《とが》を救わんと欲すれども、あえてその義類に似ず。義類の同じきをもって一処に聚《あつ》むとは、何等《なんら》の義類同《ぎるいどう》なるや。華《け》厳《ごん》経のごときは、二乗界を隔《へだ》つるが故に十界《じっかい》互具《ごぐ》なし。方等・般若の諸経もまた十界互具を許さず。観経等の往生極楽《おうじょうごくらく》もまた方便の往生なり。成仏《じょうぶつ》・往生倶《とも》に法華経のごとき往生にあらず。皆別時意趣《みなべつじいしゅ》の往生・成仏なり。

分は今生の迷いを開くことができたのであるから、もう今夜に死んでも思い残すことは何もない」と書いてある。この序文の意味は、恵心僧都の本心を言い表わしたものである。自分の宗や他の宗に偏った考えを捨てたというのであるから、浄土の法門をも捨てたに違いない。一乗真実の理を得た時は、もっぱら法華経によって信心を決定したのではないか。源信僧都は永観二年（九八四）冬十一月に往生要集を作り、寛弘三年冬十月の頃に一乗要決を作った。その間は二十余年を経ている。先の往生要集は方便であり、後の一乗要決は真実である。これは仏の先権後実の説法の次第と同じであり、また竜樹や天親や天台などの諸先師とも同じである。汝は往生要集を助証として師の源空の謗法の罪を救おうとしているが、往生要集と選択集とはその教義の種類はまったく異なっている。要集は仏の化導に順ずるものであるが、選択集は方便に依って真実を捨てて仏の化導に背くものである。また汝は教義の種類が似ているから一箇所に集めたというが、いったいどこが類似しているというのか。法華経と四十余年の諸経とはまったく教義の種類を別にするのである。華厳経は二乗を差別してその成仏を許さないから十界互具の教理が成り立たない。方等・般若の諸経もまた同じく十界互具を説かない。十界互具を説かないから観無量寿経などに説く往生極楽の教えも、方便の往生にすぎないのである。四十余年の経々に説く成仏や往生の教えは、いずれも法華その上、源信僧都の意《こころ》は、四威儀に行じ易きが故に念仏をもつて易行《いぎょう》と言い、四威儀に行じ難きが故に法華をもつて難行《なんぎょう》と称せば、天台・妙楽《みょうらく》の釈を破る人なり。所以《ゆえ》に妙楽大師は、末代の鈍者《どんしゃ》・無智の者等の法華経を行ずるに、普賢《ふげん》菩薩並に多宝・十方の諸仏を見奉るを易行と定めて云く、「散心《さんしん》に法華を誦《じゅ》し、禅三昧に入らず、坐立行《ざりゅうぎょう》一心に法華の文《もん》字《じ》を念ぜよ」と〈已上〉。この釈の意趣は偏《ひとえ》に末代の愚者を摂せんがためなり。散心とは定《じょう》心《しん》に対する語なり。法華を誦すとは、八巻・一巻・一字・一句・一偈・題目、一心一念随喜の者、五十展転《てんでん》等なり。坐立行とは四威儀を嫌わざるなり。一心とは、定の一心にもあらず、理の一心にもあらず、散心の中の一心なり。法華の文字を念ずるとは、この経は諸経の文字に似ず、一字を誦すといえども、八

経に説かれるような往生や成仏ではなく、みな別時意趣といって功徳を積めば未来にいつか往生や成仏ができるというものにすぎないのである。

その上、源信僧都の意向が、行住坐臥の日常の行ないの上で修行しやすいから念仏が易行であり、行住坐臥の四威儀に修行しがたいから法華経は難行であると判定したのならば、源信僧都は天台大師や妙楽大師などの天台宗の祖師の解釈を破る者になる。その理由は、妙楽大師は摩訶止観弘決《ぐけつ》に法華三昧を説明する時、末代の鈍根無智の者が法華経を修行すれば、普賢菩薩や多宝仏や十方の諸仏を見たてまつることができるから易行であると定められて、「散乱の心で法華経を読んでもよい、禅定三昧に入って精神を集中しなくてもよい、坐るにも立つにも歩くにも、ただ一心に法華の文字を念じていればよい」といわれたことに背《そむ》くからである。この解釈の意向は、ただひたすら末代の愚者を救おうとするにある。文に「散心」というのは「定心」に対する語で、日常の散乱の心の意味である。「法華経を読む」というのは法華経の八巻・一巻・一字・一句・一偈を読み、題目を唱え、また最初の一心・一念に随喜の心を起こす者、また五十人が次第してこの経を聞き伝えるなどをいうのである。「坐立行」とは、行住坐臥の四威儀を嫌わないことで、どのような場合でもよいのである。「一心」というのは、精神を統一しての一心でもなく、心の内にある理性の一心でもなく、散乱している日常の心の一心で

万宝蔵の文字を含み、一切諸仏の功徳《くどく》を納むるなり。

天台大師*玄義《げんぎ》の八に云く、「手に巻《かん》を執《と》らざれども常にこの経を読み、口に言声《ごんしょう》なけれども偏《あまね》く衆典《しゅてん》を誦《じゅ》し、仏《ほとけ》説法せざれども恒《つね》に梵音《ぼんのん》を聞き、心に思惟《しゆい》せざれども普《あまね》く法界《ほうかい》を照す」と〈已上〉。この文《もん》の意《こころ》は、手に法華経一部八巻を執らざれども、この経を信ずる人は昼夜十二時《ちゅうやじゅうにとき》の*持経者《じきょうしゃ》なり。口に読経《どくきょう》の声を出《いだ》さざれども、法華経を信ずる者は日々時々《にちにちじじ》念々《ねんねん》に一切経を読む者なり。仏の入滅はすでに二千余年を経《へ》たり。しかりといえども、法華経を信ずる者の許《もと》に仏の音声《おんじょう》を留《とど》めて、時刻々念々に我が死せざる由《よし》を聞かしむるなり。心に*一念三千を観ぜざれども、偏《あまね》く十方法界を照す者なり。これらの徳は偏《ひとえ》に法華経を行ずる者に備われるなり。この故に法華経を信ずる者は、たとい臨終の時、心に仏を念

ある。「法華の文字を念ずる」とは、法華経の文字は諸経の文字とは異なり、すべてを備えて欠けることがないから、たとえ一字を読んでも仏の八万宝蔵の文字を含み、一切の諸仏の功徳を納めているのである。

ゆえに天台大師は法華玄義の第八巻に「手に経巻を持たなくても常にこの経を読み、口に言語や音声を発していないでも広く諸経を読み、仏が説法されないでも常に仏の清浄の御声を聞き、心に思惟しないでも広く法界を照見している」といわれたのである。この文の意味は、たとえ手に法華経一部八巻を持たなくても、法華経を信ずる人は昼夜十二時に法華経を持つ人と同じである。たとえ口に読経の声を出さなくても、法華経を信ずる人は日々時々念々にたえまなく一切経を読む人と同じである。仏の御入滅からすでに二千余年を経ているが、法華経を信ずる人の所には仏の音声を残して、時々刻々念々に「われ常にこの娑婆世界にあり」という仏の不滅の御声を聞かせるのである。心に一念三千の観法を念じなくても、この人は広く十方世界を照らし見る人である。このような功徳はただ法華経を修行する人だけに備わっているのである。それゆえに法華経を信ずる人は、たとえ臨終の時に心に仏を念じなくても、口に経を読まなくても、修行の道場に入らないでも、理を究める心がなくても法界を照らし、声なくして一切経を読み、経巻を持たなくても法華経八巻を手に握る功徳があるのである。これこそ方便教の念仏者が臨終正念

ぜず、口に経を誦せず、道場に入らずとも、心なくして法界を照し、音《こえ》なくして一切経を誦し、巻軸《かんじく》を取らずとも法華経八巻を拳《にぎ》る徳これあり。これあに権教《ごんぎょう》の念仏者の＊臨終正《りんじゅうしょう》念《ねん》を期《ご》して十念の念仏を唱えんと欲する者に、百千万倍勝《すぐ》るるの易行にあらずや。故に天台大師＊文句《もんぐ》の十に云く、「都《すべ》て諸教に勝《すぐ》るるが故に、随喜功徳品《ずいきくどくほん》と言う」と。妙楽大師の法華経は諸経より浅機《せんき》を取る、しかるを人師この義を弁えざるが故に、法華経の機を深く取る事を破《は》して云く、「恐《おそ》らくは人謬《あやま》り解《げ》する者、初心《しょしん》の功徳の大なることを測《はか》らずして、功を上位に推《お》して、この初心を蔑《あなど》る。故に今彼《か》の行《ぎょう》は浅く功《こう》の深きことを示して、もって経力《きょうりき》を顕《あら》わす」と〈已上〉。「もって経力を顕わす」の釈の意趣は、法華経は観経等の権経に勝《すぐ》れたるが故に、行は浅く功は深し。浅機を摂するが故なり。もし慧心の先徳、法華経をもって念仏より難行《なんぎょう》と定め、愚者《ぐしゃ》・頑魯《がんろ》の

を願って十回の念仏を唱えるよりも百千万倍もすぐれた易行ではないか。ゆえに天台大師は法華文句の第十巻に「すべてが諸教の功徳にすぐれているから随喜功徳品と名づける」といわれ、妙楽大師は法華文句記の第十巻に、法華経は諸経より浅い愚かな機根を相手とするのに、諸宗の人師たちがこの意味を知らないで、法華経の機根はすぐれた者であると思うのを破斥して「おそらくは誤って解釈する人が、初心浅行の者にも大きな功徳のあることを知らないで、上位の者でなければ修行ができないと思って、初心浅行の者を軽んじている。それゆえに今は初心の修行は浅くても功徳の深いことを示して、この経の力のすぐれていることを顕わすのである」といわれている。この「経の力のすぐれていることを顕わす」という文の意味は、法華経は観無量寿経などの方便経よりも経力がすぐれているから、修行は浅くても功徳は深いと述べて、浅い愚かな機根を救い取ろうとした文である。もし恵心僧都が法華経を念仏よりも難行であると定めて、末代の愚かな者や頑固で愚鈍の者を救えないというならば、おそらくは逆路伽耶陀といって祖師である天台大師や妙楽大師に背く罪を犯したことになろう。また妙楽大師の誡《いまし》めている「おそらくは誤って解釈する者」の語の中に入る者になるであろう。

者を摂せずと云わば、恐らくは逆路伽耶陀《ぎゃくろかやだ》の罪を招かざらんや。また「恐らくは人謬り解する」の内に入らざらんや。

総じて天台・妙楽の三大部の本末《ほんまつ》の意《こころ》は、法華経は諸経に漏れたる愚者・悪人・女人・常没《じょうもつ》の闡提《せんだい》等を摂したもうなり。他師は仏意を覚らざるが故に、法華経を諸経に同じ、或は*地住《じじゅう》の機に取り、或は凡夫においても別時《べつじ》意趣《いしゅ》の義を存す。これらの邪義を破して、人天・四悪《しあく》をもつて法華経の機と定む。*種類《しゅるい》・相対《そうたい》をもつて過去の善悪を収む。人天に生ずる人、あに過去の五戒十善なからんや等と定め了《おわ》んぬ。もし慧心この義に背かば、あに天台宗を知れる人ならんや。

しかるに源空深くこの義に迷うが故に、往生要集において僻見《びやっけん》を起して、自らも失い他

およそ天台大師の法華玄義・法華文句・摩訶止観の三大部と妙楽大師の三大部の注釈書の意見は、法華経は諸経の救いに漏れた愚者・悪人・女人・生死の苦海に沈む断善根の者などを救いあげる経であるというのである。ところが他宗の人師はこの仏の御心《みこころ》を知らないから、法華経を諸経と同じと思ったり、あるいは法華経の教えを聞くことのできる人は、仏の境界にいたるまでの五十二の階位の中でも、初地・初住以上の高い位の者としたり、あるいは法華経で凡夫が仏に成るといっても別時意趣だと思ったりしている。これらの邪義を破斥して、人間・天上・地獄・餓鬼・畜生・修羅の六道輪廻の人びとこそ法華経を受けるべき機であると定め、種類種・相対種の二種の開会《かいえ》を説いて、過去の善悪を仏種として肯定するのである。人間や天上界に生まれるほどの人は、必ず過去に五戒や十善の善根を積んだ人であるから成仏するのは間違いないと定められたのである。もし恵心僧都がこの意見に背いて法華経は末代の衆生に合わないと考えたならば、天台宗を知らない人といわなければならない。

ところが源空はこの教法と機根との関係を理解できなかったので、往生要集を読んでも間違った考えを起こして、自分も誤り他人をも誤らせ

をも誤る者なり。たまたま宿善《しゅくぜん》ありて実教に入りながら、一切衆生《いっさいしゅじょう》を化《け》して権教に還《かえ》らしめ、剰《あまつさ》え実教を破せしむ。あに悪師にあらずや。彼の久遠下種《くおんげしゅ》・大通結縁《だいつうけちえん》の者の五百・三千の塵点《じんでん》を経《ふ》るがごときは、法華の大教《だいきょう》を捨てて爾前《にぜん》の権小《ごんしょう》に遷《うつ》るが故に、後には権経《ごんきょう》をも捨てて六道に回《めぐ》りぬ。不軽軽毀《ふきょうきょうき》の衆《しゅ》は千《せん》劫阿鼻地獄《こうあびじごく》に堕《お》つ。権師を信じて実経を弘むる者に誹謗をなしたるが故なり。しかるに源空、我が身にただ実経を捨てて権経《ごんきょう》に入るのみにあらず、人を勧《すす》めて実経を捨てて権経に入らしめ、また権人《ごんにん》をして実経に入らしめず。剰《あまつさ》え実経の行者を罵《ののし》るの罪、永劫《ようごう》にも浮び難からんか。

問うて云く、十住《じゅうじゅう》毘婆《びば》沙論《しゃろん》は一代の通論なり。難易《なんい》の二道の内に何ぞ法華・真言・涅槃を入れざるや。答えて云く、一代の諸大乗経において、華厳《けごん》経のごときは初頓《しょとん》・後分《ごぶん》あ

たのである。たまたま前世に善根を積んだ功徳によって法華の真実教を学びながら、源空は自ら退転して方便教の念仏に入り、一切衆生に勧めて方便教の念仏に移らせ、その上に真実教を破斥させたのである。これはまさしく悪師ではないか。寿量品に説く久遠の昔に法華経を聞いて成仏の種を植えた者が五百塵点劫の間六道に輪廻し、化城喩《けじょうゆ》品に説く大通仏の昔に法華経を聞いて成仏の縁を結んだ者が三千塵点劫の間生死を輪廻しているのは、法華の大教を捨てて四十余年の方便経や小乗経に移ったからであり、後にはついにそれさえも捨てて六道に輪廻することになったのである。不軽菩薩を軽んじ毀《そし》った衆生は千劫の長い間無間地獄に堕ちて苦しみを受けたが、これは方便経を弘める悪師を信じて真実経を弘める善師を誹謗した罪によるのである。ところが源空はただ自分自身が真実経を捨てて方便経に入ったばかりでなく、他人をも勧めて真実経を捨てて方便経に入らせ、また方便経の人を真実経に入らせないようにし、そのうえ真実経の行者を罵った謗法の罪は、未来永劫に無間地獄に堕ちて浮かび出ることはできないであろう。

問うていう、十住毘婆沙論は仏一代の聖教に通じる論書である。ゆえに難行・易行の二道の中に法華経や真言経や涅槃経も入るべきなのに、どうして入れなかったのか。答えていう、仏が一代五十年に説かれたもろもろの大乗経において、華厳経には仏成道の最初三七日《さんしち》に寂滅道場で

り。初頓の華厳は二乗《にじょう》の成《じょう》・不成《ふじょう》を論ぜず。方等部の諸経は、一向《いっこう》に二乗・無性《むしょう》の闡提《せんだい》の成仏を斥《きら》う。般若《はんにゃ》部の諸経もこれに同じ。総じて四十余年の諸大乗経の意は、法華・涅槃・大日経等のごとく、二乗・無性の成仏を許さず。これらをもつてこれを撿《かんが》うるに、爾《に》前《ぜん》と法華の相違は水火《すいか》のごとし。滅後の論師《ろんじ》竜樹《りゅうじゅ》・天親《てんじん》もまた倶《とも》に千部《せんぶ》の論師なり。所造の論に通・別の二論あり。通論においてもまた二あり。四十余年の通論と一代五十年の通論となり。その差別を分つに、決定性《けつじょうしょう》の二乗・無性《むしょう》の闡提《せんだい》の成・不成をもつて、論の権《ごん》実《じつ》を定むるなり。しかるに大論《だいろん》は竜樹菩薩の造、*羅什《らじゅう》三蔵の訳なり。般若経に依る時は二《に》乗作仏《じょうさぶつ》を許さず。法華経に依れば二乗作仏を許す。十住毘婆沙論もまた竜樹菩薩の造、羅什三蔵の訳なり。この論もまた二乗作仏を許さず。これをもつて知んぬ。法華已前の諸大乗経の意《こころ》を申《の》べたる論なることを。

悟りの境地を直接説かれた初頓の華厳経と後に各処において説かれた後分の華厳経とがあるが、その初頓の華厳の会座《えざ》には二乗を交《まじ》えないから、二乗の成仏を論じていない。方等部の諸経は二乗や仏性のない不信の者の成仏を否定している。般若部の諸経も同じく二乗の成仏を説いていない。およそ四十余年のもろもろの大乗経の意見は法華経・涅槃経・大日経などとは異なり、二乗や仏性のない不信の者の成仏を許さないのである。これらから考えてみると、四十余年の諸経と法華経との相違は水と火とのようである。また仏滅後の論師である竜樹菩薩や天親菩薩はともに千部の論を作った人たちである。その論に、通じて諸経の意を述べたものと、別して一経の意を述べたものとがある。また通論の中にも四十余年の諸経だけに通じる論と仏一代五十年のすべてに通じる論との二種がある。その区別の基準は決定性の二乗と仏性のない不信の者との成仏を許すか許さないかにあり、これによってその論が四十余年の諸経に関する方便の通論か、法華経などの真実の通論かを判定するのである。そこでこの基準からみると、大智度論は竜樹菩薩の作で羅什三蔵の翻訳である。この論は般若経の説を述べる時は二乗の成仏を許さないが、法華経の説を述べる時は二乗の成仏を許すのである。ゆえに大論は一代の通論で方便・真実二教にわたっていることが明らかである。十住毘婆沙論も同じく竜樹菩薩の作・羅什三蔵の翻訳であるが、この論は二乗の成仏問うて云く、十住毘婆沙論の何れの処に二乗作仏を許さざるの文出《い》でたるや。答えて云く、十住毘婆沙論の第五に云く〈竜樹菩薩造、羅什訳〉、「もし声聞地《しょうもんじ》及び辟支仏地《びゃくしぶつじ》に堕つる、これを菩薩の死と名づく。すなわち一切の利を失う。もし地獄に堕《お》つとも、かくのごとき畏《おそ》れを生ぜず。もし二乗の地に堕《お》つれば、すなわち大怖畏《だいふい》をなす。地獄の中に堕つれども、畢竟《ひっきょう》して仏に至ることを得《う》。もし二乗の地に堕つれば、畢竟して仏道を遮《しゃ》す」と〈已上〉。この文、二乗作仏を許さず。あたかも浄名《じょうみょう》等の「仏法の中においては、もつて敗種《はいしゅ》のごとし」の文のごとし。問うて云く、大論は般若経に依りて二乗作仏を許さず、法華経に依りて二乗作仏を許すの文如何《いかん》。答えて云く、大論の一百に云く〈竜樹菩薩造、羅什三蔵訳〉、

をまったく認めない。ゆえに十住毘婆沙論は法華経以前のもろもろの大乗経の意見を述べた方便の通論であると知らなければならない。ゆえに難易二道を分ける時にも法華・涅槃などは除かれるのである。

問うていう、十住毘婆沙論のどこに二乗の成仏を許さないという文があるか。答えていう、十住毘婆沙論の第五巻の易行品に「もし声聞や縁覚の境地に堕ちたならば、それは菩薩の死を意味する。それは、慈悲心を殺した菩薩は一切の自利・利他の利益を失うことになるからである。たとえ地獄に堕ちたとしても畏れることはないが、もし二乗地に堕ちたならば大いに畏れなければならない。たとえ地獄に堕ちてもついには仏と成ることができるけれども、二乗地に堕ちたならばついに仏に成る道を断つのである」という。この文は十住毘婆沙論が二乗の成仏を許さない明らかな文証であって、ちょうど浄名経（維摩経）などに二乗は「仏法の中では成仏の芽の生じないことは腐敗した種のようなものである」とあるのと同じである。問うていう、大智度論は般若経に依る時は二乗の成仏を許さず、法華経に依る時は二乗の成仏を許すというが、その証文は何であるか。答えていう、大智度論の第百巻に「問う、このほかに般若経よりすぐれたどのような仏法があって、般若経を声聞の阿難に委嘱し、他の経を菩薩に委嘱するというのか。答う、般若経は仏が心の内に深く秘していた大事の法ではない。法華経などは阿羅漢果を得た決定性

「問うて曰く、さらに何の法か甚深《じんじん》にして般若に勝《すぐ》れたる者あつて、般若をもつて阿難《あなん》に属累《ぞくるい》し、余経をもつて菩薩に属累するや。答えて曰く、般若波羅蜜《はんにゃはらみつ》は秘密の法にあらず。しかるに法華等の諸経は阿羅漢《あらかん》の受決作仏《じゅけつさぶつ》を説く。所以《ゆえ》に大菩薩よく受持《じゅじ》し用う。譬えば大薬師《だいやくし》のよく毒をもつて薬となすがごとし」と。また九十三に云く、「阿羅漢の成仏は論《ろん》義者《ぎしゃ》の知るところにあらず。ただ仏のみよく了したもう」と〈已上〉。これらの文をもつてこれを思うに、論師の権実《ごんじつ》はあたかも仏の権実のごとし。

しかるに権経《ごんぎょう》に依る人師、猥《みだ》りに法華等をもつて観経等の権説に同じ、法華・涅槃等の義を仮りて浄土三部経の徳となし、決定性《けつじょうしょう》の二乗・無性《むしょう》の闡提《せんだい》・常没《じょうもつ》等の往生を許す。権実雑乱《ごんじつぞうらん》の失脱《とがのが》れ難し。例せば外典《げてん》の儒者の内典を賊《ぬす》みて外典を荘《かざ》るがごとし。謗法《ほうぼう》の失《とが》免《まぬが》れ難きか。仏自ら権実を分けたもう。その

の声聞の未来成仏を説くから、大菩薩だけがこれを受持し活用することができる。たとえば、非常にすぐれた医師だけがよく毒を変じて薬とすることができるようなものである」とあり、また第九十三巻には「阿羅漢果を得た決定性の声聞の成仏は、論師たちの理解できることではない。ただ仏だけが知っている」とある。これらの文によれば、論師たちも先に方便を述べ、後に真実を説いたのであって、ちょうど仏の説法の次第と同じである。

ところが方便経による人師たちは、それを知らないで勝手に法華経などを観無量寿経などの方便説と同じだとし、また法華経や涅槃経などの教えを取って浄土三部経の徳分として、成仏できないと決まった二乗や仏性を失った闡提や常に生死の苦海に沈む凡夫の往生を認めているが、これは方便と真実の区別を混乱した罪を脱れることはできないのである。たとえば、中国で外典を学ぶ儒者が内典の仏教の教えを盗み取って自分の経典を飾るのと同じで、謗法の罪は脱れがたいのである。そもそも仏

詮を採るに、決定性の二乗・無性有情の成・不成これなり。しかるにこの義を弁えざる訳者、爾前の経経を訳する時、二乗の作仏・無性の成仏を許す。この義を知る訳者は、爾前の経を訳する時、二乗の作仏・無性の成仏を許さず。これに依りて仏意を覚らざる人師も、また爾前の経において決定性・無性の成仏を明かすと見て、法華と爾前と同じき思いをなし、或は爾前の経において決定《けつじょう》・無性《むしょう》を嫌うの文《もん》を見て、この義をもつて了義経《りょうぎきょう》となし、法華・涅槃をもつて不了義経となす。共に仏意を覚らず、権実二経に迷えり。これらの誤りを出《いだ》さば、ただ源空一人に限るのみにあらず。天竺の論師並に訳者より唐土の人師に至るまでその義あり。いわゆる地論師《じろんじ》・摂論師《しょうろんじ》の一代の別時《べつじ》意趣《いしゅ》、善導《ぜんどう》・懐感《えかん》の法華経の一《いっ》称南無《しょうなむ》仏《ぶつ》の別時意趣、これらは皆権実《ごんじつ》を弁えざるが故に出来《しゅつたい》するところの誤りなり。論を造る菩薩・経を訳する訳者・三昧発得《さんまいほっとく》の人師、

は自ら方便と真実の二教を分けられたが、その根本的基準は成仏できないと決まった二乗と仏性のない衆生とに成仏を許すか許さないかにある。ところがこの道理を知らない訳者は、四十余年の経々を翻訳する時、二乗や仏性のない者の成仏を許すように訳してしまった。しかし、この道理を知っていた訳者は四十余年の経を訳す時に二乗や仏性のない者の成仏は許さないのである。すでに訳者の中に仏一代の経の方便と真実の区別を知らない者があって、方便と真実とを混乱した翻訳をしたために、これによって仏の御心を覚らない人師たちは、四十余年の経にも二乗や仏性のない者の成仏が説かれていると考えて、法華経と四十余年の諸経とを同じであるとした。また四十余年の諸経に二乗や仏性のない者の成仏を否定する経文があるのを見て、これが正しい了義経であり、一切衆生の成仏を説く法華経や涅槃経は正しくない不了義経であるとする者もあった。これらはいずれも仏の御心を知らない人であり、方便と真実の二経の区別に迷える人である。このような誤りはただ源空一人だけでなく、インドの論師や訳者から中国の人師たちにも同じようにある。たとえば、地論宗や摂論宗の人たちの別時意趣や、善導・懐感の「法華経に一度南無仏と唱えて成仏したとあるのは別時意趣である」というのは、みな方便経と真実経との区別を知らないことから起こった誤りである。論を作った菩薩や経を訳した訳者、三昧を修して覚りを得た人師でさえ

なおもつてかくのごとし。いかにいわんや、末代の凡師においてをや。

問うて云く、汝、末学の身において何ぞ論師並に訳者・人師を破するや。答えて云く、あえてこの難を致すことなかれ。摂論師並に善導等の釈は、権実二教《ごんじつにきょう》を弁えずして、猥《みだ》りに法華経をもつて別時意趣と立つ。故に天台・妙楽の釈と水火をなすの間、しばらく人師の相違を閣《さしお》きて、経論に付きて是非を撿《かんが》うる時、権実の二教は仏説より出《いで》たり。天親・竜樹も重ねてこれを定む。この義に順ずる人師をば、しばらくこれを仰ぎ、この義に順ぜざる人師をば、しばらくこれを用いず。あえて自義をもつて是非を定むるにあらず。ただ相違を出《いだ》す計《ばか》りなり。

大文の第四に、謗法《ほうぼう》の者を対治すべき証文

このように誤りがあるから、まして末代の凡師に誤りがあるのはいうまでもないことである。

問うていう、汝は日本の末学の身でありながら、どうしてインドの論師や訳者、中国の人師たちを破斥するのであるか。答えていう、そのような非難をしてはならない。摂論宗の人や善導などの解釈は、方便と真実との二教の区別を知らないで、自分勝手に法華経の成仏を別時意趣と判定した。それゆえに天台大師や妙楽大師の解釈とは水と火のような相違があるから、とりあえず人師たちの意見の相違をそのままにしておいて、直接にその意見の基となった経論について是非を調べてみると、方便教と真実教との二教の区別は仏説に明らかであって、天親や竜樹などの大菩薩も重ねてこれを論じている。ゆえにこれらの仏説や菩薩の説く教義に随う人師は仰いで信用し、これらの教義に背く人師たちの意見は用いないのである。決して自分の勝手な見解で人師の是非を判定したのではなく、ただその意見が仏の御心に相違していることを明らかにしただけである。

四　謗法者を根絶すべき経文の証拠

大段の第四に、謗法の者を根絶しなければならない経文の証拠を提出を出《いだ》さば、これに二あり。一には、仏法をもつて国王・大臣並に四衆《ししゅ》に付嘱することを明かし、二には、正しく謗法の人の王地に処《お》るをば対治すべき証文を明かす。

第一に、仏法をもつて国王・大臣並に四衆に付嘱することを明かさば、仁王経《にんのうきょう》に云く、「仏、波斯匿王《はしのくおう》に告げたまわく、乃至《ないし》、この故に諸の国王に付嘱して、比丘《びく》・比丘尼《びくに》・清《しょう》信男《しんなん》・清信女《しょうしんにょ》に付嘱せず。何をもつての故に。王の威力《いりき》なきが故に。乃至、この経の三宝《さんぼう》をば、諸の国王・四部の弟子に付嘱す」と〈已上〉。大集経《だいしっきょう》二十八に云く、「もし国王ありて我が法の滅せんを見て、捨てて擁護《おうご》せずんば、無量世において施《せ》・戒《かい》・慧《え》を修《しゅ》すとも、悉く皆滅失し、その国に三種の不祥の事を出《いだ》さん。乃至、命終《みょうじゅう》して大地獄に生ぜん」と〈已上〉。仁王経の文のごとくんば、仏法をもつて先《ま》ず

することについて、これを二節に分ける。一には仏法を国王・大臣および僧・尼・信士・信女の四衆に委嘱することを説明し、二には国内に住する謗法の人を根絶しなければならない証文について説明しよう。

仏法を国王・大臣および四衆に委嘱すること

第一に、仏法を国王・大臣や出家・在家の男女に委嘱することを説明すれば、仁王経受持品に「仏が波斯匿王に告げていわれるには、(中略)仏法をもろもろの国王に委嘱して、出家の男女や在家の男女には委嘱しない。その理由は彼らには王のような権力がないからである。(中略)今この経の仏・法・僧の三宝をもろもろの国王や出家の男女と在家の男女に委嘱する」とある。大集経の第二十八巻には「もし国王がいて、わが仏法の滅びようとするのを見て、捨てておいて護ろうとしないならば、たとえ無量世の間に布施・持戒・智恵などの修行をしても、その功徳をすべて失って、国内には飢饉・兵乱・疫病の三種の不祥事が起こり、(中略)死んで後は大地獄に堕ちるであろう」とある。仁王経によれば、仏は仏法をまず国王に委嘱し、次に出家・在家の男女の四衆に及ぼしたとある。ゆえに王位にある君主や国を治める臣下は、ともに仏法によって国を治めなければならないのである。また大集経によれば、王や臣下が仏道の

国王に付嘱し、次に四衆に及ぼす。王位に居る君《きみ》、君を治むる臣は、仏法をもって先《さき》となして国を治むべきなり。大集経の文のごとくんば、王臣等仏道のために、無量劫の間、頭目《ずもく》等の施を施《ほどこ》し、八万の戒行を持《たも》ち、無量の仏法を学ぶといえども、国に流布する所の法の邪正《じゃしょう》を直《ただ》さざれば、国中に大風《たいふう》・旱魃《かんばつ》・大雨《たいう》の三災起りて、万民を逃脱《とうだつ》せしめ、王臣定めて三悪に堕《お》ちん。

また双林《そうりん》最後の涅槃《ねはん》経の第三に云く、「今正法をもって諸の王・大臣・宰相《さいしょう》・比丘・比丘尼・優婆塞《うばそく》・優婆夷《うばい》に付嘱す」。「乃至、法を護らざる者をば禿居士《とくこじ》と名づく」と。また云く、「善男子《ぜんなんし》、正法《しょうぼう》を護持《ごじ》せん者は五戒を受けず、威儀《いぎ》を修《しゅ》せず、まさに刀剣《とうけん》・弓箭《きゅうせん》・鉾槊《むさく》を持すべし」と。また云く、「五戒を受けざれども、正法を護るをもって、すなわち大乗と名づく。正法を護る者は、まさに刀剣・器杖《きじょう》を執持《しゅうじ》すべし」と云云。四十余年の内に

ために無量劫の長い間、頭や目まで捧げるような身を捨てて布施したり、八万というほどのあらゆる戒律を厳しく守り、無量の仏の教えを学んだりしても、その国に弘まっている仏法が正しいか誤っているかを判断して、正法を護り、邪法を破斥しないならば、国内には大風・旱魃・大雨などの三災が起こって、万民は国を逃げ出し、王臣は必ず地獄・餓鬼・畜生の三悪道に堕ちるであろうとある。

また釈尊が双林で入滅される時に説かれた涅槃経の第三巻の寿命品には「今この正法をもろもろの国王・大臣・宰相や出家の男女と在家の男女に委嘱する」。「仏法を護らない者を形だけ剃髪している者と名づける」とあり、また金剛身品には「善男子よ、正法を護るためには五戒を守らなくても、威儀を整えなくてもよい。まず刀や剣や弓矢や鉾などを持つべきである」とあり、また同じ金剛身品の別の箇所には「たとえ五戒を守らなくても、正法を護る人は大乗の人だといえる。正法を護る人は刀剣や杖などの武器を持つべきである」とある。法華経以前の四十余年の間に説かれた梵網経の十重四十八軽戒によれば、国王・大臣・諸人などは一切の刀杖・弓矢・矛・斧などの武器を蓄えてはならないことに

も梵網等の戒のごとくんば、国王・大臣・諸人等、一切の刀杖《とうじょう》・弓箭《きゅうせん》・矛斧《むふ》・闘戦《とうせん》の具《ぐ》を畜《たくわ》うることを得ず。もしこれを畜うる者は、定めて現身《げんしん》に国王の位、比丘・比丘尼の位を失い、後生《ごしょう》は三悪道《さんなくどう》の中に堕つべしと定め了《おわ》んぬ。しかるに今の世は道俗を択《えら》ばず、弓箭・刀杖を帯せり。梵網経の文《もん》のごとくんば、必ず三悪道に堕ちんこと疑いなき者なり。涅槃経の文なくんば、如何《いか》にしてかこれを救わん。また涅槃経の先後の文のごとくんば、弓箭・刀杖を帯して悪法の比丘を治し、正法《しょうぼう》の比丘を守護せん者は、先世《せんぜ》の四重《しじゅう》・五逆《ごぎゃく》を滅して、必ず無上道を証せんと定め給う。

また金光明経《こんこうみょうきょう》第六に云く、「もし人ありてその国土において、この経ありといえども、いまだ嘗《かつ》て流布《るふ》せず、捨離《しゃり》の心を生じて聴聞《ちょうもん》せんことを楽《ねが》わず、また供養し尊重《そんじゅう》し讃歎《さんだん》せず。四部の衆《しゅ》、持経《じきょう》の人を見て、また尊重し乃至供養すること能《あた》わず。遂に我等《われら》及び余の

なっている。もしこの戒に背く者は必ず現世には国王の位を失い、僧や尼の身分を失い、死後には三悪道に堕ちるであろうと定められている。ところが今の世の出家も在家もみな、弓矢や刀杖を身に帯びているから、梵網経の文の通りであれば必ず三悪道に堕ちることは間違いない。ゆえにもし涅槃経の文がなかったならば、今の世の人びとは救われないことになる。またその上、涅槃経の前後の文を読んでみると、弓矢や刀杖を身に帯びて悪法を弘める僧をいましめ、正法を弘める僧を守護する者は、過去世に犯した殺生《せっしょう》・偸盗《ちゅうとう》・邪淫《じゃいん》・妄語《もうご》の四重罪や、父を殺し・母を殺し・聖者を殺し・僧団の和合を破り・仏身を傷つける五逆罪などの重罪を消滅して、必ず無上道を覚ることができるであろうと定められている。

また金光明経第六巻の四天王護国品に「ある国王があって、その国にはこの経が伝わっているのに弘めようともせず、その国王も人民もこの経を捨てて顧みようとせず、聴こうともしない。またこれに供養したり、尊重したり、讃歎しようともしない。また出家・在家の男女のこの経を持《たも》ち伝え弘めようとする者を見ても、尊んだり供養しようともしない。そこでついにわれら四天王とその従者や多くの天の神々は、この尊くあ

眷属《けんぞく》無量の諸天をして、この甚深《じんじん》の妙法を聞くことを得ず、甘露《かんろ》の味に背き、正法《しょうぼう》の流《ながれ》を失い、威光及び勢力あることなからしめ、悪趣を増長して、人天《にんでん》を損減《そんげん》し、生死《しょうじ》の河に堕《お》ちて、涅槃の路《みち》に乖《そむ》かん。世尊、我等《われら》四王並に諸の眷属及び薬叉《やしゃ》等、かくのごとき事を見て、その国土を捨て、擁護の心なけん。ただ我等のみこの王を捨棄《しゃき》するにあらず、また無量の国土を守護する諸大善神《しょだいぜんじん》あらんも、皆悉く捨《しゃ》去《こ》せん。すでに捨離し已《おわ》りなば、その国まさに種々の災禍あつて国位を喪失《そうしつ》すべし。一切の人衆皆善心なく、ただ繋縛《けいばく》・殺害《せつがい》・瞋諍《しんじょう》のみあり、互に相讒諂《ざんてん》し、枉《ま》げて辜《つみ》なきに及ばん。疫病流行し、彗星《すいせい》しばしば出《い》で、両日並び現じ、薄蝕《はくしょく》恒なく、黒白の二つの虹不祥の相を表わし、星流れ、地動き、井の内に声を発し、暴雨《ぼうう》悪風《あくふう》は時節に依らず、常に飢饉《ききん》に遭《あ》いて、苗実成《みょうじつみの》らず、多く他方の怨《おん》賊あつて国内を侵掠《しんりゃく》し、人民は諸の苦悩を受け、土地

りがたい妙法の教えを聞くことができないので、われらの身を養う正法の甘露の法味を受けることができず、正法の流れに浴することもできなくなり、そのためわれらの権威や勢力もなくなってしまう。そうするとその国は地獄・餓鬼・畜生・修羅の四悪趣の悪い精神のみが増し、人間界、天上界の善心は減り衰え、人びとはみな生死の迷いの河に落ち、涅槃の覚りの路に背くことになる。世尊よ、われら四天王やその従者や夜叉などは、このような国王や人民の不信の状態を見ては、この国土を捨て去って守護しようとする心を起こさなくなる。ただわれらだけがこの不信の国王を見捨てるだけでなく、この国を守護する多くの諸天善神がいても、みなすべて捨て去ってしまうであろう。すでにわれら護国の諸天や善神がみなこの国を捨て去ってしまえば、この国にはいろいろの災難が起こるであろう。国王はその位を失い、すべての人民は道徳心や宗教心などの善心を失い、縛ったり、殺しあったり、争ったり、互いにそしったり、上にへつらい、罪のない者を罪に陥れるようなことをするであろう。疫病は流行し、彗星がしばしば出て、太陽が同時に二つ現われたり、日蝕や月蝕も一定せず、黒白二つの虹が出て不吉の相を表わし、星が流れたり、地が揺れ動いて井戸の中から異様な声が聞こえたり、季節はずれの暴風雨が襲い、五穀は実らず、常に飢饉が続くなど、天地に不吉な現象が現われるであろう。また外国から多くの賊が攻めてきて国

に可楽《からく》の処あることなけん」と〈已上〉。この経文を見るに、世間の安穏を祈らんに、しかも国に*三災起らば、悪法流布するが故なりと知るべし。しかるに当世《とうせい》は、随分国土の安穏を祈るといえども、去《い》ぬる正嘉《しょうか》元年には大地大《おお》いに動じ、同じき二年には大雨・大風苗実を失えり。定めて国を喪《ほろぼ》すの悪法、この国にあるかと勘《かんが》うるなり。

　選択集《せんちゃくしゅう》の或段《あるだん》に云く、「第一に読誦雑行《どくじゅぞうぎょう》とは、上《かみ》の観経《かんぎょう》等の往生浄土の経を除いて已《い》外《げ》、大小・顕密の諸経において受持《じゅじ》読誦するを、悉く読誦雑行と名づく」と書き了《おわ》りて、次に書きて云く、「次に二行の得失を判ぜば、法華・真言等の雑行は失《しつ》、浄土三部経は得《とく》なり」と。次下《つぎしも》に善導《ぜんどう》和尚の往生礼讃《おうじょうらいさん》の「十即《じっそく》十生《じっしょう》・百即百生・千中無一《せんちゅうむいち》」の文を書き載せて云く、「私《わたくし》に云く、この文を見るにいよいよすべからく雑《ぞう》を捨てて専《せん》を修すべし。あに百即百生の専修正行《せんしゅしょうぎょう》を捨てて、堅く千中無

内を侵略し、人民は多くの苦しみを受けて、国じゅうどこにも安心して住む所はなくなるだろう」という。この経文によれば、国土の安穏を祈っても国に三災などが起こるのは、それは悪法が弘まっているからだと知るべきである。今の世はまさにこの通りである。最近はずいぶんと仏教諸宗で国土の安穏を祈っているが、それでも去る正嘉元年（一二五七）には大地震があり、同二年には大風や大雨があって五穀が実らないような状態であった。これはきっと国を滅ぼす悪法がこの日本国に流布しているからだと考えられる。

　選択集の第二段の「雑行を捨てて正行に帰する文」の中に、「第一に読誦雑行というのは、観無量寿経などの浄土往生を説く三部経を除いた以外の大乗小乗、顕教密教の一切の経を信じ持《たも》ったり読誦したりするのをみな読誦雑行と名づける」と定めて、また「次に正行と雑行の二行の得失を判定すれば、法華・真言などの雑行は無益であり、浄土三部経は有益である」といい、また次に善導和尚の往生礼讃の「正行を修行すれば十人は十人、百人は百人が往生するが、雑行を修行しても千人に一人も往生できない」という文を引いて、「私の意見を述べれば、いよいよ雑行を捨てて専《もっぱ》ら念仏を修行しなければならない。どうして百人が百人往生できる専修念仏の正行を捨てて、千人に一人も往生できない雑修雑行に執着することがあろうか。行者はよくこれを考えよ」といっている。

一の雑修雑行を執せんや。行者よくこれを思《し》量《りょう》せよ」と〈已上〉。これらの文を見るに、世間の道俗、あに諸経を信ずべきや。次下にまた法華経等の雑行と、念仏の正行との勝劣・難易を書き定めて云く、「一には勝劣の義、二には難易《なんい》の義なり。初めに勝劣の義とは、念仏はこれ勝、余行はこれ劣。次に難易の義とは、念仏は修《しゅ》し易く、諸行は修し難し」と。また次下に法華・真言等の失《しつ》を定めて云く、「故に知んぬ、諸行は機にあらず時を失う。念仏往生のみ機に当《あた》り時を得たり」と。また次下に法華・真言等の雑行の門を閉《と》じて云く、「随他《ずいた》の前には暫く*定散《じょうさん》の門を開くといえども、随自の後《のち》には還って定散の門を閉ず。一たび開いて以後永く閉じざるは、ただ念仏の一門なり」と〈已上〉。最後の本懐《ほんがい》に云く、「それ速かに生死を離れんと欲せば、二種の勝法の中に、しばらく聖道門《しょうどうもん》を閣《さしお》いて、撰んで浄土門に入れ。浄土門に入らんと欲せば、

これらの文を見た世間の僧俗がどうして浄土三部経以外の諸経を信じることができようか、誰も諸経を信じる人はないはずである。また次に第三段の「弥陀如来はただ念仏を往生の本願となし給う文」では、法華経などの雑行と念仏の正行との勝劣・難易を判定して、「一には勝劣の意味、二には難易の意味がある。はじめに勝劣の意味をいえば、念仏は勝れ、その他の行は劣っている。次に難易の意味をいえば、念仏は修行しやすく、諸行は修行しがたい」といい、また次に第十二段の「釈尊はただ念仏を阿難に委嘱する文」では法華と真言との無益を判定して、「ゆえに末代の凡夫にとって法華・真言などの諸行は機根と時期に合わない。念仏往生だけが機根に合い時期に叶っている」といい、また法華・真言などの門を閉じよといって「随他方便する時は仮りに定心・散心の門を開くけれども、随自真実を述べる時はこれを閉じる。一度開いたら永久に閉じないのはただ念仏の一門だけである」という。そして最後第十六段に自分自身の本懐を述べて、「すみやかに生死輪廻の世界を離れたいと願うならば、二種のすぐれた教法の中ではとりあえず聖道門を閣《さしお》いて、浄土門に入らなければならない。浄土門に入るには、正雑二行の中ではとりあえずもろもろの雑行を抛《なげう》って、正行に帰依しなければならない」といって専修念仏を勧めている。

正雑二行の中に、しばらく諸の雑行を抛《なげう》つて、撰んで正行に帰すべし」と〈已上〉。

門弟この書を伝えて、日本六十余州に充満するが故に、門人《もんじん》は世間の無智の者に語りて云く、「上人《しょうにん》智慧第一の身としてこの書を造り、真実の義を定め、法華・真言の門を閉じて後に開くの文なく、抛ちて後に還つて取るの文なし」等と立つる間、世間の道俗一同に頭《こうべ》を傾《かたむ》け、その義を訪《と》う者には、仮字《かなもじ》をもつて選択《せんちゃく》の意《こころ》を述べ、或《あるい》は法然上人の物語を書《しる》す間、法華・真言において難を付け、或は去《こ》年《ぞ》の暦《こよみ》・祖父《そふ》の履《くつ》に譬え、或は法華経を読むは管弦《かんげん》より劣るとす。かくのごとき悪書、国中に充満するが故に、法華・真言等国にありといえども、聴聞せんことを楽《ねが》わず。たまたま行《ぎょう》ずる人ありといえども、尊重《そんじゅう》を生ぜず。一向念仏者は、法華等の結縁《けちえん》をなすをば、往生の障《さわ》りとなると云う。故に捨離の意《こころ》を生ず。この故に諸天は妙法を聞くことを得ず、法味

源空の門弟たちは選択集を日本全国に伝え弘めようとして、世間の無智の者たちに語りかけていうには、「法然上人は智恵第一の人であり、選択集という書物を作って真実の教えは念仏であると定められた。法華経や真言経の教えの門を閉じて後に再び開いてよいという証文はなく、また抛《なげう》って後に再び拾い取ってよいという証文はない」などと主張したので、世間の出家も在家もみな一同に頭を垂れて信じてしまった。またその教えについて意味を問う者があれば、仮名文字でやさしく書き改めた選択集や、法然上人の伝記を書き与えたりしたので、人びとは法華や真言には非難を加えて、あるいは去年の暦や祖父の履物のように役に立たないといい、あるいは法華経を読むのは音楽を聞くよりも劣るなどというようになった。このような悪書が日本国じゅうに充満したので、法華・真言などの教えは国にあっても、聴聞したいと思う者はなく、たまたま法華・真言などを修行する人があっても、人びとはこれを尊重しようとはしない。専修念仏の人が、法華経などに縁を結ぶのは往生の障りとなるというので、人びとはみな法華経を捨ててしまうようになる。その結果、日本国を守護する諸天善神は妙法を聞くことができなくなり、諸天を養う正法の法味を食することができないので、権威も勢力も失っ

を営《な》めざれば、威光・勢力あることなく、四天王並に眷属この国を捨て、日本国守護の善神も捨離し已《おわ》んぬ。故に正嘉元年には大地大《おおい》に震《ふる》い、同じき二年にも春の大雨に苗を失い、夏の大旱魃《かんばつ》に草木を枯らし、秋の大風に果実を失い、飢渇《きかつ》忽ち起りて万民を逃脱《とうだつ》せしむること、金光明経の文のごとし。あに選択集の失《とが》にあらずや。仏語虚《むな》しからざるが故に、悪法の流布ありて、すでに国に三災起れり。しかるにこの悪義を対治せずんば、仏の所説の三悪を脱《のが》るべけんや。

しかるに近年より、予、「我身命《われしんみょう》を愛せず、ただ無上道を惜《お》しむ」の文を瞻《み》るの間、*雪山《せっせん》・*常啼《じょうたい》の心を起し、命を大乗の流布に替え、強言《ごうげん》を吐いて云く、選択集《せんちゃくしゅう》を信じて、後世《ごせ》を願う人は無間地獄《むけんじごく》に堕《お》つべしと。その時に法然上人の門弟、選択集において上《かみ》に出《いだ》すところの悪義《あくぎ》を隠し、或は*諸行往生《しょぎょうおうじょう》を立て、或は選択集において法華・真言等を破《は》せざる由

て弱くなり、四天王やその従者もこの国を捨ててしまい、日本国を守護する善神もこの国を捨て去ってしまった。これによって去る正嘉元年（一二五七）には大地震が起こり、同二年春の大雨では苗を失い、夏の大旱魃では草も木も枯れてしまい、秋の大風では果実を失い、飢饉となって万民は他国に逃げ出すような状態であった。これはまさに金光明経の文の通りである。この罪はまったく選択集にあるのである。仏の御言葉に誤りはなく、悪法が弘まったので国に三災が並び起こったのである。もしこの悪義を根絶せずに放置しておくならば、仏の説かれた通り、一切の衆生は三悪道に堕ちることは間違いないであろう。

ところが自分は近ごろ法華経勧持品の「自分は身命を惜《お》しまない、ただ無上道を惜しむ」という経文を見て、雪山童子や常啼菩薩のような求法の志を起こし、一命にかえても法華経を流布しようと決心して、「選択集を信じて浄土往生を願う人は、かえって無間地獄に堕ちるであろう」と強い言葉で誡《いまし》めたのである。そうすると法然上人の門弟たちは、前に指摘したような選択集の教義の欠点を隠して、諸行でも往生できるといったり、あるいは選択集では法華・真言を破斥していないといったり、あるいは在家の人びとに選択集の邪義を知らせないようにするため

を称《しょう》し、或は在俗において選択集の邪義を知らしめざらんために、妄語《もうご》を構《かま》えて云く、日蓮は念仏を称《とな》うる人を三悪道《さんなくどう》に堕《お》つと云うと。

問うて云く、法然上人の門弟、諸行往生を立つるに失《とが》ありや、否《いな》や。答えて云く、法然上人の門弟と称して諸行往生を立つるは、逆《ぎゃく》路伽耶陀《ろかやだ》の者なり。当世《とうせい》もまた諸行往生の義を立つ。しかも内心には一向に念仏往生の義を存し、外には諸行を謗《そし》らざるの由を聞かしむるなり。そもそもこの義を立つる者は、選択集の法華・真言等において失《とが》を付け、捨閉《しゃへい》閣抛《かくほう》・群賊《ぐんぞく》・邪見《じゃけん》・悪見《あっけん》・邪雑人《じゃぞうにん》・千中無一《せんちゅうむいち》等の語《ご》を見ざるや、否《いな》や。

第二に、正しく謗法の人の王地に処《お》るを、対治《たいじ》すべき証文を出《いだ》さば、涅槃《ねはん》経第三に云く、「懈怠《けたい》にして、戒を破し、正法を毀《そし》る者をば、

に、日蓮は念仏を称える人は三悪道に堕ちるなどといっているが、そのようなことはない、などと嘘を言いふらしているのである。

問うていう、法然上人の門弟たちが諸行でも往生できるということは間違っているのかどうか。答えていう、法然上人の門弟と名乗りながら、法然の教えに反して諸行でも往生できるというのは、弟子でありながら師の教えを破る逆路伽耶陀というインドの外道と同じで、師に背く者である。ゆえに近ごろの人も諸行でも往生できるといいながら、内心では専修念仏以外に往生できないと思っている。しかも外に向かっては決して諸行を謗る者ではないなどといっている。そもそもこのように諸行往生を立てる人びとは、選択集に明らかに法華・真言を誤りだとして、「雑行を捨てよ、定散の門を閉じよ、聖道門を閣《お》けよ、雑行を抛《なげう》てよ」といい、「群賊・邪見・悪見・邪雑人」といい、「千人に一人も往生しない」などと書いているのを見たことがないのであろうか。

国内に住する謗法者を根絶すべき証文について

第二に、国内に住する謗法の人を根絶しなければならない証拠の経文を示して見せよう。涅槃経第三巻の寿命品に「仏道の修行を怠けて戒律を破り正法を破る者があるならば、国王や大臣や出家・在家の男女は、

王者・大臣・四部の衆《しゅ》、まさに苦治《くじ》すべし。善男子《ぜんなんし》、この諸の国王及び四部の衆は、まさに罪ありや不《いな》や。不《いな》なり、世尊。善男子、この諸の国王及び四部の衆は、なお罪あることなし」と。また第十二に云く、「我往昔《われむかし》を念《おも》うに、閻浮提《えんぶだい》において大国の王と作《な》り、名を*仙予《せんよ》と曰《い》いき。大乗経典を愛念し敬重《きょうじゅう》し、その心純善にして麁悪《そあく》・嫉悋《しつりん》あることなかりき。乃至、善男子、我《われ》その時において心に大乗を重んず。婆羅門《ばらもん》の方等を誹謗《ひほう》するを聞き、聞き已《おわ》りて即時にその命根《みょうこん》を断じき。善男子、この因縁《いんねん》をもつてこれより已来《このかた》、地獄に堕《お》ちず」と〈已上〉。

問うて云く、梵網経の文を見るに、比丘等の四衆《ししゅ》を誹謗《ひぼう》するは波羅夷罪《はらいざい》なり。しかるに源空が謗法《ほうぼう》の失《とが》を顕《あら》わすは、あに阿鼻《あび》の業《ごう》にあらずや。答えて云く、涅槃経の文に云く、「迦葉《かしょう》菩薩世尊に言《もう》さく、如来何が故ぞ彼《かれ》まさに阿鼻地獄に堕つべしと記《き》するや。善男子《ぜんなんし》、

これを治罰しなければならない。善男子よ、このもろもろの国王たちに罪があるであろうか。いいえ、世尊よ、彼らに罪はありません。善男子よ、このもろもろの国王たちには何の罪もないのである」といい、また同じく第十二巻の聖行品には「過去の世に自分は閻浮提において大国の王と生まれ、その名を仙予といった。大乗経典を愛し敬い、純真な善い心をもち、荒々しい悪い心や嫉みの心は少しもなかった。（中略）善男子よ、自分はその時に心に大乗を重んじていたので、婆羅門が大乗経を謗《そし》るのを聞いて、即時にその者の命を断った。善男子よ、自分は正法を護った功徳によってそれ以来地獄に堕ちたことはない」とある。

問うていう、梵網《ぼんもう》経の文によると、僧や尼や信士や信女の四衆を誹謗すれば、波羅夷罪という教団を追放される最も重い罪を犯したことになる。それゆえに源空を謗法罪として非難するのはまさしく波羅夷罪に当たり、無間地獄に堕ちる原因ではないのか。答えていう、涅槃経第三十三巻の迦葉《かしょう》品に「迦葉菩薩が世尊に問うた、如来は何故にかれ善星は無間地獄に堕ちるであろうと予言されたのかと。仏は迦葉に答えて、善男

善星《ぜんしょう》比丘《びく》は多く眷属《けんぞく》あり。皆善星はこれ阿羅《あら》漢《かん》なり、これ道果《どうか》を得たりと謂《おも》えり。我《われ》、彼《かれ》が悪邪《あくじゃ》の心を壊《やぶ》らんと欲する故に、彼《か》の善星は放逸《ほういつ》をもつての故に地獄に堕つべしと記《き》す」と〈已上〉。この文の放逸とは謗法の名なり。源空もまた彼《か》の善星《ぜんしょう》のごとく、謗法をもつての故に無間《むけん》に堕つべし。所化《しょけ》の衆《しゅ》はこの邪義を知らざるが故に、源空をもつて一切智人《いっさいちじん》と号し、或は勢至《せいし》菩薩、或は善導《ぜんどう》の化身なりと云う。彼が悪邪の心を壊らんがための故に、謗法の根源を顕わす。梵網経の説は、謗法の者の外《ほか》の四衆なり。仏誡《いまし》めて云く、「謗法の人を見てその失《とが》を顕わさざれば、仏の弟子にあらず」と。故に涅槃経に云く、「我《われ》涅槃《ねはん》の後《のち》、その方面に随いて、持戒《じかい》の比丘ありて、威儀《いぎ》具足し、正法を護持せん。法を壊《やぶ》る者を見て、すなわちよく駈遣《くけん》し呵責《かしゃく》し徴治《ちょうじ》せよ。まさに知るべし、この人は福を得んこと、無量にして称計《しょうけい》すべからず」と。また云く、「もし善《ぜん》

子よ、善星比丘には多くの従者があって、その従者はみな善星は阿羅漢の聖者であり覚りを開いた者と思っているから、自分はそういう彼らの邪悪の心を破るために、かの善星は放逸の罪によって地獄に堕ちるであろうと予言したのである」といわれたという。この涅槃経の文に「放逸」とあるのは謗法《ほうぼう》の罪の一つである。今の源空もまた彼の善星のように、法華経を謗った謗法の罪によって無間地獄に堕ちるであろう。ところが源空の門弟たちは選択集が邪義であることを知らないで、源空を一切智人と呼び、あるいは勢至菩薩や善導和尚の化身であるなどという。そこで彼らの邪悪の心を破るために、源空の謗法の根源を明らかにしたのであって、涅槃経に説く通りである。梵網経の文は、謗法の者を除いたその他の出家・在家の男女を謗った者は地獄に堕ちるというのであって、涅槃経の説と相違しない。かえって仏は「謗法の人を見てその過失を指摘しなければ仏弟子ではない」と誡《いまし》められている。ゆえに涅槃経第三巻の寿命品には「わが入滅の後に、あるところに戒律を堅く守り、僧としての立居振舞も法にかない、正法を護る僧がいたとする。彼はもし正法を破る者を見たならばただちに追い出し、叱り責め、処罰しなければならない。そうすればこの人は計りきれないほどの福を得る」とあり、次に「もし善い僧があって、正法を破る者を見ても、捨ておいて叱り責めもせず、追い出しもせず、処罰もしなければ、この人は仏法の中の敵

比丘《びく》ありて、法を壊る者を見て、置いて呵責し駈遣し挙処《こしょ》せずんば、まさに知るべし、この人は仏法の中の怨《あだ》なり。もしよく駈遣し呵責し挙処せば、これ我が弟子真の声聞《しょうもん》なり」と〈已上〉。予《よ》、仏弟子の一分に入らんがために、この書を造り謗法の失《とが》を顕わし、世間に流布す。願わくは、十方の仏陀この書において力を副《そ》え、大悪法の流布を止《とど》め、一切衆生《しゅじょう》の謗法を救わしめたまえ。

大文の第五に、*善知識《ぜんちしき》並に真実の法に値《あ》い難《がた》きことを明かさば、これについて三あり。一には受け難き人身《にんしん》、値い難き仏法なることを明かし、二には受け難き人身を受け、値い難き仏法に値うといえども、*悪知識《あくちしき》に値うが故に三悪道《さんなくどう》に堕つることを明かし、三には正《まさ》しく末代の凡夫《ぼんぷ》のための善知識を明かす。

である。しかし、もしよく追い出し、叱り責め、処罰するならば、その人はわが弟子、真の声聞である」と誡めている。自分は仏弟子の一人に数えられたいがために、この書物を作って源空らの謗法の罪を明らかにして、世間に弘めるのである。どうか十方の仏陀諸尊よ、この書物の流布に力を加えられて、大悪法の流布するのを止めて、一切衆生の謗法罪を救っていただきたい。

五　善知識と真実の仏法には値《あ》いがたいことについて

大段の第五に、善き師と真実の仏法には値いがたいことを説明するに、これを三節に分ける。一には人間に生まれることは希《まれ》であり、また仏法に値うことも希であることを明かし、二には希に人間に生まれ仏法に値うことができても、悪師に値えば三悪道に堕ちることを明かし、三には末代の凡夫のための善き師を明かそう。

第一に、受け難き人身、値い難き仏法なることを明かさば、涅槃経三十三に云く、「その時に世尊、地の少しき土《つち》を取りてこれを爪の上に置き、迦葉《かしょう》に告げて言《のたまわ》く、この土多きや、十方世界《じっぽうせかい》の地の土多きやと。迦葉菩薩、仏に白《もう》して言《いわ》く、世尊、爪の上の土は十方所有の土に比《ひ》すべからずと。善男子、人ありて、身を捨てて還つて人身《にんしん》を得《え》、三悪《さんなく》の身を捨てて人身を受くることを得、諸根完具《しょこんかんぐ》して中国《ちゅうごく》に生《しょう》じ、正信《しょうしん》を具足《ぐそく》してよく道《どう》を修習《しゅしゅう》し、道を修習し已りてよく正道《しょうどう》を修《しゅ》し、正道を修し已りてよく解脱《げだつ》を得、解脱を得已りてよく涅《ね》槃《はん》に入るは、爪の上の土のごとく、人身を捨て已りて三悪の身を得、三悪の身を捨てて三悪の身を得、諸根具せずして辺地《へんち》に生じ、邪《じゃ》倒《とう》の見《けん》を信じて邪道を修習し、解脱常楽の涅槃を得ざるは、十方界の所有の地の土のごと

人間に生まれ、仏法に値うことの困難さについて

第一に、人間に生まれることは希《まれ》であり、仏法に値うこともまた希であることを説明すれば、涅槃経第三十三巻の迦葉《かしょう》品に「その時に世尊が、大地の少しばかりの土を取って爪の上に置き、迦葉菩薩に告げていわれた、この土が多いか、それとも十方世界の大地の土が多いかと。迦葉菩薩は仏に対し、世尊よ、爪の上の土のその少ないことは十方世界の大地の土の多さには比べられないと答えられた。仏はこの譬《たと》えによせて迦葉に教示されるに、善男子よ、人が死んで後に再び人間と生まれ、または三悪道の身で死んだ後に人間と生まれ、しかも眼・耳・鼻・舌・身などに欠陥なく、仏法の中心地に生まれ、正しい信心を得て仏道を修行し、修行の中でも正しい道を修行して解脱を得、解脱を得て後に涅槃に入ることは爪の上の土ほどに少ないのである。これに対し、人が死んで後に三悪道に堕ち、生まれ変わっても再び三悪道に堕ち、しかも人間界に生まれても眼・耳・鼻などに欠陥があり、仏法を聞くことのできない辺地に生まれて、邪《よこしま》な思想を信じ、邪な道を修行し、解脱も涅槃も得られない者は十方世界のあらゆる大地の上の土のように多い」とある。

し」と〈已上経文〉。

この文は、多く法門を集めて一具とせり。人身《にんしん》を捨てて還つて人身を受くるは爪の上の土のごとく、人身を捨てて三悪道《さんなくどう》に堕《お》つるは十方の土のごとし。三悪の身を捨てて人身を受くるは爪の上の土のごとく、三悪の身を捨てて還つて三悪の身を得るは十方の土のごとし。人身を受くるは十方の土のごとく、人身を受けて六根欠《か》けざるは爪の上の土のごとし。人身を受けて六根欠けざれども、辺地に生ずるは十方の土のごとく、中国に生ずるは爪の上の土のごとし。中国に生ずるは十方の土のごとく、仏法に値うは爪の上の土のごとし。また云く、「一闡提《いっせんだい》と作《な》らず、善根を断ぜず、かくのごときらの涅槃経典を信ずるは、爪の上の土のごとく、乃至《ないし》、一闡提と作《な》つて諸の善根を断じ、この経を信ぜざる者は、十方界《じっぽうかい》所有の地の土のごとし」と〈已上経文〉。この文のごとくんば、法華・涅槃を信ぜずして一

この経文は多くの法門を集めてまとめて説かれているから、少しくわしく説明すると、人が死んで後に再び人間と生まれることは爪の上の土のように少なく、死んで後に三悪道に堕ちる人は十方世界の土のように多い。また三悪道の身が死んで後に人間と生まれるのは爪の上の土のように少なく、三悪道の身から生まれ変わっても再び三悪道に堕ちる者は十方世界の土のように多い。また人間に生まれる者は十方世界の土ほど多いが、人間と生まれて眼・耳・鼻・舌・身・意の六根が具《そな》わって欠陥のない人は爪の上の土のように少ない。また人間と生まれて六根は具わっていても辺地に生まれる者は十方世界の土のように多く、中心地に生まれる者は爪の上の土のように少ないのである。また中心地に生まれる者は十方世界の土ほど多いが、その中で仏法に値《あ》うことのできる者は爪の上の土のように少ないというのである。また同じ涅槃経に「不信謗法の者ともならず、善根功徳の縁をも断たずに、この涅槃経典を信ずる人は爪の上の土のように少なく、（中略）極悪の一闡提となり、もろもろの善根を断ち、この経を信じない者は十方世界の大地の土のように多い」とある。この経文によれば、法華経や涅槃経を信じないで不信謗法の人となる者は十方世界の土のように多くあり、法華経や涅槃経を信ずる者は爪の上の土のように少ないのである。自分、日蓮はこの経文を見て、

闡提と作《な》るは十方の土のごとく、法華・涅槃を信ずるは爪の上の土のごとし。この経文を見て、いよいよ感涙押え難し。

今日本国の諸人を見聞《けんもん》するに、多分は権教《ごんきょう》を行《ぎょう》ず。たとい身口《しんく》には実教を行ずといえども、心にはまた権教を存す。故に天台大師摩《＊ま》訶《か》止《し》観《かん》の五に云く、「それ癡《ち》鈍《どん》なる者は毒気《どっけ》深く入りて本心を失うが故に、すでにそれ信ぜざれば則ち手に入らず。乃至、大罪聚《だいざいじゅ》の人なり。乃至、たとい世を厭《いと》う者も下劣《げれつ》の乗《じょう》を翫《もてあそ》び、枝葉に攀附《はんぷ》し、狗作務《いぬさむ》に狎《な》れ、獼猴《びこう》を敬うて帝釈《たいしゃく》となし、瓦礫《がりやく》を崇《たっと》んでこれ明珠《めいしゅ》なりとす。これ黒闇《こくあん》の人なり。あに道を論ずべけんや」と〈已上〉。源空《げんくう》並に所化《しょけ》の衆《しゅ》、深く三毒の酒に酔うて、大通結縁《だいつうけちえん》の本心を失う。法華・涅槃において不信の思いを作《な》し、一闡提と作《な》り、観経《かんぎょう》等の下劣の乗に依りて、方便の称名《しょうみょう》等の瓦礫を翫び、法然房の獼猴《びこう》を敬うて智慧第一の帝釈と思い、法華・涅槃の如《によ》

人間と生まれ、値いがたい仏法に値うことができた身を思うと、いよいよ感激の涙を押さえることができないのである。

今、日本国の人びとを見ると、大多数の人は方便教を修行している。たとえ外面上の身や口には真実教を修行するように見えても、内心は方便教を信じているのである。それゆえに天台大師は摩訶止観の第五巻に、このような人びとを指して「愚かな者は身体に毒が深く入って本心を失ってしまった者だから、良薬を信じて飲もうとはしない。信じないから自分のものとはならない。（中略）これはたいへん罪の深い人である。（中略）たとえ世間を厭って出家した者も、ごく低い劣った方便教を尊んでいる。これはたとえば、木を切るのに幹を切らないでよじ登って枝葉を切り、犬が主人に馴《な》れないで召使いに馴れているようなものであり、また猿を敬って帝釈天と勘違いをしたり、物の価値を見究められない人が瓦《かわら》や礫《いしころ》を宝珠と思い違えて尊ぶようなものである。これは物の道理に暗い人であるから、このような人と仏法を語り合うことはできない」と述べている。源空やその弟子たちは、この摩訶止観の文に照らし合わせて見ると、貪《むさぼ》り・瞋《いか》り・愚《おろ》かの三毒煩悩の酒に深く酔いしれて、大通智勝仏の昔に法華経と縁を結んで仏種を植えつけられながらその本心を失って、法華経や涅槃経の真実教に疑いを抱いて不信謗法の者となり、

意珠《いしゅ》を捨てて、如来の聖教《しょうぎょう》を褊《さみ》するは、権《ごん》実《じつ》二教を弁《わきま》えざるが故なり。故に*弘決《ぐけつ》の第一に云く、「この円頓《えんどん》を聞きて宗重《そうじゅう》せざる者は、良《まこと》に近代大乗を習う者の雑濫《ぞうらん》するに由《よ》る故なり」と。大乗において権実二教を弁えざるを雑濫と云うなり。故に末代において法華経を信ずる者は爪の上の土のごとく、法華経を信ぜずして権教《ごんきょう》に堕落《だらく》するものは十方の微塵《みじん》のごとし。故に妙楽歎いて云く、「像末《ぞうまつ》は情澆《こころうす》く信心寡薄《かはく》にして、円頓《えんどん》の教法は蔵に溢《あふ》れ函《はこ》に盈《み》つれども、暫くも思惟《しゆい》せず、すなわち瞑《めい》目《もく》に至る。徒《いたず》らに生じ徒らに死す。一に何ぞ痛ましきかな」と〈已上〉。この釈は偏《ひとえ》に妙楽大師権者《ごんしゃ》たるの間、遠く日本国の当代を鑑《かんが》みて、記《しる》し置く所の*未来記なり。

問うて云く、法然上人の門弟の内にも、一

観無量寿経などの下劣の教えを信じて方便の称名念仏などの瓦礫を尊び、法然房の猿を敬って智恵第一の帝釈天と見誤り、法華経・涅槃経の如意宝珠を捨てて、如来の聖教を卑しめる。これは仏一代の教法における方便教と真実教との区別を弁えないからである。ゆえに妙楽大師は摩訶止観弘決の第一巻に「この円頓の真実教を聞いて崇《あが》め尊重しない者は、まことに近ごろの大乗を学ぶ者の方便と真実との区別を知らない雑乱の学風の影響による」といわれている。大乗教の中に方便と真実との差別があることを知らないで、二教を混乱するのを雑乱というのである。ゆえに末代においても実大乗の法華経を信ずる者は爪の上の土のように少なく、法華経を信じないで方便教に退転していく者は十方世界の塵《ちり》のように多いのである。それゆえに妙楽大師はこのことを歎いて「まして像法・末法の時代は人情は薄くなり、信心も弱くなって、円頓真実の教法は蔵に溢れ函に満ちるほどあっても、それを手にとって読んでみようともせず、その教えについて考えてみようともしないで、一生を空しく終わっていく。何のために人間と生まれ、一生を送ったのか、まったく無意味であり、何と悲しいことではないか」といわれている。この文は妙楽大師が菩薩の権化の人であるから、遠く日本国の末法の今の時代を見通して、予言しておかれた未来記である。

問うていう、法然上人の門弟たちの中にも一切経蔵を安置して、法華切経蔵を安置《あんち》し、法華経を行ずる者もあり。何ぞ皆謗法の者と称《しょう》せんや。答えて云く、一切経を開き見て、法華経を読むは、難行道《なんぎょうどう》の由を称し、選択集《せんちゃくしゅう》の悪義を扶《たす》けんがためにす。経論を開くに付きて、いよいよ謗法を増すこと、例せば善星《ぜんしょう》の十二部経、*提婆達多《だいばだった》の六万蔵《ぞう》のごとし。智者《ちしゃ》の由《よし》を称するは、自身を重んじ悪法を扶けんがためなり。

第二に、受け難き人身《にんしん》を受け、値い難き仏法に値うといえども、悪知識《あくちしき》に値うが故に、三悪道《さんなくどう》に堕《お》つることを明かさば、仏蔵経に云く、「大荘厳仏《だいしょうごんぶつ》の滅後に五比丘あり。一人《いちにん》は正道《しょうどう》を知って多億の人を度し、四人は邪見に住す。この四人命終《みょうじゅう》して後、阿鼻地獄《あびじごく》に堕《お》ちて、仰《あお》ぎて臥《が》し、伏《うつぶせ》に臥し、左脇《さきょう》に臥し、

経を修行する者もいる。どうしてすべて謗法の人と否定してしまうのか。

答えていう、源空の門弟たちが一切経を開いて法華経を読むのは、法華経が難行道であることを確かめて、選択集の邪義を助けるのが目的なのである。ゆえに他の経論を開いて読めば読むほど、ますます謗法の罪を増すのであって、それはたとえば善星比丘が十二部経を読んで苦得外道に味方し、提婆達多が六万法蔵の多数を読んで釈尊に背いたのと同じである。自分が智者であるといっているが、実は智者でもないのに世間の人びとに自分を重く見せて尊敬させ、選択集の悪法の流布を助けようとしているのである。

希《まれ》に人間と生まれ、仏法と値《あ》っても、悪師によって三悪道に堕ちること

第二に希《まれ》に人間と生まれ、尊い仏法と値っても、悪師に値えば三悪道に堕ちることを説明しよう。仏蔵経の第三巻往古品に「昔、大荘厳仏の滅後に五人の比丘があった。普事《ふじ》比丘一人は正法を学んで多くの人びとを教化し救済したが、苦岸《くがん》比丘などの四人は邪法を学んだために、四人は死んで後に無間地獄に堕ちて、仰むき、伏《うつぶ》し、左向きに臥し、右向きに臥して転々反側しておのおの九百万億歳もの長い間、絶え間ない責め苦を受けた。（中略）またこの四人に親しんでいた在家・出家の者や信者

右脇《うきょう》に臥すこと、各《おのおの》九百万億歳なり。乃至、もしは在家・出家のこの人に親近せしもの、並に諸《もろもろ》の檀越《だんのつ》およそ六百四万億人、この四師と倶《とも》に生じ倶に死し、大地獄にありて諸の焼煮《しょうしゃ》を受く。大劫もし尽きぬれば、この四悪人及び六百四万億の人、この阿鼻地獄より、他方の大地獄の中に転生《てんしょう》す」と〈已上〉。涅槃《ねはん》経三十三に云く、「その時に城中に一《ひとり》の尼乾《にけん》あり。名を苦得《くとく》と曰《い》う。乃至、善星《ぜんしょう》、苦得に問う。答えて曰《いわ》く、我食吐鬼《われじきとき》の身を得たり。善星、諦《あきら》かに聴《き》け。乃至、その時に善星すなわち我が所に還《もと》つて、かくのごとき言《ことば》を作《な》す。世尊、苦得尼乾は命終《みょうじゅう》の後《のち》に三十三天に生ぜり。乃至、その時に如来、すなわち迦葉《かしょう》と善星の所に往《ゆ》きたもう。善星比丘遥かに我が来《きた》るを見、見已《みおわ》つてすなわち悪邪の心を生ず。悪心をもつての故に、生身《しょうしん》に陥《お》ち入りて阿鼻地獄に堕つ」と〈已上〉。善星比丘は仏の菩薩たりし時の子《みこ》なり。仏に随い奉り出家して十

たちはおよそ六百四万億人もいたが、みなこの四人の師と同じ所に生まれ同じ所に死んで、ついに大地獄に堕ちて焼かれたり煮られたり、いろいろの苦しみを受けた。非常に永い年月を経てから、この四人の師とその弟子信者六百四万億人とは、この世界の無間地獄から他の世界の無間地獄へと生まれ変わって永く苦しみを受けた」とある。また涅槃経の第三十三巻迦葉《かしょう》品には「その時に王舎城中に一人の尼乾子《にけんじ》外道がいて、名を苦得といった。（中略）弟子の善星が苦得に問うた時に答えて、善星よ、われは仏に敵対したので食吐鬼すなわち餓鬼の身と生まれたのだ。善星よ、よく聴け。（中略）そこで善星は仏の所に還って、世尊よ、苦得外道は死んで後に三十三天に生まれたはずであると偽った。（中略）そこで仏は迦葉とともに善星の所を訪れた。善星比丘は遥かに仏の来るのを見て、悪心を起こしたので、そのために生きながら無間地獄に堕ちた」と説かれている。善星比丘は仏がまだ菩薩として修行されていた時の子供である。仏に随って出家し十二部経を学び、欲界の煩悩を断ち切って阿羅漢の覚りを得た。しかし悪師である苦得外道に会って、仏法の正しい教えを信じなかったので、出家して受けた戒律の功徳も、学習した十二部経の功徳も失って、生きながら無間地獄に堕ちたのである。また苦岸などの四人の比丘に親しんだ六百四万億の人びとも、四人に会ったために四人の悪師とともに十方の無間地獄を転々と経回《へめぐ》らなければならなか

二部経を受け、欲界《よくかい》の煩悩を壊《やぶ》りて*四禅定《しぜんじょう》を獲得《かくとく》せり。しかりといえども、悪知識たる苦《く》得外道《とくげどう》に値《あ》い、仏法の正義《しょうぎ》を信ぜざるに依りて、出家・受戒・十二部経の功徳を失い、生身に阿鼻地獄に堕つ。苦岸《くがん》等の四比丘に親近《しんごん》せし六百四万億の人は、四師と倶に十方の大阿鼻地獄を経《へ》しなり。

今の世の道俗《どうぞく》は選択集《せんちゃくしゅう》を貴ぶが故に、源空の影像《えいぞう》を拝して、一切経難行の邪義を読む。例せば、尼乾《にけん》の所化《しょけ》の弟子の尼乾の遺骨を礼《らい》して三悪道《さんなくどう》に堕《お》ちしがごとし。願わくは、今の世の道俗、選択集の邪正を知りて後に供養恭敬《くぎょう》を致せ。しからずんば、定めて後悔あらん。故に涅槃経に云く、「菩薩摩訶薩、悪象等においては心に怖畏《ふい》することなかれ。悪知識においては怖畏の心を生ぜよ。何をもっての故に。この悪象等はただ能《よ》く身を壊《やぶ》りて心を壊ること能《あた》わず。悪知識は二倶《ふたつとも》に壊るが故に。この悪象等はただ一身を壊り、悪知識は

ったのである。

今の世の出家・在家は選択集を尊んで、源空の画像や木像を礼拝し、一切経は難行であるという邪義を読むことは、たとえば尼乾子外道である苦得の弟子たちがその遺骨を礼拝して、ついに三悪道に堕ちたようなものである。願うところは、どうか今の世の出家・在家の人びとよ、選択集の教えが正義であるか邪義であるかをよく確かめてから、供養したり敬ったりするようにして欲しい。そうしなければ必ず後悔するであろう。ゆえに涅槃経の高貴徳王品には「菩薩たちよ、悪象などを恐れることはないが、悪師は恐れなければならない。なぜならば悪象などはただ人の身体を破壊するだけで心を破壊することはないが、悪師は身と心と両方を破壊するからである。また悪象などはただ一人を破壊するだけであるが、悪師は多くの善人の身と心とを破壊する。また悪象などはただ不浄の臭い身体を破壊するだけであるが、悪師は清浄な身と心とを破壊

無量の善身と無量の善心を壊る。この悪象等はただ能《よ》く不浄の臭き身を破壊《はえ》す。悪知識は能く浄身及以《および》浄心を壊る。この悪象等は能く肉身を壊り、悪知識は法身を壊る。悪象のために殺されては三趣《さんしゅ》に至らず、悪友《あくゆう》のために殺さるれば、必ず三趣に至る。この悪象等はただ身の怨《あだ》となる、悪知識は善法の怨とならん。この故に菩薩は常に諸の悪知識を遠離《おんり》すべし」と〈已上〉。請《こ》い願わくは、今の世の道俗、たといこの書を邪義なりと思うといえども、しばらくこの念を抛《なげう》ちて、十住毘婆沙《じゅうじゅうびばしゃ》論《ろん》を開き、その難行の内に法華経の入不入《にゅうふにゅう》を撿《かんが》え、選択集の「準之思之《じゅんししし》」の四字を按《あん》じて後《のち》に是非を致せ。謬りて悪知識を信じて邪法を習い、この生《しょう》を空《むな》しうすることなかれ。

第三に、正《まさ》しく末法の凡夫《ぼんぷ》のための善知識を明かさば、問うて云《いわ》く、*善財童子《ぜんざいどうじ》は五十余

する。また悪象などはこの肉身を破壊するだけであるが、悪師は法身すなわち人びとの仏性を破壊する。また悪象のために殺されても三悪道に堕ちることはないが、悪師のために殺されれば必ず三悪道に堕ちるのである。また悪象などはただ身体の敵となるだけであるが、悪師は正法の敵というべきものである。それゆえに菩薩たちよ、常にもろもろの悪師に近づかないように用心すべきである」と説かれている。願わくは今の世の出家も在家も、たとえ日蓮がこの書に説くことが邪義であると思っても、ほんの一時の間でよいからその考えを捨てて、試みに十住毘婆沙論を開いて、その難行道のうちに法華経が入っているかどうかを調べ、次に選択集の「之《これ》に準じて之を思うに」の四字が源空の自分勝手な解釈であるかどうかを確かめてから、いずれが正しいか、間違っているかを決定するがよい。間違って悪師を信じて邪法を習い、せっかくこの受けがたい人身を受けた一生を空しく過ごすようなことがあってはならない。

末代の凡夫のための善知識について

第三に末代の凡夫のための善師について説明しよう。問うていう、華厳経入法界品の善財童子は五十余人の師を訪ねて道を求めたが、その中

の知識に値《あ》いき。その中に普《ふ》賢《げん》・文殊《もんじゅ》・観《かん》音《のん》・弥勒《みろく》等あり。常啼《じょうたい》＊・班足《はんそく》・＊妙荘厳《みょうしょうごん》・＊阿《あ》闍世《じゃせ》等は、曇無竭《どんむかつ》・普明《ふみょう》・耆婆《ぎば》・二子《にし》・夫人《ぶにん》に値《あ》い奉りて、生死を離れたり。これらは皆大聖《だいしょう》なり。仏世《ほとけよ》を去りて後は、かくのごときの師を得ること難《かた》しとなす。滅後においてまた竜樹《りゅうじゅ》・天親《てんじん》も去りぬ。南岳《なんがく》・天台《てんだい》にも値わず。如何《いかん》ぞ生死を離るべきや。答えて云く、末代において真実の善知識あり、いわゆる法華・涅槃これなり。

問うて云く、人をもつて善知識となすは常の習いなり。法をもつて知識となすの証ありや。答えて云く、人をもつて知識となすは常の習いなり。しかりといえども、末代においては真の知識なければ、法をもつて知識となすに多くの証あり。摩訶止観《まかしかん》に云く、「或は知識に従い、或は経巻に従いて、上《かみ》に説く所

には普賢・文殊・観音・弥勒などの菩薩もあった。大品般若経常啼品の常啼菩薩は曇無竭《どんむかつ》菩薩に会って法を聞き、仁王経護国品の班足王は普明王に会って悪心を改め、法華経妙荘厳王《みょうしょうごんのう》本事品の妙荘厳王は、二人の子と夫人の導きで仏法に入信し、観無量寿経によれば阿闍世王は耆婆《ぎば》大臣の諫めによって仏道に入り、それぞれ生死の迷いを離れることができたのである。しかしこれらの師はみな大いなる聖者である。仏が入滅されて後は、このようなすぐれた大聖に会うことはたいへんに困難である。仏の滅後においても正法時代の師であるインドの竜樹・天親もすでに世を去り、像法時代の師である中国の南岳・天台にも会うことができない。末法の世に生まれたわれわれは、どうして生死の迷いを離れることができるであろうか。答えていう、末代にも真実の善師はいる。法華経・涅槃経こそが末代の善師である。

問うていう、普通一般には善師とは人である。教法を善師とする確かな証拠があるのか。答えていう、人を師とするのが普通である。しかし、末代悪世には真実の善師がいないから、教法を善師とすることについては多くの証拠がある。摩訶止観巻一に「あるいは師に従ったり、あるいは経巻に従ったりして、今まで説いてきた一乗真実の菩提の教を聞く」とある。この文の意味は、経巻を善師とするというのである。また法華経の勧発品に「この娑婆世界で法華経を修行し、これを心に信じ身に持《たも》

の一実《いちじつ》の菩提《ぼだい》を聞く」と〈已上〉。この文の意《こころ》は、経巻をもって善知識となすなり。法華経に云く、「もし法華経を閻浮提《えんぶだい》に行じ、受持することあらん者は、まさにこの念を作《な》すべし、皆これ普賢威神の力なり」と〈已上〉。この文の意《こころ》は、末代の凡夫法華経を信ずるは、普賢の善知識の力なり。また云く、「もしこの法華経を受持《じゅじ》し、読誦《どくじゅ》し、正憶念《しょうおくねん》し、修習《しゅしゅう》し、書写することあらん者は、まさに知るべし、この人はすなわち釈迦牟尼仏を見るなり。仏口《ぶっく》よりこの経典を聞くがごとし。まさに知るべし、この人は釈迦牟尼仏を供養するなり」と〈已上〉。この文を見るに、法華経は釈迦牟尼仏なり。法華経を信ぜざる人の前には、釈迦牟尼仏入滅を取り、この経を信ずる者の前には、滅後たりといえども、仏世《よ》に在《ましま》すなり。また云く、「もし我《われ》成仏して滅度の後、十方の国土において法華経を説く処あらば、我が塔廟《とうみょう》、この経を聞かんがための故に、そ

つ者があるならば、それは普賢菩薩の不思議な力による守護のお蔭であると思うがよい」とある。この文の意味は、末代の凡夫が法華経を信じ持《たも》ちつづけるのは普賢菩薩という善師の力によるというのである。また同品に、「もしこの法華経を信じ持ち、読誦し、正しく記憶し念じつづけ、思惟し修習し、書写する者があれば、この人は親しく釈迦牟尼仏にお目にかかり、仏の御口から直接この経を聞くのと同じである。また、この人は釈迦牟尼仏を供養しているのである」とある。この経文によれば、法華経と釈迦牟尼仏とは同一である。法華経を信じない人の前には釈迦牟尼仏は入滅されたまま現われることはないが、法華経を信ずる人の前には、たとえ滅後であっても仏の在世と同じくいつも現われるのである。また宝塔品には多宝如来の本願を説いて「もし自分が成仏し入滅した後においても、十方の国土のどこであろうと法華経を説く所があれば、自分は宝塔とともにこの経を聞くためにその所に涌現して、法華真実の証明をしたいと願っている」とある。この経文の意味は、われら末代の衆生が法華経の名号を唱えるならば、多宝如来は本願を果たすために必ずそこへ現われるというのである。また同品に「諸仏が十方の世界にあって説法されているのを、すべて呼び還されて霊鷲山《りょうじゅせん》に集められた」とある。ゆえに釈迦・多宝・十方分身の諸仏・普賢菩薩などはみな、われらの善師である。だから法華経を信じさえすれば、これらの善師に

の前に涌現して、ために証明《しょうみょう》を作《な》さん」と〈已上〉。この文の意は、我等《われら》法華の名号《みょうごう》を唱えば、多宝如来は本願の故に必ず来《きた》りたもう。また云く、「諸仏の十方世界《じっぽうせかい》にあって法を説くを、尽く還《かえ》して一処《いっしょ》に集めたもう」と〈已上〉。釈迦・多宝・十方の諸仏・普賢菩薩等は、我等《われら》が善知識なり。もしこの義に依らば、我等もまた宿善は、善財・常啼・班足等にも勝《すぐ》れたり。彼《かれ》は権経《ごんきょう》の知識に値い、我等は実経《じっきょう》の知識に値えばなり。彼は権経の菩薩に値い、我等は実経の仏・菩薩に値い奉ればなり。涅槃経に云く、「法に依りて人に依らざれ、智に依りて識に依らざれ」と〈已上〉。「法に依る」と云うは、法華・涅槃の常住の法なり。「人に依らざれ」とは、法華・涅槃に依らざる人なり。たとい仏・菩薩たりといえども、法華・涅槃に依らざる仏・菩薩は善知識にあらず。いわんや、法華・涅槃に依らざる論師・訳者・人師においてをや。「智に依る」とは

親しく教えを受けると同じことである。もしそうならば、われらもまた前世からの因縁によってすぐれた善師に会うことができたのは、善財童子や常啼《じょうたい》菩薩・班足王などにもすぐれているのである。彼らは方便経の師に会い、われらは真実経の師に会い、彼らは方便経の菩薩に会い、われらは真実経の仏・菩薩に会っているからである。涅槃経の如来性品に「法に依って人に依るな、智に依って識に依るな」とある。この「法に依れ」というのは法華経・涅槃経の常住仏性を説く教法である。「人に依るな」というのは法華経・涅槃経を信じない人には依るなということである。たとえ仏・菩薩であっても、法華経・涅槃経に依らない仏・菩薩ならば、末法の人びとにとっての真実の善師ではない。まして法華経・涅槃経を信じない滅後の論師・訳者・人師はいうまでもないことである。「智に依れ」とは仏の智恵に依ることである。「識に依るな」とは等覚以下の菩薩たちの考えを信ずるなということである。いま末代の世間の出家・在家の人びとは、源空の謗法の罪を隠そうとして、その高徳を天下に言いふらして勢至《せいし》菩薩の権化であるなどというが、決してその言を信用してはならない。インドの外道は天眼《てんげん》・天耳《てんに》・他心・宿命《しゅくみょう》・神足の五神力を得て、山を傾けたり海水を干したりするけれども、何の神通力もない小乗阿含経の凡夫よりも劣っている。また小乗経によって阿羅漢となり六神通力を得た二乗も、華厳・方等・般若の方便大乗の凡夫

仏に依り、「識に依らざれ」とは等覚已下《いげ》なり。今の世の世間の道俗、源空の謗法の失《とが》を隠さんがために、徳を天下に挙げて権化《ごんけ》なりと称す。依用《えよう》すべからず。外道《げどう》は五通を得て、能く山を傾け海を竭《つく》すとも、神通《じんずう》なき阿含《あごん》経の凡夫に及ばず。羅漢《らかん》を得て六*通を現ずる二乗は、華厳・方等・般若の凡夫に及ばず。華厳・方等・般若の等覚の菩薩も、法華経の名*《みょう》字《じ》・観行《かんぎょう》の凡夫に及ばず。たとい神通・智慧ありといえども、権教《ごんぎょう》の善知識をば用うべからず。

我等《われら》常没《じょうもつ》の一闡提《いっせんだい》の凡夫《ぼんぷ》、法華経を信ぜんと欲するは、仏性《ぶっしょう》を顕わさんがための先表《せんぴょう》なり。故に妙楽大師の云く、「内薫《ないくん》にあらざるよりは何ぞよく悟りを生ぜん。故に知んぬ、悟りを生ずる力は真如《しんにょ》にあり。故に冥薫《みょうくん》をもつて外護《げご》となすなり」と〈已上〉。法華経より外の四十余年の諸経には、十界互具《じっかいごぐ》なし。十界互具を説かざれば、内心の仏界を知らず。

に及ばない。また華厳・方等・般若の方便大乗の等覚の菩薩も、真実大乗たる法華経の名字即や観行即の凡夫には及ばない。ゆえにたとえ神通力や智恵を具えていても、方便経を信ずる人を師と仰ぎ信じてはならない。

われらのような常に生死の苦海に沈み、断善根の一闡提の末世の凡夫が法華経を信じようとするのは、仏としての本性の顕われる前兆である。このことを妙楽大師は摩訶止観弘決第四巻に「衆生の心の内の仏性がだんだんと現われて心の全体に及ぶことがなければ、どうして仏に成れよう。成仏は各自の心の内の真如仏性の不思議な働きによるのである。それゆえに今はこの真如仏性の不思議な力を外護の師という」と説いている。法華経以外の四十余年の諸経には十界互具を説かない。十界互具を説かないから自分の内心に仏界が具《そな》わっていることを知らない。自分の内心の仏界を知らざれば、外の諸仏も顕われず。故に四十余年の権行《ごんぎょう》の者は仏を見ず。たとい仏を見るといえども、他仏を見るなり。二乗は自らの仏を見ず、故に成仏なし。爾前《にぜん》の菩薩もまた、自身の十界互具を見ざれば、二乗界の成仏を見ず。故に衆生無辺誓願度《しゅじょうむへんせいがんど》の願も満足せず。故に菩薩も仏を見ず。凡夫もまた十界互具を知らざるが故に、自身の仏界を顕《あら》わさず。故に阿弥陀如来の来迎《らいごう》もなく、諸仏如来の加護《かご》もなし。譬えば盲人の自身の影を見ざるがごとし。

今法華経に至りて、九界《くかい》の仏界を開くが故に、四十余年の菩薩・二乗・六凡《ろくぼん》、始めて自身の仏界を見る。この時この人の前に、始めて仏・菩薩・二乗を立つ。この時に二乗・菩薩始めて成仏し、凡夫始めて往生す。この故に在世・滅後の一切衆生の誠の善知識は、法

内心の仏界を知らないから他の仏というものもわからない。ゆえに法華経以前の四十余年の方便教の行者は仏を見ない者である。たとえ仏を見たとしてもそれは他土他方の仏であって、本当の仏を見ていないのである。声聞・縁覚の二乗は自分の内心に仏のあることを知らないから成仏することはできない。法華経以前の四十余年の方便経の菩薩もまた自身に十界が具わっているという十界互具の道理を知らないから二乗の成仏を否定する。したがって菩薩の総願である四弘誓願《しぐせいがん》の一つである「一切の衆生をすべて救済せん」という誓願を達成することができない。達成しないから菩薩もまた自身に具わっている仏を見ることができないのである。凡夫もまた十界互具の道理を知らないから、自身の内にある仏界が現われることはない。それゆえに臨終の時に阿弥陀如来の来迎もなければ、また諸仏如来を頼んでもその加護もないのである。たとえば、目の見えない人が自分の影を見ることができないのと同じである。

いま法華経に来てはじめて迷いの九界にも仏界が具わることを開示するので、四十余年の方便経を聞いてきた菩薩も二乗も六道の凡夫も、この時はじめて自身の内心の仏界を見ることができたのである。この時はじめてこれらの人びとは真実の仏・真実の菩薩・真実の二乗となることができたのである。そしてこの時、二乗も菩薩もはじめて成仏し、凡夫もはじめて往生することができたのである。このようなわけであるから、

華経これなり。常途《じょうず》の天台宗の学者は、爾前において当分《とうぶん》の得道《とくどう》を許せども、自義においてはなお当分の得道を許さず。しかりといえども、この書においてはその義を尽さず。略してこれを記す。追つてこれを記すべし。

大文の第六に、法華・涅槃に依る行者の用心を明かさば、一代教門の勝劣《しょうれつ》・浅深《せんじん》・難易《なんい》等においては、先の段にすでにこれを出《いだ》す。この一段においては、一向に後世《ごせ》を念《おも》う末代常没《じょうもつ》の五逆・謗法《ほうぼう》・一闡提等の愚人のためにこれを注す。略して三あり。一には、在家《ざいけ》の諸人、正法《しょうぼう》を護持《ごじ》するをもつて生死を離るべく、悪法を持《たも》つに依りて三悪道《さんなくどう》に堕《お》つることを明かし、二には、ただ法華経の名字《みょうじ》計《ばか》りを唱えて、三悪道を離るべきことを明かし、三には、涅槃経は法華経のための流通と成《な》るこ

仏の在世でも滅後でも、一切衆生の真実の善師は法華経である。天台宗の一般の学者たちは、法華経以前の四十余年の諸経においてもそれぞれの分《ぶん》に応じた覚りのあることを認めるけれども、自分日蓮は当分の得道を認めない。しかし、この書ではその問題をくわしく述べる余裕はないから、略して記しておき、追ってくわしく述べるであろう。

六　法華経・涅槃経を修行する行者の用心について

大段の第六に、法華経・涅槃経を修行する行者の心得について説明しよう。仏一代の教法の勝劣・浅深、修行の難易などについては、すでに説いた通りである。この一章では、もっぱら死後の安心を願う末代の常に生死の苦海に沈んで浮かぶことのない五逆や謗法の罪を犯した者、極悪の一闡提の者などの、救済が困難な愚かな者のために注記するのである。これを三節に分けて、第一には在家の信者が正法を護持すれば生死の苦を離れ、悪法を信ずれば三悪道に堕ちることを明かし、第二には法華経の題目を唱えるだけで三悪道を離れる功徳のあることを明かし、第三には涅槃経は法華経を流通するための経典であることを明かそう。

とを明かす。

第一に、在家の諸人、正法《しょうぼう》を護持《ごじ》するをもつて生死《しょうじ》を離るべく、悪法を持つに依りて三《さん》悪道《なくどう》に堕《お》つることを明かさば、涅槃経第三に云く、「仏、迦葉《かしょう》に告げたまわく、能《よ》く正法を護持する因縁《いんねん》をもつての故に、この金剛身《こんごうしん》を成就することを得たり」と。また云く、「時に国王あり、名を*有徳《うとく》と曰《い》う。乃至、法を護らんがための故に、乃至、この破戒の諸の悪比丘と極《きわ》めて共に戦闘す。乃至、王この時において、法を聞くことを得已《おわ》りて心大に歓喜し、ついですなわち命終《みょうじゅう》して*阿閦仏《あしゅくぶつ》の国に生ず」と〈已上〉。この文のごとくんば、在家の諸人、別の智行なしといえども、謗法《ほうぼう》の者を対治する功徳に依りて、生死を離るべきなり。

問うて云く、在家《ざいけ》の諸人の仏法を護持すべ

在家の信者は正法を護持すべきこと

第一には、在家の信者は正法を護持すれば生死の苦を離れ、悪法を信ずれば三悪道に堕ちることを説明しよう。涅槃経の第三巻の金剛身品に「仏が迦葉の問いに答えていわれるには、自分は前世によく正法を護持した功徳によって、金剛のように常住で破れることのないこの身を得た」とある。また次にその故事を説いて「ある時、国王がいて名を有徳といった。（中略）正法を護るために（中略）破戒の多くの悪僧たちと力を尽くして闘った。（中略）有徳王は傷つき倒れたが、覚徳比丘の説法を聞いて大いに喜んで、死んだ後に東方の阿閦仏の国に生まれることができた」とある。この経文によれば、在家の信者たちは特別の智恵や修行をしなくても、謗法の者を根絶すれば、その功徳によって生死の苦を離れることができるのである。

問うていう、在家の信者たちが仏法を護持するにはどうすればよいのき様如何《よういかん》。答えて曰《いわ》く、涅槃経に云う、「もし衆生《しゅじょう》ありて財物《ざいもつ》に貪著《とんじゃく》せば、我《われ》まさに財を施《ほどこ》して、しかして後にこの大涅槃経をもつてこれを勧《すす》めて読ましむべし。乃至、先《さき》に愛語《あいご》をもつてこの意《こころ》に随い、しかして後《のち》漸くまさにこの大乗大涅槃経をもつて、これを勧めて読ましむべし。もし凡遮《ぼんしょ》の者には、まさに威《い》勢《せい》をもつてこれに逼《せま》りて読ましむべし。もし憍慢《きょうまん》の者には、我《われ》まさにそれがために僕使《ぼくし》となりてその意《こころ》に随順《ずいじゅん》し、それをして歓喜せしむべし。しかして後に、またまさに大涅槃をもつてこれを教導すべし。もし大乗経を誹謗《ひほう》する者あらば、まさに勢力《せいりき》をもつてこれを摧《くだ》きて伏《ふく》せしめ、すでに摧伏《さいふく》し已《おわ》りて、しかして後に勧《すす》めて大涅槃を読ましむべし。もし大乗経を愛楽《あいぎょう》する者あらば、我躬《われみずか》らまさに往《ゆ》きて恭敬《くぎょう》し供養し尊重《そんじゅう》し讃歎《さんだん》すべし」と〈已上〉。

問うて云く、今の世の道俗《どうぞく》、偏《ひとえ》に選択集に執して、法華・涅槃においては自《じ》身《しん》不《ふ》相応《そうおう》

か。答えていう、涅槃経の聖行品に「衆生のうち財物を欲しがる者には、われはまず財物を与えてその欲を満足させてから、この大涅槃経を勧めて読ませるであろう。(中略)高貴の者には、まずやさしい言葉でその者を喜ばせておいて、その後に次第にこの大乗涅槃経を勧めて読ませるであろう。またごく平凡な庶民には威力をもって無理にでもこれを読ませるであろう。また慢心の者には、われはまず下僕となってその心に随い喜ばせてから、この大涅槃経を説いて教え導くであろう。また大乗経を誹謗する者があれば、勢力をもってその心を摧《くだ》いて屈伏させ、その後に勧めて大涅槃経を読ませるであろう。また大乗経を愛し願う者には、われは自ら行ってこの人を礼拝して供養し尊重し讃歎するであろう」と説いている。

問うていう、今の世の出家・在家はもっぱら選択集に執着して、法華経・涅槃経を自分には合わない教えであると思っているから、法華経・

の念《ねん》をなすの間、護惜建立《ごしやくこんりゆう》の心なし。たまたま邪義の由《よし》を称する人あらば、念仏誹謗《ねんぶつひほう》の者と称して悪名《あくみよう》を天下に雨《ふら》す。これらは如何《いかん》。答えて曰《いわ》く、仏自《みずか》ら自答《じとう》を存すべきにあらず。仏自《みずか》らこの事を記《き》して云く、仁王《にんのう》経に云く、「大王、我が滅度の後、未来世の中の四部の弟子、諸《もろもろ》の小国の王・太子・王子、すなわちこれ住持《じゆうじ》して三宝《さんぼう》を護らん者、転《うた》た更に三宝を滅《めつ》破《ば》せんこと、師子の身中の虫の自ら師子を食《くら》うがごとくならん。外道《げどう》にあらざるなり。多く我が仏法を壊《やぶ》り、大罪過《だいざいか》を得ん。正教《しょうぎょう》衰《すい》薄《はく》し、民に正行《しょうぎょう》なく、漸く悪をなすをもって、その寿日《いのち》に減じて百歳に至らん。人仏教を壊らばまた孝子なく、六親不和にして天神も祐《たす》けず。疾疫悪鬼《しつえきあつき》、日に来《きた》りて侵害し、災《さい》怪《け》首尾《しゆび》し、連禍《れんか》縦横《じゆうおう》し、死して地獄《じごく》・餓鬼《がき》・畜生《ちくしよう》に入《い》らん」と。また次下《つぎしも》に云く、「大王、未来世の中の諸の小国の王、四部の弟子、自らこの罪を作るは破国の因縁なり。乃至、諸

涅槃経の滅びるのを惜しんで、これを護持し興隆させようという志がない。たまたま選択集は謗法の邪義であることを説く人があれば、念仏を誹謗する者であるといって、その人の悪口を天下に言いふらすのである。これをどのように考えるのか。答えていう、このことは重大なことであるから、私の言葉で答えるべきではなく、仏がこれについて説かれた経文を示そう。仁王経嘱累品に「大王よ、わが滅度の後、未来の世に僧尼や信者の男女の弟子や、もろもろの小国の王や太子・王子などの、仏法僧の三宝を信じ護らねばならない者が、かえって三宝を破滅することは、たとえば獅子の身中の虫がみずから獅子を食うに似ている。わが仏法を破壊する者は外道ではなく、仏弟子の中から現われて、わが仏法を破壊し大罪を犯すであろう。正法は衰え滅びて、人民に正しい行ないはなくなり、次第に悪行を重ねるようになり、人びとの寿命は日々に減じて百歳以上生きる者はなくなってしまうであろう。そして人びとは仏法を破壊して、孝子はなくなり、父母・兄弟・妻子の六親の仲は不和となり、天の神々もこれを助けず、疫病は流行し、悪鬼は毎日のように来たって人びとを侵し害し、怪しいことは続き、禍は絶え間なく起こり、死んで後は地獄・餓鬼・畜生に堕ちるであろう」とある。また次の文に「大王よ、未来の世にもろもろの小国の王や僧尼や信者の男女の弟子が、自分から仏法を誤り信ずるという罪を作るのは国の滅びる原因である。（中

の悪比丘、多く名利を求め、国王・太子・王子の前において、自ら破仏法の因縁・破国の因縁を説かん。その王別《わきま》えずしてこの語《ことば》を信《しん》聴《ちょう》し、乃至、その時に当りて正法《しょうぼう》まさに滅せんとして久しからず」と〈已上〉。

余《よ》、選択集を見るに、あえてこの文《もん》の*未来記に違わず。選択集は法華・真言等の正法《しょうぼう》を定めて雑行《ぞうぎょう》・難行《なんぎょう》と云い、末代の我等《われら》においては時機相応せず、これを行ずる者は千が中に一もなく、仏還りて法華等を説きたもうといえども、法華・真言の諸行の門を閉じて、念仏の一門を開く。末代においてこれを行ずる者は群賊《ぐんぞく》等と定め、当世《とうせい》の一切の道俗においてこの書を信ぜしめ、この義をもつて如来の金言《きんげん》と思わしむ。この故に世間の道俗は仏法建立の意《こころ》なく、法華・真言の正法《しょうぼう》の法水《ほうすい》忽《たちま》ちに竭《つ》き、天人《てんにん》減少して三悪《さんなく》日に増長す。偏に選択集の悪法に催《もよお》されて起す所の邪見なり。この経文に仏記《き》して「我が滅度の後《のち》」と

略）もろもろの悪僧たちは自分の名誉や利欲のために、国王や太子・王子の前で、仏法を破壊し国を滅ぼす原因となる悪法を説くであろう。しかし、その王は善悪の分別がなくて、悪僧たちの間違った言葉を信じて聴きいれ、（中略）この時、正法は滅びてしまうであろう」とある。

自分日蓮がいま選択集を見るに、すべてこの仁王経の未来記の文に符合して、少しも違うことはない。選択集は法華や真言などの正法を難行道・雑行と定めて、末代のわれわれには時も機根も合わないから、これを修行しても千人に一人も往生する者はないといって、仏が最後に法華経を説かれて念仏などの方便教を廃されたにもかかわらず、源空は逆に法華や真言などのもろもろの修行の門を閉じて念仏の一門だけを開いたのである。そして末代に法華などの修行をする者は群賊であると定め、今の世の一切の出家・在家に選択集を信じさせて、これこそが仏の真実の言葉であるかのように思わせたのである。ゆえに世間の出家も在家も仏法を護持し興隆させようという心を失い、法華や真言の正法の水はたちまちに渇れ尽きて、諸天善神は次第にその数が減って、三悪道の悪行は日々に増したのである。これもすべて選択集の悪法を信ずることによって起こした邪見である。右に挙げた仁王経の文に仏が「わが滅度の後」と記されたのは、正法の時代の末の八十年と像法時代の末の八百年と末

云えるは、正法《しょうぼう》の末《すえ》八十年、像法《ぞうぼう》の末八百年、末法《まっぽう》の末八千年なり。選択集の出《いで》たる時は、像法の末、末法の始《はじめ》なれば、八百年の内なり。仁王《にんのう》経に記する所の時節に当れり。「諸の小国の王」とは日本国の王なり。中下品《ちゅうげぼん》の善とは粟散王《ぞくさんおう》これなり。「師子身中の虫のごとし」とは仏弟子の源空これなり。「諸の悪比丘」とは所化の衆《しゅ》これなり。「破仏法の因縁、破国の因縁を説く」とは、上《かみ》に挙《あ》ぐる所の選択集の語《ご》これなり。「その王、別《わきま》えずしてこの語を信聴《しんちょう》す」とは、今の世の道俗の邪義を弁《わきま》えずして、猥《みだ》りにこれを信ずるなり。請《こ》い願わくは、道俗《どうぞく》法の邪正を分別して、その後《のち》に正法《しょうぼう》に付いて後世《ごせ》を願え。今度人身《このたびにんしん》を失い三悪道に堕《お》ちて、後《のち》に後悔《こうかい》するとも何ぞ及ばん。

法時代の末の八千年のことである。選択集が世に出たのは像法の末、末法の始めであるから、像法の末の八百年のうちであって、まさに仁王経に予言された時節に当たっているのである。「もろもろの小国の王」とは日本国の王のことである。仁王経の菩薩教化品に、前世に十善を修めて国王と生まれるにも、中品と下品の十善を修した者は粟《あわ》を散らしたような多くの小国の王となると説かれているのである。また「獅子の身中の虫」とあるのは、仏弟子の姿をした源空のことである。「もろもろの悪比丘」とあるのは、源空の弟子たちである。「仏法を破壊し国を滅ぼす原因となる悪法を説く」とあるのは、前に挙げた選択集の語を指すのである。「その王が善悪の分別がつかず悪僧たちの言葉を信じて聴きいれ」とあるのは、今の世の出家・在家が正邪の区別も知らないで、自分勝手に気ままに邪法を信じることをいうのである。どうか世間の一切の出家・在家の人びとよ、仏法の正邪をよく分別して、正法を信じ後世の安心を願うがよい。せっかくに受けがたい人間に生を受け会いがたい仏法に値《あ》いながら、正法を聞かずに邪法を信じて三悪道に堕ちたならば、その時に後悔してももはや取り返しがつかないであろう。ゆえに念仏の邪法を捨てて、法華の正法に帰依する決断をしなければならないのである。

題目を唱えて三悪道を離れることについて

第二に、ただ法華経の題目許《ばか》りを唱えて、三悪道を離るべきことを明かさば、法華経第五に云く、「文殊師利《もんじゅしり》、この法華経は無量の国の中において、乃至《ないし》名字《みょうじ》をも聞くことを得《う》べからず」と。第八に云く、「汝等《なんだち》ただ能《よ》く法華の名《みな》を受持せん者を擁護《おうご》せんすら、福量《はか》るべからず」と。提婆品《だいば》に云く、「妙法華経の*提婆達多品《だいばだったほん》を聞いて、浄心に信敬《しんきょう》して、疑《ぎ》惑《わく》を生《しょう》ぜざらん者は、地獄《じごく》・餓鬼《がき》・畜生《ちくしょう》に堕《お》ちず」と。大般涅槃経《だいはつねはんぎょう》　名字功徳品《みょうじくどくほん》に云く、「もし善男子《ぜんなんし》・善女人《ぜんにょにん》ありて、この経の名を聞きて悪趣《あくしゅ》に生ずというは、この処《ことわり》あることなし」と〈涅槃経は法華経の流通たるが故にこれを引く〉。

問うて云く、ただ法華の題目を聞くといえども、解心《げしん》なくば如何《いか》にして三悪趣《さんなくしゅ》を脱《のが》れんや。答えて云く、法華経流布の国に生れて、この経の題名《だいみょう》を聞き信を生ずるは、宿善《しゅくぜん》の深《じん》厚《こう》なるに依れり。たとい今生《こんじょう》は悪人《あくにん》・無智《むち》な

第二に、法華経の題目を唱えるだけで三悪道を脱《のが》れる功徳があることを説明しよう。法華経第五の巻の安楽行品《あんらくぎょう》に「文殊師利よ、この法華経は無量の国々においても、今までその名前さえも聞くことのなかった値《あ》いがたい経である」と説かれている。また第八巻の陀羅尼品《だらに》には「汝らはただ法華経の題名を信じ持《たも》つ者を守護するだけで、その得る功徳は量り知れない」と説かれている。また第五の巻の提婆品には「妙法華経の提婆達多品を聞いて浄らかな心で信じ敬って疑いを起こさない者は、地獄・餓鬼・畜生の三悪道に堕ちることはない」と説かれている。さらに涅槃経の名字功徳品には「もし善男子善女人が、この経の名を聞いて信じれば、悪道に堕ちることはない」とある〈涅槃経は法華経の功徳を流通する経であるから、とくに引用して唱題の功徳の助証としたのである〉。

問うていう、たとえ法華経の題目を聞いたとしても、その意味を理解できなければ、三悪道に堕ちることを脱れることはできないと思うが、どうか。答えていう、法華経の弘まっている国に生まれて、法華経の題目を聞き、信心することができたのは、過去世に多くの善根を積んだ功徳によるのである。したがって、たとえ今生では末代の悪人となり、無

りといえども、必ず過去の宿善あるが故に、この経の名を聞いて信を致す者なり。故に悪道に堕ちず。

問うて云く、過去の宿善とは如何《いかん》。答えて曰く、法華経の第二に云く、「もしこの経法《きょうぼう》を信受《しんじゅ》することあらん者は、この人はすでに曾《かつ》て過去の仏を見たてまつり、恭敬《くぎょう》し供養《くよう》し、またこの法を聞けるなり」と。法師品《ほっしほん》に云く、「また如来の滅度の後、もし人ありて妙法華経の乃至《ないし》一偈一句を聞いて、一念も随喜《ずいき》せん者には、乃至、まさに知るべし、この諸人等《しょにんら》はすでに曾《かつ》て十万億の仏を供養せしなり」と。流通《るつう》の涅槃経に云く、「もし衆生ありて、熙《き》連河《れんが》沙《しゃ》等の諸仏において菩提心を発《おこ》し、すなわち能《よ》くこの悪世において、かくのごとき経典を受持して誹謗《ひぼう》を生ぜず。善男子、もし能《よ》く一恒河沙《ごうがしゃ》等の諸仏世尊において、菩提心を発《おこ》すことありて、しかして後に、すなわち能《よ》く悪世の中においてこの法を謗《ほう》ぜず、この典《てん》

智の者と生まれても、必ず過去世に積んだ善根功徳によって、法華経の題目を聞いて信心を起こすのであるから、決して悪道に堕ちることはないのである。

問うていう、この人が過去世に善根功徳を積んだというのはどういうことであるか、経文の証拠はあるか。答えていう、法華経第二の巻の譬《ひ》喩《ゆ》品に「もし今生にこの経を信じ持《たも》っている人は、かつて過去の世に仏を見たてまつり、敬い供養して、この法を聞いたことのある人である」とあり、第四の巻の法師品には「仏の滅度の後に、もし人が妙法華経の一偈一句でも聞いて、一念でも随喜の心を起こす者があるならば、(中略)その人はすでに過去世に十万億の仏を供養する功徳を積んだ人である」とある。また法華経の流通分である涅槃経の如来性品には「もし衆生がガンジス河の支流である熙連河の砂の数ほどの仏を供養して菩提の心を起こした者は、この悪世に生まれてもよくこの経典を信じ持《たも》って謗《そし》らない。もしガンジス河の砂の数ほどの諸仏世尊を供養して菩提の心を起こした者は、この悪世に生まれてもよくこの正法を謗らず、この経典を愛し敬うであろう」とある。これらの経文によれば、たとえ法華経を理解できなくても、この法華経を聞いてこれを信じ、謗ることがないというのは、過去の世の大善によってである。いったい、われらが三悪道に堕ちるような身に生まれることは大地の塵よりも多く、人間の身と生まれること

を愛敬《あいきよう》せん」と〈已上経文〉。これらの文のごとくんば、たといまず解心《げしん》なくとも、この法華経を聞いて謗ぜざるは大善《だいぜん》の所生なり。それ三悪《さんなく》の生《しよう》を受くること大地微塵《みじん》より多く、人間の生を受くること爪の上の土より少なし。乃至、四十余年の諸経に値《あ》うは大地微塵より多く、法華・涅槃に値うことは爪の上の土より少なし。上《かみ》に挙《あ》ぐる所の涅槃経の三十三の文《もん》を見るべし。たとい一字一句なりといえども、この経を信ずるは宿縁多幸《しゆくえんたこう》なり。

問うて云く、たとい法華経を信ずといえども、悪縁に随わば何ぞ三悪道に堕ちざらんや。答えて曰《いわ》く、解心《げしん》なき者、権教《ごんぎよう》の悪知識に遇《あ》いて実教を退《しりぞ》けば、悪師を信ずる失《とが》に依りて、必ず三悪道に堕《お》つべきなり。彼《か》の不軽軽毀《ふきようきようき》の衆《しゆ》は権人《ごんにん》なり。大通結縁《だいつうけちえん》の者の三千塵点《じんでん》を歴《へ》しは、法華経を退いて権教に遷《うつ》りしが故なり。法華経を信ずるの輩《ともがら》、法華経の信を捨てて権人に随わんより外は、世間の悪業《あくごう》において

は爪の上の土よりも少ないのである。また四十余年の方便の諸経に値《あ》うことは大地の塵よりも多く、法華経・涅槃経に値うことは爪の上の土よりも少ないことは、前に挙げた涅槃経第三十三巻の迦葉品《かしようほん》の文の通りである。たとえわずか一字一句でもこの法華経を信ずることのできるのは、過去世からのこの経との深く厚い因縁によるのであって、幸多い者であり、まことにありがたいことである。

問うていう、たとえ法華経を信じても、悪師と縁を結んだならば、法華経を信じた功徳は失われ、三悪道に堕ちることになるであろうか。答えていう、まだ法華経の教えを理解していない者が、もし方便教の悪師に会って真実教から退転したならば、悪師を信じた罪によって必ず三悪道に堕ちるであろう。たとえば不軽菩薩を軽蔑し迫害して無間地獄に堕ちた人びとは方便教を信ずる人びとであった。また化城喩品《けじようゆ》で大通智勝仏の時に法華経と縁を結んだ人びとが三千塵点劫の長い間迷いの生活を送ったのも、法華経を退転して方便教に移ったからである。ただし、法華経を信じる人が、法華経の信心を捨てて方便教の人に随うことがない

は法華の功徳に及ばず。故に三悪道に堕つべからざるなり。

問うて云く、日本国は法華・涅槃有《う》縁《えん》の地なりや否《いな》や。答えて云く、法華経第八に云く、「如来の滅後において、閻浮《えんぶ》提《だい》の内に広く流《る》布《ふ》せしめ、断絶せざらしむ」と。七の巻に云く、「広宣流《こうせんる》布《ふ》して閻浮提において断絶せしむることなけん」と。涅槃経第九に云く、「この大乗経典大涅槃経もまたかくのごとし。南方の諸の菩薩のための故に、まさに広く流布すべし」と〈已上経文〉。三千世界広しといえども、仏自《みずか》ら法華・涅槃をもつて南方流布の処と定む。南方の諸国の中において、日本国は殊《こと》に法華経の流布すべき処なり。問うて云く、その証如何《いかん》。答えて曰く、肇公《じょうこう》の法華《ほっけ》翻《ほん》経《きょう》の後記《こうき》に云く、「羅什《らじゅう》三蔵、須利耶蘇摩《すりやそま》三蔵に値《あ》い奉りて、法華経を授かる時の語《ご》に云く、仏日西山《ぶつにちせいざん》に隠れ、遺耀《いよう》東北を照す。この

限りは、世間の悪業などによって三悪道に堕ちることはありえないのである。なぜならば世間の悪業は法華経の功徳を打ち消すほどの力はないからである。

問うていう、日本国は法華経や涅槃経と因縁の深い国であるかどうか。答えていう、法華経第八巻の勧発品《かんぼっぽん》に「如来の滅後にこの世界に広く流布させて、決して断絶しないようにする」とあり、また第七巻の薬王品には「広く宣べ伝え流布して、この世界から断絶させてはならない」とあり、涅槃経第九巻の如来性品には「この大乗経典大涅槃経もまた同じように、南方のもろもろの菩薩のために広く流布せよ」とある〈以上経文証拠〉。広大な三千大千世界の中から、仏みずから南方を選んで法華経・涅槃経の流布すべき処と定められたのである。南方の諸国の中でもとくに日本国は法華経の流布すべき国である。問うていう、その証拠は何か。答えていう、僧肇《そうじょう》法師が法華経漢訳の事情を記した法華翻経の後記に「羅什三蔵が須梨耶蘇摩三蔵に会って法華経を授けられた時、仏教という太陽は今、西山インドに隠れようとしているが、残りの輝《かがや》きは東北の方を照らしている。この経典は東北の諸国に深い縁がある。汝は慎んで伝え弘めるがよい、といわれた」とある。この文に東北というのは日本国のことである。西南のインドから東北というのは日本国を指していったのである。ゆえに比叡山の先徳である恵心僧都の一乗要決にも「日本一国

典《てん》東北の諸国に有縁《うえん》なり。汝慎んで伝弘《でんぐ》せよ」と〈已上〉。東北とは日本なり。西南の天竺より東北とは日本を指すなり。故に慧心《えしん》の一乗要決に云く、「日本一州円機《えんき》純一《じゅんいつ》なり。朝野遠近《ちょうやおんごん》同じく一乗に帰《き》し、緇素《しそ》貴賤《きせん》悉く成仏を期《ご》す」と〈已上〉。願わくは、日本国の今世の道俗、選択集の久習《くしゅう》を捨てて、法華・涅槃の現文《げんもん》に依り、肇公・慧心の日本記《にほんき》を恃《たの》みて、法華《ほっけ》修行《しゅぎょう》の安心《あんじん》を企てよ。

問うて云く、法華経修行の者、何《いず》れの浄土を期《ご》すべきや。答えて曰く、法華経二十八品の肝心たる寿量品に云く、「我《われ》常にこの娑婆《しゃば》世界《せかい》にあり」と。また云く、「我《われ》常にここに住す」と。また云く、「我がこの土《ど》は安穏《あんのん》」と。この文のごとくんば、本地《ほんじ》久成《くじょう》の円仏《えんぶつ》はこの世界に在《ましま》せり。この土を捨てて何れの土を願うべきや。故に法華経修行の者の所住の処を浄土と思うべし。何ぞ煩《わずら》わしく他の処を求めんや。故に神力品に云く、「もしは経巻《きょうがん》

はみな、円教の機根ばかりであって、都も田舎も遠くも近くも同じように一仏乗の教えに帰依し、僧侶も俗人も貴い者も賤しい者も、すべて成仏を願うようになった」とある。どうか願わくは、日本国の今の世の出家・在家の人びとよ、久しく選択集を信じてきた習慣を捨てて、法華経・涅槃経に明瞭に説かれている経文を信じて、僧肇法師や恵心僧都の日本国のことを記した文を頼みとして、法華経の修行によって安心を得ることを考え実行しなさい。

問うていう、法華経を修行する者は、どこの浄土に生ぜんと願ったらよいのか。答えていう、法華経二十八品の中で最も大切な寿量品に「われは常にこの娑婆世界にいる」といい、また「われは常にここに住する」ともいい、また「わが此《こ》の土は安穏である」ともいう。これらの経文によれば、一切の仏の本地である久遠実成《くおんじつじょう》の本仏は、常にこの娑婆世界におられる。ゆえにこの娑婆世界を捨てて、ほかにどこの浄土を願う必要があろうか。法華経を修行している者の住んでいるところのほかに浄土はないのである。どうして煩わしく他の処に浄土を求める必要があろうか。ゆえに神力品には「経巻の安置してあるところは、園の中でも、林の中でも、樹の下でも、僧坊でも、俗人の家でも、殿堂の内でも、山

所住の処、もしは園《その》の中においても、もしは林の中においても、もしは樹《き》の下《もと》においても、もしは僧坊《そうぼう》においても、もしは白衣《びゃくえ》の舎《いえ》にても、もしは殿堂《でんどう》にあつても、もしは山谷曠野《せんごくこうや》にても、乃至、まさに知るべし、この処はすなわちこれ道場なり」と。涅槃経に云く、「もし善男子《ぜんなんし》、この大涅槃《だいねはん》微妙《みみょう》の経典、流布《るふ》せらるる処は、まさに知るべし、その地はすなわちこれ金剛《こんごう》なり。この中の諸人もまた金剛のごとし」と〈已上〉。法華・涅槃を信ずる行者は、余処を求むべきにあらず。この経を信ずる人の所住の処はすなわち浄土なり。

問うて云く、華厳・方等・般若・阿含・観経等の諸経を見るに、兜率《とそつ》・西方《さいほう》・十方《じっぽう》の浄土を勧《すす》む。その上、法華経の文を見るに、また兜率・西方・十方の浄土を勧む。何ぞこれらの文に違《たが》いて、ただこの瓦礫荊棘《がりゃくけいきょく》の穢土《えど》を勧むるや。答えて曰く、爾前《にぜん》の浄土は久遠実《くおんじつ》成《じょう》の釈迦如来の現わすところの浄土にして、

や谷や広い野原でも、（中略）この経を受持・読誦するところがみなそのまま仏道修行の道場である」とある。また涅槃経如来性品にも「善男子よ、このすぐれた大涅槃経の広まっているところは、そこがすべて金剛のように壊れることのない浄土である。そこに住む人びともまた金剛不《ふ》壊《え》の仏身である」と説いている。したがって法華経・涅槃経を信じる行者はほかに浄土を求めてはならない。この経を信じている人の住んでいるところがすなわち寂光の浄土なのである。

問うていう、華厳・方等・般若・阿含・観無量寿経などの諸経を見ると、それぞれに弥勒菩薩の兜率天や阿弥陀如来の西方浄土や十方の浄土への往生を勧めている。そのうえ、法華経の文にもまた兜率天や西方浄土や十方の浄土への往生を勧めている。どうしてそれらの経文を否定して、この瓦礫や荊棘に満ちた穢《けが》れた国土を浄土として勧めるのであるか。答えていう、法華経以前の四十余年の方便経の浄土は、久遠実成の釈迦如来を本地とする垂迹《すいじゃく》の仏が仮りに現わして見せたところの浄土であっ

実には皆穢土なり。法華経はまた方便・寿量の二品なり。寿量品に至りて実の浄土を定むる時、この土はすなわち浄土なりと定め了《おわ》んぬ。ただし兜率《とそつ》・安養《あんよう》・十方《じっぽう》の難に至りては、爾前の名目《みょうもく》を改めずして、この土において兜率・安養等の名を付く。例せば、この経に三乗の名ありといえども、三乗はあらざるがごとし。「すべからく更に観経等を指すをもちいざるなり」の釈の意《こころ》これなり。法華経に結《けち》縁《えん》なき衆生の、当世《とうせい》西方浄土を願うは、瓦礫《がりゃく》の土を楽《ねが》うとはこれなり。法華経を信ぜざる衆生は、誠に分添《ぶんでん》の浄土なき者なり。

第三に、涅槃経は法華経流通のためにこれを説きたもうを明かさば、問うて云く、光宅《こうたく》

て、実際にはみな穢土である。ゆえに法華経の中心は方便品と寿量品の二品であるが、その寿量品に来て真実の浄土を定める時、この娑婆世界こそが真実の寂光浄土であると決定されたのである。しかし、法華経にも兜率天や西方安養浄土や十方の浄土を勧める文があるのは、法華経以前の四十余年の方便の諸経で説いた浄土の名前を改めずにそのまま用いて、この世界に築くべき浄土に兜率や安養などの名をつけたにすぎないのである。たとえば、法華経の中に声聞・縁覚・菩薩の三乗の名はあるが、実際には三乗の差別はなく一仏乗のみであると説くのと同じである。妙楽大師が法華文句記に薬王品の「即往安楽世界」の経文を解釈し、「決して観無量寿経の安養浄土を指しているのではない」といわれたのはこの意味である。法華経に縁を結んだことのない今の世の衆生が、西方の浄土を願うのは、真実の浄土である娑婆を捨てて、かえって瓦礫の土を願うようなものである。法華経を信じない衆生は、この娑婆世界の浄土の上に一部分名を与えて説かれたにすぎない兜率・安養などの浄土にも生まれることのできない者である。

涅槃経は法華経の流通の経であることについて

第三に、涅槃経は法華経を流通するために説かれた経典であることを説明しよう。問うていう、光宅寺の法雲・道場寺の慧観などの高徳の僧

の法雲《ほううん》法師並に道場の慧観《えかん》等の碩徳《せきとく》は、法華経をもつて第四時の経と定め、無常《むじょう》・熟蘇味《じゅくそみ》と立つ。天台智者大師は法華・涅槃同味と立つるといえども、また捃拾《くんじゅう》の義を存す。二師共《とも》に権化《ごんげ》なり。互いに徳行《とくぎょう》を具せり。何《いず》れを正《しょう》となして我等《われら》の迷心《めいしん》を晴らすべきや。答えて曰く、たとい論師・訳者たりといえども、仏教に違《たが》いて権実《ごんじつ》二教を判ぜずんば、しばらく疑《うたが》いを加うべし。いかにいわんや、唐土《とうど》の人師《にんし》たる天台・南岳《なんがく》・光宅《こうたく》・慧観《えかん》・智儼《ちごん》・嘉《か》祥《じょう》・善導《ぜんどう》等の釈においてをや。たとい末代の学者たりといえども、「依法不依人《えほうふえにん》」の義を存し、本経・本論に違《たが》わずんば信用を加うべし。

問うて云く、涅槃経の第十四巻を開きたるに、五十年の諸大乗経《しょだいじょうきょう》を挙げて前四味《ぜんしみ》に譬え、涅槃経をもつて醍醐味《だいごみ》に譬う。諸大乗経

は、法華経を第四時の三乗を開会して一仏乗に帰入せしめる同帰教と定め、第五時の仏身の常住を説く涅槃常住教に比べれば、無常を説く熟蘇味にすぎないと判定した。天台大師智顗《ちぎ》はこれを法華玄義の巻十で批判して、法華経と涅槃経は同じく第五時の醍醐味であるとされたが、さらに二経を秋の収穫に譬《たと》えれば、法華経は大収獲であり、涅槃経は落ち穂を拾うにすぎない経であると決定した。光宅も天台もともに大聖の権化であり、徳行の高い僧であるから、いずれを正しい見解としてわれらの疑いを晴らしたらよいであろうか。答えていう、すでに繰り返し説いたように、たとえインドの論師であり訳者であっても、仏の教えに背いて方便教と真実教の二教の区別を判定しない者は疑いを持たなければならない。まして中国の人師である天台大師智顗・南岳大師慧思・光宅寺法雲・道場寺慧観・華厳宗の智儼・三論宗の嘉祥大師吉蔵・浄土宗の善導などの作った注釈書であってみれば、なおさらである。またたとえ末代の学者であっても「仏の教法に依って人師の言葉に依るな」という涅槃経の如来の遺言を守って、宗旨の根本とする経典・論書に違背しない者は、信用しなければならないのである。

問うていう、涅槃経の第十四巻の聖行《しょうぎょう》品を開いてみると、仏一代五十年のもろもろの大乗経をあげて五味の中の乳・酪・生蘇《しょうそ》・熟蘇《じゅくそ》の前四味に譬え、涅槃経を第五の醍醐味に譬えて、すべての大乗経は涅槃経よ

は涅槃経より劣ること百千万倍と定め了《おわ》んぬ。その上、迦葉童子《かしょうどうじ》の領解《りょうげ》に云く、「我今日《われこんにち》より始めて正見《しょうけん》を得たり。これより前《さき》の我等は悉く邪見の人と名づく」と。この文の意《こころ》は、涅槃経已前の法華等の一切衆典《しゅてん》を皆邪見と云うなり。まさに知るべし、法華経は邪見の経にして、いまだ正見《しょうけん》の仏性《ぶっしょう》を明かさず。故に天親《てんじん》菩薩の涅槃論に、諸経と涅槃との勝劣を定むる時、法華経をもつて般若経に同じて、同じく第四時に摂《せっ》したり。あに正見の涅槃経をもつて邪見の法華経の流通となさんや、如《い》何《かん》。答えて曰く、法華経の現文《げんもん》を見るに、仏の本懐《ほんがい》残すことなし。方便《ほうべん》品に云く、「今正《まさ》しくこれその時なり」と。寿量《じゅりょう》品に云く、「毎《つね》に自《みずか》らこの念を作《な》す、何をもつてか衆生《しゅじょう》をして無上道に入り、速かに仏身を成就《じょうじゅ》することを得せしめん」と。神力《じんりき》品に云く、「要《よう》をもつてこれを言わば、如来の一切の所有《しょう》の法、乃至、皆この経において宣示《せんじ》顕説《けんぜつ》す」と

り劣ること百千万倍と判定している。そのうえ、迦葉童子の領解の言葉に「私は今日はじめて正しい見解を得ることができた。今までは私たちはみな邪見の者であった」とある。この文の意味は、涅槃経以前の法華経をはじめとする一切の経典はみな邪見であるというのである。もしそうならば、法華経は邪見の経であって、まだ仏性常住の問題を説いていない経である。それゆえに天親菩薩は涅槃論で、諸経と涅槃経との勝劣を定める時、法華経を般若経と同じく第四時に収めているのである。どうして正見の涅槃経を邪見の法華経の流通分とすることができようか。これをどう考えたらよいのか。答えていう、法華経の本文を見れば明らかなことで、法華経の中に仏の本懐は残すことなく説きつくされたと経文に明瞭に書かれている。方便品には「今こそまさに本懐を説き顕わす時である」とあり、寿量品には「つねに自分は、どうしたらすべての衆生を無上道に入れて、すみやかに仏身を成就させることができるだろうか、と考えている」とあり、神力品には「要するに、如来の一切の覚りの法を(中略)すべてこの経で顕らかに説き示した」とある。これらの経文は、釈迦如来の内証真実がすべてこの法華経に説きつくされたことを明瞭に示している。そのうえ、多宝如来や十方分身の諸仏が霊山会上《りょうぜんえじょう》に来集されたところで、釈迦如来が「この経は已《すで》に説き、今説き、当《まさ》に説く一切経の中で最も信じがたく解《さと》りがたい」といわれた言葉を、「真実

〈已上〉。これらの現文は、釈迦如来の内証は皆この経に尽したもう。その上、多宝並に十方の諸仏来集《らいしゅう》の庭において、釈迦如来の已《い》・今《こん》・当《とう》の語を証し、法華経のごとき経なしと定め了《おわ》んぬ。しかるに多宝・諸仏本土に還るの後、ただ釈迦一仏のみ異変を存して、還りて涅槃経を説きて法華経を卑《ひく》くせば、誰人《たれひと》かこれを信ぜん。深くこの義を存し、随って涅槃経の第九を見るに、法華経を流通して説いて云く、「この経、世に出《い》ずること、彼《か》の菓《か》実《じつ》の一切を利益《りやく》し安楽《あんらく》する所多きがごとく、よく衆生をして仏性《ぶっしょう》を見《あら》わさしむ。法華の中の八千の声聞《しょうもん》の記莂《きべつ》を授かることを得て、大菓実を成ずるがごときは、秋収冬蔵《しゅうしゅうとうぞう》して更に所作《しょさ》なきがごとし」と。この文のごとくんば、法華経もし邪見ならば、涅槃経もあに邪見にあらずや。法華経は大収《だいしゅう》、涅槃経は捃拾《くんじゅう》なりと見え了《おわ》んぬ。涅槃経は自ら法華経に劣るの由を称す。法華経の当説《とうせつ》の文とあえて相

である」と証明し、法華経のようにすぐれて持《たも》ちがたい経はないと定められたのである。それを嘱累品で多宝如来や十方の諸仏がそれぞれその本国に帰って後に、ただ釈迦如来一仏だけが心変わりをして、涅槃経を説かれた時に法華経が劣っているといっても、誰がこれを信用しようか、誰も信用する者はないであろう。深くこの道理を考えて、涅槃経の第九の巻をみると、法華経の流通《るつう》である証拠に「この涅槃経が世に現われると、かの果実が一切の人びとを利益し安楽にするように、衆生の心の内に隠れた仏性を顕現させる。法華経の中で八千人の声聞が成仏の保証を得たのは、大きな果実が成熟したと同じであり、この経は秋に収穫し冬に貯蔵した後は、もはや落穂《おちぼ》拾い以外に何もすることがないのと同じである」と説かれている。この経文によれば、法華経がもし邪見であれば、涅槃経もまた邪見であることになるではないか。なぜなら、法華経が秋の大収獲で、涅槃経はその後に落穂を拾うという言葉に明白に表われている。かように涅槃経はみずから法華経より劣っていると説いているからである。法華経の後に説く涅槃経にもすぐれていると説く法華経法師品の文は、決して間違いではないのである。ただし、問者のあげた迦葉菩薩の領解の言葉や第十四巻の五味の譬えの文は、法華経を貶《おとし》めた経文ではない。迦葉菩薩の文は、迦葉自身やその弟子たちが、今日涅槃経においてはじめて法華経に説かれた「仏性は常住である」「仏は実には久

違なし。ただし迦葉《かしょう》の領解《りょうげ》並に第十四の文は、法華経を下《くだ》すの文にあらず。迦葉の自身並に所化《しょけ》の衆、今始めて法華経の所説の常住仏《じょうじゅうぶっ》性《しょう》・久遠実成《くおんじつじょう》を覚《さと》る。故に我が身を指してこれより已前は邪見なりと云う。法華経已前の無量義経に嫌わるる諸経を、涅槃経に重ねてこれを挙《あ》げて嫌うなり。法華経を嫌うにはあらず。また涅槃論に至りては、これらの論は書き付くるがごとく、天親《てんじん》菩薩の造《ぞう》、菩《ぼ》提流《だいる》支《し》の訳《やく》なり。法華論もまた天親菩薩の造、菩提流支の訳なり。経文に違《たが》うことこれ多し。涅槃論もまた本経に違う。まさに知るべし、訳者の誤りなり。信用に及ばず。

問うて云く、先《さき》の教に漏れたるものを後《のち》の教にこれを承《う》け取りて、得道せしむるを流通と称せば、阿含経は華厳経の流通となるべきや。乃至、法華経は前四味の流通となるべきや、如何《いかん》。答えて曰く、前四味の諸経は菩薩・人・天等の得道を許すといえども、決定《けつじょう》

遠の昔に成仏されたのである」ということを覚ることができたので、自分の領解内容を指して今までは邪見であったといったものであって、経法の勝劣には関わらないのである。第十四巻の五味の譬えは、法華経の開経である無量義経で「未顕真実」と否定された法華経以前の諸経の説法を、涅槃経で重ねて否定したのであって、法華経をも四味の中に入れて否定したのではない。また涅槃論の文については、その論の題号の下に書きつけているように、天親菩薩が作って菩提流支が翻訳したのである。法華論も同じく天親菩薩の作、菩提流支の訳であるが、経文と相違するところが多い。涅槃論も同じように経文と相違したところが多い。これは訳者の誤りであるから信用してはならない。

問うていう、前の経の救いに漏れた者を、後の経が受け取って救いあげるのを流通《るつう》の経であるというならば、阿含経は華厳経の流通となるのか。また法華経は前四味の華厳・阿含・方等・般若の流通となるのか、どうか。答えていう、前四味の諸経は菩薩や人間、天上などの成仏得道を許すけれども、性分の決まった二乗や仏性のない一闡提の成仏は許さない。そのうえ、仏の御心を深く探って子細に調べてみれば、菩薩・凡

性《しょう》の二乗・無性《むしょう》・闡提《せんだい》の成仏を許さず。その上、仏意《ぶっい》を探りて実をもつてこれを撿《かんが》うるに、また菩薩・人・天等の得道もなし。十界互具《じっかいごぐ》を説かざるが故に、久遠実成なきが故に。問うて云く、証文如何《いかん》。答えて云く、法華経方便品に云く、「もし小乗をもつて化《け》すること、乃至《ないし》一人《いちにん》においてもせば、我《われ》すなわち慳貪《けんどん》に堕《だ》せん。この事《じ》は為《さだ》めて不可なり」と〈已上〉。この文の意《こころ》は、今選択集《せんちゃくしゅう》の邪義を破せんがために、余事をもつて詮となさず。故に爾前《にぜん》得道《とくどう》の有無《うむ》の実義はこれを出《いだ》さず。追つてこれを撿《かんが》うべし。ただし四十余年の諸経は、実に凡夫の得道なきが故に、法華経を爾前の流通とせず。法華経において、十界互具・久遠実成を顕わし了《おわ》んぬ。故に涅槃経は法華経のために流通となるなり。

夫の成仏得道も名のみあって実体はないのである。なぜなら十界互具を説かず、久遠実成を説かないからである。問うていう、前四味は無得道であるという証文はあるか、どうか。答えていう、法華経の方便品に「もし小乗教をもってただ一人でも教化すれば、われは法を惜しむ罪を犯すから断じていけない」とあるのがその証文である。この経文の意味は今は省略する。今この書を著わすのは選択集の邪義を破斥することが目的であって、その他のことをくわしく述べる暇《いとま》はないから、法華経以前の経に成仏得道があるかないかの論は略しておく。追ってくわしく調べて説くであろう。しかし要するに、四十余年の諸経には実際に凡夫などの一切の得道はないのであるから、法華経は四十余年の諸経の流通の経とはならないのである。法華経において十界互具と久遠実成とを説いて、一切衆生を救済しおわったから、涅槃経は法華経のための流通となるのである。

七　問いにしたがって答う

大文の第七に、問いに随いて答うとは、もし末代の愚人、上の六門に依りて、万に一も法華経を信ぜば、権宗《ごんしゅう》の諸人、或《あるい》は自ら惑《まど》えるに依り、或は偏執に依りて、法華経の行者を破せんがために、多く四十余年並に涅槃等の諸経を引いて、これを難ぜん。しかるに権《ごん》教《きょう》を信ずる人はこれ多く、或は威勢《いせい》に依り、或は世間の資縁《しえん》に依り、人の意《こころ》に随いて世路《せろ》を亘《わた》らんがためにし、或は権教には学者多く、実教には智者少し。是非に就きて、万に一も実教を信ずる者あるべからず。この故にこの一段を撰んで、権人《ごんにん》の邪難を防《ふせ》がん。

問うて云く、諸宗の学者難じて云く、「華厳経は報身《ほうじん》如来の所説《しょせつ》、七処八会皆頓極頓証《とんごくとんしょう》の法門なり。法華経は応身《おうじん》如来の所説、教主すでに優劣あり。法門において何ぞ浅深なからん。随つて対告衆《たいごうしゅ》も法慧《ほうえ》・功徳林《くどくりん》・金剛幢《こんごうどう》等なり。永く二乗を雑《まじ》えず。法華経は舎利《しゃり》弗《ほつ》等をもつて対告衆となす」と〈華厳宗の難〉。

大段の第七に、問いにしたがって答えよう。もし末代の愚かな者が、以上の六章の説明によって、万が一にも法華経を信ずるならば、方便教を奉ずる他宗の人びとは、自分が迷っているためか、または自分の宗旨への偏った考え方に執われて法華経を信ずる人を打破しようとして、四十余年の経や涅槃経などを引いて非難するであろう。しかも方便教を信ずる人は多くいるから、あるいは数の力を頼みに威《おど》したり、あるいは世間の人から受ける援助をもって誘ったり、あるいは世間の人の意向に迎合して世間を渡るために非難を加えるだろう。あるいは方便教を信じている者には学者が多く、真実教を信じている者の中には智者といわれる人は少ないから、もし非難攻撃されたら万が一にも真実教を信じる者はいなくなってしまうであろう。そこでこの問答の一章を設けて、方便教の人の邪《よこしま》な非難を防ぐのである。

問うていう、諸宗の学者は次のように非難するであろう。華厳宗の人がいうには、華厳経は毘《び》盧《る》舎那《しゃな》報身如来の説法であって、七つの場所で八回開かれた説法のすべては、仏の内証をそのまま述べたすみやかに成仏する教えであるが、法華経は釈迦応身如来の説法である。二経の教主にすでに優劣があるから、説かれた教えにも浅深の差がないはずはない。それゆえに説法の聴衆についても、華厳経の対告衆は法慧・功徳林・金剛幢などの大菩薩ばかりであって、声聞・縁覚などの二乗の劣機を相手法相宗《ほっそう》のごときは、解《げ》深密《じんみつ》経をもって依憑《えひょう》となして難を加えて云く、「解深密経は文殊《もんじゅ》・観音《かんのん》等をもって対告衆となす。勝義生《しょうぎしょう》菩薩の領解《りょうげ》には、一代を有《う》・空《くう》・中《ちゅう》に詮す。その中《ちゅう》とは華厳・法華・涅槃・深密等なり。法華経の信解品《しんげほん》の五時の領解は四大声聞《しだいしょうもん》なり。菩薩と声聞と勝劣天地なり」と。浄土宗のごときは道理を立てて云く、「我等《われら》は法華等の諸経を誹謗《ひぼう》するにあらず。彼等の諸経は正《しょう》には大《だい》人《にん》のため、傍《ぼう》には凡夫《ぼんぶ》のためなり。断惑証理《だんなくしょうり》理深《りじん》の教にして、末代の我等これを行ずるに、千人の中に一人も彼《か》の機に当《あた》らず。在家の諸人多分は文字《もんじ》を見ず。また華厳・法相等の名を聞かず、いわんや、その義を知らんや。浄土宗の意《こころ》は、我等凡夫はただ口に任《まか》せて六字の名号《みょうごう》を称《とな》うれば、現在には阿弥陀《あみだ》如来、二十五菩薩等を遣《つか》わして、身に影の随うがごとく、百重《じゅう》千重に行者を囲遶《いにょう》してこれを守りたもう。故に現世には七難即滅七福即生《しちなんそくめつしちふくそくしょう》し、乃《ない》

としていない。これに対し法華経は舎利弗などの二乗を相手としている。ゆえに華厳経は法華経よりもすぐれている、と非難するであろう。また法相宗は解深密経を拠りどころとして非難を加えて、解深密経は文殊や観音などの大菩薩を対告衆とするから、二乗を相手とする法華経より深い教えである。また勝義生菩薩の領解によれば、仏一代の説法を有・空・中の三教に分け、そのうちの最高の教えである中道教というのは華厳経・法華経・涅槃経・深密経などである。ところが天台大師が立てた五時教判の拠りどころである法華経信解品は、須菩提《しゅぼだい》・迦旃延《かせんねん》・迦葉《かしょう》・目連《もくれん》の四大声聞が自分の領解内容を仏に告白したものであって、同じ中道教に属する深密・法華の二経を比べるに、菩薩の領解と声聞の領解とでは、その勝劣は天地の相異があるというであろう。また浄土宗で勝手な道理を立てていうには、自分たちは法華経などの諸経を誹謗するのではない。それらの諸経は正しくは智恵のすぐれた菩薩のような人のために説き、傍《かたわ》らにはわれわれ凡夫のために説かれた経である。煩悩を断じて真理を証《さと》る深い道理を説く教えであるから、末代の愚かなわれわれが修行しても、千人に一人もその教えを理解する機根を持った者はいない。また在家の人びとは多くは文字を知らず、また華厳宗や法相宗などの名前さえ聞いたことのない者が多いから、ましてその内容を知る者などいるはずがない。浄土宗の意は、末代においては、われわれ凡夫はただ口

至《し》、臨終の時は必ず来迎《らいごう》ありて観音《かんのん》の蓮台《れんだい》に乗《じょう》じ、須臾《しゅゆ》の間に浄土に至り、業《ごう》に随つて蓮華開け、法華経を聞いて実相を覚る。何ぞ煩わしく穢土《えど》において余行を行じて何の詮かあらん。ただ万事を抛《なげう》ちて一向に名号《みょうごう》を称《とな》えよ」と云云。禅宗等の人云く、「一代の聖教《しょうぎょう》は月を指《さ》す指なり。天地日月等も汝等が妄心より出《いで》たり。十方《じっぽう》の浄土も執心《しゅうしん》の影像《えいぞう》なり。釈迦・十方の仏陀は汝が覚心《かくしん》の所変《しょへん》なり。文字《もんじ》に執する者は株《くいぜ》を守る愚人《ぐにん》なり。我が達磨《だるま》大師は文字を立てず、方便を仮らず。一代聖教の外に仏、迦葉に印《いん》してこの法を伝う。法華経等はいまだ真実を宣べず」と〈已上〉。これらの諸宗の難一《いっ》にあらず。如何《いかん》が法華経の信心を壊《やぶ》らざるべしや。

に南無阿弥陀仏の六字の名号を称えていさえすれば、現世には阿弥陀如来が観音・勢至などの二十五人の菩薩を娑婆に派遣して、影の身体に随うように百重千重に行者を取り囲んで守ってくれるのである。それゆえに現世には七難が滅して七福が生じ、最期臨終の時には必ず来迎があって、観音菩薩の蓮《はす》の台《うてな》に乗ってたちまちの間に極楽浄土に行き、その行者の娑婆での行業にしたがって蓮華が開いて、法華経を聞いて諸法の真実の相の理を覚ることができるのである。他宗の行者のように穢土であるこの世においてわざわざ難しい修行をして苦労して何になるのか。ただ万事を抛《なげう》って弥陀の名号を称えるがよい、というであろう。また禅宗の人びとは、一代の聖教はたとえば月をさす指にすぎないのであって、月を見た後には無用なものである。天地も日月もみな汝らの迷いの心から出た影にすぎないのである。十方の浄土もまたすでに汝の執着の心の影である。釈迦や十方の仏陀も汝の覚りの心の変現である。文字に執着する者は旧習に執われている愚か者である。わが達磨大師は文字も立てず、方便も借りずに、直ちに仏の心を伝えようというのである。一代聖教のほかに仏が迦葉に伝えた禅法を拠りどころとしている。法華経などはまだ仏の真実の心を述べたものではないというであろう。これら諸宗からの非難は一通りではなく、まだ多くあるであろう。どうしてこれらに対して法華経の信心を破らずに守り通すことができるであろうか。

答えて云く、法華経の行者は心中に、「四十余年、已今当《いこんとう》、皆是真実《かいぜしんじつ》、依法不依人《えほうふえにん》」等の文を存して、しかも外に語《ことば》にこれを出《いだ》さず。難に随ってこれを問うべし。そもそも所立《しょりゅう》の宗義は何《いず》れの経に依るやと。彼《かれ》経を引かば、引くに随いてまたこれを尋ねよ。一代五十年の間の説の中に、法華経より先《さき》か、後《のち》か、同時なるか、また先後不定《ふじょう》なるかと。もし先と答えば「未顕真実」の文をもってこれを責《せ》めよ。あえて彼《か》の経の説相《せっそう》を尋ぬることなかれ。後と答えば「当説《とうせつ》」の文をもってこれを責めよ。同時なりと答えば「今説《こんせつ》」の文をもってこれを責めよ。不定と答えば、不定の経は大部の経にあらず、一時一会《いちじいちえ》の説にして、また物の数にあらず。その上、不定の経といえども三説を出《い》でず。たとい百千万の義を立つるといえども、四十余年等の文を載せて、虚妄《こもう》と称せざるより外は用うべからず。仏の遺言に「不了義経に依らざれ」と云うが故なり。ま

答えていう、法華経の行者は無量義経の「四十余年の経はまだ真実を説き顕わしていない」の文や、法華経法師品の「已《すで》に説き、今説き、当《まさ》に説く経の中で、この法華経は最も信じがたく解《さと》りがたい」の三説超過の文や、宝塔品の「釈迦牟尼世尊の所説はみな真実である」の多宝証明の文や、涅槃経如来性品の「教法に依って人師に依るな」などの経文を心中に深く留めておいて、軽々しく言葉に出さないようにすることである。そして他宗の非難に対しては逆に質問するがよい。そもそも汝の宗で立てるところの教義はどの経にもとづいているのであるかと。そこで彼が経を引いて答えたならば、またその引用した経について質問するがよい。その経は仏一代五十年の説法の中で何時《いつ》の経か、法華経より前であるか、後であるか、同時であるか、あるいは前後不定であるかと。その時もし法華経より前であると答えたならば、「四十余年の経はまだ真実を説き顕わしていない」という無量義経の文で責めるがよい。何もかの経の内容にまで立ち入って質問することはない。またもし法華経より後であると答えたならば、法師品の「当《まさ》に説かん」の経文で責めよ。また法華経と同時であると答えたならば、「今説く」の経文で責めよ。また前後は不定であると答えたならば、前後不定の経は代表的経典ではなく、一時一会の特定の時、特定の人に対する方便説であるから問題にならない。しかも不定といっても「已に説き、今説き、当に説かん」という三

た智《ち》儼《ごん》・嘉祥《かじょう》・慈恩《じおん》・善導《ぜんどう》等を引いて、徳を立て難ずといえども、法華・涅槃に違う人師においては用うべからず。「法に依りて人に依らざれ」の金言《きんげん》を仰ぐが故なり。

また法華経を信ずる愚者のために、二種の信心を立つ。一には、仏に就いて信を立て、二には、経に就いて信を立つ。仏に就いて信を立つとは、権宗《ごんしゅう》の学者来《きた》り難じて云わん。善導和尚は三昧発得《さんまいほっとく》の人師《にんし》、本地《ほんじ》は弥陀《みだ》の化《け》身《しん》なり。慈恩大師は十一面観音の化身にして、また筆端より舎利《しゃり》を雨《ふ》らす。これらの諸人は皆彼々《かれがれ》の経々に依りて皆証《しょう》あり。何ぞ汝彼《か》の経に依らず、また彼《か》の師の義を用いざるや。答えて曰く、汝聞け。一切の権宗の大師・先徳

説のほかに出るものではない。たとえ百千万の意義を言い立てても「四十余年の経はまだ真実を説き顕わしていない」などの経文が虚妄であるという経文以外は、その経を用いることはできない。それは仏の遺言に「不了義経に依るな」と誡《いまし》められているからである。また華厳宗の智儼・三論宗の嘉祥・法相宗の慈恩・浄土宗の善導などの言葉を引いて、彼らの高徳を言い立て、そのすぐれた人師のいうことは真実であると非難を加えてきても、法華経と涅槃経の教えに背く人師の言葉を信用してはならない。それは「教法に依って人師に依るな」との仏の誡めを堅く守るからである。

また法華経を信ずる愚かな人の心得のために、二種の信心について説明しておこう。一には仏について信心を立てるということ、二には経について信心を立てるということである。第一に仏について信心を立てるということは、方便教を信ずる他宗の学者が次のように非難するであろう。善導和尚は念仏三昧に入って覚りを開いた人で、その本地は阿弥陀如来で、弥陀がこの世に生まれ変わってきた人である。また慈恩大師は十一面観音の生まれ変わりで、その筆の先から仏舎利をふらしたほどの徳のある人である。これらの人びとはみな彼らの拠りどころとする経々の文を証拠として教えを立てている。それなのに汝はなぜそれらの経々を信ぜず、また彼ら人師の意見を用いないのかと。答えていう、汝聞け。

並に舎利弗《しゃりほつ》・目連《もくれん》・普賢《ふげん》・文殊《もんじゅ》・観音《かんのん》乃至阿《あ》弥陀《みだ》・薬師《やくし》・釈迦如来《しゃかにょらい》、我等が前に集りて説きて云く、法華経は汝等の機に叶わず、念仏等の権経《ごんぎょう》の行《ぎょう》を修《しゅ》して往生を遂《と》げて、後に法華経を覚《さと》れと。かくのごとき説を聞くといえども、あえて用うべからず。その故は四十余年の諸経には、法華経の名字《みょうじ》を呼ばず。何《いず》れの処にか機の堪《かん》・不堪《ふかん》を論ぜん。法華経においては、多宝・釈迦・十方の諸仏、一処に集まりて撰び定めて云く、「法をして久しく住せしむ」「如来の滅後において閻浮提《えんぶだい》の内に広く流布せしめ、断絶せざらしむ」と。この外に今《いま》仏出《い》で来りて、法華経を末代不相応と定めば、すでに法華経に違う。知んぬ、この仏は涅槃経に出《いだ》す所の滅後の魔仏《まぶつ》なり。これを信用すべからず。その巳下《いげ》の菩薩・声聞・比丘等はまた言論《ごんろん》するに及ばず。これらは不審もなし。涅槃経に記《しる》すところの滅後の魔の所変の菩薩等なり。その故は、法華経の座は、

もし一切の方便教を信ずる他宗の大師・先徳、舎利弗・目連、普賢・文殊・観音、あるいは阿弥陀・薬師・釈迦如来などがわれらの前に集まり来たって、法華経は汝らのような末代の劣った機根の者には合わないから、念仏などの方便経の修行をして極楽世界に往生してから、後に浄土で法華経を覚るがよいと説かれたとしても、決してこれを用いてはならない。その理由は、四十余年の諸経の中には法華経の名前を一度も呼びあげてはいないからである。それゆえに法華経と諸経とを比べて、いずれが下根下機の者に合う経であるかなどを論じているはずがないのである。しかし、法華経においては、釈迦・多宝・十方の諸仏が一処に集まって撰び定めていわれるには「この法華経を永くこの世界に留めておこう」「仏の滅後にこの世界の内に広く流布して断絶しないようにしよう」とある。もしこの三仏のほかに新しい仏が出現して、法華経は末代の時機に合わない経であるなどと定めたとすれば、それは法華経の三仏の定めに相違する。ゆえにその仏は涅槃経に説かれているところの仏滅後に仏教破壊のために仏の姿に化けた悪魔であるから、そのような仏は信用してはならない。ましてそれ以下の菩薩や声聞や比丘などが何と言おうとも信ずるには及ばない。これらは疑いもなく涅槃経に説かれているところの仏滅後の悪魔が姿を変じて菩薩などの姿となったものであるからである。その理由は、法華経の説法の座は霊鷲山《りょうじゅせん》に限らず、三千大千世

三千大千世界の外、四百万億阿僧祇《あそうぎ》の世界なり。その中に充満せる菩薩・二乗・人天・八部等、皆如来の告勅《ごうちょく》を蒙《こう》むり、各々《おのおの》所在の国土に法華経を弘むべきの由《よし》、これを願いぬ。善導等もし権者《ごんじゃ》ならば、何ぞ竜樹《りゅうじゅ》・天親《てんじん》等のごとく、権教を弘めて後に法華経を弘めざるや。法華経の告勅の数に入らざるや。何ぞ仏のごとく権教を弘めて後に法華経を弘めざるや。もしこの義なくんば、たとい仏たりといえども、これを信ずべからず。今は法華経の中の仏を信ず。故に仏に就いて信を立つと云うなり。

問うて云く、釈迦如来の所説を、他仏これを証するを実説と称せば、何ぞ阿弥陀経を信ぜざるや。答えて云く、阿弥陀経においては、法華経のごとき証明《しょうみょう》なきが故にこれを信ぜず。問うて云く、阿弥陀経を見るに、釈迦如来所説の一日七日の念仏を、六方の諸仏舌を出《いだ》し三千を覆《おお》うて、これを証明せり。何ぞ証

界のほかに四百万億阿僧祇の世界をも収めていて、この広大な世界の中に充ち満ちている菩薩・二乗・人・天・八部などは、みな仏の勅命を受けて、おのおの住んでいる国土に法華経を弘めますと誓願したからである。善導などがもし仏・菩薩の権化の聖者であるならば、どうして竜樹や天親などのようにはじめに方便教を弘め、後に法華経を弘めなかったのであるか、どうして法華経弘通の勅命を受けた仲間の内に入らなかったのであるか、どうして仏のなされたように先に方便教を弘め後に法華経を弘めなかったのであるか。もしこの前権後実の説法の次第順序に随わなければ、たとえそれが仏であろうとも信用してはならないのである。今は法華経の中の仏だけを信ずべきことを説いたから、仏について信心を立てるというのである。

問うていう、釈迦如来の説法を他の仏が証明したから真実の説であるというならば、阿弥陀経にも同じような文があるから、なぜ阿弥陀経をも信じないのであるか。答えていう、阿弥陀経には法華経のような他仏の証明がないから信じないのである。問うていう、阿弥陀経を見ると、釈迦如来が説かれた一日から七日の間勧められた念仏が極楽往生の原因となることを、東西南北上下の六方の諸仏が舌を出し、その舌で三千世界を覆ってその真実を証明したという。どうして阿弥陀経に他仏の証明

明なしと云うや。答えて云く、阿弥陀経においては全く法華経のごとき証明なし。ただ釈迦一仏、舎利弗に向いて説きて言く、我《われ》一人阿弥陀経を説くのみにあらず、六方の諸仏舌を出《いだ》し三千を覆うて阿弥陀経を説くと云うといえども、これらは釈迦一仏の説なり。あえて諸仏は来りたまわず。これらは権文《ごんもん》なり。四十余年の間は教主も権《ごん》仏の始覚《しがく》の仏なり。仏権《ごん》なるが故に所説《しょせつ》もまた権なり。故に四十余年の権仏の説はこれを信ずべからず。今の法華・涅槃は久遠実成の円仏の実説なり。十《じっ》界互具《かいごぐ》の実言なり。また多宝・十方の諸仏来《きた》りてこれを証明したもう、故にこれを信ずべし。阿弥陀経の説は無量義経の「未顕真実」の語に壊《お》れ了《わ》んぬ。全く釈迦一仏の語にして、諸仏の証明にはあらざるなり。

二に、経に就いて信を立つとは、無量義経に四十余年の諸経を挙げて「いまだ真実を顕さず」と云う。涅槃経に云く、「如来は虚妄《こもう》

がないというのか。答えていう、阿弥陀経にはまったく法華経のような他仏の証明はない。ただ釈迦一仏が舎利弗に向かって説かれるには、「自分一人だけが阿弥陀経を説くだけでなく、六方の諸仏も広長舌を出して三千世界を覆い、阿弥陀経を説いている」というけれども、これは釈迦一仏が言われただけであって、六方の諸仏がこの娑婆世界に来て釈迦仏の説を証明したわけではない。しかもこれは方便経の文である。四十余年の間は教主釈尊も方便の仮りの仏で、伽耶城《がやじょう》に近い菩提樹の下で始めて覚りを開いた応身仏である。教主が方便の仏であるから、その説くところの教えもまた方便の教えである。それゆえに四十余年の方便の仏の説法は信じてはならないのである。これに対し、今の法華経や涅槃経は久遠実成の本地仏の説かれた真実の教えである。十界互具を説き顕わした真実の言葉である。そのうえ、多宝仏や十方の諸仏も集まり来たって真実の証明をされたのであるから、信用しなければならないのである。阿弥陀経の説は無量義経の「四十余年の経はまだ真実を説き顕わしていない」の語に破られた説である。しかもその証明も釈迦一仏の言葉であって、諸仏の証明したものではないのである。

第二に経について信心を立てるということは、無量義経に四十余年の諸経をあげて「まだ真実を説き顕わしていない」といい、涅槃経の梵行品には「如来に虚妄の言はないけれども、もし衆生が虚妄の説によって

の言なしといえども、もし衆生虚妄の説に因《よ》りて法利を得ると知れば、宜《よろ》しきに随つて方便してすなわちためにこれを説きたもう」と。また云く、「了義経に依りて不了義経に依らざれ」と〈已上〉。かくのごときの文一にあらず。皆四十余年の自説の諸経を、虚妄《こもう》・方《ほう》便《べん》・不了義経《ふりょうぎきょう》・魔説と称す。これ皆人をしてその経を捨てて、法華・涅槃に入らしめんがためなり。しかるに何の恃《たの》みありて、妄語の経を留めて行儀《ぎょうぎ》を企て、得道を期《ご》するや。今権教の情執を捨てて、偏に実教を信ず。故に経に就いて信を立つと云うなり。

問うて云く、善導和尚も人《にん》に就いて信を立て、行に就いて信を立つ。何の差別あらんや。答えて云く、彼《かれ》は阿弥陀経等の三部に依りてこれを立て、一代の経において了義経・不了義経を分たずしてこれを立つ。故に法華・涅槃の義に対して、これを難ずる時はその義壊れ了《おわ》んぬ。

利益を得ると知れば、時と場合に応じて方便の教えを説く」とあり、また如来性品には「了義経に依って不了義経に依るな」ともある。このような経文は一通りではなく数多くあるが、いずれもみな四十余年の間に説かれた諸経を、仏みずから虚妄である、方便である、不了義経である、魔の説いたものであるなどと言われたのである。このようなことを仏が説かれたのは、みな衆生に方便経を捨てて法華経や涅槃経に入らせようとしたためである。ところがそれを何を頼みとしてか、妄語の経に留まって修行したり、得道を願ったりするのであろうか。今は方便教に執着する気持ちを捨てて、ただ真実教だけを信ずべきことを説いたから、経について信心を立てるというのである。

問うていう、善導和尚も人について信心を立て、行について信心を立てることを述べているが、今の仏について信心を立て、経について信心を立てることと、どのような差別があるのか。答えていう、善導は阿弥陀経などの三部経によって立てたのであって、広く仏の一代五十年の教法における了義経と不了義経とを分けて立てたのではない。ゆえに了義経か不了義経かを分別し、了義経である法華経や涅槃経に基づいて立てた今の日蓮の教義と比較して論ずる時は、不了義経に依る善導の教義は破れ去ることになるのである。

災《さい》難《なん》興《こう》起《き》由《ゆ》来《らい》

（前欠）答えて云《いわ》く、爾なり。謂《いわ》く、夏《か》の桀《けつ》・殷《いん》の紂《ちゅう》・周の幽《ゆう》等の世《よ》これなり。

難じて云く、彼《か》の時に仏法なし。故にまた*謗法《ほうぼう》の者なし。何に依るが故に国を亡《ほろぼ》すや。

答えて曰《いわ》く、黄帝《こうてい》・孔子《こうし》等の治国《ちこく》の作方《さほう》は、五常《ごじょう》を以てす。愚王《ぐおう》ありて礼教《れいきょう》を破る故に、災難出来《しゅったい》するなり。

難じて云く、もし爾《しか》らば、今の世の災難、五常を破るに依らば、何ぞ必ずしも撰択流布《せんちゃくるふ》の失《とが》と云んや。

答えて曰く、仏法いまだ漢土《かんど》に渡らざる前

災難興起由来

正元二年（一二六〇）二月、三九歳、
於鎌倉、原漢文、定一五八—一六二頁。

（前欠）答えていう、その通りである。夏の桀王や殷の紂王や周の幽王などの世がそうである。

問うていう、彼らの時にはまだ仏法はなかった。したがって仏法を破る謗法の者もいなかった。いったい何によって国を亡ぼしたのか。

答えていう、黄帝や孔子などは、国を治めるために仁・義・礼・智・信の五常を定め、これにもとづいて治められたのである。ところが愚かな王があって孔子らの説いた礼に関する教えを破ったから、災難が起こり国が亡びたのである。

問うていう、もしそうであるならば、今の世の災難も五常を破ることによって起こったのであるならば、どうして選択集が流布したことが原因であるといえようか、どうか。

答えていう、仏法がまだ中国に伝わる以前には、黄帝などの聖人が五は、黄帝等五常を以て国を治む。その五常は、仏法渡りて後にこれを見れば、すなわち五戒なり。老子・孔子等もまた仏《ほとけ》遠く未来を鑑《かんが》み、国土に和し、仏法を信ぜしめんがために遣《つかわ》すところの三聖《せい》なり。夏の桀・殷の紂・周の幽等の、五常を破つて国を亡すは、すなわち五戒を破るに当るなり。また人身《にんしん》を受けて国主と成るは必ず五戒・十善に依る。*外典《げてん》は浅近《せんきん》の故に過去の修因《しゅいん》・未来の得果を論ぜずといえども、五戒・十善を持《たも》ちて国王と成る。故に人《ひと》五常を破ることあれば、上天変頻《かみてんぺんしきり》に顕《あらわ》れ、下地《しもち》夭間《ようまま》侵《おか》すものなり。故に今の世の変災《へんさい》も、また国中の上下万人《じょうかばんにん》、多分に*撰択集を信ずる故なり。弥陀仏《みだぶつ》より外《ほか》の他仏《たぶつ》・他経において、拝信を至す者においては、面《おもて》を背けて礼儀を至さず、言《ことば》を吐《は》いて随喜の心なし。故に国土人民において、殊に礼儀を破り、道俗禁戒《どうぞくきんかい》を犯《おか》す。例せば、阮藉《げんせき》を習う者は礼儀を亡《ほろぼ》し、元嵩《げんすう》に随う者は仏法を破るがごとし。

常をもって国を治めたのである。その五常は、仏法が伝わって後に考えてみると、それは五戒に他ならないのである。老子や孔子なども、仏が遠く未来のことを考え、国土にあった仏法を信仰せしめようとして、あらかじめ遣わされたところの三人の聖人である。ゆえに夏の桀《けつ》王や殷の紂《ちゅう》王や周の幽王などが五常を破って国を亡ぼしたのは、これは五戒を破ったことに相当するのである。また人間と生まれて国王となるのは、生きものを殺さない・盗みをしない・男女の間を乱さない・嘘をつかない・酒を飲まないという五つの戒《いまし》めと、これに悪口をいわない・仲たがいをさせるようなことをいわない・貪《むさぼ》らない・怒らない・邪《よこし》まな見解をもたないという五つを加えた十の戒めを守った功徳によるのである。儒教の教えは浅いから、過去に修行した原因によって未来にすぐれた果報を得るということを論じないけれども、五戒や十善を堅く守ったから国王となったのである。したがって、もし人が五常を破るならば、天変や地夭が続いて起こることになるのである。それゆえに、今の世の災難も日本国じゅうのすべての人びとが選択集を信じることによって起こるのである。国じゅうの人びとは選択集の教えによって、阿弥陀仏以外のもろもろの仏や浄土三部経以外の経々を信仰する人びとに対して背を向け、礼儀を尽くさず、また喜びの心を述べようともしないのである。そのために国じゅうの人民が礼儀を破り、出家も在家も仏の定められた戒めを問うて云く、何を以てこれを知る。仏法いまだ漢土に渡らざる已前の五常は、仏教の中の五戒たること如何《いかん》。

答えて曰く、*金光明《こんこうみょう》経に云く、「一切世間《いっさいせけん》の所有《しょう》の善論《ぜんろん》は皆この経による」と。法華経に云く、「もし俗間《ぞっけん》の経書《きょうしょ》・治世《じせい》の語言《ごごん》・資生《しょう》等を説くに皆正法に順ず」と。*普賢《ふげん》経に云く、「正法《しょうぼう》をもつて国を治《おさ》め、人民を邪枉《じゃおう》せず、これを第三の懺悔《さんげ》を修《しゅ》すと名《なづ》く」と。*涅槃経に云く、「一切世間の*外道《げどう》の経書《きょうしょ》は、皆これ仏説にして外道の説に非《あら》ず」と。*止観《しかん》に云く、「もし深く世法《せほう》を識《し》れば、即ちこれ仏法なり」と。*弘決《ぐけつ》に云く、「礼楽前《れいがくさき》に馳《は》せ、真道後《しんどうのち》に啓《ひら》く」と。*広釈《こうしゃく》に云く、「仏《ほとけ》三人を遣《つかわ》して且《しばら》く*真旦《しんたん》を化《け》し、五常を以《もっ》て五戒の方《ほう》を開く。昔、太宰《たいさい》、孔子《こうし》に問《と》うて云《いわ》く、三皇《こう》五帝《てい》はこれ聖人《せいじん》なるか。孔子答えて云く、聖

破っているのである。たとえていえば、阮籍の真似をする者が礼儀を亡ぼし、元嵩に随った者が仏法を破ったようなものである。

問うていう、どうしてそれがわかるのか。仏法が中国に伝わる以前の五常が仏教の五戒に他ならないということの証拠は何か。

答えていう、金光明経には「すべて世の中のありとあらゆる善を勧める教えは、みな、この経から出ている」と説かれており、法華経法師《ほっし》功《く》徳《どく》品には「もし世の中の道徳や政治や実業などのことを説いても、みな正法にかなっている」と説かれており、観普賢経には「正法によって国を治めて人心を悪くしなければ、それがそのまま懺悔を修したことになる」と説かれており、涅槃経の如来性《にょらいしょう》品には「すべて世の中に広まっている仏教以外の教えは、みな仏の説かれたものであって、外道の説ではない」と説かれている。天台大師の摩訶止観《まかしかん》には「もし本当に世間の道をさとれば、それがそのまま仏法である」とあり、妙楽大師の摩訶止観輔行伝弘《ふぎょうでんぐ》決《けつ》には「礼儀や音楽などの世間の教えが先に弘まって、その後に仏の道が開ける」とあり、安然の普通広釈《ふつうこうしゃく》には「仏は三人の賢者を中国に遣わして、まず五常の道によせて五戒を教えさせたのである。昔、宋の国の太宰が孔子に向かって、三皇五帝は聖人であるかと問うた時、孔子は聖人ではないと答えた。そこで再び問うて、それではあなたは聖

人に非ず。また問う、夫子《ふうし》はこれ聖人なるか。また答う。非《ひ》なり。また問う、もし爾《しか》らば誰かこれ聖人なる。答えて云く、吾《われ》聞く、西方《さいほう》に聖《せい》あり、釈迦《しやか》と号す」と。周書異記《しゆうしよいき》に云く、「周の昭王《しようおう》の二十四年甲寅《きのえとら》の歳《とし》四月八日、江《ごう》河泉池《がせんち》忽然《こつねん》として浮張《ふちよう》し、井水《せいすい》並びに皆溢《あふ》れ出《い》ず。宮殿人舎《きゆうでんじんしや》・山川大地《さんせんだいち》咸悉《みなことごと》く震動す。その夜《よ》五色の光気《こうき》あり。入《いり》て太微《たいび》を貫《つらぬ》き、四方に遍《へん》す。昼青紅色《ひるせいこうしよく》となる。昭王大史蘇由《たいしそゆう》に問うて曰《いわ》く、これ何の怪《かい》ぞや。蘇由対《こた》えて曰く、大聖人《だいせいじん》あり、西方《さいほう》に生る。故にこの瑞《ずい》を現ずと。昭王曰く、天下において何如《いかん》。蘇由曰く、即時化《そくじか》なし。一千年の外《ほか》、声教《しようきよう》此《こ》の土《ど》に被及《ひきゆう》せんと。昭王即ち人を雒門《こうもん》に遣《つかわ》し、石にこれを記《しる》して埋《うず》む。西郊《さいこう》の天祠《てんし》の前にあり。穆王《ぼくおう》の五十二年 壬申《みずのえさる》の歳二月十五日、平旦《へいたん》に暴風 忽《たちまち》に起て、人舎を発損《はつそん》し、樹木を傷 折《しようしやく》し、山川大地皆悉く震動す。午後天《てん》陰《くも》り雲黒し。西方に白虹《はつこう》十二道《どう》あり。南北に

人であるかと聞くと、やはり聖人ではないと答えた。そこでさらに、では誰を聖人というのであるかと問うと、孔子は、自分が聞いたのではこれより西の方に聖人があって釈迦という名であると答えた」とある。周書異記に「周の昭王の二十四年甲寅の歳の四月八日、突然に河や泉や池の水がいっせいに涌き出で、大地が震動し、夜中に五色の光が現われ四方を広く照らし、昼は青紅色となった。昭王が史官の蘇由にこの不思議な現象は何によって生じたのかと問うた時、蘇由は大聖人が西方に誕生した瑞相であると答えた。王が天下への影響はどうかと問うと、蘇由は、すぐには影響はないけれども、一千年の後にその教え(仏教)がこの国にもたらされるであろうと答えた。昭王はただちに命令してこのことを石に刻して雒門に埋めたという。それは西郊の天祠の前にある。また周の穆王の五十二年壬申の歳の二月十五日、突然に暴風が起こり、大地が震動し、空はにわかに曇り、十二の白い虹が南北の天にかかり、何日も消えなかった。穆王が史官の扈多に何の兆《きざし》であるかと問うと、西方の聖人が入滅された相であると答えた」とある。〈以上、引用〉

通過して連夜《れんや》滅せず。穆王太史《たいし》扈多《こた》に問う・これ何の徴《しるし》ぞや。対《こた》えて曰く、西方に聖人《せいじん》あり、滅度《めつど》の衰相《すいそう》現《あらわ》るるのみ」と〈已上〉。

今これを勘《かんが》うるに、金光明《こんこうみょう》経に「一切世間の所有《しょう》の善論は皆この経に因る」という。仏法いまだ漢土《かんど》に渡らざれば、まず黄帝等玄女《こうていとうげんにょ》の五常《ごじょう》を習う。すなわち玄女の五常によって久遠《くおん》の仏教を習い、黄帝に国を治めしむ。機《き》いまだ熟せざれば、五戒を説くとも過去・未来を知らず。ただ現在に国を治め、至孝至忠《しこうしちゅう》をもて身を立つる計《ばか》りなり。余《よ》の経文以《もっ》てまたかくのごとし。また周書異記《しゅうしょいき》等は、仏法いまだ真旦《しんたん》に被《こうむ》らざる已前一千余年に、人西方《ひとさいほう》に仏《ほとけ》あることこれを知る。いかにいわんや、老子《ろうし》は殷《いん》の時に生れ、周《しゅう》の列王《れつおう》の時にあり。孔子《こうし》はまた老子の弟子、顔回《がんかい》もまた孔子の弟子なり。あに周の第四の昭王・第五の穆王《ぼくおう》の時を知らずして、蘇由《そゆう》・扈多《こた》記《しる》す所の「一千年の外《ほか》、声教《しょうぎょう》此《こ》の土《ど》に被及《ひきゅう》せん」の文をや。

今これらの文について考えてみると、金光明経に「すべて世の中のありとあらゆる善を勧める教えは、みな、この経から出ている」とある。仏法が中国に伝わる以前においては、まず黄帝などは玄女から五常を習いうけたのである。すなわち玄女の五常によって久遠の仏教を学び、黄帝に国を治めさせたのである。機根がいまだ熟していなかったから、五戒を説いても過去の因と未来の果を知らず、ただ現在において国を治め、孝や忠の道徳を守って身を立てることだけを考えたのである。他の経文もすべて同じ意である。また周書異記の文は、仏法が中国に伝わる一千年も前に、人びとは西方に仏陀の現われたことを知っていたのである。まして、老子は殷の時代に生まれ、周の列王の時代に活躍し、孔子は老子の弟子であり、顔回は孔子の弟子であったから、どうして、周の第四昭王、第五穆王の時に蘇由・扈多の記したところの、一千年の後に仏教がこの国に弘まるであろうとの文を知らないことがあろうか、そんなはずはないのである。また仏教の経典によって考えてみると、天台大師の摩訶止観に、仏は自分は三人の聖人を遣わして中国を教化する、といわれ、妙楽大師の摩訶止観弘決にも、仏は中国に仏法を弘めるために、ままた内典《ないでん》を以てこれを勘うるに、仏慥《たしか》にこれを記《き》したもう。「我れ三聖を遣《つかわ》して彼《か》の真旦《しんたん》を化《け》す」と。仏《ほとけ》漢土に仏法を弘めんために、先に三菩《さんぼ》薩《さつ》を漢土に遣し、諸人《しょにん》に五常を教えて仏教の初門となす。これらの文を以てこれを勘うるに、仏法已前の五常は仏教の内の五戒なることを知る。

疑うて云《いわ》く、もし爾らば何ぞ撰択《せんちゃく》集を信ずる謗法者《ほうぼうしゃ》の中に、この難に値《あ》わざる者これあるや。

答えて曰《いわ》く、業力《ごうりき》の不定《ふじょう》なり。現世《げんぜ》に謗法*をなし、今世《こんぜ》に報《むく》いある者あり。すなわち法華経に云く、「此の人現世に白癩《びゃくらい》の病《やまい》、乃至《ないし》、諸《もろもろ》の悪重病《あくじゅうびょう》を得ん」と。*仁王《にんのう》経に云く、「人《ひと》仏教を壊《やぶ》らばまた孝子《こうし》なく、六親《ろくしん》不和にして天神《てんじん》も祐《たす》けず、疾疫悪鬼《しつえきあつき》日に来《きた》りて侵害《しんがい》し、災怪《さいけ》首尾《しゅび》し連禍《れんか》せん」と。涅槃経に云く、「もしこの経典を信ぜざる者あらば○もしは臨終《りんじゅう》の時荒乱《こうらん》し、刀兵競《とうひょうきそ》い起り、帝王の暴虐《ぼうぎゃく》・怨《おん》

ず三人の菩薩を派遣して人びとに五常を教えて仏教の入門とした、とある。これらの文によって考えると、仏法伝来以前の五常が仏教の五戒と同じであることが知られるのである。

疑っていう、もしそうであるならば、どうして選択集を信ずる謗法者の中に、この災難にあわない者がいるのであるか。

答えていう、それは人びとの前世に行なった行為の力が異なるからである。たとえば、現在の世に謗法の罪を犯して、現在の世にその果報を受ける者がある。法華経勧発品《かんぼっぽん》に「法華経の信者を毀《そし》る人は現在の世で、さまざまな悪い重い病気にかかるであろう」といい、仁王経にも「もし人が仏の教えを破るならば、親孝行の子は生まれない。親類じゅうが仲たがいし、天の神々も助けてくれない。病魔におそわれない日はなく、いろいろな災難が次々と起こって絶え間がない」といい、涅槃経の如来性品にも「もしこの経典を信じない者は(略)臨終の時に内乱などが起こって刀剣の難にあい、上は帝王にしいたげられ、下は万民から怨《うら》まれ憎

家《け》の讎隙《しゅうげき》に侵逼《しんぴつ》せられん」と〈已上〉。順現業《じゅんげんごう》なり。法華経に云く、「もし人《ひと》信ぜずしてこの経を毀謗《きぼう》せば○その人命終《みょうじゅう》して阿鼻獄《あびごく》に入らん」と。仁王経に云く、「人《ひと》仏教を壊《やぶ》る○死して地獄・餓鬼・畜生に入らん」と〈已上〉。順次生業《じゅんじしょうごう》なり。順後業《じゅんごごう》等はこれを略す。

疑うて曰く、もし爾《しか》らば、法華・真言等の諸大乗経《しょだいじょうきょう》を信ずる者、何ぞこの難に値《あ》えるや。

答えて云く、金光明経に云く、「枉《まげ》て辜《つみ》なきに及ばん」と。法華経に云く、「横《よこさま》にその殃《わざわい》に罹《かか》らん」等と云云。止観《しかん》に云く、「似《じ》解《げ》の位《くらい》は因《いん》の疾《しつ》少軽に道心転《どうしんうた》た熟すれども、果《か》の疾なお重くして衆災《しゅさい》を免《まぬが》れず」と。*記《き》に云く、「もし過《か》・現《げん》の縁浅ければ、微《び》苦もま

まれて、いろいろの災難にあうであろう」〈以上、経文〉とある。これらの経文に説かれるように、これを順現業といって、現在の世に業を作り、現在の世にその果報を受けることをいうのである。また法華経譬喩品には「もし人がこの経を信じないで謗《そし》るならば（略）その人は命終わって後、必ず無間地獄に堕ちるであろう」といい、仁王経にも「もし人が仏の教えを破るならば（略）死んで後に地獄・餓鬼・畜生の三悪道に堕ちるであろう」〈以上、経文〉とある。これを順次生業といって、この世において作った業の報いを次の世（来世）において受けることをいうのである。この世で業を作って第三生（次の次の生）からその報いを受ける順後業などについては省略する。

疑っていう、もしそうであるならば、法華経や真言経などのもろもろの大乗経を信仰する者が、どうしてこの災難にあうのだろうか。

答えていう、金光明経に「罪のない者までまきぞえにされる」といい、法華経譬喩品にも「無実の災難にあう」と説かれている。また天台大師の摩訶止観には「修行の浅い者は業因が軽く、菩提心が熟しても、なお過去の業が重いために、もろもろの災いを免れることができない」と説かれている。さらに妙楽大師の法華文句記にも「もし過去・現在の縁が浅ければ、少しの苦しみをも免れることはできない」と説かれている

た徴《しるし》なし」と〈已上〉。これらの文を以てこれを案ずるに、法華・真言等を行ずる者も、いまだ位《くらい》深からず、縁《えん》浅くして口に誦すれども、その義を知らず、一向《いっこう》に名利《みょうり》のためにこれを読む。先生《せんしょう》の謗法の罪いまだ尽《つ》きず、外《そと》に法華等を行じて内《うち》に撰択《せんちゃく》の意を存す。心存せずといえども、世情《せじょう》に叶わんがために、在俗《ざいぞく》に向つて法華経は末代に叶い難《がた》き由《よし》を称《しょう》すれば、この災難免《まぬが》れがたきか。

問うて曰く、何《いか》なる秘術《ひじゅつ》を以て速《すみや》かにこの災難を留《とど》むべきや。

答えて曰《いわ》く、還つて謗法の書《しょ》並びに所学《しょがく》の人を治すべし。もし爾《しか》らざれば、無《む》尽《じん》の祈請《きしょう》ありといえども、ただ費《ついえ》のみありて験《しるし》なきか。

問うて曰く、如何《いかん》が対治すべき。

答えて曰く、治方《ちほう》また経にこれあり。涅槃経に云く、「仏言《のたまわ》く、唯一人《ただいちにん》を除きて余の一切《いっさい》に施《ほどこ》せ〇正法《しょうぼう》を誹謗《ひほう》してこの重業《じゅうごう》を造る〇唯《ただ》かくのごとき一闡提《いっせんだい》の輩《ともがら》を除きて、そ

〈以上、引用〉。これらの経釈の文について考えてみると、法華や真言を修行する者でも、行が浅く、信心も薄く、口に経を読んでもその意味を理解できず、ただ名誉や利益のためだけに読むのである。これらの人びとは過去世の謗法の罪がまだ消えずに残っているのである。外見には法華や真言を修行しているようであるけれども、心の内では選択集を信じ念仏を唱えているのである。本心ではないにしても、世間の人びとの気持ちに迎合して、在家の人に向かって、法華経は末法の人の救いとはならないなどと説くから、この災難にあうのである。

問うていう、どのような特別の方法によってこの災難を早く止めることができるだろうか。

答えていう、ただちに謗法の書と謗法の人とを取り除くことである。もしそうしないならば、いかに多くの神仏に祈請をささげようとも、ただ費用ばかりかかって何の効験もないであろう。

問うていう、ではどのように謗法を断ち切ればよいだろうか。

答えていう、謗法を根絶する方法も経文に説かれている。涅槃経大《だい》衆所問品《しゅしょもん》には「仏の言われるには、ただ一人だけを除いて他のすべての人びとに施してもよい（略）正しい教えを謗ってこの重い罪を造ったのである（略）ただこの一闡提だけを除いて、その他のすべての人びとに施す

の余の者に施さば、一切讃歎すべし」と〈已上〉。この文《もん》より外《ほか》にも、また治方あり。具《つぶさ》に載するに暇《いとま》あらず。しかして当世《とうせい》の道俗《どうぞく》、多く謗法の*一闡提《いっせんだい》の人に帰《き》して、讃歎供養《さんだんくよう》を加うるの間、偶《たまたま》謗法の語《ことば》を学《がく》せざる者をも、還つて謗法の者と称して怨敵《おんてき》となす。諸人《しょにん》この由《よし》を知らざる故に、正法の者を還つて謗法者と謂えり。これ偏《ひとえ》に法華経の*勧持《かんじ》品《ほん》に記《き》す所の「悪世《あくせ》の中の比丘《びく》は邪智《じゃち》にして心諂曲《てんごく》に〇好んで我等が過《とが》を出し〇国王・大臣・波羅《ばら》門《もん》・居士《こじ》に向つて〇誹謗《ひほう》して我が悪を説いて、これ邪見の人、外道《げどう》の論議を説くと謂わん」の文のごとし。仏の讃歎《さんだん》する所の世中《せちゅう》の福田《ふくでん》を捨て、誡《いまし》むる所の一闡提において讃歎供養を加う。故に弥《いよいよ》貪欲《とんよく》の心盛《さかん》にして謗法の音《こえ》天下に満《み》てり。あに災難起らざらんや。

問うて云く、謗法者において供養を留《とど》め、苦治を加えるに罪ありやいなや。

答えて曰く、涅槃経に云く、「今無上《いまむじょう》の正

ことは善いことである」と説かれている。この経文以外にも謗法を根絶する方法は多く説かれているが、くわしく述べている時間がないので省略する。今の世の出家も在家もみな、謗法一闡提の者に帰依して讃めたたえ供養をささげているので、謗法の教えを学ばない者を見るとかえって謗法の者であるとして迫害を加えるのである。ところが世の人びとはこのような事情を知らないので、正法を説く者を逆に謗法の者と思っているのである。これはまさしく法華経勧持品に予言された「末法悪世の僧たちは、邪《よこし》まな智恵とこびへつらいの心をもち（略）私たち正法を弘める者の過失を指摘し（略）国王や大臣や婆羅門や在家の長者たちに向かって（略）私たち正法を弘める者の悪行を言いたて、邪見の人、異端の学説を説く者であると非難するであろう」と説かれている文の通りである。仏の讃めたもうところの正法を弘める僧を捨てて、固く誡《いまし》められた謗法一闡提の僧を讃歎し供養をささげているのである。ゆえに貪《むさぼ》りの心がいっそうさかんとなり、謗法の教えが天下に満ちあふれるのである。どうして災難が起こらないことがあろうか、災難の起こるのは当然のことである。

問うていう、謗法の者に対して施しをするのを止《や》めて、苦しみを味わわせたならば罪になるであろうか、どうか。

答えていう、涅槃経の寿命品には「今この最高の正法をもろもろの国法を以て、諸王《しょおう》・大臣・宰相《さいしょう》・比丘《びく》・比丘尼《びくに》に付属《ふぞく》す〇正法《しょうぼう》を毀《そし》る者は、王者・大臣・四部の衆まさに苦治《くじ》すべし〇なお罪あることなし」と〈已上〉。一切衆生は螻蟻《ろうぎ》蚊虻《もんもう》に至るまで必ず小善《しょうぜん》あり。謗法の人には小善なし。故に施《せ》を留《とど》めて苦治《くじ》を加うるなり。

問うて曰く、汝僧形《なんじそうぎょう》を以《もっ》て比丘の失《とが》を顕《あらわ》すは、あに不謗《ふほう》四衆《ししゅ》と不謗《ふほう》三宝《さんぼう》との二重の戒を破るにあらずや。

答えて曰《いわ》く、涅槃経に云える「もし善比丘《ぜんびく》ありて法を壊《やぶ》る者を見て、置いて呵責《かしゃく》し駈遣《くけん》し挙処《こしょ》せずんば、まさに知るべし、この人は仏法の中の怨《あだ》なり。もしよく駈遣し呵責し挙処せば、これ我が弟子《でし》真《しん》の声聞《しょうもん》なり」〈已上〉の文を守りてこれを記《しる》す。もしこの記《き》、自然《じねん》に国土に流布《るふ》せしめん時、一度高覧《ひとたびこうらん》を経《へ》ん人は、必ずこの旨《むね》を存すべきか。もし爾《しか》らずん

王や大臣や役人や僧や尼僧に委嘱する（略）もし正法を毀り破る者があれば、国王や大臣や僧や尼僧や男女の信者にいたるまで、みな力を合わせて謗法を断ち切らなければならない。（略）これは決して何の罪にもならない」と説かれている。この世に生を受けたすべての生き物は、おけらやありや蚊《か》や虻《あぶ》にいたるまで、すべてみな、小さな善心、すなわち仏性をもっているけれども、謗法一闡提の者は善根を断ち切った者である。ゆえに彼らに対して布施を止めて苦しませても罪にはならないのである。

問うていう、あなたは僧の身でありながら、同じ僧侶の罪を指摘するのは、十戒のうちの出家の男女と信者の男女とを謗《そし》ってはならないという戒《いまし》めと仏法僧の三宝を謗ってはならないという戒めとの、二種のおきてを破ることにはならないのか、どうか。

答えていう、私は、仏が涅槃経の寿命品に「もし立派な僧があっても、正法を謗り破る者を見て、これをとがめもせず、追い出そうともせず、その罪をただそうともしないならば、この人は仏法の中の怨敵である。これに対し、謗法の者をきびしく責めただし、追い出すならば、これこそ真の仏弟子である」〈以上、経文〉と誡められている文を守って、謗法の人びとが無間地獄に堕ちるであろうことを書き記すのである。もしこの文が日本国じゅうに広く弘まった時、この文を見聞したならば、国主たる者は謗法者を根絶することを心がけなければならない。もしそうし

ば、大集《だいしゅう》並びに仁王経《にんのう》の「もし国王ありて我が法の滅せんを見て、捨てて擁護《おうご》せざれば〇その国内に三種の不祥《ふしょう》を出《いだ》さん。乃至《ないし》、命《みょう》終《じゅう》して大地獄に生ぜん」。「もし王の福尽《ふくつ》きん時〇七難《しちなん》必ず起らん」の責《せめ》を免《まぬが》れがたきか。この文のごとくんば、しばらく万事《ばんじ》を閣《さしお》いて、まずこの災難の起る由《よし》を慥《たしか》むべきか。もし爾《しか》らずんば、仁王経の「国土乱れん時はまず鬼《き》神《じん》乱る、鬼神乱るるが故に万民乱る」の文を見よ。当時、鬼神の乱れ、万民の乱れあり。またまさに国土も乱るべし。愚勘《ぐかん》かくのごとし。取捨は人《ひと》の意《い》に任《まか》す。

正元二年〈太歳庚申《たいさいこうしん》〉二月上旬これを勘う。

ないならば、大集経に「もし国王があって、わが正法の滅びようとするのを見ながら捨ておいて、これを護ろうとしないならば（略）その国に三つの不吉な事が起こり、（中略）その王は重病にかかり、死んで後は大地獄に堕ちるであろう」と説かれ、仁王経にも「もし王の積んだ功徳が尽きる時には（略）七つの畏《おそ》るべき難が必ず起こるであろう」と説かれている責めを免れることはできないであろう。これらの経文の通りならば、まず何ごとをさしおいても、すみやかに相次ぐ災難の原因を確かめるべきであろう。もしそうしないならば、仁王経の「国が乱れる時は、まず悪魔が力を得てはびこり、悪魔が乱れるから万民が悩まされる」との経文を見てよく考えるがよい。今すでに悪魔の乱れ、万民の乱れは眼前にある。必ず経文の通りに国土の乱れが起こるであろう。災難の起こる原因とそれを根絶する方法に関する私の拙い考えは以上の通りである。取捨選択はよろしきに任せよう。

正元二年〈太歳庚申《かのえさる》〉二月上旬にこれを考えた。

災難対治鈔《さいなんたいじしょう》

国土に起る大地震《だいじしん》・非時《ひじ》の大風《たいふう》・大飢饉《だいききん》・大疫病《だいえきびょう》・大兵乱《だいひょうらん》等の種種の災難の根源を知りて、対治《たいじ》を加《くわ》うべき勘文《かんもん》。

*金光明経《こんこうみょうきょう》に云く、「もし人ありてその国土において、この経ありといえども、いまだかつて流布《るふ》せず。捨離《しゃり》の心を生じて聴聞せんことを楽《ねが》わず、また供養《くよう》し、尊重《そんじゅう》し、讃歎《さんだん》せず。四部の衆《しゅ》、持経《じきょう》の人を見て、また尊重し、乃至《ないし》、供養すること能《あたわ》ず。遂に我等及び余の眷属《けんぞく》、無量の諸天をして、この甚深《じんじん》の妙法を聞くことを得ず、甘露《かんろ》の味《あじわい》に背き、正法《しょうぼう》の流《ながれ》を失い、威光《いこう》及び勢力《せいりき》あることなからしむ。

災難対治鈔

正元二年(一二六〇)二月、三九歳、
於鎌倉、原漢文、定一六三―一七一頁。

わが国土に起こる大地震・時ならぬ大風・大飢饉・大疫病・大戦争などの、種々の災難の根本原因を知って、これを根絶する方法を考えた文。

金光明経四天王護国品に、持国《じこく》・増長《ぞうちょう》・広目《こうもく》・毘沙門《びしゃもん》の四天王が仏に申しあげていうのに、「ある国王があって、その国にはこの経が伝わっているのに弘まっていない。その国王も人民もこの経を捨てて顧みようともせず、聞こうともしない。またこれに供養したり、尊重したり、讃歎しようともしない。また出家・在家の男女のこの経を持《たも》ち伝え弘めようとする者を見ても、尊んだり供養しようとはしない。そこで遂にわれら四天王とその従者や多くの天の神々は、この尊くありがたい妙法の教えを聞くことができないので、われらの身を養う正法の甘露の法味を受けることができず、正法の流れに浴することもできなくなり、そのため悪趣《あくしゅ》を増長《ぞうちょう》し、人天《にんでん》を損減《そんげん》し、生死《しょうじ》の河に堕《お》ちて、涅槃《ねはん》の路《みち》に乖《そむ》かん。世尊《せそん》、我等四王並《ならび》に諸《もろもろ》の眷属及び薬叉《やしゃ》等、かくのごとき事を見て、その国土を捨てて擁護《おうご》の心なけん。ただ我等のみこの王を捨棄《しゃき》するにあらず。必ず無量の国土を守護する諸大善神《しょだいぜんじん》あらんも、皆《みな》悉《ことごと》く捨去《しゃこ》せん。すでに捨離《しゃり》し已《おわ》りなば、その国まさに種種の災禍《さいか》あつて国位《こくい》を喪失《そうしつ》すべし。一切の人衆《にんしゅ》皆善心《ぜんしん》なく、ただ繋縛《けいばく》、殺害《せつがい》、瞋諍《しんじょう》のみあり、互いに相讒諂《あいざんてん》し、枉《ま》げて辜《つみ》なきに及ばん。疫病流行し、彗星《すいせい》数《しばしば》出で、両《りょう》日《じつ》並び現じ、薄蝕《はくしょく》恒《つね》なく、黒白《こくびゃく》の二虹《にこう》不祥《ふしょう》の相を表わし、星流れ、地動き、井《い》の内に声を発し、暴雨《ぼうう》悪風《あくふう》時節《じせつ》に依らず、常に飢饉に遭《あ》いて、苗実《みょうじつ》成《みの》らず、多く他方の怨賊《おんぞく》あつて国内を侵掠《しんりゃく》し、人民諸の苦悩を受け、土地として所楽《しょらく》の処あることなけん」と〈文〉。

われらの権威や勢力もなくなってしまう。そうするとその国は地獄・餓鬼・畜生・修羅の四悪趣の悪い精神のみが増し、人間界・天上界の善心は減り衰え、人びとはみな生死の迷いの河に落ち、涅槃の悟りの路に背くことになる。世尊よ、われら四天王やその従者や夜叉などは、このような国王や人民の不信の状態を見ては、この国土を捨て去って、守護しようとする心を起こさなくなる。ただわれらだけがこの不信の国王を見捨てるだけではなく、この国を守護する多くの諸天善神がいても、みな、すべて捨て去ってしまうであろう。すでにわれら護国の諸天や善神が、みな、この国を捨て去ってしまえば、この国にはいろいろの災難が起こり、国王はその位を失うであろう。そして、すべての人民は道徳心や宗教心などの善心を失い、縛ったり、殺しあったり、争ったり、互いにそしったり、上にへつらい、罪のない者を罪に陥《おとしい》れるようなことをするであろう。疫病は流行し、彗星がしばしば出て、太陽が同時に二つ現われたり、日蝕や月蝕も一定せず、黒白二つの虹が出て不吉の相を表わし、星が流れたり、地が揺れ動いて井戸の中から異様な声が聞こえたり、季節はずれの暴風雨が襲い、五穀は実らず、常に飢饉が続くなど、天地に不吉な現象が現われるであろう。また外国から多くの賊が攻めてきて国内を侵略し、人民は多くの苦しみを受けて、国じゅうどこにも安心して住む所はなくなるであろう」とある。

*大集経《だいしっきょう》に云く、「もし国王ありて、我法《わがほう》の滅せんを見て、捨てて擁護《おうご》せずんば、無量世において施《せ》・戒《かい》・慧《え》を修《しゅ》すとも悉く皆滅失《めっしつ》して、その国の内に三種の不祥の事を出《いだ》さん。乃至、命終《みょうじゅう》して大地獄に生ぜん」と。

*仁王経《にんのうきょう》に云く、「大王、国土乱れん時は、先《ま》ず鬼神《きじん》乱る。鬼神乱るるが故に、万民乱る」と〈文〉。また云く、「大王、我今《われいま》*五眼《ごげん》をもて明かに*三世《さんぜ》を見るに、一切の国王は、皆過去の世に五百の仏に侍《つかえ》しに由《よ》りて、帝王主《ていおうしゅ》となることを得たり。これをもつて、一切の聖《せい》人《じん》・羅漢《らかん》、しかもために彼《か》の国土の中に来生《らいしょう》して、大利益《だいりやく》をなさん。もし王の福尽きん時は、一切の聖人皆これ捨去せん。もし一切の聖人去らん時は、*七難必ず起らん」と。

仁王経に云く、「大王、吾今《わがいま》化するところの百億の須弥《しゅみ》、百億の日月《じつげつ》あり。一一の須弥に四天下《してんげ》あり。その南閻浮提《なんえんぶだい》に十六の大国《たいこく》・五百の中国《ちゅうこく》・十千《じゅうせん》の小国《しょうこく》あり。その国土の中

大集経護法品には、「もし国王がいて、仏法の滅びようとするのを見て、これを見捨てて護ろうとしないならば、限りない過去の世に布施や持戒や智恵を修行して積んだ無量の功徳もことごとくみな消滅して、その国には三つの不吉なことが起こるであろう。（中略）その王は死んで後、地獄に堕ちるであろう」と説かれている。

仁王経護国品には、「波斯匿王《はしのく》よ、国に正法が行なわれなくなって国土の乱れる時には、すべての善神が去って、悪魔が力を得て、万民を悩ますのである」と説かれている。また同経の受持品には、「波斯匿王よ、われ今、仏の眼をもって三世を見るのに、すべての国王は、みな過去の世に五百の仏に仕えた功徳によって、現世に帝王国主となることができたのである。さらにこの功徳によって、すべての聖者がその王の国土に生まれてきて、その国のために大きな利益を与えてくれるであろう。しかし、王の積んだ功徳が尽きる時には、すべての聖者はことごとく国を捨て去るであろう。もしすべての聖者が去ってしまうならば、その時その国には必ず七つの難が起こるであろう」と説かれている。

また仁王経の受持品には、「波斯匿王よ、私（釈尊）が今教化する範囲には百億の世界がある。各世界にはそれぞれ太陽があり、月があり、須《しゅ》弥山《みせん》があり、その四方には四つの洲《しま》がある。そのうち南方の閻浮提洲には十六の大国があり、五百の中国、一万の小国があるが、これらの無数

に七《しち》の畏《おそ》るべき難あり。一切の国王これを難となすが故に。○云何《いか》なるを難となす。日月度《ど》を失い、時節返逆《ほんぎゃく》し、或《あるい》は赤日《しゃくじつ》出で、黒日《こくじつ》出で、二三四五の日出《い》で、或は日蝕して光なく、或は日輪《にちりん》一重《じゅう》二三四五重輪《りん》現ずるを○一の難となすなり。*二十八宿度《にじゅうはっしゅくど》を失い、金星・彗星《すいせい》・輪《りん》星・鬼《き》星・火《か》星・水星・風《ふう》星・刁《ちょう》星・南斗《なんじゅ》・北斗《ほくと》・五鎮《ごちん》の大星《たいせい》・一切の国主《こくしゅ》星・三《さん》公《こう》星・百官《ひゃくかん》星、かくのごとき諸星、各各変現《おのおのへんげん》するを○二の難となすなり。大火《たいか》国を焼き、万姓《ばんしょう》焼き尽し、或《あるい》は鬼火・竜火・天火・山神火・人火・樹木火・賊火あらん。かくのごとく変怪《へんげ》するを○三の難となすなり。大水百姓《たいすいひゃくしょう》を漂没《ひょうもつ》し、時節返逆《ほんぎゃく》して、冬雨《ふゆあめ》ふり、夏《なつ》雪ふり、冬の時に雷電霹靂《らいでんへきれき》し、六月に氷霜雹《ひょうそうはく》を雨《ふ》らし、赤水《しゃくすい》・黒《こく》水・青《せい》水を雨し、土《ど》山・石山《しゃくせん》を雨し、沙《しゃ》・礫《りゃく》・石《しゃく》を雨し、江河逆《さかし》まに流れ、山を浮《うか》べ石を流す。かくのごとく変ずる時を○四の難となすなり。大風万姓《たいふうばんしょう》を吹殺《ふきころ》し、国

の国には七つの恐ろしい難がある。すべての国王はこの難を恐れている。

その恐るべき難とは、日月の運行が狂って寒暑の時節が逆になり、赤い太陽が出たり、黒い太陽が出たり、二つ三つ四つ五つと太陽が並んで出たり、あるいは蝕《か》けて太陽に光がなくなったり、あるいは一重、二重、三重、四重、五重と太陽が重なって現われたりするのが第一の難である。

二十八の星座の運行が狂ったり、金星や彗星、輪星・鬼星・火星・水星・風星・刁星・南斗・北斗・五鎮の大星・一切の国主星・三公星・百官星など、さまざまな星がいろいろ変わった現われ方をするのが第二の難である。大火災が国じゅうを焼き尽くし、万民がことごとく焼死したり、あるいは鬼の起こす火、竜の降らす火、落雷のために起こる火、神仙の起こす火、人災による火、樹から生ずる火、賊の放つ火などが数々起こるのが第三の難である。大水が出て万民を溺れさせたり、気候が狂って冬に雨が降り、夏に雪が降り、冬に雷が落ちたり、六月の暑中に氷や霜や雹《あられ》が降ったり、赤い水、黒い水、青い水が降ったり、土の山や石の山が降ってきたり、砂や礫《こいし》や石が降ったり、河が逆流したり、山を浮かべ、石が流れたりするような水の異変が生ずるのが第四の難である。大風が吹いて万民を殺し、国じゅうの山河草木が一時に滅びたり、時ならぬ大風や、黒い風、赤い風、青い風、暴風、つむじ風、火のように熱い風、雨の冷たい風などが吹き荒れるのが第五の難である。国に大旱魃《かんばつ》

土の山河《さんが》樹木《じゅもく》、一時に滅没《めつもつ》し、非時《ひじ》の大風《たいふう》・黒《こく》風・赤《しゃく》風・青風・天風・地風・火風・水風あらん、かくのごとく変ずる時を○五の難となすなり。天地国土亢陽《こうよう》し、炎火《えんか》洞然《どうねん》して百《ひゃく》草亢旱《そうこうかん》し、五《ご》穀《こく》登《みの》らず、土地赫然《かくねん》して万姓滅《ばんしょうめつ》尽《じん》せん。かくのごとく変ずる時を○六の難となすなり。四方の賊来《きた》りて国を侵《おか》し、内外《ないげ》の賊起り、火賊・水賊・風賊・鬼賊ありて、百《ひゃく》姓荒乱《しょうこうらん》し、刀兵劫《とうひょうこう》起らん。かくのごとく怪《け》する時を○七の難となすなり」と。

*法華経に云く、「百由旬《ひゃくゆじゅん》の内に諸《もろもろ》の衰患《すいげん》なからしむ」と。

*涅槃《ねはん》経に云く、「この大涅槃《だいねはん》微妙《みみょう》の経典の流布《るふ》するところの処は、まさに知るべし、その地すなわちこれ金剛《こんごう》なり。この中の諸人《しょにん》もまた金剛のごとし」と。

仁王経に云く、「この経は常に千の光明を放ちて、千里の内をして七難起らざらしむ」と。また云く、「諸《もろもろ》の悪比丘《あくびく》、多く名利《みょうり》を求

が続いて、熱気が地下にまで浸透して、あらゆる草は枯れ、五穀も実らず、土地は焼けて、そのために万民は死に絶えてしまうのが第六の難である。四方から賊が攻めてきて国土を侵略し、国内にも戦乱が起こり、大火や大水、暴風に乗ずる賊や、鬼のような賊が横行して、人心は極度に荒れすさんで、ついに世界中に大戦乱が起こるのが第七の難である」と説かれている。

法華経の陀羅尼品には、「この法華経の広まっている百由旬の範囲内には災難を起こさせない」と説かれている。

涅槃経の如来性品には、「このすぐれた大涅槃経の広まっているところは、そこがすべて金剛のように壊れることのない浄土である。そこに住む人びともまた金剛不壊《ふえ》の仏身である」と説かれている。

仁王経の受持品には、「この経は常に一千の光明を放って一千里を照らしているから、その範囲内には七難が起こらない」と説かれている。

また同経の嘱累品には、「多くの悪僧たちがいて、自分の名誉や利益を

め、国王・太子・王子の前において、自《みずか》ら破《は》仏法《ぶっぽう》の因縁《いんねん》・破《は》国《こく》の因縁を説かん。その王別《わきま》えずしてこの語《ことば》を信聴《しんちょう》し、横《ほしいまま》に法制《ほうせい》を作りて仏戒《ぶっかい》に依らず。これを破仏・破国の因縁となす」と。

今これを勘《かんが》うるに、法華経に云く、「令百《りょうひゃく》由旬内無諸衰患《ゆじゅんないむしょすいげん》」と。仁王経に云く、「令千《りょうせん》里内七難不起《りないしちなんふき》」と。涅槃経に云く、「当知其《とうちご》地即是金剛《じそくぜこんごう》、是中諸人亦如金剛《ぜちゅうしょにんやくにょこんごう》」と〈文〉。

疑《うたが》つて云く、今この国土を見聞《けんもん》するに、種種の災難起る。いわゆる建長《けんちょう》八年八月より正《しょう》元《げん》二年二月に至るまで、大地震・非時の大風・大飢饉・大疫病等、種種の災難連連《れんれん》として今に絶えず、大体国土の人数尽《つ》くべきに似たり。これによつて種種の祈請《きしょう》を致す人これ多しといえども、その験《しるし》なきか。正直捨方《しょうじきしゃほう》便《べん》・多宝証明《たほうしょうみょう》・諸仏出舌《しょぶつすいぜつ》の法華経の文の「令百由旬内」、*双林《そうりん》最後の遺言《ゆいごん》たる涅槃経の「其《ご》地金剛《じこんごう》」の文、仁王経の「令千里内七難不

得ようとして、国王や太子や王子などの権力者に近づいて、正法を破り、国を滅ぼすような、自分勝手な間違った教えを説くであろう。その王たちは正邪を見分けることができず、その言葉を信じ、正法を護れという仏の戒《いまし》めに背いて、勝手な法律や制度を作るであろう。これが仏法を破り、国を滅ぼす原因となる」と説かれている。

今これらの経文をよく考えてみると、法華経には「百由旬の範囲内には災難を起こさせない」とあり、仁王経には「一千里の内には七難が起こらない」とあり、涅槃経には「その国土は何ものにも壊されない金剛の地で、人もまた金剛のようである」と説かれている。

疑っていう、今この国土のありさまをみると、いろいろの災難が起こっている。すなわち建長八年（一二五六）の八月から正元二年（一二六〇）の二月にいたるまで、大地震や時ならぬ大風や大飢饉や疫病の大流行などのいろいろな災難が次から次へと連続して起こって、今日まで絶えることがない。そのためおおよその国じゅうの人びとが死に絶えてしまったかのようである。そこで災難を払うためのさまざまな祈禱を多くの人が行なったのであるけれども、少しも効験がない。教主釈尊が「正直に方便を捨てた真実の経である」と言われ、多宝如来も「釈迦牟尼仏の説法はみな真実である」と証明され、十方世界より来たり集まった分身の諸仏たちも舌を梵天に付けて真実と証明された法華経の「百由旬の範囲

起」の文、皆虚妄《こもう》に似たり、如何《いかん》。

答えて曰《いわ》く、今愚案《ぐあん》をもつてこれを勘《かんが》うるに、上《かみ》に挙《あ》ぐるところの諸大乗経国土にあり。しかるに祈請《きしょう》と成らずして災難起ることは少しその故《ゆえ》あるか。いわゆる金光明経《こんこうみょうきょう》に云く、「その国土において、この経ありといえども、いまだかつて流布《るふ》せず。捨離《しゃり》の心を生じて聴《ちょう》聞《もん》せんことを楽《ねが》わず○我等《われら》四王○皆悉く捨去せん○その国当《まさ》に種種の災禍《さいか》あるべし」と。

大集経《だいしっきょう》に云く、「もし国王あつて我法《わがほう》の滅せんを見て、捨てて擁護《おうご》せざれば○その国の内に三種の不祥《ふしょう》を出《いだ》さん」と。

仁王経に云く、「仏戒に依らず、これを破仏・破国の因縁となす○もし一切の聖人《せいじん》去る時は七難《しちなん》必ず起らん」と〈已上〉。

これらの文をもつてこれを勘うるに、法華

内には災難を起こさせない」とか、教主釈尊の御遺言である涅槃経の「その国土は何ものにも壊されない金剛の土である」とか、仁王経の「一千里の範囲内には七難は起こらない」とかの経文は、いずれもみな偽りであるように思われるが、どうであろうか。

答えていう、いま自分の考えるところでは、上にあげられたもろもろの大乗経がこの日本国に伝わっていながら、その祈りが成就せずに、かえって災難が起こることには少し理由があるのである。その理由は次の経文に示されている。金光明経の四天王護国品に「その国にはこの経が伝わっているのに少しも弘まっていない。その国王もこの経を捨てて顧みようとせず、聞こうともしない。われら四天王は、みな、この国土を捨て去って、この国にはいろいろの災難が起こるであろう」という文。

大集経の護法品に「もし国王がいて、仏法の滅びようとするのを見て、これを見捨てて護らなければ、その国には三つの不吉なことが起こるであろう」という文。

仁王経の嘱累品や受持品に「仏の戒めに背く。これが仏法を破り国を滅ぼす原因となる。もしすべての聖者たちがこの国を捨て去ってしまうならば、必ず七つの大難が起こるであろう」という文。

これらの経文によって考えてみると、法華経などのもろもろの大乗経経等の諸大乗経国中にありといえども、一切の四衆《ししゅ》、捨離《しゃり》の心を生じて、聴聞し、供養するの志を起さず。故に国中の守護の善神《ぜんじん》・一切の聖人《せいじん》この国を捨て去り、守護の善神・聖人等なきが故に出来《しゅったい》するところの災難なり。

問うて曰《いわ》く、国中の諸人、諸大乗経において捨離の心を生じて、供養するの志を生ぜざる事は何の故よりこれ起るや。

答えて曰く、仁王経に云く、「諸の悪比丘多く名利《みょうり》を求め、国王・太子・王子の前において、自《みずか》ら破仏法の因縁・破国の因縁を説かん。その王別《わきま》えずしてこの語《ことば》を信聴し、横《ほしいまま》に法制を作りて仏戒に依らず」と。

法華経に云く、「悪世の中の比丘は邪智《じゃち》にして心諂曲《こころてんごく》に、いまだ得《え》ざるをこれ得たりと謂《おも》い、我慢《がまん》の心充満せん○この人悪心を懐《いだ》き○国王・大臣・婆羅門《ばらもん》・居士《こじ》及び余の諸《もろもろ》の比丘に向つて、誹謗《ひほう》して我悪《わがあく》を説きて、これ

はこの国にあるけれども、出家・在家の男女のすべての人びとがこれを見捨てて顧みようともせず、聴聞したり、供養しようとする心を起こさないから、この日本国を守護する善神や、すべての聖者たちがこの国を捨て去ってしまい、守護すべき善神や聖者がいないから、そのすきに悪魔や悪鬼が入ってきて、いろいろの災難が起こるのである。

問うていう、国中の人びとがもろもろの大乗経を見捨てて顧みようともせず、また供養しようとする心を起こさなくなったのは、どのような理由によるのであろうか。

答えていう、仁王経の嘱累品には、「多くの悪僧たちがいて、自分の名誉や利益を得ようとして、国王や太子や王子などの権力者に近づいて、正法を破り、国を滅ぼすような、自分勝手な間違った教えを説くであろう。その王たちは正邪を見分けることができず、その言葉を信じ、正法を護れという仏の戒めに背いて、勝手な法律や制度を作るであろう」とある。

法華経の勧持品《かんじほん》には、「悪世の僧たちは、邪《よこしま》な智恵とこびへつらいの心を持ち、まだ覚りを得ていないのに覚ったと思い、高ぶりの心で満ちているであろう。この人たちは悪心を懐いて、国王や大臣や婆羅門や長者や他の僧たちに向かって、私たち正法を弘める者の悪行を言い立て、邪見の人だ、異端の教えを説く者だ、と非難するであろう。これらの悪

邪見《じゃけん》の人、外道《げどう》の論議を説くと謂《い》わん○悪鬼《あっき》その身に入つて」等と云云。

　これらの文をもつてこれを思うに、諸の悪比丘国中に充満して、破国・破仏法の因縁を説くに、国王並に国中の四衆《ししゅ》、弁えずして信聴を加うるが故に、諸大乗経において捨離の心を生ずるなり。

　問うて曰く、諸の悪比丘等、国中に充満して破国・破仏戒等の因縁を説くこと、仏弟子《ぶつでし》の中に出来《しゅったい》すべきか、外道《げどう》の中に出来すべきか。

　答えて曰く、仁王経《にんのう》に云く、「三宝《さんぼう》を護る者にして、うたたさらに三宝を滅破《めっぱ》せんこと、師子の身中《しんちゅう》の虫の自《みずか》ら師子を食《くら》うがごとし。外道にはあらず」と〈文〉。この文のごとくんば、仏弟子の中において破国・破仏法の者出来すべきか。

　問うて曰く、諸の悪比丘、正法《しょうぼう》を壊《やぶ》るに相《そう》似《じ》の法をもつてこれを破らんか、まさにまた

僧は悪魔がその身に入った者たちである」と説かれている。

　これらの経文から考えてみると、悪僧たちが国じゅうに充ち満ちて、国を滅ぼし、仏法を破る原因となる悪法を説いているのに、国王も出家・在家の男女すべての人びとも、その正邪を見分けることができずに信用するから、もろもろの大乗経を捨てて顧みようとしなくなってしまうのである。

　問うていう、多くの悪僧たちが国じゅうに充ち満ちて、国を滅ぼし、仏法を破るような悪法を説くというが、それは仏弟子の中から出るのか、それとも仏教以外の教えを説く者の中から出るのか、どうか。

　答えていう、仁王経の嘱累品に「仏法僧の三宝を信じ護らなければならない者が、かえって三宝を破滅することは、たとえば獅子の身中の虫がみずから獅子を食うのに似ている。仏法を破壊する者は仏教以外の教えを説く者からは出ない」と説かれている。この文によれば、仏弟子の中から国を滅ぼし、仏法を破る者が出ると思われる。

　問うていう、その悪僧たちが正法を破るのに、仏法に似た法をもって破るのか、それとも邪悪の法をもって破るのか、どうか。

悪法をもつてこれを破るべしとせんか。

答えて曰く、*小乗《しょうじょう》をもつて権大乗《ごんだいじょう》を破し、権大乗をもつて実大乗《じつだいじょう》を破し、師弟《してい》共に謗法《ほうぼう》破国《はこく》の因縁《いんねん》を知らず。故に破仏戒・破国の因縁を成して三悪道《さんなくどう》に堕するなり。


問うて曰く、その証拠如何《いかん》。

答えて曰く、法華経に云く、「仏の方便随宜《ほうべんずいぎ》所説《しょせつ》の法を知らずして、悪口《あっく》して顰蹙《ひんじゅく》し、数数《しばしば》擯出《ひんずい》せられん」と。


涅槃経に云く、「我《われ》涅槃《ねはん》の後《のち》、まさに百千無量の衆生《しゅじょう》ありて、誹謗してこの大涅槃を信ぜざるべし〇三乗の人もまたかくのごとく無上《むじょう》の大涅槃経を憎悪《ぞうお》せん」と〈已上〉。

勝意比丘《しょういびく》の喜根《きこん》菩薩を謗じて三悪道《さんなくどう》に堕《だ》し、尼思仏《にしぶつ》等の*不軽《ふきょう》菩薩を打ちて阿鼻《あび》の炎を招くも、皆、大小・*権実《ごんじつ》を弁《わきま》えざるよりこれ起れ

答えていう、小乗の教えをもって方便の大乗の教えを破り、方便の大乗をもって真実の大乗を破り、しかも師匠も弟子もともに、これが正法を誹《そし》り国を滅ぼす原因となっていることに気がつかない。そのために仏の戒めを破り国を滅ぼす原因を作って、地獄・餓鬼・畜生の三悪道に堕ちるのである。


問うていう、その証拠はどこにあるのか。

答えていう、法華経の勧持品に、「悪僧たちは、仏が四十余年の間、時に応じ機にしたがって方便として説かれた教えであることを知らないで、方便の教えに執着して、法華経や法華経の行者の悪口をいったり、軽蔑したりして、しばしばその住処から追放するのである」と説かれている。


また涅槃経の如来性品に「わが入滅の後に、無数の人びとがこの大涅槃経を信じないで誹謗するであろう。声聞・縁覚・菩薩の聖者たちもまた同じようにこのすぐれた大涅槃経を憎むであろう」と説かれている。

かの勝意比丘が喜根菩薩を謗《そし》って生きながら無間《むけん》地獄に堕ち、尼思仏などが不軽菩薩を打った罪によって無間地獄に堕ちたのも、みな仏教に大乗と小乗、方便教と真実教との区別があることを知らなかったことか

り。十悪《じゅうあく》・五逆《ごぎゃく》は愚者皆《ぐしゃみな》罪たることを知る。故に輙《たやす》く破国・破仏法の因縁を成ぜず。故に仁王経に云く、「その王別《わきま》えずしてこの語《ことば》を信聴《しんちょう》す」と。

涅槃経に云く、「もし四重《しじゅう》を犯《おか》し、五逆罪を作り、自ら定めてかくのごとき重事《じゅうじ》を犯《おか》すと知れども、しかも心に初めより怖畏《ふい》、懺悔《さんげ》なく、あえて発露《ほつろ》せず」と〈已上〉。

かくのごとき等《ら》の文《もん》は、謗法の者は自他共に子細を知らず、故に重罪《じゅうざい》を成して国を破し仏法を破するなり。

問うて曰く、もししからば、この国土において、権教《ごんぎょう》をもつて人の意を取り、実教を失う者これあるか、如何《いかん》。

答えて曰く、しかなり。

問うて曰く、その証拠如何《いかん》。

ら起こった報いである。殺生・偸盗《ちゅうとう》・邪淫・妄語・綺語《きご》・悪口《あっく》・両舌・貪欲《とんよく》・瞋恚《しんに》・愚癡《ぐち》の十悪や、父を殺し・母を殺し・僧を殺し・仏を傷つけ・僧団の和合を破る五逆罪が、大きな罪であることは、愚かな者でも心得ているから、それが国を滅ぼし、仏法を破る原因となることはめったにないのである。そこで仁王経の嘱累品には「その王が正邪を見分けることができず、悪僧たちの言葉を信ずる」といい、涅槃経の大衆所問《だいしゅしょもん》品には、「もし殺生・盗み・不義の交わり・妄語の四つの重罪を犯し、父を殺し・母を殺し・僧を殺し・仏を傷つけ・僧団の和合を破る五つの逆罪を作って、みずから重罪を犯したと知りながら、はじめからこれを怖れる心もなく、懺悔の心もなく、みずから罪を告白しようともしない」とある。

これらの経文は、謗法の者は自分も他人もともに謗法の子細を知らないために、重罪を作って国を滅ぼし、仏法を破ることになるのであると示されたものである。

問うていう、もしそうであるならば、この日本国において、方便教をもって人の心に取り入って、真実教を滅ぼすような者があるのかどうか。

答えていう、確かにある。

問うていう、その証拠は何か。

答えて曰く、*法然上人所造《ほうねんしょうにんしょぞう》等の*選択集《せんちゃくしゅう》これなり。今その文《もん》を出して、上《かみ》の経文に合せ、その失《とが》を露顕《ろけん》せしめん。もし対治《たいじ》を加えば、国土を安穏《あんのん》ならしむべきか。選択集に云く、「*道綽禅師《どうしゃくぜんじ》、*聖道《しょうどう》・浄土の二門を立て、聖道を捨てて正《まさ》しく浄土に帰《き》するの文○初《はじめ》に聖道門とは、これについて二あり。一には*大乗、二には*小乗なり。大乗の中について、*顕密《けんみつ》・*権 実《ごんじつ》等の不同ありといえども、今この集《しゅう》の意《い》はただ顕大《けんだい》および権大《ごんだい》を存す。故に歴劫迂廻《りゃっこううえ》の行《ぎょう》に当《あた》る。これに准《じゅん》じてこれを思うに、密大および実大を存すべし。しかればすなわち、今の真言《しんごん》・仏心《ぶっしん》・天台《てんだい》・華厳《けごん》・三論《さんろん》・法相《ほっそう》・地論《じろん》・摂論《しょうろん》、これら八家《はっけ》の意、正《まさ》しくここにあるなり○*曇鸞法師《どんらんほっし》の往生論《おうじょうろん》の註《ちゅう》に云く、謹《つつし》んで竜樹《りゅうじゅ》菩薩の十住毘婆沙《じゅうじゅうびばしゃ》を案ずるに云く、菩薩、阿毘跋致《あびばっち》を求むるに二種の道《どう》あり。一には難行道《なんぎょうどう》、二には易行道《いぎょうどう》なり○この中に難行道とは、すなわちこれ聖道門なり。易行道

答えていう、法然上人の著わした選択集がそれである。今その文をあげて、前に引用した経文と照らし合わせ、その過失をはっきりとあばいてみせよう。もしこれを根絶することができれば、国土を安穏にすることができるであろう。選択集には次のように書いている。「道綽禅師の安楽集には、仏教を聖道門と浄土門との二門に分け、聖道門を捨てて浄土門に入るべきだと説いている。はじめに聖道門には大乗と小乗の二つがあり、大乗の中にも顕教・密教、方便教・真実教の区別があるが、道綽は小乗教と大乗教の中でも顕教大乗と方便大乗とを聖道門とし、いずれも長い時間の修行を経て成仏にいたる教えであるとしている。しかし、私(法然)が考えるに、この文から推測すれば当然、密教も真実大乗教も聖道門の中に含まれるべきである。そう考えれば、いま人びとに信仰されている真言・禅・天台・華厳・三論・法相・地論・摂論の八宗は、みな聖道門の中に入り、捨てられるべきものである。曇鸞法師の往生論註には、謹んで竜樹菩薩の十住毘婆沙論を読むと、菩薩が覚りを求めるのに難行道と易行道の二つの道があるとある。この中の難行道とは聖道門のことであり、易行道とは浄土門のことである。浄土宗を学ぶ者は、何よりも先に、聖道と浄土、難行と易行の区別を知らなければならない。たとえ以前から聖道門を学んでいる人でも、もし浄土往生を志すならば、きっぱりと聖道門を捨てて、浄土門に入るべきである」と。また選択集

とは、すなわちこれ浄土門なり○浄土宗の学者、まずすべからくこの旨を知るべし。たとい先《さき》より聖道門を学ぶ人なりといえども、もし浄土門においてその志《こころざし》あらん者は、すべからく聖道を棄《す》てて浄土に帰すべし」と〈文〉。また云く「*善導和尚《ぜんどうわじょう》、*正《しょう》・雑《ぞう》二行を立てて、雑行《ぞうぎょう》を捨て正行《しょうぎょう》に帰するの文。第一に読誦《どくじゅ》雑行とは、上《かみ》の観経等《かんぎょうとう》の往生浄土《おうじょうじょうど》の経を除きて已外《いげ》、大小乗、顕密の諸経において、受持《じゅじ》・読誦するを悉く読誦雑行と名く○第三に礼拝《らいはい》雑行とは、上《かみ》の弥陀《みだ》を礼拝するを除きて已外《いげ》、一切の諸余《しょよ》の仏《ぶつ》・菩薩等および諸《もろもろ》の世天《せてん》等において、礼拝恭敬《くぎょう》するを悉く礼拝雑行と名く○私《わたくし》に云く、この文を見るに、すべからく雑《ぞう》を捨てて専《せん》を修《しゅ》すべし。あに百即《ひゃくそく》百生《ひゃくしょう》の専修正行《せんしゅしょうぎょう》を捨てて、堅く千中無一《せんちゅうむいち》の雑修雑行《ざっしゅぞうぎょう》を執《しゅう》せんや。行者《ぎょうじゃ》能くこれを思量《しりょう》せよ」と。また云く「貞元入蔵録《じょうげんにゅうぞうろく》の中、始め大般若経《だいはんにゃきょう》六百巻より法常住経《ほうじょうじゅうきょう》に終るまで、

の第二章には次のようにある。「善導和尚は観無量寿経疏に、正行と雑行の二種の修行法を立て、雑行を捨てて正行に入らなければならないと説いている。第一に読誦雑行とは、往生浄土を説いた大無量寿経・観無量寿経・阿弥陀経の三部経以外の大乗・小乗、顕教・密教の諸経を信じたり読んだりすることである。（略）第三に礼拝雑行とは、阿弥陀仏以外の諸仏・菩薩・諸天などを拝んだり敬ったりすることである。私（法然）はこう考える。善導和尚のいわれたことは、すべての雑行を捨てて、もっぱら念仏の正行を修行すべきであると勧められたものである。百人が百人ともに往生できるという専修念仏の正行を捨てて、千人に一人も成仏できないという雑修雑行にどうして執着する必要があろうか。仏道を修行しようとする者は、よくこのことを考えなさい」と。また同書の第十二章には次のようにある。「貞元入蔵録という唐の貞元年間（七八五－八〇五）に編集された経典の目録に記載されている最初の大般若経六百巻から最後の法常住経にいたるまでの六百三十七部、二千八百八十三巻のすべての大乗経典は、みな観無量寿経にいう読誦大乗の一句におさめられてしまう。したがって、仏が方便として教えを説かれる場合には、やむをえず当分の間、定散二善のさまざまな修行の門が開かれているが、仏がみずからの本懐にしたがって真実を述べられる場合には、定散の二門は閉じられ廃止される。末法の衆生の前に一度開いて永遠に閉じられる

顕密《けんみつ》の大乗経、総じて六百三十七部二千八百八十三巻なり。皆すべからく読誦大乗の一句に摂すべし〇まさに知るべし、随他《ずいた》の前には暫く*定散《じょうさん》の門を開くといえども、随自《ずいじ》の後《のち》には還《かえ》って定散の門を閉《と》ず。一《ひと》たび開いて以後、永く閉じざるはただこれ念仏の一門なり」と〈文〉。また最後結句《けっく》の結文《けつもん》に云く「それ速《すみ》やかに生死《しょうじ》を離れんと欲せば、二種の勝法《しょうぼう》の中にしばらく聖道門を閣《さしお》きて、選んで浄土門に入《い》れ。浄土門に入らんと欲せば、正・雑二行の中にしばらく諸の雑行を抛《なげう》ちて、選んでまさに正行に帰すべし」と。已上選択集の文なり。

今これを勘《かんが》うるに、日本国中の上下万人《じょうかばんにん》、深く法然上人を信じてこの書をもてあそぶ。故に無智の道俗《どうぞく》、この書の中の*捨閉閣抛《しゃへいかくほう》等の字を見て、浄土の三部経・*阿弥陀仏より外の、諸経・諸仏・菩薩・諸天善神等において、捨閉閣抛等の思《おもい》をなし、彼《か》の仏・経等において供養・受持等の志を起さず、還って捨離の心

ことのないのは、ただ念仏の一門だけである」と。また最後の結びの文には次のように書いてある。「速く生死の苦しみから離れようと思うならば、聖道・浄土二門のすぐれた教えのうち、聖道門は覚りがたいからしばらくこれを閣《さしお》いて、浄土門を選びなさい。浄土門に入ろうと思うならば、正行と雑行の二種の修行法のうち、すべての雑行をなげうって念仏の正行に帰依しなさい」と。以上が選択集の文である。

今これについてよく考えてみると、日本国じゅうの上下万民すべて深く法然上人を信じて選択集を尊んでいる。それゆえに愚かな出家や在家の者は、選択集に説かれる「捨てよ、閉じよ、閣《さしお》けよ、抛《なげう》てよ」などの文字をみて、浄土三部経と阿弥陀仏以外の諸経や諸仏・諸菩薩・諸天善神などに対し、捨閉閣抛の心を生じ、これらの諸仏や諸経に供養したり信じたりする心を起こさず、かえってこれらを捨て去る心を生ずるのである。したがって、昔の高僧たちが建立された国家を護るための道場と

を生ず。故に古《いにしえ》の諸大師等の建立するところの鎮護《ちんご》国家《こっか》の道場、零落《れいらく》せしむといえども、護惜建立《ごしゃくこんりゅう》の心なし。護惜建立の心なきが故にまた読誦供養の音《こえ》絶え、守護の善神も法味を嘗《な》めざる故に、国を捨てて去り、四依《しえ》の聖人《しょうにん》も来《きた》らざるなり。偏《ひとえ》に金光明・仁王等の「一切の聖人《せいじん》去る時は七難必ず起らん」「我等四王皆悉く捨去《しゃこ》せん。すでに捨離し已《おわ》りなば、その国まさに種種の災禍あるべし」の文《もん》に当《あた》れり。あに「諸《もろもろ》の悪比丘多く名利《みょうり》を求め」「悪世の中の比丘は邪智《じゃち》にして心諂曲《こころてんごく》」の人にあらずや。

疑つて云く、国土において選択集《せんちゃくしゅう》流布《るふ》せしむるに依つて災難起ると云わば、この書なき已前には国中において災難なかりしや。

答えて曰く、彼《か》の時もまた災難あり。云《いわ》く、五常《ごじょう》を破り、仏法を失いし者これあるが故《ゆえ》なり。いわゆる周の宇文《うぶん》・元嵩《げんすう》等これなり。難じて曰く、今の世の災難も五常を破りしが故

しての大寺院が落ちぶれはてても、少しも惜しいとも思わず、また再建しようとする者もない。それゆえに法味を供える読誦の声も絶えてしまい、ために守護の善神は法味を食することができずに威力を失い、この国を見捨てて去ってしまう。また人びとの頼みとする聖者たちもこの国を捨て去って帰ってこないのである。これはすべて仁王経に「すべての聖者が去ってしまうので、その時必ず七つの難が起こる」と説き、金光明経に「われら四天王はみなその国土を捨て去ってしまうから、その国にいろいろな災難が起こる」という経文に当たっている。まさに法然こそは仁王経に「もろもろの悪僧たちは自分の名誉や利益ばかりを求める」といわれ、法華経に「悪世の僧は邪《よこしま》な智恵とこびへつらいの心をもつ」と説かれた人ではないか。

疑っていう、もしこの国土に選択集が広まったために災難が起こるというならば、選択集の存在しなかった以前においては、国内に災難は起こらなかったのであるか。

答えていう、もちろんその当時にも災難はあった。それは仁・義・礼・智・信の五常を破り、仏の教えに背いた者があったからで、周の武帝や衛元嵩などがそれである。難じていう。その当時の災難が五常を破ったために起こったというならば、何も必ずしも選択集を広めた失によ

にこれ起るといわば、何ぞ必ずしも選択集流布の失《とが》に依らんや。答えて曰く、仁王《にんのう》経に云く、「大王、未来世の中に諸の小国の王・四部の弟子○諸の悪比丘○横《ほしいまま》に法制を作りて仏戒に依らず○また仏像の形《かたち》・仏塔の形を造作《ぞうさ》することを聴《ゆる》さざれば○七難必ず起らん」と。金光明経に云く、「また供養し尊重し讃歎せず○その国にまさに種種の災禍あるべし」と。涅槃経に云く、「無上《むじょう》の大涅槃経を憎悪《ぞうお》す」等と云云。あに弥陀《みだ》より外の諸仏・諸経等を供養し礼拝し讃歎するを、悉く雑行《ぞうぎょう》と名《なづ》くるに当《あた》らざらんや。難じて云く、仏法已前《いぜん》も国において災難あり。何ぞ謗法の者の故ならんや。答えて曰く、仏法已前に五常をもつて国を治《おさ》むるは、遠く仏誓《ぶっせい》をもつて国を治むるなり。礼儀を破るは仏の出《いだ》したまえる五戒を破るなり。問うて曰く、その証拠如何《いかん》。答えて曰く、金光明経に云く、「一切世間のあらゆる善論は皆この経に因《よ》る」と。法華経

るとはいえないではないか。答えていう、仁王経の嘱累品に「大王よ、未来の世にもろもろの小国の王や出家・在家の男女、もろもろの悪僧たちが、勝手に法律や制度を作って仏の戒めに背き、また仏像や仏塔を作ることを許さないから、その国に必ず七つの難が起こる」と説かれている。また金光明経には「またこの経を供養したり尊んだり讃歎したりしようともしないから、その国に必ずいろいろの災難が起こるであろう」と説かれている。さらに涅槃経の如来性品には「このすぐれて尊い大涅槃経を憎む」と説かれている。これらの経文に照らし合わせてみると、阿弥陀仏以外の諸仏と浄土三部経以外の諸経を供養したり、礼拝したり、讃歎したりするのはすべて難行である、とする法然の意見にぴったり当たっているではないか。難じていう、では仏法の広まる以前にこの国に災難があったのは、どうして謗法の者のために起こったといえるのか。答えていう、仏法が広まる以前に五常をもって国を治めたのは、遠く仏の教えによって国を治めたのである。したがって、礼儀などの五常の道を破れば、仏の定められた五戒を破ったことになるのである。問うていう、その証拠はどこにあるか。答えていう、金光明経には、「すべてこの世の中の善を勧める教えは、みなこの金光明経の教えにもとづいている」とあり、法華経の法師功徳品には「もし世の中の道徳や政治や実業などのことを説いても、みな正法にかなっている」とあり、観普賢経に

に云く、「もし俗間《ぞっけん》の経書《きょうしょ》・治世《じせい》の語言《ごごん》・資《し》生《しょう》の業《ごう》等を説かんも皆正法《しょうぼう》に順ず」と。普賢経に云く、「正法《しょうぼう》をもて国を治め人民を邪枉《じゃおう》せず、これを第三の懺悔《さんげ》を修すと名《なつ》く」と。涅《ね》槃《はん》経に云く、「一切世間の外道《げどう》の経書は皆これ仏説にして外道の説にあらず」と。止観に云く、「もし深く世法《せほう》を識《し》ればすなわちこれ仏法なり」と。*弘決《ぐけつ》に云く、「礼楽前《れいがくさき》に駈《は》せ、真道後《しんどうのち》に啓《ひら》く」と。*広釈《こうしゃく》に云く、「仏《ほとけ》は三人を遣《つかわ》して、しばらく真旦*を化す。五常をもつて五戒の方《ほう》を開く。昔、太宰《たいさい》、孔子《こうし》に問うて云く、三皇《こう》五帝《てい》はこれ聖人《せいじん》なるか。孔子答えて云く、聖人にあらず。また問う、夫子《ふうし》はこれ聖人なるか。また答う、非《ひ》なり。また問う、もししからば誰かこれ聖人なるや。答えて云く、吾《われ》聞く、西方《さいほう》に聖《せい》あり釈迦と号《なつ》く」と〈文〉。これらの文《もん》をもつてこれを勘《かんが》うるに、仏法已前の三皇五帝は五常をもつて国を治む。夏《か》の桀《けつ》・殷《いん》の紂《ちゅう》・周《しゅう》の幽《ゆう》等の礼儀《れいぎ》を破りて国

は「正法によって国を治めて人心を悪くしなければ、それがそのまま懺悔を修したことになる」といい、涅槃経の如来性品には「すべて世の中に広まっている仏教以外の教えは、みな仏の説かれたものであって、外道の説ではない」とある。また天台大師の摩訶止観には「もし本当に世間の道を覚れば、それがそのまま仏の道である」とあり、妙楽大師の摩訶止観弘決には「礼儀や音楽などの世間の教えが先に広まって、その後に仏の道が開ける」とあり、安然和尚の普通広釈には「仏は三人の賢者を中国に派遣して、まず五常の道によせて五戒を教えさせたのである。ある時、宋の国の太宰が孔子に向かって、三皇五帝は聖人であるかと質問した時、孔子は聖人ではないと答えた。そこで再び、それでは貴方は聖人であるかと質問すると、孔子はやはり聖人ではないと答えた。そこでさらに重ねて、それならば誰を聖人というのかと質問すると、自分が聞いたのではこれより西の方に聖人があって釈迦という名である、と答えた」とある。これらの経文や論釈によって考えてみると、仏法の広まる以前に、三皇五帝が出て五常の道によって国を治めたのである。夏の国の桀王や殷の国の紂王や周の国の幽王などが、礼儀を破って五常の道に背き国を滅ぼしたのは、仏法でいう仏の立てられた戒律を守ったか破ったかに当たっているのである。

を喪《ほろぼ》すは、遠く仏誓の持破《じは》に当れるなり。

疑つて云く、もししからば、法華・真言等の諸大乗経を信ずる者、何ぞこの難に値《あ》えるや。

答えて曰く、金光明経に云く、「枉《まげ》て辜《つみ》なきに及ばん」と。法華経に云く、「横《よこざま》にその殃《わざわい》に罹《かか》る」等と云云。これらの文《もん》をもつてこれを推《すい》するに、法華・真言等を行ずる者も、いまだ位《くらい》深からず、信心薄く、口に誦すれどもその義を知らず、一向名利《いっこうみょうり》のためにこれを誦す。先生《せんしょう》の謗法《ほうぼう》の失《とが》いまだ尽《つ》きず、外《そと》に法華等を行じて内《うち》に選択《せんちゃく》の心を存し、この災難の根源等を知らざる者は、この難を免《まぬが》れ難《がた》きか。

疑つて云く、もししからば、何ぞ選択集を信ずる謗法者の中に、この難に値わざる者これあるや。答えて曰く、業力不定《ごうりきふじょう》なり。順現《じゅんげん》業《ごう》は、法華経に云く、「この人現世《げんぜ》に白癩《びゃくらい》の病《やまい》を得ん、乃至《ないし》、諸《もろもろ》の悪重病《あくじゅうびょう》あらん」と。

疑っていう、もしそうであるとするならば、法華・真言などのもろもろの大乗経を信仰する者が、災難にあうのはどうしてなのか。

答えていう、金光明経に「罪のない者までまきぞえにされる」といい、法華経の譬喩品には「無実の災難にあうであろう」と説かれている。これらの経文から推察してみると、法華経や真言経を修行する者でも、まだ修行も浅く信心も薄く、経を読んでもその意味が解らず、ただ自分の名誉や利益のために読むので、前の世に犯した謗法の罪がまだ消えないでいる。表面は法華経や真言経を修行しているが、内心には選択集の専修念仏を信じていて、謗法が災難の根源であることを知らずにいる者たちが、これらの災難にあうのである。

疑っていう、もしそうであるならば、どうして選択集を信じている謗法者の中に、これらの災難にあわない者があるのか。答えていう、それは人びとの前世に行なった行為が結果をひきおこす力が異なるからである。現在の世に原因を作り、現在の世にその果報を受ける順現業については、法華経の勧発品《かんぼっぽん》に「法華経の信者を毀《そし》る人は現在の世でもろもろ仁王経に云く、「人仏教を壊《やぶ》らばまた孝子《こうし》なく、六親《ろくしん》不和にして天神《てんじん》も祐《たす》けず、疾疫《しつえき》・悪《あっ》鬼《き》日に来《きた》りて侵害《しんがい》し、災怪《さいけ》首尾《しゅび》し、連禍せん」と。涅槃経に云く、「もしこの経典を信ぜざる者あらば○もしは臨終《りんじゅう》の時《とき》、荒乱《こうらん》し、刀兵《とうひょう》競い起り、帝王の暴虐《ぼうぎゃく》、怨家《おんけ》の讎隙《しゅうげき》に侵逼《しんぴつ》せられん」と〈已上〉。順次生業《じゅんじしょう》は、法華経に云く、「もし人信ぜずしてこの経を毀謗せば○その人命終《みょうじゅう》して阿鼻獄《あびごく》に入らん」と。仁王経に云く、「人《ひと》仏教を壊《やぶ》らば○死して地獄・餓鬼・畜生に入らん」と〈已上〉。順後業《じゅんごごう》等はこれを略す。

問うて曰く、如何《いか》にして速《すみや》かにこの災難を留むべきや。

答えて曰く、還りて謗法の者を治すべし。もししからずんば、無尽《むじん》の祈請《きしょう》ありといえども、災難を留《とど》むべからざるなり。

問うて曰く、如何が対治すべき。答えて曰

の悪い重い病にかかる」といい、仁王経の嘱累品には「仏教を破る人には、親孝行の子は生まれない。親類じゅうと仲たがいし、天の神々も助けてくれない。病魔におそわれない日はなく、いろいろな災難が次々と起こって絶え間がない」といい、涅槃経の如来性品には「もしこの経典を信じない者は、臨終の時に内乱などが起こって刀剣の難にあい、上は帝王にむごい仕打ちで苦しめられ、下は万民から怨《うら》まれ憎まれて、いろいろの災難にあう」と説かれている。この世において作った業の報いを次の世(来世)において受けるという順次生業については、法華経の譬喩品に「もし人がこの経を信じないで謗《そし》るならば、その人は死んで後に必ず無間地獄に堕ちるであろう」といい、仁王経の嘱累品に「仏教を破る人は、死んで後に地獄・餓鬼・畜生の三悪道に堕ちるであろう」と説かれている。この世で業を作って次の次の生にその報いを受ける順後業については略しておく。

問うていう、では一日も早くこの災難を止めるにはどうすればよいのか。

答えていう、ただちに謗法の教えと謗法の人を根絶することである。そうでないと、どんなに神仏に祈りを捧げても災難はなくならない。

問うていう、謗法を根絶するにはどうすればよいのか。答えていう、く、治方《じほう》また経にこれあり。涅槃経に云く、「仏言《のたまわ》く、ただ一人を除きて余の一切に施せ○正法を誹謗してこの重業《じゅうごう》を造《つく》る○ただかくのごとき*一闡提《いっせんだい》の輩《ともがら》を除きて、その余の者に施《ほどこ》さば、一切讃歎すべし」と〈已上〉。この文のごとくんば、施《せ》を留めて対治すべしと見えたり。この外《ほか》にもまた治方これ多し。具《つぶさ》に出《いだ》すに暇《いとま》あらず。問うて曰く、謗法の者において供養を留め、苦治《くじ》を加うるに罪ありやいなや。答えて曰く、涅槃経に云く、「今無上《いまむじょう》の正法をもつて、諸王・大臣・宰相《さいしょう》・比丘・比丘尼に付属す○正法を毀《そし》る者をば、王者・大臣・四部の衆、まさに苦治すべし○なお罪あることなけん」と〈已上〉。

問うて曰く、汝僧形《そうぎょう》をもつて比丘の失《とが》を顕すは罪業《ざいごう》にあらずや。

答えて曰く、涅槃経に云く、「もし善比丘《ぜんびく》ありて法を壊《やぶ》る者を見て、置いて呵責《かしゃく》し駈遣《くけん》し挙処《こしょ》せずんば、まさに知るべし、この人は

謗法を根絶する方法もまた経文に示されている。涅槃経の大衆所問品に「仏が言われるには、人に施すことはよいことだが、ただ一人だけ施してはならない者がある。正法をそしってこの重い罪を犯したのである。この一闡提だけを除いて、その他の者に施すことは善いことであり、すべてほめたたえられるであろう」と説かれている。この経文によれば、謗法の者に対する布施を止めて謗法を根絶せよとの教えである。この外にも謗法を根絶する方法は多くあるが、くわしく述べている余裕がないので省略する。問うていう、謗法の者に対し布施を止めて苦しめても罪にならないであろうかどうか。答えていう、涅槃経の寿命品には「今この最高の正法を、もろもろの国王や大臣や役人やその他、出家・在家の男女の弟子たちに委嘱する。もし正法をそしる者があれば、国王や大臣をはじめ、出家・在家の男女の弟子たちにいたるまで、みな力を合わせて謗法を根絶しなければならない。決して罪にはならない」と説かれている。

問うていう、あなたは僧の身でありながら、同じ僧侶の過失を指摘するのは罪にならないのか。

答えていう、仏は涅槃経の寿命品に「たとえ立派な僧があっても、正法を破る者を見て、これをとがめもせず、追い出そうともせず、その罪をただそうともしないならば、この人は仏法の中の怨敵である。もし謗

仏法の中の怨《あだ》なり。もし能《よ》く駈遣し呵責し挙処せば、これ我弟子《わがでし》真《しん》の声聞《しょうもん》なり」と〈已上〉。

予《よ》、この文を見るが故に、仏法中怨《ぶっぽうちゅうおん》の責《せめ》を免《まぬが》れんがために、見聞《けんもん》を憚《はば》からず、法然上人《ほうねんしょうにん》並に所化《しょけ》の衆《しゅ》等の阿鼻《あび》大城《だいじょう》に堕《お》つべき由《よし》を称《しょう》す。この道理を聞《き》き解《ほど》く道俗《どうぞく》の中に、少少は回心《えしん》の者もあり。もし一度《ひとたび》高覧《こうらん》を経《へ》ん人は、上《かみ》に挙《あ》ぐるところのごとくこれを行ぜずんば、大《だい》集経《しっきょう》の文に「もし国王ありて、我法《わがほう》の滅せんを見て、捨てて擁護《おうご》せずんば、無量世において施《せ》・戒・慧を修《しゅ》すとも、悉く皆滅失して、その国の内に三種の不祥を出さん。乃至、命終して大地獄に生ぜん」との記文《きもん》を免れ難きか。仁王経に云く、「もし王の福尽きん時は〇七難必ず起る」と。この文に云く「無量世において施・戒・慧を修すとも悉く皆滅失す」等と云云。この文を見るに、しばらく万《ばん》事《じ》を閣《さしお》いて、まずこの災難の起る由《よし》を勘《かんが》うべきか。もししからざれば、いよいよまた重ね

法の者をきびしく責めただし、追い出すならば、これこそ真の仏弟子である」と誡《いまし》められている。自分、日蓮はこの経文を見て、仏法の中の怨敵となる責めを免れるために、人びとの批判も遠慮することなく、法然上人やその弟子・信者たちが無間地獄に堕ちなければならない理由を明らかにするのである。この道理を聞きわける出家や在家の者の中には、少しは心をひるがえし改宗をする者もいる。もし国主の身として一度このことを耳にしながら、右に引用した経文の通りに謗法者に対する布施を停止しないならば、大集経の護法品に「もし国王があって、仏法の滅びようとするのを見て、これを見捨てて護ろうとしないならば、過去世に永い間にわたって布施や持戒や智恵を修行して積んだ無量の功徳もことごとくみな消滅して、その国には三つの不吉なことが起こるであろう。（中略）その王は重病にかかり、死んで後は地獄に堕ちるであろう」とある仏の予言を免れることはできないであろう。仁王経の受持品には「もし王の積んだ功徳が尽きる時には、必ず七つの畏《おそ》るべき難が必ず起こるであろう」とある。大集経の文に「過去に永い間にわたって布施・持戒・智恵の修行をして積んだ功徳もことごとくみな消滅して」といわれている。これらの経文を見ると、他のことはしばらくおいて、まず第一にこの災難の起こった原因をよく考えるべきである。もしその原因を究明することなく、祈禱などを行なっても、かえって災難を増すばかり

て災難これ起らんか。愚勘《ぐかん》かくのごとし。取捨は人の意に任す。

であろう。自分(日蓮)の考えるところはおよそ右の通りである。この謗法を根絶する方法を用いるか用いないかは各人に任せる。

立《りっ》正《しょう》安《あん》国《こく》論《ろん》

《沙[1]門日蓮勘う》

旅客《りょきゃく》来《きた》りて嘆《歎》いて曰《いわ》く、近年より近日《きんじつ》に至るまで、*天変《てんぺん》・地夭《ちよう》・飢饉・疫癘《えきれい》、遍《あまね》く天下に満ち、広く地上に迸《はびこ》る。牛馬《ぎゅうば》巷《ちまた》に斃《たお》れ、骸骨《がいこつ》路《みち》に充《み》てり。死を招くの輩《ともがら》、すでに大半に超《こ》え、これを悲しまざるの族《やから》、あえて一人《いちにん》

立正安国論

文応元年（一二六〇）、三九歳、於鎌倉、
原漢文、定二〇九―二二六頁。
広本、建治・弘安の交（一二七八）、五七歳、於身延、
原漢文、定一四五五―一四七八頁。

《僧日蓮が経文に基づいて災難の原因と対策について考え執筆した論考》

一　災難の由来について

災難の原因を尋ねる

旅人が来て嘆いていう。近い正嘉元年（一二五七）のころから今年文応元年（一二六〇）にいたる四箇年の間に、大地震や大風などの天変地異が続き、飢饉が起こり、疫病が流行して、災難が天下に満ち、広く地上にはびこっています。そのために牛や馬はいたるところで死んでおり、骸骨は路上に散乱して目もあてられず、すでに大半の人びとが死に絶えて、

もなし。

しかる間、或《あるい》は「利剣即是《りけんそくぜ》」の文を専《もっぱ》らにして*西土教主《さいどきょうしゅ》の名を唱え、或は「衆病悉除《しゅびょうしつじょ》」の願《がん》を恃《たの》みて*東方如来《とうほうにょらい》の経を誦《じゅ》し、或は「病《びょう》即消滅《そくしょうめつ》、不老不死《ふろうふし》」の詞《ことば》を仰ぎて法華《ほっけ》真実《しんじつ》の妙文《みょうもん》を崇《あが》め、或は「七難即滅《しちなんそくめつ》、七福即生《しちふくそくしょう》」の句を信じて百座百講《ひゃくざひゃくこう》の儀《ぎ》を調《ととの》え、有《あるい》は秘密真《ひみつしん》言《ごん》の教《きょう》によりて五瓶《ごびょう》の水を灑《そそ》ぎ、有は坐禅入《ざぜんにゅう》定《じょう》の儀を全《まっと》うして空観《くうかん》の月を澄まし、もしくは七鬼神《しちきじん》の号《ごう》を書《しょ》して千門《せんもん》に押し、もしくは五大力《ごだいりき》の形を図して万戸《ばんこ》に懸《か》け、もしくは天《てん》神地祇《じんちぎ》を拝して四角四堺《しかくしかい》の祭祀《さいし》を企て、もしくは万民百姓《ばんみんひゃくしょう》を哀れみて国主国宰《こくさい》の徳政《とくせい》を行う。

この悲惨な状態を悲しまない者は一人もおりません。

そこでこのような状況から逃れようとして、ある者は「苦悩と罪業を滅ぼす利剣は弥陀の名号《みょうごう》を称《とな》えることである」という中国浄土教の善導《ぜんどう》和尚の般舟讃《はんじゅさん》の文を信じて、一切の行を捨ててただひたすら西方浄土の教主阿弥陀仏の名ばかりを称え、ある者は「わが名号を一たび聞けばもろもろの病《やまい》はすべて除かれ身も心も安楽となる」という東方薬師如来の誓願を信じて、その経文ばかりを読誦しております。またある者は法華経薬王品の「この経はこの世界の人の病の良薬であるから、病める人がこの経を聞けば、病は消滅し、不老不死となろう」という言葉を仰いで、法華経を真実の妙文と崇め、ある者は「般若経を講讃すれば七難は消えて七福が生ずるであろう」という仁王《にんのう》般若経の句を信じて、百人の僧がこの経を講ずるという仁王会《にんのうえ》の儀式を営んでおります。またある者は秘密真言の教えによって五つの瓶《かめ》に水を注《そそ》いで災難を除く祈禱を行ない、ある者は坐禅をして精神の集中をはかり、すべてを空《くう》と観じて苦悩から逃れようとしております。またある者は七鬼神の名を書いて門《かど》ごとに貼ったり、ある者は五大力菩薩の形を描いて家ごとにかけたり、ある者は天地の神々を拝んで四角四堺の祭という災難を除く祈りを四方の神に捧げたり、また為政者は民衆の窮状を哀れんで、いろいろな徳政を行なっております。

しかりといえども、ただ肝胆を摧《くだ》くのみにしていよいよ飢疫《きえき》逼《せま》る。乞客《こっかく》目に溢《あふ》れ死人眼《まなこ》に満てり。屍《かばね》を臥《ふ》して観《みもの》となし、尸《しかばね》を並べて橋となす。おもんみればそれ、二離《じり》璧《たま》を合わせ五緯《ごい》珠《たま》を連《つら》ぬ。*三宝《さんぼう》世に在《いま》し*百王《ひゃくおう》いまだ窮《きわま》らざるに、この世早く衰え、その法何《なん》ぞ廃《すた》れたるや。これ何《いか》なる禍《わざわい》により、これ何《いか》なる誤りによるや。

主人曰《いわ》く、独りこの事を愁《うれ》えて胸臆《くおく》に憤悱《ふんぴ》す。客来《きた》りて共に嘆《歎》く。しばしば談話を致さん。それ出家して道に入《い》るは、法によって仏を期《ご》するなり。しかるに今《今》、神術も協《かな》わず、仏威《ぶつい》も験《しるし》なし。具《つぶさ》に当世《とうせい》の体《てい》を観《み》る

しかしながら、いたずらに心を砕くだけで何の効果もなく、飢饉《ききん》や疫《えき》病《びょう》はますます激しくなるばかりです。目につくものは家を失いさまよい歩く者と死者ばかりであり、その死骸は積みあげられて物見台のようであり、また水に並べられて橋のようであります。思いめぐらしてみると、天には日月が昼夜を照らし、木星・火星・金星・水星・土星の五つの惑星は玉を連ねたように規則正しく運行し、地上では仏法僧の三宝がいまだ滅びることなく世に尊ばれ、八幡大菩薩の百代の天皇を守護するという誓いの通りに帝王はその座にあって変わることはありません。しかし、このうち続く天変地異によって、どうしてこの世はこんなに早く衰え、仏法も王法もその威力を失い、すたれてしまったのでしょうか。これはいったいどのような理由によって生じたのでしょうか、またどのような誤りが原因となっているのでしょうか。

災難の原因を答える

主人が答えていう。自分もこのことを心配して、その災難の原因について深く胸中に思い悩んでいましたが、ひとり心を痛めるだけで誰にも話す機会がありませんでした。さいわい貴殿が客としてお見えになり、同じように嘆かれるので、しばらくこの問題について自分の考えているところをお話し申しあげ、お互いによく語り合おうではありませんか。

に、愚《おろか》にして後生《ごしよう》の疑《うたが》いを発《おこ》す。しかればすなわち、円覆《えんぷ》を仰いで恨みを呑み、方載《ほうさい》に俯《ふ》して慮《おもんぱか》りを深くす。つらつら微管《びかん》を傾け、いささか経文を披《ひら》きたるに、世《よ》皆正《しよう》に背き、人悉く悪《邪》に帰《き》す。故に、善神《ぜんじん》は国を捨てて相去り《去り》、聖人《せいじん》は所を辞《じ》して還らず。ここをもつて、魔《ま》来《きた》り鬼《き》来り、災起り難起る《災難並び起る》。言わずんばあるべからず。恐れずんばあるべからず。

そもそも、世俗の恩愛を断って出家し、仏道に入るのは、仏の教えによって悟りをひらき仏になりたいからであります。しかし、いま現実の世の中をみますと、神への祈りもかなわず、仏の威力も現われず、災難はいよいよ増すばかりで、何の効験もないのを見ては、未来の成仏という大事はとてもおぼつかないと疑われてならないのです。そこで私はただ天を仰いでは出家の目的が失われたことを恨みに思い、地に伏しては深い憂いと絶望に沈んでおります。私ははなはだ視野の狭い見方しかできませんが、少しく経文をひもといて研究してみますと、この災難の原因は、世の中のすべての人びとが正しい教えに背いて悪法邪法に帰依したため、国を護る諸天善神はこの国を捨てて天上に去り、正法を広める聖人も去って還ってこないから、その隙に乗じて悪魔や悪鬼が押しよせてきて、次々に災難が起こるのであるということがわかりました。まことにこのことは重大なことであり、言わずにはおられぬことであり、恐れなければならないことであります。

二　災難の経証について

災難の経証を尋ねる

客《きゃく》の曰《いわ》く、天下の災《わざわい》、国中《こくちゅう》の難、余独《われひと》り嘆|《歎》くのみにあらず、衆《しゅ》皆悲しめり。今、蘭《らん》室《しつ》に入《い》りて、初めて芳詞《ほうし》を承《うけたまわ》るに、神聖《しんせい》去り辞し、災難並び起るとは、何《いず》れの経に出《い》でたるや。その証拠を聞かん。

主人の曰く、その文繁《もんはんた》多にして、その証弘《しょうこう》博《はく》なり。

*金光明経《こんこうみょうきょう》に云《いわ》く、「その国土において、この経ありといえども、いまだかつて流布《るふ》せず。捨離《しゃり》の心を生じて聴聞《ちょうもん》せんことを楽《ねが》わず、また供養し、尊重《そんじゅう》し、讃歎《さんたん》せず。四部の衆《しゅ》、持《じ》経《きょう》の人を見てまた尊重し、乃至《ないし》、供養すること能《あた》わず。遂に我等《われら》及び余《よ》の眷属《けんぞく》、無量の諸天をして、この甚深《じんじん》の妙法を聞くことを得ず、甘露《かんろ》の味《あじわい》に背き、正法《しょうぼう》の流《ながれ》を失い、威《い》

客は尋ねていう。近年のうち続く天下の災害や国じゅうの災難については、ただ自分一人だけが嘆いているのではなく、すべての人びとが嘆き悲しんでいるのです。いま貴僧を尋ね、尊いお言葉を承ったところ、善神や聖人がこの国を捨てて去ったために、災難が連続して起こるということですが、それはいったい、どのお経に説かれているのでしょうか、その証拠をお聞きしたいと思います。

災難の経証を示す

主人は答えていう。それを証明する経文は非常に多く、その証拠は広く一切経にわたって見られますが、以下に少しくその明らかな文を引いて示しましょう。

金光明最勝王経四天王護国品第十二に、あるとき持国《じこく》・増長《ぞうちょう》・広目《こうもく》・毘《び》沙《しゃ》門《もん》の四天王が仏に申しあげていうのに、「ある国王があって、その国にはこの経が伝わっているけれども、少しも広まっていない。その国王も人民も、この経を捨てて顧みようともせず、聴こうともしない。まして これに供養したり、尊重したり、讃歎しようともしない。この経を伝え広めようとする仏の弟子たちを見ても、尊んだり供養しようともしない。そこでわれら四天王や、われらの従者や多くの天の神々は、この尊くありがたい妙法の教えを聞くことができないので、われらの身を養

光及以勢力《こうおよびせいりき》あることなからしむ。悪趣を増長し、人天を損減し、生死《しょうじ》の河に堕《お》ちて、涅槃《ねはん》の路《みち》に乖《そむ》かん。世尊、我等四王並に諸の眷属及び薬叉《やしゃ》等、かくのごとき事を見て、その国土を捨てて擁護の心なけん。ただ我等のみこの王を捨棄《しゃき》するにあらず、必ず無量の国土を守護する諸大善神あらんも、皆悉く捨去《しゃこ》《捨《しゃ》離《り》》せん。すでに捨離しおわりなば、その国まさに種種の災禍あつて、国位を喪失すべし。一切の人衆《にんしゅ》皆善心なく、ただ繋縛《けいばく》、殺害《せつがい》、瞋《しん》諍《じょう》のみあり、互に相讒諂《あいざんてん》し、枉《ま》げて辜《つみ》なきに及ばん。疫病流行し、彗星《すいせい》数《しばしば》出で、両日《りょうじつ》並び現じ、薄蝕《はくしょく》恒なく、黒白《こくびゃく》の二《に》虹《こう》不祥の相を表わし、星流れ、地動き、井の内に声を発し、暴雨悪風時節に依らず、常に飢饉に遭《あ》いて、苗実《みょうじつ》成《みの》らず、多く他方の怨賊《おんぞく》あつて、国内を侵掠《しんりゃく》し、人民諸の苦悩を受け、土地として所《しょ》楽《らく》の処あることなけん」と〈已上〉《云云》。

う正法の甘露の法味を受けることができず、正法の流れに浴することもできなくなり、そのためわれらの権威や勢力もなくなってしまう。そうすると、この国には地獄（瞋《いか》り）、餓鬼（貪《むさぼ》り）、畜生（痴《おろ》か）、修羅《しゅら》（闘い）の四悪趣の悪い精神ばかりが増して、人間界や天上界の善心は減り衰え、すべての人びとはみな生死の河、すなわち無明と苦悩の世界に落ちて、涅槃の路、すなわち悟りへの路に背くことになる。世尊よ、われら四天王やその従者や夜叉《やしゃ》などは、このような国王や人民の不信のありさまを見ては、その国を捨て去って、これを守護しようとする心を起こさなくなる。ただわれらだけがこの不信の国王を見捨てるだけではなく、その国を守護する多くの諸天善神がいたとしても、みなすべてその国を捨て去ってしまうであろう。すでにわれら護国の諸天や善神が、みなその国を捨て去ってしまえば、その国にはいろいろの災難が起こり、国王はその位を失うであろう。そして、すべての人民は道徳心や宗教心などの善心を失い、ただ縛ったり、殺しあったり、諍《あらそ》ったり、おたがいにそしったり、上にへつらい、罪のない者を罪に陥れるようなことをするであろう。疫病は流行し、彗星がしばしば出て、太陽が一時に二つ現われたり、日蝕や月蝕も一定せず、黒白二つの虹が出て不吉の相を表わし、星が流れたり、地震が起きて井戸の中から異様な声が聞こえたり、季節はずれの暴風雨が襲い、五穀は実らず、常に飢饉が続くなど、天地に不吉な現

*大集経《だいしっきょう》に云く、「仏法実に隠没《おんもつ》せば、鬚髪《しゅはつ》爪《そう》皆長く、諸法もまた忘失《もうしつ》せん。当時《そのとき》、虚空の中に大《おおい》なる声ありて地に震《ふる》い、一切皆遍《あまね》く動《どう》ぜんこと、なお水上輪《すいじょうりん》のごとくならん。城壁破れ落ち下《くだ》り、屋宇《おくう》悉く圮《やぶ》れ坼《さ》け、樹林の根、枝、葉、華葉《けよう》、菓《か》、薬尽《やくつ》きん。ただ浄居《じょうご》天《てん》を除きて、欲界《よくかい》の一切処《いっさいしょ》の七味《しちみ》・三精気《さんしょうけ》、損減《そんげん》して余《あまり》あることなけん。解脱《げだつ》の諸の善論《ぜんろん》、当時《そのとき》一切尽きん。生ずるところの華菓《けか》の味《あじわい》、希少《きしょう》にしてまた美《うま》からず。諸有《しょう》の井泉池《せいせんち》、一切尽《ことごと》く枯涸《こかく》し、土地悉く鹹鹵《かんろ》し、敵裂《てきれつ》して丘《く》澗《けん》とならん。諸山《しょざん》皆燋燃して、天竜も雨を降らさず。苗稼《みょうけ》皆枯死《こし》し、生者《しょうしゃ》皆死《か》れ尽《つ》きて、余草さらに生ぜず。土を雨《ふら》し、皆昏闇《こんあん》にして、日月明《にちがつめい》を現ぜず。四方皆亢干《こうかん》し、数《しばしば》諸《もろもろ》の悪《あく》瑞《ずい》を現ぜん。十不善業道《じゅうふぜんごうどう》、貪《とん》・瞋《じん》・痴《ち》倍増し、

象が現われるであろう。さらに外国から多くの賊が攻めてきて国内を侵略し、人民は多くの苦しみを受けて、国じゅうどこにも安心して楽しく住む所はなくなるであろう」と。〈以上、経文〉

　大集経法滅尽品には次のように説かれています。「仏法が滅びようとする時は、僧はみな鬚《ひげ》や頭髪や爪を伸ばして、僧としての行儀を失い、戒律も乱れてしまうであろう。その時、虚空《おおぞら》に大きな声が鳴りひびいて、大地を震わせ、あらゆるものは水車のように回り動くであろう。城壁は崩れ落ち、人家はことごとく壊れ、樹木の根も枝も葉も花びらも果実も、それらのもっている薬味も尽きはててしまうであろう。ただ、ふたたび迷いの世界に戻ることのない悟りを得た聖者の住むという浄居天を除いては、この世界のあらゆる人びとを養う七味や三精気は残らず消え失《う》せてしまうであろう。また迷いを断ち、悟りを得るための正しい教えを述べた多くの書物もすべて消滅するであろう。また、大地に生ずる植物の花や果実も少なくなり、その味もまずくなるであろう。すべての井戸も泉も池も涸《か》れはてて、土地は塩気を含んだ不毛の地となり、ひび割れて丘や澗《たに》となるであろう。すべての山はみな燃えあがり、天の竜は一滴の雨も降らさないであろう。穀物の苗はみな枯れ、その他の作物もすべて枯れはてて、雑草すら生えないであろう。土が降って昼でも暗く、太陽も月もその明るさを失ってしまうであろう。どこもかしこもひでりに悩

衆生《しゅじょう》の父母《ぶも》における、これを観《み》ること獐鹿《しょうろく》のごとくならん。衆生及び寿命《じゅみょう》、色力威楽《しきりきいらく》減《げん》じ、人天の楽を遠離《おんり》し、皆悉く悪道に堕《だ》せん。かくのごとき不善業の悪王、悪比丘、我《わ》が正法《しょうぼう》を毀壊《きえ》し、天人《てんにん》の道を損減《そんげん》せん。諸天善神王《しょてんぜんじんおう》の衆生を悲愍《ひみん》する者、この濁悪《じょくあく》の国を棄てて、皆悉く余方に向わん」と〈已上〉《云云》。

*仁王《にんのう》経に云く、「国土乱れん時は、先《ま》ず鬼《き》神《じん》乱る。鬼神乱るるが故に万民乱る。賊来《きた》りて国を劫《おびや》かし、百姓亡喪《ひゃくしょうもうそう》し、臣君《しんくん》、太子《たいし》、王子、百官共に是非を生ぜん。天地怪異《けい》し、*二十八宿《にじゅうはっしゅく》、星道、日月、時を失い度を失い、多く賊の起ることあらん」と。

また云く、「我《われ》今*五眼《ごげん》をもて明かに*三世を見るに、一切の国王は皆過去の世に、五百の仏に侍《つかえ》しによりて、帝王主となることを得た

まされるなど、しばしばいろいろの凶兆が現われるであろう。人びとの間には十種の悪業、ことに貪欲・瞋恚《しんに》・愚痴の三毒がますます倍増して、人びとは父母に対してさえ、臆病な鹿が人に追われて自分だけ助かろうとして仲間をかまわなくなるように、不孝の罪をおかすようになる。人びとの数も、寿命も、体力も、勢威も、快楽も減って、人間や天上の楽しみが遠ざかって、みなことごとく地獄・餓鬼・畜生の三悪道に堕ちるであろう。このような悪王と悪僧とが、わが正法を毀《そし》り壊《やぶ》って、人間や天上の道を傷つけるであろう。そうなれば衆生を愍《あわ》れみ救おうとする諸天善神も、この濁り乱れた悪国を捨てて、みなことごとく他の国へ去ってしまうであろう」と。〈以上、経文〉

仁王経の護国品には次のように説かれています。「国に正法が行なわれなくなって国土の乱れる時は、すべての善神が去って、悪魔が力を得て、万民を悩ます。外国から賊が攻め寄せて国をおびやかし、そのために命を失う者が多く、君主、太子、王子、百官の間に争いが起こり、天地の間に怪《あや》しい現象が現われ、二十八の星座の位置や、星や月や日の運行に狂いが生じ、内乱が各地で起こるであろう」と。

また仁王経の受持品には次のように説かれています。「われ今、仏の眼をもって三世を見るのに、すべての国王は、みな過去の世に五百の仏に仕《つか》えた功徳によって、現在に帝王国主となることができたのである。

り。これをもって一切の聖人《せいじん》・羅漢、しかもために彼《か》の国土の中に来生《らいしょう》して、大利益《だいりやく》をなさん。もし王の福《ふく》尽きん時は、一切の聖人皆これ捨去せん。もし一切の聖人去らん時は、*七難必ず起らん」と〈已上〉《云云》。

*薬師《やくし》経に云く、「もし刹帝利《せっていり》・灌頂《かんじょう》王《おう》等の災難起らん時には、いわゆる人衆疾疫《にんしゅしつえき》の難・*他国侵逼《しんぴつ》の難・*自界叛逆《じかいほんぎゃく》の難・星宿変怪《せいしゅくへんげ》の難・日月薄触《じつげつはくしょく》の難・非時《ひじ》風雨の難・過時不雨《かじふう》の難あらん」と〈已上〉《云云》。

仁王経に云く、「大王、吾《わ》が今化《け》する所は百億の須弥《しゅみ》、百億の日月あり。一一の須弥に四天下《してんげ》あり。その南閻浮提《なんえんぶだい》に十六の大国・五百の中国・十千の小国あり。その国土の中に七の畏《おそ》るべき難あり。一切の国王、これを難となすが故に。云何《いか》なるを難となす。日月度を失い、時節返逆《ほんぎゃく》し、或《あるい》は赤日出《しゃくじつい》で、黒日《こくじつ》出で、二三四五の日出で、或は日蝕して光なく、或は日輪一重《じゅう》二三四五重輪《じゅうりん》現ずるを一の難と

さらにこの功徳によって、すべての聖者がその王の国土に生まれてきて、その国のために大いなる利益を与えてくれるであろう。しかし、王の積んだ功徳が尽きる時には、すべての聖者はことごとく国を捨て去るであろう。もしすべての聖者が去ってしまうならば、その時その国には必ず七つの難が起こるであろう」と。〈以上、経文〉

薬師経には次のように説かれています。「国王や王族などの不信によって国に災難が起こる時は、それは国民の間に疫病が流行する難、外国からの侵略、国内の戦乱、星の運行の変異、日蝕や月蝕で太陽や月の光が失われること、時ならぬ風雨、旱魃《かんばつ》の七つの難があるであろう」と。〈以上、経文〉

仁王経の受持品には次のように説かれています。「大王（波斯匿王《はしのくおう》）よ、私（釈尊）がいま教化する範囲には百億の世界がある。各世界にはそれぞれ太陽があり、月があり、須弥山《しゅみせん》があり、その四方には四つの洲《しま》がある。そのうち南方の閻浮提洲には十六の大国があり、五百の中国、一万の小国があるが、これらの無数の国には七つの恐ろしい難がある。すべての国王はこの難を恐れている。その恐るべき七つの難とは、日月の運行が狂って寒暑の時節が逆になり、赤い太陽が出たり、黒い太陽が出たり、二つ三つ四つ五つと太陽が並んで出たり、あるいは蝕《か》けて太陽に光がなくなったり、あるいは一重、二重、三重、四重、五重と太陽が重な

なすなり。二十八宿度を失い、金星・彗星《すいせい》・輪星・鬼《き》星・火星・水星・風星・刁《ちょう》星・南《なん》斗《じゅ》・北斗《ほくと》・五《ご》鎮《ちん》の大星・一切の国主星・三公星・百官星、かくのごとき諸星、各各《おのおの》変現するを二の難となすなり。大火国《くに》を焼き、万姓《ばんしょう》焼き尽し、或は鬼火・竜火・天火《鬼火・天火》・山神火《さんじんか》・人火・樹木火・賊火あらん。かくのごとく変怪《へんげ》するを三の難となすなり。大水《たいすい》百姓を漂没《ひょうもつ》し、時節反逆して、冬雨ふり、夏雪ふり、冬の時に雷電霹靂《らいでんへきれき》し、六月に氷霜《ひょうそう》雹《はく》を雨《ふ》らし、赤水《しゃくすい》・黒《こく》水・青《せい》水を雨《ふ》らし、土《ど》山《せん》・石山《しゃくせん》を雨《ふ》らし、沙《しゃ》・礫《りゃく》・石《しゃく》を雨《ふ》らし、江《ごう》河《が》逆《さかしま》に流れ、山を浮べ石を流す。かくのごとく変ずる時を四の難となすなり。大風万姓《たいふうばんしょう》を吹殺《ふきころ》し、国土の山河樹木、一時に滅没《めつもつ》し、非時の大風《たいふう》・黒風・赤風・青風・天風・地風・火風・水風あらん、かくのごとく変ずるを五の難となすなり。天地国土亢陽《こうよう》し、炎火《えんか》洞燃《どうねん》して百草亢旱《こうかん》し、五穀登《みの》らず、土地赫燃《かくねん》して

って現われたりするのが第一の難である。二十八の星座の運行が狂ったり、金星や彗星が現われたり、輪星・鬼星・火星・水星・風星・刁星・南斗・北斗・五鎮の大星・一切の国主星・三公星・百官星など、さまざまな星がいろいろ変わった現われ方をするのが第二の難である。大火災が国じゅうを焼き尽くし、万民がことごとく焼死したり、あるいは鬼の起こす火、竜の降らす火、落雷のために起こる火、神仙の起こす火、人災による火、樹から生ずる火、賊の放つ火などが数々起こるのが第三の難である。大水が出て万民を溺れさせたり、気候が狂って冬に雨が降り、夏に雪が降り、冬に雷が落ちたり、六月の暑中に氷や霜や雹《あられ》が降ったり、赤い水、黒い水、青い水が降ったり、土の山や石の山が降ってきたり、砂や礫《こいし》や石が降ったり、河が逆流したり、山を浮かべ、石が流れたりするような水の異変が生じるのが第四の難である。大風が吹いて万民を殺し、国じゅうの山河草木が一時に滅びたり、時ならぬ大風や、黒い風、赤い風、青い風、暴風、つむじ風、火のように熱い風、雨の冷たい風などが吹き荒れるのが第五の難である。国に大旱魃が続いて、熱気が地下にまで浸透して、あらゆる草は枯れ、五穀も実らず、土地は焼けて、そのために万民は死に絶えてしまうのが第六の難である。四方から賊が攻めてきて国土を侵略し、国内にも戦乱が起こり、大火や大水、暴風に乗ずる賊や、鬼のような賊が横行して、人心は極度に荒れすさんで、つい

万姓《ばんしょう》滅尽せん。かくのごとく変ずる時を六の難となすなり。四方の賊来りて国を侵《おか》し、内外の賊起り、火賊・水賊・風賊・鬼賊ありて、百姓荒乱《こうらん》し、刀兵劫《とうひょうこう》起らん。かくの如く怪《け》する時を七の難となすなり」と〈已上〉《云云》。

大集経《だいしっきょう》に云《いわ》く、「もし国王ありて、無量世において施《せ》・戒《かい》・慧《え》を修《しゅ》すとも、我《わ》が法の滅せんを見て、捨てて擁護《おうご》せずんば、かくのごとく種《う》うるところの無量の善根《ぜんごん》、悉く皆滅失して、その国にまさに三の不祥《ふしょう》の事あるべし。一には穀実《こくじつ》《穀貴《こくき》》、二には兵革《へいかく》、三には疫《えき》病なり。一切の善神悉くこれを捨離せん。その王教令《きょうりょう》すとも人随従せず。常に隣国のために侵嬈《しんにょう》せられん。暴火横《ほしいまま》に起り、悪風雨多く、暴水《ぼうすい》《雨水《うすい》》増長《ぞうちょう》して人民を吹漂《すいひょう》し、内外《ないげ》の親戚それ共に謀叛《むほん》せん。その王久しからずしてまさに重病《じゅうびょう》に遇《あ》い、寿終《じゅじゅう》の後《のち》、大地獄の中《大地獄》に生ずべし。乃至《ないし》、王のごとく、夫人《ぶにん》・太子・大臣・城主・柱師《ちゅうし》・郡守《ぐんしゅ》・

に世界中に大戦乱が起こるのが第七の難である」と。〈以上、経文〉

大集経護法品には次のように説かれています。「限りない過去の世に、布施や持戒や智恵を修行して、その功徳によって、現世に国王と生まれても、仏法が滅びようとするのを見て、これを見捨てて護ろうとしないならば、過去世に積んだ無量の功徳もことごとくみな消滅して、その国には三つの不吉なことが起こるであろう。一に飢饉、二に戦乱、三に疫病である。すべての善神はその国を捨て、王の教命は行なわれず、つねに隣国から侵略されるであろう。大火や悪風、洪水が重なって、人民は溺れ死に、王の一族から謀叛が起こるであろう。王はやがて重病に罹《かか》り、死後は地獄に堕《お》ちるであろう。王だけでなく、王妃も太子も大臣も将軍も、その他さまざまな官職にある者も、みな同じくこの苦しみを受けるであろう」と。〈以上、経文〉

宰官《さいかん》もまたかくのごとくならん」〈已上〉《已上経文》。

それ四経の文朗《あきら》かなり。万人《ばんにん》誰か疑わん。しかるに盲瞽《もうこ》の輩《ともがら》、迷惑《めいわく》の人、妄《みだ》りに邪説を信じて、正教《しょうきょう》を弁《わきま》えず。故に天下世上《てんかせじょう》、諸《しょ》仏衆経《ぶっしゅきょう》において、捨離《しゃり》の心を生じて、擁護の志《こころざし》なし。よつて善神《ぜんじん》・聖人《せいじん》、国を捨て所を去る。ここをもつて悪鬼外道《あっきげどう》、災《さい》をなし難を致すなり。

右にあげた金光明最勝王経、大集経、仁王経、薬師経の四経の文は、みな災難の原因が正法を護らないことにあると説いていることは明らかであります。すべての人は、誰がこれを疑うでしょうか、疑う者は一人もいないでしょう。ところが道理に暗い人は、あさはかにも邪説を信じて、これら四経の教えをわきまえないのです。そのため世の中の人びとは、多くの仏や経を捨てて、正法を護ろうとする志がありません。そこで国を護る善神や正法を伝える聖人が国を捨て去ってしまい、その隙に乗じて悪鬼や邪説を説く人びとがやってきて災難を起こすのであります。

三　謗法の相状についての問答

謗法の証拠を尋ねる

客色《いろ》をなして曰《いわ》く、後漢《ごかん》の明帝《めいてい》は、金人《きんじん》の夢を悟りて白馬《はくば》の教えを得、*上宮太子《じょうぐうたいし》は、守《もり》屋《や》の逆《ぎゃく》を誅《ちゅう》して寺塔の構えをなす。しかしより来《このかた》、上一人《かみいちじん》より下万民《しもばんみん》に至るまで、仏像を

客は大いに怒り、顔色をかえていう。たとえば、中国では後漢の明帝が金色に輝く尊い姿の人の夢を見て、仏教の渡来を知り、使者を遣わして仏教を求めさせ中国に伝えようとしました。そしてたまたま白馬に経典や仏像をのせて中国に向かう摩騰迦・竺法蘭の二人の高僧に出会い、

崇《あが》め経巻《きょうがん》を専《もっぱら》にす。しかればすなわち、叡《えい》山《ざん》・南都*・園城《おんじょう》・東寺、四海・一州・五畿《ごき》・七道、仏経《ぶっきょう》星のごとく羅《つらな》り、堂宇《どうう》雲のごとく布《し》けり。鶖子《しゅうし》の族《やから》はすなわち鷲頭の月を観じ、鶴勒《かくろく》の流《たぐい》はまた鶏足《けいそく》の風《ふう》を伝う。誰《たれ》か一代の教《きょう》を褊《さみ》し、三宝《さんぼう》の跡を廃すと謂《い》わんや。もしその証《しょう》あらば、委《くわし》くその故を聞かん。

主人喩《さと》して曰く、仏閣甍《ぶっかくいらか》を連《つら》ね、経蔵軒《きょうぞうのき》を並ぶ。僧は竹葦《ちくい》のごとく、侶は稲麻《とうま》に似たり。崇重《そうじゅう》年旧《ふ》り、尊貴《そんき》日に新《あらた》なり。ただし、法師《ほっし》は諂曲《てんごく》にして人倫に迷惑し、王臣は不覚《ふかく》にして邪正《じゃしょう》を弁《べん》ずることなし。

仁王経《にんのうきょう》に云《いわ》く、「諸の悪比丘、多く名利《みょうり》を

これを迎えて白馬寺を建て、中国仏教の拠点としたのです。日本では聖徳太子が仏教に反対する物部《もののべ》守屋の反逆を押さえて、その記念として四天王寺を建て、日本仏教興隆の基礎としました。それ以来、上は天皇から下は一般庶民にいたるまで、すべての人びとが仏像を崇め、経巻を尊ぶようになったのです。それゆえ、比叡山、奈良、園城寺、東寺をはじめ、さらには日本全国いたる所に多くの寺院が建てられ、仏像と経巻は星のように集められました。舎利弗《しゃりほつ》のように智恵を磨《みが》いて仏の真実の教えを学ぶ僧もあれば、迦葉《かしょう》のように戒律を重んずる僧もおります。このように日本の仏教はさかんであるのに、いったい誰が仏教を軽んじ、仏法僧の三宝の跡を絶やしたといわれるのでしょうか。その証拠があるならば、くわしくお聞きしたいものです、と。

謗法の実状を示す

主人は客を静かに諭《さと》していう。たしかに貴殿の言われるように、寺塔は甍をつらね、経蔵も立派であります。僧侶もたくさんいて、信者の帰依も変わることなくさかんであります。しかし、それはただ表面的なことであって、その内実は、僧侶は諂《へつら》い邪《よこしま》で、人を惑わし、国王も万民も愚かで、その正邪を見分けることができないのです。

仁王経の嘱累品には、次のように説かれています。「多くの悪僧たち求め、国王・太子・王子の前において、自《みずか》ら破《は》仏《ぶっ》法《ぽう》の因《いん》縁《ねん》・破《は》国《こく》の因縁を説かん。その王別《わきま》えずしてこの語《ことば》を信《しん》聴《ちょう》し、横《ほしいまま》に法《ほう》制《せい》を作りて仏《ぶっ》戒《かい》に依らず。これを破仏・破国の因縁となす」と〈已上〉。②

*《守《しゅ》護《ご》経に云く、「大王、この悪沙門は戒を破し悪を行じ、一切族《ぞく》姓《しょう》の家を汙《お》穢《え》し、国王・大臣・官長に向つて、真実の沙門を論説し毀謗し、横《ほしいまま》に是非を言わん。乃至、一寺同一国邑《こくゆう》の一切の悪事を、皆彼《か》の真実の沙門に推《すい》与《よ》し、国王・大臣・官長を蒙《もう》蔽《へい》して、遂に真実の沙門を駈《く》逐《ちく》し、尽《ことごと》く国界《こっかい》を出《いだ》さしむ。その破戒の者自在に遊《ゆ》行《ぎょう》して、国王・大臣・官長と共に親《しん》厚《こう》をなさん」と云云。

また云く、「風雨節《せつ》ならず、旱《かん》澇《ろう》して調《ととの》わず、飢《き》饉《きん》相《あい》より、寃《おん》敵《てき》侵《しん》擾《じょう》し、疾疫、災難、無量百千ならん」と云云。

がいて、自己の名誉や利益を得ようとして、国王や太子や王子などの権力者に近づいて、正法を破り、国を滅ぼすような自分勝手な間違った教えを説くであろう。その王たちは正邪を見分けることができず、その言葉を信じ、正法を護れという仏の戒《いまし》めに背いて、勝手な法律や制度を作るであろう。これが仏法を破り、国を滅ぼす原因となるのである」と。

〈以上、経文〉

《守護経巻十の阿闍世王受記品には、「大王よ、この悪僧は戒律を破り悪業を行じて、すべての高貴の家を汚《けが》し、国王や大臣や役人たちに向かって、正法を行ずる僧を誹謗し自分勝手に悪事を言いたてるであろう。（中略）寺内だけでなく国じゅうのすべての悪事をみな正法を行ずる僧のためであると、国王や大臣や役人たちを欺《あざむ》き、ついにはその正法を行ずる僧を国内から追放するであろう。そして破戒の悪僧は自由勝手に行動し、国王や大臣や役人たちと親しくなるであろう」と。

また「季節はずれの風雨や日でりや長雨が続いて飢饉があいつぎ、また敵に攻められ、疫病は流行するなど、災難は数知れず起こるであろう」と。

また云く、「釈迦牟尼如来の所有《しょう》の教法は、一切の天魔・外道《げどう》・悪人・五通の神仙《しんせん》も、皆乃至《ないし》少分《しょうぶん》をも破壊《はえ》せず。しかるにこの名《みょう》相《そう》ある諸の悪沙門、皆悉く毀滅《きめつ》して余りあることなからしめん。須弥山《しゅみせん》をたとい三千界中の草木を尽して薪《たきぎ》となし、長時に焚焼《ふんしょう》すとも、一毫《ごう》も損ずることなきに、もし劫《ごう》火《か》起り、火内より生ぜば、須臾《しゅゆ》に焼滅して灰燼《かいじん》を余すことなきがごとし」と云云。

*最勝王経に云く、「非法を行ずる者を見て愛敬《あいきょう》を生じ、善法を行ずる人において苦楚《くそ》して治罰《ちばつ》す。悪人を愛敬し善人を治罰するによるが故に、星宿《せいしゅく》及び風雨、皆時をもつて行われず」と。

また云く、「三十三天の衆《しゅ》、咸《ことごと》く忿怒《ふんぬ》の心を生ず。これによつて国政を損し、諂偽世《てんぎせ》間《けん》に行われ、悪風起ること恒なく、暴雨《ぼうう》時にあらずして下《くだ》らん」と云云。

また云く、「彼《か》の諸の天王衆《てんのうしゅ》、共にかくの

また「釈迦牟尼如来のすべての教法は、一切の天魔や外道や悪人や五神通を得た神仙などのような仏教者以外からは少しも破られることはない。かえって僧とは名ばかりの多くの悪僧たちが、仏法を内部から破壊し滅ぼしてしまうであろう。ちょうど須弥山世界は、たとえ三千大千世界の草木をことごとく薪《たきぎ》として長い間燃やしつづけても、少しも損ずることはできないけれども、もし世界破滅の時が来て、劫火が内から燃え出る時には、たちまちのうちに灰も残さぬように焼き尽くしてしまうのと同じである」と説かれています。

また金光明最勝王経の王法正論品には、次のように説かれています。「非法を行なう者を尊敬し、正法を弘める人を苦しめ処罰する。すると悪人を尊敬し善人を処罰したことにより、星宿の運行や風雨の時節が狂うであろう」と。

また同品に「三十三天の天人たちが、みな非常に怒っているから、国の政治は乱れ、諂《へつら》いや偽りばかりが世間にあふれ、悪風がしきりに起こり、季節はずれの暴風雨が襲うであろう」と説かれています。

また、同品には「もろもろの天人たちは次のように言っている。もしごとき言《ことば》をなさく、この王非法をなし、悪《あく》輩相親附《はいあいしんぷ》す。王位久しく安んぜず、諸天皆忿恨《ふんこん》す。彼忿《かれいかり》を懐《いだ》くによるが故に、その国まさに敗亡《はいぼう》すべし。天主護念せず、余の天も咸く捨棄《しゃき》し、国土まさに滅亡すべし。王の身に苦厄《くやく》を受け、父母及び妻子、兄弟並に姉妹、倶《とも》に愛別離《あいべつり》に遭い、乃至、身亡歿《みぼうもつ》せん。変怪の流星堕《お》ち、二の日倶時《くじ》に出《い》で、他方の怨賊来りて、国人喪乱《そうらん》に遭《あ》わん」と云云。

大集経《だいしっきょう》に云く、「もしまた諸《もろもろ》の刹利《せつり》国王の諸の非法をなし、世尊の声聞《しょうもん》の弟子を悩乱し、もしはもって毀罵《きめ》し、刀杖《とうじょう》をもって打《ちょう》斫《しゃく》し、及び衣鉢《えはつ》種種《しゅじゅ》の資具《しぐ》を奪い、もしは他の給施《きゅうせ》に留難《るなん》をなす者あらば、我等《われら》彼《かれ》をして自然《じねん》に他方の怨敵《おんてき》を卒起《そっき》せしめ、及び自《みずか》らの国土もまた兵起《ひょうき》し・病疫し・飢饉し・非時に風雨し・闘諍《とうじょう》言訟《ごんじょう》せしめん。またその王をして久しからずしてまたまさ

この王が法に背いた行ないをなし、悪人と親しむ時、その王位は安泰でなくなり、諸天はみな大いに怒り恨むであろう。諸天が怒ったことによりその国は滅びるであろう。帝釈天もその国を護ろうとせず、諸天もみな、その国を捨て去ってしまうから、その国は滅びるであろう。国王は自らの身に苦しみを受け、父母、妻子、兄弟、姉妹も、愛する者と離別する苦しみにあい、（中略）ついにはその身を亡ぼすであろう。そして怪しい流星が落ちたり、二つの太陽が同時に出たり、他国から賊が攻めよせてきて、人民が悲惨な目にあうであろう」と説かれています。

大集経の法滅尽品には次のように説かれています。「もし、もろもろの国王や王族があって、法に背いたもろもろの行ないをなし、世尊の声聞の弟子たちを悩まし、毀《そし》り罵《のの》しり、刀や杖で打ち叩き、衣服その他種々の資具を奪い取り、あるいは仏弟子に布施を捧げる者を迫害するなどのことをするならば、われら諸天善神たちはただちにその王のために他方の怨賊を起こさしめ、また自分の国内にも内乱、疫病、飢饉、季節はずれの風雨、争い、訴訟などを起こさせるであろう。そしてその王の国は滅びるであろう」と。

に己《おの》が国を亡失《もうしつ》せしむべし」と云云。
大涅槃経に云く、「善男子《ぜんなんし》、如来の正法《しょうぼう》まさに滅尽せんと欲する、その時に多く行悪の比丘の如来微密《みみつ》の蔵《ぞう》を知らざるものあらん。譬えば痴賊《ちぞく》の真宝《しんぽう》を棄捨《きしゃ》し、草数《そうもく》を担《たん》負《ぶ》するがごとし。如来微密《みみつ》の蔵を解《げ》せざるが故に、この経の中において懈怠《けだい》して勤《つと》めず。哀《かな》しいかな、大険当来《だいけんとうらい》の世、甚《はなは》だ怖畏《ふい》すべし。諸の悪比丘この経を抄略《しょうりゃく》して、分《わか》ちて多分となし、よく正法《しょうぼう》の色香美味《しきこうみみ》を滅せん。この諸の悪人、またかくのごとき経典を読誦すといえども、如来の深密《じんみつ》の要義を滅除して、世間の荘厳《しょうごん》の文飾無義《もんじきむぎ》の語《ご》を安置《あんち》し、前を抄して後に著《つ》け、後を抄して前に著け、前後を中に著け、中を前後に著けん。まさに知るべし、かくのごとき諸の悪比丘は、これ魔の伴侶《はんりょ》なり」と。》
涅槃経に云く《また云く》、「菩薩、悪象等*においては、心に恐怖《くふ》することなかれ。悪知

涅槃経第九巻の如来性品には次のように説かれています。「善男子よ、如来の正法が滅び尽きようとする時、如来の深くすぐれた教えを知らない多くの悪僧たちが現われるであろう。彼らはちょうど愚かな盗人が真の宝物を捨てて草や木などを担《かつ》いでいくようなものである。彼らは如来の深くすぐれた教えを理解できないから、怠けて努力しようとしない。如来滅後の未来濁悪の世はまことに恐るべきものである。このもろもろの悪僧たちは、この経をかすめとり、多くの部分に寸断して、正法の本来の色や香りや味わいをなくしてしまうであろう。このもろもろの悪人は、たとえこの経を読んだとしても、如来の深くすぐれた教えの重要な意義を理解できないで、かえって世間の美しく飾った文章や、無意味な言葉を付け加えるであろう。そして前の文を抜き出して後に着けたり、後の文を抜き出して前に着けたり、前後にあるべき文を中間に置いたり、中間にあるべき文章を前後に置いたりするであろう。このようなもろもろの悪僧は、仏弟子ではなくて悪魔の仲間であると知るべきである」と。》

涅槃経の高貴徳王品には、次のように説かれています。「菩薩たちよ、悪象などに対しては少しも恐れる必要はないけれども、悪師に対しては畏

識においては、怖畏《ふい》の心を生ぜよ。悪象のために殺されては三趣《さんしゅ》に至らず。悪友《あくゆう》のために殺さるれは必ず三趣に至る」と〈已上〉《云云》。

③法華経に云く、「《諸の無智の人、悪口罵詈《あっくめり》等《とう》し、及び刀杖を加うる者あらん。我等《われら》皆まさに忍ぶべし。》悪世の中の比丘は、邪智にして心諂曲《てんごく》に、いまだ得ざるをこれ得たりと謂《おも》い、我慢《がまん》の心充満せん。或《あるい》は阿練若《あれんにゃ》に、納《のう》衣《え》にして空閑《くうげん》にあり、自《みずか》ら真《しん》の道《どう》を行《ぎょう》ずと謂うて、人間を軽賤《きょうせん》する者あらん。利養《りよう》に貪著《とんじゃく》するが故に、白衣《びゃくえ》のために法を説きて、世《よ》に恭敬《くぎょう》せらるること、六通《ろくつう》の羅漢《らかん》のごとくならん。乃至《ないし》、常に大衆《だいしゅ》の中にあつて、我等を毀《そし》らんと欲するが故に、国王・大臣・婆羅門《ばらもん》・居士《こじ》、及び余の比丘衆《びくしゅ》に向つて、誹謗《ひほう》して我が悪を説きて、これ邪見の人、外道《げどう》の論議《ろんぎ》を説くと謂《い》わん。濁劫悪世《じょくこうあくせ》の中には、多く諸の恐怖《くふ》あらん。悪鬼《あくき》その身に入《い》つて、我《われ》を罵詈《めり》毀辱《きにく》せん。濁世《じょくせ》の悪比丘は、仏の方便、随宜《ずいぎ》

れなければならない。なぜならば、悪象に踏み殺されても地獄・餓鬼・畜生の三つの悪所に落ちることはないけれども、悪師のために善心を失わされれば必ず三悪道に落ちるからである」と。〈以上、経文〉

法華経の勧持品《かんじほん》には次のように説かれています。「さまざまな無智の人があって悪口を言ったり、罵ったり、刀や杖で打ったりするであろう。自分たちはこれらすべてを耐え忍んで法華経を弘めるであろう。悪世の僧たちは、よこしまな智恵とこびへつらいの心をもち、まだ覚りを得ないのに覚ったと思い、たかぶりの心で満たされるであろう。彼らはまた人里はなれた静かな場所で、粗末な袈裟《けさ》を身にまとい、自分は真の道を修行していると思って、人びとを見くだすであろう。利養にとらわれるために、在家の人たちに法を説いて、六つの超人的な力を具えた聖者のように尊敬されるであろう。(中略)彼らはつねに大衆の中にあって、私たち正法を弘める者を謗《そし》ろうと思い、国王や大臣や婆羅門(祭祀者)や長者や他の僧たちに向かって、私たちの悪行を言いたて、邪見の人であり、異端の説を説く者であると非難するであろう。世の中が乱れ濁ってくると、さらに多くの恐ろしいことがあろう。悪魔が彼らの身に入って、私たちを罵り辱《はずか》しめるであろう。濁世の悪僧たちは、仏の方便の教えが相手の能力に応じて説かれたことを知らずにそれに執着して、真実の教えを弘める私たちを眉をひそめて悪口し、しばしば追い出そうとする」と。

所説の法を知らず、悪口《あっく》して顰蹙《ひんじゅく》し、数数擯《しばしばひん》出《ずい》せられん」と〈已上〉《云云》。

涅槃経に云く、「我《われ》涅槃の後、無量百歳に、四道の聖人《しょうにん》悉くまた涅槃せん。正法《しょうぼう》滅して後、像法《ぞうほう》の中において、まさに比丘あるべし。像《かたち》を持律《じりつ》に似せ、少《わずか》に経を読誦し、飲食《おんじき》を貪嗜《とんし》して、その身を長養《ちょうよう》し、袈裟《けさ》を著《ちゃく》すといえども、なお猟師の細めに視《み》て徐《おもむろ》に行くがごとく、猫の鼠《ねずみ》を伺うがごとし。常にこの言《ことば》を唱えん、我《われら》羅漢《かん》を得たりと。外には賢善を現じ、内には貪嫉《とんしつ》を懐《いだ》かん。唖法《あほう》を受くる婆羅門等のごとく、実には沙門《しゃもん》にあらずして沙門の像《すがた》を現じ、邪見熾盛《しじょう》にして、正法《しょうぼう》を誹謗《ひほう》せん」と〈已上〉。

《涅槃経に云く、「善男子《ぜんなんし》、*一闡提《せんだい》ありて羅《ら》漢《かん》の像《すがた》となりて空処《くうしょ》に住し、方等大乗《ほうどうだいじょう》経典を誹謗《ひほう》せん。諸の凡夫の人見おわつて、皆真《しん》の阿羅漢、これ大菩薩なりと謂わん」と

〈以上、経文〉

涅槃経の如来性品にも末世の悪僧について次のように説かれています。「私（仏）の入滅の後、はかりしれない時間を経て、四つの悟りの段階に達した聖者たちもすべて入滅してしまって世に現われない。仏の教えが名実ともに正しく行なわれる時代が過ぎて、形ばかりの仏法が残る像法の時代にも、僧と称する者がいるであろう。彼らは形だけ戒律を守っているように見せ、わずかばかり経を読み、ただ飲み食いに執着し、袈裟はつけているけれども、猟師が細目に視《み》てそっと獲物《えもの》に近づくように、また猫が鼠をうかがうように、世渡りをする。そして、いつも自分はすべての煩悩を断ち切った阿羅漢の境地に達していると言いふらし、外見は聖者のように装っているけれども、内面は貪《むさぼ》りと嫉《ねた》みの心で充たされている。ちょうど無言の行をして悟り澄ました婆羅門などのように、実は出家でもないのに出家の像《かたち》をし、よこしまな考えがさかんで、正法を謗るであろう」と。〈以上、経文〉

《涅槃経第九巻の如来性品には次のように説かれています。「善男子よ、一闡提（善根を断じた人）があり、彼は小乗の覚りを得た聖者のような様子をして人里はなれた静かな場所に住みながら、公正平等な大乗経典を誹謗するであろう。それなのに多くの凡人たちは、この人を真実の聖者

〈云云〉。

般泥洹《はつないおん》経に云く、「羅漢に似たる一闡提ありて悪業《あくごう》を行じ、一闡提に似たる阿羅漢の慈心《じしん》をなす。羅漢に似たる一闡提ありとは、これ諸の衆生《しゅじょう》の方等を誹謗するなり。一闡提に似たる阿羅漢とは、声聞を毀呰《きし》して広く方等を説き、衆生に語りて言わん、我《われ》と如来と倶《とも》にこれ菩薩なり、所以《ゆえ》は如何《いかん》、一切皆如来の性《しょう》あるが故にと。しかも彼《か》の衆生は一闡提と謂《おも》わん」と。

また云く、「究竟《くきょう》の処を見ざれば、永く彼《か》の一闡提の輩《やから》の究竟の悪を見ず。また彼《か》の無量の生死究竟の処を見ず」と〈已上経文〉》
文《もん》に就《つい》て世を見るに、誠にもつてしかなり。悪侶を誡《いまし》めざれば、あに善事《ぜんじ》をなさんや。

であり、大菩薩であると讃めるであろう」と。

また般泥洹経第六巻の問菩薩品には次のように説かれています。「一方では供養を受けるに値する聖者のような様子をしている一闡提がいて悪い行為をし、他方では一闡提のように誤解されそうな聖者がいて慈《いつく》しみの心を現わすであろう。ここに聖者のような様子をしている一闡提がいるというのは、こうした多くの衆生が大乗経典を誹謗しているありさまをいうのである。また一闡提のように誤解されそうな阿羅漢というのは、仏の教えを聞いて覚る声聞を否定して広く大乗経典を説くのである。そして、衆生に語っていうには、私とあなた方とは、ともに菩薩の道を歩む者である。なぜなら、すべての生きとし生ける者にはみな、如来と同じ本性の性質があるからである。それなのに彼ら衆生は、この阿羅漢を一闡提というであろう」と。

また同じく「究竟の処を見ないから、一闡提のやからの究極の悪業を見ないのであり、また無量の生死の究竟涅槃を見ないのである」と。

〈以上、経文〉》

これらの経文から今の世の中を見ますと、まさに今の仏教界もこの通りであります。悪僧すなわち謗法の人を誡めないで、どうして善いことができましょうか。

客なお憤《いきどお》りて曰く、明王《めいおう》は天地によって化《け》をなし、聖人《せいじん》は理非《りひ》を察して世を治む。世上《せじょう》の僧侶は天下の帰するところなり。悪侶においては明王信ずべからず。聖人にあらずんば賢哲《けんてつ》仰ぐべからず。今賢聖《けんせい》の尊重せるをもって、すなわち竜象《りゅうぞう》の軽《かろ》からざるを知る。何ぞ妄言《もうごん》を吐きて強《あなが》ちに誹謗《ひほう》をなす。誰人《たれひと》をもって悪比丘と謂《い》うや。委細に聞かんと欲す。

主人の曰く、《客の疑いに付いて重重《じゅうじゅう》の子

四　謗法の人と法について

謗法の人と法を問う

客はそれでもまだ憤って、次のようにいう。

賢明な帝王は天地を貫く道理にしたがって万民を導き、聖なる君主は正しいことと間違っていることとの道理をわきまえて世を治めます。今の世の僧侶は国じゅうの人びとの帰依するところであります。もし貴僧《あなた》のいわれるように法を破り国を破る悪僧であれば、賢明なる帝王が信ずるはずがありません。また聖師でなければ賢人・哲人といわれる人びとが仰ぐはずがありません。賢王や聖人が尊敬し重んじていることからみても、今の高僧たちが立派な僧侶であることがわかります。それなのに貴僧はなぜみだりに人を迷わす言葉を吐いて、そのように謗《そし》られるのですか。いったい誰を指して悪僧だといわれるのですか。くわしく承りたいものです。

謗法の人と法を示す

主人が答えていう。《貴殿の疑問にはよくよくの子細があるようです細ありといえども、繁《はん》を厭《いと》うて多事を止め、しばらく一を出《いだ》さん、万《まん》を察せよ。》後鳥羽《ごとば》院《いん》の御宇《ぎょう》に*法然《ほうねん》というものあり、*選択集《せんちゃくしゅう》を作れり。すなわち一代の聖教《しょうぎょう》を破し、遍《あまね》く十方の衆生《しゅじょう》を迷わす。

その選択《せんちゃく》に云く、「*道綽禅師《どうしゃくぜんじ》、*聖道《しょうどう》・浄土《じょうど》の二門を立て、聖道を捨てて正《まさ》しく浄土に帰するの文《もん》。初《はじめ》に聖道門とは、これに就て二あり。乃至《ないし》、これに准じてこれを思うに、まさに密大《みつだい》及び実大を存すべし。しかればすなわち、今の真言《しんごん》・仏心《ぶっしん》・天台《てんだい》・華厳《けごん》・三論《さんろん》・法相《ほっそう》・地論《じろん》・摂論《しょうろん》、これら八家《はっけ》の意《い》、正《まさ》しくここにあるなり。*曇鸞法師《どんらんほっし》の往生論註《おうじょうろんちゅう》に云く、謹んで竜樹菩薩《りゅうじゅ》の十住毘婆沙《じゅうじゅうびばしゃ》を案ずるに云く、菩薩、阿毘跋致《あびばっち》を求むるに二種の道《どう》あり。一には難行道《なんぎょうどう》、二には易行道《いぎょうどう》なり。この中に難行道とは、すなわちこれ聖道門なり。易行道とは、すなわちこれ浄土門なり。浄土宗の学者、先《ま》ずすべからくこの旨《むね》を知るべし。たと

が、繁雑をさけてしばらく一つの事例を示しますから、それによってすべてのことを推察されるがよいと思います。》すなわち、後鳥羽上皇の時代に法然房源空という者がいて、選択集という書物を著わし、釈尊一代の尊い教えを破って、多くの人びとを迷わせてしまったのです。

その選択集には次のように記されています。

「道綽禅師の安楽集には、仏教を聖道門と浄土門の二門に分けて、聖道門を捨てて浄土門に入るべきであると説いています。その聖道門には大乗教と小乗教の二つがあり、大乗教の中にも顕教・密教、権教・実教の区別があり、道綽は小乗教と大乗教の中の顕教と権教とを聖道門としました。しかし、私(法然)が考えるに、この文から推測すれば当然、密教も実大乗教も聖道門の中に含まれるべきであります。そう考えれば、今の世に信仰されている真言・禅・天台・華厳・三論・法相・地論・摂論の八宗は、みな聖道門の中に入り、捨てられるべきものです。さらに曇鸞法師の往生論註には、謹んで竜樹菩薩の十住毘婆沙論を読むと、菩薩が覚りを求めるのに難行道と易行道の二つがある、とありますが、この難行道とは聖道門のことであり、易行道とは浄土門のことです。浄土宗を学ぶ者は何よりも先に聖道と浄土、難行と易行の区別を知らなければなりません。たとえ以前から聖道門を学んでいる人でも、もし浄土往生

い先《さき》より聖道門を学ぶ人なりといえども、もし浄土門においてその志あらん者は、すべからく聖道を棄《す》てて浄土に帰すべし」と。

また云く、「＊善導和尚《ぜんどうわじょう》、＊正《しょう》・雑《ぞう》二行を立て、雑行《ぞうぎょう》を捨てて正行《しょうぎょう》に帰するの文《もん》。第一に読誦《どくじゅ》雑行とは、上《かみ》の観経《かんぎょう》等の往生浄土の経を除きて已外《いげ》、大小乗、顕密《けんみつ》の諸経において受持《じゅじ》・読誦するを、悉く読誦雑行と名づく。第三に礼拝《らいはい》雑行とは、上《かみ》の弥陀《みだ》を礼拝するを除きて已外、一切の諸仏・菩薩等、及び諸の世天《せてん》等において礼拝恭敬《くぎょう》するを、悉く礼拝雑行と名づく。私《わたくし》に云く、この文《もん》を見るに、すべからく雑《ぞう》を捨てて専《せん》を修《しゅ》すべし。あに百即百生《ひゃくそくひゃくしょう》の専修正行《せんしゅしょうぎょう》を捨てて、堅く千中無一《せんちゅうむいち》の雑修《ざっしゅ》雑行《ぞうぎょう》を執《しゅう》せんや。行者よくこれを思量せよ」と。

また云く、「貞元入蔵録《じょうげんにゅうぞうろく》の中、始め大般若《だいはんにゃ》経《きょう》六百巻より法常住《ほうじょうじゅう》経に終るまで、＊顕密の大乗経、総じて六百三十七部二千八百八十三

を志すならば、きっぱりと聖道門を捨てて浄土門へ入らねばなりません」と。

また選択集第二章には次のようにいっています。「善導和尚は観無量寿経疏に、正行・雑行の二種の修行法を立て、雑行を捨てて正行に入らねばならないと説いています。第一の読誦雑行とは、往生浄土を説いた観無量寿経・大無量寿経・阿弥陀経の三部経以外の大乗・小乗、顕教・密教の諸経を信じたり読んだりすることです。第三の礼拝雑行とは、阿弥陀如来以外の諸仏・菩薩・諸天などを拝んだり敬ったりすることです。私（法然）はこう考えます。善導和尚がいわれたことは、すべての雑行を捨てて専《もっぱ》ら念仏の正行を修行すべきであると勧められたものです。百人が百人ともに往生できるという専修念仏の正行を捨てて、千人に一人も成仏できないという雑修雑行にどうして執着する必要がありましょうか。仏道を修行しようとする者はよくこのことを考えなさい」と。

また選択集の第十二章には次のように記されています。「貞元入蔵録という唐の貞元年間（七八五―八〇五）に編集された経典の目録に記載されている最初の大般若経六百巻から、最後の法常住経にいたるまでの六

巻なり。皆すべからく読誦大乗の一句に摂《せっ》すべし。まさに知るべし、随他の前には、しばらく*定散《じょうさん》の門を開くといえども、随自の後《のち》には、還って定散の門を閉《と》ず。一《ひと》たび開いて以後、永く閉じざるは、ただこれ念仏の一門なり」と。

また云く、「念仏の行者、必ず三心《さんしん》を具足《ぐそく》すべきの文《もん》。観無量《かんむ》寿《りょうじゅ》経《きょう》に云く、同経の疏《しょ》に云く、問うて云く、もし解行《げぎょう》の不同、邪雑《じゃぞう》の人等《ひとら》あって、外邪異見《げじゃいけん》の難を防がん。或《あるい》は行くこと一分《ぶん》二分にして、群賊《ぐんぞく》等喚《よ》び回《かえ》すとは、すなわち別解《べつげ》・別行《べつぎょう》・悪見《あっけん》の人等に喩《たと》う。私《わたくし》に云く、また《云く》この中に一切の別解・別行・異学《いがく》・異見等と言うは、これ聖道門を指すなり」と〈已上〉。

百三十七部二千八百八十三巻のすべての大乗経典は、ことごとく観無量寿経にいう読誦大乗の一句に収められてしまいます。したがって、仏が方便として教えを説かれる場合にはやむをえず当分の間、定散二善のさまざまな修行の門が開かれているけれども、仏がみずからの本懐にしたがって真実を述べられる場合には、定散の二門は閉じられ廃止されてしまいます。末法の衆生の前に一度開いて永遠に閉じられることのないのは、ただ念仏の一門だけです」と。

また選択集の第八章には次のように記されています。「念仏の行者は必ず至誠心《しじょうしん》・深心《じんしん》・回向発願心《えこうほつがんしん》の三種の心を具えなければならないということが観無量寿経に説かれています。この文を善導が注釈した中に、『仏法の理解と修行の不同を主張し、念仏によって往生はできないという邪見雑行の人があって、念仏の行者の信心を妨げるでしょう。そのさまざまな異見の難を防ぎ、行者の信心を守るために一つの譬《たと》えを示しましょう。南と北に火と水の恐ろしい河があり、その中間を東から西へ細い道が一本走っています。西方を志す旅人がその道を行くと、東岸の群賊たちが危険だから引き返せと叫んでいます。この群賊たちが呼び返すという譬えは、念仏によって往生できないという邪見雑行の人が念仏の行者を妨げることを譬えたものです』とあります。私（法然）が考えますに、この注釈の中で念仏の行者と学解を異にし、修行を異にし、学問やまた最後結句の文に云く、「それ速《すみや》かに生《しよう》死《じ》を離れんと欲せば、二種の勝法《しようぼう》の中に、しばらく聖道門を閣《さしお》きて、選んで浄土門に入《い》れ。浄土門に入らんと欲せば、正《しよう》・雑《ぞう》二行の中に、しばらく諸の雑行を抛《なげう》ちて、選んでまさに正行に帰《き》すべし」と〈已上〉。

これに就いてこれを見るに、曇鸞《どんらん》・道綽《どうしやく》・善導《ぜんどう》の謬釈《びゆうしやく》を引いて、聖道《しようどう》・浄土《じようど》、*難行《なんぎよう》・易《い》行《ぎよう》の旨《むね》を建《た》て、法華・真言、総じて一代の大乗、六百三十七部二千八百八十三巻、《並に》一切の諸仏・菩薩、及び諸の世天等をもつて、皆聖道・難行・雑行《ぞうぎよう》等に摂《せつ》して、或《あるい》は捨て、或は閉じ、或は閣《さしお》き、或は抛《なげう》つ。この四字をもつて、多く一切を迷わし、剰《あまつさ》え三国の聖《せい》僧《そう》・十方《じつぽう》の仏弟《ぶつてい》をもつて、皆群賊と号し、併《あわ》せて罵詈《めり》せしむ。近くは所依《しよえ》の浄土三部経の「唯除五逆誹謗正 法《ゆいじよごぎやくひほうしようぼう》」の誓文《せいもん》に背《そむ》き、遠くは

思想識見を異にする者というのは、聖道門を指すのであります」と。〈以上、引用〉

また選択集の最後の結びの文には次のように記されています。「速く生死の苦しみから離れようと思うならば、聖道・浄土二門のすぐれた教えのうち、聖道門は覚りがたいからしばらくこれを閣《さしお》いて、浄土門を選びなさい。浄土門に入ろうと思うならば、正行・雑行二種の修行法のうち、すべての雑行をなげうって念仏の正行に帰依しなさい」と。〈以上、引用〉

以上に引用した選択集の諸文を見ますと、法然は曇鸞・道綽・善導の誤った解釈を引いて、聖道門と浄土門という教えの区別、難行道と易行道という修行の区別を立てて、法華経および真言をはじめ釈尊一代のあらゆる経々とあらゆる諸仏・諸菩薩および神々を、すべて聖道門・難行道・雑行の中におさめ、「捨てよ・閉じよ・閣《さしお》けよ・抛《なげう》てよ」との四字を教えて多くの人びとを迷わしています。そればかりでなく、インド・中国・日本の聖僧や仏弟子をすべて群賊だとののしっているのです。このような言葉は、近くは源空が依りどころとしている浄土三部経の「五逆罪を犯した者と正法を謗《そし》った者とは往生できない」という阿弥陀如来の誓いの文に背き、また遠くは一代仏教の中心である法華経第二巻の譬喩品《ひゆほん》の「この経を信ぜずにそしる人は、死して無間地獄に落ちる」

*一代五時の肝心たる法華経の第二の「若人《にゃくにん》不《ふ》信毀《しんき》謗此経《ほうしきょう》、乃至《ないし》、其《ご》人命終《にんみょうじゅう》入阿鼻《にゅうあび》獄《ごく》」の誡文《かいもん》に迷う者なり。

ここに代末代《よまつだい》に及び、人聖人《ひとせいじん》にあらず。各《おのおの》冥衢《みょうく》に容《い》りて、並に直道《じきどう》を忘る。悲しいかな、瞳蒙《どうもう》を樹《う》たず。痛ましいかな、徒《いたずら》に邪信《じゃしん》を催《もよお》す。故《ゆえ》に上《かみ》国王《国主《こくしゅ》》より下《しも》土民《みん》に至るまで、皆経は浄土三部の外《ほか》の経なく、仏は弥《み》陀三尊《さんぞん》の外の仏なしと謂《おも》えり。よつて*伝教《でんぎょう》・*義真《ぎしん》《*弘法《こうぼう》》・*慈覚《じかく》・*智証《ちしょう》等、或は万里《ばんり》の波《は》濤《とう》を渉りて渡せしところの聖教《しょうぎょう》、或は一朝《いっちょう》の山川《さんせん》を回《めぐ》りて崇《あが》むるところの仏像、もしは高《こう》山《ざん》の巓《いただき》に華《け》界《かい》を建《た》ててもつて安置《あんち》し、もしは深谷《しんこく》の底に蓮宮《れんぐう》を起《た》ててもつて崇重《そうじゅう》す。釈迦・薬師《やくし》の光を並ぶるや、威《い》を現当に施《ほどこ》し、虚《こ》空《くう》・地蔵の化をなすや、益《やく》を生後《しょうご》に被《こうむ》らしむ。故《ゆえ》に国主は郡郷《ぐんごう》を寄せてもつて灯燭《とうしょく》を明《あきら》かにし、地頭《じとう》は田園を充《あ》ててもつて供養に備う。しかるを法然の選択《せんちゃく》によつて、すなわち

という釈尊の誡めの文に背くものであります。

さて、今の世は末世であり、人びとも愚かで聖人ではありませんから、みな迷いの道に入りこんで覚りへの道を忘れてしまっています。悲しいことには誰もその誤りを指摘し迷いをさまそうとはいたしません。痛ましいことには間違った信仰がますます広まっています。したがって、上は国王から下は一般民衆にいたるまで、みな経は浄土三部経以外にはなく、仏は阿弥陀三尊しかないと思っています。その昔、伝教・義真《弘法》・慈覚・智証などの先師たちは万里の波濤を渡って唐に入り、各地の山川を回って仏像や経巻を日本へもたらし、比叡山の頂に堂塔を建てて安置し、あるいは深い谷に寺塔を建てて仏像を崇めました。また比叡山の東塔と西塔には薬師如来と釈迦如来とが安置されて、現在だけでなく未来までも威光を及ぼし、横川《よかわ》には虚空蔵菩薩と地蔵菩薩が祀られて、教化利益《りやく》の力は後生にまで施されました。だからこそ国主や地頭は土地や田畑を寄進して供養を捧げたのであります。ところが法然の選択集が世に出てからは、人びとはこの娑婆世界の教主釈尊を忘れ、西方極楽世界の阿弥陀如来を貴び、伝教大師から続いてきた薬師如来は捨てられ、ただ浄土三部経だけを依りどころとして、釈尊一代の経典はすべて捨て

教主を忘れて西土《さいど》の仏駄《ぶつだ》を貴《たっと》び、付属《ふぞく》を抛《なげう》ちて東方の如来を閣《さしお》き、ただ四巻《かん》三部の経典を専らにして、空《むな》しく一代五時の妙典を抛《なげう》つ。ここをもつて、弥陀の堂にあらざれば皆供仏《くぶつ》の志を止《や》め、念仏の者にあらざれば早く施僧《せそう》の懐《おもい》を忘る。故に仏堂零落《れいらく》して瓦松《がしょう》の煙老い、僧房荒廃《そうぼうこうはい》して庭草《ていそう》の露深し。しかりといえども、各《おのおの》護惜《ごしゃく》の心を捨てて、並に建立《こんりゅう》の思《おもい》を廃す。ここをもつて住持《じゅうじ》の聖僧《せいそう》行《ゆ》きて帰らず。守護の善神去りて来ることなし。これ偏《ひとえ》に法然の選択《せんちゃく》に依るなり。悲しいかな、数十年の間、百千万の人、魔縁《まえん》に蕩《とろか》されて、多く仏教に迷えり。傍《ぼう》を好んで正《しょう》を忘る、善神怒りをなさざらんや。円《えん》《正《しょう》》を捨てて偏《へん》《邪》を好む、悪鬼《あっき》便《たよ》りを得ざらんや。如《し》かず、彼《か》の万祈《ばんき》を修《しゅ》せんより、この一凶《いっきょう》を禁ぜんには。

られてしまいました。そして阿弥陀堂でなければ供養も捧げず、念仏の行者でなければ布施もしないようになってしまったのです。ために仏堂は荒れはて、僧房を訪れる人もなく、ただ雑草ばかり茂っています。それでも惜しいと思う者はなく、再建しようとする者もありません。このようなありさまですので、住持の僧は逃げて帰らず、守護の善神も去ってしまいました。これらはみな、法然の選択集から起こったことです。まことに悲しむべきことには、法然の選択集が著わされてから現在にいたるまで数十年の間、多くの人びとがこの魔説に迷わされ、仏教の正道を失ってしまいました。傍系を好んで正統を忘れるならば守護の善神も必ず怒るに相違ありません。円満な正しい法華経を捨てて、かたよった邪《よこしま》な浄土念仏を信ずるならば、悪鬼が入りこんで日本国を混乱させることは間違いありません。それゆえに、さまざまな祈禱を修して災いを除くことを祈るよりも、この災いの根源である念仏を禁止することが、まず第一になされなければならないのです。

客殊《こと》に色をなして曰《いわ》く、我《わ》が本師釈迦文《しゃかもん》、浄土の三部経を説きたまいてより以来《このかた》、曇鸞《どんらん》法師《ほっし》は四論《しろん》の講説を捨てて一向に浄土に帰し、道綽《どうしゃく》禅師は涅槃の広業《こうごう》を閣《さしお》きて偏《ひとえ》に西方《さいほう》の行《ぎょう》《行　業《ぎょうごう》》を弘め、善導和尚《ぜんどうわじょう》は雑行《ぞうぎょう》を抛《なげう》ちて専《せん》修《じゅ》を立て《法華の雑行を抛ちて観経の専修に入り》、*恵《え》心僧都《しんそうず》は諸経の要文を集めて念仏の一行《いちぎょう》を宗《しゅう》とす、《*永観律師《ようかんりつし》は顕密の二門を閉じて念仏の一道に入る》。弥陀《みだ》を貴重《きちょう》すること誠にもつてしかなり。また往生の人それ幾《いく》ばくぞや。なかんずく、法然聖人は幼少にして天台山《叡山》に昇り、十七にして六十巻に渉り、並に八宗を究めて、具《つぶ》さに大意を得たり。その外《ほか》、一切の経論七遍反覆《はんぷく》し、章《しょう》

五　災難の実例について

法然の謗法を疑う

客はいちだんと怒り、顔色を変えていう。われらの本師釈尊が浄土三部経を説かれてから、中国の曇鸞法師は四論の講説をやめて浄土の教えに帰依し、道綽禅師は涅槃経を捨ててただひたすら西方往生の行を弘め、善導和尚は雑多な修行をなげうって専ら念仏を修したのです《法華の修行を雑行として捨て観無量寿経による専修念仏に帰依したのです》。また日本の恵心僧都は諸経の要文を集めて念仏の一行だけが肝心であるとしました《永観律師は顕密二教の教えを捨てて念仏の教えに入ったのです》。このように中国や日本の立派な先師たちが阿弥陀仏を尊重しているのであります。また念仏によって往生をとげた人も数多くおります。その中でも、法然上人は幼少の時から比叡山に登り、十七歳で天台の三大部六十巻を学び、八宗の教義を究めました。そのほか一切経を七回もくり返して読まれ、注釈書や伝記類までも究めないものはありません。智恵の明らかなことは日月に等しく、徳の高いことは先師たちを越えています。それでもなお生死の迷いを離れることができないため、広く浄

疏《じょ》伝記究《きわ》め看《み》ざることなし。智は日月に斉《ひと》しく、徳は先師に越えたり。しかりといえども、なお出離《しゅつり》の趣に迷い、涅槃の旨《むね》を弁《わきま》えず。故に遍《あまね》く見、悉く鑒《かんが》み、深く思い、遠く慮《おもんばか》り、遂に諸経を抛《なげう》ちて、専《もっぱ》ら念仏を修《しゅ》す。その上、一夢の霊応《れいおう》を蒙《こうむ》り、四裔《しえい》の親疎《しんそ》に弘む。故に或《あるい》は勢至《せいし》の化身《けしん》と号し、或は善導の再誕《さいたん》と仰ぐ。しかればすなわち、十方の貴賤頭《こうべ》を低《た》れ、一朝の男女歩《なんにょあゆみ》を運ぶ。しかしより来《このかた》、春秋推《お》し移り星霜相い積れり《積れり》。しかるに忝《かたじけな》くも釈尊の教えを疎《おろそ》かにして、恣《ほしいまま》に弥陀の文を譏《そし》る。何ぞ近年の災をもつて聖代《せいだい》の時に課《おお》せ、強《しい》て先師を毀《そし》り、さらに聖人《しょうにん》を罵《ののし》るや。毛を吹きて疵《きず》を求め、皮を剪《き》りて血を出《いだ》す。昔より今に至るまでかくのごとき悪《あく》言《ごん》いまだ見ず。惶《おそ》るべく慎むべし。罪業《ざいごう》至つて重く、科条争《いかで》か遁《のが》れん。対座なおもつて恐れあり、杖を携えてすなわち帰らんと欲す。

土の先師の書を読み、時代や機根をよく考えて、深く浄土門の修行しやすいことに思いをめぐらせ、遠く聖道門の悟りがたいことを考えあわせて、その結果、ついに諸経をなげうって専ら念仏を修行されたのです。そのうえ、善導和尚の夢のお告げを得て、広く念仏を広めたのです。そこで人びとは勢至菩薩の化身であるとも、また善導大師の再誕であるとも仰いで尊信し、天下の人びとはその教えを聞こうと頭を低くしてそのもとを訪れたのです。それ以来、数十年の年月が過ぎました。それにもかかわらず、貴僧はもったいなくも釈尊の説かれた浄土三部経を軽んじ、阿弥陀仏の誓願をそしられることは、まことにおそれ多いことです。どうして近年の災難を法然上人の念仏流行の時代の罪だといって、無理に曇鸞・道綽・善導などの先師をそしり、さらに法然上人をののしるのですか。たとえていえば、毛を吹いて疵《きず》を探し、皮をこすって血を出すようなもので、よけいなせんさくです。今までこのような悪口雑言は聞いたことがありません。まことに恐ろしいことですし、慎しむべきことです。その罪はきわめて重く、科《とが》はとうてい逃れられません。こうして対座していることさえ恐ろしいことですから、私はこれで中座して帰ろうと思います。

主人咲《え》み止《とど》めて曰く、辛きを蓼葉《りょうよう》に習い、臭《くさ》きを溷厠《こんし》に忘る。善言《ぜんごん》を聞きて悪言と思い、謗者を指して聖人《しょうにん》と謂《い》い、正師《しょうし》を疑うて悪侶《あくりょ》に擬《ぎ》す。その迷い誠に深く、その罪浅からず。事《こと》の起りを聞け、委《くわ》しくその趣《おもむき》を談ぜん。釈尊説法の内、一代五時の間に、先後《せんご》を立てて権《＊ごん》実《じつ》を弁ず。しかるに曇鸞・道綽・善導《等》、すでに権に就《つ》いて実を忘れ、先に依つて後を捨《す》つ。いまだ仏教の淵底《えんてい》を探《さぐ》らざる者なり。なかんずく、法然その流れを酌《く》むといえどもその源《みなもと》を知らず。所以《ゆえ》は何《いか》ん。大乗経六百三十七部二千八百八十三巻、並に一切の諸仏菩薩、及び諸の世天《せてん》等をもつて、＊捨閉閣拋《しゃへいかくほう》の字《四字》を置いて、一切衆生《しゅじょう》の心を薄《おか》す《蕩《とろ》かす》。これ偏に私曲《しきょく》の詞《ことば》を展《の》べて、全く仏経の説を見ず。妄語《もうご》の至り、悪口《あっく》の科《とが》、言いても比《たぐい》なく、責めても余りあり。《具《つぶさ》に事《こと》の

災難は法然の念仏によることを示す

主人はにっこりと笑って客を止めていう。俗に蓼《たで》食う虫も好きずきといい、臭《くさ》いもの身知らずともいうように、その事に染まってしまうと事の是非善悪がわからなくなって、善い言葉を聞いても悪と思い、正法を謗《そし》る人を見ても聖人といい、正しい師を見ても悪僧と疑ったりするものです。その迷いはまことに深く、その罪はきわめて重いものです。まず事の起こりをよくお聞きなさい。くわしく法然の謗法のありさまをお話ししましょう。釈尊一代五十年の説法には、前後の順序があり、方便の教えと真実の教えとの区別があります。釈尊は人びとの機根に合わせてやさしい教えから深い教えへと説き進み、最後に本意を述べられたのが法華経であります。しかし、曇鸞・道綽・善導らは、先に説いた方便権教を取って、後に本意を述べられた法華実教を忘れて捨ててしまったのです。彼らはまだ仏教の根底を究めていない未熟な者といわざるをえません。ことに法然は浄土三師の流れをくむ者ですが、彼らと同じく仏教の根源が法華実教にあることを知らないのです。なぜならば、すべての大乗経典と仏・菩薩・神々を捨てよ、閉じよ、閣《さしお》けよ、拋《なげう》てよの四字を説いて、多くの人びとの心を迷わせているからです。これは法然一人が自分勝手に曲げて解釈した言葉であり、まったく仏説にもとづいていま

心を案ずるに、*慈恩《じおん》・弘法《こうぼう》の三乗真実一乗方便・望後作戯論《もうごさけろん》の邪義にも超過し、光宅《こうたく》・法蔵の涅槃正見《しょうけん》法華邪見・寂場本教鷲峰末教《じゃくじょうほんきょうじゅほうまつきょう》の悪見《あっけん》にも勝出《しょうしゅつ》せり。大慢婆羅門《だいまんばらもん》の蘇生《そせい》か、*無垢論師《むくろんじ》の再誕か。毒蛇を恐怖《くふ》し、悪賊を遠離せよ。破仏法《はぶっぽう》の因縁《いんねん》・破国《はこく》の因縁の金言《きんげん》これなり。しかるに》人皆その妄語を信じ、悉く彼《か》の選択《せんちゃく》を貴ぶ。故に浄土の三経を崇《あが》めて衆経《しゅきょう》を抛《なげう》ち、極楽《ごくらく》の一仏を仰ぎて諸仏を忘る。誠にこれ諸仏・諸経の怨敵、聖僧《せいそう》・衆人《しゅにん》の讎《しゅう》敵《てき》なり。この邪教広く八荒《はっこう》に弘まり、周《あまね》く十方に遍《へん》す。

抑《そもそ》も近年の災をもつて往代を難ずるの由、強ちにこれを恐る。聯《いささ》か先例を引いて汝の迷いを悟《さと》すべし。*止観《しかん》の第二に史記《しき》を引いて云く、「周《しゅう》の末《すえ》に被髪袒身《ひはったんしん》にして礼度《れいど》に依らざ

せん。その妄語・悪口の罪は他に比べるものもなく、責めても責めつくせません。《くわしく法然の謗法の主張の根底を考えてみますと、慈恩大師が三乗の区別を説く教えが真実であり一仏乗平等の教えは方便であるといい、弘法大師が法華経は戯論《けろん》の法であるといった間違った主張にも超え、光宅寺法雲が涅槃経が真実で法華経は邪見であるといい、賢首《げんじゅ》大師法蔵が華厳経が根本で法華経は枝末の経であるといった悪見にもすぐれた大謗法の邪見であります。大慢婆羅門が末法の日本に生き返ったのか、無垢論師が生まれ変わったのではないかと思われます。毒蛇を恐れなければなりません、悪賊を避けなければなりません。仏が、仏法を破壊し国を破滅させる原因となる、と誡められたお言葉はまさしくこのことです。ところが》人びとはみな法然の間違った説を信じ、選択集を尊んで、浄土三部経だけを崇めて他の諸経を捨て、極楽世界の阿弥陀仏だけを拝んで他の諸仏を忘れてしまいました。まことに法然こそは諸仏諸経の怨敵であり、聖僧や大衆の敵であります。ところが今やこの邪教が広く天下に弘まってしまったのです。

いったい貴殿は、私が近年の災いを昔の罪だ、法然の謗法が原因だと非難したことをひどく恐れているようですが、それは間違いです。少しばかり先例を引いてその根拠があることを証明して、貴殿の迷いを晴らしてあげましょう。天台大師の摩訶止観第二に史記を引用して次のよう

る者あり」と。*弘決《ぐけつ》の第二にこの文を釈するに、左伝《さでん》を引いて曰く、「初め平王《へいおう》の東遷するや、伊川《いせん》に髪《はっ》を被《こうむ》る者、野において祭るを見る。識者の曰く、百年に及ばじ、その礼《れい》先ず亡《ほろ》びぬ」と。ここに知りぬ。徴《しるし》前《さき》に顕《あら》われ、災《わざわい》後《のち》に致《いた》ることを。また「阮籍逸才《げんせきいっさい》にして蓬頭散帯《ほうとうさんたい》す。後に公卿《こうけい》の子孫皆これに教《なら》い、奴《ど》苟相辱《こうあいはずか》しむる者を方《まさ》に自然に達すといい、撙節兢持《そんせつきょうじ》する者を呼んで田舎《でんしゃ》となす。司馬《しば》氏の滅ぶる相となす」と〈已上〉。また慈覚大師の入唐巡礼記《にっとうじゅんれいき》を案ずるに云《いわ》く、「唐の武宗皇《ぶそうこう》帝《てい》の会昌《えしょう》元年、勅して章敬寺《しょうきょうじ》の鏡霜法師《きょうそうほっし》をして、諸寺において弥陀念仏《みだねんぶつ》の教を伝えしむ。寺毎に三日巡輪《じゅんりん》すること絶《た》えず。同二年、回《かい》鶻国《こっこく》の軍兵《ぐんびょう》等、唐の堺を侵《おか》す。同三年、河北《かほく》の節度使《せつどし》忽ち乱を起す。その後、大蕃国《だいばんこく》また命を拒《こば》み、回鶻国重ねて地を奪う。およそ兵乱は秦項《しんこう》の代《よ》に同じく、災火は邑里《ゆうり》の際に起る。いかにいわんや、武宗大《おお》いに仏法を破し、

に記しています。「周の代の末に、髪を乱し、衣を着ないで、礼儀をかまわない者たちがいた」と。この文を妙楽大師は摩訶止観弘決に春秋左氏伝を引用して次のように解釈しています。「周の平王が外敵に侵略されて都を東へ遷《うつ》すとき、伊川《いせん》のほとりで髪を乱した者が野に立って祭をしているのを見て、太夫の辛有《しんゆう》が嘆いていうには、百年の後にはこの地も周の領土ではなくなるかもしれない。それは礼儀がすでにすたれてしまっているからだ」と。これらの文からわかるように、災いの前には必ずその前兆が現われるものです。また摩訶止観には、前の文に続いてこのように記しています。「阮籍はすぐれた才能のある人であったが、つねに髪をのばし、帯も締めずに生活していた。そこで公卿の子弟たちもこれにならって、下品な言葉でののしりあったり、礼を無視することが自然であるといい、かえって礼儀を守り慎み深い者を田舎者と軽蔑した。これが司馬氏の滅びる前兆である」と。また慈覚大師の入唐求法巡礼行記には次のようなことが記されています。「唐の武宗皇帝の会昌元年（八四一）、章敬寺の鏡霜法師に勅命を下して、三日ずつ各寺々で弥陀念仏の浄業を巡回し行なわせたところ、同二年にはウイグル国の兵が唐の国境を侵略し、同三年には河北の節度使が反乱を起こした。その後、大蕃国（チベット）も唐の命令を拒否し、ウイグルが重ねて唐の領地を侵略した。このような戦乱の続いたことは、秦から漢へと移る時代と同じで、

多く寺塔を滅す。乱を撥《おさ》むること能《あた》わずして、遂にもつて事《こと》あり」と〈已上取意〉。

これをもつてこれを惟《おも》うに、法然は後鳥羽《ごとば》院の御宇《ぎょう》、建仁《けんにん》年中の者なり。彼《か》の院の御事《おんこと》すでに眼前にあり。しかればすなわち、大唐に例を残し、吾が朝に証を顕わす。汝疑うことなかれ、汝怪しむことなかれ。ただすべからく凶を捨てて善に帰し、源を塞《ふさ》ぎて根を截《き》るべし。

兵火によって多くの村や里が災難にあった。それだけでなく、武宗は仏教を迫害し、多くの寺塔を破却したので、反乱を収めることができず、ついに自分の命にも及んだのである」と。〈以上、取意引用〉

このように中国の歴史を見て、日本の現実に照らし合わせて考えてみますと、法然は後鳥羽上皇の建仁年間（一二〇一―一二〇四）の人であり、後鳥羽上皇が隠岐《おき》の島に配流されたことは眼前の事実であります。念仏が災難の原因をなすということは、唐にその実例があり、日本にもその証拠が顕われています。疑ってはいけません。怪しんではいけません。近年のうち続く災難を除くためには、何よりもまず念仏の凶を捨てて、法華経の善に帰依し、災難の原因である謗法の根源を断ち切らなければなりません。

六　上奏の可否について

上奏の非を説く

客聯《いささ》か和《やわら》ぎて曰く、いまだ淵底《えんてい》を究めざれども、ほぼその趣《おもむき》を知る。ただし華洛《からく》より柳《りゅう》営《えい》に至るまで、釈門《しゃくもん》に枢楗《すうけん》あり、仏家《ぶつけ》に棟梁《とうりょう》

客は少し態度をやわらげて次のようにいう。いまだ事柄の奥深いところまでは理解できませんが、およその趣旨はわかりました。しかし、京都から鎌倉へかけて、仏教界には立派な人物が数多くいますが、まだこ

あり。しかれども《しかりしかして》いまだ勘状《かんじょう》を進《まい》らせず。上奏《じょうそう》に及ばず。汝賤《いや》しき身をもつて、輙《たやす》く莠言《ゆうげん》を吐く。その義余りあり、その理謂《いわれ》なし。

主人の曰く、予《よ》少量たりといえども、忝《かたじけな》くも大乗を学す。蒼蠅《そうよう》、驥尾《きび》に附して万里を渡り、碧羅《へきら》、松頭《しょうとう》に懸《かか》りて千尋《せんじん》を延ぶ。弟子《でし》一仏《いちぶつ》の子と生まれ、諸経の王に事《つか》う。何ぞ仏法の衰微を見て、心情の哀惜《あいせき》を起さざらんや。

その上、《法華経に云く、「薬王《やくおう》、今汝に告ぐ、我が所説の諸経、しかもこの経の中において法華最《もっと》も第一なり」と。また云く、

のことについて朝廷や幕府に進言した人はおりません。貴僧が身分をわきまえず軽々しく上奏を企てたことは、その意気ごみはよくわかりますが、道理にはずれた行為というべきで賛成はできません。

上奏の可を説く

主人は答えていう。私は賤《いや》しい身分で力不足の者ではありますが、ありがたいことには大乗の教えを学んでおります。青蠅《はえ》も駿馬《しゅんめ》の尾にとまっていれば労せずして万里の遠くに行き、緑の蔦《つた》も松の大木にからむことでおのずから千尋の高さにまで延びることができます。そのように、仏弟子である私は、唯一の仏であります教主釈尊の子としてこの世に生まれ、諸経の王である法華経を学び、法華経を私の信仰の中心において仕えております。それゆえに、たとえ身分が賤しかろうとも、法華経を学んでいる者として、正しい仏法が衰えているのを見て悲しまないではいられません。何とかして真実の仏法を立てたいと考えるのは当然ではないでしょうか。

そのうえ、仏は《法華経法師品で薬王菩薩に次のようにいわれました。「薬王よ、よく聞くがよい、私の説いた数多くの経の中で、この妙法蓮華経が第一の経である」と。また「私が説き示した経典は千万億の

「我が所説の経典無量千万億にして、已《すで》に説き今説き当《まさ》に説かん。しかもその中においてこの法華経最もこれ難信難解《なんしんなんげ》なり」と。また云く、「文殊師利、この法華経は諸仏如来の秘密の蔵《ぞう》なり。諸経の中において最もその上《かみ》にあり」と。また云く、「衆山《しゅせん》の中に須弥山《しゅみせん》これ第一なり。衆星《しゅせい》の中に月天《がってん》子《じ》最もこれ第一なり。また日天子《にってんじ》のよく諸の闇を除くがごとく、また大梵天王の一切衆生《しゅじょう》の父なるがごとく、よくこの経典を受持することあらん者は、またかくのごとし。一切衆生の中においてまたこれ第一なり」と》。

《大》涅槃経に云く、「もし善比丘ありて、法を壊る者を見て、置いて呵責《かしゃく》し駈遣《くけん》し挙処《こしょ》せずんば、まさに知るべし、この人は仏法の中の怨《あだ》なり。もしよく駈遣し呵責し挙処せば、これ我が弟子、真の声聞《しょうもん》なり」と。

《法華経に云く、「我れ身命《しんみょう》を愛せず、ただ

多くにのぼるが、すでに説き終わった経、今説いた経、これから説くであろう経の、それらの経典の中でこの妙法蓮華経が最も信じるのが難しく、解《さと》るのが難しい経である」と。また安楽行品では文殊師利《もんじゅしり》菩薩にこういわれました。「この妙法蓮華経は、すべての仏の秘蔵する経で、すべての経典の中で一番上に置かれるものである」と。また薬王品では次のように説かれました。「たとえば、この世界のすべての山の中で須弥山が第一であるように、この法華経もすべての経の中で最高の経である。また夜空に光るすべての星の中で月の光が第一であるように、この法華経もあらゆる経の中で最も明るく光を放つものである。また太陽がもろもろの闇を除くように、この法華経もすべての悪の闇をとり除くのである。また大梵天王がすべての人びとの王であるように、この法華経を信じ持《たも》つ者もまたすべての人びとの中で第一の者である」と。》

また仏は大般涅槃《だいはつねはん》経の寿命品に、「たとえ立派な僧であっても、正法を破る者を見て、これをとがめもせず、追い出そうともせず、その罪をただそうともしないならば、この人は仏法の中の怨敵である。これに対し、彼ら謗法の者をきびしく責め、ただし、追い出すならば、これこそ真の仏弟子である」と誡められております。

《法華経勧持品《かんじほん》には八十万億もの多くの菩薩たちが誓いの言葉を次のよ

無上道を惜しむ」と。

大涅槃経に云く、「譬えば、王の使のよく談論し方便に巧《たくみ》なる、命《めい》を他国に奉ずるに、寧《むし》ろ身命を喪《うしな》うとも終《つい》に王の所説の言教《ごんきょう》を匿《かく》さざるがごとく、智者もまたしかなり。凡夫の中において身命を惜しまずして、かならず大乗方等如来の秘蔵は、一切衆生に皆仏性あることを宣説《せんぜつ》すべし」と〈已上経文〉》。

余《よ》、善比丘の身たらずといえども、仏法中《ぶっぽうちゅう》怨《おん》の責《せめ》を遁《のが》れんがために、ただ大綱を撮《と》つてほぼ一端を示す。

その上、去《い》ぬる元仁《げんにん》年中に、延暦《えんりゃく》・興福《こうふく》の両寺より、度度奏聞《たびたびそうもん》を経《へ》て、勅宣《ちょくせん》・御教書《みぎょうしょ》を申し下《くだ》して、法然の選択《せんちゃく》の印板《いんばん》を大講堂に取り上げ、三世の仏恩を報ぜんがために、これを焼失せしめ、法然の墓所においては、感神《かんじん》

うに述べております。「私たちは身体も命も惜しまずに、ただ真の仏道を惜しむのである」と。

また大般涅槃経の如来性品には、「たとえば、弁舌の非常にすぐれた者が王の使者として、王の命を受けて他国に使いすることがあったとき、他国において迫害にあって自分の生命を失うようなことがあったとしても、王の言葉は誤りなくその国の人に告げるのである。これと同じく、智者もまた、凡夫の中に入ってどのような迫害を受けようとも、自分の生命を惜しむことなく、仏の真実の教えは一切衆生がみな仏性を具え、仏になれるということが説かれているのだから、この教えを世間に説き弘めることに努めなければならない」と説かれています〈以上、経文〉》

私は決して立派な僧といわれる身ではありませんが、「仏法の中の怨《あだ》である」という仏のお叱りを受けたくないために、ただその大要をとって一端を述べるにすぎないのであります。どうして私の上奏が謂《いわ》れのない暴挙だといえましょうか。

その上、去る元仁年間（一二二四―一二二五）には延暦寺と興福寺から、たびたび念仏停止の奏状が上呈されたので、嘉禄三年（一二二七）には朝廷から勅宣、幕府から御教書が下って、選択集の板木を比叡山の大講堂に取りあげ、三世の諸仏の御恩を報じるためにといって、これを焼却させ、法然の墓は祇園神社の御輿《みこし》かきに命じてこわさせたのです。また法

院《いん》の犬神人《いぬじにん》に仰せ付けて破却せしむ。その門弟、隆観《りゅうかん》・聖光《しょうこう》・成覚《じょうかく》・薩生《さっしょう》等は遠国《おんごく》に配流《はいる》せられ、その後いまだ御勘気を許されず。あにいまだ勘状を進《まい》らせずと云わんや。」

客則ち和《やわら》ぎて曰く、経を下《くだ》し僧を謗《ほう》ずること、一人として論じ難《がた》し。しかれども大乗経六百三十七部二千八百八十三巻、並に一切の諸仏・菩薩、及び諸の世天《せてん》等をもつて、*捨《しゃ》・閉《へい》・閣《かく》・抛《ほう》の四字に載《の》す。その詞《ことば》勿論なり。その文顕然《けんねん》なり。この瑕瑾《かきん》を守りて、その誹《ひ》謗《ほう》を成《な》す。迷うて言うか、覚《さと》りて語るか。賢《けん》愚《ぐ》弁えず、是非定め難し。ただし災難の起りは選択によるの由《よし》、盛んにその詞《ことば》を増し、いよいよその旨を談ず。所詮、天下泰平国土安《てんかたいへいこくどあん》

然の弟子である隆観・聖光・成覚・薩生らは遠国に流されて、その後まだ許されていません。このような前例をもってしても、なお上奏した者がいないといえるでしょうか。

七　災難の対策について

災難をはらい除く方法を問う

客は主人の言葉を聞いて、さらに態度をやわらげて次のようにいう。私には法然が経典を軽んじたり、僧を謗《そし》ったりしているかどうかは、はっきりと断定はできません。しかし、すべての大乗経典とすべての仏や菩薩や神々を、捨・閉・閣・抛の四字をもって捨てたことは、その文にはっきりとしています。しかし、そのわずか四字くらいの瑕《きず》をとりあげて、法然を謗法の者だとそしるのはいかがかと思われます。貴僧が迷っていわれているのか覚っていわれているのか、よくわかりません。貴僧のお考えが正しくすぐれているのか、法然が愚かで誤っているのか、いずれとも決められません。ただし、災難の起こる原因が選択集にあるということは、先ほどからの文証をあげてのお話でよくわかりました。要

穏《のん》は君臣《くんしん》の楽《ねが》うところ、土民《どみん》の思うところなり。それ国は法に依つて昌《さか》え、法は人に因《よ》つて貴《たっと》し。国亡び人滅せば、仏を誰か崇《あが》むべき、法をば誰か信ずべきや。先ず国家を祈りて、すべからく仏法を立つべし。もし災《さい》を消し、難《なん》を止《とど》むるの術あらば、聞かんと欲す。

主人の曰く、余はこれ頑愚《がんぐ》にして、あえて賢を存せず。ただ経文について聊《いささ》か所存を述べん。そもそも治術《ちじゅつ》の旨、内外《ないげ》の間に、その文幾多《もんいくばく》ぞや。具《つぶさ》に挙《あ》ぐべきこと難《かた》し。ただし仏道に入《い》つて、数《しばしば》愚案《ぐあん》を回《めぐ》らすに、謗法《ほうぼう》の人を禁《いまし》めて、正道《しょうどう》の侶《りょ》を重んぜば、国中安穏《こくちゅうあんのん》にして天下泰平ならん。

すなわち涅槃経に云く、「仏の言《のたまわ》く、ただ一人《いちにん》を除きて余の一切に施《ほどこ》さば、皆讃歎《さんだん》すべ

するに、世の中が平和であり、国土が安穏であることは、国王から民衆にいたるすべての人びとの願いであります。思うに、国は仏法によって繁栄し、仏法は人によって貴ばれるものです。もし国が滅び、人がなくなってしまったならば、いったい誰が仏法を崇め信じるでしょうか。誰も信じる者はいないでしょう。でありますから、まず国家の安穏を祈って、その後に仏法の流布をはかるべきであると思われます。そこで、もし災難を除く方法があるならば、どうかお聞かせ願いたいものです。

災難の対策を答える

主人は答えていう。私はまことに愚かな者であって、災難をはらい除く方法はよくわかりませんが、仏の弟子でありますから、仏の教えにもとづいて経文を本として少しばかり考えていることを述べてみたいと思います。およそ災難をはらい除く方法は、仏教にも仏教以外の教えにもいろいろとあって、具体的にあげることはむずかしいのです。しかし、他の教えはおいて、仏教の中でいえば、正法を謗る人を禁じて、正法を信ずる人を重んずるならば、国中は安穏で天下は泰平になるであろう、と私は考えるのです。

その理由は、まず涅槃経大衆所問《だいしゅしょもん》品に次のように説かれています。

「仏が純陀の問いに答えて言われるには、人に施すということは非常に

し。純陀《じゅんだ》問うて言《いわ》く、云何《いか》なるをか名づけて唯除一人《ゆいじょいちにん》となす。仏の言《のたまわ》く、この経の中に説くところのごときは破戒《はかい》なり。純陀また言《いわ》く、我れ今いまだ解《げ》せず、ただ願わくはこれを説きたまえ。仏、純陀に語りて言《のたまわ》く、破戒とは謂《いわ》く、*一闡提《いっせんだい》なり。その余のあらゆる一切に布施するは、皆讃歎《さんだん》すべし。大果報を獲《え》ん。純陀また問いたてまつる。一闡提とはその義云何《いかん》。仏の言《のたまわ》く、純陀、もし比丘《びく》及び比丘《びく》尼《に》・優婆塞《うばそく》・優婆夷《うばい》あつて、麁悪《そあく》の言《ことば》を発し、正法《しょうぼう》を誹謗《ひほう》し、この重業を造りて永く改悔《かいげ》せず、心に懺悔《さんげ》なからん。かくのごとき等《ら》の人を名づけて一闡提の道に趣向《しゅこう》すとなす。もし四重《しじゅう》を犯し、五逆罪を作り、自ら定めてかくのごとき重事を犯すと知れども、しかも心に初めより怖畏《ふい》・懺悔なく、あえて発露《ほつろ》せず。彼《か》の正法《しょうぼう》において永く護惜建立《ごしゃくこんりゅう》の心なく、毀《き》呰軽賤《しきょうせん》して、言《ことば》に禍咎《かぐ》多からん。かくのごとき等《ら》をまた一闡提の道に趣向《しゅこう》すと名づく。た

善いことであるが、施してはならない者が一人あって、この一人を除くすべての者にはどのような人であろうと施しをすることは善いことで功徳は多いと。純陀がその一人とはどういう人のことであるかと問うと、仏は、それはこの経の中に説く破戒の者である、と答えられた。純陀はさらに、私にはよく意味がわからないが、どういうことかもう少しくわしくお説きいただきたいと願った。そこで仏は、破戒とは一闡提《いっせんだい》のことである。一闡提を除くすべての者に施すことは善いことであって、みなほめたたえ大果報を得るであろう、と答えられた。純陀は再び一闡提とはどういうことですかと質問すると、仏は、純陀よ、僧侶や信者で口ぎたなく正法をそしる大罪を犯しながら、少しも悔い改めない者を一闡提というのである。もしも殺生、盗み、不義の交わり、妄語の四つの重罪を犯し、父母を殺し、僧を殺し、仏を傷つけ、僧団を破壊する五つの逆罪を犯して、このような重罪を犯したと知りながら、怖れる心もなく、懺悔の心もなく、自ら罪を告白しようともせず、仏の正法を護り大切にする心もなく、これを弘めようとする志もなく、かえってそしったり、軽蔑したりする者を一闡提というのである。この一闡提だけを除いて、その他のすべての者に施すことは善いことであり、すべてほめたたえられるであろう」と。

だかくのごとき一闡提の輩《ともがら》を除きて、その余に施さば一切讃歎すべし」と。

また云く、「我れ往昔《むかし》を念《おも》うに、閻浮提《えんぶだい》において大国の王となれり。名を仙予《せんよ》*と曰《い》いき。大乗経典を愛念し敬重《きょうじゅう》し、その心純善にして、麁悪嫉恡《そあくしつりん》あることなし。善男子《ぜんなんし》、我れその時において、心に大乗を重んず。婆羅門《ばらもん》の方等《ほうどう》を誹謗《ひほう》するを聞き、聞き已《おわ》つて即時《そくじ》にその命《みょう》根《こん》を断つ。善男子、この因縁をもつて、これより已来《このかた》地獄に堕《だ》せず」と。また云く、「如来、昔《むかし》国王となりて、菩薩の道を行ぜし時、爾所《そこばく》の婆羅門《ばらもん》の命を断絶す」と。

また云く、「殺《せつ》に三あり、謂《いわ》く下《げ》中上《ちゅうじょう》なり。下とは蟻子乃至《ぎしないし》一切の畜生なり。ただ菩薩示《じ》現生《げんしょう》の者を除く。下殺《げせつ》の因縁をもつて、地獄・畜生・餓鬼に堕して、具《つぶさ》に下《げ》の苦を受く。何をもつての故に。この諸の畜生に微《み》の善根《ぜんごん》あり、この故に殺さば具に罪報を受く。中《ちゅう》殺《せつ》とは、凡夫人《ぼんぶにん》より阿那含《あなごん》に至るまで、これ

また涅槃経聖行《しょうぎょう》品には、仏がご自分の過去の因縁を次のように説かれています。「私は昔、この人間の世界に生まれて大国の王となり、仙予という名であった。その時に大乗経典を大切にし、敬い、心は素直で、ねたみ、惜しみ、怨《うら》むといった気持ちはなかった。しかし、異端の教えを説く婆羅門が大乗の教えをそしるのを聞いて、ただちにその者の命を断ってしまった。しかし、正しい教えを護ったこの功徳によって、それから後は地獄に堕ちることはなかった」と。また同じく涅槃経梵行《ぼんぎょう》品には次のように説かれています。「仏が昔、国王となって菩薩の修行をしていたとき、多くの婆羅門の命を断ったことがある」と。

同じく涅槃経梵行品に次のように説かれています。「殺生に上中下の三種類がある。下《げ》の殺生というのは蟻《あり》のようなものをはじめ、あらゆる畜生を殺すことである。ただし、菩薩が畜生を救うために畜生に身を変じている場合は除かれる。どんな生物でも微《わず》かながらも仏性をもっているから、これを殺せば地獄・餓鬼・畜生に堕ちる罪の報いを受ける。中の殺生というのは、凡夫から再び欲界に還ってこないという悟りの境地に達した聖者にいたるまでの人を殺すことである。その結果、地獄・餓

を名づけて中となす。この業因《ごういん》をもつて、地獄・畜生・餓鬼《地獄・餓鬼》に堕して、具に中《ちゅう》の苦を受く。上殺《じょうせつ》とは、父母乃至阿羅漢《あらかん》・辟支仏《びゃくしぶつ》・畢定《ひつじょう》の菩薩なり。阿鼻《あび》大地獄の中に堕す。善男子、もしよく一闡提を殺すことあらん者は、すなわちこの三種の殺の中に堕せず。善男子、彼《か》の諸の婆羅門等は、一切皆これ一闡提なり」と〈已上〉。

仁王経《にんのうきょう》に云く、「仏、波斯匿王《はしのくおう》に告《つ》げたまわく、この故に諸の国王に付属《ふぞく》して、比丘《びく》・比丘尼《びくに》に付属せず。何をもつての故に。王の威力《いりき》なければなり」と〈已上〉。

涅槃経《ねはんぎょう》に云く、「今無上《いまむじょう》の正法《しょうぼう》をもつて、諸王・大臣・宰相、及び四部《しぶ》の衆《しゅ》に付属す。正法を毀《そし》る者をば、大臣・四部の衆、まさに苦治すべし」と。

また云く、「仏の言《のたまわ》く、迦葉、よく正法《しょうぼう》を護持する因縁をもつての故に、この金剛身《こんごうしん》を成就《じょうじゅ》することを得たり。善男子《ぜんなんし》、正法を護持

鬼・畜生に堕ちて下《げ》の殺生よりも重い苦しみを受ける。上の殺生というのは、父母や声聞や縁覚や菩薩を殺すことで、この報いはもっとも重く無間《むけん》地獄に堕ちるのである。このように三種の殺生があるけれども、一闡提を殺すことはその中に含まれない。異端の教えを説く婆羅門たちは正法をそしる一闡提であるから、彼らを殺しても罪にはならないのである」と〈以上、経文〉。

また仁王経受持品には次のように説かれています。「仏が波斯匿王に委嘱《いしょく》して、いわれるには、仏法を護り伝え弘めることをすべての国王に委嘱して、僧および尼たちには委嘱しないのである。なぜならば、僧たちには国王のような威力がないからである」と〈以上、経文〉。

また涅槃経寿命品には次のように説かれています。「今、最高の正法をすべての国王や大臣や役人やその他、僧俗の仏弟子たちに委嘱する。正法をそしる者があれば、みな力を合わせて徹底的に根絶しなければならない」と。

さらに同じく涅槃経金剛身《こんごうしん》品には次のように説かれています。「迦葉よ、私が仏となり、金剛の仏身を成就することができたのは、過去の世において正法を護ったからである。正法を護る者は五戒を守らなくとも、

せん者は、五戒を受けず、威儀を修《しゅ》せずして、まさに刀剣・弓箭《きゅうせん》・鉾槊《むさく》を持《じ》すべし」と。

また云く、「もし五戒を受持することあらん者は、名づけて大乗の人となすことを得ざるなり。五戒を受けざれども、正法を護るをもつて、すなわち大乗と名づく。正法を護る者は、まさに刀剣・器杖を執持すべし。刀杖《とうじょう》を持《たも》つといえども、我れこれらを説きて、名づけて持戒と曰《い》わん」と。

また云く、「善男子《ぜんなんし》、過去の世にこの拘尸《くし》那城《なじょう》において、仏の世に出《い》でたもうことありき。歓喜増益如来《かんぎぞうやくにょらい》と号したてまつる。仏《ほとけ》涅槃《ねはん》の後《のち》、正法世《しょうぼうよ》に住すること無量億歳なり。余《よ》の四十年、仏法の末《すえ》《いまだ滅せず》、その時に一《ひとり》の持戒の比丘あり。名を*覚徳《かくとく》と曰《い》う。その時に多く破戒の比丘あり。この説をなすを聞きて、皆悪心を生じ、刀杖を執持《しゅうじ》して、この法師《ほっし》を逼《せ》む。この時の国王、名を*有徳《うとく》と曰《い》う。この事を聞き已《おわ》つて、護法のための故

威儀を整えなくとも、まず刀や弓や鉾《ほこ》をとるべきである」と。

また同じ金剛身品の別の箇所では次のように説かれています。「五戒を持《たも》っても大乗の人とはいえない。たとえ五戒を守らなくても正法を護る者は大乗の人だといえる。正法を護る者は刀や杖を持《も》たねばならない。刀や杖を持つといってもそれは戒を持《たも》つと同じである」と。

また同じ金剛身品には過去の護法の因縁を次のように説かれています。「過去の世に、この拘尸那城に歓喜増益如来という仏がおられた。この仏が入滅されてから無量億年も正法が滅びなかった。その正法が滅びようとする時に、覚徳という戒律を堅く持《たも》った僧が現われた。その時に多くの破戒の僧たちもいた。破戒の僧たちは覚徳が正法を説くのを聞いて、憎しみの心を生じ、刀や杖をもって覚徳を迫害した。この時の国王は名を有徳といったが、この事件を聞いて、正法を護るために覚徳の所にかけつけ、破戒の悪僧たちと戦って、ついに覚徳を救い出した。王は全身にすき間なく傷を受けた。覚徳はこれを見て、王よ、あなたは真に正法を護る人であるとほめたたえ、未来の世には必ず無量の力を具えた説法

に、すなわち説法者の所《もと》に往至《おうし》して、この破戒の諸の悪比丘と極めて共に戦闘す。その時に説法者厄害《やくがい》を免《まぬが》るることを得たり。王その時において、身に刀剣箭槊《とうけんせんさく》《鉾《む》槊《さく》》の瘡《きず》を被《こうむ》り、体《たい》に完《まった》き処は芥子《けし》のごときばかりもなし。その時に覚徳、尋《つ》いで王を讃《ほ》めて言《いわ》く、善哉善哉、王、今《いま》真にこれ正法《しょうぼう》を護る者なり。当《とう》来《らい》の世に、この身まさに無量の法器となるべし。王、この時において、法を聞くことを得已《おわ》つて、心大いに歓喜し、尋《つ》いですなわち命《みょう》終《じゅう》して、*阿閦仏《あしゅくぶつ》の国に生じ、しかも彼の仏のために第一の弟子となる。その王の将従《しょうじゅう》・人《にん》民《みん》・眷属《けんぞく》の戦闘することありし者、歓喜することありし者、一切菩提の心を退せず、命終して悉く阿閦仏の国に生ず。覚徳比丘却《かえ》つて後《のち》、寿《いのち》終りてまた阿閦仏の国に往生することを得、しかも彼の仏のために声聞衆《しょうもんしゅ》の中の第二の弟子となる。もし正法《しょうぼう》尽きんと欲することあらん時、まさにかくのごとく受持し擁護《おうご》

者となるであろうといった。王はこれを聞いて非常に喜び、やがて命終わって阿閦仏の国に生まれ、その仏の第一の弟子となった。また王の家来で、王とともに戦った者、これを見て喜んだ者は、すべて真の道を求める心を起こして、命終わって後、ことごとく阿閦仏の国に生まれた。覚徳も命終わって後、また同じく阿閦仏の国に生まれて、この仏の第二の弟子となった。これは過去の世の話であるが、いかなる世でも、正法が滅びようとする時は、このようにして正法を護らなければならない。迦葉《かしょう》よ、その時の有徳王とは私のことである。法を説いた覚徳比丘とは迦葉仏である。迦葉よ、正法を護る者にはこのような無量の果報が得られる。この過去の因縁によって、私は今、種々の相好《そうごう》をもって飾り、決して破壊されることのない法の身を成就することができたのである。迦葉よ、正法を護る在家信者たちは、刀や杖などの武器をもって護らねばならない。私が入滅して後の濁悪の世には、国は乱れて互いに奪い合い、人民は飢えに苦しむであろう。その時に食を得たいばかりに出家して僧となる者が多いであろう。このような者を禿人《とくにん》、すなわち頭だけを丸くして心は俗のままである者という。この禿人たちは正法を護る者を見ては追放し、殺したり、迫害したりするであろう。だから私は戒律を持《たも》つ出家僧が、武器をもった在家の者といっしょになって、正法を護ることを許すのである。武器をもっていても戒を持つと同じである。ただし、

刀や杖を持っていても、みだりに人の命を断ってはならない」と。

すべし。迦葉《かしょう》、その時の王とは我が身これなり。説法の比丘は迦葉仏これなり。迦葉、正法を護る者は、かくのごとき等《ら》の無量の果報を得ん。この因縁をもつて、我れ今日において、種種の相を得て、もつて自ら荘厳《しょうごん》し、法《ほっ》身不可壊《しんぷかえ》の身を成《じょう》ず。仏、迦葉菩薩に告げたまわく、この故に法を護らん優婆塞《うばそく》等は、まさに刀杖を執持《しゅうじ》して、擁護することかくのごとくなるべし。善男子、我れ涅槃の後、濁悪《じょくあく》の世に、国土荒乱《こうらん》し、互《たがい》に相抄掠《あいしょうりゃく》し、人民飢餓《きが》せん。その時に多く飢餓のための故に、発心《ほっしん》出家するものあらん。かくのごときの人を名づけて禿人《とくにん》となす。この禿人の輩《ともがら》、正《しょう》法《ぼう》を護持するを見て、駈逐《くちく》して出《いだ》さしめ、もしは殺し、もしは害せん。この故に、我れ今、持戒の人、諸の白衣《びゃくえ》の刀杖を持つ者によつて、もつて伴侶となすことを聴《ゆる》す。刀杖を持《たも》つといえども、我れはこれらを説きて、名づけて持戒と曰わん。刀杖を持つといえども、命を断ずべからず」と。

法華経に云く、「もし人信ぜずして、この経を毀《き》謗《ほう》せば、すなわち一切世間の仏種《ぶっしゅ》を断ぜん。《また云く、「経を読誦し書持することあらん者を見て、軽賤憎嫉《きょうせんぞうしつ》して結恨《けっこん》を懐《いだ》かん。》乃至《ないし》、その人命終《みょうじゅう》して、阿鼻獄に入らん」〈已上〉《已上経文》。

それ経文顕然《けんねん》なり。私の詞《ことば》何ぞ加えん。およそ法華経のごとくんば、大乗経典を謗《ほう》ずる者は、無量の五逆に勝《すぐ》れたり。故に阿鼻大城に堕して、永く出《い》ずる期《ご》なけん。涅槃経のごとくんば、たとい五逆の供《く》を許すとも謗法の施《せ》を許さず。蟻子《ぎし》を殺す者は、必ず三悪道に落つ。謗法を禁《とど》むる者は、定めて不退《ふたい》の位《くらい》に登る。いわゆる覚徳とはこれ迦葉仏なり。有《う》徳《とく》とはすなわち釈迦文《しゃかもん》なり。法華・涅槃の経教は、一代五時の肝心、《八万法蔵の眼目《がんもく》》なり。その禁《いましめ》実に重し。誰か帰仰《きごう》せざらんや。しかるに謗法《ほうぼう》の族《やから》、正道《しょうどう》の人を忘れ、剰《あまっさ》え法

法華経譬喩品には、謗法の罪の重いことを次のように説かれています。「この経を信じないで毀《そし》り破る人は、すべての世間の人びとの仏になる種を滅ぼすものである。また《この経を読み、書し、持《たも》つ者を見て、軽んじ、憎み、ねたみ、恨みをいだく者の罪の報いは》（中略）その人は命終わって後に無間地獄に堕ちるであろう」と〈以上、経文〉。

以上のように経文は明らかであります。このうえ私の言葉を付け加える必要はありません。法華経に説かれるとおりならば、大乗経典を謗る者は量りしれない五逆罪を犯すよりも罪が重く、無間地獄に堕ちて永久に浮かび上がることはできないでしょう。また涅槃経に説かれるとおりならば、五逆罪を犯した者に供養することは許しても、正法を謗る者に布施することは許されないのです。蟻を殺した者でも必ず三悪道に堕ちるけれども、謗法の者を殺せば必ず不退転の菩薩の位に達し、仏になれるというのです。昔、謗法の者に迫害されても正法を弘めた覚徳比丘は、今は迦葉菩薩と生まれ、謗法者を殺して正法を護った有徳王は今、釈迦牟尼仏と生まれているのであります。法華経・涅槃経に説かれる教えは、釈尊一代仏教のもっとも大切な肝心生命であり、《八万法蔵の中心眼目》であります。その禁《いましめ》は実に重大であります。誰がこれを守らない者があ

然の選択《せんちゃく》に依つて、いよいよ愚痴《ぐち》の盲瞽《もうこ》を増す。ここをもつて、或《あるい》は彼《か》の遺体を忍びて木《もく》画《え》の像に露《あら》わし、或はその妄説を信じて莠言《ゆうげん》の模《かたぎ》を彫《え》り、これを海内《かいだい》に弘め、これを墎外《かくがい》に翫《もてあそ》ぶ。仰ぐところはすなわちその家風、施《ほどこ》すところはすなわちその門弟なり。しかる間、或は釈迦《しゃか》の手指《しゅし》を切りて弥陀《みだ》の印相《いんぞう》を結び、或は東方如来の鴈宇《がんう》を改めて西土《さいど》教主の鵝王《がおう》を居《す》え、或は四百余回の如法経《にょほうきょう》を止《とど》めて西方浄土の《浄土の》三部経となし、或は天台大師の講を停《とど》めて善導の講となす。かくのごとき群類《ぐんるい》、それ誠に尽し難《がた》し。これ破仏にあらずや、これ破法にあらずや、これ破僧にあらずや。《これ亡国の因縁にあらずや》。この邪義はすなわち選択《せんちゃく》によるなり。ああ悲しいかな、如来誠諦《じょうたい》の禁言《きんげん》に背《そむ》くこと。哀れなるかな、愚侶《ぐりょ》迷惑の麁語《そご》に随うこと。早く天下の静謐《せいひつ》を思わば、すべからく国中《こくちゅう》の謗法を断つべし。

りましょうか。ところが、謗法の人びとは正法を伝える人を無視し、そのうえ、法然の選択集にだまされて智恵の目を閉ざされてしまったのです。そして、ある者は法然をしのんで木像や絵画に表わし、ある者は選択集の邪説を板木に彫り、印刷して天下に弘めています。もっぱら浄土念仏の家風だけを信仰し、法然の流れをくむ者だけを供養しています。さらに、ある者は釈尊の手の指を切り取って弥陀の印相に改めたり、ある者は薬師如来のお堂を改めて阿弥陀如来を安置したり、ある者は慈覚大師以来四百余年続いてきた法華経書写の修行をやめて浄土三部経を書写したり、ある者は天台大師報恩の講会《こうえ》をやめて善導の講としてしまいました。このような輩《やから》は数えきれないほどであります。これこそまさしく仏を破り、法を破り、僧を破る大謗法ではないでしょうか。《これは国を滅ぼす原因ではないでしょうか。》これらの邪義の根本は選択集にあるのです。ああ、仏の真実の禁《いましめ》に背くことは実に悲しむべきことであります。法然のような愚かな僧たちの、人の心を迷わせる邪説に従っていることは、実に哀れむべきことであります。一日も早く天下を穏《おだ》やかにしたいと思うならば、何よりもまず国じゅうの謗法を禁じて、正しい仏法を立てなければなりません。

八　謗法の禁断について

謗法禁止の方法を疑う

客の曰く、もし謗法の輩《ともがら》を断じ、もし仏《ぶつ》禁《きん》の違《い》を絶《た》たんには、彼《か》の経文のごとく、斬罪に行うべきか。もししからば、殺害相《せつがいあい》加え、罪業何《ざいごういか》んがせんや。

すなわち大集経《だいしっきょう》に云く、「頭《こうべ》を剃《そ》り袈裟《けさ》を著《ちゃく》せば、持戒《じかい》及び毀戒《きかい》をも、天人彼《てんにんかれ》を供養すべし。すなわちこれ我れを供養するなり。彼《かれ》はこれ我が子なり。もし彼を撾打《だちょう》することあれば、すなわちこれ我が子を打つなり。もし彼を罵辱《めにく》せば、すなわちこれ我れを毀辱するなり」と。

≪仁王《にんのう》経に云く、「大王、法の末世《まっせ》の時、乃《ない》至《し》、非法非律にして比丘を繋縛《けいばく》すること、獄囚《ごくしゅう》の法のごとくす。乃至、諸の小国の王、

客はいう。もし仏が禁《いまし》めている謗法の者を絶滅しようとするには、涅槃経に説かれているとおりに首を切ってしまわなければならないのでしょうか。もしそうならば、殺害は殺害を生み、罪業を重ねるばかりではないでしょうか。

なぜならば大集経の法滅尽品には、仏は次のように説かれているではありませんか。「頭を剃って袈裟をつけていれば、戒律を持《たも》っていようといまいと、諸天と人間とは彼に供養しなければならない。彼に供養することは私を供養することになる。なぜならば彼は私の子であるからだ。もし彼を打つならば、それは私の子を打つことになる。もし彼を辱《はずか》しめることは、それは私を辱しめることになる」と。

≪また仁王経の嘱累品には次のように説かれています。「大王よ、仏法の滅びようとする末世の時、（中略）法に背いて罪人をとらえるように僧をつなぎ縛るならば、（中略）すべて小国の王がこの罪を犯せば、みずか

自《みずか》らこの罪をなせば、破国の因縁身に自らこれを受けん」と。

また大集経《だいしつきょう》に云く、「仏の言《のたまわ》く、大梵《だいぼん》、我れ今汝がために且《しばら》く略してこれを説かん。もし人有りて万億の仏の所に於て、その身の血を出さん。意《こころ》において云何《いかん》。この人の罪を得ること寧《むし》ろ多しとせんやいなや。大《だい》梵王《ぼんのう》言《もうさ》く、もし人ただ一仏《いちぶつ》の身の血を出さんも、無間《むけん》の罪を得んことなお多く無量にして算数《さんじゅ》すべからず、阿鼻大地獄の中に堕《だ》す。いかにいわんや、つぶさに万億の諸仏の身の血を出《いだ》さん者をや。終《つい》によく広く彼《か》の人の罪業の果報を説くものあることなけん。ただ如来をば除きたてまつる。仏言《のたまわ》く、大梵、もし我がために鬚髪《しゅはつ》を剃除《ていじょ》し、袈裟を著して、片ときも禁戒《きんかい》を受けず、受けてしかも犯す者を、悩乱し罵辱《めにく》し打縛《ちょうばく》することあらば、罪を得ること彼よりも多し」と。

らの国を滅ぼす報いを受けるであろう」と。

　また大集経の忍辱品に、仏は次のように説かれています。「大梵天王よ、私はいま汝に少しく説き示そう。もし人が無量の仏の身を傷つけ血を出したならば、その罪はいかばかりであろうか。大梵天王が答えていうには、ただ一仏の身を傷つけ血を出しただけでも無間地獄に堕ちて量りしれない苦しみを受けるのである。まして無量の仏の身を傷つけ血を出す者の罪業の報いについては、仏以外の誰が説くことができようかと。仏が大梵王にいわれるには、大梵王よ、もし髪を剃り、袈裟をつけて、少しも戒律を受けず、また戒律を受けても破る者たちを、悩ませ、罵り、辱しめ、打ち、縛るならば、その者は仏の身を傷つけ血を出した者よりもさらに大いなる罪を得るであろう」と。

また云く、「刹利国王、及び諸の事を断ずる者、乃至《ないし》、我が法の中において出家する者も、大殺生《だいせっしょう》・大偸盗《だいちゅうとう》・大非梵行《だいひぼんぎょう》・大妄語《だいもうご》及び余《よ》の不善をなすとも、かくのごとき等の類《るい》、乃至、もしは鞭打《べんちょう》するは理の応ぜず、また口業《くごう》に罵辱《めにく》すべからず、一切その身に罪を加うべからず。もし故《ことさら》に法に違せば、乃至、必定《ひつじょう》して阿鼻地獄《あびじごく》に帰趣《きしゅ》せん」と。

また云く、「当来《とうらい》の世に悪の衆生《しゅじょう》ありて、三宝の中において少《すこし》く善業をなし、もしは布施を行じ、もしはまた戒を持《たも》ち、諸の禅《ぜん》定《じょう》を修せん。そのかくのごとき少しばかりの善根をもつて諸の国王となり、愚痴無智《ぐちむち》にして、慙愧《ざんき》あることなく、憍慢熾盛《きょうまんしじょう》にして慈愍《じみん》あることなく、後世《ごせ》の怖畏すべき事を観ぜず。彼等我が諸の所有の声聞《しょうもん》の弟子を悩乱し打縛罵辱《ちょうばくめにく》して、乃至、阿鼻《あび》に堕在《だざい》せん」等云云。》

料《はか》り知んぬ、善悪を論ぜず、是非を択ぶこ

また同じ大集経忍辱品には次のように説かれています。「国王ならびに裁きを行なう者よ、(中略)仏の教えに従い出家した者で、殺し、偸《ぬす》み、不義の交わり、妄語およびその他の悪業をなそうとも、彼らを(中略)打ち、罵り、辱しめるなど、その身に一切罪を加えてはならない。もしこの法に背くならば(中略)必ず無間地獄に堕ちるであろう」と。

さらに同じく大集経忍辱品に「未来の世に悪心の衆生があって、仏法に帰依してわずかな善業を積み、布施を施し、戒律を持《たも》ち、禅定を修するであろう。このようなわずかな善根の功徳によって国王となり、愚かで、少しも恥じる心なく、おごり高ぶる心のみさかんで、人びとを哀れむ心もなく、後生の怖れるべきことをも考えようとしない。この愚かな王たちがあらゆる仏の弟子たちを悩ませ、打ち、縛り、罵り、辱しめるであろう。(中略)彼らはこの悪業によって無間地獄に堕ちるであろう」と説かれています。》

これらの経文によれば、是非・善悪を論ぜず、持戒・破戒にかかわりとなく、僧侶たらんにおいては供養を展《の》ぶべし。何ぞその子を打辱《ちょうにく》して、忝《かたじけ》なくもその父を悲哀せしめん。彼《か》の竹杖《ちくじょう》の＊目連尊者《もくれんそんじゃ》を害せしや、永く無間《むけん》の底に沈み、＊提婆達多《だいばだった》の蓮華比丘尼を殺せしや、久しく阿鼻の焔《ほのお》に咽《むせ》ぶ。先証《せんしょう》これ明かなり、後昆《こうこん》最も恐れあり。謗法を誡むるに似て、すでに禁言《きんげん》を破す。この事《じ》信じ難し、如何《いかん》が意《こころ》を得ん。

主人の曰《いわ》く、客、明かに経文を見て、なおこの言《ことば》をなす。心の及ばざるか、理の通ぜざるか。全く仏子を禁《いまし》むるにあらず。ただ偏《ひとえ》に謗法を悪《にく》むなり。《汝が上《かみ》に引くところの経文は、専ら持戒《じかい》の正見《しょうけん》、破戒《はかい》・無戒の正見の者なり。今悪《にく》むところは持戒の邪見・破戒の破見・無戒の悪見の者なり。》夫《そ》れ釈迦《しゃか》の以前の仏教はその罪を斬るといえども、能仁《のうにん》《忍》

なく、僧であればすべて供養を捧げなければならないのです。仏弟子を打ち辱しめて、その父である仏を悲しませてよいでありましょうか。昔、竹杖外道が目連尊者を殺したために無間地獄の底に沈んだことや、提婆達多が蓮華比丘尼を殺して無間地獄の焔に焼かれたことは、明らかな先例であり、証拠であります。後世の私たちがもっとも恐れなければならないことであります。涅槃経の説示は謗法を禁《いまし》めるようではありますが、大集経の仏の禁を破るものではないでしょうか。ですから謗法者の命を奪うというようなことはとても信じがたいことであります。いったいこれをどのように心得たらよろしいのでしょうか。

謗法禁断の方法を答える

主人は答えていう。貴殿は謗法を禁ずる涅槃経の明らかな文を見ながら、まだそのような疑問をいだいているのですか。私の意図が貴殿に十分に届かないのでしょうか。それとも明らかな道理が通じないのでしょうか。この経文の意味するものは、仏弟子を禁《いまし》めるというのではなく、謗法の罪を責め、除こうというのであります。《貴殿が先に引用された経文は戒律を持《たも》つ正しい見解の僧や、戒を破り、あるいは戒を受けていない正しい見解の者について説いたものであって、いま責め除こうとするのは戒を持つ邪《よこ》しまな見解の者と、戒を破り、あるいは戒を受けていの以後の経説はすなわちその施を止《とど》む。≪これまた一途《いちず》なり。月氏《がっし》国《こく》の戒日《かいにち》大王は聖人《せいじん》なり。その上首《じょうしゅ》を罰して五天の余党を誡《いまし》む。尸《し》那《な》国《こく》の宣宗皇帝《せんそうこうてい》は賢王《けんのう》なり。道士一十二人を誅《ちゅう》して九州の仏敵を止む。彼《かれ》は外道なり、道士なり、その罪これ軽し。これは内道なり、仏弟子なり、その罪最も重し。速《すみ》やかに重科《じゅうか》に行え。≫しかればすなわち、四海万邦《しかいばんぽう》、一切の四衆、その悪に施《ほどこ》さず、皆この善に帰せば、何《いか》なる難か並び起り、何《いか》なる災《わざわい》か競《きそ》い来《きた》らん。

ない悪しき見解の者とについて説かれたものであります≫。そもそも謗法を禁断する方法として、昔の釈尊の事蹟を語るときは、仙予王や有徳王として謗法者の命を断ったことを説きましたけれども、今の釈尊が教えるのは、謗法者に対して布施をしてはならないということであります。≪しかし、これは限られた時の特別な方法であります。インドの戒日大王は仏法を保護したすぐれた聖人であります。王を殺害せんとした外道の婆羅門に対して、その首謀者だけを罰し、他の外道はすべて殺すことなく、国外に追放し誡めたのであります。また中国の宣宗皇帝は賢明なる国王でよく仏教を保護されました。道士十二人の罪を責めて殺し、国内の仏敵を除き、仏教を復興させたのであります。このインド・中国の例は外道や道士が仏法を滅ぼそうとしたものであり、その罪はまだ軽いものでした。しかし今、日本の場合は仏教の内部から、仏の弟子である者が仏法を破り滅ぼそうとしているのですから、その罪はきわめて重いものがあります。すみやかに重い科《とが》に処さねばなりません≫。そうでありますからただちに、日本国じゅうの人びとが謗法の悪に対する布施を止め、正法に帰依したならば、どのような難も起こることはありませんし、どのような災いも起こることはありません。

九　謗法対治と立正安国について

謗法対治の領解《りょうげ》を述べる

客すなわち席を避《さ》け、襟を刷《つくろ》いて曰く、仏教これ区《まちまち》にして、旨趣《ししゅ》窮《きわ》め難《がた》く、不審多端《ふしんたたん》にして、理非明かならず。ただし法然聖人の選択は現在なり。諸仏・諸経《・法華経の教主釈尊》・諸菩薩・諸天《・天照太神・正八幡》等をもって、捨閉閣抛《しゃへいかくほう》《の悪言《あくげん》》に載《の》す。その文顕然なり。ここによって、聖人《せいじん》国を去り、善神所を捨て、天下飢渇《きかつ》し、世上疫病《せじょうえきびょう》す《等》。今《いま》主人、広く経文を引いて、明かに理非を示す。故に妄執《もうしゅう》すでに翻《ひるがえ》り、耳目しばしば朗《あきら》かなり。所詮、国土泰平、天下安穏は、一《いち》人《じん》より万民に至るまで、好《この》むところなり。楽《ねが》うところなり。早く一闡提《いっせんだい》の施《せ》を止めて《謗法の根を切り》、永く衆《しゅ》の僧尼の供《く》を致し

客は席を下がり、襟を正して次のようにいう。仏の教えはいろいろと細かく分かれていて、その真意はたやすくわかりません。疑問も多く、道理にかなっているかどうかも明らかでありません。しかし、法然の選択集は現に今ここにありますが、その中に一切の仏も経も《法華経の教主釈尊も》菩薩も神々も《日本国守護の天照太神や正八幡も》、捨てよ、閉じよ、閣《さしお》けよ、抛《なげう》てよの悪言をもって、すべて排斥していることははっきりとしています。この誤った教えが信じられているために、聖人はこの国を去り、国を護るところの善神も国を捨ててしまい、その結果、天下は飢饉と疫病に苦しんでいるのです。今、貴僧が広く経文を引用して道理を示され、そのお諭《さと》しによって私の迷いは晴れ、目がさめました。要するに、国土が泰平であり、天下が安穏であることは、上は天皇から下は万民にいたるまで、すべての人びとの好むところであり願い求めるところであります。しかし誤った教えが弘まっているために国が安らかでないというならば、一刻も早く正しい教えを立てなければならないの

て《智者の足を頂き》、仏海の白浪《はくろう》を収め、法山《宝山》の緑林《りょくりん》を截《き》らば、世は羲農《ぎのう》の世となり、国は唐虞《とうぐ》の国とならん。しかして後、法水《ほっすい》の浅深《せんじん》《顕密の浅深》を斟酌《しんしゃく》し、《真言・法華の勝劣を分別し》、仏家《ぶっけ》の棟梁《とうりょう》を崇重《そうじゅう》せん《一乗の元意《がんい》を開発せん》。

主人悦《よろこ》んで曰《いわ》く、鳩化《か》して鷹《たか》となり、雀変じて蛤となる。悦《よろこ》ばしいかな、汝、蘭室《らんしつ》の友に交りて、麻畝《まほ》の性《せい》となる。誠にその難を顧みて、専らこの言《ことば》を信ぜば、風和《やわら》ぎ浪静かにして、不日《ふじつ》に豊年ならんのみ。ただし人の心は時に随つて移り、物の性は境《きょう》によつて改まる。譬えば、なお水中の月の波に動き、陣前《じんぜん》の軍《いくさ》の剣《つるぎ》に靡《なび》くがごとし、汝、当座は信ずといえども、後《のち》定めて永く忘れん。もし先《ま》ず国土を安んじて、現当を祈らんと欲せば、速か

ですから、一日も早く一闡提謗法の輩に対する布施を止めて謗法の根源を断ち切り、多くの正しい僧尼に供養を捧げて智者と仰いで、正しい教えの弘まるようにいたしましょう。こうして仏法の中の盗賊、謗法者を断てば、伏羲《ふつぎ》・神農《しんのう》・唐堯《とうぎょう》・虞舜《ぐしゅん》の時代のような平和な国土が実現されるでありましょう。そうしてから仏法の浅深《顕密二教の浅深》邪正をよく考えて、《法華と真言の勝劣を明らかにして》仏門の指導者を崇《あが》めましょう《一乗法華の教えが弘まるように尽くしましょう》。

謗法の根絶を勧める

主人は喜んでいう。それは大変に結構な事です。中国の故事に鳩が鷹となり、雀が蛤《はまぐり》となるということがありますが、貴殿がそのようにすみやかに心を翻《ひるがえ》されたことは、まことに喜ばしいことであります。蘭の室に入れば身体は芳《かんば》しくなり、麻の田に入れば蓬《よもぎ》もまっすぐになるように、貴殿が私の言葉を信じて災難に対処するならば、世の中は風が和《やわ》らぎ、波が静かになるように、必ず穏やかとなり、日ならずして豊年となるでしょう。しかし、人の心は時節とともに変わりやすいものであり、また物の性質は環境によって変化するものです。ちょうど水に映った月が波によって動き、戦場で兵士がおびえるようなものです。貴殿は今は私の主張を聞いて信じているようですが、後になると忘れてしまうこともあ

に情慮《じょうりょ》を廻《めぐ》らし、忩《いそ》ぎて対治を加えよ。

所以《ゆえ》は何《いか》ん。薬師経の七難《しちなん》の内、五難忽《たちまち》に起り、二難なお残せり。いわゆる*他国侵逼《たこくしんぴつ》の難・*自界叛逆《じかいほんぎゃく》の難なり。大集経《だいしっきょう》の三災の内、二災早く顕れ、一災いまだ起らず。いわゆる兵革の災なり。金光明経《こんこうみょうきょう》の内、種種の災禍《さいか》一一に起るといえども、他方の怨賊《おんぞく》国内を侵掠《りゃく》する、この災いまだ露《あら》われず、この難いまだ来《きた》らず。仁王《にんのう》経の七難の内、六難今盛《さかん》にして、一難いまだ現ぜず。いわゆる四方の賊来りて国を侵《おか》すの難なり。「しかのみならず、国土乱れん時は先《ま》ず鬼神《きじん》乱る。鬼神乱るるが故に万民乱る」と《云云》。今この文について、具《つぶさ》に事《こと》の情《こころ》を案ずるに、百鬼早く乱れ、万民多く亡ぶ。先難《せんなん》これ明かなり、後災《こうさい》何ぞ疑わん。もし残るところの難《二難》、悪法の科《とが》によって並び起り、競い来らば、その時何《いか》ん

るでしょう。もし心から国土の安泰を願い、現世の安穏を祈り、未来の成仏を求めるならば、すみやかに心を改めて、謗法の者を折伏し絶滅しなければなりません。

なぜならば、薬師経の七難のうち五つの難はすでに起こって、外国からの侵略と国内の戦乱という二つの難が残っています。大集経の三つの災いのうち二つの災いはすでに顕われましたが、戦乱の一つがまだ残っています。金光明経に説かれるさまざまな災禍はほとんど起こりましたが、外国からの侵略という災難だけはまだ現われていません。仁王経の七難のうち六難は今さかんに起こっていますが、四方の賊が攻めてきてこの国を侵すという難だけは現われていません。そのうえに前に引用した仁王経の文にも、「国が乱れる時はまず悪魔が力を得てはびこり、悪魔が乱れるから万民が悩まされる」とありました。この経文に照らし合わせて現在の日本の状況をよく考えてみますと、まさしく悪魔が力をふるって、そのために多くの人びとがたおれ死にました。このように経典に説かれたさまざまな難がすでに起こったことからみれば、残りの災難も必ず現われるに相違ありません。もし残りの災いである内外の戦乱の二難が、選択集の謗法の罪によって連続して起こってくるようなことがあったならば、その時はどうされますか、どうすることもできないでしょう。世の中をみると、帝王は国家を基として政治を行ない天下を治め、

がせんや。帝王は国家を基《もと》として天下を治め、人臣《じんしん》は田園を領して世上《せじょう》を保つ。しかるに他方の賊来りてその国を侵逼《しんぴつ》し《我が国を侵《おか》し》、自界叛逆してその地《この地》を掠《りゃく》領《りょう》せば、あに驚かざらんや、あに騒がざらんや。国を失い家を滅《ほろぼ》せば、何《いず》れの所にか世を遁《のが》れん。汝すべからく一身の安堵《あんど》を思わば、先《ま》ず四表の静謐《せいひつ》を禱《いの》るべきものか。

なかんずく、人の世にあるや、各《おのおの》後生《ごしょう》を恐る。ここをもつて或《あるい》は邪教を信じ、或は謗《ほう》法《ぼう》を貴《たっと》ぶ。各《おのおの》是非に迷うことを悪《にく》むといえども、しかもなお仏法に帰《き》することを哀れむ。何ぞ同じく信心の力をもつて、妄《みだり》に邪義《じゃぎ》の詞《ことば》を宗《とうと》ばんや。もし執心《しゅうしん》翻《ひるがえ》らず、また曲意《きょくい》なお存せば、早く有為《うい》の郷《さと》を辞して、必ず無間《むけん》の獄《ひとや》に堕《お》ちなん。

所以は何《いか》ん。《所以《ゆえ》に、》大集《だいしつ》経に云く、「もし国王ありて、無量世において施《せ》・戒《かい》・慧《え》を修《しゅ》すとも、我が法の滅せんを見て、捨てて擁

人民は田畠を耕して世の中をたもっていきます。それなのに外国から攻められて国土を侵略され、また国内の戦乱によって土地を奪われたならば、どうして驚かずにいられましょうか、どうして騒がずにいられましょうか。国が亡び、家を失って、いったいどこに逃れるところがありましょうか。一身の安らかであることを願うならば、まず何をおいても世の中が穏やかになることを祈らなければなりません。

ことに、人は誰でも死後のことを恐れるものです。そのために誤って邪教を信じたり、あるいは謗法の教えを貴んだりしてしまうのです。その是非・善悪に迷うことは悪いことですが、仏法に帰依しようとする心はまことに尊いことです。ゆえに同じく信心をするなら、邪教を信じてはいけません。もし邪教にとらわれる心を改めず、間違った考えがいつまでも残っているならば、天寿をまっとうすることなく早くこの世を去り、死んでのちは必ず無間地獄に堕ちるでありましょう。

なぜならば、大集経には次のように説かれているからであります。「国王があって、永い間布施をなし、戒律を持《たも》ち、智恵を修行しても、仏法の滅びようとするのを見て、これを護らないならば、永い間に植え

護せずんば、かくのごとく種《う》うるところの無量の善根、悉く皆滅失し、乃至、その王久しからずしてまさに重病に遇《あ》い、寿終《じゅじゅう》の後、大地獄に生ずべし。王のごとく夫人《ぶにん》・太子・大臣・城主・柱師・郡守・宰官もまたかくのごとくならん」と。

仁王《にんのう》経に云《いわ》く、「人、仏教を壊《やぶ》らば、また孝子なく、六親不和にして天神《天竜》も祐《たす》けず、疾疫・悪鬼、日《ひび》に来つて侵害し、災怪《さいけ》首尾《しゅび》し、連禍《れんか》縦横《じゅうおう》し、死して地獄・餓鬼・畜生に入らん。もし出《い》でて人とならば、兵奴《ひょうぬ》の果報《かほう》ならん。響のごとく影のごとく、人の夜書《しょ》するに火は滅すれども字は存するがごとく、三界の果報もまたかくのごとし」と。

《大品《だいぼん》経に云く、「破法の業因縁《ごういんねん》集まるが故に、無量百千万億歳、大地獄の中に堕《だ》せん。この破法人《はほうにん》の輩《ともがら》、一大地獄より一大地獄に至り、もし火劫《かこう》起らん時は、他方の大地獄の中に至り、生じて彼の間にあり、一大地

た善根もすべて消えうせてしまうだろう。(中略)その王は重い病気にかかり、死んで後には大地獄に堕ちるであろう。王ばかりでなく、夫人も太子も大臣はじめ百官もそれと同じようになるであろう」と。

仁王経嘱累品にも次のように説かれています。「仏教を破る人には親孝行の子は生まれない。親類じゅうと仲たがいして、天の神々も助けてくれない。病魔におそわれない日々はなく、生涯どこへ行っても災難がついてまわり、死んでからは地獄・餓鬼・畜生におちるであろう。たまたま人間と生まれても兵士や奴隷となって苦しみを受けるであろう。響きのように、影のように、夜、灯の光で字を書いても、灯の消えた後も字は残るように、現世で犯した謗法の悪業の罪は消えないのである」と。

《大品般若経の信毀《しんき》品にも次のように説かれています。「正法を毀《そし》り破る業や因縁が集まるから、無量百千万億歳もの間、大地獄に堕ちるのである。この破法の人びとは大地獄から大地獄へと転々として、もし劫火が起こって世界が滅びる時には、また他の世界の大地獄の中に生まれ、大地獄から大地獄へと転々するであろう。(中略)このように十方世界の

獄より一大地獄に至らん。乃至、かくのごとく十方に遍《へん》せん。乃至、重罪転《うた》た薄く、或は人身《にんしん》を得ば、盲人《もうにん》の家に生れ、旃陀羅《せんだら》の家に生れ、厠《かわや》を除《はら》い死人を担《にな》う、種種の下賤《げせん》の家に生れん。もしは無眼《むげん》、もしは一眼《いちげん》・もしは眼瞎《がんかつ》・無舌《むぜつ》・無耳《むに》・無手《むしゅ》ならん」と。

大集《だいしつ》経に云く、「大王、当来の世において、もし刹利《せつり》・婆羅門《ばらもん》・毗舎《びしゃ》・首陀《しゅだ》あり、乃至、他の施《ほどこ》すところを奪わば、しかも彼《か》の愚人《ぐにん》現身の中において二十種の大悪果報を得ん。何者か二十なる。一には諸天善神悉く遠離《おんり》せん。四には怨憎悪人《おんぞうあくにん》同じく共に聚会《しゅえ》せん。六には心狂痴乱《しんきょうちらん》し、恒に暴遶《ぼうき》多からん。十一には所愛の人悉く皆離別せん。十五には所《しょ》有《う》の財物《ざいもつ》五家《け》に分散せん。十六には常に重病に遇《あ》わん。二十には常に糞穢《ふんね》に処し、乃至命終《みょうじゅう》して、命終の後《のち》阿鼻地獄に堕せん」と。

大地獄を経回《へめぐ》るであろう。（中略）重罪を滅じて人間に生まれ変わるならば、目の見えない人の家に生まれ、旃陀羅の家に生まれ、便所を掃除し、死者を担うなどの身分の低く卑しい家に生まれるであろう。あるいは目の不自由な、あるいは口の不自由な、あるいは耳の不自由な、あるいは手の不自由な人と生まれるであろう」と。

また大集経の護持正法品にも次のように説かれています。「大王よ、もし未来の世に武士・司祭・商工業者・奴隷の四姓階級があって（中略）、彼らの中の愚かな人が不信のゆえに他の人の施すところの物を奪うならば、その人は現身に二十種の大悪果報を受けるであろう。二十種とは、一には諸天善神がすべて捨て去るであろう。四には怨み憎む悪人が集まり来るであろう。六には心が狂い乱れ、常に町中をさまよい歩くであろう。十一には愛する人とすべて離別するであろう。十五にはすべて財物を分散するであろう。十六には常に重い病気にかかるであろう。二十には常に非常に汚い処にあるであろう。（中略）死んで後は無間地獄に堕ちるであろう」と。

また云く、「曠野《こうや》無水《むすい》の処に居在《こざい》して、生じてはすなわち眼《まなこ》なく、また手足なけん。四方の熱風来りてその身に触れ、形体楚毒《ぎょうたいそどく》なお剣《つるぎ》もて切るがごとく、宛転《おんでん》して地にありて、苦悩を受く。かくのごとく百千種の苦あらん。しかして後《のち》に命終して大海の中に生れ、宍揣《にくし》の身を受く。その形《かたち》長大にして百由旬《ゆじゅん》に満《み》たん。しかも彼《か》の罪人所居《しょこ》の処は、その身の外面一由旬において、中に満《み》てる熱水《ねっすい》しかも融銅《ゆうどう》のごとく、無量百千歳を経《へ》て飛禽走獣《ひきんそうじゅう》競い来りてこれを食《は》まん。乃至、その罪漸く薄く、出《い》でて人となることを得ば、無仏《むぶつ》の国、五濁《ごじょく》の刹《くに》の中に生ぜん。生るるよりして盲《めしい》なり。諸根具せず、身形《しんぎょう》醜悪にして、人見ることを喜ばず」と。

六波羅蜜経《ろくはらみっきょう》に云く、「今地獄にありて現に衆《もろもろ》の苦を受け、十三の火の纏嬈《てんにょう》するところとなる。二の火焔《かえん》有りて足より入りて頂に徹して出《い》ず。また二焔あり。頂より入り

また同じく大集経には次のように説かれています。「砂漠にあって身体不自由の身と生まれ、熱風が剣をもって切るように身体に吹きつけ、大地を転《ころ》げ回るなどのような百千もの苦を受けるであろう。さらに死んで後には大海の中に生まれ、人に食される身となるであろう。その形は百由旬もの大きさであろう。その罪人の住んでいるところの水の熱さは銅をも融かすほどであり、長い年月を経て猛禽や猛獣が飛び来たり走り来たって食べられるであろう。(中略)その罪をようやく滅じて人と生まれ変わることができても、仏のいない国や悪世の汚れ濁った国に生まれるであろう。生まれながらに身体は不自由で、人は顔をそむけるであろう」と。

また六波羅蜜経の不退転品には、次のように説かれています。「地獄に堕ちてさまざまな苦しみを受け、十三の火に身体じゅうを焼かれるであろう。この地獄の衆生の身体の軟らかなことは、どろどろに煮た牛乳のようなもので、十三もの火に焼かれ、花柄の毛織物を焼き尽くすよう

足に通じて出ず。また二焔あり。背より入りて胸より出ず。また二焔あり。胸より入りて背より出ず。また二焔あり。左の脇より入り右の脇を穿《うが》ちて出ず。また二焔あり。右の脇より入り左の脇を穿ちて出ず。また一焔あり。首より纏《まと》い下《くだ》りて足に至る。しかるにこの地獄の諸の衆生の身、その形耎《なん》弱《じゃく》にして熟蘇《じゅくそ》のごとし。彼の衆火《しゅか》に交絡焚《きょうらくふん》熱《ねっ》せらる。その地獄の火の氈華《じょうか》を焼くがごとく、また余燼《よじん》なし」と。≫

④法華経≪妙法蓮華経≫第二に云く、「もし人信ぜずして、この経を毀謗せば、乃至≪すなわち一切世間の仏種を断ぜん。或はまた顰《ひん》蹙《じゅく》して疑惑を懐《いだ》き、乃至、経を読誦し書持することあらん者を見て、軽賤憎嫉《きょうせんぞうしつ》して結恨《けっこん》を懐《いだ》かん。この人の罪報を汝今また聴け。≫その人命終《みょうじゅう》して、阿鼻獄に入らん。≪一劫を具足して劫尽《こうつ》きなばまた生ぜん。かくのごとく展転して無数劫《むしゅこう》に至り、乃至、ここにおいて死

に、残るところはないであろう」と。

法華経第二の巻の譬喩品には、次のように説かれています。「もし人がこの経を信じないで毀《そし》るならば、≪一切世間の人びとの仏となる種を断つことになるだろう。あるいは教えに対して顔をしかめ疑いを持つ人は、（中略）この経を読み書き信じたてまつる人を見て、軽んじ賤《いや》しめ憎み嫉《うらや》み、恨みを深く懐くならば、この人の罪の報いはどれほどであるか、それを今よく聴いておけ。≪その人はこの世の命終わって無間地獄に堕ちるであろう。≪地獄の責め苦は延々と、一劫が終わればまた次と繰り返して尽きることがない。（中略）そして動物界に堕ちてゆき、大蛇の身となり、五百日歩く距離ほどの身となるであろう≫」と。

し已《おわ》りてさらに蟒身《もうしん》を受けん。その形《かたち》長大にして五百由旬ならん》」と。

また同第七巻不軽品《同第七》に云く、「《四衆《ししゅ》の中に瞋恚《しんに》を生じ、心不浄なる者ありて、悪口《あっく》罵詈《めり》して言く、この無智の比丘と。衆人或《しゅにんあるい》は杖木瓦石《じょうもくがしゃく》をもってこれを打擲《ちょうちゃく》す》。千劫阿鼻地獄《せんごうあびじごく》において大苦悩を受く」と《已上》。

《大》涅槃経に云く、「善友《ぜんゆう》を遠離《おんり》し、正法《しょうぼう》を聞かず、悪法に住する者は、この因縁の故に沈没《ちんもつ》して阿鼻地獄にありて、受くるところの身形《しんぎょう》縦横《じゅうおう》八万四千由延ならん」と。

広く衆経《しゅきょう》を披《ひら》きたるに、専ら謗法《ほうぼう》を重しとす。悲しいかな《日本国》、皆正法《しょうほう》の門を出《い》でて深く邪法《じゃほう》《謗》の獄《ひとや》に入れり。愚かなり《上下万人《じょうかばんにん》》、各《おのおの》悪教《あっきょう》の綱《つな》に懸《かか》りて鎮《とこし》えに誇《ほう》教《きょう》の網《あみ》に纏《まと》わる。この蒙霧《もうむ》の迷い、彼《か》の盛焔《じょうえん》の底に沈む。あに《これ》愁《うれ》えざらんや、あに苦しからざらんや。

また同じく法華経第七巻の常不軽菩薩品には、次のように説かれています。「《僧や尼僧、信者の男女たちは、怒りの心を抱き、不快の念を生じ、悪口をあびせ、罵《ののし》っていうには、このおろかな僧は何者であるかと。そして、人びとは杖や棒で打ち叩き、瓦や石を投げつけた。》彼らはこの法華経の行者を迫害した罪によって千劫もの永い間、無間地獄にあって大いなる苦しみを受ける」と。

涅槃経の迦葉品には次のように説かれています。「善き師を捨てて正法を聞かず、悪法に執着するならば、その罪によって無間地獄の底に沈んで、八万四千由旬の広大な身体いっぱいに、永久的に地獄の苦しみを受けるであろう」と。

このように多くの経文を開いてみますと、謗法の罪が最も重いとされています。それにもかかわらず、日本国の人びとがみな、正法の家を捨てて邪教謗法の獄に入ってしまうのは、まことに悲しいことであります。また日本国中の上下万人ことごとく悪い教えの綱にひかれて謗法の網にからまって脱け出せずにいるのは、まことに愚かなことであります。今生では迷いの霧にたちこめられ盲目となって無量の災難を受け、後生では地獄の焔の底に沈み無限の苦悩を受けるのであります。まことに嘆か汝早く信仰の寸心を改めて、速かに実乗《じつじょう》の一善《いちぜん》に帰《き》せよ。しかればすなわち三界《さんがい》は皆仏国なり。仏国それ衰えんや。十方《じっぽう》は悉く宝土《ほうど》なり。宝土何ぞ壊《やぶ》れんや。国に衰微なく、土に破壊《はえ》なくんば、身はこれ安全にして、心はこれ禅定ならん。この詞《ことば》、この言《ことば》《この言、この詞》、信ずべく崇《あが》むべし。

客の曰く、今生後生《こんじょうごしょう》、誰《だれ》か慎まざらん。誰か恐れ《和せ》ざらん。この経文を披《ひら》きて、具《つぶさ》に仏語《ぶつご》を承《うけたまわ》るに、誹《ひ》謗《ほう》の科《とが》至つて重く、毀《き》法《ほう》の罪誠に深し。我一仏《われいちぶつ》を信じて諸仏を抛《なげう》ち、三部経《三経》を仰ぎて諸経を閣《さしお》きしは、こ

わしいことであり、これを心配せずにいられましょうか、苦しまないわけにいきましょうか。

正法帰依を勧める

貴殿は一刻も早く邪《よこし》まな信仰を捨てて、ただちに唯一真実の教えである法華経に帰依しなさい。そうするならば、この世界はそのまま仏の国となります。仏の国は決して衰えることはありません。十方の世界はそのまま浄土となります。浄土は決して破壊されることはありません。国が衰えることなく、世界が破壊されなければ、わが身は安全であり、心は平和でありましょう。この言葉は真実であります。信じなければなりません、崇めなければなりません。

十　謗法の対治を領解する

客はいう。今生の安穏、後生の成仏を願って、誰が慎まない者がありましょうか。誰が恐れない者がありましょうか。今ここに示された経文によって具体的に仏の御言葉を承りますと、仏を謗《そし》り、経を謗った謗法の罪がいかに重く深いものであるかを知ることができました。私が弥陀一仏を信じて諸仏をなげうち、浄土三部経だけを仰いで諸経を捨てたの

れ私曲《しきょく》の思いにあらず、すなわち先達《せんだつ》の詞《ことば》に随いしなり。十方の諸人もまたかくのごとくなるべし。今世《こんぜ》には性心《しょうしん》を労し、来生《らいしょう》には阿鼻に堕せんこと、文《もん》明かに理詳《つまび》らかなり。疑うべからず。いよいよ貴公の慈誨《じかい》を仰ぎて、ますます愚客《ぐきゃく》の痴心《ちしん》を開き、速かに対治《たいじ》を回《めぐ》らして、早く泰平を致し、先《ま》ず生前《せいぜん》を安んじ、さらに没後《もつご》を扶《たす》けん。ただ我《われ》信ずるのみにあらず、また他の誤りを誡《いまし》めんのみ。

は、私一個人の考えではなく、浄土宗の先師の言葉に随ったまでであります。おそらく世の中のすべての人びともそうでありましょう。現世ではいたずらに心を痛め、来世には無間地獄に堕ちるということは、経文とその道理から明らかであり、疑う余地はまったくありません。今後とも貴僧の慈悲あふれる教えを仰いで、私の愚かな迷いの心を晴らし、すみやかに謗法の者を根絶し、一日も早く平和を招き、まず今生を安穏に、そして後に未来の成仏を祈りましょう。ただ私一人が信ずるだけでなく、他の人びとの誤りをただすことに努めたいと思います。

注

① 文応本には傍線を付し、広本の本文を《 》で括って示した。また広本のみに引用される経釈の文は、原文を一字下げて示した。

② 傍線部分「広本」になし。—線のみで「広本」の文がない場合、「広本」に欠けている。

③ 「広本」はここに次の涅槃経の文を「又云く」として引用。

④ 広本はここに次の涅槃経の文を「大涅槃経に云く」として引用。

安《あん》国《こく》論《ろん》副状《そえじょう》

未《いま》だ見参《げんざん》に入らずといえども、事《こと》に触れ書《しょ》を奉《たてまつ》るは常の習《ならい》に候か。抑《そもそ》も正嘉《しょうか》元年〈太《たい》歳丁巳《さいひのとみ》〉八月二十三日戌亥《いぬい》の尅《こく》の大地震、日蓮諸経を引いてこれを勘《かんが》うるに、*念仏宗と*禅宗等とに御帰依《ごきえ》あるの故に、日本国中の守護の諸大善神《しょだいぜんじん》、恚《いかり》に依つて起す所の災《わざわい》なり。もし御対治《ごたいじ》なくんば、他国《たこく》のために此《こ》の国《くに》を破らるべき悪瑞《あくずい》の由《よし》、*勘文《かんもん》一通《つう》これを撰《せん》し、立正安国論と号し、正元《しょうげん》二年〈太歳庚申《たいさいかのえさる》〉七月十六日、*宿屋入道《やどやにゅうどう》に付《ふ》して故最明寺入道殿《こさいみょうじにゅうどうどの》にこれを進覧《しんらん》せしむ。(後欠)

安国論副状

文永五年(一二六八)、四七歳、於鎌倉、
北条時宗宛、原漢文、定四二一頁。

いまだ御対面の機会を得ないとはいえ、国の存亡に関わる重大事に関して書面を提出するということは世間のならわしでありましょう。そもそも、正嘉元年(一二五七)八月二十三日午後九時ごろの大地震について、私(日蓮)が諸経の文に照らし合わせて考えた結果、日本国の上下万民すべてが念仏宗や禅宗などの間違った教えに帰依しているために、この国を守るべき諸天善神が怒って起こした災難である。もしこれら悪法を広める諸宗を根絶しないならば、日本国が外国から攻められ滅びてしまう悪い前兆であることを論じた一巻の書を撰述し、立正安国論と名づけ、正元二年(文応元年、一二六〇)七月十六日、宿屋入道光則を通じて故最明寺入道殿に御覧に供するよう進上したのである。(後欠)

安国論御勘由来《あんこくろんごかんゆらい》

正嘉《しょうか》元年〈太歳丁巳《たいさいひのとみ》〉八月廿三日戌亥《いぬい》の時、前代に超えたる大地振《だいじしん》。同二年〈戊午《つちのえうま》〉八月一日、大風《たいふう》。同三年〈己　未《つちのとひつじ》〉大飢饉。正元元年〈己未〉大疫病。同二年〈庚申《かのえさる》〉四季に亘つて大疫やまず。万民《ばんみん》すでに大半に超《こ》えて死を招き了《おわ》んぬ。しかる間、国主これに驚き、内外典《ないげてん》に仰せ付けて、種種の御祈禱《ごきとう》あり。しかりといえども、一分《いちぶん》の験《しるし》もなく、還つて飢疫《ききえき》等を増長《ぞうちょう》す。日蓮、世間の体《てい》を見て、ほぼ*一切経《いっさいきょう》を勘《かんが》うるに、御祈請験《ごきしょうしるし》なく、還つて凶悪を増長するの由《よし》、道理・*文証《もんしょう》これを得了《えおわ》んぬ。終《つい》に止むことなく、*勘文《かんもん》一通を造《つく》り作《な》し、その

安国論御勘由来

文永五年(一二六八)四月、四七歳、於鎌倉、
法鑑房宛、原漢文、定四二一—四二四頁。

正嘉元年（一二五七）八月二十三日午後九時ごろ、前代未聞の大地震があった。同二年八月一日には大風、同三年には大飢饉、正元元年（一二五九）には大疫病、同二年にも四季を通じて大疫病が止《や》まなかった。こうした連続する災害のために国民の大半は死に絶えてしまった。この状況を見て国主は大いに驚き、仏教の各宗寺院や神社や儒教の人びとなどに命じて、種々の災難をはらい除くための祈禱を行なわせたのである。しかし、少しも効験はなく、かえって飢饉《ききん》や疫病を増すばかりであった。私（日蓮）も災難の続出する世間の状況を観察し、これを一切経の文に照らし合わせて考えてみると、いろいろな祈禱に効験がなく、むしろ災難が増すばかりである理由を知り、その証拠を見出すことができたのである。そこでこれは一大事であると考え、経文をもとに一通の勘文を書きあげて、立正安国論と題し、文応元年（一二六〇）七月十六日午前八時、

名を立正安国論と号す。文応《ぶんのう》元年〈庚申〉七月十六日〈辰時〉、*屋戸野《やどや》入道に付《ふ》し、古最明寺《こさいみょうじ》入道《にゅうどう》殿に奏進《そうしん》し了んぬ。これ偏《ひとえ》に国土《こくど》の恩を報ぜんがためなり。

その勘文《かんもん》の意《こころ》は、日本国天神《にほんごくてんじん》七代・地神《ちじん》五代・*百王《ひゃくおう》百代、人王第卅代欽明《きんめい》天皇の御宇《ぎょう》に、始めて百済国《くだらこく》より仏法この国に渡り、桓武《かんむ》天皇の御宇に至る。その中間五十余代、二百六十余年なり。その間、一切経並びに六宗、これありといえども、天台《てんだい》・真言《しんごん》の二宗いまだこれあらず。桓武の御宇に、山階寺《やましなでら》の行表《ぎょうひょう》僧正《そうじょう》の御弟子《みでし》に最澄《さいちょう》という小僧あり〈後《のち》に*伝教《でんぎょう》大師《だいし》と号す〉。已前《いぜん》に渡る所の六宗、並びに禅《ぜん》宗《しゅう》、これを極《きわ》むといえども、いまだ我意《わがい》に叶《かな》わず。聖武《しょうむ》天皇の御宇に、大唐《だいとう》の*鑑真和尚《がんじんわじょう》渡す所の天台の章疏《しょうじょ》、四十余年を経て已後、始めて最澄これを披見《ひけん》し、ほぼ仏法の玄旨《げんし》を覚《さと》り了《おわ》んぬ。最澄、天長地久《てんちょうちきゅう》のために、延暦《えんりゃく》四年、叡山《えいざん》を建立《こんりゅう》す。桓武皇帝これを崇《あが》め、天《てん》

宿屋入道を通じて、今は亡き最明寺入道時頼殿に上申したのである。これは日蓮の私情によるものではなく、ただひたすら国土の恩に報いんがための心情にほかならない。

その立正安国論の趣旨は次の通りである。日本国が始まってから天神七代・地神五代・人皇百代であるが、その人皇第三十代欽明天皇の御代《みよ》に、百済の国から初めて仏法が日本に伝えられたのである。それから桓武天皇の御代までは五十余代、二百六十余年であるが、その間に一切経と倶舎《くしゃ》・成実《じょうじつ》・律《りつ》・三論《さんろん》・法相《ほっそう》・華厳《けごん》の六宗が伝えられたけれども、まだ天台・真言の二宗はなかった。桓武天皇の御代に、山階寺の行表僧正の御弟子に最澄という小僧があった。のちには伝教大師と号した人である。最澄はそれまでに伝えられた六宗と禅宗の教えを学び、深く研究したけれども満足することができなかった。ところが聖武天皇の御代に鑑真和尚が伝えた天台の書物を、たまたま手にすることができた。この天台の書は四十余年の間、誰も読まずにきたのを最澄がはじめて手に入れ読んだのである。そしてこの書によって仏法の奥深い意味を覚ることができたのである。そこで最澄は国家の安泰を祈るため、延暦四年（七八五）に比叡山に登り、ここに一乗止観院を建立したのである。桓武天皇はこれを崇めて、天皇の本命星を祈念して国

子本命《しほんめい》の道場《どうじょう》と号す。六宗の御帰依《ごきえ》を捨て、一向天台円宗《いっこうてんだいえんしゅう》に帰伏《きぶく》したもう。同じき延暦十三年に、長岡《ながおか》の京《みやこ》を遷《うつ》して平安城《へいあんじょう》を建《た》つ。同じき延暦廿一年正月十九日、高雄寺《たかおじ》において南都《なんと》七大寺の六宗の碩学《せきがく》、勤操《ごんそう》・長耀《ちょうよう》等の十四人を召し合せ、勝負《しょうぶ》を決断す。六宗の明匠《めいしょう》、一問答《もんどう》にも及ばず、口を閉《とず》ること鼻のごとし。*華《け》厳《ごん》宗の*五教・*法相《ほっそう》宗の*三時・*三論《さんろん》宗の*二蔵《ぞう》三時の所立《しょりゅう》を破《は》し了んぬ。ただ自宗を破らるるのみにあらず、皆謗法《ほうぼう》の者たることを知る。同じき二十九日、皇帝勅宣《ちょくせん》を下《くだ》してこれを詰《なじ》る。十四人、謝表《しゃひょう》を作って皇帝に捧げ奉る。その後、代々の皇帝、叡山の御帰依、孝子《こうし》の父母に仕うるに超《こ》え、黎民《れいみん》の王威《おうい》を恐るるに勝《まさ》れり。或御時《あるおんとき》は宣明《せんみょう》を捧げ、或御時は非《ひ》をもって理《り》に処《しょ》す等云云。殊《こと》に清和《せいわ》天皇は叡山の慧亮《えりょう》和尚の法威《ほうい》に依って位に即《つ》き、皇帝の外祖《がいそ》父《ふ》九条《くじょう》右丞《じょうしょう》相は誓状《せいじょう》を叡山に捧ぐ。源《みなもと》右将軍《のうしょうぐん》は清和の末葉《まつよう》なり。鎌倉の御成敗《ごせいばい》、是《ぜ》

家を鎮護するための道場と定められ、南都の六宗を捨てて天台法華宗に帰依されたのである。天皇は延暦十三年に長岡京を廃して平安京に遷《うつ》られた。延暦二十一年正月十九日、高雄寺において南都六宗七大寺の学者、勤操・長耀などの十四人を召し合わせ、最澄と法門の優劣を対決させられた。六宗の学者たちは口を鼻のように閉じて一問答にも及ばなかった。その時、華厳宗の五教、法相宗の三時、三論宗の二蔵三時の法門はことごとく破られてしまった。ただ破られただけではなく、それらの宗旨が謗法であることも明らかとなった。そこで同二十九日に天皇は勅宣を下して彼らを厳しく問いつめ責められたので、十四人の学者たちは帰伏の状を書いて天皇に捧げたのである。その後、代々の天皇が叡山に御帰依なさることは、ちょうど親孝行な子が父母に仕えるにも超えた態度であり、人民が王の威力を恐れるより以上に、法華経に御帰依され、尊ばれたのである。このために、ある時は宣命《みことのり》を捧げたり、ある時は理を曲げても叡山を保護されたのであった。ことに清和天皇は叡山の慧亮和尚の御祈禱の威力によって王位に即《つ》かれたので、天皇の外祖父の藤原良房《よしふさ》は誓状を叡山に捧げられたのであった。源の右将軍頼朝は清和天皇の末孫である。ところが今日の鎌倉幕府の方針が、是非善悪のいずれにあるかを問うことなく、叡山を無視し、その意に背いて、法華信仰を圧迫するようなことがあれば、天罰を招くことになるであろう。

非《ひ》を論ぜず。叡山に違背《いはい》せば、天命《てんめい》恐れある者か。

しかるに後鳥羽院《ごとばいん》の御宇《ぎょう》、建仁《けんにん》年中に法《＊ほう》然《ねん》・大日《＊だいにち》とて、二人の増上慢《ぞうじょうまん》の者あり。悪鬼《あっき》その身に入《い》つて、国中《こくちゅう》の上下を誑惑《おうわく》し、代《よ》を挙《あ》げて念仏者と成り、人毎《ひとごと》に禅宗に趣《おもむ》く。存《ぞん》の外《ほか》に山門《さんもん》の御帰依《ごきえ》浅薄《せんぱく》なり。国中の法華・真言の学者、弃置《きち》せられ了《おわ》んぬ。故に叡山守護の天照大神《てんしょうだいじん》・正八幡宮《しょうはちまんぐう》・山王《さんのう》七社、国中守護の諸大善神《しょだいぜんじん》、法味《ほうみ》を喰《くら》わずして威光《いこう》を失い、国土を捨てて去り了んぬ。悪鬼《あっき》便《たより》を得《え》て災難を致し、結句《けっく》他国よりこの国を破るべき先相勘《せんそうかんが》うるところなり。

またその後、文永《ぶんえい》元年〈甲子《きのえね》〉七月五日、彗《すい》星《せい》東方に出《い》で、余光《よこう》大体一国等に及ぶ。これまた世《よ》始りてより已来《このかた》、なきところの凶瑞《きょうずい》なり。内外典《ないげてん》の学者もその凶瑞の根源を知らず。予、いよいよ悲歎《ひたん》を増長《ぞうちょう》す。しかるに、勘文《かんもん》を捧げて已後、九ヶ年を経《へ》て今年後《のち》の正月、

それなのに、後鳥羽院の御代《みよ》の建仁年間（一二〇一―一二〇四）に、法然・大日という二人のおごり高ぶり慢心のさかんな者があって、悪鬼が彼らの身に入って、国じゅう上下の人びとを迷わせたため、世の中はみな念仏者となり、人はことごとく禅宗を信ずるようになって、叡山の御帰依は薄くなり、日本国じゅうの法華・真言の学者たちも捨てられて、誰も顧みる者はいなくなってしまった。そのために、叡山を守護する天照太神・正八幡宮・山王七社、並びに日本国を守護するもろもろの大善神たちは、みな法華経の法味を味わうことができず、その威光勢力を失って、ついに国土を捨て去ってしまった。悪鬼がそれにつけこんで、いろいろな災難を起こし、最後には他国から攻められるであろう、とは、かつて予言し警告したところである。

またその後、文永元年（一二六四）七月五日には前代未聞の大彗星が東の空に現われ、その光はほとんど国じゅうに及んだほどであった。これは実に日本国始まって以来なかったところの不吉な前兆で、仏教の学者も儒教の学者も、この凶兆の根源を知る者は一人もいないのである。私(日蓮)はこの凶兆を見て、他国侵逼《しんぴつ》の予言の的中することを思って、いよいよ悲しみを増すばかりであった。ところが安国論を上奏してから九

大蒙古国《だいもうここく》の国書《こくしょ》を見る。日蓮が勘文に相叶《あいかな》うこと、宛《あた》かも符契《ふけい》のごとし。仏記《ほとけき》して云く、「我滅度《わがめつど》の後《のち》、一百余年を経て、阿育大王《あいくだいおう》出《しゅっ》世《せ》し我舎利《わがしゃり》を弘めん」と。周《しゅう》の第四昭王《しょうおう》の御《ぎょ》宇《う》、大史蘇由《たいしそゆう》が記《き》に云く、「一千年の外《ほか》、声《しょう》教《ぎょう》この土《ど》に被《こうむ》らしめん」と。*聖徳太子《しょうとくたいし》の記《き》に云く、「我滅度《わがめつど》の後、二百余年を経《へ》て、山城《やましろ》の国に平安城を立つべし」と。天台大師の記《き》に云く、「我滅後《わがめつご》、二百余年の已後《のち》、東国に生れて我正法《わがしょうぼう》を弘めん」等と云云。皆果《はた》して記文《きもん》のごとし。日蓮、*正嘉《しょうか》の大地震・同《おなじ》き大《たい》風《ふう》・同き飢饉《ききん》・正元《しょうげん》元年の大疫《だいえき》等を見て記《き》して云く、「他国よりこの国を破るべき先相《せんそう》なり」と。自讃《じさん》に似たりといえども、もしこの国土を毀壊《きえ》せば、また仏法の破滅疑いなきものなり。

しかるに、当世《とうせい》の高僧等、謗法《ほうぼう》の者と同意の者なり。また自宗の玄底《げんてい》を知らざる者なり。定めて勅宣《ちょくせん》・御教書《みぎょうしょ》を給いて、この凶悪《きょうあく》を祈《き》

年を経た今年の閏正月、大蒙古国から国書が届いたが、それを見ると、安国論に予言したことが割符《わりふ》を合わせたように符合したのである。これは、仏が付法蔵経などに「わが滅後一百余年に阿育大王が出て、わが舎利を分布して法を弘めるであろう」と予言され、周の第四代昭王の史官の蘇由が「一千年の後、仏教がこの国に弘まるであろう」といい、聖徳太子は「わが滅後二百余年の後、山城の国に平安城が建つであろう」と予言され、天台大師は「わが滅後二百余年を経て、東国に生まれてわが正法を弘めるであろう」といわれているが、これらの予言はいずれもみなその通りに実現したように、日蓮の予言も同じ価値をもつのである。日蓮もまた正嘉元年（一二五七）の大地震、同二年の飢饉、正元元年（一二五九）の大疫病などを見て、一切経にもとづいて、「これは他国からわが国を攻め破らんとする先兆である」と予言したのである。今日明らかに的中した。今このことをいうのは自讃のようであるが、もしわが国が破られたならば、仏法も滅びてしまうであろうから、あえていうのである。

ところが今の世の高僧たちは謗法の者と同じ心の者であり、また自分の宗旨の根本を知らない者である。これらの者が勅宣や御教書を下されて、外敵対治の祈禱を行なうであろう。そうなればかえって仏や神の怒

請《しょう》せんか。仏神《ぶっしん》いよいよ瞋恚《しんに》をなし、国土を破壊《はえ》せん事《こと》疑いなきものなり。日蓮、またこれを対治《たいじ》するの方《ほう》、これを知る。叡山を除いて、日本国にはただ一人《いちにん》なり。譬えば、日月《にちがつ》の二つなきがごとく、聖人《せいじん》肩を並べざるが故なり。もしこの事妄言《こともうげん》ならば、日蓮が持《たも》つところの法華経守護の十羅刹《じゅうらせつ》の治罰《ちばつ》、これを蒙《こうむ》らん。ただ偏《ひとえ》に国のため、法のため、人のためにして、身《み》のためにこれを申さず。また禅《ぜん》門《もん》に対面を遂《と》ぐ。故にこれを告《つ》ぐ。これを用いざれば定んで後悔あるべし。恐恐謹言《きょうきょうきんげん》。

文永五年〈太歳《たいさい》戊《つちのえ》辰《たつ》〉四月五日

日　蓮花押

*法鑑御房《ほうかんごぼう》

りを増し、国の滅びることは疑いないことである。日蓮はまたこの外敵を退け、国を安穏にする方法を知っている。これを知る者は日本国には叡山を除いては、ただ日蓮一人である。ちょうど太陽や月が二つないように、世に聖人は同時に二人出ないのと同じである。もしこのことが妄語であるならば、日蓮は自ら持つところの法華経と法華経守護の十羅刹《らせつ》女《にょ》の罰を受けることになるであろう。これはまったく国のため、法のため、人のために言うのであって、自分一身のために言うのではない。貴殿には先に対面して一々申したことであるから、今また書面をもって申しあげるのである。もし私の進言を信用せず採用しないならば、必ず後悔するであろう。恐々謹言。

文永五年〈太歳戊辰〉四月五日

日　蓮花押

法鑑御房

宿屋入道再御状《やどやにゅうどうさいごじょう》

去《い》ぬる八月の比《ころ》、愚札《ぐさつ》を進《まいら》せしむるの後、今月に至るも是非《ぜひ》に付けて返報を給わらず。鬱念《うつねん》を散じ難し。忽々の故に想亡せしむるか。軽略せらるるの故に、□一行を慳《おし》むか。本文に云く、「師子は少兎を蔑らず、大象を畏《おそ》れず」等と云云。もしまた万が一、他国の兵、この国を襲うの事出来《しゅったい》せば、知りて奏せざるの失《とが》、偏《ひとえ》に貴辺《きへん》に懸るべし。仏法を学ぶの法は、身命《しんみょう》を捨てて国恩を報ぜんがためなり。全く自身のためにあらず。本文に云く、「雨を見て竜を知り、蓮を見て池を知る」等と云云。災難急を見るの故に度々これを驚かす。

宿屋入道再御状

文永五年（一二六八）九月、四七歳、於鎌倉、
宿屋左衛門入道最信宛、原漢文、定四二五頁。

去る八月に書状をお送りしましたが、今日にいたってもその可否についてのご返事をいただいておりません。私の気持ちがはればれとしません。あるいはご多忙のためにお忘れになったのでしょうか。それとも私を軽視されてわずか一行の手紙をも惜しまれているのでしょうか。ことわざに「師子は小さな兎《うさぎ》といえどもあなどらず全力をむけて立ち向かい、また大きな象をも恐れない」というように、身分の賤しい僧侶の身だからといって、軽んずべきではありません。もし万が一にも他国から日本国へ攻めよせるようなことが起こったならば、知っていながら奏上しなかった罪は、すべて貴殿に及ぶでしょう。仏法を学ぶということは、命を捨てて国の恩に報いんがためであって、まったく自己のためではありません。天台大師の法華文句に「雨の大きさを見て、それを降らす竜の大きさを知り、また蓮華の花を見て、その生ずる池の深さを知る」とい

用いざるにしかもこれを諫む。強（後欠）

うように、前兆の異常によって生ずる大事を知るべきでしょう。災難の生じることの急を知るからこそ、たびたび書状を奉るのであり、用いられなくてもあえて諫言するのです。（後欠）

安《あん》国《こく》論《ろん》奥《おく》書《がき》

文応《ぶんのう》元年〈太歳庚申《たいさいかのえさる》〉これを勘《かんが》う。正嘉《しょうか》にこれを始めてより文応元年に勘え畢《おわ》る。

去《い》ぬる正嘉元年〈太歳丁巳《ひのとみ》〉八月廿三日、戌亥《いぬい》の尅《こく》の大地震を見てこれを勘う。その後、文応元年〈太歳庚申〉七月十六日をもつて、*宿《やど》谷《や》禅門《ぜんもん》に付《ふ》して、故《こ》最明寺入道《さいみょうじにゅうどう》殿に奉れり。その後、文永《ぶんえい》元年〈太歳甲子《きのえね》〉七月五日大明《だいみょう》星《じょう》の時、いよいよこの災《わざわい》の根源を知る。文応元年〈太歳庚申〉より文永五年〈太歳戊辰《つちのえたつ》〉後《のち》の正月十八日に至るまで九ケ年を経て、西《さい》方大蒙古《ほうだいもうこ》国《こく》より我朝《わがちょう》を襲《おそ》うべきの由《よし》、牒状《ちょうじょう》こ

安国論奥書

文永六年（一二六九）一二月八日、四八歳、
於鎌倉、原漢文、定四四二―四四三頁。

この立正安国論は文応元年（一二六〇）に著述、公表したのである。ただし、同書に主張したことを考え始めたのは正嘉元年（一二五七）で、文応元年に完成したのである。

去る正嘉元年八月二十三日午後九時ごろの大地震を見て、これを契機として立正安国論を考え出したのである。その後、文応元年七月十六日、宿屋入道光則の手を経て、故最明寺入道時頼殿に献じたてまつったのである。文永元年（一二六四）七月五日に大彗星が現われた時、いよいよこの災難の根本的原因を確認することができた。文応元年に立正安国論を献上してから九箇年を過ぎて、文永五年（一二六八）閏正月十八日に、西方の大蒙古国からわが日本国を攻め襲うという牒状が来た。さらに翌六年にふたたび同じ牒状がきた。九年前に考えた立正安国論の予言がここに正しく的中したのである。予言の的中したことによって考えるに、未

れを渡す。また同じき六年、重ねて牒状これを渡す。すでに*勘文《かんもん》これに叶《かな》う。これに准じてこれを思うに、未来もまたしかるべきか。この書は徴《しるし》ある文《ふみ》なり。これ偏《ひとえ》に日蓮の力にあらず。法華経の真文《しんもん》の感応《かんのう》の至す所か。

　文永六年〈太歳己巳《つちのとみ》〉十二月八日、これを写す。

来もまた国難の起こることは必然である。この立正安国論は実に予言の書である。この予言が的中したのは日蓮の力ではなく、法華経の真実の経文の実現であって、釈迦・多宝・十方の諸仏が、日蓮の憂国の至誠に応じて我が身に入られ、その仏の大慈悲を感じた結果が立正安国論の二難の予言となり、この不思議の予言的中となったのである。

　文永六年〈太歳己巳〉十二月八日、この立正安国論を写した。

故《こ》最《さい》明《みょう》寺《じ》入《にゅう》道《どう》見《げん》参《ざん》御《ご》書《しょ》

（前欠）挙寺々。日本国中ために旧寺《きゅうじ》の御帰依《ごきえ》を捨てしむ。天魔《てんま》の所為《そい》たるの由《よし》、故最明寺入道殿に見参《げんざん》の時、これを申す。また立正安国論これを挙《あ》ぐ。惣じて日本国中の禅宗・念仏宗（後欠）

故最明寺入道見参御書

文永六年（一二六九）、四八歳、於鎌倉、原漢文、定四五六頁。

（前欠）日本国中の天台・真言などの既成寺院への帰依を捨てさせ、新たに禅宗に帰依するのは、天魔の行為に他ならないと、故最明寺入道殿に面会した時に進言したのである。また立正安国論を上奏して念仏は無《む》間《けん》地獄に堕ちる原因となる悪法である旨を提示したのである。およそ日本国中の禅宗・念仏宗（後欠）

金吾《きんご》殿御《どのご》返事《へんじ》

*止観《しかん》の五、正月《むつき》一日よりよみ候て、「現《げん》世《ぜ》安穏《あんのん》・後生善処《ごしょうぜんしょ》」と祈請《きしょう》仕《つかまつ》り候。便《びん》宜《ぎ》に給うべく候。本・末は失《うせ》て候しかども、これにすり(修理)させて候。多くの本入るべきに申し候。

*大師講《だいしこう》に鵞目《がもく》五連《れん》給《た》び候ひ了《おわ》んぬ。この大師講、三、四年に始めて候が、今年は第一にて候つるに候。

抑《そもそ》もこの法門の事、*勘文《かんもん》の有無《うむ》に依りて弘まるべきか、これ弘まらざるか。去年《いぬるとし》、方々《かたがた》に申して候ひしかども、いなせ(否応)の返事候はず候。今年十一月の比《ころ》、方々へ申して候

金吾殿御返事

文永七年(一二七〇)一一月二八日、四九歳、
大田乗明宛、和文、定四五八—四五九頁。

摩訶止観第五の巻を正月一日から読みはじめて、「現世は安穏に、後生は善処に生まれるように」と祈請しようと思いますから、ご都合のよい時に送り届けて下さい。御本は破損していると思いますが、当方で修理させますからそのままお送り下さい。何分にも多くの本が入用ですので、お願い申しあげる次第です。

天台大師講の御供養として銭五連お送り下され、まことにありがたく感謝に堪《た》えません。この大師講を始めてからすでに三、四年になりますが、今年が一番盛会でした。

そもそも法華経の教えが弘まるか弘まらないかという重大問題は、かつて立正安国論に予言した自界叛逆難《じかいほんぎゃくなん》と他国侵逼難《たこくしんぴつなん》とが、的中するかどうかによって決まると思われるのであります。去年は他国侵逼難の明らかな証拠である蒙古国の牒状《ちょうじょう》が到来しましたので、公場での対決を望ん

へば、少々返事あるかたも候。をほかた人の心もやわらぎて、さもやとをぼしたりげに候。また上《かみ》のげざん(見参)にも入りて候やらむ。これほどの僻事《ひがごと》申して候へば、流・死の二罪の内は一定と存ぜしが、いまゝでなにと申す事も候はぬは不思議とをぼへ候。いたれる道理にて候やらむ。また*自界叛逆難《じかいほんぎゃくなん》の経文も値《あ》ふべきにて候やらむ。山門なんども、いにしえにも百千万億倍すぎて動揺とうけ給《たまわ》り候。それならず子細ども候やらん。震旦《しんたん》・高麗《こうらい》すでに禅門・念仏になりて、守護《しゅご》の善神《ぜんじん》の去《さ》るかの間、彼《か》の蒙古《もうこ》に聳《したが》ひ候ぬ。我朝《わがちょう》またこの邪法弘まりて、天台法華宗を忽諸《ゆるがせ》のゆへに、山門安穏《さんもんあんのん》ならず。師檀違叛《しだんいほん》の国と成り候ひぬれば、十が八、九はいかんがとみへ候。人身《にんしん》すでにうけぬ。邪師またまぬがれぬ。法華経のゆへに流罪に及びぬ。今《いま》死罪に行はれぬこそ本意《ほい》ならず候へ。あわれ、さる事《こと》の出来《しゅったい》し候へかしとこそはげみ候て、方々に強言《ごうげん》をか

で政界・仏教界を代表する方々に書状を送ったのですが、何の返事もありませんでした。今年もまた蒙古から牒状が届きましたので、十一月の頃に再び各所へ書状を送りましたところ、今度は少し返事をした人もありました。世間一般に人びとの心も落ちついてきて、日蓮の言うことを「そうもあろうか」と考えるようになったと思われます。あるいはまた執権殿の目にも入って、少しは考え直されたためでもありましょうか。いずれにせよ、これほど世間からは道理に合わないと思われるほどの大事を思い切って強く申しあげたのですから、必ず流罪や死罪に行なわれるものと覚悟しておりましたが、今日まで何ごともないのは実に不思議であると思っています。してみると、自分の主張することは真の道理なのでしょうか。また他国侵逼難が現実となったのですから、残るところの自界叛逆難の起こることも間違いないでしょう。比叡山なども昔にまして百千万億倍動揺していると聞いております。これはただごとではなく、何か理由があるものと思われます。中国や朝鮮は禅宗や念仏になったために、国を守護する善神が見捨てて、蒙古に征服されてしまったのです。わが日本国もまた、国を滅ぼす邪法である念仏や禅が弘まったために、天台法華宗が顧みられなくなって、比叡山の動揺が激しくなってきたのです。今やわが国は諸宗の僧も、それに従う信者たちも、すべてが正法を謗る邪法に帰依し、国をあげて正法に背《そむ》く者となってしまいま

きて挙《あ》げをき候なり。

すでに年五十に及びぬ。余命《よめい》いくばくならず。いたづらに曠野《こうや》にすてん身を、同くは一乗法華のかたになげて、*雪山童子《せっせんどうじ》・*薬王《やくおう》菩薩の跡をおひ、*仙予《せんよ》・*有得《うとく》の名を後代《こうだい》に留《とどめ》て、法華・涅槃経に説き入れられまいらせんと願ふところなり。南無妙法蓮華経。

十一月二十八日

日　蓮花押

御返事

したから、この国の前途はどうなるのでしょうか、十中の八、九までは中国や朝鮮のように蒙古に滅ぼされることになりはしないかと思われます。自分はすでに受けがたい人身を受け、そのうえ、値《あ》いがたい法華経に値いたてまつり、邪師にだまされることから免れられたことは、この上ない喜びであります。さらに以前には法華経弘通《ぐずう》のために伊豆に流罪されましたが、しかしまだ死罪に行なわれずにいることはまことに不本意であります。どうかして法華経のために死罪にあうようにと信心を励んで、先般来、人にこびへつらわずに自分の所信を披瀝《ひれき》して、各所へ強く激しい言葉の諫暁の書状を書いて送ったのです。

自分はもう年は五十近くなり、この先何年生きられるかとおぼつかないのですが、いたずらに野原に捨てる身を、同じことならば一乗法華経のために捨てて、雪山童子が教えのために身を投ぜんとし、薬王菩薩が身を焼いて法華経に供養したように、自分も彼らの跡を継《つ》ごうと願い、あるいは正法護持のために身を捨てた仙予国王や有徳王のように努め、わが名を後の世に留めて、後の仏が今度法華経や涅槃経をお説きになる時に、これらの経の中に、昔、日蓮という者がいて死身弘法したと説き入れていただきたいと、ひたすら念願するばかりであります。南無妙法蓮華経。

十一月二十八日

日　蓮花押

御返事

安《あん》国《こく》論《ろん》送《そう》状《じょう》

立正安国論の正本《しょうほん》、*土木《とき》殿に候。かきて給《た》び候はん。ときとのかまた。

五月廿六日

日　蓮花押

安国論送状

文永九年(一二七二)五月二六日、五一歳、
於佐渡、和文、定六四八頁。

立正安国論の正本(日蓮自筆原本)が土木殿の所に保管されてあります。それを書写して送っていただきたい。書き手は土木殿がよいけれども、もし都合が悪ければ誰か他の人でもよろしいです。

五月二十六日

日　蓮花押

夢《む》想《そう》御《ご》書《しょ》

文永九年〈太才《たいさい》壬申《みずのえさる》〉十月廿四日の夜の夢想に云く、来年正月九日、蒙古《もうこ》治罰《ちばつ》のため、相国《そうこく》より大小向うべし等云云。

夢想御書

文永九年(一二七二)一〇月二四日、五一歳、
於佐渡、原漢文、定六六〇頁。

文永九年(一二七二)十月二十四日の夜、来年正月九日、蒙古国を治罰するため、相模国から大小の軍勢が向かうであろう、との夢を見た。

合《かっ》戦《せん》在《ざい》眼《げん》前《ぜん》御《ご》書《しょ》

（前欠）先の四ケ条、すでに経文のごとし。第五の闘諍堅固《とうじょうけんご》は末法の今に相当《あいあた》る。随《したが》つて当世《とうせい》を見聞《けんもん》するに、闘諍合戦眼前《とうじょうかっせんげんぜん》にあり。これをもつてこれを惟《おも》ふに、法□疑心（後欠）

合戦在眼前御書

文永一一年（一二七四）一一月頃、五三歳、
於身延、原漢文、定八三九頁。

（前欠）大集経に仏滅後の時代を予言した五箇の五百歳の前の四箇の五百年は、すでに仏の未来記のとおりに実現したのである。第五の五百歳の闘諍堅固の時は末法の今に相当している。したがって今の世の中を見ると、わが日本国と蒙古国と合戦しているのは眼前の事実である。大集経の文の符合したことから法華経の文を考えてみると、（後欠）

顕《けん》立《りつ》正《しょう》意《い》抄《しょう》

日蓮去《い》ぬる正嘉《しょうか》元年〈太歳丁巳《たいさいひのとみ》〉八月二十三日の大地震を見て、これを勘《かんが》え定めて書ける立正安国論に云く、

「*薬師《やくし》経の*七難の内、五難忽ちに起つて、二難なお残れり。いわゆる*他国侵逼難《たこくしんぴつなん》・*自界叛逆難《じかいほんぎゃくなん》なり。*大集経《だいしっきょう》の*三災の内、二災早く顕《あらわ》れ、一災いまだ起らず。いわゆる兵革《ひょうかく》の災《さい》なり。*金光明経《こんこうみょう》の内、種種の災難、一一に起るといえども、他方の怨賊《おんぞく》国内を侵掠《しんりゃく》する、この災いまだ露《あらわ》れず、この難いまだ来《きた》らず。*仁王《にんのう》経の七難の内、六難今盛《さかん》にして、一難いまだ現ぜず、いわゆる四方より賊来《きた》つて国を侵すの

顕立正意抄

文永一一年（一二七四）一二月一五日、五三歳、於身延、原漢文、定八四〇―八四二頁。

日蓮が去る正嘉元年（一二五七）八月二十三日の大地震を見て考えた立正安国論に、自界叛逆《じかいほんぎゃく》・他国侵逼《たこくしんぴつ》の二難が起ることを予言して書いた大要は次のようである。

薬師経に説かれた七難のうち、疫病《えきびょう》と彗星《すいせい》と日蝕・月蝕と時ならぬ風雨と旱魃《かんばつ》との五難はすでに現われたが、他国から攻め寄せてくる難と国内に謀叛《むほん》が起こる難との二難が残っている。大集経に説かれた三災のうち、飢饉と疫病との二災は早くに起こったが、戦乱の一災がまだ残っている。金光明経に説かれている種々の災難は、だいたいは起こったが、他国から攻め寄せて国土を掠《かす》め取るという一難がまだ現われない。仁王経の七難のうち、日月の運行が狂ったり、星宿が変わったり、大火が起こったり、大水が出たり、大風が吹いたり、大旱魃《かんばつ》が続いたりする六難は現われたが、第七の四方から賊

難なり。しかのみならず、国土乱れん時はまず鬼神《きじん》乱れ、鬼神乱るるが故に万民《ばんみん》乱ると。今この文について、具《つぶさ》に事《こと》の情《こころ》を案ずるに、百鬼《ひゃっき》早く乱れ、万民多く亡びぬ。先難《せんなん》これ明かなり、後災《こうさい》何ぞ疑わん。もし残る所の難、悪法の科《とが》に依つて並び起り競《きそ》い来《きた》らば、その時何《いかん》がせんや。帝王は国家を安《やすん》じて天下を治め、人臣《じんしん》は田園を領して世上《せじょう》を保つ。しかるに他方の賊来《きた》つて、この国を侵逼《しんぴつ》し、自界叛《じかいほん》逆《ぎゃく》して、この地を掠領《りゃくりょう》せば、あに驚かざらんや、あに騒がざらんや。国を失い家を滅《ほろぼ》せば、何《いず》れの所にか世を遁《のが》れん」等云云〈已上、立正安国論の言なり〉。

今、日蓮重ねて記《き》して云く、*大覚《だいがく》世尊記《き》して云《のたま》わく、苦得外道《くとくげどう》七日あつて死すべし。死して後《のち》、食吐鬼《じきとき》に生れんと。苦得外道の云く、七日の内には死すべからず。我羅漢《われらかん》を得て、餓鬼道《がきどう》に生れじ等と云云。瞻婆城《せんばじょう》の長者の婦《つま》

が攻めてきて国土を侵略するという難はまだ現われない。さらに仁王経には、国が乱れる時は悪魔が力を得てはびこり、万民が悩まされる、と説いている。この経文に照らして日本の現在の状況をよく考えてみると、まさしく悪魔は力を得て人びとは悩まされている。すでに今日までに経典に説かれたさまざまな災難が起こっているのであるから、残りの災難も必ず現われるに違いない。もし残りの災難である国内の戦乱と外国の侵略とが謗法の罪によって並び起こったならば、その時はどうしたらよいであろう。帝王は国家を基《もとい》として天下を治め、人民は田畑を耕して世の中を保ってゆくのである。それなのに外国から侵略され、また国内の戦乱によって土地を奪われたならば、どうして驚かずにいられようか、騒がずにいられようか。国が滅び、家を失ったならば、いったいどこに逃れるところがあろうか。〈以上が立正安国論第九章に述べた、内外の戦乱を予言した言葉と誡《いま》しめの言葉である〉。

今、日蓮はかさねてこのことについて言おう。昔、釈尊は善星《ぜんしょう》比丘に向かって、苦得外道は七日のうちに死んで、人の吐いた物を食う餓鬼と生まれ変わるであろうと言われた。苦得外道はこれを聞いて、自分は七日のうちに死ぬようなことはない。必ず阿羅漢の悟りを得て餓鬼道には生まれないと言った。しかし仏の予言通り、七日のうちに死んで食吐鬼

懐妊《かいにん》す。六師外道《ろくしげどう》の云く、女子を生まん。仏《ほとけ》記《き》して云《のたまわ》く、男子を生まん等と云云。仏記《き》して云《のたまわ》く、郤《さ》つて後《のち》三月、我《われ》まさに般涅槃《はつねはん》すべし等と云云。一切の外道云《いわ》く、これ妄語なり等と云云。仏の記《き》のごとく、二月十五日に般涅槃し給うのみ。法華経の第二に云《いわ》く、「舎利弗、汝未来世《なんじみらいせ》において、無量無辺不可思議劫を過ぎて、乃至、まさに作仏《さぶつ》することを得《う》べし。号《な》をば華光《けこう》如来といわん」等と云云。また第三の巻に云《いわ》く、「我《わ》が此《こ》の弟子《でし》摩《ま》訶《か》迦葉《かしょう》、未来世において、まさに三百万億《まんのく》に奉覲《ぶごん》することを得《う》べし。乃至《ないし》、最後身《さいごしん》において仏と成《な》ることを得《え》ん。名をば光明如来《こうみょうにょらい》といわん」等と云云。また第四の巻に云く、「また如来の滅度《めつど》の後《のち》に、もし人あつて、妙法華《みょうほけ》経《きょう》の乃至《ないし》一偈《げ》一句《く》を聞いて一念も随喜《ずいき》せん者には、我《われ》また阿《あ》耨多羅《のくたら》三藐三菩《さんみゃくさんぼ》提《だい》の記《き》を与え授《さず》く」等と云云。これらの経文は仏《ほとけ》、未来世の事を記《しる》し給うなり。上《かみ》に挙ぐる所の苦得

の相を現じたのである。また瞻婆城の長者の妻が懐妊した時、六師外道は女子が生まれるといい、仏は男子が生まれると言われた。仏の予言通り、男子が生まれたのである。また仏は三箇月の後に涅槃に入るであろうと言われたが、多くの外道はそれは妄語《うそ》だと言った。しかし仏の予言通り、二月十五日に涅槃に入られたのである。釈尊は法華経の第二の巻の譬喩品《ひゆほん》において、「舎利弗《しゃりほつ》よ、汝は未来の世の数えきれもせず、思いはかることもできない長い時間を経て、仏となり、名を華光如来というであろう」と舎利弗の未来成仏を予言されている。また第三の巻の授記《じゅき》品には、「わが弟子の摩訶迦葉は、未来の世に三百万億の諸仏に値《あ》いたてまつって、最後に仏となり名を光明如来というであろう」と摩訶迦葉の未来成仏を予言されている。さらに第四の巻の法師《ほっし》品には、「仏が入滅してから後の世において、もしこの妙法蓮華経の一偈一句でも聞いて、一念でも喜びの心を起こす者には、成仏の許しを与えるであろう」とわれらの未来の成仏を予言されている。これらの法華経の文は、仏が未来の世のことを予言されたものであるが、前にあげた苦得外道と瞻婆城の長者の妻と仏御入滅との三つの予言が当たらなかったならば、誰もこの法華経の予言を信ずる者はないであろう。たとえ多宝如来が宝塔の中から、「釈尊の説かれた教えはすべて真実である」と大音声を出して証明をされても、十方世界から集まってきた釈尊の分身の諸仏が広長舌を梵

外道等の三事《さんじ》、普合《ふごう》せずんば、誰《たれ》か仏語《ぶつご》を信ぜん。たとい*多宝仏《たほうぶつ》、証明《しょうみょう》を加え、*分身《ふんじん》の諸仏《しょぶつ》、長舌《ちょうぜつ》を梵天《ぼんでん》に付け給うとも、信用し難《がた》きか。今またもつてかくのごとし。たとい日蓮、*富楼那《ふるな》の弁《べん》を得、*目連《もくれん》の通《つう》を現ずとも、勘《かんが》うる所当《あた》らずんば、誰かこれを信ぜん。

去《い》ぬる文永五年に、蒙古《もうこ》国《こく》の牒状《ちょうじょう》、我朝《わがちょう》に渡来《とらい》する所、賢人《けんじん》あらばこれを怪しむべし。たといそれを信ぜずとも、去ぬる文永八年九月十二日、御勘気《ごかんき》を蒙《こうむ》りしの時、吐《は》く所の強《ごう》言《げん》、次の年二月十一日に普合《ふごう》せしむ。情《こころ》あらん者はこれを信ずべし。いかにいわんや、今《こん》年《ねん》すでに彼《か》の国災兵《くにさいひょう》の上、二箇国《かこく》を奪い取る。たとい木石《ぼくせき》たりといえども、たとい禽獣《きんじゅう》たりといえども、感ずべく驚くべきに、偏《ひとえ》に只事にあらず。天魔《てんま》の国に入《い》りて、酔えるがごとく、狂えるがごとし。歎《なげ》くべし、哀《かな》しむべし、恐《おそ》るべし、厭《いと》うべし。

また立正安国論に云く、

天に届かせて、釈尊の教えが真実であると証明しても、とうてい信じがたいことであろう。今もまたそれとまったく同じである。たとえ日蓮が富楼那尊者のような弁舌をふるって説法しても、また目連尊者のような神通力を得て不思議を現わしても、予言したことが当たらなかったならば、誰もその言を信ずる者はないであろう。しかし、安国論の予言はすべて的中したのである。

去る文永五年（一二六八）に蒙古国から国書が来た時、日本に賢明な人があったならば、日蓮の予言の的中に気がついたことであろう。たとえそれを信じなくとも、去る文永八年九月十二日に幕府のお咎《とが》めを受けた時、平左衛門尉《へいのさえもんのじょう》に向かって強く述べた言葉が、次の年の二月十一日に内乱が起こって、予言の通りに的中したのであるから、心ある人は日蓮の言うことを信じなければならないのである。そのうえ、今年は蒙古国から攻め寄せてきて、壱岐《いき》・対馬《つしま》の二箇国を奪い取られたのである。たとえ木石のような者でも、鳥や獣のような者でも、予言の的中に感服しなければならないし、驚かなければならないのに、何の反応もないのは、これはただごとではない。天魔がこの国に入ったために国じゅうの人びとが酔い狂っているのである。まことに歎かわしいことであり、哀れむべきことであり、恐るべきことであり、厭うべきことである。

また立正安国論には未来を予言して次のように記しておいた。

「もし執心《しゅうしん》翻《ひるがえ》らずして、また曲意《きょくい》なお存せば、早く有為《うい》の郷《さと》を辞して、必ず無間《むけん》の獄《ひとや》に堕《だ》せん」等と云云。

今普合《ふごう》するをもつて未来を案ずるに、日本国の上下万人、阿鼻大城《あびだいじょう》に堕《だ》せんこと、大地を的《まと》となすがごとし。これらはしばらくこれを置く。日蓮が弟子等、またこの大難脱《のが》れ難きか。彼《か》の不軽軽毀《ふきょうきょうき》の衆《しゅ》は、現身《げんしん》に信伏随従《しんぷくずいじゅう》の四字を加うれども、なお先謗《せんぼう》の強きに依つて、まず阿鼻大城に堕して、千劫を経歴《きょうりゃく》して大苦悩《だいくのう》を受く。今、日蓮が弟子等もまたかくのごとし。或《ある》いは信じ、或いは伏《ふく》し、或いは随い、或いは従へども、ただ名のみこれを仮《かり》て、心中に染《そ》まざる信心薄き者は、たとい千劫をば経ざれども、或いは一無間《むけん》、或いは二無間、乃至、十百無間疑いなからん者か。これを免《まぬが》れんと欲せば、各々《おのおの》、*薬王《やくおう》・*楽法《ぎょうぼう》のごとく、臂《ひじ》を焼き、皮を剝《は》げ。*雪山《せっせん》・国王等のごとく、身を投げ、心を仕《つか》えよ。もししか

もし邪《よこしま》な教えに執着する心を改めず、間違った考えを持ち続けるならば、死んで後は必ず無間地獄に堕ちるであろう。

今、現在の予言が的中したことに照らして未来のことを考えるに、この予言も必ず的中して、日本国じゅうの上下万人がすべて謗法の罪によって無間地獄に堕ちることは、大地を的として弓を射るように確かなことである。しかし、これら謗法の者のことは言うまでもないことであるから、しばらく止めておく。日蓮の弟子たちの中にもまた、未来に無間地獄に堕ちるこの大難を免れることのできない者たちがある。かの不軽菩薩を軽んじ毀《そし》った人びとは、後に不軽菩薩の説法を聞いて心を改めて信じ随ったけれども、先に毀った謗法の罪が重いので、無間地獄に堕ちて千劫という長い間大いなる苦しみを受けたのである。今、日蓮の弟子たちもまたそれと同じである。信じ随うといっても、ただ名ばかり形ばかりで、心から信じ随わない信心の薄い者は、たとえ千劫までは経なくても、一生・二生、あるいは十生・百生の間、無間地獄に堕ちて苦しみを受けることは疑いないであろう。もしこの無間地獄に堕ちる苦しみから免れようと思うならば、薬王菩薩のように臂《ひじ》を燃やして供養を捧げたり、楽法梵志《ぼんじ》のように皮を剝《は》いで紙として経文を写したり、雪山童子のように身を殺して法を求めたり、檀王のようにすべてを捨てて心から教

らずんば、五体を地に投げ、偏身《へんしん》に汗を流せ。もししからずんば、珍宝《ちんぼう》をもつて仏前《ぶつぜん》に積め。もししからずんば、奴婢《ぬひ》となつて持者に奉《つか》えよ。もししからずんば等云云。*四悉檀《ししつだん》をもつて時《とき》に適《かな》うのみ。我が弟子等の中にも信心薄《う》淡《す》き者は、臨終の時、阿鼻獄《あびごく》の相を現《げん》ずべし。その時、我を恨むべからず等云云。

文永十一年〈太歳甲戌《たいさいきのえいぬ》〉十二月十五日

日蓮これを記す

えを求めたりしなければならない。もしこのような不惜身命《ふしゃくしんみょう》の修行ができないならば、五体を大地に投げ全身に汗を流して仏に祈れ。もしそれもできないならば、珍宝を仏の御宝前に積んで供養せよ。もしそれもできないならば、奴婢となって法華経の行者に仕《つか》えよ。その他、四悉檀の理に従って、時に適《かな》った修行をするがよい。わが弟子たちの中でも信心の薄い者は、臨終の時に無間地獄に堕ちる前兆が現われるであろう。その時になって日蓮を恨んではならない。

文永十一年〈太歳甲戌〉十二月十五日

日蓮これを記す

神《しん》国《こく》王《おう》御《ご》書《しょ》

〔それおもんみれば、日本国をまたは水穂《みずほ》の国、または野馬台《やまと》、または秋津嶋《あきつしま》、または扶桑等と云ふ〕云云。六十六国・二つの嶋、已上六十八ヶ国。東西三千余里、南北は不定《ふじょう》なり。この国に五畿七道《ごきしちどう》あり。五畿と申すは山《やま》城《しろ》・大和《やまと》・河内《かわち》・和泉《いずみ》・摂津《せっつ》等なり。七道と申すは東海道十五箇国・東山道《とうさんどう》八箇国・北陸道七ヶ国・山陰道八ヶ国・山陽道八ヶ国・南海道六ヶ国・西海道十一ヶ国。〔また鎮西《ちんぜい》、または太宰府《だざいふ》と云ふ〕云云。已上これは国な

神国王御書

文永一二年（一二七五）二月、五四歳、
於身延、和文、定八七七—八九三頁。

日本の国名・地理・国主

よく考えてみると、わが日本国には瑞穂《みずほ》の国、野馬台《やまと》（邪馬台、耶馬台、大和、倭）、秋津島、扶桑などのいろいろな異名がある。日本国は六十六ヶ国のほかに、壱岐・対馬の二島を加えて六十八ヶ国である。東西はおよそ三千里、南北は明確ではない。全国を大きく五畿七道に分けている。五畿とは山城・大和・河内・和泉・摂津の五ヶ国をいい、七道とは東海道十五ヶ国・東山道八ヶ国・北陸道七ヶ国・山陰道八ヶ国・山陽道八ヶ国・南海道六ヶ国・西海道十一ヶ国であって、西海道はまた鎮西とも太宰府とも呼んでいる。以上は日本の国土について述べたのである。次に日本国の国主についてみると、歴史以前の神話時代においては、天神七代・地神五代の十二代である。天神七代の第一はクニトコタチノミコト

り。国主をたづぬれば、神代《かみよ》十二代は天神《てんじん》七代・地神《ちじん》五代なり。天神七代の第一は国常立《くにとこたち》尊《のみこと》、乃至《ないし》、第七は伊奘諾《いざなぎのみこと》尊、男なり。伊奘《いざ》冊尊《なみのみこと》、妻なり。地神五代の第一は天照太神《あまてらすおおみかみ》、伊勢《いせ》太神宮日《だいじんぐうひ》の神これなり。いざなぎ・いざなみの御女《おんむすめ》なり。乃至、第五は彦波瀲武鸕鷀《ひこなぎさたけう》草葺不合尊《がやふきあえずのみこと》。この神は第四のひこほの御子《みこ》なり。母は竜《りゅう》の女《むすめ》なり。已上地神五代。已上十二代は神世《かみよ》なり。人王《にんのう》は大体百代《ひゃくだい》なるべきか。その第一の王は神武《じんむ》天皇、これはひこなぎさの御子なり。乃至、第十四は仲哀《ちゅうあい》天皇〈八幡の御父なり〉。第十五は神功皇后《じんぐうこうごう》〈八幡の御母なり〉。第十六は応神《おうじん》天皇にして仲哀と神功の御子。今の＊八幡大菩薩《はちまんだいぼさつ》なり。乃至、第二十九代は宣化《せんか》天皇なり。この時まで月氏《がっし》・漢土《かんど》には仏法ありしかども、日本国にはいまだわたらず。

で、それより皇孫相嗣《つ》いで、第七代はイザナギノミコト(男)・イザナミノミコト(女)の二尊である。また地神五代の第一はアマテラスオオミカミで、今の伊勢の大神宮の日の神がそれで、イザナギ・イザナミの御娘である。それより下って第五代はヒコナギサタケウガヤフキアエズノミコトで、第四代のヒコホホデミノミコトの御子《みこ》であり、母は竜王の娘である。以上が地神五代で、前の天神七代と合わせて十二代は神々の統治する時代であった。人王はおよそ百代であろうか。その第一はヒコナギサタケウガヤフキアエズノミコトの御子、神武天皇である。それより皇統連綿として第十四代は仲哀天皇〈八幡の御父君〉、第十五代は神功皇后〈八幡の御母君〉である。第十六代の応神天皇は、仲哀天皇と神功皇后の皇子であって、今は八幡大菩薩と崇められているのがそれである。それより下って第二十九代の宣化天皇の御代にいたるまでは、インドや中国には仏法はあったけれども、まだ日本には伝わっていなかったのである。

第三十代は欽明《きんめい》天皇。この皇《おう》は第二十七代の継体《けいたい》の御嫡子《おんちゃくし》なり。治《みよ》三十二年。この皇の治《みよ》十三年〈壬申《みずのえさる》〉十月十三日〈辛酉《かのととり》〉、百済国《くだらこく》の聖明皇《せいめいおう》、金銅《こんどう》の釈迦《しゃか》仏《ぶつ》を渡し奉る。今《いま》日本国の上下万人《じょうかばんにん》一同に＊阿弥陀《あみだ》仏《ぶつ》と申すこれなり。〔その表文《ひょうもん》に云く、「臣聞《しんき》く、万法《ばんぽう》の中には仏法最も善《よ》し。世間の道にも仏法最も上《かみ》なり。天皇陛下《てんのうへいか》もまた修行《しゅぎょう》あるべし。故に敬《うやまい》て仏像・経教《きょうぎょう》・法師《ほっし》を捧げて使《つかい》に附《ふ》して貢献《こうけん》す。宜《よろ》しく信行《しんぎょう》あるべき者なり」」〈已上〉。しかりといへども、欽明・敏《び》達《たつ》・用明《ようめい》の三代三十余年は崇《あが》め給ふ事なし。その間の事さまざまなりといへども、その時の＊天変地《てんぺんち》夭《よう》は今の代《よ》にこそにて候へども、今はまたその代にはにるべくもなき変夭《へんよう》なり。

仏法の伝来

第三十代は欽明天皇で、第二十七代継体天皇の御嫡子である。御治世は三十二年間であったが、御即位の第十三年目（五五二）の十月十三日に、百済国の聖明王が、金銅の釈迦仏をわが朝廷へ奉献された。それ以来今日まで日本国の上は天皇より下は万民にいたるまで、みな阿弥陀仏と思っているのがこの仏像である。その時の聖明王の上表文に、「臣、承っておりますには、もろもろの教えのなかでは仏法が第一であり、世間一般の道のなかでも仏法が最上の道であります。そこで陛下もまたこの仏法をぜひご修行なされますよう、ここに恭《うやうや》しく使者をもって仏像・経巻・法師を献上申しあげます。どうぞこの仏法をご信仰、ご修行下さいますように」とあった。しかし、欽明・敏達・用明の三代三十余年の間は、ついにご信仰はなかった。その間に起こった疫病などの天変地異は、今の世の災難とよく似ているけれども、今のはその当時に比べてはるかにはなはだしいものである。

第三十三代崇峻《すしゅん》天皇の御宇《ぎょう》より仏法我《わ》が朝に崇《あが》められて、第三十四代推古《すいこ》天皇の御宇に盛にひろまり給いき。この時、*三論宗《さんろんしゅう》と*成《じょう》実《じつ》宗と申す宗、始めて渡つて候ひき。この三論宗は、月氏にても漢土にても日本にても、*大乗《だいじょう》の宗《しゅう》の始めなり。故に宗の母とも、宗の父とも申す。人王《にんのう》三十六代に皇極《こうぎょく》天皇の御宇に*禅《ぜん》宗わたる。人王四十代天武《てんむ》の御宇に*法相《ほっそう》宗わたる。人王四十四代元正《げんしょう》天皇の御宇に*大《だい》日《にち》経わたる。人王四十五代に聖武《しょうむ》天皇の御宇に*華厳《けごん》宗を弘通《ぐずう》せさせ給ふ。人王四十六代孝《こう》謙《けん》天皇の御宇に*律宗《りっしゅう》と法華宗《ほっけしゅう》わたる。しかりといへども、ただ律宗ばかりを弘めて、天台法華宗は弘通なし。

人王第五十代に最澄《さいちょう》と申す聖人《しょうにん》あり。法華

南都六宗の伝来

第三十三代崇峻天皇の御代《みよ》から仏法がようやく崇められるようになり、第三十四代推古天皇の御代にいたってさかんに弘まったのである。それは聖徳太子が摂政として天皇を補佐し、十七条憲法などを定め、仏教興隆に力を尽くしたことによる。この時に三論宗が朝鮮の僧恵灌《えかん》によって伝えられ、同時に成実宗も伝わったのである。その中の成実宗は小乗宗であったが、三論宗はインド・中国・日本における大乗・小乗の宗旨の始めであったから、宗の母とも、宗の父ともいって元祖とするのである。その後、第三十六代皇極天皇の御代に道昭によって禅宗が伝えられ、第四十代天武天皇の御代に法相宗が伝わり、第四十四代元正天皇の御代に大日経が伝わり、第四十五代聖武天皇の御代に良弁《ろうべん》僧正が華厳宗を弘め、第四十六代孝謙天皇の御代に鑑真和上《わじょう》が律宗と天台法華宗とを伝えたが、和上は律宗だけを弘めて、天台法華宗は弘めなかったのである。

天台法華宗の弘通

第五十代桓武天皇の御代に、伝教大師最澄という聖人があって、みず宗を我《われ》と見出して、*倶舎《くしゃ》宗・成実宗・律宗・法相宗・三論宗・華厳宗等の六宗をせめをとし給ふのみならず、漢土に大日宗と申す宗ありとしろしめせり。同じき御宇に漢土にわたりて、四宗《ししゅう》をならいわたし給ふ。いわゆる法華宗・*真言宗・禅宗・大乗の律宗なり。しかりといへども、法華宗と律宗とをば弘通ありて、禅宗をば弘め給はず。真言宗をば宗の字をけづり、たゞ七大寺等の諸僧に*灌頂《かんじょう》を許し給ふ。しかれども世間の人々は、いかなる故という事をしらず。当時《とうじ》の人々の云《いわ》く、この人は漢土にて法華宗をば委細《いさい》にならいて、真言宗をばくはしく知《しろ》し食《め》し給はざりけるか、とすい（推）し申すなり。

から天台法華宗の宗義が諸宗にすぐれていることを見出して、倶舎宗・成実宗・律宗・法相宗・三論宗・華厳宗などの六宗と法論を行ない、六宗の宗義をことごとく論破されたのである。そればかりでなく、中国に大日宗（真言宗）という宗旨のあることを知って、延暦二十三年（八〇四）七月に中国に渡り、天台法華宗・真言宗・禅宗・大乗の律宗の四宗を学んで帰国したのである。しかしながら、その中の天台法華宗と大乗律宗とだけを弘通され、禅宗は弘められなかった。また真言宗については、宗の字を削って独立した一宗とは認めず、ただ奈良七大寺の僧侶に灌頂を許しただけであった。ところが当時の人びとは伝教大師の真意を知らず、大師は中国に渡って天台法華宗の法門は深く研究されたが、真言秘密の法門はくわしく学ばなかったのであろう、と推測していた。

真言宗の伝来

同じき御宇に空海《くうかい》と申す人、漢土にわたりて真言宗をならう。しかりといへども、いまだこの御代《みよ》には帰朝なし。人王第五十一代に

同じ桓武天皇の御代に、空海という僧が中国に渡って真言宗を学んだが、その御代には帰国せず、第五十一代平城天皇の大同元年（八〇六）に帰国した。第五十二代嵯峨天皇の弘仁十四年（八二三）正月十九日に、真

平城《へいぜい》天皇の御宇に帰朝あり。五十二代嵯峨の天皇の御宇に、弘仁《こうにん》十四年〈癸卯《みずのとう》〉正月十九日に、真言宗の住処東寺《とうじ》を給ひて護《ご》国教王院《こくきょうおういん》とがうす。*伝教《でんぎょう》大師御入滅の一年の後《のち》なり。人王五十四代仁明《にんめい》天皇の御宇に、円仁和尚《えんにんわじょう》漢土にわたりて、重ねて法華・真言の二宗をならいわたす。人王五十五代文徳《もんとく》天皇の御宇に、仁寿《にんじゅ》と斉衡《さいこう》とに金剛頂経《こんごうちょうきょう》の疏《じょ》・蘇悉《そしっち》地経の疏、已上十四巻を造りて、大日経の義釈《ぎしゃく》に並べて真言宗の三部とがうし、比叡山《ひえいざん》の内に捴《そう》持《じ》院を建立《こんりゅう》し、真言宗を弘通する事この時なり。叡山に真言宗を許されしかば、座主《ざす》両方を兼《かね》たり。しかれども法華宗をば月のごとく、真言宗をば日のごとくといいしかば、諸人等は真言宗はすこし勝《すぐ》れたりとをもいけり。しかれども座主《ざす》は両方を兼《かね》て兼学し給ひけり。大衆《だいしゅ》もまたかくのごとし。同じき御宇に円珍《えんちん》和尚と申す人御入唐《ごにっとう》。漢土にして法華・真言の両宗をならう。同じき御代に天安二年に帰

言宗弘通の道場として京都に東寺を賜わり、教王護国寺と名づけた。それは伝教大師御入滅の一年後のことであった。第五十四代仁明天皇の御代の承和五年（八三八）に、慈覚大師円仁が中国に渡って、重ねて天台法華宗と真言宗の法門を学んで承和十四年（八四七）に帰国した。そして円仁は、第五十五代文徳天皇の仁寿（八五一―八五四）・斉衡（八五四―八五七）年間に、金剛頂経疏七巻・蘇悉地経疏七巻の十四巻の注釈書を作って、これに大日経義釈を加えて、真言宗の三部と名づけ、比叡山に捴持院を建立して真言宗を弘めはじめたのである。こうして比叡山に真言宗を弘めることを許したのであるから、天台宗の座主は法華と真言の二宗を兼ねて学ぶこととなったのである。しかし、天台・真言二宗を比べて、天台宗は月のごとく真言宗は太陽のごとしといわれたので、世間の人びとは真言宗の方がすぐれていると思うようになった。しかし、座主は天台（止観業《しかんごう》）と真言（遮那業《しゃなごう》）とを兼学したから、一山の大衆もみなこれにならって二宗の法門を学んだのである。同じく文徳天皇の御代の仁寿三年（八五三）に、智証大師円珍が中国に渡り、法華・真言の二宗を学び、天安二年（八五八）に帰国した。この円珍和尚は、わが国では叡山第一の座主義真和尚、第二の座主円澄寂光大師および別当大師光定、第三の座主慈覚大師円仁などについて天台法華と真言の二宗を習い究めたばかりでなく、東寺の真言宗までも学んだ人である。その後に中国に渡って、さ

朝す。この人は、本朝《ほんちょう》にしては叡山第一の座主*義真《ぎしん》・第二の座主*円澄《えんちょう》・別当《べっとう》*光定《こうじょう》・第三の座主円仁《えんにん》等に、法華・真言の両宗をならいきわめ給ふのみならず、また東寺の真言をも習ひ給へり。その後に漢土にわたりて法華・真言の両宗をみがき給ふ。今の三井寺《みいでら》の法華・真言の元祖《がんそ》*智証《ちしょう》大師これなり。已上四大師なり。捴《そう》じて日本国には真言宗にまた八*家《け》あり。東寺に五家《け》、*弘法《こうぼう》大師を本《もと》とす。天台に三家《け》、*慈覚《じかく》大師を本《もと》とす。

人王八十一代をば安徳《あんとく》天皇と申す。父は高《たか》倉院《くらいん》の長子《ちょうし》、母は太政入道《だじょうにゅうどう》の女《むすめ》建礼門院《けんれいもんいん》なり。この王は元暦《げんりゃく》元年〈乙巳《きのとみ》〉三月二十四日、八嶋《やしま》にして海中に崩《ほう》じ給ひき。この王は源頼朝《みなもとのよりとも》将軍にせめられて、海中のいろくづの食《じき》となり給ふ。人王八十二代は隠岐《おき》の法皇《ほうおう》と申す、高倉の第三王子、文治《ぶんじ》元年〈丙午《ひのえうま》〉御即位《ごそくい》。八

らに天台法華と真言の二宗の宗義を深く研究されたのである。今の三井寺の天台密教の元祖たる智証大師がそれである。以上が真言の四大師と呼ばれている人びとである。およそ日本の真言宗には八派があって、東寺流の五派は弘法大師空海を元祖とし、天台流の三派は慈覚大師を元祖とするのである。

寿永・承久の乱

第八十一代安徳天皇は、御父高倉天皇の嫡子で、御母は太政入道清盛の娘建礼門院《けんれいもんいん》である。安徳天皇は元暦元年（一一八四）三月二十四日、源平の合戦に源頼朝の軍勢に攻められて、屋島の海に投じて崩御されたのである。第八十二代は後に隠岐の法皇といわれた後鳥羽天皇である。高倉天皇の第三皇子で、文治元年（一一八五）に即位された。第八十三代は阿波の院といわれた土御門《つちみかど》天皇で、後鳥羽天皇の御嫡子で建仁二年（一二〇二）に即位された。第八十四代は佐渡の院といわれた順徳天皇で、

十三代には阿波《あわ》の院、隠岐の法皇の長子、建《けん》仁《にん》二年に位に継《つ》き給ふ。八十四代には佐渡《さど》の院、隠岐の法皇の第二の王子、承久《じょうきゅう》三年〈辛《かのと》巳《み》〉二月二十六日に王位につき給ふ。同じき七月に佐渡のしまへうつされ給ふ。この二・三・四の三王は父子なり。鎌倉の右大将《うだいしょう》の家《け》人《にん》義時《よしとき》にせめられさせ給へるなり。

ここに日蓮大《おお》いに疑つて云《いわ》く、仏《ほとけ》と申すは＊三《さん》界《がい》の国主、大梵王《だいぼんのう》・＊第六天の魔王・＊帝釈《たいしゃく》・日《にち》・月《がつ》・四天・＊転輪聖王《てんりんじょうおう》・諸王《しょおう》の師《し》なり、主《しゅ》なり、親《しん》なり。三界の諸王は皆この釈迦仏《しゃかぶつ》より分《わか》ち給ひて、諸国の捴領《そうりょう》・別領《べつりょう》等の主となし給へり。故に梵《ぼん》・釈等《しゃくとう》はこの仏を、或《あるい》は木《もく》像《ぞう》、或は画像等《がぞうとう》にあがめ給ふ。須臾《しゅゆ》も相背《あいそむ》かば、梵王《ぼんのう》の高台《こうだい》もくづれ、帝釈の喜見《きけん》もやぶれ、輪王《りんのう》もかほり(冠)落ち給ふべし。神と申すはまた国々の国主等の崩御《ほうぎょ》し給へるを、生

後鳥羽天皇の第二皇子、承久三年（一二二一）二月二十六日に即位されたが、同年七月に佐渡が島へ遷されたのである。このように八十二、三、四代の三天皇は父子であられたが、鎌倉の右大将源頼朝の家臣であった北条義時に攻められて、三天皇がそれぞれに隠岐・阿波・佐渡の三国に配流せられるという、未曾有の大不祥事を生じたのである。

仏法と国家・社会

ここに日蓮は大いに疑問とすることがある。それは元来、仏は三界の国主たる大梵天王・第六天の魔王・帝釈天・日天・月天・四天王・転輪聖王、その他諸王の師匠であり、主君であり、親である。三界の諸王は、いずれもみなこの釈尊から国土を分け与えられて、諸国の総領や別領などの主となったものである。それゆえに梵天・帝釈天などは釈尊を木像に彫り、また画像に画《えが》いて尊崇せられるのである。もしもそれらの諸王が釈尊の教えに少しでも背くならば、たちまちに梵天王の高い宮殿も崩れ、帝釈天の居城たる喜見城も破壊し、転輪聖王の王冠も地に落ちるであろう。また神というのは、諸国の国主らが崩御されたのを、生身のように崇《あが》め祀《まつ》ったものである。したがって神もまた国王や国民にとっては

身のごとくあがめ給う。これまた国王・国人《こくにん》のための父母なり、主君なり、師匠なり。片《へん》時《じ》もそむかば国安穏《くにあんのん》なるべからず。これを崇《あが》むれば、国は*三災を消《け》し*七難を払ひ、人は病《やまい》なく長寿を持《たも》ち、後生《ごしょう》には人天《にんでん》と*三乗《さんじょう》と仏となり給ふべし。

しかるに我が日本国は一閻浮提《いちえんぶだい》の内、月《がっ》氏《し》・漢土にもすぐれ、八万の国にも超《こ》へたる国ぞかし。その故《ゆえ》は月氏の仏法は、西域《さいいき》(記《き》)等に載《の》せられて候にはただ七十余ケ国なり。その余《よ》は皆*外道《げどう》の国なり。漢土の寺は十万八千四十所なり。我朝《わがちょう》の山寺《さんじ》は十七万一千三十七所。この国は月氏・漢土に対すれば、日本国に伊豆の大嶋を対せるがごとし。寺をかずうれば漢土・月氏にも雲泥《うんでい》すぎたり。かれはまた大乗《だいじょう》の国《くに》・小乗《しょうじょう》の国、大乗も権大乗《ごんだいじょう》の国なり。これは寺ごとに八宗・十宗をならい、家々宅々《いえいえたくたく》に大乗を読誦《どくじゅ》す。かの月氏・漢土等は仏法を用《もち》ふる人は千人に一人なり。この日

父母であり、主君であり、師匠である。ゆえにこの神に少しでも背くならば、国家は一日たりとも安穏ではありえないのである。これに対し、神を尊崇すれば、国からは三災七難は消滅し、国民は病気がなく長寿を保ち、後生には人間・天上やさらには声聞・縁覚・菩薩の三乗とも仏ともなる果報を受けることができよう。

わが日本国はこの世界において、インドや中国よりもすぐれ、八万の国々に優越した国である。なぜならば、インドに仏法が弘まったのは、西域記などに記載される七十余箇国にすぎず、その他の国々はすべてバラモン教など仏教以外の宗教が信仰されている。また中国の寺院は十万八千四十箇寺である。ところがわが日本国の寺院は十七万一千三十七箇寺の多数である。わが国の領土をインドや中国に比べれば、伊豆の大島と日本全体とを比べたようなものであるのに、その寺院の数においては中国やインドとは雲泥の差がある。しかもインドや中国では、たとえ仏教が信仰されていても小乗の国もあれば大乗の国もあり、その大乗も方便大乗の国にすぎないのである。わが日本国は寺ごとに八宗・十宗の宗義を習い究め、家ごとに大乗の経典を読誦している。またインドや中国では仏教を信仰する人は千人に一人くらいであるが、この日本国はすべて仏教の信者で、仏教以外の教えの信者は一人もない。さらに日本国に

本国は外道一人もなし。その上《うえ》、神はまた第一*天照太神・第二八幡大菩薩・第三は山王等《さんのうとう》の三千余社《よしゃ》。昼夜《ちゅうや》に我が国をまほり、朝夕《ちょうせき》に国家を見そなわし給ふ。その上、天照太神は内侍所《ないしどころ》と申す明鏡《めいきょう》にかげをうかべ、大裏《だいり》にあがめられ給ひ、八幡大菩薩は宝殿《ほうでん》をすてて、主上《しゅじょう》の頂《いただき》を栖《すみか》とし給ふと申す。

仏の加護《かご》と申し、神の守護と申し、いかなれば彼《か》の安徳と隠岐と阿波・佐渡等の王は、相伝《そうでん》の所従《しょじゅう》等にせめられて、或は殺され、或は嶋に放《はな》たれ、或は鬼となり、或は大地獄《だいじごく》には堕《お》ち給ひしぞ。日本国の叡山《えいざん》・七寺・東寺・園城《おんじょう》等の十七万一千三十七所の山々寺々に、いさゝかの御仏事《おんぶつじ》を行ふには、皆天長地《てんちょうち》久《きゅう》、玉体安穏《ぎょくたいあんのん》とこそいのり給ひ候へ。その上、八幡大菩薩は殊《こと》に天王守護《てんのうしゅご》の大願《たいがん》あり。人王第四十八代に高野《たかの》天皇の玉体に入《い》り給ひて云く、「我が国家開闢《こっかかいびゃく》以来、臣《しん》をもつて君《きみ》となすこといまだあらざる事《こと》なり。天之日嗣《あまつひつぎ》は必

は、第一に天照太神、第二に八幡大菩薩、第三に山王権現などをはじめとして、三千余社の神々があって、昼も夜もわが国を守り、朝に夕に国家を見護られているのである。それだけでなく、天照太神は宮中の賢所《かしこどころ》に安置される明鏡に御魂《みたま》を宿され、また八幡大菩薩はみずから宝殿を出られて国王の頭に住まわれ、護られるということである。

仏の御加護といい、神々の御守護といい、ともにこの国にはとくに厚いのに、どうして安徳天皇と後鳥羽天皇と土御門天皇と順徳天皇の四天皇は、代々仕えてきた家来のために攻められて、殺されたり、流されたり、また配所の鬼となり、地獄に堕ちられたのであろうか。比叡山をはじめ奈良七大寺・東寺・園城寺などの日本国中十七万一千三十七箇所の諸寺諸山においては、小さな仏事を営む場合でも必ず「天長地久、玉体安穏」と国家の平和と陛下の安泰とを祈願する習わしである。それだけでなく、八幡大菩薩はとくに天皇守護の大願を立てられている。それは第四十八代孝謙天皇の玉体に御魂が入られて、「わが日本国は開闢以来、臣下をして皇位につかしめたことは未だかつて一度もない。天皇の位には必ず天皇の血統を立てねばならない」と仰せられたのである。また清和天皇の貞観元年（八五九）に大安寺の行教法師にお告げがあって「われ

ず皇緒《こうちょ》を立つ」等云云。また「太神《おおみかみ》、行教《ぎょうきょう》に付して云く、我《われ》に*百王守護《ひゃくおうしゅご》の誓《ちかい》あり」等云云。されば神武天皇より已来《このかた》百王にいたるまでは、いかなる事《こと》ありとも玉体はつゝがあるべからず。王位《おうい》を傾《かたむ》くる者もあるべからず。一生補処《いっしょうふしょ》の菩薩は中夭《ちゅうよう》なし。聖人《しょうにん》は横死《おうし》せずと申す。いかにとして彼々《かれがれ》の四王は王位をいをとされ、国をうばわるるのみならず、命を海にすて、身を嶋々に入《い》れ給ひけるやらむ。天照太神は玉体に入りかわり給はざりけるか。八幡大菩薩の百王の誓《ちかい》はいかにとなりぬるぞ。

その上、安徳天皇の御宇には、明雲座《みょううんざ》主《す》御《おん》師《し》となり、太上入道《だじょうにゅうどう》並に一門怠状を捧げて云く「彼《か》の興福寺《こうふくじ》をもつて藤氏《とうし》の氏寺《うじでら》となし、春日《かすが》の社《やしろ》をもつて藤氏の氏神《うじがみ》となせしがごとく、延暦寺《えんりゃくじ》をもつて平氏《へいし》の氏寺と号《ごう》し、日吉《ひえ》

には百王守護の誓願がある」といわれたのである。それゆえに神武天皇から第百代の天皇にいたるまでは、たとえどのようなことがあろうとも天皇の玉体に災難などのあろうはずがなく、王位を奪うような者もないはずである。仏教でも、倶舎論の註に「一生のうちに煩悩を断じ尽くして次の生に仏の位を継ぐべき等覚の菩薩は、途中で死ぬということはない」といい、また仏本行集経では「聖人は災難で死ぬことはない」と説かれているが、どうして一国の王位に即《つ》かれた四人の天皇にかぎって王位を追い落とされ、国家を奪われたばかりでなく、海中に身を投じられたり、島々へ配流せられたりしたのであろうか。日本国の守護神たる天照太神は四人の天皇の御身に入り代わりたまわなかったのであろうか。八幡大菩薩の百王守護の御誓いは、いったいどうなったのであろうか。不審にたえないのである。

真言の祈禱への疑問

そのうえ、安徳天皇の御代には、叡山の明雲座主を国師と頼んで、太《だ》政《じょう》入道清盛《きよもり》以下平家一門の十名が連名でたてまつった起請文には、「昔、藤原氏が興福寺を建てて氏寺とし、春日神社を氏神と崇めたように、今日以後延暦寺をもって平氏の氏寺と崇め、日吉神社をもって氏神とする」と誓っている。そこで叡山では、明雲座主をはじめ三千人の僧侶が

の社をもつて平氏の氏神と号す」云云。叡山には明雲座主を始として三千人の大衆《だいしゅ》、*五壇《ごだん》の大法《だいほう》を行ひ、大臣以下《だいじんいか》家々《いえいえ》に尊勝陀羅尼《そんしょうだらに》・不動明王《ふどうみょうおう》を供養し、諸寺《しょじ》諸山《しょさん》には奉幣《ほうへい》し、大法秘法《ひほう》を尽さずという事なし。また*承久《じょうきゅう》の合戦《かっせん》の御時《おんとき》は天台座主慈円《じえん》・仁和寺《にんなじ》の御室《おむろ》・三井《みい》等の高僧等を相催《あいもよお》し、日本国にわたれる所の大法秘法残りなく行なわれ給ふ。いわゆる承久《じょうきゅう》三年〈辛巳《かのとみ》〉四月十九日に*十五壇の法を行はる。天台座主は一字《いちじ》金輪法等《きんりんほうとう》。五月二日は仁和寺の御室《おむろ》、如法愛染明王法《にょほうあいぜんみょうおうほう》を紫宸殿《ししんでん》にて行ひ給ふ。また六月八日には御室《おむろ》、守護《しゅご》経法《きょうほう》を行ひ給ふ。已上四十一人の高僧十五壇の大法、この法を行ふ事は日本に第二度なり。権大夫《ごんのたゆう》殿はこの事を知り給ふ事なければ、御《ご》調伏《じょうぶく》も行ひ給はず。またいかに行ひ給ふとも、かの法々、かの人々にはすぐべからず。仏法の御力《おんちから》と申し、王法の威力《いりょく》と申し、彼《かれ》は国王なり、三界の諸王守護し給ふ。此《これ》は日本国の

五壇の祈禱を行ない、大臣以下家ごとに尊勝陀羅尼を唱え、不動明王を供養して攘災《じょうさい》の祈禱を行ない、そのうえ、諸寺諸山に幣帛《へいはく》を捧げるなど、あらゆる大法秘法を尽くして、頼朝調伏の祈禱を行なったのである。しかし、その効なくついに安徳天皇は西海に没せられたのである。また承久の合戦の時、朝廷では叡山の座主慈円僧正・仁和寺の御室道助《どうじょ》法親王・三井園城寺などの高僧たちを召し集めて、日本国に伝わるありとあらゆる大法秘法を尽くして、鎌倉調伏の祈禱を行なわれたのである。承久三年（一二二一）四月十九日には宮中で十五壇の秘法が行なわれ、天台座主の慈円僧正は一字金輪法を行ない、五月二日には仁和寺の道助法親王が紫宸殿において如法愛染法を行なわれ、六月八日にはさらに法親王は守護経法を行なわれたのである。このようにして四十一人の高僧が次々と十五壇の大法をもって祈禱を行なわれたが、日本国でこの大法が行なわれたのはこれが二度目であった。一方、鎌倉方では権大夫北条義時は、そんなこととは夢にも知らないから、とくに調伏の祈禱も行なわなかったのである。また、かりに行なったとしても、その大法秘法といい、それを修する高僧といい、とうてい朝廷方に及ぶべくもなかったのである。仏法の法力といい、国王の威力といい、朝廷方は日本国の国主であるから、三界の諸王諸神が守護されている。これに対し鎌倉方は代々日本国の臣下で、わずかに小神が守るにすぎないのである。頼朝は代々朝

民《たみ》なり、わづかに小鬼《しょうき》ぞまほりけん。代々《だいだい》の所従《しょじゅう》、重々《じゅうじゅう》の家人《けにん》なり。譬へば王威を用ひて民をせめば、鷹の雉《きじ》をとり、猫《ねこ》のねずみを食《くら》ひ、蛇《へび》がかへるをのみ、師子王《ししおう》の兎《うさぎ》を殺すにてこそあるべけれ。なにしにか、かろがろしく天神地祇《てんじんちぎ》には申すべき。仏・菩薩をばをどろかし奉るべき。師子王が兎をとらむに精進《しょうじん》をすべきか。たかがきじを食《くら》はんにいのりあるべしや。いかにいのらずとも、大王の身として民を失はんには、大水《だいすい》の小火《しょうか》をけし、大風《だいふう》の小雲《しょううん》を巻くにてこそあるべけれ。その上、大火《だいか》に枯木《かれき》を加ふるがごとく、大河《たいが》に大《だい》雨を下《ふら》すがごとく、王法の力に大法を行ひ合せて、頼朝《よりとも》と義時《よしとき》との本命《ほんめい》と元神《がんじん》とをば、梵王と帝釈等に抜取《ぬきと》らせ給ふ。譬へば古酒《こしゅ》に酔へる者のごとし。蛇の蝦《かえる》の魂を奪ふがごとし。頼朝と義時との御魂《おんたましい》・御名《おんな》・御姓《おんうじ》をばかきつけて、諸尊《しょそん》・諸神《しょじん》等の御足《みあし》の下にふませまいらせていのりしかば、いかにもこらうべし

廷に仕えてきた臣下であり、義時はその家来である。この両者の地位やその他の条件からみれば、国王の権威をもって陪臣たる義時を攻めるのは、ちょうど鷹が雉を捕え、猫が鼠を食い、蛇が蛙を呑み、獅子が兎を殺すようなもので、きわめて簡単である。それなのにどうして朝廷では軽々しく天地の神々に祈りをかけたり、仏・菩薩の加護を願ったりされたのであろうか。獅子が兎を捕えるのに全力を用いる必要はないし、鷹が雉を食うのに何の祈りが必要であろうか。別に何も祈らなくても、一国の王として民を滅ぼすのは、ちょうど大水が小火を消し、大風が小雲を吹き払うようなものである。そのうえに大火に枯れ木を投じ、大河に大雨を降らせたように、それほどに偉大な国王の威力に加えて、真言の大法秘法を行なって、頼朝や義時の命と魂とを梵王と帝釈天とに抜き取らせたのであるから、あたかも古い酒に酔った者の命を取るか、蛇が蛙の魂を取るように易々《やすやす》たるものであるはずである。それにまた頼朝や義時の姓名や年令などを書きつけて、諸仏諸菩薩諸神の足に踏ませて彼らの調伏を祈ったのであるから、ひとたまりもなく亡びそうなものであったが、一月一年はおろか、わずか一日か二日で負けとなり滅びてしまわれたのは、いったいどうしたわけであろうか。仏法の弘まる国の国主ともあろうほどのお方は、後生のためにもよくよくその理由をお考えになって、お祈りをなさるべきであると思う。

ともみへざりしに、いかにとして一年一月《いちねんひとつき》も延びずして、わずかに二日一日にはほろび給ひけるやらむ。仏法を流布《るふ》の国の主とならむ人々は、能能《よくよく》御《ご》案《あん》ありて、後生《ごしょう》をも定め、御《おん》いのりもあるべきか。

しかるに日蓮、この事を疑ひしゆへに、幼少の比《ころ》より随分に*顕密《けんみつ》二道《どう》並に諸宗の一切の経を、或は人にならい、或は我《われ》と開き見し、勘《かんが》へ見て候へば、故の候ひけるぞ。我《わ》が面《おもて》を見る事は明鏡《めいきょう》によるべし。国土《こくど》の盛衰《せいすい》を計《はか》ることは仏鏡《ぶっきょう》にはすぐべからず。*仁王経《にんのうきょう》・*金光《こんこう》明《みょう》経・*最勝王《さいしょうおう》経・*守護《しゅご》経・*涅槃《ねはん》経・*法華経等の諸大乗経を開き見奉り候に、仏法に付きて国も盛《さか》へ、人の寿《いのち》も長く、また仏法に付きて国もほろび、人の寿も短《みじか》かるべしとみへて候。譬へば水は能《よ》く舟をたすけ、水は能く舟をやぶる。五穀《ごこく》は人をやしない、人を損ず。

仏法の正邪と国家の盛衰

日蓮はこの日本史上の二大事件を不思議に思い、疑いを晴らしたいために、幼少のころから顕密二教をはじめ諸宗の経々を人びとに尋ね学び、また自分でも開き見て深く考えてみたところ、ようやくこれには大きな理由のあることがわかったのである。そもそも自分の顔を見るには曇りない鏡に写してみるべきである。それと同じように国家の盛衰消長を測《はか》り知るには仏法の鏡に照らしてみるに越したことはない。そこで仁王経・金光明経・最勝王経・守護経・涅槃経・法華経などの大乗経典を拝見するに、その信ずる仏法の邪正によって、その国が栄えたり亡びたり、また人の寿命も長くもなり短くもなると説かれている。たとえば水はよく船を浮かべるけれども、また時には船を覆《くつが》えすこともあり、五穀は人の身を養うものであるが、また時には身を損《そこな》うことがあるようなものである。小さな波風では大船を破損することは難しいが、大きな波風のた小波小風《しょうはしょうふう》は大船《だいせん》を損ずる事かたし。大波大風《だいはだいふう》には小舟やぶれやすし。王法の曲《まが》るは小波小風のごとし。大国と大人《だいにん》をば失ひがたし。仏法の失《とが》あるは大風大波の小舟をやぶるがごとし。国のやぶるゝ事疑ひなし。仏記《ぶっき》に云く、我滅後《わがめつご》、末代《まつだい》には悪法・悪人の国をほろぼし、仏法を失はんには失すべからず。譬へば三千大千世界の草木を薪《たきぎ》として*須弥《しゅみ》山《せん》をやくに、やけず。劫火《ごうか》の時、須弥山の根《ね》より大豆《だいず》計《ばか》りの火出《いで》て須弥山をやくがごとく、我《わ》が法もまたかくのごとし。悪人・外道《げどう》・天魔《てんま》・波旬《はじゅん》・五《ご》通等《つうとう》にはやぶられず。仏のごとく、*六通《ろくつう》の羅漢《らかん》のごとく、三衣《さんね》を皮のごとく身に紆《まと》い、一鉢《いっぱつ》を両眼《りょうがん》にあてたらむ持戒《じかい》の僧等《そうら》と、大風の草木をなびかすごとくなる高僧等、我が正《しょう》法《ぼう》を失ふべし。その時、梵・釈・日月・四天いかりをなし、その国に大天変《だいてんぺん》・大地《だいち》夭等《ようとう》を発《おこ》していさめむに、いさめられずば、その国の内に七難ををこし、父母・兄弟・王臣・万

めには小船は簡単に破壊されてしまうのである。ちょうど王法の誤っているのは小さな波風のようなものであるから、そのために大国と大人を亡ぼすことはないが、仏法の誤りは大きな波風のようなものであるから、小船の沈没するように国の亡びることは疑いないところである。教主釈尊は守護国界経の阿闍世王受記品に予言して、「わが滅後の末法の世には、たとえ悪法や悪人が現われて国を滅ぼし、仏法を滅ぼそうとしても滅ぼすことはできない。たとえば三千大千世界の草木を薪として須弥山を焼こうとしても焼けないが、しかし、この世界が破滅する時が来て劫火が起こると、須弥山の麓《ふもと》に豆粒ほどの火が生じて、さすがの須弥山もついに焼けつきてしまうのである。仏法もまたその通りで、悪人や外道や悪魔が外から破ろうとしても仏法は滅びないが、活《い》き仏か六神通を得た羅漢のように、法にかなった袈裟衣をいかめしく身にまとい、鉄鉢を捧げて戒法厳しく托鉢の修行をする戒律の僧たちと、大風が草木をなびかすように人びとから崇め尊ばれている高僧たちが、まさしくこの正法を内から滅ぼすのである。そこで梵天・帝釈天・日月・四天王などが怒って、その国に大天変大地異を起こして諫《いさ》めるのであるが、それでも気がつかなければ、さらに国じゅうに七難を起こし、父母・兄弟・君臣・万民らがお互いに敵同志となって、ちょうど梟《ふくろう》がその母を食い殺し、破鏡という獣がその父をかみ殺すように、自分の国を破滅に陥《おとしい》れ、」

民互に大怨敵《だいおんてき》となり、梟鳥《きょうちょう》が母を食《くら》ひ、破鏡《はけい》が父をがいするがごとく、自国《じこく》をやぶらせて、結句《けっく》は他国《たこく》よりその国をせめさすべしとみへて候。

今《いま》日蓮、*一代聖教《いちだいしょうぎょう》の明鏡《めいきょう》をもつて日本国を浮《うか》べ見候に、この鏡に浮んで候人々は、国敵・仏敵たる事疑ひなし。一代聖教の中に、法華経は明鏡の中の神鏡《しんきょう》なり。銅鏡等《どうきょうとう》は人の形をばうかぶれども、いまだ心をばうかべず。法華経は人の形を浮ぶるのみならず、心をも浮べ給へり。心を浮ぶるのみならず、先業《せんごう》をも未来をも鑑《かんが》み給ふ事くもりなし。法華経の第七の巻を見候へば、「如来の滅後において、仏の所説の経の因縁及《いんねんおよ》び次第を知つて、義に随つて実のごとく説かん。日月《にちがつ》の光明の能《よ》く諸の幽冥《ゆうみょう》を除くがごとく、斯《こ》の人世間《ひとせけん》に行じて能《よ》く衆生《しゅじょう》の闇を滅す」等云云。文の心は、

最後には他国からその国を攻めさせるのである」と説かれている。

法華経の明鏡と日本の現状

いま、日蓮が一代仏教の明鏡に日本国の現状を照らしてみるのに、この鏡に浮かんだ日本国の人びとが国敵、仏敵であることは疑いないのである。一代仏教の明鏡中においても法華経はとくに明らかな神鏡である。銅の鏡は人の顔形を映すけれども、心を映すことはできない。法華経の神鏡は人の姿形を映すばかりか、その心までも映すのである。しかも現在の心を映すだけでなく、前世の業から未来の果報までもありありと照らし見ることができるのである。法華経第七巻の如来神力品《じんりきほん》には「仏の滅後に生まれて、仏の説き遺《のこ》された経の因縁や浅深次第の順序とを知って、真実の教義を説くならば、ちょうど太陽や月の光がよくすべての闇を照らし破るように、この人が世間に出現して人びとを教化して、一切衆生の無明煩悩の闇を滅するであろう」と説かれている。この経文の意は、法華経の一字一句でも説く人は、必ず一代仏教の教理の浅深勝劣とこれを弘むべき順序とをよく弁《わきま》えなければならないというのである。た

この法華経を一字も一句も説く人は、必ず一代聖教の浅深と次第《しだい》とを能々《よくよく》弁《わきま》へたらむ人の説くべき事に候。譬へば暦の三百六十日をかんがうるに、一日も相違せば万日《ばんにち》倶《とも》に反逆《ほんぎゃく》すべし。三十一字《みそひともじ》を連《つら》ねたる一句一字も相違せば、三十一字共に歌にてあるべからず。たとひ一経を読誦すとも、始め*寂滅道場《じゃくめつどうじょう》より終り*双林《そうりん》最後にいたるまで、次第と浅深とに迷惑せば、その人は我《わ》が身も五逆《ごぎゃく》を作らずして*無間地獄《むけんじごく》に入り、これを帰依《きえ》せん檀那《だんな》も阿鼻《あび》大城《だいじょう》に堕《お》つべし。いかにいわんや、智人一人《ちじんいちにん》出現して一代聖教の浅深・勝劣を弁えん時、元祖《がんそ》が迷惑を相伝《そうでん》せる諸僧等、或は国師となり、或は諸家《しょけ》の師となりなんどせる人々、自《みずか》らのきずが顕《あらわ》るゝ上、人にかろしめられん事をなげきて、上に挙《あ》ぐる一人の智人を、或は国主に訴へ、或は万人にそしらせん。その時、守護の天神《てんじん》等の国をやぶらん事は、芭蕉の葉を大風《たいふう》のさき、小舟《こぶね》を大波《おおなみ》のやぶらむがごと

とえば一年三百六十五日の暦でも、一日でも違うと万日すべてが間違ってしまうし、また三十一文字を連ねた和歌も、一句一字でも誤れば歌ではなくなってしまうようなものである。それと同じように、たとえ経文を読誦しても、最初寂滅道場で説かれた華厳経から、最後に沙羅双樹《しゃらそうじゅ》の林で説かれた涅槃経にいたるまでの一代聖教の順序次第と、法門の浅深勝劣とに迷うならば、その人はわが身に五逆罪を作らなくても必ず無間地獄に堕ち、この人に帰依した信者たちもまた無間地獄に堕ちることを免れないのである。これほどに厳しい関係であるから、一人の智者が世に現われて、一代仏教の浅深勝劣を正しく弁えてこれを発表する時に、それぞれその宗の元祖の誤った宗義を相伝してきた僧たちが、あるいは一国の国師と仰がれ、あるいは貴族たちの師となったりして、智者の正義のために自分たちの宗旨の欠点が顕われたうえに、世間の人びとから軽蔑されることを恐れて、その一人の智者を国主に讒訴《ざんそ》したり、万人に非難させたりするであろう。その時こそ仏法守護の諸天善神が怒って、ちょうど大風が芭蕉の葉を裂き、大波が小船を覆《くつがえ》すように、この国を滅ぼすであろうと説かれている。

しと見へて候。

*無量義経は、始め寂滅道場より終り般若経《はんにゃ》にいたるまでの一切経《いっさいきょう》を、或は名を挙げ、或は年紀《ねんき》を限りて「未顕真実《みけんしんじつ》」と定めぬ。涅槃経と申すは、仏最後の御物語《おんものがたり》に、初め初成道《しょじょうどう》より五十年の説教の御物語、四十余年をば無量義経のごとく邪見《じゃけん》の経と定め、法華経をば我《わ》が主君《しゅくん》と号し給ふ。中に法華経ましまして、*已今当《いこんとう》の勅宣《ちょくせん》を下《くだ》し給ひしかば、多宝・十方の諸仏加判《かはん》ありて、各々《おのおの》本土にかへり給ひしを、月氏の付法蔵《ふほうぞう》の二十四人は、ただ小乗・権大乗を弘通《ぐずう》して、法華経の実義《の》を宣べ給ふ事なし。譬へば日本国の*行基菩薩《ぎょうき》と*鑑真和尚《がんじんわじょう》との、法華経の義を知り給ひて弘通なかりしがごとし。漢土の南北の十師は、内にも仏法の勝劣を弁へず、外にも浅深に迷惑《めいわく》せり。また三論宗の吉蔵《きちぞう》・華厳《けごん》宗の*澄観《ちょうかん》・法相《ほっそう》宗の*慈《じ》

諸経・諸宗への批判

無量義経には、仏が初めて寂滅道場で説かれた華厳経から般若経にいたるまでのすべての経々の名を挙げ、或いは四十余年の間の経々と年限を切って「未顕真実」の経と定められている。また涅槃経は仏が最後に説かれた経であるが、その中に三十歳成道のはじめから五十年間の説法について、四十二年の経々を無量義経と同じく「邪見の経」と定め、後八箇年の法華経を主君の経であると説かれている。この無量義経と涅槃経との中間に法華経があって、その中に已《すで》に説いた四十二年の経々、今説いた無量義経、これから当《まさ》に説こうとする涅槃経よりも、この法華経ははるかにすぐれているといわれたのである。すると宝浄世界の多宝如来をはじめ、十方世界から集《つど》ってきた諸仏もまたその言葉を証明して、それぞれ諸仏は本国へ帰られたのである。ところが釈尊の滅後にインドに仏法を弘めた大迦葉《だいかしょう》以下師子尊者にいたる二十四人の聖者たちは、ただ小乗経や方便大乗経を弘めて、いまだ法華経の実義は弘められなかったのである。ちょうど日本の行基菩薩と鑑真和尚が、法華経が真実の教えであることを知りながら弘通されなかったのと同じである。中国においても南方の三師、北方の七師などは、内心にも仏法の勝劣を知らず、

恩《おん》、これらの人々は、内にも迷ひ外にも知らざりしかども、道心堅固《どうしんけんご》の人々なれば、名聞《みようもん》をすてゝ天台の義に付きにき。知らず、さればこの人々は懺悔《さんげ》の力に依りて生死やはなれけむ。はたまた謗法《ほうぼう》の罪は重く、懺悔の力は弱くして、*阿闍世王《あじやせおう》・*無垢論師《むくろんじ》等のごとく地獄にや堕《お》ちにけん。

また外の弘教においても諸経の浅深に深く迷っていたのである。また三論宗の吉蔵や華厳宗の澄観や法相宗の慈恩などの人びとも、内心にも外の弘教にも仏法の浅深勝劣を知らなかったけれども、ただ信心が堅固な人びとであったから、自分の地位とか外聞とかにかまわず、天台大師の説に従ったのである。そうであるからこれらの人びとは、その懺悔の功徳によって生死の迷いから離れたのであろうか。それとも自分の宗旨を弘めた前の謗法の罪の方が重く、後の懺悔の力は弱くて、かの阿闍世王が文殊師利菩薩の前で懺悔したけれどもなお無間地獄に堕ち、無垢論師が衆賢《しゆげん》論師の前で誓いを立てたけれども、なお大地が割れて地獄に堕ちたように、たぶん地獄に堕ちたのであろうか。その点ははっきりとはわからないのである。

真言宗三三蔵の謗法堕獄

*善無畏《ぜんむい》三蔵《さんぞう》・*金剛智《こんごうち》三蔵・*不空《ふくう》三蔵等《とう》の三《さん》三蔵《ぞう》は、一切《いつさい》の真言師の申すは、*大日如来より五代六代の人々、*即身成仏《そくしんじようぶつ》の根本《こんぽん》なり等云云。日蓮勘へて云く、法偸《ほうちゆう》の元師《がんし》なり、盗人《ぬすびと》の根本《こんぽん》なり。これらの人々は、月氏よりは大《だい》日経《にちきよう》・*金剛頂経《こんごうちよう》・*蘇悉《そしつ》地経等を齎来《もてきた》る。この

また真言宗の人びとは、善無畏三蔵・金剛智三蔵・不空三蔵の三人は、大日如来から五代目、六代目の付法相伝の人びとであり、即身成仏の法門を唱えた元祖である、などという。しかし日蓮の考えからいえば、これらの人びとは、むしろ法門盗みの元祖であり、盗人の張本人である。彼らはインドから大日経・金剛頂経・蘇悉地経などを中国に持ってはきたが、この経々はいずれも華厳経・般若経・涅槃経などにもはるかに及

経々は華厳・般若・涅槃経等に及ばざる上、法華経に対すれば七重《しちじゅう》の下劣《げれつ》なり。経文に見へて赫々《かくかく》たり明々《めいめい》たり。しかるを漢土に来《きた》りて*天台大師の*止観《しかん》等の三十巻を見て、舌をふるい心をまどわして、これに及ばずば我が経弘通《ぐずう》しがたし。勝《すぐ》れたりといはんとすれば妄《もう》語眼前《ごがんぜん》なり。いかんがせんと案ぜし程に、一つの深き大妄語《だいもうご》を案《あん》じ出《いだ》し給ふ。いわゆる大日経の三十一品を、法華経二十八品並に無量義経に腹あわせに合せて、三密《さんみつ》の中の意密《いみつ》をば法華経に同《どう》じ、その上に*印《いん》と真言《しんごん》とを加へて、法華経は略《りゃく》なり、大日経は広《こう》なり。已《い》にも入《い》れず、今《こん》にも入れず、当《とう》にもはづれぬ。法華経をかたうどとして三説の難を脱《のが》れ、結句は印と真言とを用《もち》ひて、法華経を打落して真言宗を立て〻候。譬へば三女《さんにょ》が后《きさき》と成《な》りて三王《さんのう》を喪《ほろぼ》せしがごとし。法華経の流通《るつう》の涅槃経の第九に、「我れ滅して後《のち》、悪比丘等我《わ》が正法を滅《めっ》すべし。譬へば女人のごとし」と記《しる》し

ばないだけでなく、法華経に比べれば七重も劣っていることは経文に明らかに見えている。ところが善無畏は中国へ来て、天台大師の法華玄義・法華文句・摩訶止観の三大部三十巻の書を見るに及んで、舌を巻いて驚き、法華経にはとても及ばないからこの大日経を弘通することは困難である。といって大日経がすぐれているといえば妄語だということは明らかである。どうしようかと思案のすえに、ようやく一つの大妄語を考え出した。それは大日経の三十一品を法華経の二十八品と無量義経の三品とを合わせた三十一品に引き合わせて、大日経の身口意《しんくい》三密の中の意密は法華経とまったく同じであるといい、ただ法華経は已今当の三説に超過した最勝の経であると説いているけれども、事相の手に印を結び、口に真言を唱える作法は説いていないから、法華経は略して説いた経であり、大日経は印と真言とを加えて法華経以上に説いているから広く詳しく説いた経であるとしたのである。そして大日経と法華経とは広略の相異のみであるから、大日経は法華経に説かれる已説の四十二年の諸経、今説の無量義経、当説の涅槃経のいずれにも入らない経であると主張した。このようにたくみに法華経を味方として、三説超過という法華経の批判を免れた上、かえって印と真言とにおいて大日経がすぐれていると誇って、法華経を打ち落として、真言宗を立てたのである。この大妄語は、たとえば妲妃《だっき》・妹喜《ばっき》・褒姒《ほうじ》の三女が皇后となって殷《いん》の紂《ちゅう》・夏《か》の

給ひけへるはこれなり。されば善無畏三蔵は閻魔王にせめられて、鉄の縄《なわ》七脈《すじ》つけられて、からくして蘇《よみがえ》りたれども、また死する時は黒皮《こくひ》隠々《いんいん》として骨甚《ほねはなは》だ露《あら》はると申して、*無間《むけん》地獄の前相をその死骨《しこつ》に顕はし給ひぬ。人死して後ち色の黒きは地獄に堕つとは、一代聖教の定むるところなり。金剛智・不空等もまたこれをもて知んぬべし。この人々は改悔《かいげ》はありと見へて候へども、強盛《ごうじょう》の懺悔《さんげ》のなかりけるか。今の真言師はまたあへて知る事なし。玄宗皇帝《げんそうこうてい》の御代《みよ》の喪《ほろび》し事も不審はれて候。

桀《けつ》・周の幽《ゆう》の三人の愚かな国王をたぶらかして王の世を滅ぼしたようなものである。法華経の流通分に当たる涅槃経の第九巻の如来性品に「わが滅後に悪僧たちがわが仏法を滅ぼすことは、ちょうど女人が国を滅ぼすと同じである」と説かれているのは、まさしくこのことである。善無畏三蔵はこのような妄語をもって正法を乱したから、頓死した時に閻魔王に責められて七筋の鉄の縄で縛られ、後にかろうじて蘇ったけれども、臨終の時にはその伝記に「全身の皮膚の色は黒くなり、骨がごつごつと現われた」とあるように、経文の通りに死骸に無間地獄の相が現われたのである。人が死んだ時に色が黒くなるのは無間地獄に堕ちる前相であるとは、仏法に明らかに定められている。善無畏三蔵の死相はまさにその通りであったことからみると、彼の法門を承《う》けた金剛智三蔵と不空三蔵の二人の死後もこれによって推知することができよう。これらの人びとも晩年には後悔の心は起こったようであったが、心からの深い懺悔でなかったので地獄の苦を免れることはできないだろう。今の真言宗の人びとは少しもこの真相を知らないでいる。上に述べた善無畏三蔵の誑惑を知れば、彼を信じた玄宗皇帝の世の亡びた理由もおのずから理解されることであろう。

日本国はまた弘法《こうぼう》・慈覚《じかく》・智証《ちしょう》、この謗法を習ひ伝へて自身も知ろしめさず、人はまたをもいもよらず。しばらくは法華宗の人々相《そう》論《ろん》ありしかども、終《つい》には天台宗やうやく衰へて、叡山五十五代の座主明雲《みょううん》、人王八十一代の安徳《あんとく》天皇より已来《このかた》は、叡山一向に真言宗となりぬ。第六十一代の座主顕真権僧正《けんしんごんそうじょう》は、天台座主の名を得て真言宗に遷《うつ》るのみならず、しかる後、法華・真言をすてゝ一向謗法の*法然が弟子となりぬ。承久調伏《じょうきゅうじょうぶく》の上衆慈円《じょうしゅじえん》僧正は、第六十二代並に五・九・七十一代の四代の座主、隠岐の法皇の御師なり。これらの人々は善無畏三蔵・金剛智三蔵・不空三蔵・慈覚・智証等の真言をば、器《うつわ》はかわれども一の智水《ちすい》なり。その上、天台宗の座主の名を盗みて、法華経の御領《ごりょう》を知行して三千の頭《かしら》となり、一国の法の師と仰《あお》がれて、大日経を本《もと》と

天台法華宗の衰滅

日本において弘法・慈覚・智証らが、この善無畏らの弘めた真言の邪法を習い伝えて、それが謗法であるとは自分自身少しも知らないのである。ましてその他の真言師たちが、謗法だと気がつくはずがない。このようにして、しばらくの間は天台法華宗の人びとと議論を闘わせたが、やがて天台法華宗が次第に衰えて、第八十一代の安徳天皇の御代に、比叡山第五十五代の座主に就任した明雲以後は、叡山仏教はまったく真言宗となってしまった。さらに第六十一代の座主顕真権僧正にいたっては、叡山座主でありながら真言宗に移ったばかりでなく、ついには法華も真言をも捨てて、まったく謗法の張本人である法然の弟子となり、念仏を称《とな》えるにいたったのである。また承久の乱に北条氏の調伏を祈った叡山の慈円僧正は第六十二、六十五、六十九、七十一代と四代の座主となり、隠岐の法皇後鳥羽《ごとば》上皇の御師であった。これらの人びとは、善無畏三蔵・金剛智三蔵・不空三蔵および慈覚・智証などの真言の流れをそのまま伝えた人びとで、容器は変わっても中の水にまったく変わりはない真言師である。そのうえ、身を天台宗において叡山座主の名をけがし、長年法華経へ供養された叡山の領地を知行して三千の大衆の棟梁となり、日本国の国師と仰がれていながら、法華経より七重も劣っている大日経を根

して七重《しちじゅう》くだれる真言を用ひて、八重勝《はちじゅうすぐ》れりとをもへるは、天を地とをもい、民を王とあやまち、石を珠《たま》とあやまつのみならず、珠を石という人なり。教主釈尊・*多宝仏・*十方の諸仏の御《ご》怨敵《おんてき》たるのみならず、一切衆生《いっさいしゅじょう》の眼《がん》目《もく》を奪ひ取り、三善道《さんぜんどう》の門を閉《と》ぢ、三悪道《さんなくどう》の道を開く。梵・釈・日月・四天等の諸天善神、いかでかこの人を罰せさせ給はざらむ。いかでかこの人を仰ぐ檀那をば守護し給ふべき。天照太神の内侍所も、八幡大菩薩の百王守護の御《おん》ちかいも、いかでか叶《かな》はせ給ふべき。

本として、かえって法華経に八重もすぐれていると思っているが、これはあたかも天を地と思い、民を王と誤り、石を宝珠と見誤るばかりでなく、尊い宝珠をも石だと主張する人たちである。かの座主たちは教主釈尊・多宝如来・十方分身の諸仏の大怨敵であるばかりでなく、一切衆生の眼を抜き取り、修羅・人・天の三善道の門を塞《ふさ》ぎ、地獄・餓鬼・畜生の三悪道の道を開く人びとである。これに対して梵天・帝釈天・日月・四天王などの法華経守護の諸天善神が、どうして罰せずにいられようか。またどうして彼の人びとを尊ぶ信者たちを守護されるはずがあろうか。天照太神が内侍所に魂を宿された賢所《かしこどころ》も、八幡大菩薩が百王の末までもこの日本国を守護するといわれたお誓いも、どうしてかなうはずがあろうか。

法華経の行者と法難

余《よ》、この由をかつ知りしより已来《このかた》、一分《いちぶん》の慈悲に催されて、ほぼ随分の弟子にあら〳〵申せし程に、次第に増長して国主まで聞《きこ》えぬ。国主は理《り》を親《おや》とし非《ひ》を敵《てき》とすべき人にてをはすべきが、いかんがしたりけん、諸人《しょにん》の讒言《ざんげん》をさめて、一人《いちにん》の余《よ》をすて給ふ。彼《か》の天台

自分日蓮は寿永の乱と承久の乱との二難の原因を知ってから、慈悲の心に動かされて黙視するに忍びず、はじめはしかるべき弟子たちに向かって聞かせたのであるが、次第に広がって幕府にも聞こえたのである。いやしくも国主たるものは道理を先とし非道を斥《しりぞ》けるべきであるのに、どうしたことか人びとの讒言を信じて、ただ一人正義を唱える日蓮を捨ててしまった。かの中国の天台大師に対しては、南三北七などの学者た

大師は南北の諸人あだみしかども、陳《ちん》・隋《ずい》二代の帝《みかど》重《おも》んじ給ひしかば、諸人の怨《あだ》もうすかりき。此《こ》の伝教大師は南都七大寺讒言せしかども、桓武《かんむ》・平城《へいぜい》・嵯峨《さが》の三皇用ひ給ひしかば、怨敵《おんてき》もをかしがたし。今《いま》日蓮は日本国十七万一千三十七所の諸僧等のあだするのみならず、国主用ひ給はざれば、万民あだをなす事、父母の敵《かたき》にも超《こ》へ、宿世《すくせ》のかたきにもすぐれたり。結句は二度の遠流《おんる》、一度の頭《こうべ》に及ぶ。彼《か》の大荘厳仏《だいしょうごんぶつ》の末法《まっぽう》の四比丘《しびく》、並に六百八十万億那由佗《なゆた》の諸人が、普事比丘《ふじびく》一人《いちにん》をあだみしにも超《こ》へ、師子音王仏《ししおんのうぶつ》の末《すえ》の勝意比丘《しょういびく》の無量の弟子等が、喜根比丘《きこんびく》をせめしにも勝《まさ》れり。*覚徳比丘《かくとくびく》がせめられし、*不軽菩薩《ふきょうぼさつ》が杖《じょう》木《もく》をかをほりしも、限りあればこれにはよもすぎじとぞをぼへ候。もし百千にも一つ日蓮*法華経の行者にて候ならば、日本国の諸人、後生《ごしょう》の無間地獄《むけんじごく》はしばらくをく、現身《げんしん》には国を失ひ他国に取られん事、彼《か》の徽宗《きそう》・欽宗《きんそう》の

ちが憎んだけれども、陳の宣帝や隋の晋王らが重く用いられたから、人びとの怨嫉もそれほど激しくはなかった。また日本の伝教大師に対しても南都七大寺の僧綱らがさまざまに讒言したけれども、桓武・平城・嵯峨の三帝が深くご信用になったから、敵対する南都六宗の僧綱たちも如何ともすることができなかった。今、日蓮に対しては、日本国中十七万一千三十七箇寺の僧侶たちが憎むばかりでなく、国主たる北条氏もご信用がないから、国じゅうの人びとは父母の敵よりもはなはだしく、宿世の敵にもまして日蓮を憎むのである。その結果、伊豆・佐渡と二度の流罪に処せられ、一度は竜の口で斬首の座に据えられたのである。この迫害は昔、大荘厳仏の滅後末法の世に苦岸《くがん》・薩和多《さわた》・将去《しょうこ》・跋難陀《ばつなんだ》の四人の僧とこれに加担した無数の信者が、ひとり仏の正法を護持した普事比丘に害を加えたよりも激しく、また師子音王《ししおんのう》仏の末法に勝意比丘と無数の弟子たちが喜根比丘を責めたよりもはなはだしい迫害であった。涅槃経に説かれる覚徳比丘が謗法の徒に責められたことや、法華経に説かれる不軽《ふきょう》菩薩が杖木瓦石の難に遭ったのも、おそらくはこの日蓮の受難には及ばないと思われる。もし万が一にも日蓮が法華経の行者であるならば、日蓮を迫害した罪によって、日本国の人びとが後生に無間地獄に堕ちて大いなる苦しみを受けるのはしばらくおいて、国主は、かの中国の徽宗・欽宗のように今生には国を亡ぼし、またインドの賓頭盧《びんずる》尊者の諫《いさ》

ごとく、優陀延王《うだえんおう》・訖利多王《きりたおう》のごとくならむ。またその外《ほか》は、或はその身は白癩《びゃくらい》・黒癩《こくらい》、或は諸悪重病《しょあくじゅうびょう》疑ひなかるべきか。もしその義なくば、また日蓮法華経の行者にあらじ。この身《み》現身には白癩・黒癩等の諸悪重病を受け取り、後生には*提婆《だいば》・*瞿伽利《くぎゃり》等《とう》がごとく無間《むけん》大城《だいじょう》に堕つべし。日月を射《い》奉る《たてまつ》修羅《しゅら》はその矢還つて我が眼《まなこ》に立ち、師子王を吼《ほゆ》る狗犬《いぬ》は我が腹をやぶる。釈子《しゃくし》を殺せし波琉璃王《はるりおう》は水中の中の大火に入り、仏の御身《おんみ》より血を出《いだ》せし提婆達多《だいばだった》は現身に阿鼻《あび》の炎《ほのお》を感ぜり。金銅《こんどう》の釈尊をやきし守屋《もりや》は四天王《してんのう》の矢にあたり、東大寺・興福寺《こうふくじ》を焼きし清盛入道《きよもりにゅうどう》は現身にその身もう(燃)る病《やまい》をうけにき。彼等《かれら》は皆大《だい》事《じ》なれども日蓮が事に合《あ》はすれば小事なり。小事《しょうじ》すらなおしるしあり。大事いかでか現罰なからむ。

めを用いなかった優陀延王や、僧侶を国外に追放した訖利多王のように、他国から攻め滅ぼされるであろう。その他の人びとは謗法の罪の報いで、現身にもろもろの重い病いにかかることは疑いないのである。もしそのような現証がないとすれば、日蓮が法華経の行者ではないのであるから、みずから現身にもろもろの重い病いにかかり、死んだ後は提婆達多《だいばだった》や倶《く》伽利《ぎゃり》のように無間地獄に堕ちるであろう。日月を射落とそうとした修羅はかえってその矢が己《おのれ》の眼に立ち、獅子を吼えた犬はかえって自分の腹が破れ裂けるものである。また仏弟子を殺した波瑠璃王はアシラ河の上で酒宴の時、雷火のために焼死し、釈尊を害せんとして御身から血を出した提婆達多は、生きたまま無間地獄の炎を感じたという。また日本でも金銅の釈尊を焼き捨てた物部守屋《もののべのもりや》は聖徳太子の射た四天王の矢に当たって死に、奈良の東大寺や興福寺を焼き払った太政入道清盛は生きながらに身を焼くような熱病にかかった。これらはいずれも大事には違いないが、法華経の行者たる日蓮に加える迫害に比べればなお小事である。その小事に対してさえなおこのような現罰があったのだから、ましてこれほどの日蓮を迫害する大事にどうして現罰のないはずがあろうか。諸天の現罰が下されるのは当然である。

悦《よろこ》ばしいかな、経文に任《まか》せて*五五百歳《ごごひゃくさい》広宣《こうせん》流布《るふ》をまつ。悲しいかな、闘諍堅固《とうじょうけんご》の時に当《あた》つてこの国修羅道《しゅらどう》となるべし。清盛《きよもり》入道と頼《より》朝《とも》とは源平《げんぺい》の両家、本《もと》より狗犬《いぬ》と猿猴《さる》とのごとし。小人小福《しょうじんしょうふく》の頼朝をあだみしゆへに、宿敵《しゅくてき》たる入道の一門はほろびし上、科《とが》なき主《しゅ》上《じょう》の西海《さいかい》に沈み給ひし事は不便《ふびん》の事なり。これは教主釈尊・多宝・十方《じっぽう》の仏の御使《おんつかい》として、世間には一分《いちぶん》の失《とが》なき者を、一国の諸人にあだまするのみならず、両度の流罪に当《あ》てゝ、日中《にっちゅう》に鎌倉の小路《こうじ》をわたす事朝敵《ちょうてき》のごとし。その外、小庵《しょうあん》には釈尊を本尊とし*一切経を安《あん》置《ち》したりし、その室を刎《は》ねこぼちて、仏像・経巻を諸人にふまするのみならず、糞泥《ふんでい》にふみ入れ、日蓮が懐中《かいちゅう》に法華経を入れまいらせて候ひしを、とりいだして頭《こうべ》をさんぐ\に打ちさいなむ。この事いかなる宿意《しゅくい》もなし。当《とう》

受難の法悦と歎き

日蓮が今、無上の悦びとするのは、経文の予言にある通りに、五五百歳の末法に生まれて法華経を弘め、その広宣流布の時を待つことである。しかしまた悲しみにたえないのは、この闘諍のさかんな末法に生まれて、この日本国が修羅道となるのを見なければならないことである。太政入道清盛と源頼朝とは源平両家の大将であって、犬と猿の間柄である。地位もなく徳も薄い小人の頼朝を苦しめたから、その恨みをかって代々の敵と狙われ、太政入道の一門は亡びたのである。そのうえ、罪もない幼い安徳天皇まで西海に沈めたてまつったことは、まことにいたましいことであり、恐れ多いことであった。今、日蓮は教主釈尊・多宝如来・十方の諸仏の御使として法華経を弘めるのであって、世間的には何の罪もない者であるのに、日本国中の人びとに憎ませるばかりか、二度までも流罪に処し、あたかも国家に対する反逆者であるかのように白昼鎌倉の大路小路を引き廻して恥ずかしめた。さらに釈尊を本尊に奉安し、一切経を安置してある日蓮の庵室を打ち壊して、仏像や経巻を人びとに踏みにじらせたうえ、泥の中へ投げこませ、あまつさえ日蓮が懐中にしていた法華経を取り出して頭をさんざんに打ちすえたのである。このようなはなはだしい迫害は、日蓮に前々からの深い怨みがあったためでもなく、

座《ざ》の科《とが》もなし。ただ法華経を弘通《ぐずう》する計《ばか》りの大科なり。

日蓮天に向ひ声をあげて申さく、法華経の*序品《じょほん》を拝見し奉れば、梵《ぼん》・釈《しゃく》と日月と、四天と竜王《りゅうおう》と、阿修羅《あしゅら》と*二界八番《にかいはちばん》の衆《しゅ》と、無量の国土の諸神《しょじん》と集会《しゅうえ》し給ひたりし時、*已今当《いこんとう》に第一の説を聞きし時、我《われ》とも*雪山童子《せっせんどうじ》のごとく身を供養し、*薬王《やくおう》菩薩のごとく臂《ひじ》をもやかんとをもいしに、教主釈尊、多宝・十方《じっぽう》の諸仏の御前《みまえ》にして「今仏前《いまぶつぜん》において自《みずか》ら誓言《せいごん》を説け」と*諫暁《かんぎょう》し給ひしかば、幸《さいわい》に順風《じゅんぷう》を得て、「世尊《せそん》の勅《ちょく》のごとくまさに具《つぶさ》に奉行《ぶぎょう》すべし」と*二処三会《にしょさんえ》の衆《しゅ》一同に大音声《だいおんじょう》を放《はな》ちて誓ひ給ひしはいかんがあるべき。ただ仏前《ぶつぜん》にてはかくのごとく申して、多宝・十方《じっぽう》の諸仏は本土にかへり給ふ。釈尊は御入滅ならせ給ひてほど久しくなりぬれば、末代辺国《まつだいへんごく》に法

またこれという罪があったためでもなく、ただ日蓮が法華経を弘通するだけで、こうした大いなる迫害を受けるのである。

諸天諫暁

そこで日蓮は天に向かって大声で申すのである。「法華経の序品を拝見すると、梵天・帝釈天・日天・月天・四天王・竜王・阿修羅および欲界《よくかい》・色界《しきかい》の諸天ならびに無数の国々の諸神が集《つど》った会座《えざ》で、已今当の三説にすぐれてこの法華経が最第一の経であると聞かれた時、われわれもこの経のために、かの雪山童子が鬼神に身を供養して法を求め、薬王菩薩が臂を焼いて仏に供養したように、法華経を守護せんと意気ごむところへ、教主釈尊は多宝如来・十方世界の諸仏の面前において、一同に向かって『今この席で法華経を守護するとの誓いを述べよ』と仰せられたので、かの諸天らは追手に風を得た思いで一同声をそろえて『仏の仰せの通りに必ず法華経の行者を守護いたしましょう』と誓われたではないか。その仏前の誓いは、いったいどうなったのであろうか。多宝如来や十方の世界から集った諸仏は、この仏前の誓言を聞いて安心されて、それぞれ本国へ帰られたのである。その後、釈尊は御入滅になられてすでに年久しくなったので、末法の今日、辺土の日本に法華経の行者があっても、梵天・帝釈天・日月などの諸天は、法華経の会座における仏前

華経の行者ありとも、梵・釈・日月等、御誓《おんちかい》をうちわすれて守護し給ふ事なくば、日蓮がためには一旦《いったん》のなげきなり。無始已来《むしいらい》、鷹の前のきじ、蛇の前のかへる、猫の前のねずみ、犬の前のさるとありし時もありき。ゆめの代《よ》なれば、仏・菩薩・諸天にすかされまいらせたりける者にてこそ候わめ。なによりもなげかしき事は、梵と帝《たい》と日月と四天等の、*南無妙法蓮華経の法華経の行者の大難に値《あ》ふをすてさせ給ひて、現身に天の果報《かほう》も尽きて、花の大風に散るがごとく、雨の空より下《ふ》るごとく、「其人命終《ごにんみょうじゅう》、入阿鼻獄《にゅうあびごく》」と無間大城に堕《お》ち給はん事こそ、あわれにはをぼへ候へ。たとひ彼《か》の人々、三世十方《じっぽう》の諸仏をかたうどとして知らぬよしのべ申し給ふとも、日蓮はその人々には強《こわ》きかたきなり。もし仏のへんぱをはせずば、梵・釈・日月・四天をば、無間大城には必ずつけたてまつるべし。日蓮が眼と口とをそろしくば、いそぎ／＼仏前の誓

の誓いを忘れて守護されないのであるならば、法華経の行者である日蓮にとっては一時の嘆きにすぎない。それは悠久の過去から生々世々の間には、鷹の前に怯《おび》えた雉《きじ》、蛇ににらまれた蛙、猫に狙われた鼠、犬に追われた猿などとなって苦しむこともたびたびあった。この世は夢のようにはかない世の中であるから、仏・菩薩・諸天などにあざむかれたのだと思えば諦《あきら》めもつく。しかし、それにつけても嘆かわしいことは、梵天・帝釈天・日天・月天・四天王などの神々が、法華経の行者が南無妙法蓮華経と唱えて大難に値《あ》うのをみて、守護しなかった罪で現身に天上界の果報も尽きて、ちょうど花が嵐に吹き散るように、雨が大地に落ちるように『その人の命終わって阿鼻地獄に堕ちる』とある経文の通りに、無間地獄へ堕ちることである。それが何とも不憫でならないのである。たとえ、かの諸天が三世十方の諸仏を味方として、そのような仏前の誓言は知らないといわれても、日蓮は諸天にとっては強敵である。もし仏に偏頗《へんぱ》さえなければ、必ず梵天・帝釈天・日天・月天・四天王をば無間地獄へ堕すであろう。日蓮のこの眼が恐しいならば、即座に仏前の御誓言を果たされるがよい。日蓮の口（後欠）」

ひをばはたし給へ。日蓮が口（後欠）

またむぎ（麦）ひとひつ（一櫃）・鵞目《がもく》両貫・わかめ・かちめ・みる一俵給《た》び了《おわ》んぬ。干《ほし》い（飯）・やきごめ各々一かうぶくろ給《た》び畢《おわ》んぬ。一々の御志《おんこころざし》はかきつくすべしと申せども、法門巨多《きょた》に候へば留《とど》め候《そうら》ひ了《おわ》んぬ。他門にきかせ給ふなよ。大事の事どもかきて候なり。

追伸

また麦一櫃、銭二貫文、わかめ、かちめ、みる各々一俵ずつ。干飯・焼米一袋ずつお送り下され、ありがたく拝受しました。厚い御志に対して一々に心ゆくまで書き送りたいとは思いますが、重要な法門も数多くありますので、これで筆をおきます。この手紙には大事な法門が書いてありますから、決して他門の者に聞かせてはなりません。ご注意ください。

撰時抄《せんじしょう》

釈子*　日蓮述

それ仏法を学《がく》せん法は必ず先《ま》づ時*をならうべし。過去の*大通智勝仏《だいつうちしょうぶつ》は、出世し給ひて十《じっ》小劫《しょうこう》が間、一経も説き給はず。経に云《いわ》く、「一坐《いちざ》十小劫《じっしょうこう》」と。また云く、「仏、時のいまだ至らざるを知ろしめし、請《しょう》を受くるも黙然《もくねん》として坐す」等と云云。今の教主釈尊《きょうしゅしゃくそん》は*四十余年の程、法華経を説き給はず。経に云く、「説くべき時いまだ至らざるが故に」と云云。老子《ろうし》は母の胎《たい》に処《しょ》して八十年。*弥勒《みろく》

撰時抄

建治元年（一二七五）六月、五四歳、於身延、和文、定一〇〇三―一〇六一頁。

仏法と時

釈子　日蓮述

仏法を学び修行しようとする者は、必ず時を知らなければならない。

法華経化城喩品《けじょうゆほん》によれば、過去の大通智勝仏は、衆生救済のために世に出られても、十小劫という長い間、成仏の時を待ち、また説法を請《こ》われてもその間一経をも説かれなかった。それゆえに経には「一度《ひとたび》禅定に入ったまま十小劫」とも、また「仏は説法すべき時が来なかったから、説法を請われたけれども黙って坐禅を続けられた」とも説かれている。インドに応現された教主釈尊も、成道されてから四十余年もの長い間、出世の本懐である法華経を説かれなかったのである。これを法華経方便品には「説くべき時が来なかったからである」といわれている。道教の祖

菩薩《ぼさつ》は兜率《とそつ》の内院に籠《こも》らせ給ひて、五十六億七千万歳をまち給うべし。彼《か》の時鳥《ほととぎす》は春ををくり、鶏鳥《にわとり》は暁をまつ。畜生すらなをかくのごとし。いかにいわんや、仏法を修行せんに時を糾《ただ》さざるべしや。*寂滅道場《じゃくめつどうじょう》の砌《みぎり》には十方《じっぽう》の諸仏《しょぶつ》示現《じげん》し、一切の大菩薩集会《しゅうえ》し給ひ、梵《ぼん》・帝《たい》・四天は衣《ころも》をひるがへし、竜神《りゅうじん》・八部《はちぶ》は掌《たなごころ》を合せ、凡夫《ぼんぶ》大根性《だいこんじょう》の者は耳をそばだて、生《しょう》身得忍《しんとくにん》の諸菩《しょぼ》薩《さつ》、解脱月《げだつがつ》等、請《しょう》をなし給ひしかども、世尊《せそん》は*二乗作仏《にじょうさぶつ》・*久遠実成《くおんじつじょう》をば名字《みょうじ》をかくし、*即身成仏《そくしんじょうぶつ》・*一念三千《いちねんさんぜん》の肝心《かんじん》、その義を宣《のべ》給はず。これらは偏《ひとえ》にこれ機*はありしかども、時の来《きた》らざればのべさせ給はず。経に云く、「「説くべき時いまだ至らざるが故に」」等と云云。霊山会上《りょうぜんえじょう》の砌《みぎり》には閻浮《えんぶ》第一の不孝の人たりし*阿闍世《あじゃせ》大王座《ざ》につらなり、一代謗法《いちだいほうぼう》の*提婆達多《だいばだった》には天王如来《てんのうにょらい》と名をさづけ、五障《ごしょう》の*竜女《りゅうにょ》は蛇身《じゃしん》をあらためずして仏になる。*決定性《けつじょうしょう》の成仏《じょうぶつ》は燋種《いれるたね》の花さき果《み》なり、

である中国の老子は八十年の間母の胎内に宿っていたといい、また釈尊にかわってこの娑婆世界の教主となるべき弥勒菩薩は、兜率天の内院に籠られて五十六億七千万歳もの間、成道の時を待たれているという。人間ばかりでなく、時鳥は春を送り夏のはじめに鳴き、鶏が暁を待って鳴くように、鳥や獣でさえ時をたがえないのであるから、まして仏法を修行しようとするにおいては、時を明らかにしなければならないことはいうまでもないのである。仏が初めて寂滅道場で華厳経を説かれた時には、十方世界からもろもろの仏たちが現われ来たばかりでなく、一切の大菩薩たちも集まり、ことに大梵天王や帝釈天王や四大天王などは衣をひるがえして喜ばれ、竜神や八部の雑衆たちは手を合わせて仏を礼拝し、凡夫の中でも智恵のすぐれた人たちはどのような説法があるかと耳を澄まして聞こうとし、今度はじめて悟りを開いた解脱月などの多くの菩薩たちは、一心に説法を願ったけれども、釈尊は出世の本懐である法華経の「二乗作仏」と「久遠実成」との二大法門はその名目さえも秘し、まして即身成仏と一念三千との肝心の法門については何も述べられなかった。これらの法門を聞いて悟ることのできる人びとはいたけれども、方便品に「説くべき時が来なかったから」と説かれているように、その時が来ないから、仏はその本懐を述べられなかったのである。華厳から阿含・方等・般若と次第に人びとの機根を調《ととの》えられた仏が霊鷲山《りょうじゅせん》で法華経を説

久遠実成は百歳の翁《おきな》二十五の子となれるかとうたがふ。一念三千は九界即仏界《くかいそくぶっかい》、仏界即九界と談ず。さればこの経の一字は*如意宝珠《にょいほうじゅ》なり。一句は諸仏の種子《しゅうじ》となる。これらは機の熟《じゅく》・不熟はさてをきぬ、時の至れるゆへなり。〔経に云く、「今正《まさ》しく是《こ》れ其《そ》の時なり、決定して大乗を説かん」〕等と云云。

かれた時には、父の頻婆沙羅《びんばしゃら》王の王位を奪い、父母を牢獄に幽閉した世界一の不孝者というべき阿闍世王もその説法の座に列なって結縁衆《けちえんしゅ》となり、一生の間謗法の重罪を犯していた悪逆非道の提婆達多には天王如来の名を授けて成仏を保証し、五障の罪深い八歳の竜女は蛇身のまま即身成仏し、古来より仏になれないと決定された二乗が成仏したのは、ちょうど炒《い》った種から芽が生じ花が咲き実がなったようなもので、まことに不思議なことである。本門にいたって久遠実成の法門が説かれる時には、百歳の老人が二十五歳の青年の子となったのかというほどに、人びとは疑ったのである。さらに一切衆生成仏の原理である法華経の肝心一念三千の法門については、九界の迷いのわれら衆生がそのまま悟りの仏界であり、仏の悟りの仏界の外に九界の迷いの衆生はなく、われら迷いの衆生と悟りの仏とはまったく別のものではなく、互いに融け合っていると説かれたのである。ゆえに法華経の一字はすべての功徳を含むことにおいて、万宝を降らすという如意宝珠のようなものであり、一句も仏となるべき種子となるのである。このように尊くすぐれた法門が説かれたのは、人びとの機根が成熟したか未成熟であるかの智恵や信力の問題ではなく、まさに説くべき時が来たから説かれたのである。それゆえに法華経方便品に「今はまさにその時である、ためらうことなく大乗の妙法蓮華経を説く」と述べられているのである。

問うて云く、機にあらざるに大法を授けられば、愚人《ぐにん》は定めて誹謗をなして悪道に堕《お》つるならば、あに説く者の罪にあらずや。

答へて云く、人路をつくる。路に迷ふ者あり。作る者の罪となるべしや。良医《りょうい》薬を病人にあたう。病人嫌いて服せずして死せば、良医の失《とが》となるか。

尋《たず》ねて云く、法華経の第二に云く、「「無智の人の中にこの経を説くことなかれ」」。同じき第四に云く、「「分布《ぶんぷ》して妄《みだ》りに人に授与すべからず」」。同じき第五に云く、「「この法華経は諸仏如来の秘密《ひみつ》の蔵《ぞう》なり。諸経の中において最もその上《かみ》にあり、長夜《じょうや》に守護して妄《みだ》りに宣説《せんぜつ》せざれ」」等と云云。これらの経文は機にあらずば説かざれというか、いかん。

教と機と時の関係

問うていう、聞くだけの力のない人にこの大法を説いたならば、愚かな人はこの法門を信じないばかりか、かえって謗《そし》りをなして悪道に堕ちるであろうが、これは説く人の罪ではないだろうか。

答えていう、たとえば人が路を作って、その路に迷う者があったとしても、作った人の罪ではない。またすぐれた医師が病人に薬を与えるに、病人が嫌って服《の》まずに死んだとしても、医師の罪とはいえない。それと同じく教えを謗って悪道に堕ちるのは、謗った者の罪であって、教えを説いた人の罪ではない。

さらに尋ねていう、聞く人の罪だというが、では法華経第二の巻の譬《ひ》喩《ゆ》品《ほん》には「無智の人の中ではこの経を説いてはならない」といい、また第四の巻の法師《ほっし》品《ほん》には「みだりにこの経を多くの人に説いてはならない」といい、第五の巻の安楽行品には「この法華経は諸仏如来の秘蔵の法門であって、諸経の中では最もすぐれている。それゆえに長く守護して決してみだりに説いてはならない」とある。これらの経文はすべて聞くことのできる人でなければ説くなというのではないか。つまり人を見て法を説けというのではないか。では機を中心として教えを選ぶのが正しいのであるか。

今反詰《はんきつ》して云く、〔*不軽品《ふきょうぼん》に云く、「しかもこの言《ことば》をなさく、我れ深く汝等《なんだち》を敬《うやま》う」等と云云。「四衆《ししゅ》の中に瞋恚《しんに》を生じ、心不浄《こころふじょう》なる者あり。悪口罵詈《あっくめり》して言《いわ》く、この無智《むち》の比丘《びく》」と。また云く、「衆人或《しゅにんあるい》は杖木瓦石《じょうもくがしゃく》をもってこれを打擲《ちょうちゃく》す」等と云云。*勧持品《かんじほん》に云く、「諸《もろもろ》の無智の人の悪口罵詈《あっくめり》等《とう》し、及び刀杖《とうじょう》を加うる者あらん」〕と云云。これらの経文は、悪口罵詈乃至《ないし》打擲すれどもととかれて候は、説く人の失《とが》となりけるか。

求めて云く、この両説は水火《すいか》なり。いかんが心うべき。

答へて云く、〔*天台《てんだい》云く、「時に適《かな》うのみ」。*章安《しょうあん》云く、「取捨宜《しゅしゃよろし》きを得て一向にすべからず」〕等と云云。釈の心は、或時《あるとき》は謗《ほう》じぬべきにはしばらくとかず。或時は謗ずとも強《し》ひて説くべし。或時は一機《いっき》は信ずべくとも万機《ばんき》謗《ほう》ずべくばとくべからず。或時は万機一同に謗

それならば逆に問おう、同じ法華経第七の巻の不軽品には、不軽菩薩が出会う人ごとに「あなたがたは、みな仏であるから、私は深く敬う」といって礼拝讃嘆し、また「人びとの中には心のよくない者があって怒りを生じ、この無智の僧などと悪口を言ったりののしったり」、また「人びとは杖や棒や瓦や石で打ちすえた」とも説き、第五の巻の勧持品には「多くの無智の人びとが悪口を言ったりののしったり、刀や杖で害を加える者などがある」と説かれている。同じ法華経の中でも不軽品と勧持品の経文は、悪口や罵《ののし》りを受け、また打ちたたかれながらも法華経を説かれたということは、説く人が間違っているというのであろうか。もし間違っていないとすれば、経は機に随ってのみ説くべきではない。

求めていう、右に引いた法華経の譬喩品・法師品・安楽行品の文と、不軽品・勧持品の文とについてみると、この両説は水と火のような相違があるが、いったいどのように心得たらよいであろうか。

答えていう、これについて天台大師は法華文句《ほっけもんぐ》に「時の宜《よろ》しきに順《したが》うべきである」といい、弟子の章安大師は涅槃経疏に「取捨いずれとも宜しいようにして、決して一方に偏《かた》よってはならない」といわれている。この天台・章安二師の釈の意味は、もし人びとが謗るような時にはしばらく説かない方がよいし、またもし人びとが謗っても時には強《し》いて説くべき時もあり、また時には一部の人が信じても大部分の人が謗るならば

ずとも強て説くべし。初成道《しょじょうどう》の時は法慧《ほうえ》・功《く》徳林《どくりん》・金剛幢《こんごうどう》・金剛蔵《こんごうぞう》・文殊《もんじゅ》・普賢《ふげん》・弥勒《みろく》・解脱月《げだつがつ》等の大菩薩、梵《ぼん》・帝《たい》・四天《してん》等の凡夫大《ぼんぷだい》根性《こんじょう》の者かずをしらず。鹿野苑《ろくやおん》の苑《その》には倶隣《くりん》等の五人、*迦葉《かしょう》等の二百五十人、*舎利弗《しゃりほつ》等の二百五十人、八万の諸天。方等大会《ほうどうだいえ》の儀式には、世尊の慈父《じふ》の浄飯《じょうぼん》大王もねんごろに恋せさせ給ひしかば、仏《ほとけ》、宮《みや》に入らせ給ひて観仏《かんぶつ》三昧《さんまい》経を説かせ給ひ、悲母《ひも》の御《おん》ために忉利天《とうりてん》に九十日が間籠《こも》らせ給ひしには、摩耶経《まやきょう》をとかせ給ふ。慈父悲母なんどにはいかなる秘法か惜しませ給ふべき。なれども法華経をば説かせ給はず。せんずるところ、機にはよらず、時いたらざれば、いかにもとかせ給はぬにや。

問うて云く、何《いか》なる時にか小乗《しょうじょう》・権経《ごんきょう》をとき、何なる時にか法華経を説くべきや。

説いてはならないし、また時には大部分の人が一同に謗っても強いて説くべきである、ということである。今、釈尊一代の説法についてみると、仏がはじめて悟りを開かれて、ただちに寂滅道場で最初の華厳経を説かれた時には、法慧・功徳林・金剛幢・金剛蔵・文殊・普賢・弥勒・解脱月などの大菩薩や、梵天・帝釈天・四天王などの、智恵のすぐれた凡夫が無数にいた。また次の波羅奈国《はらないこく》の鹿野苑において阿含経を説かれた時には、倶隣などの五人をはじめ、迦葉などの二百五十人、舎利弗などの二百五十人、さらに八万の多くの諸天がいた。しかし、いずれにおいても法華経をお説きにならなかった。次に方等部の諸経を説かれた時には、御父《おんちち》の浄飯大王があまりに恋い慕われたので、大王の宮殿に行って観仏三昧経を説かれ、また御母《おんはは》の摩耶夫人《まやぶにん》のためには忉利天に上って一夏《げ》九十日の間籠られて摩耶経を説かれたのである。御両親のためにはどのような秘法でも惜しまれるはずはないのに、法華経は説かれなかったのである。こうしたことから考えると、仏法は人によって説くのではなく、時が来なければ決して軽々しくは説かれないということである。

五箇五百歳の経説

問うていう、それではいつ小乗経や権大乗経を説き、いつ法華経を説くべきであるか。

答へて云く、十信《じっしん》の菩薩より等覚《とうがく》の大士《だいじ》にいたるまで、時《とき》と機《き》とをば相《あい》知りがたき事なり。いかにいわんや、我等《われら》は*凡夫なり。いかでか時機《じき》をしるべき。

求めて云く、すこしも知る事あるべからざるか。

答えて云く、*仏眼をかつて時機をかんがへよ。*仏日を用《も》て国をてらせ。

問うて云く、その心如何《いかん》。

答えて云く、*大集経《だいしっきょう》に大覚世尊《だいがくせそん》、月蔵《がつぞう》菩薩に対して未来の時を定め給えり。いわゆる、我が滅度の後《のち》の五百歳の中には解脱堅固《げだつけんご》、次の五百年には禅定《ぜんじょう》堅固〈已上一千年〉、次の五百年には読誦多聞堅固《どくじゅたもんけんご》、次の五百年には多造《たぞう》塔寺《とうじ》堅固《けんご》〈已上二千年〉、次の五百年には〔「我が法の中において闘諍《とうじょう》言訟《ごんじょう》して白法隠没《びゃくほうおんもつ》せん」〕等と云云。

答えていう、その時については誰も知ることはできない。菩薩の中でも発心したばかりの十信の位に入った菩薩から、仏のすぐ前の補処《ふしょ》の位といわれる等覚の菩薩にいたるまで、明瞭に時と機とを知ることはできないのである。ましてやわれら凡夫が、どうして時と機とを知ることができようか。

求めていう、それではどうしても時と機とを知ることはできないのであろうか。

答えていう、何物をも明瞭に見透すことのできる仏の智恵の眼を借りて時と機とを考え、また日光のように明らかな仏の智恵をもって国土の相を照らして見るがよい。

問うていう、仏眼や仏智を借りるということはどういうことであるか。

答えていう、それは仏の未来記の経文を明鏡として考えてみることである。仏が月蔵菩薩に対して未来の時を予言して説かれた大集経についてみれば明らかである。すなわち大集経の第五十五の閻浮提品《えんぶだいほん》によれば、仏の滅後には五箇の五百歳があって、最初の五百年間は解脱堅固といって、戒をよく守り悟りを開く者の多い時代である。次の五百年間は禅定堅固といって、一心に仏法を学んで修行する者の多い時代である。以上が仏滅後千年の状態で、この二時代を正法という。また次の五百年を読誦多聞堅固といって、学問を専らにし多くの経典を読んで見聞《けんもん》を広くしこの五の五百歳、二千五百余年に人々の料簡《りょうけん》さまざまなり。漢土《かんど》の*道綽禅師《どうしゃくぜんじ》が云《いわ》く、正《しょう》・像《ぞう》二千、四箇の五百歳には小乗と大乗との白法盛《びゃくほうさかん》なるべし。*末法《まっぽう》に入《い》っては彼等の白法皆《み》な消滅して、浄土の法門・念仏《ねんぶつ》の白法を修行《しゅぎょう》せん人計《ばか》り生死《しょうじ》をはなるべし。日本国《にほんこく》の*法然《ほうねん》が料簡して云く、今《いま》日本国に流布《るふ》する法華経・華厳経《けごんきょう》並《ならび》に大日経・諸《もろもろ》の小乗経、天台・真言・律《りつ》等の諸宗は、大集経《だいしっきょう》の記文《きもん》の正・像二千年の白法なり。末法に入っては彼等の白法は皆滅尽すべし。たとい行《ぎょう》ずる人ありとも一人《いちにん》も生死をはなるべからず。十住《じゅうじゅう》

ようとする時代である。次の五百年は多造塔寺堅固といって、寺塔などを多く建立して福徳を求めようとする時代である。以上が仏滅後二千年までの状態で、この二時代を像法という。そして最後の第五の五百年は闘諍言訟といって仏法の中に種々の争いが起こり、白法隠没といって仏法の真実義が滅びる時代である。この時代を末法という。この仏の未来記の明鏡をもって仏滅後の仏法流布の状況を考えなければならないのである。

この大集経の五箇の五百歳の予言、仏滅後二千五百年の仏法流布について、学者たちの間に種々の見解がある。中国浄土教の道綽禅師は安楽《あんらく》集《しゅう》を著わし、仏滅後、正・像二千年の四箇の五百歳の間は、小乗と大乗とがさかんであるが、第五の五百歳の末法に入っては、従来の仏法はみな滅びて、浄土念仏の法を修行する人だけが生死の苦しみを離れて、極楽浄土に往生することができる、といっている。また日本の法然は、今、日本に弘まっている法華経・華厳経・大日経などのもろもろの大乗経や小乗経と天台・真言・律などの諸宗は、大集経に予言された正像二千年の間に弘まるべき仏法であって、末法には当然滅亡すべきものである。たとえ末法に修行する人があっても、一人も生死の迷いから離れることはできない。なぜならば、インドの竜樹菩薩の十住毘婆沙論易行品や中国浄土教の元祖曇鸞法師の浄土論の注釈などには、法華経などの諸大乗

毘婆沙論《びばしゃろん》と*曇鸞《どんらん》法師が難行道《なんぎょうどう》、道綽の「未有《みう》一人得者《いちにんとくしゃ》」、*善導の「千中無一《せんちゅうむいち》」これなり。彼等の白法隠没の次には*浄土三部経・弥陀称《みだしょう》名《みょう》の一行計《いちぎょうばか》り大白法《だいびゃくほう》として出現すべし。これを行ぜん人々はいかなる悪人・愚人《ぐにん》なりとも「十即十生《じっそくじっしょう》、百 即百 生《ひゃくそくひゃくしょう》」、〔「ただ浄土の一門のみあつて通入《つうにゅう》すべき路」〕とはこれなり。されば後世《ごせ》を願はん人々は、叡山《えいざん》・東寺《とうじ》・薗《おん》城《じょう》・七大寺《しちだいじ》等の日本一州の諸寺《しょじ》・諸山《しょざん》の御帰《ごき》依《え》をとどめて、彼《か》の寺山《じさん》によせをける田畠郡《でんばたぐん》郷《ごう》をうばいと(取)て念仏堂につけば、決定《けつじょう》往生《おうじょう》、南無阿弥陀仏《なむあみだぶつ》とすゝめければ、我朝《わがちょう》一同にその義になりて今に五十余年なり。日蓮これらの悪義を難じやぶる事は事ふり候ぬ。

経をさして「修行しがたい道」といい、また道綽禅師の安楽集には「一人も成仏した者はいない」といい、さらに善導和尚の往生礼讃には「千人に一人も成仏する者はない」といわれているのを見れば明らかである。しかし右の諸師は一同に、末法に入って法華経などの難解な仏法が滅びた次には、必ず浄土の三部経と弥陀念仏の修行ばかりが末法の衆生を救う最高の教法として世間に弘まり、この念仏を修行する人びとはどのような悪人・愚人でも、「十人は十人、百人は百人すべて弥陀の極楽浄土に往生することができる」、「ただこの念仏の修行だけが極楽に往生する唯一の路である」と説いている。それゆえに、後生の往生を願う人びとは、法華経や大日経などの仏法を弘める比叡山・東寺・園城寺・南都七大寺などの日本国中の寺々に帰依することをやめて、それらの寺々に寄附した田畠や郡郷を取り戻し念仏堂に寄附するならば極楽往生は疑いない、だから南無阿弥陀仏と唱えよと法然が念仏を勧めたから、日本国中こぞって念仏の教えにしたがってすでに五十年あまりである。日蓮が建長五年（一二五三）の開宗以来、これらの教えを謗法の邪義であると守護国家論や立正安国論などで糾明し破折したことは、すでに久しいことである。

かの大集経《だいしっきょう》の白法隠没《びゃくほうおんもつ》の時は、第五の五百歳当世《とうせい》なる事は疑ひなし。ただし彼《か》の白法隠没の次には、法華経の肝心たる*南無妙法蓮華経の大白法の、一閻浮提《いちえんぶだい》の内八万の国あり、その国々に八万の王あり、王々ごとに臣下《しんか》並に万民《ばんみん》までも、今《いま》日本国に弥陀称名《みだしょうみょう》を四衆《ししゅ》の口々に唱ふるがごとく、広宣流布《こうせんるふ》せさせ給ふべきなり。

問うて云《いわ》く、その証文如何《いかん》。

答へて云く、法華経の第七に云く、〔「我《わ》が滅度の後《のち》、後《のち》の五百歳の中に、*閻浮提《えんぶだい》に広宣流布して、断絶せしむることなけん」〕等と云云。経文は、大集経《だいしっきょう》の白法隠没の次の時をとかせ給ふに「広宣流布」と云云。同じき第六の巻に云く、〔「悪世末法《あくせまっぽう》の時、能《よ》くこの経を持《たも》つ者」〕等と云云。また第五の巻に云く、〔「後《のち》の末世《まっせ》の法滅せんと欲《ほっ》する時において」〕

後五百歳広宣流布の仏法

かの大集経に白法隠没という時は、第五の五百歳すなわち末法の初めで、日蓮の生まれた現在であることは疑いない。ただし、かの白法隠没の次には、法華経の肝心である南無妙法蓮華経の大白法が弘まるに相違ない。世界じゅうには八万の国々があり、その国々の八万の王がいずれもその臣下や万民とともに、今の日本国の人びとが一人残らず弥陀の名号を口々に唱えるように、南無妙法蓮華経と唱えるようになる。法華経の題目が末法の時代に世界じゅうに広く弘まるということは仏の定めおかれたことであるから必ず実現されなければならないのである。

問うていう、何によってそう言えるのか、その証拠があるか。

答えていう、法華経の第七の巻の薬王品に「わが滅度の後、後の五百歳の中、この世界中に広く弘まって絶えることがない」とある。この経文は、まさしく第五の五百歳、かの大集経の白法隠没の次の時を「広宣流布」と説かれたのである。また法華経第六の巻の分別功徳品には「悪世末法の時によくこの法華経を持《たも》つ者がある」といい、また第五の巻の安楽行品には「後の末世の仏法の滅びようとする時に、この法華経を弘めて」といい、第四の巻の法師《ほっし》品には「この法華経は仏の御在世ですら、なお怨《うら》み嫉《ねた》む者が多い。まして仏の滅後悪世においてはなおさらのこと等と。また第四の巻に云く、〔「しかも此の経は如来の現在にすら猶怨嫉《なおおんしつ》多し。況《いわ》んや滅度の後《のち》をや」〕と。また第五の巻に云く、〔「一切世間怨《あだ》多くして信じ難し」〕と。また第七の巻に第五の五百歳闘諍堅固《とうじょうけんご》の時を説いて云く、〔「悪魔《あくま》・魔民《まみん》・諸《もろもろ》の天《てん》・竜《りゅう》・夜叉《やしゃ》・鳩槃《くはん》茶《だ》等、その便《たより》を得ん」〕と。大集経《だいしつきょう》に云く、〔「我が法の中において闘諍言訟《とうじょうごんじょう》せん」〕等と云云。法華経の第五に云く、〔「悪世の中の比丘」〕と。また云く、〔「或は阿蘭若《あらんにゃ》にあり」〕等と云云。また云く、〔「悪鬼《あっき》その身に入る」〕等と云云。文《もん》の心は、第五の五百歳の時、悪鬼の身に入れる大僧等国中に充満せん。その時に智人一人《ちにんいちにん》出現せん。彼《か》の悪鬼の入れる大僧等、時の王臣・万民等を語らひて、悪口罵《あっくめ》詈《り》、杖木瓦礫《じょうもくがりゃく》、流罪死罪《るざいしざい》に行《おこな》はん時、釈迦《しゃか》・多宝《たほう》・十方《じっぽう》の諸仏《しょぶつ》、*地涌《じゆ》の大菩薩らに仰せつけば、大菩薩は梵《ぼん》・帝《たい》・日月《にちがつ》・四天等に申しくだされ、その時*天変地夭《てんぺんちよう》盛《さかん》なるべし。国主

である」といい、第五の巻の安楽行品には「法華経を滅後に弘めるならば、世の中に怨む者が多くて、信仰し修行することは容易ではない」といい、さらに第七の巻の薬王品には、大集経の第五の五百歳の闘諍堅固の時を説いて「もろもろの悪魔や魔民や、天・竜・夜叉・鳩槃荼などの八部の衆たちが法華経の行者を惑わそうとして、つねにその隙《すき》を狙っている」と説いている。大集経には「仏法の中で言い争いが起こる」とある。また法華経の第五の巻の勧持品には「悪世の中の僧は邪《よこしま》な智恵にたけ、諂《へつら》いの心ばかりで」とも、「大寺院に住して行ないすましたように見せかけている」とも、「悪世には、もろもろの悪鬼が隙を狙って悪僧たちの心に入りこんで正法の行者を罵《ののし》る」とも説かれている。これらの法華経の文の意味は、第五の五百歳の時には、悪魔に魅入《みい》られた偽の高僧たちが国じゅうに充満するであろう。その時に仏の勅命を受けた一人の智者が現われるであろう。するとその悪魔に魅入られた偽の高僧たちは、時の王や臣下をはじめ万民をあざむいて味方につけ、この一人の智者の悪口を言い、ののしり、杖や木で打ったり、石や瓦を投げつけたり、ついには流罪・死罪にまで行なおうとする時、釈迦・多宝・十方の諸仏は本化《ほんげ》地涌の菩薩に命じて、これらの大菩薩はまた梵天・帝釈天・日天・月天・四天王などに命を下して、さかんに天変地異を起こすのである。この天変地異の諫《いさ》めを国主らが用いない時には、さらに隣国の王に

等そのいさめを用ひずば、隣国《りんごく》にをほせつけて、彼々《かれがれ》の国々の悪王・悪比丘等をせめらるるならば、前代未聞《ぜんだいみもん》の大闘諍一閻浮提《えんぶだい》に起《おこ》るべし。その時日月所照《にちがつしょしょう》の四天下《してんげ》の一切衆生《いっさいしゅじょう》、或は国をしみ、或は身をしむゆへに、一切の仏《ぶつ》・菩薩にいのり(祈)をかくともしるし(験)なくば、彼《か》のにくみ(憎)つる一《ひとり》の小僧《しょうそう》を信じて、無量の大僧等・八万の大王等・一切の万民、皆頭《こうべ》を地につけ、掌《たなごころ》を合せて、一同に南無妙法蓮華経ととなうべし。例せば、*神力品《じんりきほん》の*十神力《じゅうじんりき》の時、十方世《じっぽうせ》界《かい》の一切衆生《いっさいしゅじょう》一人《いちにん》もなく、娑婆《しゃば》世界に向つて大音声《だいおんじょう》をはなちて、南無《なむ》釈迦《しゃか》牟尼《むに》仏《ぶつ》く、南無妙法蓮華経くと一同にさけびしがごとし。

問うて曰《いわ》く、経文は分明《ふんみょう》に候。天台・*妙《みょう》楽《らく》・*伝教《でんぎょう》等の*未来記《みらいき》の言《ことば》はありや。

答へて云く、汝が不審逆《さかさま》なり。釈を引か

命じて天の警《いまし》めを用いない悪王や悪僧を責められるから、ここに前代未聞の大動乱が世界に起き、大集経の闘諍堅固の時が現われるのである。その時、日月の照らす所に住むすべての人びとは、あるいは国を大事に思い、わが身を大事に思って、あらゆる仏や菩薩に一生懸命に祈りを捧げるのであるが、何の効験もない時に始めて、今までさんざんに憎んだ一人の小僧を信じて、ここに多くの高僧たちや八万の大王や一切の万民が、みな頭を地につけ、手を合わせて南無妙法蓮華経と唱えるであろう。たとえば、法華経の神力品で、仏が十種の大神力を現わされたその第八番目の時に、十方世界の一切衆生が一人残らずこの娑婆世界に向かって、大音声をあげて南無釈迦牟尼仏、南無釈迦牟尼仏、南無妙法蓮華経、南無妙法蓮華経と一同に唱えたようなものである。

法華経広宣流布の釈文

問うていう、法華経が第五の五百歳に広く弘まることは経文に明らかであるが、天台・妙楽・伝教などの先師の予言があるかどうか。

答えていう、貴殿の疑問は逆である。人師の釈を引いて証拠とした時ん時こそ経論はいかにとは不審せられたれ。経文に分明ならば釈を尋ぬべからず。さて釈の文《もん》、経に相違せば経をすてて釈につくべきか、如何《いかん》。

彼《かれ》の云く、道理至極《しごく》せり。しかれども凡夫《ぼんぶ》の習《なら》ひ、経は遠し釈は近し。近き釈分明ならば、いますこし信心をますべし。

今云く、汝が不審ねんごろなれば少々釈をいだすべし。〔天台大師云く、「後《のち》の五百歳、遠く妙道に沾《うるお》わん」〕と。〔妙楽大師云く、「末《まつ》法《ぼう》の初め、冥利《みょうり》なきにあらず」〕と。〔伝教大師云く、「正《しょう》像《ぞう》稍《やや》過ぎ已《おわ》りて、末法太《はなは》だ近きに有り、法華一乗の機、今正《まさ》しく是《こ》れ其《そ》の時なり。何をもつて知ることを得る。安楽行品《あんらくぎょうほん》に云く、末世法滅の時なり」〕と。また云く、〔「代《よ》を語《かた》れば則ち像《ぞう》の終り末《まつ》の初め、地を尋《たず》ぬれば唐の東羯《かつ》の西、人を原《たず》ぬれば則ち五濁《ごじょく》

こそ、経論の本文はどうかと疑いをもってもよいが、今は根本の仏説の経文に明らかな証拠があるのに、人師の釈を尋ねる必要はない。もし人師の釈の文が根本の経文と違っていたならば、根本の経文を捨てて人師の釈に随うというのであるか、どうか。

彼が問うていう、道理はもちろんその通りであるが、しかし凡夫の習いとして、経は遠い昔に仏がインドで説かれたものであり、釈はその後にできたものであるから、遠い経には凡夫はとうてい及ばないが近い釈は親しく思われるから、釈の文が明瞭であれば、いま一層の信心を増すであろう。

答えていう、貴殿の疑問がもっともであるから、少しばかり人師の釈を示そう。まず中国天台宗の開祖天台大師は法華文句に「後の五百歳まで も遠く法華の教えによって大いなる利益を受けるであろう」といい、また第六祖の妙楽大師は法華文句記に「大集経には後五百歳は白法隠没というが、末法のはじめこそ法華経の利益はあるであろう」といい、日本天台法華宗の祖伝教大師は守護国界章に「正法や像法の時代はほぼ過ぎ去って、末法がいよいよ近づいた。法華一乗の弘まる時はまさしく今である。なぜかというに法華経の安楽行品には末法の法の滅びる時に法華を弘めよとあるからである」といい、さらに法華秀句には「今の時代はまさしく像法の終わり、末法の初めである。所は唐の東、摩羯《まかつ》（旧、

の生《しょう》闘諍《とうじょう》の時なり。経に云く、猶多《ゆた》怨嫉況《おんしつきょう》滅度《めつど》後《ご》と。この言《ことば》良《まこと》に以《ゆえ》あるなり」」と云云。

それ釈尊の出世は住劫《じゅうこう》第九の減《げん》、人寿《にんじゅ》百歳の時なり。百歳と十歳の中間《ちゅうかん》、在世五十年、滅後二千年と一万年となり。その中間に法華経流布の時二度あるべし。いわゆる在世の八年、滅後には末法の始めの五百年なり。しかるに天台・妙楽・伝教等はすす(進)では在世法華の御時《おんとき》にもれさせ給ひぬ。退《しりぞ》ひては滅後末法の時にも生れさせ給はず。中間なる事をなげかせ給ひて、末法の始をこひ(恋)させ給ふ御筆なり。例せば、阿私陀《あしだ》仙人が悉達太《しったたい》子《し》の生れさせ給ひしを見て悲んで云く、現生《げんしょう》には九十にあまれり。太子の成道《じょうどう》を見るべからず。後生《ごしょう》には無色界《むしきかい》に生れて五十年の説法

満州地方）の西に当たり、人は五濁にまみれた衆生で闘諍のさかんな時である。法華経の法師品には仏の御在世でさえ怨《うら》み嫉《ねた》む者が多い、まして滅度の後はいっそう激しいであろうと説かれているが、この言《ことば》はまことに意味が深い」といわれている。これらが法華経による人師の意見である。これによって法華経が末法に弘まるということは、間違いないことであろう。

そもそも教主釈尊が世に出でられたのは、人類がこの世に出てから、その寿命が八万歳より十歳の間を増減する成《じょう》・住《じゅう》・壊《え》・空《くう》の四劫《しこう》の中の住劫の第九番目の減ずる時で、人の寿命が八万四千歳から次第に減じて百歳になった時であった。この人の寿命が百歳の時から百年ごとに一歳を減じて十歳になるまでの一万年の中間において重要な時は、仏の御在世の五十年と、入滅後の正法の千年と、像法の千年と、末法の万年とである。この間において法華経の弘まる時が二度ある。すなわち釈尊八十年のご生涯の最後の八箇年と、入滅後の正像二千年を過ぎた末法万年のはじめの五百年とのただ二度だけである。ところが天台・妙楽・伝教の三師は、先に進んでは釈尊の法華経を説かれた時にも値《あ》わず、後に退いては滅後に法華経の弘まる末法の時代にも生まれないで、ちょうどその中間の正像二千年の中の像法の半ばに生まれ、法華経の弘まる時に縁のなかったことを歎かれ、末法のはじめに法華経の広く弘まることを知ら

の坐にもつらなるべからず。正・像・末にも生るべからず、となげきしがごとし。道心《どうしん》あらん人々はこれを見きゝて悦ばせ給へ。正・像二千年の大王よりも、後世《ごせ》をもはん人々は、末法の今の民《たみ》にてこそあるべけれ。これを信ぜざらんや。彼《か》の天台の座主よりも南無妙法蓮華経と唱《となう》る癩人《らいにん》とはなるべし。梁《りょう》の武《ぶ》帝《てい》の願《がん》に云く、寧《むし》ろ提婆《だいば》達多《だった》となて*無間《むけん》地獄《じごく》には沈むとも、鬱頭羅弗《うずらんほつ》とはならじと云云。

れて、恋い慕われて記されたのが先に引いた三師の釈である。たとえば、インドの有名な占い師である阿私陀仙人が、悉達太子のお生まれになったのを見て、この王子はのちに大聖人《せいじん》となるが、自分はすでに九十歳を越えているから、もはやこの太子の成道をみることはできない。また死後は無色界に生まれるから、この欲界の娑婆世界における五十年の説法を聞くこともできない。まのあたり釈尊の教えに値《あ》えないだけでなく、滅後の正法にも像法にも末法にも生まれることができないので、残された法華経の経文にも値えない、と嘆き悲しまれたようなものである。それゆえに今日道心ある人びとは、これら三師の釈を見るにつけ、阿私陀仙人の話を聞くにつけ、大いに悦ぶべきである。なぜならば今は末法の時代であり、法華経の弘まる滅後唯一の時代であるから、その時に生まれ合わせたことは本当に幸運であると喜ぶべきである。正像二千年の間に生まれて大王となり意のままにふるまうよりも、後世の成仏を願う人びとは、末法の法華経の弘まる世の民衆と生まれ法華経を信仰する方が幸いである。どうしてこの幸いを信ぜずにいられよう。像法の時代に生まれて天台宗の座主となって崇められるよりも、末法に生まれて南無妙法蓮華経と題目を唱える重病人となる方が幸いである。梁の武帝はみずから発願文を書いて「提婆達多となって無間地獄の底に堕《お》ちてもなお信心を起こすことができるが、たとえ天上に生まれても成仏のできない欝問うて云く、竜樹《りゅうじゅ》・天親《てんじん》等の*論師《ろんじ》の中にこの義ありや。

答へて云く、竜樹・天親等は内心《ないしん》には存《ぞん》ぜさせ給ふとはいえども、言《ことば》にはこの義を宣《の》べ給はず。

求めて云く、いかなる故《ゆえ》にか宣べ給はざるや。

答へて云く、多くの故あり。一には彼《か》の時には機なし。二には時《とき》なし。三には*迹化なれば*付嘱せられ給はず。

求めて云く、願《ねが》わくはこの事よく〳〵きかんとをもう。

頭羅弗とはなりたくない」といわれたが、この願文の意味は末法の衆生が法華経の弘まる時に出会ったと同じ喜びである。

正法におけるインドの仏法

問うていう、天台・伝教などの釈の文は明らかであるが、インドの竜樹や天親などの諸論師にも、同じような末法に法華経が流布するという文があるかどうか。

答えていう、竜樹や天親らは、末法に法華経が弘まることを内心には知っていたけれども、言葉に出しては述べられなかったのである。

問うていう、それはどういう理由で述べられなかったのか。

答えていう、それにはいろいろな理由があるが、その主なるものをあげれば三つある。一には竜樹・天親の時代には法華経の法門を説いても聞くべき人がいなかったからである。二には彼らの出現した正法の時代は、まだ法華経を説くべき時期になっていなかったからである。三には迹化《しゃっけ》の菩薩には滅後の法華経弘通を委嘱《いしょく》されなかったからである。

問うていう、これは非常に重要な問題であるから、仏の滅後における仏法の弘通について、よくよく詳しく聞きたいと思う。

答へて云く、それ仏の滅後二月十六日より正法《しょうぼう》の始《はじめ》なり。迦葉尊者《かしょうそんじゃ》仏《ほとけ》の付嘱をうけて二十年、次に阿《あ》難《なん》尊者二十年、次に商那和修《しょうなわしゅ》二十年、次に優婆《うば》崛多《くった》二十年、次に提多迦《だいたか》二十年、已上一百年が間は、ただ小乗経の法門をのみ弘通《ぐずう》して、諸大乗経は名字もなし。いかにいわんや法華経をひろむべしや。次には弥遮迦《みしゃか》・仏陀《ぶつだ》難提《なんだい》・仏駄《ぶつだ》蜜多《みった》・脇比丘《きょうびく》・富那《ふな》奢《しゃ》等の四、五人、前の五百余年が間は大乗経の法門少々出来《しゅったい》せしかども、とりたてゝ弘通し給はず、ただ小乗経を面《おもて》としてやみぬ。已上大集《だいしつ》経の先の五百年、解脱堅固《げだつけんご》の時なり。正法の後六百年已後一千年が前、その中間に馬鳴《めみょう》菩薩・毘羅《びら》尊者《そんじゃ》・竜樹《りゅうじゅ》菩薩・提婆《だいば》菩薩・羅睺《らご》尊者・僧佉難提《そうぎゃなんだい》・僧佉耶奢《そうぎゃやしゃ》・鳩摩羅駄《くまらだ》・闍夜那《じゃやな》・盤陀《ばんだ》・摩奴羅《まぬら》・鶴勒夜那《かくろくやな》・師子《しし》等の十余人の人々、始には外道《げどう》の家に入り、次には小乗経をきわめ、後《のち》には諸大乗経をもて諸小乗経をさん〴〵に破し失ひ給ひき。これら

答えていう、そもそも仏のご在世の説法に、先に方便の教えを説いて後に真実の教えを説くという順序があるように、仏の滅後の仏法弘通にも順序次第があるのである。仏は二月十五日に御入滅されたのであるが、その翌十六日から正法の時代に入る。付法蔵経によれば、仏御入滅の時に迦葉尊者が仏の委嘱を受けて二十年の間仏法を弘めた。つぎに阿難尊者が二十年、つぎに商那和修が二十年、つぎに優婆崛多が二十年、つぎに提多迦が二十年。以上百年の間は仏法と外道との対立時代であったから、小乗経をもってこれに対したために、ただ小乗経の法門だけが弘まって、大乗経はその名前さえなかったのである。まして大乗の中でも実大乗たる法華経の弘まるはずはないのである。次には弥遮迦・仏陀難提・仏駄密多・脇比丘・富那奢らの四、五人があって、正法千年の前半の五百年の間に出て、大乗経の法門を少しは説いたけれどもとくに弘めようとはせず、もっぱら小乗経を主として説いた時代であった。以上は大集経の第一の五百年、解脱堅固の時である。正法の後半の六百年から千年にいたる五百年間には、馬鳴・迦毘羅・竜樹・迦那提婆《かなだいば》・羅睺羅跋陀羅《らごらばつだら》・僧佉難提・僧佉耶奢・鳩摩羅駄・闍夜那・婆修盤陀・摩努羅・鶴勒夜那・師子などの十余人の人びとが、はじめは外道の教えを学び、つぎに仏教に入って小乗経を究め、後には小乗経の教えの浅いことを知って、もろもろの大乗経の深遠な教義をもって小乗経を破折したのである。ここに

の大士《だいじ》等は、諸大乗経をもつて諸小乗経をば破せさせ給ひしかども、諸大乗経と法華経の勝劣をば分明にかゝせ給はず。たとひ勝劣をすこしかゝせ給ひたるやうなれども、本迹《ほんじゃく》の十妙・*二乗作仏《にじょうさぶつ》・*久遠実成《くおんじつじょう》・*已今当《いこんとう》の妙・*百界千如《ひゃっかいせんにょ》・*一念三千の肝要の法門は分明ならず。ただ或は指をもつて月をさすがごとくし、或は文《もん》にあたりてひとはし（一端）計《ばか》りかゝせ給ひて、*化道《けどう》の始終《しじゅう》・師弟《してい》の遠近《おんごん》・得道《とくどう》の有無《うむ》はすべて一分《いちぶん》もみへず。これらは正法《しょうぼう》の後《のち》の五百年、大集《だいしつ》経の禅定堅固《ぜんじょうけんご》の時にあたれり。正法一千年の後は、月氏《がっし》に仏法充満せしかども、或は小をもて大を破し、或は権経《ごんきょう》をもつて実経を隠没《おんもつ》し、仏法さまぐ\に乱れしかば、得道の人やうやくすくなく、仏法につけて悪道に堕《お》つる者かずをしらず。

正法《しょうぼう》一千年の後、像法《ぞうぼう》に入つて一十五年と

大乗中心の時代となった。これらの菩薩たちは大乗の教理をもって小乗の教理を破折したけれども、いまだもろもろの大乗経と法華経との勝劣については明瞭に説かなかった。たとえ勝劣について少しは説いたようでも、法華経が諸経にすぐれる本迹二門における二十種の特質を述べた本迹の二十妙をはじめ、二乗作仏・久遠実成・已今当の妙・百界千如・一念三千などの、法華経の重要な法門は明らかにされなかった。ただ指で空の月をさす程度にすぎず、また書物には少しばかり書いたとしても、その中心である化道の始終・師弟の遠近・得道の有無などの重要な法門については、まったく述べられていない。これが正法の後半の五百年、大集経に禅定堅固と説かれた時代に当たるのである。正法一千年の後は、仏法はインドに広く弘まったけれども、小乗経をもって大乗経を破折し、あるいは方便経をもって真実経を隠し、仏法がさまざまに乱れたので、仏教によって解脱を得る者は次第に少なくなり、かえって仏法を破ることによって悪道に堕ちる者が数えきれないほど多くなったのである。

像法における中国の仏法

正法一千年の後、像法に入って十五年目の後漢の永平十年（六七）に初申せしに、仏法東に流れて漢土《かんど》に入りにき。像法の前五百年の内、始の一百余年が間は、漢土の道士《どうし》と月氏の仏法と諍論《じょうろん》していまだ事さだまらず。たとひ定まりたりしかども、仏法を信ずる人の心いまだふかからず。しかるに仏法の中に大小・*権実《ごんじつ》・*顕密《けんみつ》をわかつならば、聖教《しょうぎょう》一同ならざる故、疑《うたがい》をこりて、かへりて*外典《げてん》とともな(伴)う者もありぬべし。これらのをそれあるがのゆへに、摩騰《まとう》・竺蘭《じくらん》は自《みずか》らは知つてしかも大小を分けず、権実をいはずしてやみぬ。その後、魏《ぎ》・晋《しん》・宋《そう》・斉《せい》・梁《りょう》の五代が間、仏法の内に大小・権実・顕密をあらそひし程に、いづれこそ道理ともきこえずして、上《かみ》一人《いちじん》より下《し》も万民《ばんみん》にいたるまで不審すくなからず。*南三北七《なんさんほくしち》と申して仏法十流《じゅうりゅう》にわかれぬ。いわゆる南には三時《じ》・四時・五時、北には五時・半満《はんまん》・四宗・五宗・六宗・二宗の大乗・一音《いっとん》等、各々《おのおの》義を立て辺《へん》執《しゅう》水火なり。しかれども大綱《たいこう》は一同なり。い

めて仏教が東に伝わり中国に入った。像法千年のうちの前半五百年のはじめの百余年の間は、中国伝統の道教と新来のインドの仏教とが法の邪正を争って、勝劣がいずれとも定まらなかった。たとえ勝劣が定まったとしても、仏教を信ずる人の心はそれほど深くはなかった。それゆえにこのような時に、仏教の中に大乗と小乗、方便教と真実教、顕教と密教などと勝劣浅深の相異を分けたならば、仏の教えがさまざまとなって、かえって疑問が起こって、道教や儒教などの外典に親しむ者も出てくるであろう。こうした事態を恐れて最初に仏教を伝えた摩騰迦《まとうが》や竺法蘭《じくほうらん》は、自分たちは仏法の正邪を知っていたけれども、大乗と小乗の区別をせず、方便と真実の相異を言わなかったのである。その後、魏・晋・宋・斉・梁の五代の間に、仏教のうちに大乗・小乗、権教・実教、顕教・密教などの争いがあったが、いずれとも勝劣が定まらなかったため、上は皇帝から下は民衆にいたるまで、仏教の勝劣について疑いが少なくなかった。この時代に南三北七といって、江南《こうなん》に三家、江北《こうほく》に七家の十流の分立を見たのである。江南の三家とは、笈法師《ぎゅうほっし》の三時教、宗愛法師の四時教、僧柔《そうにゅう》・慧次《えじ》・慧観《えかん》法師などの五時教であり、江北の七家とは、北地師の五時教、菩提流支《ぼだいるし》の半満二教、仏駄三蔵並びに光統《こうず》などの四宗教、自軌《じき》法師などの五宗教、凜《りん》法師などの六宗教、北地禅師の二種の大乗教、および一音教である。これらの十家がおのおのその主張を述べて、自己の

わゆる*一代聖 教《いちだいしょうぎょう》の中には華厳《けごん》経第一、涅槃《ねはん》経第二、法華経第三なり。法華経は阿含《あごん》・般若《はんにゃ》・浄名《じょうみょう》・思益《しやく》等の経々に対すれば、真実なり、*了義経《りょうぎきょう》・正見《しょうけん》なり。しかりといえども、涅槃経に対すれば、無常教《むじょうきょう》・不了義経・邪見《じゃけん》の経等云云。

漢より四百余年の末《す》へ五百年に入つて、陳《ちん》・隋《ずい》二代に智顗《ちぎ》と申す小僧《しょうそう》一人《にん》あり。後には天台智《ち》者《しゃ》大師と号したてまつる。南北の邪義をやぶりて、一代聖教の中には法華経第一、涅槃経第二、華厳経は第三なり等と云云。これ像法の前《ぜん》五百歳、大集経《だいしっきょう》の読誦多聞堅固《どくじゅたもんけんご》の時にあひあたれり。

像法の後《のち》の五百歳は、唐《とう》の始太宗《はじめたいそう》皇帝の御宇《ぎょう》に、玄奘《げんじょう》三蔵月支《がっし》に入つて十九年が間、百三十ケ国の寺塔を見聞して、多くの論師に値《あ》ひたてまつりて、八万聖 教《しょうぎょう》・十二部経の淵底《えんてい》を習ひきわめしに、その中に二宗あり。いわゆる*法相宗《ほっそう》・*三論宗《さんろん》なり。この二宗の中に

意見に偏執して互いに水火の争いをしたのである。しかし、その主張の大綱は一つで、釈尊一代の聖教の中では華厳経第一、涅槃経第二、法華経第三というのである。ゆえに法華経は前の阿含経・般若経・浄名経（維摩経）・思益経などの経々に比べれば、真実の意義を説いた正しい経であるが、しかし後の涅槃経に比べると、仏は無常であり、したがって真理を尽くさない邪見の経であるというのである。

後漢の仏教伝来から四百余年を経た五百年代に入って、陳・隋の二代にわたって智顗という一人の僧があった。後には天台智者大師と尊敬された大徳である。智顗は南三北七の十家の邪義を破って、一代聖教の中では法華経第一、涅槃経第二、華厳経第三と定められた。これは像法の前半の五百年のことで、大集経にいう第三の読誦多聞堅固の時に当たるのである。

像法の後《のち》の五百年、唐の第二祖太宗皇帝の時代に、法相宗の開祖玄奘三蔵（六〇〇―六六四）がインドに仏教を求めて十九年の間、百三十か国の寺々を廻って、多くの学者に会い、八万の聖教・十二部経の奥義を習い究めたのであるが、その中に玄奘の注目した二つの宗旨があった。それは法相宗と三論宗とである。この二宗の中で、とくに法相大乗宗は、インドにおいては遠く弥勒菩薩・無著菩薩に始まり、近くは玄奘が那蘭《ならん》

法相大乗は、遠くは弥勒《みろく》・無著《むじゃく》、近くは戒賢《かいけん》論師《ろんじ》に伝へて、漢土にかへりて太宗皇帝にさづけさせ給ふ。この宗の心は、仏教は機に随ふべし。*一乗の機のためには三乗方便一乗真実なり。いわゆる法華経等なり。*三乗の機のためには三乗真実一乗方便。いわゆる*深密《じんみつ》経・勝鬘《しょうまん》経等これなり。天台智者等はこの旨を弁《わきま》へず等と云云。しかも太宗は賢王なり。当時《そのかみ》名を一天にひびかすのみならず、三皇《さんこう》にもこえ五帝《ごてい》にも勝れたるよし四海にひびき、漢土を手ににぎるのみならず、高昌《こうしょう》・高麗《こうらい》等の一千八百余国をなびかし、内外を極《きわ》めたる王ときこえし賢王の第一の御帰依《ごきえ》の僧なり。天台宗の学者の中にも頚をさしいだす人一人《いちにん》もなし。しかれば法華経の実義すでに一国に隠没《おんもつ》しぬ。同じき太宗の太子高宗《こうそう》、高宗の継《けい》母《ぼ》則天皇后《そくてんこうごう》の御宇に法蔵法師《ほうぞうほっし》と云ふ者あり。法相宗に天台宗のをそ(襲)わるるところを見て、前に天台の御時《おんとき》せめられし華厳経を取り

陀寺《だじ》において戒賢論師から学んで、中国に帰ってからこれを太宗皇帝に授け、中国に弘めたのである。この法相宗の宗義は、仏教は人の機根に随って法を説くべきであるという。ゆえに一切の衆生はみな仏であるという一乗の機のためには、衆生の機根を利鈍によって声聞・縁覚・菩薩の三種に分ける三乗教は一仏乗に入らせるための方便であり、衆生は等しく仏であると説く一乗教は真実であると説くのである。法華経などがそれである。これに対して一切の衆生には自《おの》ずから三種の差別があるとされる三乗の衆生のためには、三乗教が真実であって一仏乗は方便であると説くのである。解深密経や勝鬘経などがそれである。ところが天台大師らは、仏教は人の機根によって方便と真実を分けるという趣旨を知らないで、三乗方便一乗真実を主張したのである、などというのが法相宗の主張である。時の太宗皇帝は賢王であって、その当時において高名が天下に鳴り響いていただけでなく、古《いにしえ》の三皇五帝にもすぐれていることが広く世界に知れわたっており、中国全土を手に握った上に、西は高昌、東は高麗にいたるまでの一千八百余国を従えて、威を国の内外に輝かせたほどである。玄奘はこの賢王の帰依を一身に集めた名僧であったから、かの三乗真実一乗方便の主張に対して、一乗真実を宗旨とする天台宗の中に、誰一人として玄奘に反論し、宗義の正邪を争う人もなかった。ゆえに法華経の実義は中国の人びとから忘れられてしまった。また

出《いだ》して、一代の中には華厳第一、法華第二、涅槃第三と立てけり。太宗第四代玄宗《げんそう》皇帝の御宇、開元《かいげん》四年と同八年に、西天《せいてん》印度より*善《ぜん》無畏《むい》三蔵《さんぞう》・*金剛智《こんごうち》三蔵・*不空《ふくう》三蔵、*大日《だいにち》経・*金剛頂《こんごうちょう》経・*蘇悉地《そしっち》経を持《もち》て渡り、真言宗を立つ。この宗の立義《りゅうぎ》に云く、教に二種あり。一には釈迦の顕教、いわゆる華厳・法華等。二には大日の密教、いわゆる大日経等なり。法華経は顕教の第一なり。この経は大日の密教に対すれば、極理《ごくり》は少し同じけれども、事相《じそう》の印契《いんけい》と真言《しんごん》とはたえてみへず。三密相応《さんみつそうおう》せざれば不了義経等と云云。已上法相・華厳・真言の三宗一同に天台法華宗をやぶれども、天台大師程の智人《ちにん》、法華宗の中になかりけるかの間、内々はゆはれなき由《よし》は存じけれども、天台のごとく公場《こうじょう》にして論ぜられざりければ、上《かみ》国王・大臣、下《しも》一切の人民にいたるまで、皆仏法に迷ひて、衆生《しゅじょう》の得道《とくどう》みなとどまりけり。これらは像法の後《のち》の五百年の前二百余年

太宗の子の高宗、その高宗の継母則天皇后の時代に、華厳宗に法蔵法師（六四三—七一二）という学者があった。法相宗の勢力が天台宗を圧倒するのを見て、以前に天台大師に実義を尽くしていないと批判された華厳経を取り出して、仏一代の聖教の中では華厳経第一、法華経第二、涅槃経第三と主張したのである。太宗から四代目の玄宗皇帝の時代に入って開元四年（七一六）にはインドから善無畏三蔵が大日経と蘇悉地経を持って長安に入り、同八年には金剛智三蔵と不空三蔵が金剛頂経を持って洛陽に来たり、ここに真言三部経がそろって中国に真言宗を弘めた。真言宗の主張によれば、一切経を二つに分けて、一を顕教といって釈尊の説いた華厳経・法華経などをいい、二を密教といって大日如来の説いた大日経などをいうのである。法華経は顕教の中では第一であるが、密教に比べれば、真言の身口意《しんくい》三密の中で意密に当たる実相の極理だけは同じであるが、事相の身密の印契といって手に印を結ぶことと口密の真言を唱えることとの二密を説いていない。ゆえに大日経のように身口意《しんくい》三密を具えていないから即身成仏を説くことができず、実義を尽くした経とはいえない、というのである。以上のように、法相・華厳・真言の三宗が興隆して、天台法華宗を破ったけれども、当時の天台宗は衰退期であって、天台大師ほどの智者がいなかったから、内心では彼らの主張が理由のないことは承知していても、天台大師のように天下の公場において

が内なり。

像法に入つて四百余年と申しけるに、百済《くだら》国《こく》より一切経並に教主釈尊の木像《もくぞう》・僧尼《そうに》等日本国にわたる。漢土の梁《りょう》の末、陳《ちん》の始にあひあたる。日本には神武《じんむ》天王《てんのう》よりは第三十代、欽明《きんめい》天王の御宇《ぎょう》なり。欽明の御子《みこ》用明《ようめい》の太子に上宮《じょうぐう》王子、仏法を弘通し給ふのみならず、並に法華経・浄名《じょうみょう》経・勝鬘《しょうまん》経を鎮護《ちんご》国家《こっか》の法と定めさせ給いぬ。その後人王《のちにんのう》第三十七代に孝徳《こうとく》天皇の御宇に、三論宗・成実《じょうじつ》宗を観勤《かんろく》僧正《そうじょう》百済国よりわたす。同じき御代《みよ》に道昭《どうしょう》法師漢土より法相《ほっそう》宗・倶舎《くしゃ》宗をわたす。人王第四十四代元正《げんしょう》天王の御宇に、天竺《てんじく》より大日経をわたしてありしかども、しかも弘通せずし

対論し、正邪を明らかにしなかったので、上は国王大臣から下は万民にいたるまで、みな仏教の正邪に迷って、成仏得脱の道は塞《ふさ》がってしまった。このような状態が像法の後半の五百年のうちの前二百余年の状況であった。

像法における日本の仏法

像法に入って四百余年、日本国第三十代欽明天皇の御代《みよ》に百済の聖明《せいめい》王が一切経と教主釈尊の木像ならびに僧尼などを献納され、ここに仏教がわが国に初めて伝えられたのである。時は中国の梁の末、陳のはじめに当たっている。欽明天皇の御子、用明天皇の太子に上宮王子すなわち聖徳太子（五七四―六二二）があって、早く仏法を信じてこれを弘めただけでなく、法華経・浄名経（維摩経）・勝鬘経の三経の注釈書を製作し、三経を鎮護国家の法と定められた。その後、第三十七代孝徳天皇の御代に観勤僧正が百済から三論宗と成実宗の二宗を伝え、道昭法師が中国から法相宗と倶舎宗の二宗を伝えた。第四十四代元正天皇の御代に善無畏三蔵がインドから大日経を伝えたが、弘めることなく中国へ帰った。第四十五代聖武天皇の御代に審祥大徳が新羅より華厳宗を伝え、良弁僧正・聖武天皇に授け、さらに東大寺を建立し本尊の大仏を造立した。同じ時代に大唐の鑑真和尚が天台宗と律宗との二宗を伝え、東大寺に小乗

て漢土へかへる。この僧をば善無畏《ぜんむい》三蔵という。人王第四十五代に聖武《しょうむ》天皇の御宇に、審《しん》祥《じょう》大徳、新羅国《しらぎこく》より華厳宗をわたして、良弁《ろうべん》僧正・聖武天王にさづけたてまつりて、東大寺の大仏を立てさせ給えり。同じき御代に大唐の*鑑真和尚《がんじんわじょう》、天台宗と律宗*をわたす。その中に律宗をば弘通し、小乗の戒場《かいじょう》を東大寺に建立《こんりゅう》せしかども、法華宗の事をば名字《みょうじ》をも申し出させ給はずして入滅し了《おわ》んぬ。

その後《のち》人王第五十代、像法八百年に相当《あいあた》つて桓武《かんむ》天皇の御宇《ぎょう》に、最澄《さいちょう》と申す小僧出来《しょうそうしゅったい》せり。後《のち》には伝教《でんぎょう》大師と号したてまつる。始には三論・法相・華厳・倶舎・成実・律の六宗並に禅宗等を行表《ぎょうひょう》僧正等に習学せさせ給ひし程に、我《われ》と立て給へる国昌寺《こくしょうじ》、後には比《ひ》叡山《えいざん》と号す。ここにして六宗の本経・本論と宗々の人師《にんし》の釈とを引合《ひきあわ》せて御らむありしかば、彼《か》の宗々の人師の釈、所依《しょえ》の経論に相違せる事多き上、僻見《びゃっけん》多々にして、信受せん人

の戒壇を建立して律宗を弘めたけれども、法華宗のことはその名前さえも出さず、弘めることなく入滅してしまった。

その後、像法に入って八百年の頃、第五十代桓武天皇の御代に最澄という僧が現われて、後には伝教大師と称された。最澄ははじめ十二歳で出家し行表僧正らについて三論・法相・華厳・倶舎・成実・律の南都六宗、ならびに禅宗などの教えを学び究められたが、十九歳の時、みずから思い立たれて比叡山に国昌寺を建立し、のちには比叡山延暦寺と号した。この山に籠られて南都六宗の依りどころとする本経や本論と、各宗の学者たちの注釈とを比較対照し研究したところが、学者たちの注釈が、依りどころとする本経本論に相違することが多いだけでなく、間違った考えが多くて、もしもこれを信受する人があれば、みな謗法の罪によって三悪道に堕ちるであろうと見究められた。そればかりでなく、各宗の

皆悪道に堕《お》ちぬべしとかんがへさせ給ふ。その上法華経の実義は、宗々の人々我《われ》も得《え》たり〳〵と自讃ありしかども、その義なし。これを申すならば喧嘩出来《けんかしゅったい》すべし。もだ(黙)して申さずば仏誓《ぶっせい》にそむきなんと、をもひわづらわせ給ひしかども、終《つい》に仏の誡《いましめ》をそれて、桓武《かんむ》皇帝に奏し給ひしかば、帝《みかど》この事ををどろかせ給ひて、六宗の碩学《せきがく》に召し合させ給ふ。彼《か》の学者等、始は慢幢山《まんどうやま》のごとし、悪心毒蛇《あくしんどくじゃ》のやうなりしかども、終に王の前にしてせめをとされ、六宗七寺一同に御弟子《みでし》となりぬ。例せば、漢土の南北の諸師、陳殿《ちんでん》にして天台大師にせめをとされて御弟子となりしがごとし。これはこれ円定《えんじょう》・円慧《えんね》計《ばか》りなり。その上、天台大師のいまだせめ給はざりし小乗の別受《べつじゅ》戒《かい》をせめをとし、六宗の八大徳に梵網経《ぼんもうきょう》*の大乗別受戒をさづけ給ふのみならず、法華経の円頓《えんどん》の別受戒を叡山に建立《こんりゅう》せしかば、延暦《えんりゃく》円頓《えんどん》の別受戒は日本第一たるのみならず、仏

学者たちが誰も彼も法華経の実義を悟ったように自分で自分を讃めているが、いずれも間違っていることを発見したのである。しかし、もしこのことを指摘するならば諍論が起こるのは避けられないが、沈黙して指摘しなければ「仏法を破る者を見たら、きびしく責めただせ」と涅槃経に説かれた仏の誡《いまし》めに背くことになると思い悩んだけれども、ついに仏の誡めを恐れて桓武天皇に奏問したのである。天皇は大いに驚かれて、南都六宗の善議・勝猷《しょうゆう》らの学者を召し合わせ、延暦二十一年(八〇二)高雄寺で対論させたのである。六宗七寺の学者たちの高慢の心は幢《はたほこ》のように山よりも高く、悪心邪念は毒蛇よりもはなはだしかったけれども、いずれも桓武天皇の前で最澄に論伏されて、一同に最澄の弟子となった。たとえば、中国の南北の学者たちが陳王の前で天台大師に言い伏せられて弟子となったようなものである。しかしこれは法華経の実義についていえば、円の三学のうちの円定と円慧、すなわち法華経による禅定と智恵をみがく修行についてのことであった。伝教大師はそのうえに、天台大師が破折されなかった小乗の別受戒を破折し、梵網経による大乗の別受戒を南都六宗の八人の大徳に授けたばかりでなく、比叡山に法華円頓の大戒壇を建立されたから、延暦寺の円頓の別受戒は日本第一であるばかりでなく、仏の滅後一千八百余年の間、インド・中国のみならず世界中にもいまだなかった霊鷲山《りょうじゅせん》で説かれた法華経を本とする大乗戒、霊山

の滅後一千八百余年が間、身毒《けんどく》・尸那《しな》・一閻《いちえん》浮提《ぶだい》にいまだなかりし霊山《りょうぜん》の大戒日本国に始る。されば伝教大師は、その功《こう》を論ずれば、竜樹《りゅうじゅ》・天親《てんじん》にもこえ、天台・妙楽《みょうらく》にも勝《すぐ》れてをはします聖人《しょうにん》なり。されば日本国の当世《とうせい》の東寺・薗城《おんじょう》・七大寺、諸国の八宗・浄土・禅宗・律宗等の諸僧等、誰人《たれひと》か伝教大師の円戒をそむくべき。かの漢土九国の諸僧等は、円定・円慧は天台の弟子ににたれども、円頓《えんどん》一同の戒場は漢土になければ、戒にをいては弟子とならぬ者もありけん。この日本国は伝教大師の御弟子《みでし》にあらざる者は外道《げどう》なり、悪人なり。しかれども漢土・日本の天台宗と真言の勝劣は、大師心中《しんちゅう》には存知《ぞんち》せさせ給ひけれども、六宗と天台宗とのごとく公場にして勝負なかりけるゆへにや、伝教大師已後には東寺・七寺・園城《おんじょう》の諸寺、日本一州一同に、真言宗は天台宗に勝《すぐ》れたりと上一人《かみいちじん》より下万人《しもばんにん》にいたるまでをぼしめしをもえり。しかれば

直授の円頓大戒が、日本に始まったのである。それゆえ伝教大師の円頓戒壇建立の功績を論ずれば、インドの竜樹・天親にも超え、中国の天台・妙楽にもすぐれた聖人というべきである。それゆえに日本の今の世の東寺・園城寺・奈良の七大寺、諸国に弘まっている八宗・浄土宗・禅宗・律宗などの僧たちは、伝教大師の円頓戒に背く者は誰一人としてなかった。かの中国の僧たちは、三学の中の円定と円慧については天台大師の弟子になったようだが、一同に円頓戒を授ける戒壇は中国にはなかったから、円戒においては天台の弟子にならない者もあった。しかし、この日本国においては伝教大師の弟子でない者は、外道か悪人のように思われたのである。こうして法華経にもとづく仏教の統一を計られたのであったが、中国・日本に弘まっていた天台宗と真言宗との勝劣については、伝教大師は自分の心中では承知していたけれども、六宗と天台宗とのように天皇の御前で対論し、勝劣を明らかに定めなかったためであろうか、伝教大師以後には真言宗が力を得て、東寺・七大寺・園城寺などの諸寺をはじめ、上は天皇から下は万民にいたるまで、日本国全体が真言宗は天台宗よりすぐれていると思うようになってしまった。それゆえに天台法華宗が全仏教の中で第一であったのは、ただ伝教大師の時ばかりであった。この伝教大師の時は像法の末で、大集経に多造塔寺堅固という第四の五百歳の時で、まだ「わが仏法の中において言い争いがさかんとな

天台法華宗は伝教大師の御時計《おんときばか》りにぞありける。この伝教の御時は像法の末《すえ》、大集経《だいしっきょう》の多《た》造塔寺《ぞうとうじ》堅固《けんご》の時なり。いまだ「我が法の中において闘諍《とうじょう》言訟《ごんじょう》して白《びゃく》法隠没《ほうおんもつ》せん」の時にはあたらず。

今末法に入つて二百余歳、大集経《だいしっきょう》の「於我《おが》法中《ほうちゅう》闘諍《とうじょう》言訟《ごんじょう》白《びゃく》法隠没《ほうおんもつ》」の時にあたれり。仏語《ぶつご》まことならば定んで一閻浮提《いちえんぶだい》に闘諍起るべき時節なり。伝へ聞く、漢土は三百六十箇国二百六十余州はすでに蒙古国に打やぶられぬ。花洛《からく》すでにやぶられて、徽宗《きそう》・欽宗《きんそう》の両帝、北蕃《ほくばん》にいけどりにせられて、韃靼《だったん》にして終《つい》にかくれさせ給ひぬ。徽宗の孫、高宗《こうそう》皇帝は長安《ちょうあん》をせめをとされて、田舎の臨安行在府《りんあんあんざいふ》に落ちさせ給ひて、今に数年が間京《みやこ》をみず。高麗《こうらい》六百余国も新羅《しらぎ》・百済《くだら》等の諸国等も、皆皆大蒙古国の皇帝にせめられぬ。今の日本国

り、教法が滅びる」という第五の五百歳、末法の時には当たっていないのである。

末法における日本の仏法

今はすでに末法に入って二百余年を経て、大集経の「わが仏法の中において言い争いがさかんに起こり、教法が滅びる」の時に当たっている。もし仏の未来記が真実であるならば、必ず全世界に戦乱の起こるべき時である。聞くところによれば、中国三百六十か国二百六十余州は、すでに蒙古国によって攻め破られ、都も陥落して徽宗・欽宗の二人の皇帝は北方の蕃族のために生け捕られ、韃靼に連れて行かれてそこで崩御せられ、徽宗の孫の高宗皇帝は長安を攻め落とされて、田舎の臨安府の行在《あんざい》所《しょ》に逃げていって、今日にいたるも都へ帰られていない。また朝鮮半島でも高麗の六百余国も新羅・百済などの諸国もみな、大蒙古国に攻められたことは、今の日本の壱岐・対馬や九州のようである。このように大集経で闘諍堅固といわれた戦乱が起こり、仏の予言が的中したことは、ちょうど大海の潮が時を違《たが》えることなく満《み》ち干《ひ》きするようなものである。

の壱岐《いき》・対馬《つしま》並に九国のごとし。闘諍堅固の仏語地に堕《お》ちず。あたかもこれ、大海のしをの時をたがへざるがごとし。これをもつて案ずるに、大集経の白法隠没の時に次で、法華経の大白法《だいびゃくほう》の日本国並に一閻浮提に広宣流布《こうせんるふ》せん事も疑うべからざるか。彼《か》の大集経は仏説の中の権大乗《ごんだいじょう》ぞかし。生死をはなるゝ道には、法華経の結縁《けちえん》なき者のためには未顕真実なれども、六道《ろくどう》・四生《ししょう》・＊三世《さんぜ》の事を記《しる》し給ひけるは寸分もたがわざりけるにや。いかにいわんや、法華経は釈尊は「要当説真実《ようとうせつしんじつ》」となのらせ給ひ、多宝仏《たほうぶつ》は真実なりと御判《ごはん》をそへ、十方《じっぽう》の諸仏《しょぶつ》は広長舌《こうちょうぜつ》を梵天《ぼんでん》につけて誠諦《じょうたい》と指《さ》し示し、釈尊は重ねて無虚妄《むこもう》の舌を色究竟《しきくきょう》に付けさせ給ひて、後五百歳《ごごひゃくさい》に一切の仏法の滅せん時、＊上行《じょうぎょう》菩薩に妙法蓮華経の五字をもたしめて、謗法一闡提《ほうぼういっせんだい》の白癩病《びゃくらいびょう》の輩《ともがら》の良薬《ろうやく》とせんと、梵・帝・日・月・四天・竜神等に仰せつけられし金言《きんげん》、虚妄なるべしや。大地

これらの事実から考えても、大集経の白法隠没《びゃくほうおんもつ》の時についで、法華経の大白法である南無妙法蓮華経の題目が、日本国をはじめ全世界に広く弘まることはまったく疑う余地はないのである。かの大集経は仏説ではあるが、方便大乗の教えである。肝心の生死を離れる解脱《さとり》の道は説いていないから、法華経によって生死を離れる縁が結ばれない者のためには、いまだ真の悟りの道を説いた教えではない。しかし、地獄・餓鬼・畜生・修羅・人・天の六道や卵生《らんしょう》・胎《たい》生・湿《しつ》生・化《け》生の四生や過去・現在・未来の三世の因果を説いていることは、法華経と少しも異なっていないようである。まして法華経は釈尊みずから方便品で「必ず真実を説くべし」と仰《おお》せられ、また法華経の真実であることを証明することを本願とする多宝仏は宝塔品で「みな是れ真実なり」と証言され、また神力品《じんりきほん》において十方世界の分身の諸仏は広長舌を梵天まで届かせて誠諦、すなわち真実であると証明されたのである。釈尊もまた舌を色界の頂上にある色究竟天まで届かせて「第五の五百歳の一切の仏法が滅びる時、上行菩薩に法華経の肝心の妙法蓮華経の五字を持たせて、法華経を謗《そし》る極悪不信の者たち、ちょうど不治の重病のような者たちの良薬としよう」と定められ、また、釈尊が梵天・帝釈天・日天・月天・四天王・竜神たちにその教えを護るように命じられた言葉に虚妄《うそ》があろうか。たとえ大地がひっくり返ることがあっても、高山が崩れることがあっても、春の次に

は反覆《はんぷく》すとも、高山《こうざん》は頽落《たいらく》すとも、春の後に夏は来《きた》らずとも、日は東へかへるとも、月は地に落《おつ》るとも、この事《こと》は一定《いちじょう》なるべし。

この事一定ならば、闘諍堅固《とうじょうけんご》の時、日本国の王臣と並に万民等が、仏の御使《おんつかい》として南無妙法蓮華経と流布《るふ》せんとするを、或《あるい》は罵詈《めり》し、或は悪口《あっく》し、或は流罪《るざい》し、或は打擲《ちょうちゃく》し、弟子・眷属《けんぞく》等を種々の難にあわする人々、いかでか安穏にては候べき。これをば愚痴《ぐち》の者は呪詛《じゅそ》すとをもいぬべし。法華経をひろむる者は日本の一切衆生《いっさいしゅじょう》の父母《ふぼ》なり。章安大師《しょうあんだいし》云く、「彼《かれ》がために悪を除くは、すなわちこれ彼が親なり」等と云云。されば日蓮は当帝《とうたい》の父母、念仏者・禅衆《ぜんしゅ》・真言師等が師範なり、また主君なり。しかるを上一人《かみいちじん》より下万民《しもばんみん》にいたるまであだをなすをば、日月いかでか彼等が頂《いただき》を照し給ふべき。地神《ちじん》いかでか彼等の足

夏が来なくとも、太陽が西から東へ進むとも、月が大地に落ちることがあっても、第五の五百歳に法華経の大白法が弘まると言われたこの仏の言葉に相違はないのである。

法華経の行者の受難と閻浮第一の行者

この釈迦・多宝・十方の諸仏の言葉に相違がないならば、闘諍堅固の時代に、日本国の王・臣・万民などが、仏の御使として末法の衆生を救うために南無妙法蓮華経の題目を弘めようとする者を、あるいはののしったり、悪口をいったり、流罪にしたり、打ちすえたり、さらに弟子やつき従う者たちまで種々の難にあわせる人びとが、どうして安穏でいられようか。もしこういうならば、愚かな者は日蓮は天下を呪うと思うであろう。しかしながら、末法の衆生を救うために法華経の題目を弘める者は、日本国の一切衆生の父母である。章安大師は涅槃経疏に「人のために悪を責めて取り除いてやるのは、その人のためには親切な者である」といわれている。それゆえに日蓮は当代の天皇の父母であり、法華経誹謗の念仏者・禅衆・真言師などの師範であり、主君である。それにもかかわらず、上は天皇から下は万民にいたるまですべての人びとが怨《あだ》をなすのに、どうして日月は彼らの頭上を照らし、地神はどうして彼らの足を載《の》せるのであろうか。昔、提婆達多は釈尊を打ったために大地が揺れ

を載せ給ふべき。提婆達多《だいばだった》は仏を打ちたてまつりしかば、大地揺動《ようどう》して火炎《かえん》いでにき。檀《だん》弥羅王《みらおう》は師子尊者《ししそんじゃ》の頭《こうべ》を切りしかば、右の手、刀とともに落ちぬ。徽宗《きそう》皇帝は法道《ほうどう》が面《かお》にかなやき(火印)をやきて江南《こうなん》にながせしかば、半年が内にえびすの手にかかり給ひき。蒙古《もうこ》のせめもまたかくのごとくなるべし。たとひ五天のつわものをあつめて、鉄囲山《てっちせん》を城とせりともかなうべからず。必ず日本国の一切衆生兵難《へいなん》に値《あ》ふべし。されば日蓮が法華経の行*者にてあるなきかは、これにて見るべし。教主釈尊記《しる》して云く、「末代悪世《あくせ》に法華経を弘《ぐ》通《ずう》するものを悪口罵詈《あっくめり》等せん人は、我《われ》を一劫《いっこう》が間あだせん者の罪にも、百千万億倍すぎたるべし」ととかせ給へり。しかるを今の日本国の国主・万民等雅《が》(我)意《い》にまかせて、父母宿世《すくせ》の敵《かたき》よりもいたくにくみ、謀反《むほん》・殺害《せつがい》の者よりもつよくせめぬるは、現身《げんしん》にも大地われて入《い》り、天雷《てんらい》も身をさかざるは不審なり。

動いて火炎が燃え出し、檀弥羅王が付法蔵第二十四祖の師子尊者の首を切った時に右の手が刀とともに落ち、徽宗皇帝は法道三蔵の諫めを怒って顔に烙印を押して江南の道州に流罪させたために、間もなく蒙古のために生け捕られ北蕃の地で崩御されたのである。今、日本へ蒙古が攻めてくるのも、これらと同じように法華経の行者を流罪死罪に処した現罰であろう。これに対しては、たとえインド全体の兵を集めて須弥山《しゅみせん》を囲む鉄囲山を城として防いでも防ぎきれるものではない。必ず法華経誹法の日本国の一切衆生が謗法の現罰として戦禍に遭うに相違ない。この事実をもって日蓮が法華経の行者であるかないかを試してみるがよい。これについて教主釈尊は法華経に次のように予言されている。すなわち第四の巻の法師品に「末代悪世に法華経を弘通する者の悪口を言ったり、罵ったりする者は、仏を一劫という長い間罵《のの》り怨《あだ》む者の罪よりも、百千万億倍重い」と説かれている。それにもかかわらず、今の日本の国主・万民らは自分の勝手な考えで、自分の親の敵や前世からの敵よりも深く憎んだり、謀反人や人殺しよりも強く責めるのに、これらの人びとが生きながら大地が割れて落ちたり、天の雷が落ちてきてその身を裂かないのは、まことに不思議なことである。それとも日蓮が法華経の行者ではないのだろうか。もしそうだとすれば大いに嘆かわしいことである。今生では万人から不当の法師と責められて、一日片時も安穏に過ごしたこ日蓮が法華経の行者にてあらざるか。もししからばをゝきになげかし。今生《こんじょう》には万人にせめられて片時もやすからず、後生《ごしょう》には悪道に堕《お》ちん事あさましとも申すばかりなし。

また日蓮法華経の行者ならずば、いかなる者の一乗《いちじょう》の持者《じしゃ》にてはあるべきぞ。法然《ほうねん》が法華経をなげすてよ、善導《ぜんどう》が「千中無一《せんちゅうむいち》」、道綽《どうしゃく》が「未有一人得者《みういちにんとくしゃ》」と申すが法華経の行者にて候べきか。また弘法《こうぼう》大師の云く、「法華経を行《ぎょう》ずるは戯論《けろん》なり」とかゝれたるが法華経の行者なるべきか。経文には「能持是経《のうじぜきょう》」「能説此経《のうせつしきょう》」なんどこそとかれて候へ。よくとくと申すはいかなるぞと申すに、「於諸経《おしょきょう》中　最在其上《ちゅうさいざいごじょう》」と申して、大日経《だいにちきょう》・華厳《けごん》経・涅槃《ねはん》経・般若《はんにゃ》経等に法華経はすぐれて候なりと申す者をこそ、経文には法華経の行者とはとかれて候へ。もし経文のごとくならば、日本国に仏法わたて七百余年、伝教大師と日蓮とが外《ほか》は、一人《いちにん》も法華経の行者はなきぞかし。

とはなく、後生には悪道に堕ちなければならないとは何と悲惨なことであろう。

また日蓮が法華経の行者でないというならば、いったい誰が法華経の行者であろう。法然が選択集で「法華経を捨てよ」といい、善導が往生礼讃に「千人のうちの一人も悟る者はない」といい、道綽が安楽集に「いまだ仏に成った者は一人もいない」といっているが、彼らが法華経の行者であるのだろうか。また十住心論に「法華経によって修行するなど戯論である」と書いている弘法大師が法華経の行者なのであろうか。しかし法華経の文を見ると、分別功徳品には「よくこの経を持《たも》つ者」といい、宝塔品には「よくこの経を説く者」とも説かれている。この宝塔品の「よく説く」というのはどういうことであるかというに、安楽行品に「諸経の中で最もその上にある」と説かれているように、大日経・華厳経・涅槃経・般若経などの諸大乗経よりも法華経がすぐれていると主張する者だけを、経文には法華経の行者であると説かれているのである。ゆえにもし経文の明鏡に照らした通りであるならば、仏教が日本国に渡って以来、今日まで七百余年になるが、伝教大師とわれ日蓮との他には一人も法華経の行者はないはずである。それなのにこの法華経の行者をいかに〳〵とをもうところに、「頭《ず》破《は》作《さ》七分《しちぶ》」「口《く》則《そく》閉塞《へいそく》」のなかりけるは、道理にて候けるなり。これらは浅き罰《ばち》なり。ただ一人《いちにん》二人《ににん》等のことなり。日蓮は閻浮《えんぶ》第一《だいいち》の法華経の行者なり。これをそしり、これをあだむ人を結《けっ》構《こう》せん人は、閻浮第一の大難にあうべし。これは日本国をふりゆるがす＊正嘉《しょうか》の大地震《だいじしん》、一天を罰する＊文永《ぶんえい》の大彗星《だいすいせい》等なり。これらをみよ。仏滅後の後《のち》、仏法を行ずる者にあだをなすといえども、今のごとくの大難は一度もなきなり。南無妙法蓮華経と一切衆生にすゝめたる人一人もなし。この徳はたれか一天に眼《まなこ》を合せ、四海に肩をならぶべきや。

疑ふて云く、たとひ正法《しょうぼう》の時は、仏の在世に対すれば根機《こんき》劣《れつ》なりとも、像《ぞう》・末《まつ》に対すれ

憎み恨み種々の難を加える者が、今日まで何の罰も受けないのはいかにも不思議に思っていたが、法華経の陀羅尼品や安楽行品に説かれているように「頭が七分に破《わ》れる」とか「口が閉塞《ふさ》がる」とかいう現罰のないのも道理である。これらの罰は罰の中でも軽い罰であって、ただ一人か二人の身の上のことである。よく考えてみると、日蓮は世界第一の法華経の行者であるから、この日蓮を誇ったり、怨んだりする人びとを供養したり、信用したりする者は、世界第一の大難にあうであろう。ゆえに日本国中を揺り動かした正嘉元年（一二五七）八月の大地震や、一天に渡るような文永元年（一二六四）七月の大彗星などが現われたのである。これらの事実からみても明らかであるが、仏の滅後に仏法を弘める者に怨をなした者は数多くあったけれども、今のような大難は一度もなかったのである。それは日蓮のように南無妙法蓮華経と唱えよと一切衆生に勧めた行者が一人もいなかったからである。このような法難に耐えて法華経の題目を弘める功徳の大きさを思うに、世界中に誰か日蓮と眼を合わせ、肩を並べる者がいるだろうか。日蓮以外に誰もいるはずがない。

正像弘通の批判

疑っていう、仏滅後一千年の正法の時代は、仏の在世に比べれば衆生の機根は劣ってはいるが、後の像法や末法の時代に比べれば最上の機根

ば最上の上機《じょうき》なり。いかでか正法の始《はじめ》に法華経をば用ひざるべき。随つて馬鳴《めみょう》・竜樹《りゅうじゅ》・提《だい》婆《ば》・無著《むじゃく》等も正法一千年の内にこそ出現せさせ給へ。天親《てんじん》菩薩は千部の論師《ろんじ》、法華論《ほっけろん》を造りて諸経の中《なか》第一の義を存す。真諦《しんだい》三蔵の相《そう》伝《でん》に云く、「月支《がっし》に法華経を弘通《ぐずう》せる家《いえ》五十余家《よけ》、天親はその一なり」と。已上正法なり。像法《ぞうぼう》に入《い》りては、天台大師像法の半《なかば》に漢土に出現して、玄《げん》と文《もん》と止《し》との三十巻を造りて法華経の淵底《えんてい》を極《きわ》めたり。像法の末《すえ》に伝教《でんぎょう》大師日本に出現して、天台大師の円慧《えんね》・円定《えんじょう》の二法を我朝《わがちょう》に弘通せしむるのみならず、円頓《えんどん》の大《だい》戒場《かいじょう》を叡山《えいざん》に建立《こんりゅう》して、日本一州皆同じく円戒の地になして、上一人《かみいちじん》より下万民《しもばんみん》まで延暦《えんりゃく》寺《じ》を師範と仰がせ給ふは、あに像法の時、法華経の広宣流布《こうせんるふ》にあらずや。

答へて云く、如来の教法は必ず機に随ふという事は世間の学者の存知《ぞんじ》なり。しかれども仏教はしからず。上根上智《じょうこんじょうち》の人のために必ず

である。だから正法の時代に法華経の教えを用いないはずはない。それゆえに正法一千年の中には、馬鳴・竜樹・提婆・無著などのもろもろの菩薩たちがインドに出現して大乗仏教を弘め、千部の論師といわれた天親菩薩は法華論を造って、法華経が諸経の中の第一であると述べられたのである。真諦三蔵の相伝によれば、「インドにおいて法華経を弘めた人が五十余人もあって、天親はその一人である」といわれている。以上は正法の時代における法華経弘通の状況である。さらに像法に入ってその中頃に、天台大師が中国に出現して法華玄義・法華文句・摩訶止観のいわゆる天台三大部三十巻を造って、法華経の奥義を究め広く世に伝えられた。また像法の末には、伝教大師が日本に出現して、天台大師が悟られた円慧・円定の二法、すなわち法華経による禅定と智恵を磨くという教えを日本国に弘められたばかりでなく、法華経にもとづく円頓の大戒壇を比叡山に建立して、日本全体をみなことごとく円戒の国として、上は天皇から下は万民までが、比叡山延暦寺を師匠と仰ぐようになったのである。これらの事実は像法の時代において法華経が広く弘まった証拠ではないだろうか。

答えていう、仏教は必ず機根に随って説くということは、世間の学者のよくいうところである。しかし仏の御心にしたがって考えると仏教は決してそうではない。もし世間の学者のいうように、上根上智のすぐれ

大法を説くならば、初成道《しよじようどう》の時なんぞ法華経をとかせ給はざる。正法の先《さき》五百余年に大乗経を弘通すべし。有縁《うえん》の人に大法を説かせ給ふならば、浄飯大王《じようぼんだいおう》・摩耶夫人《まやぶにん》に観仏三昧《かんぶつさんまい》経《きよう》・摩耶経《まやきよう》をとくべからず。無縁《むえん》の悪人・謗《ほう》法《ぼう》の者に秘法をあたえずば、*覚徳比丘《かくとくびく》は無量の破戒の者に涅槃経をさづくべからず。*不軽《ふきよう》菩薩は誹謗《ひほう》の四衆《ししゆ》に向つていかに法華経をば流通《るつう》せさせ給ひしぞ。されば機に随ひて法を説くと申すは大なる僻見《びやつけん》なり。

問うて云く、竜樹《りゆうじゆ》・世親《せしん》等は法華経の実義《じつぎ》をば宣《の》べ給はずや。

答へて云く、宣べ給はず。

問うて云く、何《いか》なる教《おしえ》をかのべ給ひし。

答へて云く、華厳《けごん》・方等《ほうどう》・般若《はんにゃ》・大日《だいにち》経等の権大乗《ごんだいじよう》・顕密《けんみつ》の諸経をのべさせ給ひて、法

た人のために必ず大法を説くというのであるならば、なぜ仏は最初に成道せられた時に出世の本懐である法華経を説かれなかったのか。また仏の御在世に近い正法の時代は後の像法や末法に比べれば機根がすぐれているから、正法の前五百年に大乗経を弘通すべきであろう。また縁の深い人のために真実の大法を説くというならば、仏は御父の浄飯大王や御母の摩耶夫人のために観仏三昧経や摩耶経のような権大乗経を説かずに法華経を説くべきであろう。また縁のない悪人や正法を謗る者に真実の秘法を説かないというならば、覚徳比丘は多くの破戒の者に涅槃経を説くことはしなかったであろう。また不軽菩薩は正法を誹謗する出家在家の男女に向かってどうして法華経を説かれたのであろうか。このような事実から考えても、機根に随って法を説くという世間の学者たちの考えは大きな間違いであるといわなければならない。機よりも時が大事なのである。

問うていう、対機説法が誤りであるというならば、正法時代に出現した竜樹・天親などは、法華経の実義を弘めなかったのであろうか。

答えていう、まだ説かなかった。

問うていう、ではどのような法門を弘めたのであるか。

答えていう、華厳・方等・般若などの前四時の顕教と第三方等部の大日密教との権大乗の諸経を弘めたが、実大乗たる法華経の法門はまだ説

華経の法門をば宣《の》べさせ給はず。

問うて云く、何《な》にをもつてこれをしるや。

答へて云く、竜樹菩薩《りゆうじゆ》の所造《しよぞう》の論《ろん》三十万偈《げ》。しかれども尽《つく》して漢土《かんど》・日本にわたらざればその心しりがたしといえども、漢土にわたれる十住毘婆沙論《じゆうじゆうびばしやろん》・中論《ちゆうろん》・大論《*だいろん》等をもつて、天竺《てんじく》の論をも比知《ひち》してこれを知るなり。

疑ふて云く、天竺に残れる論の中に、わたれる論よりも勝《すぐ》れたる論やあるらん。

答へて云く、竜樹菩薩の事は私に申すべからず。仏記《き》し給へり。我が滅後に竜樹菩薩と申す人南天竺に出《い》ずべし。彼《か》の人の所詮《しよせん》は中論という論にあるべし、と仏記し給ふ。随つて竜樹菩薩の流《ながれ》、天竺に七十家あり。七十人ともに大論師《だいろんじ》なり。彼《か》の七十家の人々は皆中《みなちゆう》論《ろん》を本《もと》とす。中論四巻二十七品《ほん》の肝心《かんじん》は「因《いん》縁所生法《ねんしよしようほう》」の四句の偈なり。この四句の偈は華厳・般若等の四教三諦《しきようさんたい》の法門なり。いまだ法華開会《かいえ》の三諦をば宣《の》べ給はず。


かなかったのである。

問うていう、何によってそれを知ることができるのか。

答えていう、竜樹菩薩が生涯に造った論は三十万偈あるといわれるが、それらすべてが中国や日本に伝わったのではないから、その実義を知ることはできないけれども、中国に伝えられた十住毘婆沙論や中論・大智度論などの代表的な著作から、インドに残った論をも推測して考えることができるのである。

疑っていう、インドに残った論の中に、中国に伝えられた論よりもすぐれた論はなかったのであろうか。

答えていう、あるかないかはともかく、竜樹菩薩のことは自分が勝手にあれこれというべきではない。仏が付法蔵経に予言されているからである。すなわち「わが滅後七百年に竜樹菩薩が南インドに出現し、中論という書を造るが、それに本意が述べられている」といわれている。それゆえに竜樹菩薩の末流はインドに七十流もあって、その各流派の祖七十人がすべて大論師であり、しかもすべて中論を根本聖典としている。その中論は四巻二十七品から成るが、その肝心の教えは「因縁所生法、すなわち、すべての物は因縁から生じるが、それがそのまま有《う》・空《くう》・中《ちゆう》の真理に契《かな》っている」という四句の偈である。この四句の偈は華厳・方等・般若などの範疇である蔵・通・別・円の四教と、差別の空仮中三諦疑ふて云く、汝がごとくに料簡《りょうけん》せる人ありや。

答へて云く、天台云く、「中論をもつて相《あい》比《ひ》することなかれ」と。また云く、「天親《てんじん》・竜樹内鑑冷然《りゅうじゅないがんれいねん》にして外《そと》は時の宜《よろ》しきに適《かな》ふ」等と云云。妙楽《みょうらく》云く、「もし破会《はえ》を論ぜば、いまだ法華に若《し》かざる故に」と云云。従義《じゅうぎ》云く、「竜樹・天親いまだ天台に若《し》かず」と云云。

問うて云く、唐《とう》の末《すえ》に不空《ふくう》三蔵一巻の論をわたす。その名を菩提心論《ぼだいしんろん》となづく。竜猛《りゅうみょう》菩薩の造《ぞう》なり云云。弘法《こうぼう》大師云く、「この論は竜猛千部の中の第一肝心の論」と云云。

の法門であって、いまだ法華経の開会による完全円満な三諦の法門を述べていないのである。

疑っていう、貴殿のように言った人が今までにいたかどうか、またその証拠はあるのか。

答えていう、すでに多くの先師が法華経の最もすぐれていることを述べている。天台大師は法華玄義に「中論をもって法華経に比べてはならない」といい、また摩訶止観に「天親や竜樹は心の中では法華経の教義について明らかに知ってはいたが、実際の弘通はその時その時に適《かな》うように弘めた」といい、妙楽大師は法華玄義釈籤《しゃくせん》に天台大師の法華玄義の意を釈して「諸経の教理の浅深を破折し会合《えごう》することは、とうてい法華経に及ぶものはない」といい、従義は三大部補注《ふちゅう》に天台の摩訶止観の意を釈して「竜樹・天親も仏の御本意を悟ったという点では、いまだ天台に及ばない」といっている。

菩提心論と不空の邪見

問うていう、唐の末に不空三蔵が一巻の論を中国に伝えた。その名を菩提心論といい、竜猛菩薩すなわち竜樹の造られた書である。真言宗の開祖弘法大師は「この論は竜樹の作った千部の論の中でも第一の肝心の論である」といったが、はたしてどうであろうか。

答へて云く、この論一部七丁《ちょう》あり。竜猛の言《ことば》ならぬ事、処々《しょしょ》に多し。故に目録にも或は竜猛、或は不空と両方なり。いまだ事定まらず。その上、この論文《ろんもん》は一代を括《くく》れる論にもあらず。荒量《こうりょう》なる事これ多し。先《ま》ず「唯真言《ゆいしんごん》法中《ほうちゅう》」の肝心の文あやまりなり。その故《ゆえ》は、*文証《もんしょう》・*現証《げんしょう》ある法華経の*即身成仏《そくしんじょうぶつ》をばなきになして、文証も現証もあとかたもなき真言の経に即身成仏を立てて候。また「唯《ただ》」という「唯《ゆい》」の一字は第一のあやまりなり。事《こと》のていを見るに、不空三蔵の私につくりて候を、時の人にをも(重)くせさせんがために、事《こと》を竜猛《りゅうみょう》によせたるか。その上、不空三蔵は誤る事かずをほし。いわゆる法華経の観智《かんち》の儀軌《ぎき》に、寿量品《じゅりょうほん》を阿弥陀仏《あみだぶつ》とかける、眼の前の大《だい》僻見《びゃっけん》。陀羅尼品《だらにほん》を神力品《じんりきほん》の次にをける、属累《ぞくるい》品《ほん》を経末《きょうまつ》に下《くだ》せる。これらはいうかひなし。さるかと見れば、天台の大乗戒を盗んで代宗《だいそう》皇帝に宣旨《せんじ》を申し、五台山《ごだいさん》の五寺に立てたり。

答えていう、この論はわずか一部七丁の紙数のきわめて簡単なものであって、しかも疑問が多くある。まずこの論の中には竜樹の言でないところが多いこと、次に目録にも竜樹の作とも不空の作とも定まっていないこと、さらにこの論は仏一代の経々を総括した論ではないこと、また杜撰《ずさん》な点の多いことなどである。まずこの論の肝心の文という「唯、真言の法の中においてのみ即身成仏できる」という文が誤りである。その理由は、経文の証拠もあり成仏の実証もある法華経の即身成仏をないがしろにして、経文の証拠も事実の裏づけもない真言経に即身成仏があるといったことである。これはとうてい信ずることはできない。また「唯」という一字をもって即身成仏は真言経に限るとしたことが根本の誤りである。このようになった事情を考えてみるに、菩提心論は不空三蔵が勝手に偽作して、当時の人びとに重く思わせようとして、竜樹の名を借りて竜樹造としたものであろう。そのうえ、不空三蔵は誤ることが非常に多い。その主たるものは、不空の訳という法華経の観智儀軌に、寿量品の仏を阿弥陀仏といったのは眼の前の大きな間違いである。また法華経諸品の順序について、陀羅尼品を神力品の次の第二十二に置き、属累品を経の最後に移したことは、もってのほかのことである。さらに天台の大乗戒を盗んで、代宗皇帝に願い出て宣旨をいただき、五台山の五寺に大乗戒壇を建立したことや、また真言宗の教相に天台宗の五時八教判をしかもまた真言の教相には天台宗をす(為)べしといえり。かたがた誑惑《おうわく》の事《こと》どもなり。他人の訳《やく》ならば用ふる事もありなん。この人の訳せる経・論は信ぜられず。惣じて月支《がっし》より漢土《かんど》に経・論をわたす人、*旧訳《くやく》・新訳に一百八十六人なり。*羅什《らじゅう》三蔵を除《のぞ》きては、いづれの人々も誤らざるはなし。その中に不空三蔵は殊《こと》に誤り多き上、誑惑の心顕《あらわ》なり。

疑ふて云く、何《な》にをもつて知るぞや、羅什三蔵より外《ほか》の人々はあやまりなりとは。汝が禅宗・念仏・真言等の七宗を破るのみならず、漢土・日本にわたる一切の訳者《やくしゃ》を用ひざるか、いかん。

答へて云く、この事は余が第一の秘事《ひじ》なり。委細には向つて問ふべし。ただしすこし申すべし。羅什三蔵の云く、「我《われ》漢土の一切経《いっさいきょう》を見るに、皆梵語のごとくならず、いかでかこの事を顕《あらわ》すべき。ただし一つの大願あり。身を不浄になして妻をたひ(帯)すべし。舌計《ばか》り

用いるというなど、いろいろと誤りの多いことは数かぎりないのである。このような事実から考えても、同じ経論でも不空以外の訳者が翻訳したものならば用いることもあろうが、不空の訳した経論は信用できないのである。総じて翻訳のことについてみるに、インドから中国へ経論を伝え翻訳した人が旧訳・新訳あわせて百八十六人ある。この中で羅什三蔵一人を除いては、いずれの訳者でも間違いのない者はないが、中でも不空三蔵はことに間違いが多くて、人びとを惑わすような偽りの心が明らかである。

疑っていう、どうして羅什三蔵一人が正しく、それ以外の訳者が間違っているとわかるのか、また貴殿は禅宗・念仏宗・真言宗などの七宗を破折するばかりでなく、中国・日本に伝わった一切の訳者の翻訳を用いないというのであるか。それは何にもとづいているのか。

答えていう、このことは自分の最も大切な事であるから、詳細に問うがよい。しかしいま少しばかり話そう。羅什三蔵がいうには「中国で翻訳された一切経をみるに、みなインドの梵本を正しく訳していない。どうかしてこの事実を世間に知らしめようと、一つの大願を立てた。身を不浄にするために妻帯したが、舌だけは清浄にして仏法を論ずるに偽りを言わないことを誓った。その証拠に自分の死後に必ず焼いてみよ、そ

清浄《しょうじょう》になして仏法に妄語《もうご》せじ。我《われ》死せば必ずやくべし。焼かん時、舌焼くるならば我が経をすてよ」と、常に高座《こうざ》してきかせ給ひしなり。上一人《かみいちじん》より下万民《しもばんみん》にいたるまで願《がん》して云く、「願くは羅什三蔵より後に死せん」と。終《つい》に死し給ふ後、焼きたてまつりしかば、不浄の身は皆灰となりぬ。御舌計《おんしたばか》り火中《かちゅう》に青蓮《しょうれん》華生《げおい》てその上にあり。五色《ごしき》の光明を放ちて夜は昼のごとく、昼は日輪《にちりん》の御光をうばい給ひき。さてこそ一切の訳人《やくにん》の経々は軽くなりて、羅什《らじゅう》三蔵の訳し給へる経々、殊に法華経は漢土にはやす〱とひろまり候しか。

疑ふて云く、羅什已前はしかるべし。已後の善無畏《ぜんむい》・不空《ふくう》等は如何《いかん》。

答へて云く、已後なりとも訳者の舌の焼くるをば、誤りありけりとしるべし。されば日本国に法相宗《ほっそうしゅう》のはやり(流行)たりしを、伝教大師責《せ》めさせ給ひしには、羅什三蔵は舌焼けず、玄奘《げんじょう》・慈恩《じおん》は舌焼けぬとせめさせ給ひし

の時にもし舌が不浄の身とともに焼けたならば、自分の翻訳した経論は間違ったものとして捨てるがよい」と常に高座にあっていわれたのであった。そこで人びとは上は皇帝より下は万民にいたるまで、どうかして羅什三蔵より後に死にたいものであると願った。その後、羅什三蔵が死んで火葬にしたところが、不浄の身はすべて灰となったが、舌だけは火中に焼けずに残って、青蓮華が生え、その上に載せられて、五色の光を放って、夜も昼のようで、昼は太陽の光さえ薄らいだということである。ここにおいて初めてすべての訳者の翻訳した経々は間違いであるというので軽視され、羅什三蔵の訳した経々、その中でもとくに法華経は重んぜられて中国全土に容易に弘まったのである。

疑っていう、羅什以前の翻訳はそうであったろうが、その後の唐代の善無畏・不空などは誤りはないであろうか、どうか。

答えていう、たとえ羅什以後であっても、訳者の舌が焼けた場合には翻訳に誤りがあると知るべきである。それゆえに、その後、日本に法相宗がさかんな勢いで弘まったとき、伝教大師が責められていうには、羅什三蔵の舌は焼けなかったが、法相宗所依の経論を訳した玄奘・慈恩の舌は焼けたと指摘し、ゆえに法相宗の教えは誤りであるといわれたので

かば、桓武天皇は道理とをぼして天台法華宗へはうつらせ給ひしなり。涅槃経の第三・第九等をみまいらすれば、我が仏法は月氏《がっし》より他国へわたらんの時、多くの謬誤出《みょうごしゅったい》来して衆生《しゅじょう》の得道《とくどう》うすかるべしととかれて候。さればば妙楽《みょうらく》大師は「並に進退は人にあり、何ぞ聖旨《せいし》に関はらん」〈記九〉とこそあそばれて候へ。今の人々、いかに経のまゝに後世《ごせ》をねがうとも、あやまれる経々のまゝにねがわば得道もあるべからず。しかればとても仏の御とがにはあらじとか(書)かれて候。仏教を習ふ法には大小・権実《ごんじつ》・顕密《けんみつ》はさてをく。これこそ第一の大事にては候らめ。

疑ふて云く、正法《しょうぼう》一千年の論師《ろんじ》の内心には、法華経の実義《じつぎ》の顕密の諸経に超過してあるよしはしろしめしながら、外には宣説《せんぜつ》せずして、ただ権大乗《ごんだいじょう》計りを宣べさせ給ふことはしかる

ある。桓武天皇はこれを道理であると思われて、天台法華宗に帰依されたのである。涅槃経第三巻の寿命品の醍醐に水を加える譬《たと》えと、第九巻の如来性品の正法が次第に衰えるとの文などをみると、仏法がインドから他国へ流伝する時に多くの誤りが生じて、衆生の得道も次第に少なくなると説かれている。それゆえに妙楽大師は法華文句記に「誤ると誤らぬとは、その責はともに訳者にあることで、仏の御意に関わらない」といわれている。今の人びとがどのように後世を願ったとしても、間違った経文の通りに願ったのでは、成仏得道はできないのである。そうであってもそれは仏の責任ではない、というのが妙楽大師の釈の意味である。およそ仏教を習うには、大乗・小乗、権経・実経、顕教・密教の区別があることを知らなければならないが、それよりもまず翻訳に間違いがあるかないか、仏の御意が正しく伝えられているかどうかを知ることこそが、第一の大事というべきである。

像法における天台大師の弘通

疑っていう、仏滅後の正法一千年の間に出た竜樹・天親などの論師は、いずれも内心には法華経の実義が華厳・般若・大日などの顕教や密教の諸経に比べてもっともすぐれていることを知りながら、外に向かっては、そのことを説かないで、ただ方便の大乗経だけを弘通されたことは、必

べしとわをぼへねども、その義はすこしきこえ候ひぬ。像法《ぞうぼう》一千年の半《なかば》に天台智者大師出現して、題目の妙法蓮華経の五字を玄義《げんぎ》十巻一千枚にかきつくし、文句《もんぐ》十巻には始め「如《にょ》是《ぜ》我《が》聞《もん》」より終り「作《さ》礼《らい》而《に》去《こ》」にいたるまで、一字一句に因縁《いんねん》・約教《やっきょう》・本迹《ほんじゃく》・観心《かんじん》の四の釈をならべてまた一千枚に尽し給ふ。已上玄義・文句の二十巻には、一切経《いっさいきょう》の心を江河《ごうが》として法華経を大海にたとえ、十方界《じっぽうかい》の仏法の露《つゆ》一渧《たい》も漏《もら》さず、妙法蓮華経の大海に入《いれ》させ給いぬ。その上、天竺の大論《だいろん》の諸義一点ももらさず、漢土南北の十師の義、破すべきをばこれをはし、取るべきをばこれを用ふ。その上、止《し》観《かん》十巻を注して、一代の観門《かんもん》を一念にすべ、十界《じっかい》の依正《えしょう》を三千につづめたり。この書の文《ぶん》体《たい》は、遠くは月支一千年の間の論師《ろんじ》にも超《こ》え、近くは尸《し》那《な》五百年の人師《にんし》の釈にも勝《すぐ》れたり。故に三論宗の吉蔵《きちぞう》大師、南北一百余人の先達《せんだつ》と長者らをすゝめて、天台大師の講経を聞か

ずしもそうだとは思われないけれども、その理由は少しはわかったように思う。像法一千年の中間に（仏滅後一千四百八十七年、西暦五三八年）、天台智者大師が中国に現われて法華経を弘められた。天台大師は、法華経の経題たる妙法蓮華経の五字の意味を法華玄義十巻一千枚に説き明かし、また法華文句十巻には法華経の最初の「如是我聞」から最後の「作礼而去」にいたるまで、一部八巻の一字一句に因縁・約教・本迹・観心の四つの解釈を並べて一千枚に書き尽くされた。以上の玄義・文句の二十巻には法華経と一切経とを比較して、諸宗依拠の一切経を江河に譬え、法華経を大海に譬えて、十方法界の仏法は露一しずくも残さず妙法蓮華経の大海に注ぐべきものであると定められたのである。さらにインドの大論師の論述された諸義まで一点も残さず法華経に帰入された。また中国の南三北七の十師の教判についても破折すべきは破折し、依用すべきは依用して、五時八教の教判を立てて一切諸経を批判され、法華経のもとに統一されたのである。さらに摩訶止観十巻を著わして、仏一代五十年の実践修行法をわれらの一念に統括し、仏界から地獄界にいたる十界の国土とそこに住む衆生との依正二報を三千の道理に収め尽くしたのである。この摩訶止観の文体は、遠くはインドの正法一千年の間の論師よりもすぐれ、近くは中国の像法のはじめ五百年の間に出現した人師たちの解釈にもすぐれているのである。そこで三論宗の嘉祥大師吉蔵は、江南

んとする状に云く、〔「千年の興《こう》、五百の実、また今日にあり、乃至《ないし》、南岳《なんがく》の叡聖《えいせい》、天台の明哲《めいてつ》、昔は三業住持《ごうじゅうじ》し、今は二尊紹係す。あにただ甘露《かんろ》を震旦《しんたん》に灑《そそ》ぐのみならん。またまさに法鼓《ほうく》を天竺に震《ふる》うべし。生知《しょうち》の妙悟、魏《ぎ》・晋より以来《このかた》、典籍《てんせき》の風謡実《ふうようまこと》に連類なし。乃至《ないし》、禅衆《ぜんしゅ》一百余の僧と共に、智者大師を奉《ぶ》請《しょう》す」〕等と云云。終南山の道宣律師、天台大師を讃歎して云く、〔「法華を照了《しょうりょう》すること、高輝《こうき》の幽谷《ゆうこく》に臨むがごとく、摩訶衍《まかえん》を説くこと、長風《ちょうふう》の大虚《たいこ》に遊ぶに似たり。たとひ文字《もんじ》の師千群万衆《せんぐんばんしゅ》ありて、数々《しばしば》彼の妙弁を尋ぬとも、よく窮《きわ》むる者なし。乃至、義は月を指すに同じ。乃至、宗《しゅう》は一極《いちごく》に帰《き》す」〕と云云。華厳宗の*法蔵法師《ほうぞうほっし》、天台を讃《さん》して云く、〔「思《し》禅師《ぜんじ》・智者等のごときは、神異《しんい》に感通《かんつう》して迹《あと》登位《とうい》に参《まじ》わる。霊山《りょうぜん》の聴法《ちょうぼう》、憶《おも》い今にあり」〕等と云云。真言宗の不空三蔵・含光《がんこう》法師等、師弟共に真言宗をすてゝ天台大師に帰伏《きぶく》する

江北の一百余人の先達と長者とに勧めて、天台大師の講義を聞こうとして天台大師に捧げた招請状には「千年の内に聖人《せいじん》が出《い》で、五百年のうちに賢人が出るということは、実に今日のような時をいうのである。南岳大師の智恵のすぐれたことといい、天台大師の賢明なることといい、ともに万人にすぐれて、その昔を尋ねれば霊山《りょうぜん》にあって観音・薬王の二尊として、身口意の三業に法華経を持《たも》たれたが、今は師となり弟子となって妙法を伝えている。この二人は今日甘露の教えを中国に弘められるばかりでなく、その名声は遠くインドにまで及んでいる。生まれながらにして仏教の深い実義を会得せられて、魏・晋以来、経典の講義について巧妙を極めたことは実に無類である。よって一百余人の僧とともに智者大師を請《しょう》じたてまつって、法華経の講義を請《こ》い願うところである」とある。また終南山の道宣律師は内典録に天台大師を讃歎して「法華経の義理に通じて明らかであることは、日中の太陽が深い谷間まで照らすようであり、大乗の法義を自在に説くことは、風が大空を自由に吹き廻るようである。たとえ大学者が千万人あったとしても、その中から天台のような巧妙な講演を尋ねても探し求めることはできない。またその義理を説くことが明瞭で、指で大空の月をさしても指に執着しないように、文字に拘泥しないでついに法華経の真理の極致に帰着している」といっている。華厳宗の法蔵法師は五教章に天台大師を讃歎して「慧思禅師や智

物語に云く、〔「高僧伝《こうそうでん》に云く、不空三蔵と親《まのあた》り天竺に遊びたるに、彼《かしこ》に僧あり。問うて云く、大唐に天台の教 迹《きょうしゃく》あり。最も邪正《じゃしょう》を簡《えら》び偏円《へんえん》を暁《さと》るに堪《た》えたり。よくこれを訳してまさにこの土《ど》に至らしむべきや」〕等と云云。この物語は含光が妙楽大師にかたり給ひしなり。妙楽大師この物語を聞いて云く、〔「あに中国《ちゅうごく》に法を失《うしな》いて、これを四維《しい》に求むるにあらずや。しかもこの方《ほう》に識《し》ることある者少し。魯人《ろひと》のごときのみ」〕等と云云。身毒《けんどく》国の中に天台三十巻のごとくなる大論あるならば、南天《なんてん》の僧いかでか漢土の天台の釈をねがうべき。これあに像法《ぞうぼう》の中に法華経の実義《じつぎ》顕《あらわ》れて、南閻浮提《なんえんぶだい》に広宣流布《こうせんるふ》するにあらずや。

答へて云く、正法一千年、像法の前四百年、

者大師のような人は、その心がおのずから天地の神秘に通じて、その行ないは凡人ではなくてすでに悟りの位に登った菩薩である。昔、霊鷲山で親しく釈尊の説法を聞かれたが、今もなおそのまま記憶しておられる」といっている。また真言宗の不空三蔵と含光法師の師弟が、ともに真言宗を捨てて天台大師に帰伏した物語が宋高僧伝《そうこうそうでん》に見える。それによれば「含光法師が不空三蔵とともにインドに行ったところが、一人の僧が問うていうのに、中国には天台の教があって仏法の邪正を分別し、諸経の偏円優劣を判定したそうであるが、それを翻訳してインドに伝えることはできないかといった」とあるが、この物語は含光が妙楽大師に話したものである。妙楽大師はこの話を聞いて法華文句記に、「これはインドに仏法がなくなって、かえって四方の国々にこれを求めるものではないか。しかもこの国で天台の教えを正しく識る者が少ないのは、ちょうど魯《ろ》の国の人でありながらその国の聖人《せいじん》孔子を知らないようなものである」と記している。もしインドの国に天台の法華玄義・法華文句・摩訶止観の三大部三十巻のようなすぐれた大論書があるならば、インドの僧がどうして中国の天台の注釈書を見たいと願うであろうか。これらの事実からみて、これは像法の時代に法華経の真実義が顕われて、世界中に広く弘まったといえるのではないか。

答えていう、正法一千年と像法一千年のうちの前四百年を合わせた仏

已上仏滅後一千四百余年に、いまだ論師《ろんじ》の弘《ぐ》通《ずう》し給はざる一代超過の円定《えんじょう》・円慧《えんね》を漢土に弘通し給ふのみならず、その声《な》月氏《がっし》までもきこえぬ。法華経の広宣流布にはにたれども、いまだ円頓《えんどん》の戒壇を立てられず。小乗の威儀をもつて円の慧・定に切《きり》つけるは、すこし便《たよ》なきににたり。例せば日輪《にちりん》の蝕《しょく》するがごとし、月輪《がつりん》のかけたるににたり。いかにいわうや、天台大師の御時《おんとき》は大集経《だいしっきょう》の読誦多聞《どくじゅたもん》堅固《けんご》の時にあひあたて、いまだ広宣流布の時にあらず。

の滅後一千四百余年の間に、天台大師はまだインドの諸論師が弘めなかった仏一代の所説に超過したところの法華の円定と円慧とを中国に弘められただけでなく、その名声は遠くインドにまで聞こえたのである。これはたしかに法華経が広く弘まったようではあるが、円定・円慧だけでいまだ円頓の戒壇を立てられなかった。そこで小乗の戒律をもって大乗法華経の円定・円慧と結びつけたのは少し無理のように思われる。たとえば日蝕の時に太陽が欠け、月蝕の時に月が欠けたようなものである。それだけでなく天台大師の出世された時代は、大集経に説かれる第三の読誦多聞堅固の時で、まだ法華経の広く弘まる第五の五百歳ではないのである。

像法における伝教大師の弘通

問うて云く、伝教大師は日本国の士《ひと》なり。桓武《かんむ》の御宇《ぎょう》に出世して、欽明《きんめい》より二百余年が間の邪義をなんじやぶり、天台大師の円慧・円定を撰し給ふのみならず、鑑真和尚の弘通せし日本小乗の三処《さんしょ》の戒壇をなんじやぶり、叡山に円頓《えんどん》の*大乗別受戒《べつじゅかい》を建立せり。この大事は仏滅後一千八百年が間の身毒《けんどく》・尸那《しな》・扶桑《ふそう》

問うていう、伝教大師は日本国の人で、第五十代桓武天皇の御代《みよ》に出世して、欽明天皇の時に伝来してから二百余年の間に弘まった六宗の邪義を破折し、天台大師が弘通された円慧・円定の教えを弘めただけでなく、鑑真和尚の立てた日本三所の小乗の戒壇を破折して、比叡山に大乗円頓の別受戒を授くべき戒壇を建立した。この大事業は仏の滅後一千八百年の間、インド・中国・日本はもちろん、世界第一の不思議のことであった。伝教大師の内心の悟りにおいては竜樹や天台などに比べれば、

乃至《ないし》一閻浮提第一の奇事《きじ》なり。内証《ないしょう》は竜樹・天台等には、或は劣るにもや、或は同じくもやあるらん。仏法の人をすべ(統)て一法となせる事は、竜樹・天親《てんじん》にもこえ、南岳《なんがく》・天台にもすぐれて見えさせ給ふなり。惣じては如来御入滅の後《のち》一千八百年が間、この二人こそ法華経の行者にてはをはすれ。故に秀句《しゅうく》に云く、「経に云く、もし須弥《しゅみ》を接《と》りて他方無数《むしゅ》の仏土に擲《な》げ置かんも、またいまだこれ難《かた》しとせず。乃至《ないし》、もし仏の滅後に悪世の中において、よくこの経を説かん。これすなわちこれ難し等云云。この経を釈して云く、浅きは易く深きは難しとは釈迦の所判《しょはん》なり。浅きを去りて深きに就くは丈夫《じょうぶ》の心なり。天台大師は釈迦に信順し、法華宗を助けて震旦《しんたん》に敷揚《ふよう》し、叡山の一家《いっけ》は天台に相承《そうじょう》し、法華宗を助けて日本に弘通《ぐずう》す」と云云。釈の心は、賢《げん》劫《ごう》第九の減《げん》、人寿《にんじゅ》百歳の時より、如来の在世五十年、滅後の一千八百余年が中間に、高さ

あるいは劣っているか、あるいは同じであるかも知れない。しかし、仏法が種々に分かれていたのを円戒の一法に統一したことは、竜樹や天親にも超え、南岳や天台にもすぐれてみえるのである。したがって仏滅後一千八百年の間を通じて天台・伝教の二人だけが法華経の行者であった。ゆえに伝教大師は法華秀句に、見宝塔品の仏の滅後における法華経弘通の困難さを説いた六難九易の文を引いて、「もし須弥《しゅみ》山《せん》を手にとって、他方の多くの仏国土へ投げることはまだ難しくはない。(中略)しかし仏の滅後の悪世末法の時に、この法華経を説くことは難しい、との経文を解釈して、教理の浅い経は信じやすく、教理の深い経は信じがたいというのは釈尊の定められたことであるから、浅い経を捨てて深い経を信ずるのは立派な男子たるものの覚悟である。天台大師は釈尊の教えに随って法華宗を中国に弘め、今わが叡山の一家は天台の教えを承《う》け継《つ》いで法華宗を日本全国に弘めるのである」といっている。この文の意味は、賢劫第九番目の減劫の時において、人の寿命が百歳の時から如来の世に在《いま》した五十年と、仏の滅後一千八百年との間に、高さ十六万八千由旬、六百六十二万里の金山を、身長五尺ばかりの小身の者が、わずか一寸か二寸の瓦礫《がれき》を取って一丁二丁ほども投げるように、また雀が飛ぶよりも早く、この須弥山世界をとり囲む鉄囲山の外まで投げる者があっても、末法に法華経を仏が説かれたように説く人はきわめて稀《まれ》である、ただ天

十六万八千由旬《ゆじゅん》六百六十二万里の金山《こんざん》を、有《ある》人《ひと》五尺の小身の手をもつて、方《ほう》一寸二寸等の瓦礫《がりやく》をにぎりて一丁二丁までなぐるがごとく、雀鳥《すずめ》のとぶよりもはやく鉄囲山《てっちせん》の外へなぐる者はありとも、法華経を仏のとかせ給ひしやうに説かん人は末法にはまれなるべし。天台大師・伝教大師こそ、仏説に相似《そうじ》してとかせ給ひたる人にてをはすれとなり。天竺の論師はいまだ法華経へゆきつき給はず。漢土の天台已前の人師は或《あるい》はすぎ、或はたらず。慈《じ》恩《おん》・法蔵《ほうぞう》・善無畏《ぜんむい》等は、東を西といい、天を地と申せる人々なり。これらは伝教大師の自讃にはあらず。

去《い》ぬる延暦《えんりゃく》二十一年正月十九日、高雄山《たかおさん》に桓武《かんむ》皇帝行幸《みゆき》なりて、六宗七大寺の碩徳《せきとく》善《ぜん》議《ぎ》・勝猷《しょうゆう》・奉基《ほうき》・寵忍《ちょうにん》・賢玉《けんぎょく》・安福《あんぷく》・勤操《ごんそう》・修円《しゅえん》・慈誥《じこう》・玄耀《げんよう》・歳光《さいこう》・道証《どうしょう》・光証《こうしょう》・観敏《かんびん》等の十有余人、最澄法師と召し合せられて宗《しゅう》論《ろん》ありしに、或は一言《いちごん》に舌を巻《まき》て二言三言に

台大師や伝教大師だけがその困難をのりこえて仏が説かれたように説いた人である、というのである。この二人に比べれば、インドの竜樹や天親らの論師たちは、まだ法華経の実義を説くまでにはいたらなかったのである。中国でも天台以前の学者たちは、あるいは過ぎたり足りなかったのである。天台以後の法相宗の慈恩・華厳宗の法蔵・真言宗の善無畏などは東を西といい、天を地といったほど誤りの多い人びとであった。それゆえ法華秀句の語は伝教大師の自慢の言葉ではないのである。

去る延暦二十一年（八〇二）正月十九日、高雄寺に桓武天皇が行幸せられ、当時南都の六宗七大寺の碩学といわれた善議・勝猷・奉基・寵忍・賢玉・安福・勤操・修円・慈誥・玄耀・歳光・道証・光証・観敏らの十有余人を召して、最澄法師と対論させて教法の邪正を決せられた時、あるいは一言に説き伏せられ、二言三言に及ぶ者はなく、みな一同に頭を下げ、手を組み合わせて黙ってしまった。三論宗で立てる二蔵・三時・

及ばず、皆一同に頭《こうべ》をかたぶけ、手をあざ(叉)う。三論の*二蔵・三時・三転法輪《さんてんぽうりん》、法相《ほっそう》の*三時・*五性《ごしょう》、華厳宗の四教・*五教・根本枝末《こんぽんしまつ》・六相十玄《ろくそうじゅうげん》、皆大綱《たいこう》をやぶらる。例せば大屋《おおいえ》の棟梁《むなぎうつばり》のをれたるがごとし。十大徳の慢幢《まんどう》も倒れにき。その時、天子大《おおい》に驚かせ給ひて、同じき二十九日に弘世《ひろよ》・国道《くにみち》の両吏《りょうり》を勅使《ちょくし》として、重ねて七寺六宗に仰せ下されしかば、各々帰伏の状を載《のせ》て云く、〔「窃《ひそか》に天台の玄疏《げんじょ》を見れば、惣じて釈迦一代の教を括《くく》りて、悉くその趣《おもむき》を顕《あらわ》すに通ぜざるところなく、独《ひと》り諸宗に逾《こ》え殊《こと》に一道を示す。その中の所説甚深《しょせつじんじん》の妙理なり。七箇の大寺、六宗の学生《がくしょう》、昔よりいまだ聞かざるところ、かつていまだ見ざるところなり。三論・法相久年《くねん》の諍《あらそ》い、渙焉《かんえん》として氷のごとく釈《と》け、照然《しょうねん》としてすでに明かなること、なお雲霧《うんむ》を披《ひら》いて三光《さんこう》を見るがごとし。聖徳《しょうとく》の弘化《ぐけ》より以降《このかた》、今に二百余年の間、講ずるところの経論、その数多し。

三転法輪の教判や、法相宗で主張する三時教判・五性各別説や、華厳宗で説く四教・五教・根本枝末の教判と六相円融・十玄門の教理などは、ちょうど大きな家の棟や梁が折れたように、みなその大綱を破られて、十大徳の高慢の幢《はた》は倒されたのである。その時、桓武天皇は非常に驚かれて、その月の二十九日に和気弘世《わけのひろよ》・大伴国道《おおとものくにみち》の両名を勅使として、重ねて七大寺・六宗に対して天台に帰伏すべき旨を仰せ下されたから、諸大徳は一同に帰伏状を提出したのである。この帰伏状には「心ひそかに天台の法華経の註釈を見るに、釈尊一代の教法を統括していて、よくその義理を究めて通じないところはない。ひとり諸宗よりすぐれ、ことに法華一乗の道を示して、その説くところは非常に深い真理である。このような法門は南都七大寺六宗の学者たちが、昔からまだ聞きもせず見もしなかったところである。よって三論宗と法相宗との間の永年の論争も、春の陽気に氷の解《と》けるように解決し、明らかに邪正が決せられたことは、ちょうど雲や霧が晴れて太陽や月や星の光を見るようである。推古天皇の御代に聖徳太子が仏法を弘通されてより以来、今日まで二百余年であるが、その間に講讃された経論も数多くあって、彼《かれ》と此《これ》と教理の優劣を争っていて疑問も解決されなかったのである。それなのにこの最妙の天台円宗がまだ弘まらずにいたのは、この間の衆生がまだ天台円宗の妙理を聞くまでにいたっていなかったからだろうか。深く考えるに、桓武天彼此《ひし》理《り》を争《あらそ》いて、その疑いいまだ解《と》けず。しかるにこの最妙の円宗《えんしゅう》、なおいまだ闡揚《せんよう》せず。蓋《けだ》しもってこの間の群生《ぐんじょう》、いまだ円味《えんみ》に応《かな》わざるか。伏《ふ》して惟《おもんみ》れば、聖朝《せいちょう》久しく如来の付《ふ》を受け、深く純円の機を結び、一妙の義理始めてすなわち興顕《こうけん》し、六宗の学者初めて至《し》極《ごく》を悟る。謂つべし、此界《このかい》の含霊《がんれい》、今より後は悉く妙円の船に載せ、早く彼岸《ひがん》に済《わた》ることを得ん。乃至《ないし》、善議等、牽《ひ》かれて休運《きゅううん》に逢い、すなわち奇詞《きし》を閲《けみ》す。深期《じんご》にあらざるよりは何ぞ聖世《せいせ》に託《たく》せんや」」等と云云。彼《か》の漢土の嘉祥《かじょう》等は、一百余人をあつめて天台大師を聖人《しょうにん》と定めたり。今日本《にほん》の七寺二百余人は、伝教大師を聖人《しょうにん》とがうしたてまつる。仏の滅後二千余年に及んで両国に聖人《しょうにん》二人出現せり。その上、天台大師未弘《みぐ》の円頓の大戒を叡山に建立し給う。これあに像法の末に法華経広宣流布するにあらずや。

答へて云く、迦葉《かしょう》・阿難《あなん》等の弘通《ぐずう》せざる大

皇ははるか遠く霊山《りょうぜん》において如来の付嘱を受けていたから、深く純円の法華一乗の機根であることを察して、はじめて法華経の教えを興して、六宗の学者もはじめて仏教の極理を悟ったのである。まことにこの世界の衆生は、今日より後は法華経の船に乗って、早く菩提の彼岸に渡ることができるであろう。（中略）不肖善議らは幸いにも過去の因縁に引かれて、この良き時代に遇ったために、天台の法華経の註釈の巧妙なる言葉を聞くことができたのである。もしも深い宿縁がなかったならば、どうしてこの聖明の世に生まれ合わせることができよう」と述べた。彼《か》の中国の嘉祥などは一百余人とともに天台大師を聖人と定めたが、いま日本の南都七大寺の二百余人の学者たちは伝教大師を聖人と呼んだのである。こうしてみると、仏の滅後二千余年に及んで、中国と日本とに聖人が二人現われたのである。そのうえ、伝教大師は天台大師のまだ弘めなかった円頓の大戒壇を比叡山に建立されたのであるから、これは像法の末に法華経が広く弘まったというべきではないか、どうか。

答えていう、正法時代の前の五百年に迦葉・阿難などの弘めなかった法を、馬鳴《めみょう》・竜樹《りゅうじゅ》・提婆《だいば》・天親《てんじん》等の弘通せる事、前《さき》の難に顕《あらわ》れたり。また竜樹・天親等の流布《るふ》し残し給へる大法、天台大師の弘通し給ふ事、また難にあらわれぬ。また天台智者大師の弘通し給はざる円頓《えんどん》の大戒を、伝教大師の建立せさせ給ふ事、また顕然《けんねん》なり。ただし詮と不審なる事は、仏は説き尽し給へども、仏の滅後に迦葉・阿難・馬鳴・竜樹・無著《むじゃく》・天親、乃至、天台・伝教のいまだ弘通しましまさぬ最大の深秘の正法《しょうぼう》、経文の面《おもて》に現前なり。この深法《じんぽう》、今末法の始、五五百歳に一閻浮提に広宣流布すべきやの事、不審〔極りなき〕なり。

問ふ、いかなる秘法ぞ。先《ま》づ名をきき、次に義をきかんとをもう。この事もし実事《じつじ》ならば、釈尊の二度世に出現し給ふか。上行菩薩の重ねて涌出せるか。いそぎ〳〵慈悲をたれ

大法を、後の五百年に馬鳴・竜樹・提婆・天親などが弘通したことは、前にすでに明らかにした。また像法に入って竜樹・天親などの弘め残した大法を、天台大師が弘めたことも前にすでに明らかにした。また像法の前半に出た天台大師の弘めなかった円頓の大戒壇を、伝教大師が建立されたこともすでに明らかなことである。ただしもっとも疑問に思われることは、仏は懇切に末代のためにと説き尽くされたが、仏の滅後正法・像法二千年の間に、迦葉・阿難・馬鳴・竜樹・無著・天親から天台・伝教にいたるまでの人びとが、まだ弘めなかったところの最大微妙甚深秘密の正法が存することが、法華一部の経文の上に明らかに顕われているのに、まだそれを弘める人が出てこないことである。ゆえにこの深秘の正法は、ただ今日末法の始め第五の五百歳に、広く世界中に弘まるという仏の予言が、はたしてそうであるのかどうか、不審この上ないのである。

正像末弘の秘法と三宗の邪義

問うていう、末法に弘まるという正法はどのような秘法であるか、まず名を聞いて、次にそのわけを聞きたいと思う。もし末法に弘まる正法があるというのが真実であるならば、教主釈尊が再び世に出られてその秘法を説かれるというのか、あるいは上行菩薩が涌出品《ゆじゅっぽん》のように重ねて

られよ。彼《か》の玄奘《げんじょう》三蔵は六生《ろくしょう》を経《へ》て月氏《がっし》に入つて十九年、法華一乗は方便教《ほうべんきょう》、小乗阿含《あごん》経は真実教。不空《ふくう》三蔵は身毒《けんどく》に返《かえ》りて寿量品を阿弥陀仏とかかれたり。これらは東を西という、日を月とあやまてり。身を苦しめてなにかせん、心に染《そみ》てようなし。幸《さいわい》我等《われら》末法に生れて、一歩をあゆまずして三祇《さんぎ》をこえ、頭《こうべ》を虎《とら》にか(飼)わずして無見頂相《むけんちょうそう》をえん。

答へて云く、この法門を申さん事は、経文に候へばやすかるべし。ただしこの法門には先《ま》づ三つの大事あり。大海は広けれども死骸をとどめず。大地は厚けれども不孝の者をば載せず。仏法には五逆をたすけ、不孝をばすくう。ただし誹謗一闡提《ひほういっせんだい》の者、持戒《じかい》にして大

大地より涌出されるというのであるか。急いでこのことについて教えをお聞きしたい。かの玄奘三蔵は六度も生まれかわってようやくインドに入り、十九年の年月をかけて法華一乗は方便教、小乗阿含経は真実教と習い、不空三蔵は中国からインドへ帰って、寿量品の釈迦牟尼仏を阿弥陀仏と書いたのである。これらは東を西といい、太陽を月と誤ったようなものであって、このような誤った教えを長い間身を苦しめて学んでも何の益にも立たないし、心を砕いて学んでも何の用にもならないのである。幸いにもわれらは末法に生まれ合わせ法華経の弘まるべき時機に値ったのだから、一歩も歩まないで、小乗の菩薩のように三祇百大劫もの長い間法を求めた人よりもすぐれ、わが頭を虎の餌食《えじき》にするほどの冒険をしなくても、仏のように尊い無見頂相、すなわち仏の頂は誰も見ることができないという相を具えた仏の身と成れるであろう。これは非常に尊く有り難いことであるから是非くわしく聞きたいものである。

答えていう、末法に広く弘まるべき秘法について述べることは、法華経の文に明らかに現われているからたやすいことであるが、しかしこの法門を発表するには、順序としてまず批判しなければならない三つの大悪事がある。大海は広いけれども死骸を留めないし、大地は厚いけれども不孝の者は載せないという。仏法では五逆罪を犯した悪人や不孝の者は救うけれども、正法を誹謗する一闡提と戒を持《たも》って聖者のようなふり

智なるをばゆるされず。この三つのわざわひとは、いわゆる念仏宗と禅宗と真言宗となり。

一には念仏宗は日本国に充満して、四衆の口あそびとす。二に禅宗は*三衣《さんね》一鉢《いっぱつ》の大慢の比丘《びく》の四海に充満して、一天《いってん》の明導《みょうどう》とをもへり。三に真言宗はまた彼等の二宗にはにるべくもなし。叡山・東寺・七寺・薗城《おんじょう》、或は官主《かんず》、或は御室《おむろ》、或は長吏《ちょうり》、或は検校《けんぎょう》なり。かの内侍所《ないしどころ》の神鏡燼灰《みかがみじんかい》となりしかども、大日如来の宝印《ほういん》を仏鏡《ぶっきょう》とたのみて、宝剣西海《ほうけんさいかい》に入りしかども、五大尊《ごだいそん》をもつて国敵を切らんと思へり。これらの堅固《けんご》の信心は、たとひ劫石《こうせき》はひすらぐともかたぶくべしとはみへず。大地は反覆《はんぷく》すとも疑心《ぎしん》をこりがたし。

彼《か》の天台大師の南北をせめ給ひし時も、この宗いまだわたらず。この伝教大師の六宗をしえたげ給ひし時ももれぬ。かたぐの強敵《ごうてき》をまぬがれて、かへて大法をかすめ失う。その上、伝教大師の御弟子慈覚《みでしじかく》大師、この宗を

をする者とは救われないのである。この三つの禍《わざわい》というのは、念仏宗と禅宗と真言宗とである。

第一に念仏宗は、法然の開宗以来、日本国中に弘まって僧俗一同の口ずさみのように唱えられている。第二に禅宗は、聖者のふりをした三衣一鉢の姿の大高慢の僧が、国じゅうに充満して天下の指導者であると思っている。第三に真言宗は、念仏・禅の二宗とは比ぶべくもない大邪悪である。比叡山をはじめ東寺・奈良七大寺・三井園城寺の官主となり、御室となり、長吏となり、検校となったりして、大いに栄えている。そしてかの内侍所の神鏡は焼けて灰となったけれども、大日如来の宝印を仏の鏡と頼んで、また宝剣は安徳天皇とともに西海に沈んだけれども、真言の不動・降三世《ごうさんぜ》・軍吒利《ぐんだり》・六足・浄心の五大尊の力で国敵を切り払うといっている。このように悪く固まった信仰は、たとえ方高四十里の石が仙人の薄い衣の袖ですり減らされても傾きそうにも見えないし、また大地が転倒したとしても疑いを起こしそうにもないのである。

この真言宗というのは、中国の天台大師が南三北七の学者たちを破折した時にはまだ伝わっていなかったから批判を受けていない。またわが伝教大師が南都の六宗を破折した時にも非難から漏れていたのである。天台・伝教のような強敵から破折を免れて、かえって法華の真実の大法に敵対して、法華の大法を失おうとしている。それだけでなく、伝教大

とりたて〻叡山の天台宗をかすめをとして、一向《いっこう》真言宗になししかば、この人には誰の人か敵をなすべき。か〻る僻見《びゃっけん》のたよりをえて、弘法《こうぼう》大師の邪義《じゃぎ》をもとがむる人もなし。安然《あんねん》和尚《わじょう》すこし弘法を難《なん》ぜんとせしかども、ただ華厳《けごん》宗のところ計《ばか》りとがむるにて、かへて法華経をば大日経に対して沈みはてぬ。ただ世間のたて入《い》りの者のごとし。

問うて云く、この三宗の謬誤如何《みょうごいかん》。

答へて云く、浄土宗は斉《せい》の世に曇鸞法師と申す者あり。本《もと》は三論宗の人、竜樹菩薩の十住毘婆沙論を見て難行道《なんぎょうどう》・易行《いぎょう》道を立てたり。道綽《どうしゃく》禅師という者あり。唐《とう》の世《よ》の者、本《もと》は涅槃経をかうじけるが、曇鸞法師が浄土にうつる筆を見て、涅槃経をすてて浄土にうつて聖《しょう》

師の御弟子である慈覚大師は、この真言宗を取り立てて、叡山の天台宗を滅ぼして一向に真言宗としてしまったから、この人には誰が敵対しようとする者があろうか、誰もいない。このような状況であったから、その僻見を好都合として、弘法大師の邪義をとがめる人は叡山に一人もなかったのである。のちに五大院の安然和尚が教時問答を著わして弘法の十住心の教判を少し批判したけれども、ただ弘法が華厳よりも法華が劣っているといったところだけをとがめたので、かえって法華経を大日経以下に落としてしまったのである。それゆえ安然はちょうど世間でいう仲人《なこうど》のようなものである。

浄土宗を破折する

問うていう、この三宗に誤りがあり邪義であるというが、それはどういうことであるか。

答えていう、まず浄土宗からその誤りの理由を説き明かそう。浄土宗というのは、中国の斉の時代に曇鸞法師という人があって、この人ははじめは三論宗の学者であったが、たまたま竜樹菩薩の十住毘婆沙論を見て、仏道修行の方法に難行道と易行道の二種があると立て、弥陀念仏の易行を取ってそれ以外の諸行を捨てよと主張したことに始まるのである。また唐の時代に道綽禅師という人があった。はじめは涅槃宗の学者であ

道《どう》・浄土の二門を立てたり。また道綽が弟子善導という者あり。雑行《ぞうぎょう》・正行《しょうぎょう》を立つ。日本国に、末法に入つて二百余年、後鳥羽院《ごとばいん》の御宇《ぎょう》に法然というものあり。一切の道俗《どうぞく》をすすめて云く、仏法は時機を本《もと》とす。法華経・大日経、天台・真言等の八宗九宗、一代の大小・顕密・権実等の経宗《きょうしゅう》等は上根上智、正《しょう》・像《ぞう》二千年の機のためなり。末法に入つては、いかに功《こう》をなして行ずるとも、その益《やく》あるべからず。その上、弥陀念仏《みだねんぶつ》にまじへて行ずるならば、念仏も往生すべからず。これわたくしに申すにはあらず。竜樹菩薩・曇鸞法師は「難行道」となづけ、道綽は「未有一人得者《みういちにんとくしゃ》」ときらひ、善導は「千中無一《せんちゅうむいち》」となずけたり。これらは他宗なれば御不審もあるべし。慧心《えしん》の先徳《せんとく》にすぎさせ給へる天台・真言の智者は末代にをはすべきか。かれ往生要集《おうじょうようしゅう》にかゝれたり。顕密《けんみつ》の教法《きょうぼう》は予《よ》が死生《ししょう》をはなるべき法にはあらず。また三論の永観《ようかん》が十因《じゅういん》等をみ

ったが、曇鸞法師が浄土論註二巻を著わして難易二道を立てて浄土宗に移ったのを見て、涅槃経を捨てて浄土宗に移り、安楽集二巻を著わして、仏教には自力で悟りを得ようとする聖道門と弥陀の本願他力にすがる浄土門の二門があると立てて、聖道門を捨てて浄土門に帰入したのである。また道綽の弟子に善導という人があって、この人は観無量寿経を中心として、正行と雑行の二行を立てて、念仏以外の諸行を捨て弥陀の浄土に往生を願う念仏の一行だけを正行として、これに帰依すべきことを主張した。日本においては、末法に入って二百余年の後鳥羽院の御代に法然という人があって、はじめ叡山の天台宗を学んだが後に浄土門に移り、善導の観経疏によって専修念仏の一行を立てた。当時の一切の僧俗に勧めて言うには、仏法は時代と衆生の機根とを本《もと》として説くべきである、法華経・大日経などによる天台宗・真言宗などの八宗九宗、すなわち仏一代仏教の中の大乗小乗、顕教密教、権教実教などの経々やそれらに依るところの宗々は、正法・像法の時代の知識も機根もすぐれた人びとのための仏法であって、今の末法の劣った機根の者はどのように励んで修行しても何の利益も得られない。それだけでなく、諸教諸宗のもろもろの修行を弥陀念仏にまじえて修行すれば、念仏の修行もまた往生極楽の行とはならなくなるのである。これは自分の勝手な意見ではなく、念仏以外の諸行に対しては、インドの竜樹菩薩や中国の曇鸞法師は「難行道」

よ。されば法華・真言等をすてて一向に念仏せば、十即十生《じっそくじっしょう》百即百生とすゝめければ、叡山・東寺・園城・七寺等、始は諍論《じょうろん》するやうなれども、往生要集の序《じょ》の詞《ことば》、道理かとみへければ、顕真座主《けんしんざす》落《おち》させ給ひて法然が弟子となる。その上、たとひ法然が弟子とならぬ人も、弥陀念仏は他仏ににるべくもなく口ずさみとし、心よせにをもひければ、日本国皆一同に法然房の弟子と見へけり。この五十年が間、一天四海一人もなく法然が弟子となる。法然が弟子となりぬれば、日本国一人もなく謗法《ほうぼう》の者となりぬ。譬へば千人の子が一同に一人の親を殺害せば、千人共に五逆の者なり。一人阿鼻《あび》に堕《お》ちなば余人堕ちざるべしや。結句は法然流罪をあだみて悪霊《あくりょう》となつて、我《われ》並に弟子等をとがせし国主・山寺《さんじ》の僧等《ら》が身に入つて、或は謀反《むほん》をこし、或は悪事をなして、皆関東にほろぼされぬ。わづかにのこれる叡山・東寺等の諸僧は、俗男俗女にあなづ

といわれ、道綽は「いまだ一人も成仏した者はない」と否定し、善導は「千人に一人も成仏する者はない」と定めたのである。これらの諸師はいずれも他宗の人であるから念仏往生について疑問もあろう。末代の今日においては天台・真言の智者としては恵心僧都以上の人はいないであろうが、その恵心僧都が往生要集の序に「顕教や密教の教えは、自分のような末代の愚かな者が生死の苦を離れる道ではない」と書いている。また三論宗の永観の往生拾因という書物などを見るがよい。これらの人びとも末代の世には念仏が最もふさわしいと説いている。それゆえ法然も法華・真言などを捨てて一向に念仏を唱えるならば、十人は十人、百人は百人がみな往生することができると勧めたのである。かくして叡山・東寺・園城寺・南都七大寺なども、はじめは教義の是非を争ったけれども、恵心の往生要集の序の詞《ことば》が道理のようにみえたので、叡山の顕密第一の座主ともいわれた顕真座主がまず第一に法然の教えを信じてその弟子となったのである。それだけでなく、たとえ法然の弟子とならない人でも、弥陀念仏は他の仏の名を唱えるのと違って唱えやすいので口ぐせのように唱え、また頼みとして心を傾けたから、日本国中の者が一同に法然の弟子となったように見えたのである。この五十年の間に日本中の人びとが一人残らず法然の弟子となったのである。すでに謗法の根本である法然の弟子となったから、日本国こぞって一人残らず謗法の者

らるゝこと、猿猴《えんこう》の人にわらはれ、俘囚《えぞ》が童《わら》子《べ》に蔑如《べつじょ》せらるるがごとし。

禅宗はまたこの便《たより》を得て持斎等《じさいとう》となつて人の眼《まなこ》を迷《まどわ》かし、たつとげなる気色なれば、いかにひがほうもん(法門)をいゐくるへども、失《とが》ともをぼへず。禅宗と申す宗は、教外別伝《きょうげべつでん》と申して、釈尊の一切経の外《ほか》に迦葉《かしょう》尊者にひそかにさゝやかせ給えり。されば禅宗をしらずして一切経を習うものは、犬の雷をかむが

となったのである。ちょうど千人の子供が、みなで力を合わせて一人の親を殺せば、千人が一同に五逆罪を犯した者となり、その中の一人が無間地獄に堕ちるならば、残りのすべての者も堕ちるのと同じである。結局、法然は念仏を勧めて流罪にされたのを怨んで悪霊となり、自分や弟子たちを罪に落とした国主や叡山・三井《みい》の僧たちの身に取り憑《つ》いて、謀《む》反《ほん》を起こさせたり、悪事を働かせたりして、みな関東に滅ぼされたのである。わずかに残った叡山や東寺などの僧たちは、ちょうど猿が人の真似をして人に笑われ、辺境未開の人びとが子供にさえも蔑まれるように、在家の人びとにまで侮《あなど》られるのである。これらはすべて法然の邪義によるのである。

禅宗を破折する

禅宗はまた叡山や東寺などの仏法の衰微につけこんで、戒律を堅く持《たも》つ聖者のようなふりをして、世間の人の眼を迷わせて尊げに見えるところから、いくら間違った法門を宣伝しても、誰も間違ったとは思わない。元来が禅宗という宗旨は、「経典の所説のほかに仏の悟りは別に伝える」といって、本来の悟りは一切経のほかにあって、釈尊はその悟りを迦葉尊者の心へと伝えたというのである。それゆえに禅宗を知らないで一切経を習うのは、犬が雷にかみつこうとしたり、猿が水に映った月影を捕

ごとし。猿の月の影をとるににたり云云。この故に日本国の中に不孝にして父母にすてられ、無礼《ぶれい》なる故に主君にかんだうせられ、あるいは若《じゃく》なる法師等の学文《がくもん》にものうき、遊女《ゆうじょ》のものぐるわしき本性に叶へる邪法なるゆへに、皆一同に持斎になりて、国の百姓《ひゃくしょう》をくらう蝗虫《いなむし》となれり。しかれば天は天眼《てんげん》をいからかし、地神は身をふるう。

真言宗《しんごんしゅう》と申すは上《かみ》の二つのわざわひにはにるべくもなき大僻見《だいびゃっけん》なり。あら〳〵これを申すべし。いわゆる大唐の玄宗皇帝《げんそうこうてい》の御宇《ぎょう》に、善無畏《ぜんむい》三蔵・金剛智《こんごうち》三蔵・不空《ふくう》三蔵、大日経・金剛頂経《こんごうちょうきょう》・蘇悉地《そしっち》経を月支《がっし》よりわたす。この三経の説相分明《せっそうふんみょう》なり。その極理《ごくり》を尋ぬれば会《え》二破二《にはに》の一乗、その相を論ずれば印《いん》と真言《しんごん》と計《ばか》りなり。なお華厳《けごん》・般若《はんにゃ》の三一相対の一乗にも及ばず。天台宗の爾前《にぜん》の別《べつ》・円《えん》程もなし。

えるようなものであるといっている。このようなわけであるから、禅宗という宗旨は、日本国中で、不孝のために親に捨てられたり、無礼のために主君に勘当されたり、また年若い法師らが学問を怠けたり、落ちつきのない正気を失った遊女のような者の性分に合っている邪法であるから、このような者たちがみな一同に禅宗に帰依して、表面に戒律を持《たも》ち殊勝にふるまって、一国の民衆を取り食らう蝗虫となった。そこで天は眼を瞋《いか》らすから天変が起こり、地神は身を震わすから地異が起こるのである。

真言宗を破折する

真言宗は、上の念仏・禅二宗の邪義とは比較にならないほどの大邪見の宗旨である。今その大体を説き明かそう。その源《みなもと》は、唐の玄宗皇帝の時代に善無畏三蔵・金剛智三蔵・不空三蔵の三人が大日経・金剛頂経・蘇悉地経の真言三部をインドから中国に伝えたことに始まる。この三経の究極の真理は、小乗教の二乗を卑しんで菩薩だけを讃える会二破二の一乗という第三方等部に属するもので、その経の説相が他経と異なるのはただ印相《いんぞう》と真言とを説いているところだけである。ゆえに華厳経や般若経の声聞・縁覚・菩薩の三乗に比べて説いた相対的の一仏乗の説にも及ばない。また天台宗の法華以前の別教や円教ほどでもなく、それ以下ただ蔵《ぞう》・通《つう》二教を面《おもて》とす。しかるを善無畏三蔵をもわく、この経文を顕《あら》わにいゐ出《いだ》す程ならば、華厳・法相《ほっそう》にもをこつかれ、天台宗にもわらわれなん。大事として月支《がっし》よりは持来《もちきた》りぬ。さてもだせば本意《ほんい》にあらずとやをもひけん。天台宗の中に*一行《いちぎょう》禅師という僻人一《びゃくにんいち》人《にん》あり。これをかたらひて漢土の法門をかたらせけり。一行阿闍梨《あじゃり》うちぬかれて、三論・法相・華厳等をあら〳〵かたるのみならず、天台宗の立てられけるやうを申しければ、善無畏をもはく、天台宗は天竺にして聞《きき》しにもなをうちすぐ(勝)れて、かさむべきやうもなかりければ、善無畏は一行をうちぬひて云《いわ》く、和僧《わそう》は漢土にはこざかしき者にてありけり。天台宗は神妙《しんみょう》の宗なり。今《いま》真言宗の天台宗にかさむところは、印と真言と計りなり、といゐければ、一行さもやとをもひければ、善無畏三蔵一行にかた(語)て云く、天台大師の法華経に疏《じょ》をつくらせ給へるごとく、大日経の

の小乗の教えや小乗と大乗の両方にわたった教え程度にすぎないのである。それを善無畏三蔵が考えるに、もしこの経をありのままに説いたならば、華厳宗や法相宗にもあざけられ、天台宗にも笑われるであろう。しかし、すぐれたお経と思ってせっかくインドから伝来したものを、このまま弘めずにおくのも不本意と思ったと見えて、天台宗の一行禅師というひねくれ者を騙《だま》して、当時中国に弘まっている諸宗の教理を聞いてみたのである。ところが一行阿闍梨がすっかり騙されて、三論・法相・華厳などの宗旨をだいたい述べただけでなく、天台宗の教義の立て方まで述べたのを聞いて、善無畏は、天台宗はすぐれているとは聞いていたが、今くわしく聞いてみるとインドで聞いていた以上にすぐれた宗旨で、自分の奉ずる真言宗はとうていその上に出られそうにもない、何とかしなければならないと考えた。そこで善無畏が一行を騙して、貴僧は中国にはめずらしい賢人であり、また天台宗はまことに神妙な宗旨であるが、しかしわが真言宗が天台宗よりすぐれているところは事相の手に印を結び、口に真言を唱える方法とがあることだといったのを、一行はそうかもしれないと思いこんでしまった。そこで善無畏三蔵が一行に相談して、天台大師が法華経の註釈を書かれたように、大日経の註釈を書いて真言宗を弘めようと思うが、貴僧が書いてくれないか、といったところが、一行がいうのには、とてもたやすいことであるが、しかしどのように書

疏を造りて真言を弘通《ぐずう》せんとをもう。汝かきなんや、といゐければ、一行が云く、やすう候。ただしいかやうにかき候べきぞ。天台宗はにくき宗なり。諸宗は我《われ》も〳〵とあらそいをなせども、一切に叶《かな》はざる事一つあり。いわゆる法華経の序分に無量義経と申す経をもつて、前《ぜん》四十余年の経々をば、その門を打《うち》ふさぎ候ぬ。法華経の法師品《ほっしほん》・神力品《じんりきほん》をもつて後《のち》の経々をば、またふせがせぬ。肩をならぶ経々をば今説《こんせつ》の文をもつてせめ候。大日経をば三説の中にはいづくにかをき候べき、と問ひければ、その時に善無畏三蔵大《おおい》に巧《たく》んで云く、大日経に住心品《じゅうしんぼん》という品《ほん》あり。無量義経の四十余年の経々を打はらうがごとし。大日経の入漫陀羅《にゅうまんだら》已下《いげ》の諸品は、漢土にては法華経・大日経とて二本なれども、天竺にては一経のごとし。釈迦仏《しゃかぶつ》は舎利弗《しゃりほつ》・弥勒《みろく》に向つて大日経を法華経となづけて、印と真言とをすてててただ理計《りばか》りをとけるを、羅什《らじゅう》三蔵これを

けばよいのであろうか、まことに天台宗は小憎い宗旨であって、諸宗がみな天台宗に対しておのおのに自分の宗旨がすぐれているといって争ってみたところで、どうしても及ばないことが一つある。それは法華経の序分の無量義経に「四十余年未顕真実」という文があって、この文によって法華経以前の四十余年間に説いた一切の経々を、真実を説いていないと否定してしまい、さらに法華経の法師品の已今当の三説超過の文と神力品の四句の要法の文とで、法華経以後に説かれる経々も真実の成仏の経ではないと定めて、さらに法華経と同時に説かれた経々をも法師品の「今説く」の文をもって法華経に遠く及ばない経と説かれている。そこで大日経は法華経より以前に説かれたか、以後に説かれたか、または同時か、この三説の中で、いつ、どこの説であるかと問うたのである。

この時に善無畏が大いにたくらんでいうには、大日経の最初に入真言門住心品という品があって、成仏の因となる極無自性心《ごくむじしょうしん》を説いていて、諸経との優劣を判定することは、ちょうど法華経の序分の無量義経が四十余年の経々を成仏の道でないと否定したと同じようである。さらに大日経第二の入曼荼羅具縁品以下の諸品は、中国に伝わってからは法華経と大日経との二本に分かれているが、インドでは一経であったのである。釈迦仏が舎利弗や弥勒に向かって、密教の大日経を顕教の法華経と名づけ、事相の印と真言とを略してただ教理だけを説かれたのを、羅什三蔵

わたす。天台大師これを見る。大日如来、法華経を大日経となづけて金剛薩埵に向つてとかせ給ふ。これを大日経となづく。我《われ》まのあたり天竺にしてこれを見る。されば汝がかくべきやうは、大日経と法華経とをば水と乳とのやうに一味となすべし。もししからば、大日経は已《い》今当《こんとう》の三説をば皆法華経のごとくうちをとすべし。さて印と真言とは、心法の一念三千に荘厳《しょうごん》するならば、三密相応《さんみつそうおう》の秘法なるべし。三密相応する程ならば天台宗は意密なり。真言は甲《こう》なる将軍の、甲鎧《よろい》を帯して弓《ゆみ》箭《や》を横たへ、太刀を腰にはけるがごとし。天台宗は意密計りなれば、甲なる将軍の赤裸《あかはだか》なるがごとくならん、といゐければ、一行阿闍梨はこのやうにかきけり。漢土三百六十箇国にはこの事を知る人なかりけるかのあひだ、始には勝劣を諍論《じょうろん》しけれども、善無畏等は人がら重し、天台宗の人々は軽かりけり。また天台大師ほどの智ある者もなかりければ、た

が伝え翻訳し、天台大師はこれを見て天台法華宗を立てたのである。また大日如来が金剛薩埵《こんごうさった》に向かって説いた法華経を大日経と名づけたもので、自分はこれを現にインドで見たのである。このようなわけであるから、貴僧が大日経の註釈を書く時には、大日経と法華経とを水と乳とを混《ま》ぜたように一味のものとして書けばよい。もしそうすれば、大日経は法華経のように、大日経以前と同時と以後との経々よりすぐれていると諸経を打ち落とすであろう。そしてその上で、事相の印と真言とで、同一の教理である心法の一念三千を飾りたてるならば、身《み》(印)と口《くち》(真言)と意《こころ》(心法)との三密が相応一致した秘法となるのである。このように三密が相応一致する秘法であることから天台宗と比較するならば、天台宗はただ意密の一つだけで、真言宗は身口意三密を具えている。だから、真言宗はちょうど剛勇な将軍が甲鎧を着た上に弓矢を持ち、腰には太刀を差したようなものであるが、これに対して天台宗は意密だけであるから、剛勇な将軍が武器を着けない赤裸のようなものであるといったのを、一行阿闍梨はそのまま信じてその通りに書いたのである。大日経疏がそれである。中国三百六十か国にはこの事実を知る人がなかったとみえて、はじめのうちは顕密の勝劣を争い論じたけれども、真言密教を中国に伝えた善無畏などは人柄や地位もすぐれ、皇帝の帰依を得ていたから、それに対する当時の天台宗は天台大師滅後の暗黒時代で、人びとは軽くて

だ日々に真言宗になりてさてやみにけり。年ひさしくなれば、いよ〳〵真言の誑惑《おうわく》の根ふかくかくれて候ひけり。

日本国の*伝教大師、漢土にわたりて天台宗をわたし給ふついでに、真言宗をならひわたす。天台宗を日本の皇帝にさづけ、真言宗を六宗の大徳にならわせ給ふ。ただし六宗と天台宗の勝劣は入唐《にっとう》以前に定めさせ給ふ。入唐已後には円頓《えんどん》の戒場《かいじょう》を立てう立てじの論か、計《はか》りなかりけるかのあひだ、敵多くしては戒場の一事成《じょう》じがたしとやをぼしめしけん。また末法にせめさせんとやをぼしけん。皇帝の御前《ごぜん》にしても論ぜさせ給はず。弟子等にもはか〳〵しくかたらせ給はず。ただし依憑集《えひょうしゅう》と申す一巻の秘書あり。七宗の人々の天台に落《おち》

善無畏に対するほどの人物はなく、また天台大師ほどの智者もなかったから、ただ日々に真言宗が勢力を得ていくばかりであった。こうして年を経るにしたがってますます真言宗の教義が人びとをあざむきまどわすものであることの根本が隠れて知られないようになってしまったのである。

伝教大師の真言宗観

その後、わが国の伝教大師が中国に渡って、天台宗の奥義を道邃《どうずい》・行《ぎょう》満《まん》から学び伝えて帰る途中に、真言宗を順暁《じゅんぎょう》から習い伝えたのである。そして天台宗を桓武天皇に授けるとともに、真言宗を南都六宗の大徳に授けたのである。ただし南都六宗と天台宗との勝劣は入唐以前に定めておいたから、帰国後は天台宗と真言宗との勝劣を定むべきであったが、大乗円頓の戒壇を比叡山に立てる立てないの議論がはかばかしくなかったので、敵が多くては円頓戒壇建立の大事が成就しがたいと思われたのか、あるいはまた真言宗の批判は後の末法の行者に折伏させようと思われたのか、天皇の御前においても真言宗のことについては何の発言もなく、また弟子たちに向かっても明らかに語られなかった。ただし伝教大師の著作に依憑天台集という一巻の秘書があって、その中に律・三論・法相・華厳・禅および真言宗など中国・朝鮮の七宗の人びとが天台宗に

たるやうをかゝれて候文《ふみ》なり。かの文の序に真言宗の誑惑《おうわく》一筆《ひとふで》みへて候。

弘法《こうぼう》大師は同じき延暦《えんりゃく》年中に御入唐《ごにっとう》、青竜《せいりゅう》寺《じ》の恵果《けいか》に値《あ》ひ給ひて真言宗をならわせ給へり。御帰朝の後、一代の勝劣を判じ給ひけるには、第一真言・第二華厳・第三法華とかかれて候。この大師は世間の人々はもつてのほかに重んずる人なり。ただし仏法のことは、事《こと》は申すにをそれあれども、もつてのほかにあらき(荒量)事どもはんべり。この事をあら〱かんがへたるに、漢土にわたらせ給ひては、ただ真言の事相《じそう》の印・真言計り習ひつたえて、その義理《ぎり》をばくはしくもさはぐらせ給はざりけるほどに、日本にわたりて後、大《おおい》に世間を見れば、天台宗もつてのほかにかさみたりければ、我《わ》が重んずる真言宗ひろめがたかりけるかのゆへに、本《もと》日本国にして習ひた

帰伏したことを書いているが、その序文に真言宗の誤っていることが一筆みえているのである。

弘法大師の邪義を破折する

弘法大師空海は伝教大師と同じく延暦二十三年(八〇四)に中国へ渡って、青竜寺の恵果阿闍梨について真言密教を習学し相伝したのである。在唐三年の後に大同元年(八〇六)八月帰国し、十住心論などを著わして一代仏教の勝劣を判定して、第一真言・第二華厳・第三法華と立てた。弘法大師は世間の人たちが思いのほかに重んずる人である。しかし、仏法については言うをはばかるけれども、思いのほかに粗雑な考えをする人である。今このことをだいたい考えてみると、弘法大師は中国へ渡って、ただ真言の事相の印と真言、すなわち手に印を結び、口に真言を唱えるという実際修行上のことだけを習い伝えて、その意味については深く学ばれなかったのである。日本に帰ってから、真言宗を弘めようと思って当時の仏教界の様子をみると、天台宗がすぐれた教えとして人びとの帰依を集め意外に勢力を得ていて、真言宗を弘められそうもなかったから、中国へ渡る前に学んだ華厳宗の教理を取り入れて、華厳経は法華経よりすぐれているといったのである。しかしそれも普通の華厳宗でいうようにいったのでは人も信じないと思ったのか、少し潤色を加えて、

りし華厳宗をとりいだして、法華経にまされるよしを申しけり。それも常の華厳宗に申すやうに申すならば、人《ひと》信ずまじとやをぼしめしけん。すこしいろをかえて、これは大日経、竜猛《りゅうみょう》菩薩の菩提心論《ぼだいしんろん》、善無畏等の実義なりと大妄語をひきそへたりけれども、天台宗の人々いたうとがめ申す事なし。

問うて云く、弘法大師の十住心論《じゅうじゅうしんろん》・秘蔵《ひぞう》宝鑰《ほうやく》・二教論《にきょうろん》に云く、〔「かくのごとき乗々《じょうじょう》、自乗《じじょう》に名を得れども、後《のち》に望めば戯論《けろん》と作《な》す」〕。また云く、〔「無明《むみょう》の辺域《へんいき》にして、明《みょう》の分位《ぶんい》にあらず」〕。また云く、〔「第四熟蘇味《じゅくそみ》なり」〕。また云く、〔「震旦《しんたん》の人師《にんし》等、諍《あらそ》いて醍《だい》醐《ご》を盗みて、各《おのおの》自宗に名《なづ》く」〕等と云云。これらの釈の心如何《いかん》。

答へて云く、予《よ》、この釈にをどろいて、一切経並に大日の三部経等をひらきみるに、華厳経と大日経とに対すれば法華経は戯論《けろん》、六《ろく》

これは大日経や竜猛菩薩の菩提心論、善無畏などの実義であると、大妄語を付け加えて弘めたのである。しかし当時の天台宗の人びとは、伝教大師御入滅の後は伝教ほどの人はいなかったので、誰一人として強く咎《とが》める者はなかったのである。

問うていう、弘法大師の代表的著述である十住心論・秘蔵宝鑰・弁顕密二教論についてみると、秘蔵宝鑰には「このように真言密教以外の諸経では、おのおのその教の上ではいずれも仏乗と名乗るけれども、後に説かれた密教に比べれば戯論である」といい、また「釈尊を大日法身に比べれば、なお無明の分域である因位《いんに》にあって、迷いを解脱した明の分位ではない」といい、弁顕密二教論には五蔵の教判を立てて法華経を「第四熟蘇味である」といい、さらに「中国の学者たちは争って真言の第五醍醐味を盗んで、おのおの自宗の教理を高めた」などといっているが、これらの解釈はどうであろうか。

答えていう、自分はこの解釈の文を見て驚いて、一切経ならびに真言宗所依の大日の三部経などを開いてみたが、十住心論や秘蔵宝鑰にいうように、華厳経と大日経とに比べると法華経は第三戯論であり、また二

波羅蜜《はらみつ》経に対すれば盗人、守護《しゅご》経に対すれば無明《むみょう》の辺域《へんいき》と申す経文は一字一句も候わず。この事はいとはかなき事なれども、この三、四百余年に日本国のそこばくの智者どもの用《もち》ひさせ給へば、定めてゆへあるかとをもひぬべし。しばらくいとやすきひが(僻)事をばあげて、余事のはかなき事をしらすべし。

法華経を醍醐《だいご》味と称することは陳《ちん》・隋《ずい》の代《よ》なり。六波羅蜜経は唐の半《なかば》に般若《はんにゃ》三蔵これをわたす。六波羅蜜経の醍醐は陳・隋の世《よ》にはわたりてあらばこそ、天台大師は真言の醍醐をば盗ませ給わめ。傍例《かたがたれい》あり。日本の得一《とくいつ》が云く、「天台大師は深密《じんみつ》経の三時教をやぶる、三寸の舌をもつて五尺の身をたつべし」とののしりしを、伝教大師これをただして云く、「深密経は唐《とう》の始《はじめ》、玄奘《げんじょう》これをわたす。天台は陳・隋の人、智者《ちしゃ》御入滅の後《のち》、数箇年あつて深密経わたれり。死して已後にわたれる経

教論にいうように六波羅蜜経による真言の五蔵教判によれば中国の学者たちは醍醐の盗人であり、さらに秘蔵宝鑰によれば守護経にあるように釈尊を無明の分域であるという経文は、一字一句もないのである。これらの邪義は何の依りどころもない取るに足らぬことではあるけれども、日本に仏教が伝来してからこの三、四百年の間の日本の学者たちが少しも疑うことなく用いたことであるから、たぶん何らかの理由があると思うのである。そこでさしあたりわかりやすい誤りをあげて、その他の主張も信ずるに足らないことを知らせよう。

元来、法華経を醍醐味と定めたのは陳・隋の時代に天台大師(五八三―五九七)が最初に言ったことである。ところが六波羅蜜経はその後の唐の時代の半《なか》ば(七八八年)に般若三蔵が伝えたのである。もし六波羅蜜経の醍醐が陳・隋の時代に伝わっていたならば、天台大師が真言の醍醐味を盗んだともいえようが、天台の滅後に伝来したものをどうして盗むことができようか。これについては近くに適当な例がある。日本法相宗の徳一が、「天台大師は解深密経《げじんみつきょう》による三時教を誤りだというが、これは三寸の舌をもって五尺の身を誤るものだ」と罵《ののし》ったのを、伝教大師がこれを糺《ただ》して、「解深密経は唐のはじめ(六四七年)に玄奘三蔵が中国に伝えたものであるが、天台大師はその前代の陳・隋の人であるから、大師の滅後に数十年を経て伝わったのである。滅後に伝えられた経をどうし

をば、いかでか破《は》し給ふべき」とせめさせ給ひて候しかば、得一はつまるのみならず、舌八つにさけて死し候ぬ。これは彼《かれ》にはにるべくもなき悪口《あっく》なり。華厳《けごん》の法蔵《ほうぞう》・三論の嘉《か》祥《じょう》・法相《ほっそう》の玄奘・天台等、乃至《ないし》、南北《なんぼく》の諸師、後漢《ごかん》より已下《いげ》の三蔵・人師《にんし》を、皆をさえて盗人とかゝれて候なり。その上、また法華経を醍醐と称することは、天台等の私の言《ことば》にはあらず。仏《ほとけ》涅槃経に法華経を醍醐ととかせ給ひ、天親《てんじん》菩薩は法華経・涅槃経を醍醐とかゝれて候。竜樹《りゅうじゅ》菩薩は法華経を妙薬《みょうやく》となづけさせ給ふ。されば法華経等を醍醐と申す人盗人ならば、釈迦《しゃか》・多宝《たほう》・十方《じっぽう》の諸仏、竜樹・天親等は盗人にてをはすべきか。弘法《こうぼう》の門人《もんじん》等、乃至、日本の東寺の真言師、如何《いか》に自眼《じげん》の黒白《こくびゃく》はつたなくして弁《わきま》へずとも、他の鏡をもつて自禍《じか》をしれ。この外《ほか》、法華経を戯論の法とかかるゝこと、大日経・金剛頂経等にたしかなる経文をいだされよ。たとい彼々《かれがれ》の経々に法

て生前に破折することができようか」と責められたところが、徳一は返答につまっただけでなく、舌が八つに裂けて死んだということである。今の弘法が、中国の学者たちが争って醍醐を盗んだといったことは、かの徳一が天台大師を評した以上の悪口である。中国の学者たちといえば、華厳宗の法蔵・三論宗の嘉祥・法相宗の玄奘・天台大師智顗をはじめ、江南江北の学者たちや後漢の仏教伝来以来のあらゆる学者たちをすべて盗人といったのであるから、これほどの悪口は他に類を見ないのである。そればかりでなく、法華経を醍醐ということは、天台大師らが自分勝手にいったのではない。仏が涅槃経の中に法華経を醍醐とお説きになり、インドの天親菩薩は法華論に法華経と涅槃経とを醍醐と書かれ、竜樹菩薩は大智度論に法華経を妙薬と名づけられたのである。それゆえ、もし法華経を醍醐という人が盗人であるならば、最初に法華経を醍醐と説かれた釈尊、これを証明した多宝如来と十方の諸仏をはじめとして、インドの竜樹・天親なども、みな盗人であろうか。弘法の門人らはもちろん、日本真言宗の道場である東寺の真言の学者たちよ、どんなに自分が愚かで、正しいか正しくないかを見分けることができないにしても、仏説ならびに論師人師の言葉を鏡として、自分の謗法の罪を知らなければならない。このほか、弘法は法華経を第三戯論であると書いたが、これについて大日経や金剛頂経などに確かな文証があるならば出すがよい。ある

華経を戯論ととかれたりとも、訳者《やくしゃ》の誤る事もあるぞかし。よく〳〵思慮のあるべかりけるか。孔子《こうし》は九思《くし》一言《いちごん》、周公旦《しゅうこうたん》は沐《ゆあみ》には三《みたび》にぎり、食《しょく》には三たびはかれけり。外書《げしょ》のはかなき世間の浅き事を習ふ人すら、智人《ちにん》はかう候ぞかし。いかにかゝるあさましき事はありけるやらん。かゝる僻見《びゃっけん》の末《す》へなれば、彼《か》の伝法院《でんぼういん》の本願《ほんがん》とがうする聖覚房《しょうがくぼう》が舎利《しゃり》講《こう》の式《しき》に云く、〔「尊高《そんこう》なる者は不二摩訶衍《ふにまかえん》の仏なり。驢牛《ろご》の三身は車を扶《たす》くること能《あた》わず。秘奥《ひおう》なる者は、両部曼荼羅《りょうぶまんだら》の教《きょう》なり。顕乗《けんじょう》の四法は履《くつ》を採《と》るに堪《た》えず」〕と云云。顕乗の四法と申すは法相・三論・華厳・法華の四人、驢牛の三身と申すは法華・華厳・般若・深密《じんみつ》経の教《きょう》主《しゅ》の四仏《しぶつ》、これらの仏・僧は真言師に対すれば、聖覚・弘法の牛飼《うしかい》、履物取者《はきものとり》にもたらぬ程の事なりとかいて候。

はずはないが、万が一、何かの経文に法華経が戯論であると書いてあったとしても、その経を翻訳した人の誤りということもあるから、よくよく考えなければならない。孔子は論語に「九思一言」といって、一度物をいうにも何度も考えたといい、周公旦は沐浴する間や食事する間にも、他人の言葉には常に注意を怠らなかったそうである。仏教以外の世間の事柄を学ぶ人でも、智者はこのように注意をするものである。それを弘法大師はどうして浅はかにも法華経を第三戯論などといったのであろう。このような誤りを受けついだ末学であるから、かの伝法院の本願と名乗る新義真言宗の祖、正覚房覚鑁《かくばん》は舎利講式に「最も尊いものは唯一絶対の最高の教えを説いた密教の教主大日如来で、それに比べると驢馬《ろば》や牛のような顕教の釈迦如来はその車を引くにも足らない。ゆえに仏教の中で甚深秘奥の教というのは金剛界・胎蔵界の両部の曼荼羅を説く密教である。それに比べれば顕教の四法は、その履物《はきもの》取りにも足らない」といっている。ここに顕教の四法というのは、法相・三論・華厳・法華の四宗をさし、驢牛の三身というのは法華・華厳・般若・深密の四経の教主たる釈尊をいうのである。これらの教主を本尊と仰ぎ修行する四宗の僧たちは、真言の師に比べれば、正覚房や弘法の牛飼いや履物取りにも足らない者というのである。末学の者にこのような妄言をいわせた張本人の弘法大師の謗法をよくよく知るべきである。

彼《か》の月氏《がっし》の大慢婆羅門《だいまんばらもん》は生知《しょうち》の博学《はくがく》、顕密《けんみつ》二道胸にうかべ、内外《ないげ》の典籍掌《てんせきたなごころ》ににぎる。されば王臣頭《こうべ》をかたぶけ、万民《ばんみん》師範と仰ぐ。あまりの慢心に、世間に尊崇《そんすう》する者は、大自《だいじ》在天《ざいてん》・婆籔《ばそ》天・那羅延《ならえん》天・大覚《だいがく》世尊、この四《し》聖《しょう》なり。我が座の四足にせんと、座の足につくりて坐して法門を申しけり。当時の真言師が釈迦仏等の一切の仏をかきあつめて、灌頂《かんじょう》する時、敷《しき》まんだらとするがごとし。禅宗の法師等が云く、この宗は仏の頂《いただき》をふむ大法なりといふがごとし。しかるを賢愛論師《けんあいろんじ》と申せし小僧《しょうそう》あり。彼《かれ》をただすべきよし申せしかども、王臣万民これをもちゐず、結句は大慢が弟子等・檀那《だんな》等に申しつけて、無量の妄語をかまへて悪口打擲《あっくちょうちゃく》せしかども、すこしも命もをしまずのゝしりしかば、帝王賢愛をにくみてつめ(詰)させんとし給ひしほどに、かへり

三宗の邪義を破折する

かのインドの大慢婆羅門は生まれながらの博学で、顕教密教の二教に通じていたばかりでなく、仏教と仏教以外の世間一般の書籍にまで通じていた。それゆえ、国主も臣下も頭を下げ、万人はみな師範として仰いだのである。そこで彼は慢心のあまりに、世間の人びとが尊崇する者は大自在天と婆籔天と那羅延天と大覚世尊の四人であるから、この四人を自分の坐る高座の足にしようといって、高座の四隅の足に作り、その上に坐って法門を説いたのである。ちょうど今の真言師たちが釈尊をはじめ一切の仏を描《か》き集めて、結縁《けちえん》灌頂をする時にこれを敷曼荼羅として地に敷《し》き投花するのに用い、また禅宗の法師などが、この宗は仏の頂を踏む大法である、というようなものである。この大慢婆羅門のいた当時、賢愛論師という小僧があって、かの大慢婆羅門の誤りを糾《ただ》したいといったけれども、国主も臣下も万民も、みなこれを用いないばかりか、かえって大慢の弟子や信者などに言いつけて種々の偽りごとを作って、賢愛の悪口をいったり、打ち叩いたり、さまざまに迫害を加えた。しかし賢愛は少しも命を惜しむことなく、ますます大慢の誤りを言い張ったので、国主は賢愛を憎んで問答で言い詰めさせようとした。ところが逆に大慢が責められたのをみて、大王は深く悔悟して、天を仰ぎ地に伏して嘆い

て大慢がせめられたりしかば、大王天に仰ぎ地に伏してなげいての給はく、朕《ちん》はまのあたりこの事をきひて邪見をはらしぬ。先王《せんおう》はいかにこの者にたぼらかされて阿鼻地獄《あびじごく》にをはすらんと、賢愛論師の御足《みあし》にとりつきて悲涙せさせ給ひしかば、賢愛の御計《おんはから》いとして、大慢を驢《ろ》にのせて、五竺《ごじく》に面《おもて》をさらし給ひければ、いよ〱悪心盛《さかん》になりて現身《げんしん》に無間地獄《むけんじごく》に堕ちぬ。今の世の真言と禅宗等とはこれにかわれりや。

漢土の三階禅師《さんがいぜんじ》云く、教主釈尊の法華経は第一、第二階の正《しょう》・像《ぞう》の法門なり。末代のためには我《わ》がつくれる普経《ふきょう》なり。法華経を今の世《よ》に行ぜん者は、十方《じっぽう》の大阿鼻獄《だいあびごく》に堕《お》つべし。末法の根機にあたらざるゆへなりと申して、六時《ろくじ》の礼懺《らいさん》、四時《しじ》の坐禅《ざぜん》、生身仏《しょうしんぶつ》のごとくなりしかば、人多く尊《たっと》みて弟子万余人ありしかども、わづかの小女の法華経をよみしにせめられて、当坐《とうざ》には音《こえ》を失ひ、後には大蛇にな

て、自分は目前にこのことを聞いて日頃の邪見を改めることができたが、先王はまったく大慢に騙されて今は阿鼻地獄にあるであろう、と賢愛論師の足に取りついて泣き悲しまれたのである。そこで賢愛論師のお計らいとして、大慢を驢馬《ろば》に乗せてインドじゅうを引き廻したところが、いよいよ悪心をさかんにして、生きながら無間地獄に堕ちたのである。今の世の真言師や禅宗の人びとが、釈尊と法華経をないがしろにするのは、この大慢婆羅門と少しもかわってはいないのである。その謗法の罪は大慢の堕地獄《だじごく》に相当するのである。

また中国の隋代に出て三階仏法を主張した信行禅師が、教主釈尊の出世の本懐という法華経は、三階仏法から判ずれば第一階の正法、第二階の像法の二千年に弘まる法門であって、第三階の末法のためには自分が作った普経に依るべきである。それゆえ法華経を今の世に修行する者は、十方の大阿鼻地獄に堕ちるであろう。それは、法華経が末代の機根に合わない教えであるからだといって、昼夜六時の勤行と、一年四時の坐禅とを厳重に修して、生き仏のようであったから、多くの人に尊敬され、万余人の弟子があったけれども、のちに法華経信者の少女に責められて、その場で声が出なくなり、後には大蛇となって、多くの弟子や信者や、

りて、そこばくの檀那・弟子並に小女《しょうにょ》・処女《しょにょ》等をのみ食ひしなり。今の善導・法然等が「千中無一《せんちゅうむいち》」の悪義もこれにて候なり。これらの三つの大事はすでに久《ひさし》くなり候へば、いやしむべきにはあらねども、申さば信ずる人もやありなん。これよりも百千万億倍信じがたき最大の悪事はんべり。

*慈覚大師《じかくだいし》は伝教大師の第三の御弟子《みでし》なり。しかれども上一人《かみいちじん》より下万民《しもばんみん》にいたるまで、伝教大師には勝《すぐ》れてをはします人なりとをもえり。この人真言宗と法華宗の奥義《おうぎ》を極《きわ》めさせ給ひて候が、真言は法華経に勝れたりとかかせ給へり。しかるを叡山三千人の大衆《だいしゅ》、日本一州の学者等、一同帰伏《きぶく》の宗義なり。弘法《こうぼう》の門人等は大師の法華経を華厳経に劣るとかかせ給へるは、我《わ》がかたながらも少し強きやうなれども、慈覚大師の釈をもつてをもうに、

さらには少女や処女までも飲み食ったということである。今の浄土宗の善導や法然が「末法に法華経を信じて成仏する者は、千人に一人もいない」と主張した悪義も、三階禅師の邪義とまったく変わらないのである。これら念仏・禅・真言の三宗の大悪事は、すでに事久しく世に行なわれていることであるから、軽々しく言うべきではないが、その誤りを指摘すればまた信ずる人もあろうかと思う。しかしこの三宗の邪義よりも百千万億倍も信じかねる最大悪事があるのである。

慈覚大師を破折する

慈覚大師は日本天台宗の開祖伝教大師から義真・円澄・円仁と相承されるように、伝教大師の第三の御弟子である。ところが上は天皇から下は万民にいたるまでが、伝教大師よりもすぐれていると思っている。この慈覚大師は真言宗と法華宗との実義を究められたが、真言は法華経よりすぐれていると書いているのである。それなのに比叡山の三千人の学徒や日本全国の学者たちは、すべてこの邪義に帰伏してしまったである。それゆえに、弘法の門人たちは、弘法が十住心教判を立て法華経は第三戯論の法で華厳経にも劣ると書かれたのは、真言の方から見ても少し書き過ぎではないかと思ったが、真言は法華経にまさるという法華宗の慈覚大師の解釈から考えても、真言宗が法華経にすぐれていることは確

真言宗の法華経に勝《すぐ》れたることは一定《いちじょう》なり。日本国にして真言宗を法華経に勝ると立つるをば、叡山こそ強《こわ》きかたきなりぬべかりつるに、慈覚をもつて三千人の口をふさぎなば、真言宗はをもうがごとし。されば東寺第一のかたうど(方人)慈覚大師にはすぐべからず。例せば浄土宗・禅宗は余国にてはひろまるとも、日本国にしては延暦寺《えんりゃくじ》のゆるされなからんには、無辺劫《むへんこう》はふとも叶《かな》ふまじかりしを、*安然和尚《あんねんわじょう》と申す叡山第一の古徳《ことく》、教時諍論《きょうじじょうろん》と申す文《ふみ》に九宗の勝劣を立てられたるに、第一真言宗・第二禅宗・第三天台法華宗・第四華厳宗等云云。この大謬《だいびゅう》釈《しゃく》につひて禅宗は日本国に充満して、すでに亡国とならんとはするなり。法然が念仏宗のはやりて一国を失はんとする因縁《いんねん》は慧心《えしん》の往生要集《おうじょうようしゅう》の序《じょ》よりはじまれり。師子の身の中の虫の師子を食《くら》ふと、仏の記《き》し給ふはまことなるかなや。

かなことだと思ったのである。そもそも日本国で真言宗が法華経よりすぐれているとの主張に対しては、法華宗の根本道場である比叡山がもっとも強く反対しなければならないのに、かえって慈覚が真言勝法華劣の意見で比叡山三千人の学徒の口を塞《ふさ》いだから、真言宗は思うままに第三戯論の主張ができ、日本国に弘まったのである。それゆえ真言宗の根本道場である東寺第一の味方は、慈覚大師以上の者はいないのである。さらに例をあげれば、浄土宗や禅宗はほかの国では弘まっても、日本国では延暦寺の許可がなければいつまでたっても弘まるはずはなかったのである。ところが安然和尚という叡山第一の古徳が教時諍論という書を作って、当時の仏教九宗の勝劣を立てた時、第一真言宗・第二禅宗・第三天台法華宗・第四華厳宗などと書いたのである。この大きく間違った解釈のために、禅宗が日本国に弘まって、国はまさに滅びようとしているのである。また法然の念仏宗が流行して国が滅びようとする原因は、恵心僧都の往生要集の序から始まったことである。このように叡山の先師である慈覚・安然・恵心らの力によって、真言宗と禅宗と念仏宗とが弘まって法華経の正法が失われたために国が滅びるということについて、「獅子の身の中に棲《す》む虫が、かえって獅子の身を食う」と仏が蓮華面経《れんげめんきょう》に予言されたことは、まことにもっともなことであり、悲しむべきことである。

伝教大師は日本国にして十五年が間、天台・真言等を自見せさせ給ふ。生知《しょうち》の妙悟《みょうご》にて、師なくしてさとらせ給ひしかども、世間の不審をはらさんがために、漢土に亘《わた》りて天台・真言の二宗を伝へ給ひし時、彼土《かのど》の人々はやう〱の義ありしかども、我心《わがこころ》には法華は真言にすぐれたりとをぼしめししゆへに、真言宗の宗の名字《みょうじ》をば削《けず》らせ給ひて、天台宗の止観《しかん》・真言等とかかせ給ふ。十二年の年分《ねんぶん》得度《とくど》者二人をかせ給ひ、重ねて止観院に法華経・金光明経《こんこうみょうきょう》・仁王《にんのう》経の三部を鎮護国家《ちんごこっか》の三部と定めて宣旨《せんじ》を申し下《くだ》し、永代《えいたい》日本国の第一の重宝神璽《しんじ》・宝剣《ほうけん》・内侍所《ないしどころ》とあがめさせ給ひき。叡山第一の座主《ざす》＊義真《ぎしん》和尚・第二の座主＊円澄《えんちょう》大師まではこの義相違なし。

第三の慈覚大師《じかくだいし》御入唐《ごにっとう》、漢土にわたりて十

伝教大師と慈覚大師の教義の相異

伝教大師は十一歳で出家してから延暦二十三年（八〇四）に中国に渡るまでの約十五年の間、日本国において天台・真言などの諸宗の教義をひとりで研究し、生まれながらに智恵がすぐれていたので、とくに師匠について学ばなくともその奥義を悟られたのである。しかし世間の人びとの疑いを晴らすために、中国に渡って天台・真言二宗の奥義を学ばれた時、中国の学者たちの間には種々の説があったけれども、伝教大師自身の心には法華は真言よりもすぐれていると思っていたから、翌年帰国してからは、もっぱら法華経を弘め、真言宗の宗の字を削って、天台法華宗の止観・真言などと書かれたのである。毎年年分度者《ねんぶんどしゃ》として止観・真言の二人の学生を出家得度させ、十二年の間研究と修行に努めさせて天台法華宗の後継者を養成し、また一乗止観院すなわち根本中堂において法華経と金光明経と仁王経の三部を長講させて、この三部の経典を鎮護国家の三部と定めた。そして天皇の仰せをこうむって、日本国の建国以来の永年の第一の重宝である神璽・宝剣・内侍所のいわゆる三種の神器に擬《なぞら》え、これを崇められたのである。叡山第一の座主の義真和尚、第二の座主の円澄大師まではこの定めに相違はなかったのである。

第三の慈覚大師は承和五年（八三八）に中国に渡って十年の間、顕教と年が間、顕密《けんみつ》二《に》道《どう》の勝劣を八箇《か》の大徳にならひつたう。また天台宗の人々、広修《こうしゅう》・維蠲《ゆいけん》等にならわせ給ひしかども、心の内にをぼしけるは、真言宗は天台宗には勝《すぐ》れたりけり。我《わ》が師伝教大師はいまだこの事をばくはしく習はせ給はざりけり。漢土に久しくもわたらせ給はざりける故に、この法門はあらうち（荒唐）にみ（見）をはしけるやとをぼして、日本国に帰朝し、叡山東塔止観院《えいざんとうとうしかんいん》の西に惣持院《そうじいん》と申す大講堂を立て、御本尊は金剛界《こんごうかい》の大日如《だいにち》来、この御前《みまえ》にして大日経の善無畏の疏《じょ》を本《もと》として、金剛頂経の疏七巻・蘇悉地経《そしっちきょう》の疏七巻、已上十四巻をつくる。この疏の肝心の釈に云く、「「教《きょう》に二種あり。一は顕示教《けんじきょう》、謂《いわ》く三乗教なり。世俗《せぞく》と勝義《しょうぎ》といまだ円融《えんゆう》せざるが故に。二は秘密教、謂く一乗教なり。世俗と勝義と一体にして融するが故に。秘密教の中にまた二種あり。一には理秘密《りひみつ》の教、諸《もろもろ》の華厳・般若・維摩・法華・涅槃等なり。た

密教との二教の勝劣を宗叡・全雅などの八人の師から学び伝え、また天台宗の広修・維蠲などの人びとにも学んだけれども、心の中では真言宗は天台宗よりすぐれていると思っていたのである。そしてわが師伝教大師はこの法門についてはまだくわしく学ばれなかったのであり、中国に滞在していた期間も短かったから、顕密の勝劣の法門についてはほんのあらましだけを学ばれたのであろうと思われた。日本に帰って比叡山の東塔、止観院の西に総持院という大講堂を建て、真言の金剛界の大日如来を御本尊として勧請し、その御宝前で善無畏三蔵の書いた大日経の疏に基づいて、金剛頂経の疏七巻・蘇悉地経の疏七巻、以上十四巻を作ったのである。これらの疏の中心をなす解釈は、蘇悉地経疏に「仏教に二種の別がある。一は顕示教で、三乗の教えがそれである。この教えは世俗と勝義、すなわち俗諦と真諦、事と理との融合一体を説かない。二には秘密教で、一仏乗の教えがそれである。この教えは真俗の二諦と、事と理の二法が完全に一体となって何のさまたげもないからであると説くのである。またこの秘密教に二種の別があって、一は唯理《ゆいり》秘密《ひみつ》教といって、華厳・般若・維摩・法華・涅槃などの諸経をいうのである。これらの経では真諦と俗諦、事と理との一体不二は説くが、まだ真言と密印との実践の行である事相を説かないからである。二は事理倶密教といって、大日経・金剛頂経・蘇悉地経などの真言三部経をいうのである。これら

だ世俗と勝義との不二《ふに》を説きて、いまだ真言・密印《みついん》の事《じ》を説かざるが故に。二には事理《じり》倶密《くみつ》の教、謂《いわ》く大日経・金剛頂経・蘇悉地経等なり。また世俗《せぞく》と勝義《しょうぎ》との不二を説き、また真言・密印の事《じ》を説くが故に」等と云云。釈の心は、法華経と真言の三部との勝劣を定めさせ給ふに、真言の三部経と法華経とは、所詮《しょせん》の理《り》は同じく一念三千の法門なり。しかれども密印と真言等の事法《じほう》は、法華経はかけてをはせず。法華経は理秘密、真言の三部経は事理倶密なれば、天地雲泥《てんちうんでい》なりとかかれたり。しかも、この筆は私の釈にはあらず。善無畏三蔵の大日経の疏の心なりとをぼせども、なを／＼二宗の勝劣不審にやありけん。はたまた他人の疑をさんぜんとやをぼしけん。大師〈慈覚なり〉の伝に云く、〔「大師二経の疏《じょ》を造り、功《こう》を成《な》し已畢《おわ》りて、心中に独り謂《おもえ》らく、この疏仏意《じょぶつい》に通ずるや否《いな》や。もし仏意に通ぜざれば、世に流伝せず。仍《よっ》て仏像の前に安置《あんち》

の経は真俗二諦、事と理の一体不二を説くだけでなく、真言と密印の実践の事相をも説くからである」といっている。この釈の意味は、法華経と真言三部経との勝劣を判定するのに、真言の三部経と法華経とはその究極の真理は同じく一念三千の法門である。しかし密印と真言との実践の事相は法華経には欠けている。ゆえに法華経はただ理秘密といって深い理を説き明かすだけであるのに、真言の三部経は事理倶《とも》に秘密で理論と実践ともに説いているから、その相違は天地雲泥の差があるというのである。しかもこのように書いたのは自分の勝手な考えではなく、善無畏三蔵の大日経の疏の意であると思いながら、それでもなお天台・真言二宗の勝劣を不審に思われたか、それともまた他人の疑いを晴らそうとしたのであろう。慈覚大師の伝によれば、「大師は二経の疏を作った後に、なお心中ひそかに思うには、この疏がはたして仏意にかなっているかどうかということである。もし仏意にかなわなければ世の中へ出すまいと思った。そこで大日如来の前にこの疏を置いて、七日七夜の間、心をこめて祈請をこらしたのである。ところがその五日目の明け方の夢に、ちょうど正午の時に日輪に向かって弓を射たところが、その矢が日輪に当たって、日輪が転動したのを見たというのである。大師はこの夢によって、この二経の疏は仏意にかなったものと悟って、後世に伝えようといわれた」とある。慈覚大師はわが国では伝教の顕教と弘法の密教

し、七日七夜深誠《しんじょう》を翹企《ぎょうき》し、祈請《きしょう》を勤修《ごんしゅ》す。五日の五更《ごこう》に至つて夢みらく、正午《しょうご》に当りて日輪を仰ぎ見て、弓をもつてこれを射るに、その箭《や》日輪に当《あた》りて、日輪すなわち転動《てんどう》すと。夢覚《さ》めての後、深く仏意に通達《つうだつ》せりと悟り、後世《こうせい》に伝ふべし」等と云云。慈覚大師は本朝《ほんちょう》にしては伝教・弘法の両家《りょうけ》を習ひきわめ、異《い》朝《ちょう》にしては八大徳並に南天《なんてん》の宝月《ほうげつ》三蔵等に、十年が間最大事の秘法をきわめさせ給へる上、二経の疏《じょ》をつくり了《おわ》り、重ねて本尊に祈請をなすに、智慧の矢すでに中道の日輪にあたりてうちをどろかせ給ひ、歓喜のあまりに仁明《にんみょう》天皇に宣旨《せんじ》を申しそへさせ給ひ、天台座主《ざす》を真言の官主《かんず》となし、真言の鎮護国家の三部とて、今に四百余年が間、碩学稲麻《せきがくとうま》のごとし、渇仰竹葦《かつごうちくい》に同じ。されば桓武《かんむ》・伝教《でんぎょう》等の日本国建立《こんりゅう》の寺塔は、一字もなく真言の寺となりぬ。公家《くげ》も武家《ぶけ》も一同に真言師を召して師匠とあをぎ、官をなし寺をあづけたぶ。仏事の

とを習い究め、中国においては八人のすぐれた師や南インドの宝月三蔵などについて十年の間、最大事の秘法である真言密教を習い究めた上、二経の疏を作ってその是非につき本尊に祈請をしたところが、智恵の矢が真理の日輪に当たったところで夢が覚《さ》めて、喜びのあまりに仁明天皇に奏問し勅許を受けて、この疏を世間に出したのである。そして天台の座主を真言の官主とし、真言の三部経をもって鎮護国家の三部といって弘めたのである。それより今日まで四百余年の間、学者は稲や麻のように多く、信者は竹や葦のように多かったのである。それゆえ桓武天皇や伝教大師などの建立された日本国中の寺院はことごとく真言の寺となり、公家も武家も一同に真言師を請じて師匠と仰ぎ、僧官に昇らせ、寺を任せたのである。そのために、仏の木像や画像の開眼供養をするには、八宗一同に、みな大日如来の印と真言との事相を用いるようになったのである。

木画《もくえ》の開眼供養《かいげんくよう》は、八宗一同に大日仏眼の印・真言なり。

疑ふて云く、法華経を真言に勝《すぐ》ると申す人はこの釈をばいかんがせん。用ふべきか、またすつべきか。

答ふ、仏の未来を定めたまうに云く、〔「法に依りて人に依らざれ」〕。竜樹菩薩《りゅうじゅ》云く、〔「修多羅《しゅたら》に依るは白論《びゃくろん》なり。修多羅に依らざるは黒論なり」〕。天台云く、〔「また修多羅と合《がっ》せば録してこれを用ふ。文《もん》なく義《ぎ》なきは信受すべからず」〕。伝教大師云く、〔「仏説に依《え》憑《ひょう》して、口伝を信ずることなかれ」〕等と云云。これらの経・論・釈のごときんば、夢を本《もと》にはすべからず。ただついさして法華経と大日経との勝劣を、分明《ふんみょう》に説きたらん経論の文こそたいせちに候はめ。ただし印・真言なくば木画《もくえ》の像の開眼《かいげん》の事、これまたをこの事

慈覚大師の邪義を批判する

疑っていう、法華経が真言よりもすぐれるという人は、この慈覚の釈を用いるべきであるか、捨てるべきであるか、どうしたらよいか。

答えていう、仏は滅後の未来における仏法の正邪を判定する基準を定められて、涅槃経に「法に依って人に依るな」といわれ、竜樹菩薩は十住毘婆沙論に「経典に依るのは正しいが、経典に依らないのは邪説である」といわれ、天台大師は法華玄義に「経典と合うものは採用し、経典に文も義もないものは信じてはならない」といわれ、伝教大師は法華秀句に「ただ仏説に依って、人師の口伝を信じてはならない」といわれた。これらの経や論や釈によるならば、後世の人師の夢を根拠とした勝手な解釈に依るような愚かなことはしてはならない。ただ直々《じきじき》に法華経と大日経との勝劣を明白に説いた経論の文証が何よりも大切なのである。法華経には釈尊みずから法華経が第一であり、経王であると説かれているが、大日経にはそのような経文はあるはずがない。ただし印と真言とがなくては木画二像の開眼ができないなどということは、まことにおかし

なり。真言のなかりし已前には木画の開眼はなかりしか。天竺《てんじく》・漢土《かんど》・日本には真言宗已前の木画の像は或《あるい》は行き、或は説法し、或は御物語《おんものがたり》あり。印・真言をもて仏を供養せしよりこのかた、利生《りしょう》もかた〴〵失《うせ》たるなり。これは常の論談の義なり。この一事《いちじ》にをいては、ただし日蓮は分明《ふんみょう》の証拠を余所《よそ》に引くべからず。慈覚大師の御釈を仰いで信じて候なり。

問うて云く、何《いか》にと信ぜらるるや。

答へて云く、この夢の根源は、真言は法華経に勝《すぐ》ると造り定めての御ゆめなり。この夢吉夢《きちむ》ならば、慈覚大師の合《あわ》せさせ給ふがごとく真言勝《すぐ》るべし。ただし日輪を射るとゆめにみたるは吉夢なりというべきか。内典《ないてん》五千七千余巻・*外典《げてん》三千余巻の中に、日を射るとゆめに見て吉夢なる証拠をうけ給はるべし。少少これより出《いだ》し申さん。阿闍世《あじゃせ》王は天より月

なことである。もしそうだとすれば、真言宗が伝わらなかった以前には木画二像の開眼がなかったのであろうか。インド・中国・日本には、真言宗以前の木像や画像には、あるいは歩いたり、説法したり、物をいったりした奇蹟も伝えられているものもあるのである。しかし真言宗が伝来して印や真言をもって仏像の開眼をするようになってからは、かえってそのような利益もなくなってしまった。これらのことは日常に話しあわれていることを述べただけである。この二経の疏の誤りについては、日蓮は明白な証拠をよそから引くまでもない。ただ慈覚大師の御釈たる二経の疏をそのまま信じたらよいのである。慈覚大師の発言に基づいて、慈覚の誤りを証明できるのである。

問うていう、慈覚の釈をどう信じたらよいか。

答えていう、慈覚が夢で真言が法華にすぐれていることを知ったというが、そのような夢を見た根本の原因は、真言が法華よりすぐれていると前から自分で心に決めていたからである。それともこの夢がもし吉夢であるならば、慈覚大師が夢をもって真言がすぐれていると占ったように、真言がすぐれているに違いないであろう。しかしながら日輪を射るという夢が、はたして吉夢といってよいだろうか。仏教の経論五千七千余巻や仏教以外の三千余巻の中に、日輪を射るという夢が吉夢であるという証拠があるならば聞きたいものである。まずこちらから少し証拠を

落《おつ》るとゆめにみて、耆婆《ぎば》大臣に合せさせ給ひしかば、大臣合せて云く、仏の御入滅《ごにゅうめつ》なり。須抜多羅《しゅばったら》、天より日落るとゆめにみる。我《われ》とあわせて云く、仏の御入滅なり。修羅《しゅら》は帝釈《たいしゃく》と合戦《かっせん》の時、まず日月をいたてまつる。夏《か》の桀《けつ》・殷《いん》の紂《ちゅう》と申せし悪王は、常に日をいて身をほろぼし国をやぶる。摩耶夫人《まやぶにん》は日をはらむとゆめにみて悉達太子《しったたいし》をうませ給ふ。かるがゆへに仏のわらわなをば日種《にっしゅ》という。日本国と申すは、天照太神《あまてらすおおみかみ》の日天にしてましますゆへなり。さればこのゆめは、天照太神・伝教大師・釈迦仏・法華経をいたてまつれる矢にてこそ二部の疏は候なれ。日蓮は愚癡《ぐち》の者なれば、経論もしらず。ただこの夢をもつて法華経に真言すぐれたりと申す人は、今生《こんじょう》には国をほろぼし、家を失ひ、後生《ごしょう》にはあび地獄に入るべしとはしりて候。

出してみよう。仏典によれば、仏の在世に摩竭陀《まかだ》国の阿闍世王が天から月が落ちる夢を見て、耆婆大臣に占わせたところが、大臣は仏の御入滅であると答えたという。また須跋多羅は天から太陽が落ちると夢みて、自分で占って仏の御入滅であるといった。外典《げてん》によれば、阿修羅は帝釈天と合戦する時には、まずその臣下である日月を射るといわれている。また中国古代の夏の桀王・殷の紂王という悪王は、常に太陽を射て身を滅ぼし、国を滅ぼしたのである。さらに仏典では、仏の御母摩耶夫人は太陽を孕《はら》んだ夢をみて悉達太子をお産みになったので、仏の幼名を日種といわれるのである。またわが国を日本国というのは、天照太神が太陽の神であられるからである。このように内外典に見える事実に照らし合わせてみると、慈覚大師の夢は、天照太神と伝教大師と釈迦仏と法華経とを射た矢が、金剛頂経と蘇悉地経の二経の疏であるということになるであろう。これはまことに神仏を畏れぬもってのほかの話である。日蓮はもとより愚かな者であって、経論も詳細には知らないが、ただこの慈覚大師の夢だけによって、真言が法華経よりもすぐれるという人は、今生には国を滅ぼし、家を失《な》くし、後生は無間地獄に必ず堕ちることは、法華経の明文によって知っているのである。

真言亡国の現証

今現証《いまげんしょう》あるべし。日本国と蒙古国との合戦に、一切の真言師の調伏《じょうぶく》を行《おこな》ひ候へば、日本かちて候ならば、真言はいみじかりけりとをもひ候ひなん。ただし*承久《じょうきゅう》の合戦にそこばくの真言師のいのり候ひしが、調伏せられ給ひし権《ごん》の大夫《たいふ》殿はかたせ給ひ、後鳥羽院《ごとばいん》は隠《お》岐《き》の国へ、御子《みこ》の天子は佐渡《さど》の嶋々へ調伏《じょうぶく》しやりまいらせ候ぬ。結句は野干《やかん》のなき(鳴)の己《おの》が身にをうなるやうに、「還著於本人《げんじゃくおほんにん》」の経文にすこしもたがわず。叡山の三千人かまくらにせめられて、一同にしたがいはてぬ。しかるにまたかまくら、日本を失はんといのるかと申すなり。これをよく〳〵しる人は一《いち》閻浮提《えんぶだい》一人《いちにん》の智人《ちにん》なるべし。よく〳〵しるべきか。今はかまくらの世さかんなるゆへに、東寺・天台・薗城《おんじょう》・七寺の真言師等と、並びに自立《じりゅう》をわすれたる法華宗の謗法の人々、関東にをちくだりて、頭《こうべ》をかたぶけ、ひざをかがめ、やう〳〵に武士の心をとりて、諸寺・

今、真言亡国の現証を示そう。日本国と蒙古国との合戦に、国じゅうのすべての真言師が調伏の祈禱を行なって、日本が勝ったならば、真言がすぐれていると思ってもよいであろう。しかし先例としては、承久の合戦に多くの真言師が祈った時も、調伏された方の北条義時が、勝って、かえって後鳥羽院は隠岐の国へ、御子の順徳天皇は佐渡の島へお遷《うつ》しするように調伏したことになり朝廷方は敗北したのである。結局は狐が鳴いたために犬などに殺されるように、また「還って本人に著《つ》く」といって、邪法をもって祈ればその禍いは祈った者に還ってくるという法華経普門品の経文のように、人を調伏すればかえって自分が調伏されるのである。この経文のとおりに叡山の三千人は鎌倉方に攻められて一同に降伏したのである。ところが今また鎌倉で真言師に蒙古の調伏を祈らせるのは、日本を滅ぼそうと祈らせるのではないかといってよい。実に不思議なことである。このことをよく心得ている人は世界第一の智者というべきである。まことによく心得ておかなければならない。今は鎌倉方の勢力がさかんな世であるから、京都の東寺・天台の叡山・園城寺・南都の七寺の真言師などと、法華経を読みながら自分の宗旨の立て前を忘れた慈覚・智証などのような法華経謗法の人びとが関東に落ち下って、頭を下げ、膝を地につけて、さまざまに武士の機嫌をとって、処々の寺々の別当となったり、長吏となったりして、前に王位を失わせた真言の悪諸山の別当となり、長吏《ちょうり》となりて、王位を失ひし悪法をとりいだして、国土《こくど》安穏《あんのん》といのれば、将軍家《しょうぐんけ》並びに所従《しょじゅう》の侍《さむらい》已下《いげ》は、国土の安穏なるべき事なんめりとうちをもいてあるほどに、法華経を失ふ大禍《たいか》の僧どもを用ひらるれば、国定めてほろびなん。

亡国のかなしさ、亡身のなげかしさに、身《しん》命《みょう》をすてゝこの事をあらわすべし。国主世《よ》を持《たも》つべきならば、あやしとをもひて、たづぬべきところに、ただざんげんのことばのみ用ひて、やう〱のあだをなす。しかるに法華経守護の梵天《ぼんでん》・帝釈《たいしゃく》・日月・四天・地神等は、古《いにしえ》の謗法をば不思議とはをぼせども、これをしれる人なければ、一子の悪事のごとくうちゆるして、いつわりをろかなる時もあり、またすこしつみしらする時もあり。今は謗法《ほうぼう》を用ひたるだに不思議なるに、まれ〱*諫暁《かんぎょう》

法をもって、国土の安穏を祈っている。それを将軍家ならびに付き従う侍以下の者どもは、真言で祈ったならば国土が安穏になることと思っているうちに、かえって法華経に背く禍《わざわい》の根源である真言の僧侶たちを重く用いるのであるから、国は必ず滅びるであろう。

末法流布と導師の出現

国の滅びることが悲しく、身の滅びることが歎かわしいから、日蓮は身命を捨ててこの天下の謗法を絶滅すべき事を言い顕わすのである。もし国主が国の安泰を願うならば、自分が今まで述べてきたことに疑いを起こして、その理由を尋ねなければならないのに、ただ諸宗の人びとの讒言ばかりを信じて、さまざまに日蓮に迫害を加えているのである。それなのに法華経守護の梵天・帝釈天・日天・月天・四天王・地神などは、昔から謗法は不都合だとは思っていたけれども、これを知って責め顕わす人がなかったから、一人子の悪事を見逃しておくように知らぬふりをしたり、また少しばかり罰して誡《いまし》めた時もあった。今はこの謗法の者を用いることさえ不都合であるのに、たまたま謗法を諫《いさ》め暁《さと》す人があると、かえって害を加えて、しかもそれが一日二日、一月二月、一年二年なら

する人をかへりてあだをなす。一日二日・一月二月・一年二年ならず数年に及ぶ。かの不《ふ》軽《きょう》菩薩の杖木《じょうもく》の難に値《あ》ひしにもすぐれ、覚徳《かくとく》比丘《びく》の殺害《せつがい》に及びしにもこえたり。しかる間、梵《ぼん》・釈《しゃく》の二王・日月・四天・衆星《しゅせい》・地神等やう〱にいかり、度々《たびたび》いさめらるれども、いよ〱あだをなすゆへに、天の御計《おんはから》ひとして、隣国《りんごく》の聖人《せいじん》にをほせつけられてこれをいましめ、大鬼神《だいきじん》を国に入れて人の心をたぼらかし、自界反逆《じかいほんぎゃく》せしむ。吉凶につけて瑞《きざし》大なれば難《なん》多かるべきことわりにて、仏滅後二千二百三十余年が間、いまだいでざる大長星、いまだふらざる大地しん出来《しゅったい》せり。漢土・日本に智慧すぐれ才能いみじき聖人《しょうにん》は度々ありしかども、いまだ日蓮ほど法華経のかたうど（方人）して、国土に強敵《ごうてき》多くまうけたる者なきなり。まづ眼前の事をもつて日蓮は閻浮《えんぶ》第一の者としるべし。

仏法日本にわたて七百余年、一切経は五千

まだしも、数年に及んだのである。日蓮が受けた迫害は、昔、不軽菩薩が杖木の難に値ったことにもすぐれ、覚徳比丘が殺されようとしたことにも過ぎている。それゆえに梵天・帝釈天の二王・日天・月天・四天王・衆星・地神などがさまざまに怒って、たびたび天変地異などを起こして誡《いまし》めたけれども、目を覚まさず、かえっていよいよ害を加えるから、天のお計らいとして隣国の聖人に仰せつけてこの国を誡め、また鬼神を国内に入れて人の心を迷わせ、自界叛逆といって国内に戦乱を起こさせるのである。吉につけ凶につけ、前兆が大きければ大きいほど、来たるべき災難も大きい道理で、仏滅後二千二百三十余年の間、いまだ出たことのない大長星が現われ、いまだかつて震わなかった大地震が起こったのである。古来より中国や日本にも、智恵がすぐれ、才能が秀でた聖人は多くあったけれども、いまだ日蓮ほどに法華経を信仰して、国内に多くの強敵を作ったものはないのである。まず眼前の事実をもって日蓮を世界第一の法華経の行者と知るべきである。

仏教が日本に伝わった欽明天皇十三年（五五二）から、この年建治元年七千、宗は八宗十宗、智人《ちにん》は稲麻《とうま》のごとし、弘通《ぐずう》は竹葦《ちくい》にたり。しかれども仏には阿弥陀仏、諸仏の名号には弥陀の名号ほどひろまりてをはするは候はず。この名号を弘通する人は、慧心《えしん》は往生要集をつくる、日本国三分が一は一同の弥陀念仏者。永観《ようかん》は十因と往生《おうじょう》講《こう》の式をつくる。扶桑《ふそう》三分が二分は一同の念仏者。法然せんちやくをつくる、本朝一同の念仏者。しかれば今の弥陀の名号を唱ふる人人は一人《いちにん》が弟子にはあらず。この念仏と申すは双観経《そうかんぎょう》・観経《かんぎょう》・阿弥陀経の題名《だいみょう》なり。権大乗経の題目の広宣流布するは、実大乗経の題目の流布せんずる序《じょ》にあらずや。心あらん人はこれをすい(推)しぬべし。権経流布せば実経流布すべし。権経の題目流布せば実経の題目もまた流布すべし。欽明《きんめい》より当帝《とうてい》にいたるまで七百余年、いまだきかず、いまだ見ず、南無妙法蓮華経と唱へよと他人をすゝめ、我《われ》と唱へたる智人《ちにん》なし。日出《いで》ぬれば星かくる。

（一二七五）までは七百余年になるが、この間に伝来した一切経は五千巻、七千巻の多きを数え、これによる宗派は八宗・十宗となり、これを伝持する学者は稲や麻のように多く、その弘通に努める者は竹《たけ》や葦《あし》のように多くいる。しかし、諸宗の中でいずれの宗が最も弘まっているかといえば、仏では阿弥陀仏、修行法としては諸仏の名号の中では弥陀の名号を唱える念仏ほど広く弘まっているものはないのである。この念仏をさかんに弘めた人は誰であるかといえば、まず最初に叡山の先徳たる恵心僧都が往生要集を作って弥陀の名号を勧めたことにより、日本国の三分の一は念仏者となった。次に永観が往生拾因と往生講式とを作って念仏往生を勧めたために、日本国の三分の二までが一同の念仏者となってしまった。そして法然が選択集を作って浄土宗を開き、専修念仏を宣伝して日本国一同が念仏者となってしまったのである。このような次第で、今の日本の念仏者たちは法然一人の弟子というわけではない。恵心と永観と法然の三人の力によって、念仏が日本国中に弘まったのである。この念仏というのは、浄土三部経といわれる双巻経すなわち大無量寿経と観経すなわち観無量寿経と阿弥陀経との題名であって、この三経の教主である阿弥陀仏を信じ、その名を唱えることである。浄土三部経は仏の一代五時の諸経の中では、第三方等部に属する経典で、法華経に比べれば方便の権大乗経である。権大乗の浄土三部経の題目である念仏が弘まる賢王来《きた》れば愚王ほろぶ。実経流布せば権経のとどまり、智人《ちにん》南無妙法蓮華経と唱えば愚人《ぐにん》のこれに随はんこと、影と身と、声と響《ひびき》とのごとくならん。日蓮は日本第一の法華経の行者なる事あえて疑ひなし。これをもつてすいせよ。漢土・月支にも一閻浮提の内にも肩をならぶる者はあるべからず。

問うて云く、正嘉《しょうか》の大地しん・文永の大彗《すい》

のは、次に真実の大乗経である法華経の題目の弘まる順序と見るべきである。心ある人はこの道理をよく考えるがよい。先に権経が弘まればそれに続いて必ず実経が弘まるのである。ゆえに権経の題目たる念仏が弘まれば、次に実経の題目である南無妙法蓮華経も必ず弘まることは間違いないのである。欽明天皇の時に仏教が伝来してから現在の後宇多天皇まで七百余年になるが、いまだかつて南無妙法蓮華経と法華経の題目を自らも唱え、他人にも唱えよと勧めた智人は見たことも聞いたこともないのである。日が出れば星が隠れ、賢王が現われれば愚王は亡びる道理で、実経が弘まれば権経が廃《すた》れ、智人が南無妙法蓮華経と唱えれば、愚人がこれに随うことは、影が身に随い、響きが音に応ずるようなものである。以上のように、正嘉以来のもろもろの前兆といい、日蓮が蒙ったもろもろの法難といい、これをもって推知するに、日蓮は疑いなく日本第一の法華経の行者である。末法に法華経が弘まると仏が予言され、その予言された時に出現し、法華経を弘めるのであるから、中国・インドはもちろん、世界中にも日蓮と肩を並べるほどの法華経の行者のあるはずはないのである。

災難の由来と上行菩薩の再誕

問うていう、正嘉の大地震と文永の大彗星とは、どうして起こったの星《せい》はいかなる事によつて出来《しゅったい》せるや。

答へて云く、*天台云く、「智人《ちにん》は起《き》を知り、蛇《じゃ》は自《おのずか》ら蛇を識《し》る」等と云云。

問うて云く、心いかん。

答へて云く、*上行《じょうぎょう》菩薩の大地より出現し給ひたりしをば、弥勒《みろく》菩薩・文殊師利《もんじゅしり》菩薩・観世音《かんぜおん》菩薩・薬王《やくおう》菩薩等の四十一品《ぼん》の無明《むみょう》を断ぜし人々も、*元品《がんぽん》の無明を断ぜざれば愚人といわれて、寿量品の南無妙法蓮華経の末法に流布せんずるゆへに、この菩薩を召し出《いだ》されたるとはしらざりしという事なり。

問うて云く、日本・漢土・月支の中にこの事を知る人あるべしや。

答へて云く、見思《けんじ》を断尽《だんじん》し、四十一品の無

であろうか。この天地の異変と法華経の題目流布とは何か関係があるのだろうか。

答えていう、天台大師は「智者は事の起こる理由を知り、蛇でなければ蛇を知らない」といわれている。

問うていう、それはどういう意味であるか。

答えていう、法華経の経説についてみると、涌出品の時に上行菩薩を中心とするもろもろの菩薩たちが、末法に法華経を弘めることを委嘱されるために大地から涌出したのである。その時、弥勒菩薩をはじめ文殊師利菩薩・観世音菩薩・薬王菩薩などの菩薩たちは、上行菩薩らが出現した意味がよくわからなかった。この菩薩たちはすでに四十一品《ほん》の煩悩を断じて仏の次に位する智恵すぐれた菩薩たちであったけれども、最後の元品の無明の煩悩の根本を断って妙覚の仏位に至らないから愚人である、その智恵は完全ではないといわれた。すなわち、弥勒菩薩らは、法華経本門寿量品の肝心である南無妙法蓮華経を末法に弘めるために、この上行菩薩たちを呼び出された深い意味を知らなかったということである。

問うていう、それならば日本・中国・インドの三国の中で、この災難の起こる理由を知っている人があるだろうか。

答えていう、見惑思惑の煩悩といった思想的な迷いや感情的な迷いを明を尽せる大菩薩だにもこの事をしらせ給はず、いかにいわうや、一毫《いちごう》の惑《わく》をも断ぜぬ者どものこの事を知るべきか。

問うて云く、智人なくばいかでかこれを対《たい》治《じ》すべき。例せば病《やまい》の所起《しょき》を知らぬ人の、病人を治《じ》すれば人必ず死す。この災《わざわい》の根源《こんげん》を知らぬ人々がいのりをなさば、国まさに亡びん事疑ひなきか。あらあさましや〳〵。

答へて云く、蛇《じゃ》は七日が内の大雨をしり、烏《からす》は年中の吉凶をしる。これすなわち大竜の所従《しょじゅう》、また久学《くがく》のゆへか。日蓮は凡夫《ぼんぶ》なり。この事をしるべからずといえども、汝等《なんじら》にほぼこれをさとさん。彼《か》の周の平王《へいおう》の時、禿《かむろ》にして裸なる者出現せしを、辛有《しんゆう》といゐし者うらなつて云く、「百年が内に世ほろびん」。同じき幽王《ゆうおう》の時、山川くずれ、大地ふるひき。

断じ尽くして、さらに無智から起こる迷いのかずかずを四十一品まで断じ尽くして仏の次の位にある大菩薩でさえも、末法の導師として上行菩薩を呼び出したことを知らなかったのであるから、まして少しの煩悩をも断たない凡夫が、大地震や大彗星の起こった理由を知るわけがない。

問うていう、事の起こりを知る智者がなければ、どうしてこの災難を絶滅することができようか。たとえば、病気の起こった根本を知らない人が病気を治そうとすれば、かえって病人を殺してしまうように、この災難の起こり来たった根源を知らない人びとが、災難を絶滅するための祈禱を修するならば、かえって国が滅びることは疑いないのである。まことにもって嘆かわしいことである。何とかしてこの亡国の危機を脱れる道はないものだろうか。

答えていう、それは決してないわけではない。たとえば、人ならぬ身である蛇でさえ七日のうちに大雨の降るのを知り、烏でさえ一年中の吉凶を知っているという。これは、蛇は雲を起こし雨を降らすという大竜に従うものであり、烏は長い間にいろいろなことを学んだ習わしによるのである。日蓮はもとより凡夫であるから、現在の災難の理由を知ることはできないけれども、法華経を信じ学んだお蔭でほぼ知ることができたから、貴殿たちにそのあらましを話そう。かの中国古代の周の平王の時に、頭髪は乱れ、身は赤裸の者が現われたのを、辛有という者が占っ白陽《はくよう》と云ふ者勘《かんが》へていはく、「十二年の内に大王事《こと》に値《あわ》せ給ふべし」。今の大地震・大長星等は、国主日蓮をにくみて、亡国の法たる禅宗と念仏者と真言師をかたうどせらるれば、天いからせ給ひていださせ給ふところの災難なり。

問うて云く、なにをもつてこれを信ぜん。

答へて云く、*最勝王経に云く、「「悪人を愛《あい》敬《きょう》し、善人を治罰《ちばつ》するによるが故に、星宿《せいしゅく》及び風雨皆時《とき》をもつて行われず」」等と云云。この経文のごときんば、この国に悪人のあるを、王臣これを帰依《きえ》するという事疑いなし。またこの国に智人《ちにん》あり。国主これをにくみて、あだすという事もまた疑いなし。また云く、

て「百年のうちに周は滅びるであろう」といった。同じ周の幽王の時には、大地震があって山や川が崩れ塞がった時、白陽という者が考えて「十二年のうちに大王が大難に値うであろう」といった。これらはいずれもその予言どおりになったのである。これら中国の例から考えてみるに、物事には必ず前兆というものがあり、今の大地震・大彗星などは、国主が法華経の行者日蓮を憎んで、亡国の法である禅宗と念仏者と真言師とを味方とするから、天が怒って起こさせた災難に相違ないのである。ゆえにその根本の邪法を絶滅しなければ災難は払い除くことができないと、知ることができたのである。

問うていう、天変地異は国主が法華経の行者を迫害するから起こるというが、どうしてそれが信じられようか。何か信用すべき証拠があるのだろうか。

答えていう、金光明最勝王経第八の王法正論品に、「悪人を敬い、善人を苦しめるから、星宿や風雨などが不順となる」とある。この経文の通りならば、この国に悪人があって国王や臣下がこれに帰依していることは疑いない。またこの国に智人があって国主がこれを憎んで迫害するということも疑いないのである。さらに同経に「三十三天の天人たちが非常に怒っているから、怪しい流星が堕ちたり、二つの太陽が同時に出たり、他国から賊が攻めてきて国民が悲惨な目に遇う」ともある。この経

〔「三十三天の衆《しゅ》、咸忿怒《みなふんぬ》の心を生じ、変怪《へんげ》の流星堕《りゅうせいお》ち、二の日倶時《ひくじ》に出《い》で、他方の怨賊来《おんぞくきた》りて、国人喪乱《こくじんそうらん》に遭わん」〕等と云云。すでにこの国に天変《てんぺん》あり、地夭《ちよう》あり。他国よりこれをせむ。三十三天の御いかりあることまた疑いなきか。仁王経《にんのうきょう》に云く、〔「諸《もろもろ》の悪比丘、多く名利《みょうり》を求め、国王・太子・王子の前において、自《みずか》ら破《は》仏法《ぶっぽう》の因縁《いんねん》・破《は》国《こく》の因縁を説く。その王別《わきまえ》ずしてこの語《ことば》を信聴《しんちょう》す」〕等と云云。また云く、〔「日月度を失ひ、時節反逆《ほんぎゃく》し、或《あるい》は赤日出《しゃくじつい》で、或は黒日出で、二三四五の日出で、或は日触して光なく、或は日輪一重二重四五重輪現ず」〕等と云云。文《もん》の心は、悪比丘等国に充満して、国王・太子・王子等をたぼらかして、破仏法・破国の因縁をとかば、その国の王等、この人にたぼらかされてをぼすやう、この法こそ持《じ》仏法の因縁・持国の因縁とをもひ、この言《ことば》をさめ(納)て行《おこなう》ならば日月に変あり、大風と大雨と大火等出来《しゅったい》し、

文に基づいて見ると、すでにわが日本国には天変があり、地異があり、また他国からも攻められたから、三十三天の怒りであることは疑いないことである。また仁王経の嘱累品には「多くの悪僧たちが、名誉や利益のために、国王や太子や王子の前で、仏法を破り国を滅ぼす邪法を説くのに、王は正邪をわきまえずにそれを信ずる」とあり、さらにまた「日月が規則正しく出なかったり、寒暑の時節が狂ったり、赤い太陽や黒い太陽が出たり、二、三、四、五の太陽が並んで出たり、日蝕があったり、太陽が一重二重三重四重五重と重なって出たりする」とある。この経文の意味は、悪僧たちが国に充満して、国王や太子や王子たちに向かって、仏法を滅ぼし、国を滅ぼすような教えを説くのを、その国王らはこの悪僧に騙されて、この教えこそ正しい仏法であり国家を安泰にする教えであると思って、その言葉を信用するから、たちまちに日月に変異が生じ、大風・大雨・大火などが相次いで起こり、次には内賊といって親類の中に合戦が起こって、自分の味方をする者をみな失い、後には他国から攻められて自殺したり、生け捕られたり、また降参するようなことになる、というのである。これはまったく悪僧たちが仏法を滅ぼし、国を滅亡させることに他ならないのである。さらに守護国界主陀羅尼経の阿闍世王受記品によれば、「釈迦牟尼如来のすべての教法は、一切の天魔や外道や悪人や五神通を得た神仙などのような、仏教者以外からは少しも壊《やぶ》ら

次には内賊と申して親類より大兵乱《ひょうらん》をこり、我がかたうどしぬべき者をば皆打《うち》失ひて、後《のち》には他国にせめられて、或は自殺し、或はいけどりにせられ、或は降人《こうにん》となるべし。これ偏《ひとえ》に仏法をほろぼし、国をほろぼす故なり。守護《しゅご》経に云く、〔「彼《か》の釈迦牟尼如来の所有《しょう》の教法は、一切の天魔・外道《げどう》・悪人・五通《つう》の神《じん》仙《せん》も、皆乃至《ないし》少分をも破壊《はえ》せず。しかるに、この名相《みょうそう》ある諸の悪沙門、皆悉く毀滅《きめつ》して、余りあることなからしめん。須弥山《しゅみせん》をたとい三千界の中の草木を尽して薪《たきぎ》となし、長時に焚焼《ふんしょう》すとも一毫《ごう》も損ずることなきに、もし劫《ごう》火《か》起り、火内《うち》より生じ、須臾《しゅゆ》に焼滅《しょうめつ》して、灰《かい》燼《じん》を余すことなきがごとし」〕等と云云。蓮華《れんげ》面経《めんきょう》に云く、〔「仏、阿難《あなん》に告げたまわく、譬えば師子の命終せんに、もしは空、もしは地、もしは水、もしは陸、所有《しょう》の衆生《しゅじょう》、あえて師子の宍《にく》を食《くら》わず。ただ師子自《みずか》ら諸の虫を生じて、自ら師子の宍を食うがごとし。阿難、我

れるものではない。かえって僧の姿をした名ばかりの多くの悪僧たちが、内から毀《こわ》して仏法を滅ぼし尽くしてしまうのである。ちょうど須弥山世界は、たとえ三千大千世界の草木を薪として長い間燃やしても、少しも損ずることはできないが、もし世界破滅の時がきて、劫火が内から燃え出る時には、またたく間に灰も残さぬよう焼き尽くしてしまうのと同じである」と説いている。また蓮華面経巻上には、「仏が阿難尊者におっしゃるには、法滅の時というのは、ちょうど獅子が死んだ時には空を飛ぶ鳥や地中に棲《す》む虫や水中に棲む魚類や陸上に棲む生物などは、決して獅子の肉を食わないけれども、ただ獅子自身の体から生じた虫が内から獅子の肉を食ってしまうように、わが仏法も外から壊されるのではなく、わが教団の内の悪僧たちが、自分が三大阿僧祇もの長い間、修行を積み重ね、苦労して努めた結果、覚ったところの正法を破るのである」と説いている。まず守護経の意味について説明すれば、これは、過去七仏の一人の迦葉仏が、現在の釈迦如来の教えが衰えてゆく末法の状況を訖哩枳王に説かれたものである。それによると、釈迦如来の仏法をどういう者が滅ぼすであろうかといえば、かの大族王が全インドの寺院を焼き払い、十六大国の僧や尼を殺したり、中国の武宗皇帝が国じゅうの寺塔四千六百余か所を破壊し、僧や尼二十六万五百人を還俗させたなどという悪人でも、そのような外部から迫害では釈迦如来の仏法を滅ぼすことは

が仏法は余の能《よ》く壊《やぶ》るにあらず。これ我が法の中の諸の悪比丘、我が三大阿僧祇劫《あそうぎこう》に積《しゃく》行《ぎょう》し勤苦《ごんく》し集むる所の仏法を破らん」」等と云云。経文の心は、過去の迦葉仏《かしょうぶつ》、釈迦如来の末法の事《こと》を訖哩枳王《きりきおう》にかたらせ給ひ、釈迦如来の仏法をばいかなるものがうしなうべき。大族王の五天の堂舎を焼払い、十六大国の僧尼を殺せし、漢土の武宗《ぶそう》皇帝の九国の寺塔四千六百余所を消滅せしめ、僧尼二十六万五百人を還俗せし等のごとくなる悪人等は、釈迦の仏法をば失ふべからず。三衣《さんね》を身にまとひ、一鉢《いっぱつ》を頸《くび》にかけ、八万法蔵を胸にうかべ、十二部経を口にずう(誦)せん僧侶が、彼《か》の仏法を失うべし。譬へば須弥山《しゅみせん》は金《こがね》の山なり。三千大千世界の草木をもつて四天・六欲に充満してつみこめて、一年二年百千万億年が間やくとも、一分《ぶん》も損ずべからず。しかるを劫火《ごうか》をこらん時、須弥の根《ね》より豆計《ばか》りの火いでて須弥山をやくのみならず、三千大千世界をや

できない。しかし、三衣を身にまとい、一鉢を手に持ち、仏一代の聖教八万法蔵を胸に浮かべ、十二部経を暗《そら》んじて読むほどの僧侶が、かえって仏の本意を知らないで仏法を破滅させるのである。それはたとえば、須弥山は金の山であるから、三千大千世界の草や木を欲界の初天である四天王天から第六の他化自在天《たけじざいてん》にいたるまで、この地上から天上界にいたるまでうずたかく積みあげて、一年二年ばかりでなく百千万億年もの間焼いたとしても、少しも破損することはできないのである。しかしながら、もし世界滅亡の壊劫《えこう》の時に、劫火が燃え出す時には、須弥山の根元から豆粒ほどの小さな火が出て、ただ須弥山を焼き尽くすばかりでなく、三千大千世界をもすべて焼き尽くすようなものである。もし守護経に説かれた仏の予言の通りであるならば、今の日本における十宗・八宗の僧侶たちが、仏教の須弥山を焼き払うのではないだろうか。また八宗の中でも小乗の倶舎・成実・律などの僧たちが法相・三論・華厳などの大乗を嫉《ねた》む胸の怒りは、仏教を焼く炎のようなものである。さらに蓮華面経の文の意によってみれば、真言宗の善無畏が密教を最勝の仏法といい、禅宗の三階禅師が普経をもって末法の仏教といい、浄土宗の善導らが弥陀称名をもって極楽往生を勧めたことなどは、いずれもみな、仏教を破壊する邪説であって、ちょうど師子の肉から生じた蝗虫が師子の肉を食うように、彼らは仏教を滅ぼす蝗虫の比丘というべきである。伝教

き失うべし。もし仏記《ぶっき》のごとくならば、十宗・八宗・内典《ないてん》の僧等が、仏教の須弥山《しゅみせん》をば焼き払うべきにや。小乗の倶舎《くしゃ》・成実《じょうじつ》・律《りつ》僧等が大乗をそねむ胸の瞋恚《しんに》は炎《ほのお》なり。真言の善無畏等・禅宗の三階《さんがい》等・浄土の善導等は、仏教の師子の肉より出来《しゅったい》せる蝗虫《こうちゅう》の比丘なり。伝教大師は三論・法相《ほっそう》・華厳等の日本の碩《せき》徳等を六虫とかかせ給へり。日蓮は真言・禅宗・浄土等の元祖《がんそ》を三虫となづく。また天台宗の慈覚《じかく》・安然《あんねん》・恵心《えしん》等は法華経・伝教大師の師子の身の中の三虫なり。これらの大謗法の根源をただす日蓮にあだをなせば、天神もをしみ、地祇《ちぎ》もいからせ給ひて、災夭《さいよう》も大に起るなり。されば心うべし。一閻浮提第一の大事を申すゆへに、最第一の瑞相ここにをこれり。

あわれなるかなや、なげかしきかなや、日本国の人皆無間大城《むけんだいじょう》に堕《お》ちむ事よ。悦《よろこば》しきかなや、楽《たのしい》かなや、不肖《ふしょう》の身として今度《こんど》心田《しんでん》に仏種をうえたる。いまにしもみよ。大蒙古

大師は顕戒論に三論・法相・華厳などの南都六宗の学者たちを六虫と書かれたが、日蓮は今、真言の善無畏・禅宗の三階・浄土の善導などの三宗の元祖を、仏教を滅ぼす三虫と名づけるのである。また天台宗の慈覚・安然・恵心などは法華経と伝教大師にとって、獅子身中の三虫というべきである。仏教を滅亡に導こうとするこれらの大謗法の根源を糾明する日蓮に迫害を加えるから、天神も光を惜しんで日月の運行に異常を来たし、地祇も怒って飢饉・疫病などの災いも起こるのである。それゆえよく心得なければならない。このように日蓮が立正安国論で世界第一の大事を指摘したから、自界叛逆・他国侵逼の二難も起こり、法華経広宣流布の最第一の瑞相がここに起こったのである。

まことに哀れに思われ、また嘆かわしいことは、日本国の人びとが法華経を謗り、法華経の行者を迫害して無間地獄に堕ちることである。悦ばしくもまた楽しいことは、不肖の身でありながら法華経を弘めることによって今度わが心田に仏になる種を植えつけたことである。今に見て

国数《す》万艘の兵船《ひょうせん》をうかべて日本国をせめば、上一人《かみいちじん》より下《し》も万民にいたるまで、一切の仏寺・一切の神寺《しんじ》をばなげすてて、各々《おのおの》声をつるべて南無妙法蓮華経〳〵と唱へ、掌《たなごころ》を合せて、たすけ給へ日蓮の御房《ごぼう》、日蓮の御房とさけび候はんずるにや。例せば月支の大族王は幼日王《ようにち》に掌をあわせ、日本の盛時《もりとき》はかじわらをうやまう。大慢のものは敵《かたき》に随ふという、このことわり(此理)なり。彼《か》の軽毀《きょうき》大慢の比丘等は、始には杖木をとゝのへて不軽《ふきょう》菩薩を打《うち》しかども、後《のち》には掌をあはせて失《とが》をくゆ。提婆達多《だいばだった》は釈尊の御身《おんみ》に血をいだししかども、臨終の時には南無《なむ》と唱ひたりき。仏《ぶつ》とだに申したりしかば地獄には堕《お》つべからざりしを、業《ごう》ふかくしてただ南無《なむ》とのみとなへて仏《ぶつ》とはいわず。今日本国の高僧等も南無日蓮聖人ととなえんとすとも、南無計《ばか》りにてやあらんずらん。ふびんふびん。

いるがよい。他国侵逼の難がたちまちに現われて、大蒙古国が数万艘の兵船をもって日本国を攻めて来たならば、上は天皇より下は万民にいたるまで、国じゅうこぞって一切の寺院や一切の神社への帰依を投げすてて、一同に声を合わせて南無妙法蓮華経、南無妙法蓮華経と唱え、掌を合わせて「助けたまえ、日蓮御房、日蓮御房」と叫ぶようになるであろう。ちょうどインドの大族王が戦いに敗れた時、幼日王（幻日王《げんにち》）に掌を合わせて救いを求め、日本の平宗盛が捕えられて鎌倉へ連行された時に梶原景時を敬って慈悲を求めたようなものである。大高慢の者が敵に降るというのはこのことである。かの威音王仏の時、不軽菩薩を軽んじ毀った大慢の比丘たちは、はじめは杖や木をもって打ち、瓦や石を投げつけたけれども、後には掌を合わせてその罪を悔いたのである。提婆達多は釈尊の御身から血を流して五逆罪を犯したけれども、臨終の時には「南無」と唱えて帰仏の意を表わしたが、もしその時に「南無仏」と「仏」の一字を唱えたならば地獄へは堕ちなかったものを、犯した罪業が深すぎてただ「南無」とだけいって「仏」とは唱えられなかったので、救われなかったのである。今の日本国の諸宗の高僧たちも「南無日蓮聖人」と唱えようとしても唱えられずに、おそらくは提婆達多のように「南無」とだけしか唱えられないで地獄へ堕ちるであろう。まことに哀れむべきことであるが、自業自得果で自ら招いたことであるからやむを得ないこ外典《げてん》に云く、未萌《みほう》をしるを聖人《せいじん》という。内《ない》典《てん》に云く、三世を知るを聖人《しょうにん》という。余《われ》に三度のかうみやう(高名)あり。一には、去《いに》し文応元年〈太歳庚申《かのえさる》〉七月十六日に立正安国論を最明寺《さいみょうじ》殿に奏したてまつりし時、宿谷《やどや》の入道に向て云く、禅宗と念仏宗とを失ひ給ふべしと申させ給へ。この事を御用《おんもち》ひなきならば、この一門より事をこりて、他国にせめられさせ給ふべし。二には、去し文永八年九月十二日申《さる》の時に平左衛門尉《へいのさえもんのじょう》に向て云く、日蓮は日本国の棟梁《とうりょう》なり。予《われ》を失ふは日本国の柱橦《はしら》を倒すなり。只今に自界反逆難《じかいほんぎゃくなん》とてどしうちして、他国侵逼難《たこくしんぴつなん》とてこの国の人々他国に打殺さるるのみならず、多くいけどりにせらるべし。建長寺・寿福寺《じゅふくじ》・極楽寺《ごくらくじ》・大仏《だいぶつ》・長楽寺《ちょうらくじ》等の一切の念仏者・禅僧等が寺塔をばやきは

とである。

三度の高名

外典すなわち仏教以外の書物によれば、物事のいまだ萌《きざ》さない時にあらかじめこれを知るのを聖人《せいじん》というとあり、仏教では、広く過去・現在・未来の三世の一切のことを知るのを聖人《しょうにん》というとあるが、自分日蓮には三度の高名すなわち三度未来のことを予言し、それがすべて的中したことがある。第一には、去る文応元年(一二六〇)七月十六日に、立正安国論を最明寺入道時頼に奏上した時、宿谷入道光則に向かって、禅宗と念仏宗とを禁止せよと告げてもらいたい、もしこの日蓮の言を用いないならば、北条の一門からは反乱が起こり、また他国からも攻められるであろう、といったことである。第二には、去る文永八年(一二七一)九月十二日の夕刻、平左衛門尉頼綱が松葉谷の草庵を襲い、竜口で斬罪に処せんとした時、彼に向かって、日蓮は日本国の棟梁である、日蓮を失うは日本国の柱を倒すのである。見ているがよい、今すぐにも自界叛逆の難といって北条一門の同士討ちが始まり、他国侵逼の難といってこの国の人びとが他国の敵に打ち殺されるだけでなく、多く生け捕りにされるであろう。それゆえに早く建長寺・寿福寺・極楽寺・大仏殿・長楽寺などの一切の念仏者や禅僧たちの寺院を焼き払って、彼らの首を由比が浜で

らいて、彼等が頸《くび》をゆひのはまにて切らずば、日本国必ずほろぶべしと申し候ひ了《おわ》んぬ。

第三には、去年《こぞ》〈文永十一年〉四月八日、左衛門尉に語つて云く、王地に生れたれば身をば随へられたてまつるやうなりとも、心をば随へられたてまつるべからず。念仏の無間獄《むけんごく》・禅の天魔《てんま》の所為《そい》なる事は疑なし。殊《こと》に真言宗がこの国土の大《おおい》なるわざわひにては候なり。大蒙古を調伏《じょうぶく》せん事、真言師には仰せ付けらるべからず。もし大事を真言師調伏するならば、いよ〳〵いそいでこの国ほろぶべしと申せしかば、頼綱《よりつな》問うて云く、いつごろ(何頃)かよせ候べき。日蓮言《いわ》く、経文にはいつとはみへ候はねども、天の御《み》けしきいかりすくなからず、きうに見へて候。よも今年はすごし候はじと語りたりき。この三つの大事は、日蓮が申したるにはあらず。ただ偏《ひとえ》に釈迦如来の御《み》神《たましい》我が身に入りかわせ給ひけるにや。我が身ながらも悦び身にあまる。法華経の一

斬り、謗法の根源を断たなかったならば、日本国は必ず滅びるであろうといったことである。第三には、去年すなわち文永十一年(一二七四)の四月八日、佐渡流罪を赦され鎌倉へ帰ってきた時に平左衛門尉に向かって、北条氏の統治する国に生まれたから身は国法に随うようであるけれども、心だけは随うわけにはいかない。念仏が無間地獄へ堕ちる業であり、禅宗は天魔の仕業《しわざ》であることは疑いない。ことに真言宗が日本国に大なる災難を引き起こす根源であるから、大蒙古を調伏する祈禱を真言師に命じてはならない。もしこの大事を真言師に調伏させるようならば、日本国の滅亡はいよいよ早まるだろうといった。その時に頼綱が、では何時《いつ》ごろ攻めて来るのかと問うたので、自分は、経文にははっきり何時《いつ》とは見えてはいないが、天の御気色から見れば、たいへんな御怒りのようであるから、ますます急のように思われる。おそらく今年を越すことはないであろうと答えたのである。以上の三つの大事は、日蓮が勝手に言ったのではない。ただひとえに釈迦如来の御魂魄がこの日蓮の身に入りかわらせたまい、未来のことまで見透すことができたのである。実に不思議にありがたいことであって、わが身ながらも身に余る喜びである。法華経の事の一念三千という大切な法門は、すなわちこの三度におよぶ国家諫暁において謗法亡国の根源を指摘したことである。法華経方便品に「所謂《いわゆる》諸法の如是相」と説かれたのは何であるかといえば、十如是の

念三千と申す大事の法門はこれなり。経に云く、「所謂諸法如是相」と申すは何事ぞ。十如是の始の相如是《そうにょぜ》が第一の大事にて候へば、仏は世にいでさせ給ふ。「智人《ちにん》は起《き》をしる、蛇《じゃ》はみづから蛇をしる」とはこれなり。衆流《しゅる》あつまりて大海となる。微塵《みじん》つもりて須弥山《しゅみせん》となれり。日蓮が法華経を信じ始しは、日本国には一渧《たい》一微塵《みじん》のごとし。法華経を二人・三人・十人・百千万億人唱え伝うるほどならば、妙覚《みょうかく》の須弥山ともなり、大涅槃《だいねはん》の大海ともなるべし。仏になる道はこれよりほかにまたもとむる事なかれ。

問うて云く、第二の文永八年九月十二日の御勘気《ごかんき》の時は、いかにとして我《われ》をそん（損）せば自他のいくさをこるべしとはしり給ふや。

答ふ、大集経《だいしっきょう》〈五十〉に云く、〔「もしまた、

中で最初の相如是、すなわち宇宙の実相を正しく見きわめることが第一の大事の法門であるから、仏はこれを説き示し、人びとが仏の智恵を具えるようにするために世に出られたのである。すでに述べたように妙楽大師が「智者でなくては物事の起こりを知ることができないし、蛇でなければ蛇を知らない」といわれたのは、この如是相を知ることである。多くの流れが集まって大海となり、一微塵が積もって須弥山となったのである。そのように、日蓮が法華経を信じはじめたのは、日本国から見れば一滴の水か、わずかの塵のようなものである。しかしながら、法華経の題目を二人・三人・十人・百千万億人と次第に唱え伝えてゆくならば、塵《ちり》が積もって山となるように、やがて妙覚の極果《ごくか》を得た仏の須弥山ともなり、大涅槃の妙果を得た悟りの大海ともなるのである。ゆえに仏道に入って悟りを得ようとするならば、題目のほかに何物も求める必要はないのである。

第二の高名について

問うていう、第二の文永八年（一二七一）九月十二日の御勘気の時に、どうして日蓮を迫害するならば、今すぐにも自界叛逆・他国侵逼の二難である内乱と外寇が起こると知ったのであるか。

答えていう、それは経文に基づいてのことである。大集経の忍辱品に

諸の刹利《せつり》・国王諸の非法をなし、世尊の声聞《しょうもん》の弟子を悩乱《のうらん》し、もしはもつて毀罵《きめ》し、刀杖《とうじょう》をもて打斫《ちょうしゃく》し、及び衣鉢《えはつ》種種の資具を奪い、もしは他の給施《きゅうせ》に留難をなす者あらば、我等《われら》、彼をして自然《じねん》に卒《にわか》に他方の怨敵《おんてき》を起さしめ、及び自界の国土にもまた、兵起《ひょうき》して飢疫《きえき》・飢《き》饉《きん》・非時《ひじ》の風雨・闘諍《とうじょう》言訟《ごんじょう》・譏謗せしめ、またその王をして久しからずしてまたまさに己《おのれ》が国を亡失《ぼうしつ》せしめん」等と云云。

それ諸経に諸文多しといえども、この経文は身にあたり、時にのぞんで殊に尊くをぼうるゆへに、これをせんじいだす。この経文に我等とは、梵王《ぼんのう》と帝釈《たいしゃく》と第六天の魔王と日月と四天等の三界の一切の天竜等なり。これらの上主《じょうしゅ》、仏前に詣《けい》して誓つて云く、仏の滅後、正法《しょうぼう》・像法《ぞうぼう》・末代《まつだい》の中に、正法《しょうぼう》を行ぜん者を邪法の比丘等が国主にうつたへば、王に近きもの、王に心よせなる者、我がたつとしとをもう者のいうことなれば、理不尽《りふじん》に是非も弁《わきま》

よれば、「もしまた多くの国王や王族らが種々の非法を行なって、仏の弟子たちを悩ませて、悪口をいったり、刀や杖で打ったり切ったりし、また袈裟《けさ》や鉄鉢《てっぱつ》やその他種々の道具を奪い取ったり、または他の人が布施供養するのを妨害したりする者があるならば、梵天・帝釈天・日天・月天などは、みずからただちに他国の怨敵をしてこの国を攻めさせ、また国内にも内乱を起こさせ、疫病や飢饉や時ならぬ風雨を吹かせて、その他種々の争いごとを起こし、人びとを互いに謗りあわせ、ついにはその王の身を滅ぼし、国を滅亡させてしまうであろう」と説かれている。

この大集経だけでなく、仁王経・金光明経・守護経などにこのような文は多いけれども、この大集経の文はことに日蓮の身に当たり、いま末法の時に臨んでとくに尊く思われるので、ここに撰び出したのである。この経文に「我等」とあるのは、大梵天と帝釈天と第六天の魔王と日天と月天と四天王などの三界の一切の天・竜などのことである。これらのうちの主だった者たちが仏前に詣《もう》でて誓っていうには、仏の滅後、正法・像法・末法の中に、正しい仏法の行者を邪法を信ずる僧たちが国主に讒《ざん》言《げん》し、正法の行者を弾圧しようとする時、王の側近の者や王に心をよせている者や王が尊いと思う者などのいうことであるから、その言葉を信じて理不尽にもその是非を糺《ただ》すことなく、かの正法を行ずる智人をは

えず、彼《か》の智人をさん〴〵とはぢ(恥)にをよばせなんどせば、その故ともなく、その国ににわかに大兵乱《だいひょうらん》出現し、後には他国にせめらるべし。その国主もうせ、その国もほろびなんずとかれて候。いたひ(痛)とかゆき(痒)とはこれなり。日蓮が身には今生にはさせる失《とが》なし。ただ国をたすけんがため、生国《しょうこく》の恩をほうぜんと申せしを、御用《おんもち》ひなからんこそ本意にあらざるに、あまさへ(剰)召し出《いだ》して、法華経の第五の巻を懐中《かいちゅう》せるをとりいだして、さんざんとさいなみ、結局はこうぢ(小路)をわたしなんどせしかば、申したりしなり。日月、天に処《しょ》し給ひながら、日蓮が大難にあうを今度かわらせ給はずは、一には日蓮が法華経の行者ならざるか、忽に邪見をあらたむべし。もし日蓮法華経の行者ならば、忽に国にしるしを見せ給へ。もししからずば、今の日月等は釈迦・多宝・十方の仏をたぶらかし奉る大妄語の人なり。提婆《だいば》が虚誑罪《こおうざい》、倶伽利《くぎゃり》が

なはだしく侮辱したりなどすれば、正法に目ざめさせるために、もろもろの災いを起こすであろう。自然にその国にすぐさま大兵乱が起こり、後には他国に攻められて、その国主も亡くなり、その国も滅亡するであろう、と説かれたのである。痛《いた》し痒《かゆ》しというのはこのことである。今、日蓮の身には今生にはこれという失《とが》はなく、ただ自分の国を助け、生まれた国の恩を報じようと思って、未萌《みほう》の自叛《じほん》・他逼《たひつ》の二難を警告したのを、お用いにならないことこそ残念であるのに、その上に召し出して懐にしていた法華経の第五の巻を取り出して、さんざんに責め打擲《ちょうちゃく》し、ついには鎌倉の町々を引き廻したりしたのである。そこで自分日蓮は日月などの諸天を諫暁して「そもそも日月は、昔霊山会上《りょうぜんえじょう》において法華経の行者を守護すると誓って天にましましながら、法華経の行者日蓮が大難に値《あ》うのを見て身代わりになろうともしないのは、日蓮が法華経の行者ではないからであるか、もしそうならば、さっそくその邪見を改めよう。もし日蓮が法華経の行者であるならば、すぐにもこの国に験《しるし》を見せるがよい。もしそうしなければ、今の日月などは釈迦・多宝・十方の諸仏を偽った大妄語の者である。昔、提婆達多が犯した世の人びとを偽り欺いた罪や倶伽梨の大妄語にも百千万億倍も過ぎた大妄語の諸天である」と大声をあげて申したから、その験としてたちまちに起こった自界叛逆の難である。だから国が非常に乱れたのであるが、自分は取るに足らな

大妄語にも百千万億倍すぎさせ給へる大妄語の天なりと、声をあげて申せしかば、忽に出《しゅっ》来《たい》せる自《じ》界叛逆難《かいほんぎゃくなん》なり。されば国士いたくみだれば、我が身はいうにかひなき凡夫なれども、御経《おんきょう》を持《たも》ちまいらせ候分斉《ぶんざい》は、当世《とうせい》には日本第一の大人《だいにん》なりと申すなり。

問うて云く、慢煩悩は七慢・九慢・八慢あり。汝が大慢は仏教に明《あか》すところの大慢にも百千万億倍すぐれたり。彼《か》の徳光論師《とくこうろんじ》は弥勒《みろく》菩薩を礼《らい》せず、大慢婆羅門《だいまんばらもん》は四聖《ししょう》を座とせり。大天は凡夫にして阿羅漢《あらかん》となのる、無垢論師が五天第一といゐし、これらは皆阿鼻に堕ちぬ。無間《むけん》の罪人《ざいにん》なり。汝いかでか一閻浮提第一の智人《ちにん》となのれる。大地獄に堕ちざるべしや。をそろし〱。

答へて云く、汝は七慢・九慢・八慢等をばしれりや。大覚世尊《だいがくせそん》は三界第一となのらせ給

い凡夫であるけれども、法華経を持《たも》っている上では、当世では日本第一の大人であるといえるのである。

法華経の行者の尊勝と門下激励

問うていう、慢の煩悩には、七慢・九慢・八慢とあるが、日本第一の大人と名乗る貴殿の大慢心は、仏教で説くところの大慢心に百千万億倍もすぐれている。かの徳光論師は弥勒菩薩に礼を尽くさず、大慢婆羅門が四聖を座としたり、大天が凡夫でありながら阿羅漢であると名乗り、無垢論師が全インド中第一の者といったが、これらはみな無間地獄に堕ちた地獄の罪人である。貴殿はどうして世界第一の智人であると名乗ったのか、その大慢心は大地獄へ堕ちないではすむまい、何と恐ろしいことではないか。

答えていう、貴殿は七慢・九慢・八慢ということを知っていていうのか。釈尊はみずから三界第一と名乗られたので、これを聞いた一切の外

ふ。一切の外道《げどう》が云く、「只今《ただいま》天に罰せらるべし。大地われて入《いり》なん」。日本国の七寺三百余人が云く、「最澄《さいちょう》法師は大天が蘇生《そしょう》か、鉄腹《てつぷく》が再誕《さいたん》か」等と云云。しかりといえども天も罰せず、かへて左右を守護し、地もわれず、金剛のごとくなりぬ。伝教大師は叡山を立てて一切衆生《しゅじょう》の眼目《がんもく》となる。結句七大寺は落《おち》て弟子となり、諸国は檀那となる。されば現《げん》に勝《すぐ》れたるを勝れたりという事は、慢にて大功徳《だいくどく》となりけるか。伝教大師云く、〔「天台法華宗の諸宗に勝れたるは、所依《しょえ》の経に拠《よ》るが故なり。自讃毀他《じさんきた》にあらず」〕等と云云。法華経第七に云く、〔「衆山《しゅせん》の中に須弥山《しゅみせん》これ第一なり。この法華経もまたかくのごとし。諸経の中において最もこれその上《かみ》なり」〕等と云云。この経文は、已説《いせつ》の華厳・般若・大日経等、今説の無量義経、当説の涅槃経等の五千七千、月支・竜宮・四王天・忉利《とうり》天・日月の中の一切経、尽十方界《じんじっぽうかい》の諸経は土山《どせん》・黒《こく》

道が、「釈尊は今すぐにも天から罰せられるだろうし、また大地が割れて地獄に堕ちるであろう」といった。また日本では南都七大寺の三百余人の者は、伝教大師を指して、「最澄法師はインドの大天が生き返ったか、鉄腹婆羅門が生まれかわったのか」といった。しかし、天も釈尊を罰しないばかりか、かえって左右から守護し、大地も割れるどころか金剛のように堅かった。また伝教大師は比叡山に延暦寺を立てて一切衆生の眼目となって人びとを教え導き、ついには南都七寺が伝教大師に帰伏して三百余人は弟子となり、諸国の人びとはみな檀那となったのである。それゆえ、この例でも明らかなように、事実すぐれているものをすぐれたというのは、慢のようにも見えるが、実は大功徳ではないだろうか。伝教大師は法華秀句に「天台法華宗が他の諸宗にすぐれているというのは、その根本所依の経典である法華経がすぐれているからである。これは決していたずらに自分を讃めて他を毀《そし》るのではない」といわれていたが、まさにその通りで、最勝の法華経に依るから「日本第一の大人」と名乗っても大慢ではないのである。法華経第七の巻の薬王品には、十喩をもって法華経が諸経にすぐれる理由を説いているが、その第二に「多くの山の中で須弥山が第一であるように、この法華経もまた諸経の中で最もその上にある」と説かれている。この経文の意味は、法華経以前に説かれた華厳・般若・大日経などの経々、法華経と同時に説かれた無量

山・小鉄囲山《しょうてっちせん》・大鉄囲山のごとし。日本国にわたらせ給へる法華経は須弥山のごとし。また云く、〔「よくこの経典を受持《じゅじ》することあらん者もまたかくのごとし。一切衆生《しゅじょう》の中においてまたこれ第一なり」〕等と云云。この経文をもつて案ずるに、華厳経を持《たも》てる普賢《ふげん》菩薩・解脱月《げだつがつ》菩薩等、竜樹《りゅうじゅ》菩薩・馬鳴《めみょう》菩薩・法蔵《ほうぞう》大師・清涼《しょうりょう》国師・則天皇后《そくてんこうごう》・審祥《しんじょう》大徳・良弁《ろうべん》僧正・聖武《しょうむ》天皇、深密《じんみつ》・般若経を持《たも》てる勝義《しょうぎ》生《しょう》菩薩・須菩提《しゅぼだい》尊者・嘉祥《かじょう》大師・玄奘《げんじょう》三蔵・太宗《たいそう》・高宗《こうそう》・観勒《かんろく》・道昭《どうしょう》・孝徳《こうとく》天皇、真言宗の大日経を持《たも》てる金剛薩埵《こんごうさった》・竜猛《りゅうみょう》菩薩・竜智《りゅうち》菩薩・印生王《いんしょうおう》・善無畏《ぜんむい》三蔵・金剛智《こんごうち》三蔵・不《ふ》空《くう》三蔵・玄宗《げんそう》・代宗《だいそう》・恵果《けいか》・弘法《こうぼう》大師・慈覚《じかく》大師、涅槃経を持《たもち》し迦葉童子《かしょうどうじ》菩薩・五十二類・曇無讖《どんむしん》三蔵・光宅寺《こうたくじ》法雲《ほううん》・南三北七の十師等よりも、末代悪世の凡夫の一戒も持《たも》たず、一闡提《いっせんだい》のごとくに人には思はれたれども、経文のごとく已《い》今当《こんとう》にすぐれて法華経より外《ほか》は

義経、後に説かれた涅槃経などの五千巻七千巻の経々、さらにはインド・竜宮・四天王天・忉利天・日天・月天の中にある一切経、また十方世界のあらゆる経々は、土山・黒山・小鉄囲山・大鉄囲山のようなものであるが、日本に伝来している法華経はあたかも須弥山のようなもので、いかに多くの経があろうとも、法華経にまさる経は決してないというのである。また薬王品の第八喩には「法華経はこのようにすぐれているから、よく法華経を受持する者は、小乗の聖者の中で阿羅漢が第一であるように、この人も一切衆生の中において第一である」と説かれている。

ゆえにこの薬王品の経文によって考えてみると、華厳経の請主たる普賢菩薩・聴衆たる解脱月菩薩や滅後の華厳経の伝持者であるインドの竜樹菩薩・馬鳴菩薩、中国の法蔵大師・清涼国師・則天皇后、日本の審祥大徳・良弁僧正・聖武天皇、解深密経の対告衆たる勝義生菩薩、般若経の説者たる須菩提尊者、滅後における解深密経による法相宗の伝持者である中国の玄奘三蔵・太宗・高宗、日本の道昭・孝徳天皇、また般若経による三論宗の伝持者である中国の嘉祥大師、日本の観勒、また真言宗所依の大日経の聴衆たる金剛薩埵、滅後における真言経の伝持者であるインドの竜猛菩薩・竜智菩薩・印生王、中国の善無畏三蔵・金剛智三蔵・不空三蔵・玄宗・代宗・恵果、日本の東密の弘法・台密の慈覚、涅槃経の請問主である迦葉童子菩薩、聴聞衆たる五十二類の衆生、滅後におけ

仏になる道なしと強盛《ごうじょう》に信じて、しかも一分《いちぶん》の解《げ》なからん人々は、彼等《かれら》の大聖《だいしょう》には百千億倍のまさりなりと申す経文なり。彼《か》の人々は、或《あるい》は彼《か》の経々にしばらく人を入れて法華経へうつさんがためなる人もあり。或は彼《か》の経に著《じゃく》をなして法華経へ入《い》らぬ人もあり。或は彼《か》の経々に留逗《とどまる》のみならず、彼《か》の経々を深く執《しゅう》するゆへに、法華経を彼の経に劣るという人もあり。されば今法華経の行者は心うべし。〔「譬えば一切の川流《せんる》江河《ごうが》の諸水の中に海これ第一なるがごとく、法華経を持《たも》つ者もまたかくのごとし」〕。また〔「衆星《しゅせい》の中に月天子《がってんじ》最もこれ第一なるがごとく、法華経を持つ者もまたかくのごとし」〕等と御心《おんこころ》えあるべし。当世《とうせい》日本国の智人《ちにん》等は衆星のごとし、日蓮は満月のごとし。

問うて云く、古《いにし》へかくのごとくいえる人ありや。

る涅槃経の伝持者として中国の曇無懺三蔵・光宅寺法雲・南三北七の十師など、以上列挙した諸師よりも、末代悪世の凡夫が一つの戒も持《たも》たず、極悪不信の者のように思われても、経文に説かれている通りに、法華経がそれ以前の経と同時の経と以後の経よりもすぐれていて、この三説超過の法華経以外に仏になる道はないと強く信じて疑わないならば、たとえ一分の智解《ちげ》はないにしても、この人は前に列ねた大聖たちよりも、百千万億倍もすぐれているというのが、薬王品の経意である。しかし前に掲げた人びとの中には、後に法華経を信じさせるためにしばらく他の経々を勧めた人もあり、または彼《か》の経に深く執着して法華経に入らない人もあり、または彼の経々に留《とど》まるだけでなく彼の経々に深く執着しているから法華経を彼の経より劣るという人もある。それゆえに法華経の行者は、薬王品の十喩の第一・第二に「たとえば一切の川流江河の諸水の中で海が第一であるように、法華経の行者もまた第一であり、また多くの星の中で月天子が第一であるように、法華経の行者もまた第一である」という経文の通りに心得るべきである。この経文の意からみれば、当世の日本国の智人たちはあたかもたくさんの星のようなものであり、法華経の行者日蓮は唯一の満月のようである。日本第一の智者である。

問うていう、昔からこのようなことをいった人があっただろうか。

答えて云く、伝教大師の云く、〔「まさに知るべし、他宗所依《しょえ》の経はいまだ最もこれ第一ならず。そのよく経を持《たも》つ者もまたいまだ第一ならず。天台法華宗は所持《しょじ》の経最もこれ第一なるが故に、よく法華を持つ者もまた衆生《しゅじょう》の中の第一なり。すでに仏説に拠《よ》る、あに自《じ》歎《たん》ならんや」〕等と云云。それ騏驎《きりん》の尾につけるだに(蜹)の一日に千里を飛ぶといゐ、輪《りん》王《のう》に随へる劣夫《れっぷ》の須臾《しゅゆ》に四《し》天下《てんげ》をめぐるというをば難ずべしや、疑ふべしや。「あに自《じ》歎《たん》ならんや」の釈は肝《きも》にめひずるか。もししからば、法華経を経のごとくに持つ人は梵王《ぼんのう》にもすぐれ、帝釈《たいしゃく》にもこえたり。修羅《しゅら》を随へば須弥《しゅみ》山《せん》をもにないぬべし。竜をせめつかわば大海をもくみほしぬべし。伝教大師云く、〔「讃《ほ》むる者は福を安明《あんみょう》に積み、謗《そ》る者は罪を無《む》間《けん》に開く」〕等と云云。法華経に云く、〔「経を読誦し書持《しょじ》することあらん者を見て、軽賤《きょうせん》憎嫉《ぞうしつ》して結恨《けっこん》を懐《いだ》かん。乃至、その人命終《みょうじゅう》

答えていう、その前例はある。たとえば伝教大師は法華秀句の下巻で「まず知るべきである。他宗の依拠とする経はいまだ最第一の経ではないから、その経を信ずる者もまた第一ではない。天台法華宗の依拠とする法華経は最第一であるから、よくこの経を信ずる人もまた衆生の中で第一である。これは仏の説かれた経文に依るのであって、決して自分で勝手に自分を讃めるのではない」といわれている。かの一日に千里を走るという駿馬《しゅんめ》の尾についた蜹《だに》が千里を飛び、転輪聖王《てんりんじょうおう》に随っている家来が瞬時に世界中を廻るということを、いったい、誰が非難したり、疑ったりすることができようか。それと同じことで、法華経がすぐれているから、それを持つ行者もまたすぐれているのである。伝教大師が「決して自分で勝手に自分を讃めるのではない」といわれた言葉は肝にしみてありがたく思われるではないか。もしそうであるならば、法華経を経に説かれた通りに信ずる人は、大梵天王にもすぐれ、帝釈天にも超えているから、修羅を従えれば須弥山をも荷《にな》いあげるし、竜神を使えば大海の水をも汲み干すことができるようなものである。また伝教大師は依憑集に「法華経を讃める者は功徳を須弥山のように高く積み、謗る者は謗法の罪で無間地獄に堕ちる」といわれ、法華経の譬喩品には「この経を読んだり書写したりする者を見て、軽んじ、賤しみ、また憎み、嫉み、恨みを懐くならば、その人は必ず死んでから無間地獄へ堕ちるであろう」

して阿鼻獄《あびごく》に入《い》らん」」等と云云。教主釈尊の金言《きんげん》まことならば、多宝仏の証明《しょうみょう》たがわずば、十方の諸仏の舌相一定《ぜっそういちじょう》ならば、今日本国の一切衆生無間地《しゅじょうむけんじ》獄《ごく》に堕《お》ちん事疑うべしや。法華経の八の巻に云く、「「もし後《のち》の世においては、この経典を受持し読誦せん者は、乃至、所願虚《しょがんむな》しからず、また現世《げんぜ》においてその福報《ふくほう》を得ん」」。また云く、「「もしこれを供養し讃歎することあらん者は、まさに今世《こんぜ》において現《げん》の果報《かほう》を得ん」」等と云云。この二つの文の中に「亦於《やくお》現世《げんぜ》得其《とくご》福報《ふくほう》」の八字、「当於《とうお》今世《こんぜ》得現果《とくげんか》報《ほう》」の八字、已上十六字の文むなしくして、日蓮今生《こんじょう》に大果報なくば、如来の金言《きんげん》は提婆《だいば》が虚言《こげん》に同《おな》く、多宝の証明《しょうみょう》は倶《く》伽利《ぎゃり》が妄語《もうご》に異《こと》ならじ。一切衆生も阿鼻地獄に堕《お》つべからず。三世の諸仏もましまさざるか。されば我が弟子等、心みに法華経のごとく身命《しんみょう》もをしまず修行して、この度《たび》仏法を心みよ。南無妙法蓮華経、南無妙法蓮華経。

と説かれている。教主釈尊の説かれたお言葉が真実であり、多宝如来の「皆是真実《かいぜしんじつ》」の証明が違《たが》わず、十方の諸仏が真実と証明して舌を梵天まで付けたことが確かであるならば、今の日本国の一切衆生が無間地獄へ堕ちることは疑いないのである。また法華経第八の巻の普賢菩薩勧発品《かんぼっぽん》には「もし後の世において法華経を信じ持《たも》ち、読誦する者は、その所願が成就するばかりでなく、また現世において福報を得る」とあり、また「もし法華経を供養し讃歎する者があるならば、今の世においてまのあたりの果報を得る」と説かれている。これら二文の中、前の「また現世で福報を得る」という八字と、後の「今の世でまのあたりの果報を得る」という八字の、十六字の文が真実ではなくて、もし日蓮が今生において大果報を得られないならば、教主釈尊のお言葉は提婆の虚言に同じく、多宝如来の証明は倶伽梨の妄語と変わらないのである。そして、法華経誹法の一切衆生が無間地獄に堕ちず、三世の諸仏も世にましまさぬということになる。それゆえにわが弟子たちよ、まず試みに法華経に説かれているように身命を惜しまず修行して、このたびこそ仏法の真実か否かを試みるがよい。南無妙法蓮華経、南無妙法蓮華経。

そもそもこの法華経の文に、〔「我身命《われしんみょう》を愛せず、ただ無上道を惜む」〕。涅槃経に云く、〔「譬へば、王使《おうし》のよく談論して、方便に巧《たくみ》なる、命を他国に奉《うく》るに、むしろ身命を喪《うしな》うとも、終《つい》に王の所説の言教《ごんきょう》を匿《かく》さざるがごとし。智者もまたしかなり。凡夫の中において身命を惜まず、要必《かならず》大乗方等、如来の秘蔵、一切衆生《しゅじょう》皆仏性《ぶっしょう》ありと宣説《せんぜつ》すべし」〕等と云云。いかやうなる事のあるゆへに、身命をすつるまでにてあるやらん。委細にうけ給はり候はん。

答へて云く、予《よ》が初心の時の存念《ぞんねん》は、伝教・弘法・慈覚・智証等の勅宣《ちょくせん》を給ふて漢土にわたりし事の「我不愛身命《がふあいしんみょう》」にあたれるか。玄奘《げんじょう》三蔵の漢土より月氏に入《いり》しに、六生が間身命をほろぼしし、これらか。*雪山《せっせん》童子の半偈のために身を投げ、*薬王菩薩の七万二千歳が間臂《ひじ》をやきし事か、なんどをもひしほどに、

不惜身命の折伏弘通を勧める

そもそもこの法華経の勧持品の文に「自分は身命《いのち》を惜しまないで、ただ無上道を惜しむ」と説き、涅槃経巻九の如来性品に「たとえば談論に巧みな王の使者が、王の命を受けて他国に行った時は、むしろ身命を喪っても必ず王命を果たすように、仏法を弘通する智者も、謗法不信の凡夫の中においては身命《いのち》を惜しまずに、必ず如来の最も秘蔵である大乗方等教の一切衆生悉有《しつう》仏性《ぶっしょう》の旨を宣説すべきである」と説かれている。どのような理由があって身命を捨ててまで弘通しなければならないのか、くわしく承りたいものである。

答えていう、このことについては、自分の若いころの考えでは、伝教・弘法・慈覚・智証などの先師が、天皇から勅宣を受けて中国へ求法したことが「我不愛身命」ということかと思われた。あるいは玄奘三蔵が中国からインドへ行くのに、六度も命がけの目に遇ったことかとも思われた。さらに雪山童子が半偈の教えを聞くために身を鬼神に与えたことか、薬王菩薩が日月浄明徳仏に供養するため七万二千歳のあいだ臂を焼いたことか、などとも思ったのである。しかし法華経・涅槃経の文の

経文のごときんばこれらにはあらず。経文に「我不愛身命」と申すは、上《かみ》に*三類の敵人《てきにん》をあげて、彼等がのり、せめ、刀杖《とうじょう》に及んで身命をうばうとも、とみへたり。また涅槃経の文に「寧喪身命《にょうそうしんみょう》」等ととかれて候は、次下《つぎしも》の経文に云く、〔「一闡提《いっせんだい》あり。羅漢《らかん》の像《すがた》をなし、空処《くうしょ》に住し、方等経典を誹謗《ひほう》す。諸の凡夫人《ぼんぷにん》見已《みおわ》りて、皆真の阿羅漢、これ大菩薩なりと謂《おも》わん」〕等と云云。彼《か》の法華経の文に第三の敵人を説きて云く、〔「或《あるい》は阿蘭若《あらんにゃ》に納《のう》衣にして空閑《くうげん》にあつて、乃至、世に恭敬《くぎょう》せらるること、六通の羅漢のごとくならん」〕等と云云。般泥洹経《はつないおんきょう》に云く、〔「羅漢《らかん》に似たる一闡提ありて、悪業《あくごう》を行《ぎょう》ず」〕等と云云。これらの経文は、正法《しょうぼう》の強敵と申すは、悪王・悪臣よりも、外道《げどう》・魔王よりも、破戒の僧侶よりも、持戒有智《じかいうち》の大僧の中に大謗法《だいほうぼう》の人あるべし。されば妙楽大師かひて云く、〔「第三最も甚《はなはだ》し、後後《ごご》の者は転《うた》た識《し》り難《がた》きをもつての故な

真意は、これらのことをいうのではないようである。そもそも勧持品二十行の偈は、八十万億那由他の菩薩が末法における値難忍受の弘通を誓われたものである。経文に「我不愛身命」と説いてある前文には、三類の強敵《ごうてき》をあげて、この強敵が法華経の行者を罵《ののし》り、責め、杖をもって打ちつけ、刀をもって切りつけ、身命を奪うと説かれている。また涅槃経に「寧喪身命」などと説かれているのは、次の経文に「極悪の一闡提の者があって、羅漢の姿をして、山寺に住んで、大乗経典を誹謗するのに、もろもろの凡夫はこの人を見て、真の阿羅漢であり、これぞ大菩薩であるというであろう」とある。法華経の勧持品に三類の強敵を説く中に第三の僣聖《せんしょう》増上慢を説いて「あるいは山寺に住み、袈裟を着け、世間の紛争を避けて、（中略）世の人からは六神通を得た阿羅漢のように敬われている」と説き、般泥洹経には「阿羅漢に似た極悪の一闡提があって、悪事を行ずる」と説いている。これらの経文によれば、正法の強敵というのは、悪王や悪臣でもなく、外道や魔王でもなく（第一俗衆増上慢）、破戒の僧侶でもなく（第二道門増上慢）、戒律を堅く持《たも》ち智者といわれる高僧（第三僣聖増上慢）たちこそがそうであり、彼らの中に大謗法の人びとが多くいるのである。それゆえに妙楽大師は法華文句記に勧持品の三類の強敵の経文を註釈して「第三の聖者のように見える者が最もひどい。それは第一・第二・第三と後の者ほど聖者のように装っているので、誹

り」〕等と云云。法華経の第五の巻に云く、〔「この法華経は諸仏如来の秘密の蔵なり。諸経の中において最もその上《かみ》にあり」〕等と云云。この経文に「最在其上《さいざいごじょう》」の四字あり。さればこの経文のごときんば、法華経を一切経の頂《いただき》にありと申すが法華経の行者にてはあるべきか。しかるをまた国に尊重せらるる人々あまたありて、法華経にまさりてをはする経々ましますと申す人にせめあひ（責合）候はん時、かの人は王臣等御帰依《ごきえ》あり、法華経の行者は貧道《ひんどう》なるゆへに、国こぞつてこれをいやしみ候はん時、不軽《ふきょう》菩薩のごとく、賢愛《けんあい》論師がごとく、申しつを（強）らば身命に及ぶべし。これが第一の大事なるべしとみへて候。この事は今の日蓮が身にあたれり。予が分斉《ぶんざい》として、弘法大師・慈覚大師・善無畏三蔵・金剛智三蔵・不空三蔵なんどを、法華経の強敵なり、経文まことならば無間地獄《むけんじごく》は疑ひなし、なんど申すは、裸形《らぎょう》にして大火に入るは

法の悪行が知られないからだ」と書かれている。法華経第五の巻の安楽行品には「この法華経は諸仏如来の最も深密の法であるから、仏一代諸経の中でも最も上に位置する経である」と説かれている。この経文に「最もその上に在り」という語が大事である。それゆえ、もしこの経文の通りであるならば、法華経をもって一切経の頂上にありという人が真の法華経の行者というべきであろう。ところが国の王臣らに尊重される今の世の真言師などのような人びとが多くあって、法華経よりもすぐれている経々があると主張して、法華経の行者と問答対決する時には、それらの人びとには王臣の帰依があり、法華経の行者は貧しく勢力がないから、国じゅうの者がこぞって行者を賤しんで信用しない。そのような時、法華経を弘めるために、威音王《いおんのう》仏の時に不軽菩薩が増上慢の四衆を責め、賢愛論師が大慢婆羅門を責めたように、強く彼らの謗法を責めたならば、世間の迫害はますます激しくなり、必ず身命にかかわることになろう。この身命に及ぶということが第一の大事というべきである。この身命を惜しまぬ覚悟で謗法を呵責するということは、今の日蓮の身に正《まさ》しく当たっているのである。自分のような賤しい分斉で、弘法大師や慈覚大師・善無畏三蔵・金剛智三蔵・不空三蔵のような世間の帰依渇仰を受けている諸師たちを、法華経の強敵であるといい、法華経の文が真実であるならば、かの諸師たちは無間地獄に堕ちることは疑いないなど

やすし、須弥山《しゅみせん》を手にとてなげんはやすし、大石《たいせき》を負《おう》て大海をわたらんはやすし、日本国にしてこの法門を立てんは大事なるべし云云。霊山浄土《りょうぜんじょうど》の教主釈尊・宝浄世界《ほうじょうせかい》の多宝仏・十《じっ》方分身《ぼうふんじん》の諸仏・地涌千界《じゆせんがい》の菩薩等、梵《ぼん》・釈《しゃく》・日月・四天等、冥《みょう》に加《か》し顕《けん》に助け給はずば、一時一日も安穏《あんのん》なるべしや。

というのは、容易なことではない。たとえば法華経の宝塔品に説かれているように、裸で大火の中に入ったり、須弥山を手に取って投げたり、大石を背負って大海を渡ったりすることはなおたやすいが、末法の日本国で正直にこの法華経の法門を立て、法華経が最もすぐれた経である、法華経と教主釈尊だけを信仰せよと強く勧めることは難事の中の最大の難事である。この大事を果たすためには不惜身命の決意をしなければならない。末法の時代に法華経を弘めるという大任を全うするためには、霊山浄土にまします教主釈尊・宝浄世界の多宝仏・十方分身の諸仏・地涌千界の菩薩たち、梵天・帝釈天・日天・月天・四天王などの諸仏・諸菩薩・諸尊が、陰《かげ》になり陽《ひなた》になって加被力《かびりき》を与え、助勢して下さらなければ、一日片時も安穏では日本国に法華経の題目を弘通できないのである。ゆえにこの諸仏・諸菩薩・諸尊の加護を仰ぎ信じ、「広宣流布」の実現に身命を惜しまず努めるのである。日蓮の弟子たちも、諸仏の加護を信じ、命がけで法華経を弘めることに努めなければならないのである。

強仁状御返事《ごうにんじょうごへんじ》

*強仁上人《ごうにんしょうにん》十月廿五日の御勘状《ごかんじょう》、同《おなじ》き十二月廿六日に到来《とうらい》す。この事《こと》、余も年来欝訴《ねんらいうつそ》するところなり。忽ちに返状を書《かき》て、自他の疑冰《ぎひょう》を釈《と》かんと欲《ほっ》す。ただし歎《たん》ずることは、田舎《いなか》において邪正《じゃしょう》を決せば、暗中《あんちゅう》に錦を服《ふく》して遊《ゆ》行《ぎょう》し、澗底《かんてい》の長松匠《ちょうしょうたくみ》に知られざるか。兼てまた定めて喧嘩《けんか》出来《しゅったい》の基《もとい》なり。貴坊本意《きぼうほんい》を遂《と》げんと欲せば、公家《くげ》と関東とに奏問《そうもん》を経《へ》て、露点《ろてん》を申し下《くだ》して是非を糾明《きゅうめい》せば、上一人咲《かみいちじんえみ》を含み、下万民《しもばんみん》疑いを散ぜんか。その上、*大《だい》覚世尊《がくせそん》は仏法をもつて王臣に付嘱したもう。世《せ》・出世《しゅつせ》の邪正を決断せんこと必ず公場《こうじょう》なる

強仁状御返事

建治元年（一二七五）一二月二六日、五四歳、於身延、強仁上人宛、原漢文、定一一二二—一一二三頁。

強仁上人より送られた十月二十五日付の論難の書状は、十二月二十六日に到着しました。御房の望む法論は、自分日蓮も多年の間、公場での対決を望んでしばしば訴えてきたことでもありますから、早速に返事を書いて御房や世間の人びとの疑問を晴らしたいと思います。しかし、辺《へん》鄙《び》な田舎で仏法の邪正を決しても、錦を着て闇の中を歩いても人に認められず、立派な長い松でも谷底にあってはすぐれた工匠に見出されないのと同じで、せっかくの法論も無益となりはしないかと憂うるものです。それにまたこうした私の法論は必ず無益な喧嘩の起こる恐れもありますから、もし御房が法論の望みを遂げようと思われるならば、朝廷と幕府とに訴え出て、御教書《みぎょうしょ》をいただいてから公の場で法の邪正を糾明しようではありませんか。そうすれば上御一人も喜ばれ、下万民も疑いが晴れるでありましょう。それに教主釈尊は仏法の弘通《ぐずう》を国王や大臣に委嘱さ

なり。

なかんずく、当時我朝《わがちょう》のていたらく、二難を盛《さかん》にす。いわゆる*自界叛逆難《じかいほんぎゃくなん》*他国侵逼難《たこくしんぴつなん》となり。この大難をもつて、*大蔵経《だいぞうきょう》に引き向《むか》えてこれを見るに、定めて国家と仏法との中に大禍《だいか》あるか。よつて予《よ》、正嘉《しょうか》・文永《ぶんえい》二ヶ年の大地震と大長星《だいちょうせい》とに驚いて、*一切経《いっさいきょう》を開き見るに、この国の中に前代未起《ぜんだいみき》の二難あるべし。いわゆる自他返逼《じたほんぴつ》の両難なり。これしかしながら、真言《しんごん》・禅門《ぜんもん》・念仏《ねんぶつ》・持斎《じさい》等、権小《ごんしょう》の邪法をもつて、法華真実の正法《しょうぼう》を滅失する故に、招き出す所の大災なり。只今他国より我国《わがくに》を逼《せ》むべき由《よし》、兼てこれを知る。故に身《しん》命《みょう》を仏神《ぶつしん》の宝前《ほうぜん》に捨棄《しゃき》して、刀剣武家《とうけんぶけ》の責《せめ》を恐れず。昼は国主に奏し、夜は弟子等に語る。しかりといえども、真言・禅門・念仏者・律僧等、種種の狂言《おうげん》を構《かま》え、重重《じゅうじゅう》の讒訴《ざんそ》を企《くわだ》つるが故に、これを叙用《じょよう》せられざる間、処々に

れておりますから、世間一般の善悪や仏法の邪正を決することは、必ず公場において決断されるべきであります。

ことにわが日本国の現状を見ますと、国内の戦乱と外国の侵略との二難がさかんに起こってきています。この二つの大難の原因を大蔵経に照らし合わせて考えてみますと、たしかに国家と仏法との中に大いなる禍があるように思われます。そこで日蓮は去る正嘉元年（一二五七）の大地震と文永元年（一二六四）の大彗星とに驚いて一切経を調べて見ました結果、この日本国にいまだかつて起こったことのない国内の戦乱と外国の侵略とが起こるであろうと説かれておりました。これはわが国に、真言・禅・念仏・律などの小乗経や権大乗経の誤った教法をもって、法華経の真実の正法を滅《ほろ》ぼすことによって惹《ひ》き起こされたところの大いなる災難であります。日蓮は他国から日本国へ攻め寄せてくるであろうことを前々から知っていましたから、わが身命を仏神の御宝前に捧げてこの国難を救おうとの誓いを立て、刀剣をもって斬られることも、幕府から罪に処せられることも恐れず、昼は幕府に訴え、夜は弟子たちに語り聞かせたのであります。ところが真言・禅宗・念仏者・律僧などが、いろいろと偽りごとを言って、たびたび讒訴をしますので、日蓮の諫言《かんげん》が用いられないばかりか、いたる所で刀や杖で打たれたり、切られたり、伊豆・佐渡と二度までもお咎《とが》めを受けて流罪に処せられ、そのうえ竜ノ口

おいて刀杖《とうじょう》を加えられ、両度まで御勘気《ごかんき》を蒙《こうむ》る。剰《あまつさ》え頭《こうべ》を刎《はね》んと擬《ぎ》するこの事《こと》なり。

夫《そ》れおもんみれば、月支《がっし》・漢土の仏法の邪正は、しばらくこれを置く。大日本国の亡国となるべき由来《ゆらい》、これを勘《かんが》うるに、真言宗の元祖《がんそ》東寺《とうじ》の*弘法《こうぼう》、天台山第三の座主《ざす》*慈覚《じかく》、この両大師が法華経と大日経との勝劣に迷惑し、日本第一の聖人《しょうにん》なる*伝教大師の正義《しょうぎ》を隠没《おんもつ》してより已来《このかた》、叡山の諸寺は慈覚の邪義に付き、神護《じんご》七大寺は弘法の僻見《びゃっけん》に随う。それより已《この》来《かた》、王臣邪師を仰ぎ、万民僻見に帰す。かくのごとき諂曲《てんごく》すでに久しく、四百余年を経《きょう》歴《りゃく》せり。国漸く衰え王法もまた尽きんとす。彼《か》の月氏の弗沙弥多羅王《ほっしゃみたらおう》の、八万四千の寺塔《じとう》を焚焼《ふんしょう》し、無量の仏子の頸《くび》を刎《は》ねし、此《こ》の漢土の会昌天子《えしょうてんし》の、寺院四千六百余所を滅失し、九国の僧尼を還俗《げんぞく》せしめたる、これらは大悪人たりといえども、我朝《わがちょう》の大謗法《だいほうぼう》には過ぎず。故に青天《せいてん》は眼《まなこ》を瞋《いか》らしてこの国を睨《にら》み、黄地《こうじ》

で首まで切られようとしたのです。

そもそもインドや中国における仏法の邪正についてはしばらく別にして、わが日本国の亡びる原因を誰が作ったかをよく考えてみますと、それは真言宗の元祖である東寺の弘法大師と、比叡山第三代の座主慈覚大師とであります。この二大師が法華経と大日経との勝劣に迷って、日本第一の聖人である伝教大師の正しい教えを隠してから、比叡山の寺々は慈覚大師の邪義に従い、高雄《たかお》の神護寺や南都の七大寺はすべて弘法大師の誤った教えに随うようになってしまいました。それ以来、国王も大臣もすべてこの邪師を仰いで師とし、万民もその誤った教えを信ずるようになって、すでに四百余年を経ていますので、国は次第に衰え、王法もまた滅びようとしているのです。かのインドの弗沙弥多羅王が八万四千の寺塔を焼き払い、多くの僧侶の首を切ったのも、また中国の武宗《ぶそう》皇帝が四千六百余所の寺を焼き、九か国の僧尼を還俗させたのも、ともに大悪人には違いありませんが、わが日本国の大謗法にはとても及びません。このようなありさまですから、天の神は眼を瞋らせてわが国をにらみ、地の神は怒って震うから、天変地異が起こるのです。国王も世間普通の災難ではないからその原因について何も知らないし、臣下が多くいても儒者ではないので災難の原因が何によるのかを考えません。そればかり

は憤《いきどおり》を含んでややもすれば夭孽《ようげつ》を発《おこ》す。国主も世の禍《わざわい》にあらざればこれを知らず。諸臣も儒家《じゆけ》の事にあらざればこれを勘《かんが》えず。剰《あまつさ》えこの災夭《さいよう》を消さんがために真言師を渇仰《かつごう》し、大難を却《しりぞ》けんがために持斎《じさい》等を供養す。譬えば、火に薪《たきぎ》を加え、氷に水を増すがごとし。悪法はいよいよ貴《とうと》まれ、大難は益々来《きた》る。只今この国滅亡せんとす。

予《よ》、ほぼまずこの子細を勘うるの間、身命《しんみよう》を捨棄《しやき》して国恩を報ぜんとす。しかるに愚人《ぐにん》の習い、遠きを尊《とうと》び近きを蔑《あなず》るか。はたまた多人《たにん》を信じて一人《いちにん》を捨つるか。故に終《つい》に空《むな》しく年月を送れり。今幸《いまさいわい》に強仁上人、御勘状《ごかんじよう》をもって日蓮を暁喩《ぎようゆ》す。しかるべくばこの次《つい》でに天聴《てんちよう》を驚かし奉りて誠《まこと》を決せん。また御《ご》勘文《かんもん》の体《てい》たる非《ひ》をもって先《さき》となす。もし上人黙止《もくし》して空しく一生を過さば、定めて師檀《しだん》共に泥梨《ないり》の大苦を招かん。一期《いちご》の大慢《だいまん》をもって永劫《ようごう》の迷因《めいいん》を殖《う》うることなかれ。速《いそ》ぎ速ぎ天《てん》

か、この災難を消滅せしめようとして真言師を信仰したり、大いなる国難を除こうとして律僧などに供養を捧げたりしています。これは大きな誤りで、たとえば火に薪を加えればかえって火の勢いをさかんにし、氷をとかそうとして水を加えてかえって氷の量を増すようなものです。これらの誤った教えを尊べば尊ぶほど、いよいよ国の大難は増して、今まさにわが日本国は滅亡しようとしております。

自分日蓮は、以前からこの国難の起こる理由を考え究めましたので、身命を捨ててそのことを説き始め、国難を救い国の恩に報いようとしてきたのです。しかし、愚かな者の習いで、遠い過去の人の言を尊んで近い現存の人の言を軽んじたり、また多数の人びとの言うことは信じますが一人の言うことは捨てたりしますから、日蓮の真実の言葉もついに用いられることはなく、空しく年月を送ってきたのです。いま幸いにも強仁上人が論難の書状を寄せて日蓮を諭《さと》されました。もし本当に法論を望まれるのならば、この機会に天皇のお許しを得て、公場において法の勝劣、邪正を決しようではありませんか。それに御房の論難の書状を見ますに、間違った先入観にもとづくはなはだしい誤りがあります。もし御房がこのまま黙って自分の非をひるがえすことなく、空しく一生を過ご

奏《そう》を経《へ》て疾《と》く疾く対面を遂《と》げ、邪見を翻《ひるが》えし給え。書《しょ》は言《ことば》を尽さず、言は心を尽さず。悉《くわ》悉《しく》は公場《こうじょう》を期《ご》す。恐恐謹言《きょうきょうきんげん》。

十二月廿六日

日　蓮花押

強仁上人座下《ざか》

されるのならば、御房も信者たちも、ともに無間《むけん》地獄の大いなる苦しみを招くことでありましょう。今生の大慢のために、未来永遠に迷界をさまよう原因を植えつけてはなりません。一刻も早く天皇に言上し、公場の対決によって、その誤った考えをひるがえされるがよろしいと考えます。書面では言葉を尽くせませんし、その言葉も十分にわが意を尽くすことができません。委細は公場対決の場に譲りたいと思います。

恐々謹言

十二月二十六日

日　蓮花押

強仁上人座下

諫《かん》暁《ぎょう》八《はち》幡《まん》抄《しょう》

それ馬は一歳二歳の時は、たとひつがいのび、まろすね(円脛)にすねほそく、うでのびて候へども、病あるべしとも見えず。しかれども七、八歳なんどになりて、身もこへ、血ふとく、上《かみ》かち下《しも》をくれ候へば、小船に大石をつめるがごとく、小《ちいさ》き木に大《おおき》なる菓《このみ》のなれるがごとく、多くのやまい出来《しゅったい》して人の用にもあわず、力もよわく、寿《いのち》もみじかし。天神《てんじん》等もまたかくのごとし。成劫《じょうこう》の始《はじめ》には、先生《せんしょう》の果報《かほう》いみじき衆生《しゅじょう》生れ来る上、人の悪も候

諫暁八幡抄

弘安三年(一二八〇)一二月、五九歳、
於身延、和文、定一八三一―一八五〇頁。

諸天と神の威力

馬というものは一、二歳の時は、たとえ関節がのびて円《まる》い脛《すね》で、脛が細長く腕が伸びていても、病気があるようには見えない。しかし、七、八歳になって身体も肥え、血管が太くなり、上体が大きくなり下体が細い時は、ちょうど小さな船に大きな石を積み、小さな木に大きな果実がなったように、いろいろの病気が出てきて、人の役にも立たず、力も弱く、寿命も短くなるものである。諸天や神々などもそのようなものである。この世界ができたばかりの成劫の時代のはじめには、前世の果報がすぐれた衆生が生まれかわってくる上に、人間も悪いことをする者がいないから、神々の身も輝き、心も清らかで、日月のように鮮かで、師子や象のように勇ましかったけれども、成劫もすぎて住劫の時代になると、

はねば、身の光もあざやかに、心もいさぎよく、日月のごとくあざやかに、師子・象のいさみをなして候し程に、成劫やうやくすぎて住劫《じゅうこう》になるまゝに、前《さき》の天神等は年かさなりて下旬の月のごとし。今生《うま》れ来《きた》れる天神は、果報下劣《げれつ》の衆生《しゅじょう》多分は生来す。しかる間、一天に*三災やうやくをこり、四海に*七難ほぼ出現せしかば、一切衆生始《はじめ》て苦《く》と楽《らく》とをもい知る。この時、仏《ほとけ》出現し給ひて、仏教と申す薬を天と人と神とにあたへ給ひしかば、燈《ともしび》に油をそへ、老人に杖をあたへたるがごとく、天神等還つて威光《いこう》をまし、勢力《せいりき》を増長《ぞうちょう》せし事、成劫のごとし。

仏経にまた五味《ごみ》のあぢわひ分《わか》れたり。在世《ざいせ》の衆生は成劫ほどこそなかりしかども、果報いたうをとろへぬ衆生なれば、五味の中に何の味をもなめて威光勢力をもまし候ひき。仏

前代からの諸天や神々も年をとって、ちょうど下旬の月のように衰えてくるのである。今度あらたに生まれてくる諸天や神々たちは、だいたいは果報の劣った衆生である。そのようなわけで、この世界中に火災・水災・風災の三災や七難が現われてきて、すべての人びとは初めて苦しみと楽しみ安らぎとを思い知るのである。この時、仏がこの世に出現して、仏教という良薬を調合して、諸天と人間と神々とに与えられたので、ちょうど灯に油を加え、老人に杖を持たせたように、諸天や神々は仏教の力によってふたたび威力を増し、勢力を増して、成劫の時代のようになったのである。

仏法と利益

仏の説かれたお経には、乳・酪・生蘇《しょうそ》・熟蘇《じゅくそ》・醍醐《だいご》の五種の味がある。仏ご在世の衆生は、成劫の時代ほどではないけれども、それほど果報が衰えていない衆生であるから、五味の中のいずれのお経の法味を食しても威光勢力を増したのである。しかし、仏が御入滅されてのち、正法・

滅度《めつど》の後《のち》、正像二千年過《すぎ》て、*末法《まっぽう》になりぬれば、本《もと》の天も神も阿修羅《あしゅら》・大竜等も年もかさなりて、身もつかれ、心もよはくなり、また今生れ来る天・人《にん》・修羅等は、或《あるい》は小果報、或は悪《あしき》天・人等なり。小乗《しょうじょう》・権大乗《ごんだいじょう》等の乳《にゅう》・酪《らく》・生蘇《しょうそ》・熟蘇味《じゅくそみ》を服すれども、老人に麁食《そじき》をあたへ、高人《こうにん》に麦飯等を奉るがごとし。しかるを当世《とうせい》これを弁《わきま》へざる学人等、古《いにしえ》にならいて日本国の一切の諸神等の御前にして、阿《あ》含経《ごんきょう》・方等《ほうどう》・般若《はんにゃ》・華厳《けごん》・大日《だいにち》経等を法楽《ほうらく》し、倶舎《くしゃ》・成実《じょうじつ》・律《りつ》・法相《ほっそう》・三論《さんろん》・華厳・浄土《じょうど》・禅《ぜん》等の僧を護持僧《ごじそう》とし給へる。ただ老人に麁《そ》食《じき》を与え、小児《しょうに》に強飯《こわきはん》をくゝめるがごとし。いかにいわんや、今の小乗経と小乗宗と大乗経と大乗宗とは、古の小・大乗の経・宗にはあらず。天竺より仏法漢土へわたりし時、小・大の経々は金言《きんげん》に私の言《ことば》まじはれり。宗宗はまた天竺・漢土の*論師《ろんじ》・*人師《にんし》、或は小を大とあらそい、或は大を小という。或は小に

像法の二千年を過ぎて末法の時代になると、前代の諸天も神々も阿修羅も大竜なども、次第に年老いて身体も疲れ、心も弱くなり、また今新しく生まれてきた天・人・修羅なども、小さな果報の者であるか、あるいは悪い天・人などである。これらの天・人・阿修羅などが、小乗や権大乗などの乳味や酪味や生蘇味や熟蘇味を服用しても、ちょうど老人に粗末な食事を与え、身分の高い人に麦飯などをさしあげたようなもので、少しも滋養にならず効果はないのである。ところがこのことをまったく知らない今の世の学者たちは、ただ昔からの習わしで、日本国の一切の神々の前で、阿含経や方等部の経や般若経や華厳経や大日経などを法楽のために読誦し、またこれらの経々を依りどころとする倶舎宗・成実宗・律宗・法相宗・三論宗・華厳宗・浄土宗・禅宗などの僧たちを、護持僧といって神々に奉仕する役目をさせているのは、老人に粗末な食事を与え、子供に固いご飯を食べさせるようなものである。そのうえ、今の小乗経と小乗宗、大乗経と大乗宗とは、昔のままの小乗や大乗の経・宗ではなく、それよりずっと劣ったものである。もともとインドから中国へ仏法が伝えられた時、小乗や大乗の諸経には、釈尊の説かれたお言葉に翻訳者の私言が混じったのである。大・小乗の諸宗もまた同じように、インドや中国の論師や人師たちが、小乗を大乗といったり、また大乗を小乗といったり、小乗の中へ大乗を書き加えたり、大乗の中へ小乗

大をかきまじへ、或は大に小を入れ、或は先《さき》の経を後《のち》とあらそい、或は後を先とし、或は先を後につけ、或は顕経を密経といひ、密経を顕経という。譬へば乳に水を入れ、薬に毒を加ふるがごとし。涅槃経に仏《ほとけ》未来を記《き》して云《いわ》く、〔「その時に諸の賊、醍醐をもつての故に、これに加うるに水をもつてす。水をもつてすること多きが故、乳《にゅう》・酪《らく》・醍醐《だいご》、一切倶に失ふ」〕等云云。阿含小乗経は乳味のごとし。方等《ほうどう》・*大集経《だいしっきょう》・*阿弥陀《あみだ》経・*深密《じんみつ》経・楞伽《りょうが》経・*大日経等は酪味《らくみ》のごとし。*般若経等は生《しょう》蘇味《そみ》のごとく、*華厳経等は熟蘇味《じゅくそみ》のごとく、法華・*涅槃経等は醍醐味《だいごみ》のごとし。たとひ小乗経の乳味なりとも、仏説のごとくならば、いかでか一分の薬とならざるべき。いわんや、諸の大乗経をや。いかにいわんや、法華経をや。しかるに月氏より漢土に経を渡せる訳人《やくにん》は一百八十七人なり。その中に*羅什三蔵一人《らじゅうさんぞういちにん》を除きて、前後の一百八十六人は純《もっぱ》ら乳に水

を挿し入れたり、先に説かれた経を後に説いた経としたり、後の経を先に置いたり、先の経を後の経に付け加えたり、顕経を密経といったり、密経を顕経といったりしている。これを譬《たと》えていえば、ちょうど乳の中に水を加え、薬に毒を混じえたようなもので、不純なものとなっているから、これらの諸経を信じ読んでも何の効果もないのである。涅槃経の巻三の寿命品に仏が未来のことを予言して「その時にもろもろの賊（悪僧）たちが、醍醐味の中に水を加えたところが、水が多すぎて乳味でも酪味でも醍醐味でもなくなってしまった」と説かれている。阿含小乗経は乳味のようなものであり、方等部の大集経や阿弥陀経や解《げ》深密《じんみつ》経や楞伽経や大日経などは酪味のようなものである。般若経などは生蘇味のようなもので、華厳経などは熟蘇味のようなもので、法華経・涅槃経などは醍醐味のようなものである。たとえ小乗経が乳味のようなものであったとしても、仏説の通りであるならば一分の薬効はあるはずである。まして酪味以上の諸大乗経や、最高の醍醐味である法華経がすぐれた薬効をもつことはいうまでもないことである。ところがインドから中国へ仏法を伝えた翻訳者百八十七人のうち、羅什三蔵一人を除いた前後の百八十六人は、純粋な乳に水を加え、薬に毒を入れたような人びとである。この道理を知らないすべての人師や学者たちは、たとえ一切経を読誦し、十二分経を諳《そら》んじて胸に浮かべるほどであっても、生死の迷いを離れる

を加へ、薬に毒を入れたる人々なり。この理を弁《わきま》へざる一切の人師《にんし》・末学等、たとひ*一切経を読誦し、*十二分経《じゅうにぶきょう》を胸に浮べたる様なりとも、生死《しょうじ》を離るる事かたし。また一分のしるしある様《よう》なりとも、天地の知る程の祈りとは〔成るべからず〕。魔《ま》王・魔民《まみん》等、守護を加へて法に験《しるし》のある様《よう》なりとも、終《つい》にはその身も檀那《だんな》も〔安穏なるべからず〕。譬へば旧医《くい》の薬に毒を雑《まじ》へてさしをけるを、旧医の弟子等、或は盗み取り、或は自然《じねん》に取りて、人の病を治《じ》せんがごとし。いかでか安穏《あんのん》なるべき。

当世日本国《とうせいにほんごく》の真言等の七宗並に浄土・禅宗等の諸学者等、弘法《こうぼう》・慈覚《じかく》・智証《ちしょう》等の法華経最第一の醍醐に法華第二第三等の私の水を入れたるを〔知らず〕。仏説のごとくならば、いかでか「一切倶失《いっさいくしつ》」の大科《たいか》を脱《のが》れん。大日経は法華経より劣る事七重《じゅう》なり。しかるを弘法等顛倒《てんどう》して、大日経最第一と定めて日本国に弘通《ぐずう》せるは、法華経一分の乳に大日経七分の

ことはできない。またたとえわずかの効験《しるし》があるようにみえても、天地を動かすほどの祈りとはならない。魔王や魔民などの守護があって、一時は法の効験があるようでも、悪魔のために欺かれたのであるから、結局は祈りを修した人もその信者も安穏であることはできないのである。たとえていえば、邪法の旧医が薬に毒を混ぜておいたのを、その弟子たちが知って盗み取ったり、あるいは知らずに取り出して、病人に与えて治そうとするようなものであって、どうして安穏でいられようか。

今の世の日本国の真言などの七宗、ならびに浄土宗・禅宗などの学者たちは、弘法や慈覚や智証などが法華経最第一の醍醐味の中に、法華第二とか法華第三とかの自分勝手な意見の水を加えたのを知らないのである。これらは前に引いた涅槃経に「醍醐でもなく水でもないものにしてしまった」と仏の説かれた大きな過ちを脱れることはできない。そもそも大日経は法華経より七重も劣る経である。それにもかかわらず弘法たちが反対に大日経最第一と判定して日本国に弘めたのは、法華経という乳一分の中に、大日経という水七分を加えたのである。そのようなもの

水を入れたるなり。〔水にもあらず、乳にもあらず、大日経にもあらず、法華経にもあらず〕。しかも〔法華経に似て、大日経に似たり〕。大覚《だいがく》世尊これを集めて涅槃経に記《き》して云く、〔「我が滅後において○正法《しょうぼう》まさに滅尽《めつじん》せんと欲せん。その時に多く悪を行ずる比丘あらん。乃至《ないし》、牧牛女《もくごにょ》のごとく、乳を売るに多くの利を貪らんと欲するをもつての故に、二分の水を加う。乃至、この乳水多し。○その時にこの経閻浮提《えんぶだい》においてまさに広く流布《るふ》すべし。この時にまさに諸《もろもろ》の悪比丘ありて、この経を鈔略して分つて多分となし、よく正法の色《しき》・香《こう》・美味《みみ》を滅すべし。この諸の悪人、またかくのごとき経典を読誦すといえども、如来の深密《じんみつ》の要義《ようぎ》を滅除せん。乃至、前を鈔《とり》て後《のち》に著《つ》け、後を鈔て前に著け、前後を中に著け、中を前後に著けん。まさに知るべし。かくのごとき諸の悪比丘は、これ魔の伴侶なり」等云云〕。

は水でもなければ乳でもなく、大日経でもなければ法華経でもないのである。しかも法華経にも似ていれば大日経にも似ているという、あいまいなものになってしまったのである。教主釈尊はこのことを涅槃経巻九の如来性品に「わが滅後に（中略）正法がまさに滅びようとする時に、多くの悪僧が現われるであろう。（中略）牛飼いの女が乳を売って多くの利益を得ようとして、乳の中に二分の水を加える。（中略）この乳は水気が多い。（中略）その時に、この経が広くこの世界に弘まるであろう。そこで多くの悪僧たちがこの経をかすめ取って、多くの部分に寸断して、正法の本来の色や香りや味わいを失《な》くしてしまうであろう。この悪人たちは、たとえこの経典を読誦したとしても、仏の深い覚りの教えの要点を滅ぼしてしまうであろう。（中略）また前の文章を抜き出して後につけたり、後の文章を抜き出して前につけたり、前後の文章を中間に置いたり、中間の文章を前後に置いたりする。このような悪僧たちは、まさしく悪魔の仲間と知るべきである」と誡《いまし》められている。

今日本国《いまにほんこく》を案ずるに、代《よ》始まりて已《すで》に久しく成《な》りぬ。旧《ふる》き守護の善神は定めて福も尽《つ》き、寿も減じ、威光勢力《いこうせいりき》も衰へぬらん。仏法の味をなめてこそ威光勢力も増長すべきに、仏法の味は皆たがひ(違)ぬ、齢はたけぬ。いかでか国の災を払ひ、*氏子をも守護すべき。その上、*謗法の国にて候を、氏神なればとて大科をいましめずして守護し候へば、仏前の起請《きしょう》を毀《こぼ》つ神なり。しかれども、氏子なれば愛子の失《とが》のやうにすてずして守護し給ひぬる程に、*法華経の行者をあだむ国主・国人等を対治《たいじ》を加へずして、守護する失《とが》に依りて、梵《ぼん》・釈《しゃく》等のためには八幡《はちまん》等は罰せられ給ひぬるか。この事は一大事なり、〔秘すべし、秘すべし〕。

ある経の中に、仏この世界と他方の世界との梵《ぼん》・釈《しゃく》・日月《にちがつ》・四天《してん》・竜神《りゅうじん》等を集めて、我が*正《しょう》・像《ぞう》・末《まつ》の持戒《じかい》・破戒《はかい》・無戒《むかい》等の弟子等

謗法を守護する神の治罰について

今、日本国のことをよく考えてみると、国が始まってからすでに永い年月を経ている。したがって古い守護の善神は、きっとその福も尽き、寿命も減り、威光勢力も衰えたことであろう。正法の味をなめさえすれば神々の威光勢力も増すのであるが、その正法は失われて邪法がはびこり、神々の年齢も老いてしまった。これではどうして国の災難を払い、氏子を守護することができようか。そればかりでなく、日本国が謗法の国であるのに、氏神であるからといって氏子の犯した謗法の大罪を懲らしめることもせず、かえって守護されるならば、仏の御前で正法の行者を守護するという誓いを立てられたその約束を破る神と言わなければならない。しかし、氏子のことであるから、愛する子が罪を犯しても親がこれを捨てないように守護されているために、法華経の行者を怨み憎む国主や国民に処罰を加えないで、これを守護した過ちによって、八幡大菩薩などの神々は梵天・帝釈天などに罰せられ、その宮殿を焼かれたのであろう。このことは一大事であるから秘密にしなくてはならない。

ある経の中に「仏がこの娑婆世界と他の世界との梵天や帝釈天や日天・月天・四天王・竜神たちを集めて、わが滅後の正法・像法・末法の三時代の持戒・破戒・無戒の弟子たちを、第六天の魔王や悪鬼神などが

を、*第六天の魔王・悪鬼神《あっきじん》等が、人王《にんのう》・人民《にんみん》等の身に入りて悩乱《のうらん》せんを、〔見ながら聞きながら〕治罰《ちばつ》せずして須臾《しゅゆ》もすごすならば、必ず梵・釈等の使をして*四天王に仰《おお》せつけて治罰を加ふべし。もし氏神治罰を加へずば、梵・釈・四天等も守護神に治罰を加ふべし。梵・釈またかくのごとし。梵・釈等は必ずこの世界の梵・釈・日月・四天等を治罰すべし。〔もししからずんば〕三世の諸仏の出世に漏れ、永く梵・釈等の位を失ひて、無間大城《むけんだいじょう》に〔沈むべし〕と、釈迦・多宝・十方の諸仏の御前にして起請《きしょう》を書き置かれたり。

〔今これを案ずるに〕日本小国の王となり、神となり給ふは、小乗には三賢《さんげん》の菩薩、大乗には十信、法華には名字《みょうじ》・五品《ごほん》の菩薩なり。何《いか》なる氏神ありて、無尽の功徳を修すとも、法華経の名字を〔聞かず〕、*一念三千の観法

国王や人民の身に入って悩ますのを、見たり聞いたりしながら、これを罰しないですごすならば、必ず梵天・帝釈天が使者を遣わして、四天王に命じて処罰を加えるであろう。もし氏神が処罰を加えないならば、梵天や帝釈天や四天王などがその氏神に処罰を加えるであろう。梵天や帝釈天もまたこの通りで、他方の世界の梵天や帝釈天などが、この世界の梵天・帝釈天・日天・月天・四天王などの治罰を怠っている者を必ず処罰するであろう。もしこれに背くならば、三世の諸仏の出世にも出会えず、永く梵天・帝釈天の位をも失って、ついには無間地獄に堕ちるであろう」と、釈迦・多宝・十方の諸仏の御前で起請文を書かれたことが記されている。

八幡大菩薩は正法の守護神

今これを考えると、そもそも日本国の国王や神となるのは、小乗では三賢の位といって五停心観《ごじょうしんかん》・別相念住《ねんじゅ》・総相念住の位にある聖人であり、大乗では五十二の菩薩の階位の中で十信の位の菩薩であり、法華経では六即の中の名字即《みょうじそく》といって法華経の名を聞いて信心を起こす位、随喜品・読誦品・説法品・兼行六度品・正行六度品の五品の観行《かんぎょう》即の位の

を〔守護せずんば〕、退位の菩薩と成りて永く無間大城に沈み候べし。故に扶桑記《ふそうき》に云く、〔「また*伝教大師《でんぎょうだいし》、*八幡大菩薩《はちまんだいぼさつ》の奉為《おんため》に神宮寺《じんぐうじ》において自《みずか》ら法華経を講ず。すなわち聞き竟《おわ》りて大神託宣《おおがみたくせん》すらく、我れ法音を聞かずして久しく歳年を歴たり。幸ひに和尚《わじょう》に値遇《ちぐう》して、正教《しょうきょう》を聞くことを得たり。兼て我がために種種の功徳を修す。至誠随喜す。何ぞ徳を謝するに足らん。兼て我が所持の法衣ありと。すなわち託宣の主《あるじ》、自《みずか》ら宝殿を開きて、手ずから紫の袈裟一・紫の衣一を捧げて、和尚に奉上す。大悲力の故に幸いに納受を垂れたまえと。この時、祢宜《ねぎ》・祝《はふり》等各《おのおの》歎異して云く、元来《もとよりこのかた》見ず聞かず、かくのごときは奇事なるかな。この大神の施《ほどこ》すところの法衣、今山《さん》王院《のういん》に在るなり」と云云。

今謂《いわ》く、八幡は人王第十六代応神《おうじん》天皇なり。

菩薩である。それであるからどのような氏神があって無量の功徳を積んでも、法華経の名を聞いて信心を起こさず、一念三千の観法を修行しようともしなかったならば、退位の菩薩といって、みずから菩薩の位を退いた者となって、無間地獄に堕ちて永久に浮かびあがることはできないだろう。それゆえ、扶桑略記《ふそうりゃっき》の中に「伝教大師が八幡大菩薩の御《おん》ために、宇佐の神宮寺で法華経を講ぜられたところが、八幡大菩薩がその講を聞きおわってから託宣されるには、自分は多年の間経文の声を聞くことができなかったが、いま幸いにも和尚に会って如来の正教である法華経の教えを聞くことができた。そればかりでなく自分のために種々の功徳を積んでくれたことは、言葉に尽くすことのできないほどの喜びである。何をもってこの功徳に報謝することができようか。幸い秘蔵の法衣があるから御礼に供養する、とのことであった。そこで託宣を受けた神主が、みずから宝殿を開いて紫の袈裟と紫の法衣とを捧げて、和尚にたてまつって、どうぞ大慈悲をもってこれを納受して下さいといった。この時に祢宜や祝《はふり》などの神官たちが一同に不思議なことと驚いて、このような不思議なことはこれまでに見たことも聞いたこともないと称歎したのであった。この大菩薩が布施された法衣は今も比叡山の山王院にある」と記されている。

今このことから思うには、八幡大菩薩は人王第十六代の応神天皇であその時は仏経なかりし。ここに袈裟《けさ》・衣《ころも》あるべからず。人王《にんのう》第三十欽明《きんめい》の治《みよ》三十二年に神と顕《あら》はれ給ひ、それより已来弘仁《このかたこうにん》五年までは祢宜《ねぎ》・祝《はふり》等次第に宝殿を守護す。何《いずれ》の王の時、この袈裟を納めけると意《こころ》うべし。しかして祢宜等云く、〔元来見ず聞かず〕等と云云。この大菩薩いかにしてかこの袈裟・衣は持ち給ひけるぞ。不思議なり不思議なり。また欽明より已来《このかた》弘仁五年に至るまでは王は二十二代、仏法は二百六十余年なり。その間に三論《さんろん》・成《じょう》実《じつ》・法相《ほっそう》・倶舎《くしゃ》・華厳《けごん》・律宗《りっしゅう》・禅宗《ぜんしゅう》等の六宗七宗日本国に渡りて、八幡大菩薩の御前にして経を講ずる人々、その数を〔知らず〕。また法華経を読誦する人もいかでかなからん。また八幡大菩薩の御宝殿の傍《かたわら》には、神宮寺《じんぐうじ》と号して法華経等の一切経を講ずる堂、大師より已前にこれあり。その時定めて仏法を聴聞し給ひぬらん。何ぞ今始めて、〔我れ法音を聞かずして久しく歳年を歴る〕等と託宣し給

る。その時にはまだ仏教がなかったから、袈裟や衣があるはずがない。人王第三十代の欽明天皇の第三十二年に神となって顕われ、それより弘仁五年（八一四）の伝教大師の講経までの間は、祢宜や祝などの神官たちが引き続いて八幡大菩薩の御宝殿を守っていたのである。いったいどの天皇の時にこの袈裟と法衣とが納められたのであろうか。しかも祢宜たちは「いまだかつて見たことも聞いたこともない」といっている。では八幡大菩薩はどうしてこの袈裟と法衣とを所持されていたのであろうか。まことに不思議なことである。また欽明天皇の御代から嵯峨天皇の弘仁五年にいたるまでには二十二代の天皇の御代を経ており、仏法が日本に伝わってからは二百六十余年を経ているのである。その間に三論宗・成実宗・法相宗・倶舎宗・華厳宗・律宗・禅宗などの六宗や七宗が日本に伝来していたから、八幡大菩薩の御宝前で経を講じた人びとも数えきれぬほど多くある。また法華経を読誦した人も必ずいたことであろう。また八幡大菩薩の御宝殿のかたわらには、神宮寺といって法華経をはじめ一切経を講ずるための寺院が、伝教大師よりも以前からあったのである。その時以来、きっと仏の教えを聴聞されたことであろう。それにもかかわらず、どうして今はじめて「自分は久しい間お経の声を聞くことがなかった」などと託宣されたのであろうか。また多くの人びとが法華経や一切経を講じられたのに、どうしてこの袈裟や法衣を供養されなかった

ふべきや。幾《いくば》くの人々か、法華経・一切経を講じ給ひけるに、何ぞこの御袈裟・衣をば進《まい》らさせ給はざりけるやらん。まさに知るべし、伝教大師已前は法華経の文字のみ読みけれども、その義はいまだ顕れざりけるか。去《い》ぬる延暦《えんりゃく》廿年十一月の中旬の比《ころ》、伝教大師比叡山にして、南都七大寺の六宗の碩徳《せきとく》十余人を奉《ぶ》請《しょう》して、法華経を講じ給ひしに、弘世《ひろよ》・真綱《まつな》等の二人の臣下〔この法門を聴聞〕してなげいて云く、〔一乗の権滞《ごんたい》を慨《なげ》き、三諦《さんたい》の未顕《みけん》を悲しむ〕と。また云く、〔長幼三有《ぬ》の結《けつ》を摧破《さいは》し、なおいまだ歴劫《りゃくこう》の轍《てつ》を改めず〕等と云云。その後延暦廿一年正月十九日に高雄寺に主上《しゅじょう》行幸ならせ給ひて、六宗の碩徳と伝教大師とを召し合せられて宗の勝劣を聞《きこ》し食《め》ししに、南都十四人皆口を閉じて鼻のごとくす。後に重ねて怠状《たいじょう》を捧げたり。〔その状に云く、「聖徳《しょうとく》の弘化《ぐけ》より以降《このかた》今に二百余年の間、講ずるところの経論その数多し。彼此《ひし》理

のであろうか。それは、伝教大師以前は法華経の文字だけは読んだけれども、真実の意義は顕われなかったからであることを知らなければならない。その証拠に、去る延暦二十年（八〇一）十一月中旬の頃、伝教大師が南都七大寺の六宗の学徳すぐれた高僧十余人を比叡山に請待して法華経を講ぜられた時、和気弘世《わけのひろよ》と真綱という兄弟二人がこの講義を聞いて、「この法華真実の一仏乗の妙義が弘まらずにいたことはまことに残念であり、空仮中《くうけちゅう》三諦円融の真理が顕われなかったことは悲しいことである」と歎かれ、また「この世間の人びとは長幼ともに迷いの世界の絆を切るのに、法華以前の方便権教の廻り遠い修行の形式を離れることができないのは悲しいことである」ともいわれた。その後、延暦二十一年正月十九日には、桓武天皇が高雄寺に行幸せられて、南都六宗の高僧と伝教大師とを召し合わせられて、おのおのの宗旨の勝劣についての問答を聞かれた時に、南都の十四人の学者たちは誰一人として答えることができず、口を開く者もなかった。その後に改めてたてまつった帰伏状には「聖徳太子の仏法興隆以来二百余年の間に講じられた経文や論書は非常に多くあるが、互いに理屈を立てて勝劣を争って、いずれがすぐれているか、その疑いはいまだに解《と》けない。しかもこの最もすぐれた天台法華宗の教えはいまだ弘められていない」といっている。これらのことから考えてみると、伝教大師以前には法華経の実義はまだ顕われなかったの

を争い、その疑いいまだ解《と》けず。しかもこの最妙の円宗なおいまだ闡揚せず」」等と云云。これをもつて思ふに、伝教大師已前には法華経の御心いまだ顕れざりけるか。八幡大菩薩の「見ず聞かず」と御託宣ありけるは指《さ》すなり、指すなり。白《あきらか》なり、白なり。

法華経の第四に云く、「「我が滅度の後《のち》に能《よ》く窃《ひそ》かに一人のためにも法華経を説かん。まさに知るべし、この人はすなわち如来の使なり。乃至《ないし》、如来すなわち衣をもつてこれを覆《おお》いたまうべし」」等と云云。当来《とうらい》の弥《み》勒仏《ろくぶつ》は法華経を説き給ふべきゆへに、釈迦《しゃか》仏《ぶつ》は大迦《だいか》葉《しょう》尊者を御使として衣を送り給ふ。また伝教大師、仏の御使として法華経を説き給ふべきゆへに、八幡大菩薩を使として衣を送り給ふか。

またこの大菩薩は伝教大師已前には、加水《かすい》

である。それゆえ、八幡大菩薩が「見たことも聞いたこともない」と託宣されたことは、このことを指すのであって、いかにも明白である。

法華経の第四の巻の法師品には、「わが滅度の後に、よくひそかに一人のためにでも法華経を説く者があるならば、その人はまさしく如来の使である。（中略）如来は衣をもってその人を覆《おお》い、守護せられるであろう」と説かれている。このことから考えると、未来の世に出世される弥勒仏は、必ず法華経を説かれるはずであるから、釈迦仏は大迦葉尊者を使者として衣を送られたのである。それと同じく、伝教大師は仏の御使として法華経を説かれるはずであるから、仏は八幡大菩薩を使者として衣を送られたのであろう。

謗法を治罰しないことを責める

またこの八幡大菩薩は、伝教大師以前には、乳に水を加えたような法の法華経を服してをはしましけれども、先生《せんしょう》の善根《ぜんごん》に依りて大王と生れ給ひぬ。その善根の余慶《よけい》、神と顕れてこの国を守護し給ひけるほどに、今は先生の福の余慶も尽きぬ。正法《しょうぼう》の味も失ひぬ。謗法の者等国中に充満して年久《ひさし》けれども、日本国の衆生に久しく仰《あお》がれてをわせし。大科あれども捨てがたくをぼしめし、老人の不孝の子を捨てざるがごとくして、天のせめに合ひ給ひぬるか。

またこの袈裟は法華経最第一と説かん人こそかけまいらせ給ふべきに、伝教大師の後は第一の座主《ざす》＊義真《ぎしん》和尚、法華最第一の人なればかけさせ給ふ事、その謂《いわれ》あり。第二の座主＊円《えん》澄《ちょう》大師は伝教大師の御弟子《みでし》なれども、また＊弘《こう》法《ぼう》大師の弟子なり。すこし謗法《ほうぼう》にたり。この袈裟の人にはあらず、かけがたし。第三の座主円仁慈覚大師《えんにんじかくだいし》は名は伝教大師の御弟子なれども、心は弘法大師の弟子、大日経第一、法華経第二の人なり。この袈裟は一向にかけ

華経の法味を食しておられたが、前生の善根功徳によって応神天皇と生まれかわり、その善根のお蔭によって八幡という神とも顕われて、この日本国を守護してこられたのであるが、今は前世の善根功徳による福も尽きてしまい、正法の教えの味もなくなってしまった。それればかりでなく、謗法の者が国中に充ち満ちてすでに長い年月を経ているので、久しい間日本国中の衆生に神と仰がれてきたから、その氏子が謗法の大罪を犯していても、ちょうど年老いた親が不孝の子を可愛がって捨てることができないように、これを捨てずにかばわれたから、諸天の責めを受けられて宝殿を焼くようなことになったのであろう。

またこの袈裟は「法華経最第一」と説き弘める人だけがかけることのできるものであるが、伝教大師の後は第一の座主の義真和尚は「法華最第一」と説かれた人であったから、この袈裟をかける資格があるといえる。しかし第二の座主円澄大師は、伝教大師のお弟子であるけれども、また弘法大師の弟子でもあって、少し謗法の者に似ているから、この袈裟をかける資格はない。第三の座主慈覚大師円仁は、名は伝教大師のお弟子であるが、心は弘法大師の弟子であって、「大日経第一、法華経第二」といった人であるから、絶対にこの袈裟をかける資格はないのである。たとえかけたとしても法華経の行者ではない。その上、今の天台宗の座主は、大日経第一という慈覚の流れをくむ人びとであるから、みな

がたし。たとひかけたりとも法華経の行者にはあらず。その上、また当世《とうせい》の天台座主は一《いっ》向真言《こうしんごん》の座主なり。また当世の八幡の別当《べっとう》は、或は園城寺《おんじょうじ》の長吏《ちょうり》、或は東寺の末流《まつりゅう》、これらは遠くは釈迦・多宝・十方の諸仏の大怨敵《だいおんてき》、近くは伝教大師の讐敵《しゅうてき》なり。譬へば*提婆達多《だいばだった》が*大覚世尊《だいがくせそん》の御袈裟をかけたるがごとし。また猟師が仏衣を被《き》て師子の皮をはぎしがごとし。当世《とうせい》、叡山の座主は伝教大師の八幡大菩薩より給《たま》ひて候し御袈裟をかけて、法華経の所領を奪ひ取りて真言の領となせり。譬へば*阿闍世《あじゃせ》王の提婆達多を師とせしがごとし。しかるを大菩薩のこの袈裟をはぎかへし給はざるは一の大科なり。

この大菩薩は法華経の御座にして行者を守護すべき由《よし》の起請《きしょう》をかきながら、数年が間、法華経の大怨敵《だいおんてき》を治罰せざる事不思議なる上、たま〳〵法華経の行者の出現せるを、来《きた》りて守護こそなさざらめ、我前《わがまえ》にして国主等の怨《あだ》

すべて真言の座主である。また今の八幡宮の別当も、大日経第一という智証大師や弘法大師の流れをくむ園城寺の長吏や東寺の末流であって、これらの人びとは遠くは釈迦・多宝・十方の諸仏の怨敵であり、近くは伝教大師の敵である。たとえば提婆達多が釈尊のお袈裟を掛けたようなものであり、また猟師が法衣を着て師子の皮を剝ぐようなものである。今の世の天台座主は、伝教大師が八幡大菩薩からたまわったお袈裟をかけながら、法華経の領分を奪い取って真言の領分としてしまった大謗法の人びとである。たとえば阿闍世王が仏の怨敵である提婆達多を師匠としたようなものである。それにもかかわらず、八幡大菩薩がこれらの人びとから袈裟を剝ぎとってしまわないのは、これ第一の大罪といわなくてはならない。

この八幡大菩薩は、仏が霊鷲山《りょうじゅせん》で法華経を説かれた座に列なって、仏の滅後に必ず法華経の行者を守護するとの起請文を書きながら、この数年の間、日蓮を迫害する法華経の大怨敵を処罰されないのは、まことに不思議に思われるうえに、たまたま法華経の行者が出現したのを見て、たとえ現われ来たって守護をしないまでも、自分の眼の前で国主北条氏

する事、犬の猿をかみ、蛇の蝦《かえる》をのみ、鷹の雉《きじ》を、師子王の兎を殺すがごとくするを、一度もいましめず。たとひいましむるやうなれども、いつわりをろかなるゆへに、梵《ぼん》・釈《しゃく》・日月《にちがつ》・四天等のせめを、八幡大菩薩かほり給ひぬるにや。例せば、欽明《きんめい》天皇・敏達《びだつ》天皇・用明《ようめい》天皇、已上三代の大王、物部大連《もののべのおおむらじ》・守《もり》屋《や》等がすゝめに依りて宣旨《せんじ》を下して、金銅《こんどう》の釈尊を焼き奉り、堂に火を放ち、僧尼《そうに》をせめしかば、天より火下《ふり》て内裏《だいり》をやく。その上、日本国の万民とがなくして悪瘡をやみ、死ぬること大半に過ぎぬ。結句三代の大王・二人の大臣、その外《ほか》多くの王子・公卿《くぎょう》等、或は悪瘡、或は合戦にほろび給ひしがごとし。その時、日本国の百八十《ももやそ》の神の栖《す》み給ひし宝殿《ほうでん》皆焼け失《う》せぬ。釈迦仏に敵する者を守護し給ひし大科なり。

また園城寺《おんじょうじ》は叡山已前の寺なれども、智証*大師の真言を伝へて今に長吏《ちょうり》とがうす。叡山

などが法華経の行者に迫害を加えることは、ちょうど犬が猿をかみ、蛇が蛙を呑み、鷹が雉を殺し、獅子が兎を殺すようであるのを眼前に見ながら、一度も懲らしめようとしないのは遺憾である。たとえ懲らしめたようであっても、わざと手ぬるい処罰をしたから、梵天・帝釈天・日天・月天・四天王などの責めを、八幡大菩薩が受けられたのであろう。たとえば、欽明天皇・敏達天皇・用明天皇の三代の帝王が、物部大連と守屋などの勧めによって、宣旨を下して金銅の釈尊像を焼き、それを安置した御堂に火をつけたり、僧尼を責め殺したりしたから、天から火が降って内裏を焼き、その上に日本国中の万民が何の罪もないのに悪性のできものにかかり、そのために死ぬ者が大半を超えたのである。そして結局は、右の三代の帝王と二人の大臣と、その他多くの王子や公卿などが、あるいは悪瘡のため、あるいは合戦のために滅びたのである。また日本国の百八十の神々が栖《す》んでいた宝殿もすべて焼けてしまった。これは釈尊に敵する者を守護された大きな過失によるものである。

また園城寺は比叡山より以前からの寺であったが、智証大師円珍が真言を伝えてからは、その寺主を長吏と呼んでいるが、比叡山の末寺であ

の末寺《まつじ》たる事疑ひなし。しかるに山門《さんもん》の得分《とくぶん》たる大乗戒壇を奪ひ取りて、園城寺に立て叡山に随はじと云云。譬へば小臣が大王に敵し、子が親に不孝なるがごとし。かゝる悪逆の寺を新羅大明神《しらぎだいみょうじん》みだれがわしく守護するゆへに、度々山門に宝殿を焼《や》かるる、かくのごとし。今八幡大菩薩は法華経の大怨敵を守護して天火に焼かれ給ひぬるか。例せば秦《しん》の始皇《しこう》の先祖襄王《じょうおう》と申せし王、神となりて始皇等を守護し給ひし程に、秦の始皇大慢をなして三皇五帝《さんこうごてい》の墳典《ふんてん》をやき、三聖《さんせい》の孝経《こうきょう》等を失ひしかば、沛公《はいこう》と申す人、剣をもて大蛇を切り死《ころし》ぬ。秦《しん》皇《のう》の氏神これなり。その後秦《のちしん》の代《よ》ほどなくほろび候ひぬ。これもまたかくのごとし。安芸《あき》の国いつく島の大明神は平家《へいけ》の氏神なり。平家をごらせし失《とが》に、伊勢大神宮《いせだいじんぐう》・八幡等に神うちに打ち失なはれて、その後平家ほどなくほろび候ひぬ。これまたかくのごとし。

ることは疑いないことである。それにもかかわらず、比叡山の特色であった大乗戒壇を奪いとって、園城寺に建立して比叡山には随わないといっている。たとえていえば身分の低い臣下が大王に敵対したり、子供が親に背いて不孝をするようなものである。このような悪逆の寺を三井の守護神である新羅大明神がおきてに背いてみだりに守護されるから、たびたび山門の攻撃を受けて宝殿を焼かれたのである。それと同じように今、八幡大菩薩は法華経の大怨敵である謗法者を守護されたために、天の火に宝殿を焼かれたのである。例をあげると、中国の秦の始皇帝の先祖の襄王が、後に蛇神となって始皇帝を守護されたのであるが、始皇帝が大いに慢心を起こして、中国古代の聖人《せいじん》である三皇五帝の書である三墳五典などを焼いたり、孔子・老子・顔回の三聖の孝経などを灰にしてしまったので、漢の高祖沛公という人が現われて、剣をもって始皇の氏神であった大蛇を切り殺したのである。それから間もなく秦の世は滅びたのである。わが国もこれと同じである。安芸の国の厳島大明神は平家の氏神であるが、あまりに平家を憍《おご》らせた過失によって、伊勢大神宮や八幡大菩薩のために神打に打たれて、それから間もなく平家が滅びたのである。今の八幡宮の宝殿が焼けたのもまたこれと同じ理由によるのである。

法華経の第四に云く、〔「仏《ほとけ》滅度の後《のち》、能《よ》くその義を解《げ》せんは、これ諸の天人《てんにん》、世間《せけん》の眼《まなこ》なり」〕等と云云。日蓮が法華経の肝心《かんじん》たる題目を日本国に弘通し候は、諸天・世間の眼にあらずや。眼には五あり。いわゆる肉眼《にくげん》・天《てん》眼・慧《え》眼・法《ほう》眼・仏《ぶつ》眼なり。この*五眼は法華経より出生せさせ給ふ。故に〔*普賢経《ふげんきょう》に云く、「この方等経《ほうどうきょう》はこれ諸仏の眼なり。諸仏これによつて五眼を具することを得たまえり」〕等と云云。この方等経と申すは法華経を申すなり。またこの経に云く、〔「人天《にんでん》の福田《ふくでん》、応《おう》供《ぐ》の中の最なり」〕等と云云。これらの経文のごとくば、妙法蓮華経は人・天の眼、二乗・菩薩の眼、諸仏の御眼なり。しかるに法華経の行者を怨《あだ》む人は人・天の眼をくじる者なり。その人を罰せざる守護神は、一切の人天の眼をくじる者を結構し給ふ神なり。しかるに弘

法華経の行者を守護しないことを責める

法華経の第四の巻宝塔品には、「仏の滅後に、よくこの法華経の義理を解《さと》る者があれば、その人はもろもろの天・人・世間の眼である」と説かれている。今、日蓮が法華経の肝心である妙法蓮華経の御題目を日本国に弘通するのは、すなわち「もろもろの天・人・世間の眼」ではないか。そもそも眼には肉眼・天眼・慧眼・法眼・仏眼の五種がある。この五種の眼はいずれも法華経から生まれたものである。それゆえ観普賢経には「この方等大乗経は諸仏の眼であって、諸仏はこれによって五眼を具えることができた」と説かれている。この経文に「この方等経」というのは、広大にして平等な実相の真理を説いた大乗経という意味で、法華経のことである。また同じ観普賢経の中に「人・天が善根の種をまくべき良い田であり、この経の行者を供養するのが最上の供養である」と説かれている。これらの経文によれば、妙法蓮華経は人・天の眼であり、声聞・縁覚の二乗や菩薩の眼であり、十方三世の諸仏の眼である。それゆえに法華経の行者を怨み憎む人びとは、人・天の眼を抉《えぐ》る者である。それにもかかわらず、その人びとを処罰しようとしない守護神は、一切の人・天の眼を抉る者を保護される神である。弘法や慈覚や智証らは確かに書物を作って、「法華経の教主釈尊は迷いの分斉で、悟りの領域に

法・慈覚・智証等は正《まさ》しく書《しょ》を作りて、法華経を「無明《むみょう》の辺域《へんいき》にして、明《みょう》の分位《ぶんい》にあらず」。「後《のち》に望《のぞ》むれば戯論《けろん》と作《な》る」」。「力者《りきしゃ》に及ばず」「履者《はきもの》とりにたらず」とかきつけて四百余年。日本国の上一人《かみいちじん》より下《しも》万民にいたるまで法華経をあなづらせ、一切衆生《いっさいしゅじょう》の眼をくじる者を守護し給ふは、あに八幡大菩薩の結構にあらずや。

去《い》ぬる弘長とまた去ぬる文永八年九月の十二日に日蓮一分《いちぶん》の失《とが》なくして、南無妙法蓮華経と申す大科に、国主のはからいとして八幡大菩薩の御前《おんまえ》にひきはらせて、一国の謗法の者どもにわらわせ給ひしは、あに八幡大菩薩の大科にあらずや。そのいましめとをぼしきは、ただどしうちばかりなり。日本国の賢王たりし上、第一、第二の御神なれば、八幡に勝《すぐ》れたる神はよもをはせじ。また偏頗《へんぱ》はよもあらじとはをもへども、一切経並に法華経のをきてのごときんば、この神は大科の神なり。

は入らない。法華経は後の大日経などのすぐれた経に比べれば戯論である」。「法華経の教主釈尊は駕籠《かご》を担ぐ人にも及ばず、草履《ぞうり》取りにも足りない」などと書いて、法華経を貶《けな》して四百余年にもなる。その間、日本国の上は天皇から下は万民にいたるまで一同に法華経を侮るままにさせておき、一切衆生の眼を抉る者を守護してきたのは、八幡大菩薩のあまりにも偏ったお計らいであるといわねばならない。

また日蓮の身についていえば、去る弘長元年（一二六一）五月十二日伊豆の国に流され、文永八年（一二七一）九月十二日の竜口法難の時には、日蓮には何の罪もないのに、ただ南無妙法蓮華経と唱え弘めるのを大きな罪として、国主たる執権の処置として、八幡大菩薩の御前を引き廻して、国じゅうの謗法の者どもに日蓮を嘲《あざけ》り笑わせたのは、八幡大菩薩の大きな過失ではないか。それでもまったく謗法の者どもを誡《いまし》めないというのではなく、わずかに誡められたと思うことは、北条一門に同士打ちをさせただけである。もとより八幡大菩薩は応神天皇という日本国の賢王であったうえ、伊勢神宮と第一第二を争うほどの神であって、八幡大菩薩にまさる神はないのである。また正直の神であるから、不公平なことは決してあるはずがないと思うけれども、一切経と法華経のおきてに日本六十六箇国、二つの島、一万一千三十七の寺々の仏は皆、或は画像、或は木像、或は真言已前の寺もあり、或は已後の寺もあり。これらの仏は皆法華経より出生せり。法華経をもつて眼《まなこ》とすべし。いわゆる、〔「この方等経はこれ諸仏の眼なり」〕等と云云。妙楽云く、〔「しかもこの経は常住《じょうじゅう》仏性《ぶっしょう》をもつて咽喉《いんこう》となし、一乗の妙行《みょうぎょう》をもつて眼目となし、再《さい》生敗種《しょうはいしゅ》をもつて心腑《しんぷ》となし、顕本遠寿《けんぽんおんじゅ》をもつてその命《いのち》となす」〕等と云云。しかるを日本国の習ひ、真言師にもかぎらず、諸宗一同に仏眼《ぶつげん》の印《いん》をもつて開眼《かいげん》し、大日《だいにち》の真言をもつて五智を具足すと云云。これらは法華経にして仏になれる衆生《しゅじょう》を、真言の権経《ごんぎょう》にて供養すれば、還りて仏を死し、眼をくじり、寿命を断《た》ち、喉をさきなんどする人々なり。提婆が

よってみると、八幡大菩薩は謗法の者どもを守護して、法華経の行者を守護しないところの、きわめて不公平な神であるから、大きな過失を犯した神といわねばならない。

　行基菩薩によれば、日本六十六か国に壱岐・対馬を加えた六十八か国の中にある寺院一万一千三十七か寺に安置されている仏は、画像や木像の区別があり、また真言宗伝来以前の古い寺もあり、それ以後の寺もあるが、これらの仏はみな、法華経を悟られて仏になったのであるから、法華経をこそ眼とすべきであることは、前に引いた観普賢経に「この方等大乗経は諸仏の眼である」と説かれている通りである。また妙楽大師は法華文句記に「この法華経は仏性の常住を咽喉とし、一乗の妙行を眼目とし、仏種の腐敗した二乗を再生成仏させるのを心臓とし、仏の久遠《くおん》実成《じつじょう》の本地を顕わすのを生命としている」と言われている。それであるのに、日本国の風習として、真言宗にかぎらず諸宗の者が一同に、真言宗の大日仏眼の印を結んで仏像を開眼し、大日如来の真言を唱えて五智を備えさせる、などといっている。これらは法華経によって仏となった者を、方便権教の真言経で供養するのであるから、開眼するどころか、かえって仏を殺し、眼を抉《えぐ》り、生命を断ち、咽喉を裂く人びとというべきである。これはちょうど提婆達多が教主釈尊の御身から血を出し、阿闍世王が提婆達多を師匠として悪瘡を病んで現罰を受けたのにまさると

教主釈尊の身より血を出《いだ》し、*阿闍世王《あじゃせおう》の彼《か》の人を師として現罰に値《あ》ひしに、いかでかをとり候べき。八幡大菩薩は応神《おうじん》天皇、小国の王なり。阿闍世王は摩竭《まか》大国《だいこく》の大主《だいしゅ》なり。天と人と、王と民との勝劣なり。しかれども阿闍世王、なお釈迦仏に敵《かたき》をなして悪瘡身に付き給ひぬ。八幡大菩薩いかでかその科《とが》を脱《まぬが》るべき。

去ぬる文永十一年に大蒙古国よりよせて、日本国の兵《つわもの》を多くほろぼすのみならず、八幡の宮殿すでにやかれぬ。その時、何ぞ彼《か》の国の兵を罰し給はざるや。まさに知るべし。彼《か》の国の大王は此の国の神に勝《すぐ》れたる事あきらけし。襄《じょう》王と申せし神は漢土の第一の神なれども、沛公《はいこう》が利剣《りけん》に切られ給ひぬ。

これをもつてをもうべし。道鏡法師《どうきょうほっし》、称徳《しょうとく》天皇の心よせと成りて国王と成らんとせし時、清丸《きよまろ》、八幡大菩薩に祈請《きしょう》せし時、〔八幡の御

も劣ることはない。八幡大菩薩は応神天皇で小国日本の王、阿闍世王はインドの摩竭陀《まかだ》国という大国の王である。その勝劣は天と人と、王と民とのようなものである。しかしながら、その大国の王である阿闍世王でさえ、教主釈尊に敵対をして謗法の罪を犯したために、全身に悪瘡を病むという罰を受けられたのであるから、まして小国日本の八幡大菩薩が、釈尊と法華経の行者を軽んずるのを見て処罰しないその罪をどうして脱れることができようか。

現に、去る文永十一年（一二七四）に大蒙古国の軍勢が筑紫へ攻め寄せてきた時、日本国の兵を多数殺傷したばかりでなく、八幡大菩薩の宝殿である筑紫の宇佐八幡宮も焼かれてしまったではないか。その時どうして、かの大蒙古国の兵士たちを罰せられなかったのであろうか。これは、かの大蒙古国の大王の力が、この日本国の神よりもすぐれていたからであることは明らかである。それは襄王の蛇神は中国第一の神であったけれども、漢の沛公の利剣によって切り殺されたことから見ても考えられることである。

これと同じように、弓削《ゆげ》の道鏡が称徳天皇の寵愛《ちょうあい》を受けて、国王となろうとした時、和気清麿《わけのきよまろ》が勅命を受けて宇佐八幡宮に祈願を捧げた時に八幡大菩薩の御託宣に「そもそも、神には大神と小神、善神と悪神との

託宣に云く、夫《そ》れ神に大小・好悪あり、乃至《ないし》、彼《かれ》は衆《おお》く我《われ》は寡《すくな》し。邪は強く正は弱し。すなわちまさに仏力の加護《かご》を仰《あお》ぎて、ために皇緒を紹隆すべし」等と云云。まさに知るべし、八幡大菩薩は正法《しょうぼう》を力として王法をも守護し給ひけるなり。叡山・東寺等の真言の邪法をもつて権大夫殿《ごんのたいふ》を調伏《じょうぶく》せし程に、権大夫殿はかたせ給ひ、隠岐法皇《おきのほうおう》はまけさせ給ひぬ。「還著於本人《げんじゃくおほんにん》」とはこれなり。

今又日本国一万一千三十七の寺並に三千一百三十二社の神は、国家安穏のためにあがめられて候。しかるにその寺々の別当等、その社々の神主《こうぬし》等は、みな〱あがむるところの本尊と神との御心に相違せり。彼々《かれがれ》の仏と神とは、その身異体なれども、その心同心に法華経の守護神なり。別当と社主等は、或は真言師、或は念仏者、或は禅僧、或は律僧なり。皆一同に八幡等の御かたきなり。謗法不孝の者を守護し給ひて、正法の者を、或は流罪、

区別がある。（中略）彼《かれ》は多く我《われ》は少なく、邪神の勢力は強く、善神の勢力は弱い。そこで仏力の御加護によって皇位の継承を正しく隆盛にしなければならない」とあった。これによって八幡大菩薩は法華の正法を力として王法を守護されたことを知らなければならない。それであるのに、承久の変において、朝廷方では叡山や東寺や園城寺などの真言の邪法をもって、権大夫北条義時を調伏したために、かえって北条義時が勝って鎌倉方の世となり、隠岐の法皇（後鳥羽上皇）が負けたのである。法華経普門品に「祈った者がかえって罰を蒙る」とあるのはこのことをいわれたものである。

また日本国の一万一千三十七の寺々と三千一百三十二社の神々は、国家安穏のために祀《まつ》られ崇められているのである。ところが、その寺々の別当や社々の神主らは、すべて彼らが崇めているところの御本尊や神々の御心に相違している。それらの仏と神々とは、体は異なっていてもその心は同じで、法華経の守護神である。それなのに別当や神主らは、真言師や念仏者や禅僧や律僧であったりして、みなすべて八幡大菩薩の敵である。これらの謗法の者や仏・神に対して不孝の者を守護されて、正法の法華経を弘める行者日蓮を守護せずに、流罪や死罪に値《あ》わせたから、諸天の責めを受けて宝殿を焼かれたのである。日蓮の弟子たちの中で、謗法のなごりがまだ残っている者たちは、この御房（日蓮）は八幡大菩薩

或は死罪等に行はするゆへに、天のせめを被り給ひぬるなり。我《わが》弟子等の内、謗法《ほうぼう》の余慶《よけい》ある者の思ひていわく、この御房《ごぼう》は八幡をかたきとすと云云。これいまだ道理ありて法の成就せぬには、本尊をせむるということを存知せざる者の思ひなり。

付法蔵経《ふほうぞうきょう》と申す経に大迦葉尊者《だいかしょうそんじゃ》の因縁《いんねん》を説ひて云く、「時に摩竭国《まかこく》に波羅門《ばらもん》あり。尼倶《にく》律陀《りつだ》と名づく。過去の世において、久しく勝《しょう》業《ごう》を修《しゅ》し○財宝多く饒《ゆたか》にして巨富《こふ》無量なり○摩竭王に比するに千倍勝《まさ》れりとなす○財宝饒なりといえども、子息あることなし。自ら念《おも》わく、老《お》い朽《く》ちて死の時まさに至らんとす。庫蔵《くぞう》の諸物委付《いふ》するところなし。その舎《いえ》の側において樹林神あり。彼《か》の婆羅門《ばらもん》子を求むるがための故に、すなわち往《ゆ》きて祈請《きしょう》す。年歳を経歴《きょうりゃく》すれども微応《みおう》だになし。時に尼倶律

を敵とするから守護がないのだと思っている。これは祈願した方に祈願が成就すべき正しい道理があるにもかかわらず、祈願が成就しない場合には、その祈願の対象である本尊を責めるということを知らない者の考えることである。

八幡諫暁の必然の理由

付法蔵経の巻一の中に大迦葉尊者の因縁を説いて「ある時、摩竭陀国に尼倶律陀《にくりつだ》という婆羅門があった。過去の世において長い間多くの善根を積んだ功徳によって(中略)現世に豊かな財宝を有し、巨万の富を蔵していた(中略)その富は摩竭陀国王より千倍もすぐれていた(中略)財宝は豊かであったけれども、子供が一人もなかった。そこでその婆羅門が思うには、自分は年老いて死が近づいてきたが、蔵に満ちている財宝を譲るべき者もいない、何としても子供が欲しいものだと。そこで婆羅門はその家のそばの樹林神に、一人の子を授けたまえと祈請をささげたのである。しかし幾年を経ても、いっこうに効験がなかった。そこで尼倶律陀は大いに怒って、樹林神に向かっていうには、自分は祈請をささげてすでに数年を経ているのに、いまだに何の福報もない。これからさらに

陀大いに瞋忿《いかり》を生じて、樹神に語つて曰く、我れ汝に事《つか》えてより来《このかた》、すでに年歳を経《ふ》れども、すべてために一の福応を垂るるを見ず。今まさに七日至心に汝に事《つか》うべし。もしまた験《しるし》なくんば、必ず相焼剪《あいしょうせん》せんと。明かに樹神聞き已《おわ》りて甚だ愁怖を懐《いだ》き、四天王に向ひて具《つぶさ》にこの事を宣《の》ぶ。ここにおいて四王往《ゆ》いて帝釈《たいしゃく》に白《もう》す。帝釈閻浮提《えんぶだい》の内を観察するに、福徳の人の彼の子となるに堪うるなし。すなわち梵王《ぼんのう》に詣《もう》で広く上《かみ》の事を宣《の》ぶ。その時に梵王天眼《てんげん》をもつて観見するに、梵天のまさに命《みょう》終《じゅう》に臨《のぞ》むべきあり。しかしてこれに告《つ》げて曰く、汝もし神を降さばよろしくまさに彼の閻浮提界の婆羅門の家に生ずべし。梵天対《こた》えて曰く、婆羅門の法悪邪見《あくじゃけん》多し。我れ今その子となること能《あた》わざるなりと。梵王また言く、彼の婆羅門大威徳あり。閻浮提の人往《ゆ》きて生ずるに堪うるなし。汝必ず彼に生ぜば吾相護《われあいまも》りて終《つい》に汝をして邪見に入らしめざらん。梵

七日の間一心に祈請をこらすが、それでも何の福報もなければ、ただちに祠を焼き払うであろう、と。樹神はこれを聞いて大いに心を痛め、四天王に向かってこのことを告げた。四天王はさらにこれを帝釈天に言上したのである。そこで帝釈天は広く世界中をご覧になったけれども、尼倶律陀の子とするに足るような福徳をもった者がいなかった。そこで帝釈天は梵天王にこのことを告げられたのであった。梵天王が天眼をもって広く世界中をご覧になると、ちょうど一人の梵天がまさに臨終を迎え死せんとしているのが見えた。そこで梵天王は彼に向かって、汝もし天から下界に生まれ変わるならば、閻浮提の尼倶律陀婆羅門の家に生まれよといった。その梵天が答えていうには、婆羅門の法には悪見や邪見が多いから、自分はそのような者の子となることはできない、と。梵天王が重ねていわれるには、尼倶律陀婆羅門は大威徳があって、世界中に彼の子となって生まれるほどの者がないから、もし汝がかの婆羅門の家に生まれるならば、自分が汝を護って邪見に陥らないようにしてやろう、と。そこで梵天は、それならば仰せの通りにしましょう、と答えた。この答えを得た梵天王は帝釈天にこれを伝え、帝釈天は樹神にこのことを伝えたのである。樹神はこれを聞いて大いに喜び、婆羅門の家へ行っていうには、汝はもはや我を恨んではならない。これより七日の後に必ず汝の願いはかなうであろうと。はたして七日を経て婆羅門の妻が懐妊し、

天曰く、諾《だく》、敬《つつしん》で聖教《しょうぎょう》を承《う》けんと。ここにおいて、帝釈すなわち樹神に向いてかくのごとき事を説く。樹神歓喜して尋《つい》でその家に詣《いた》りて婆羅門に語らく、汝今また恨《うらみ》を我《われ》に起すことなかれ。却《さ》つて後《のち》七日まさに卿《きょう》が願を満《み》すべし。七日に至つてすでに婦《つま》始て身《はら》むことあるを覚え、十月を満足して一《ひと》りの男児を生めり。乃至、今の迦葉《かしょう》これなり」と云云。「時に応じて尼倶律陀《にくりつだ》大いに瞋忿《いかり》を生ず」」等と云云。常のごときんば、氏神に向ひて大瞋《だいしん》恚《に》を生ぜん者は、今生には身をほろぼし、後生には悪道に堕《お》つべし。しかりといえども、尼倶律陀長者、氏神に向いて大悪口・大瞋恚を生じて、大願を成就し、賢子をまうけ給ひぬ。まさに知るべし、瞋恚は善悪に通ずるものなり。

今日蓮は去ぬる建長五年〈癸丑《みずのとうし》〉四月二十八日より、今弘安《こうあん》三年〈太歳庚辰《たいさいかのえたつ》〉十二月にいたるまで二十八年が間、また他事なし。ただ

十か月を満ちて一人の男児を生んだ。（中略）それが今の大迦葉尊者である」と記されている。この経文の中に「少しの効験もなかったので、尼倶律陀は大いに怒って」と記してある。普通の場合ならば、いやしくも氏神に向かって怒りを生じたならば、現世では身を亡ぼし、後生には悪道に堕ちねばならない。しかしながら、尼倶律陀長者は、氏神に向かって怒りを起こし、悪《あ》しざまにののしったことによって、かえって大願を成就し、迦葉のような賢い子を得たのである。これによって、怒りというものは、善にも悪にも通ずるものであることを知らねばならない。今、日蓮が八幡大菩薩を諫暁するのは、善の場合である。

今、日蓮は去る建長五年（一二五三）四月二十八日から、今年弘安三年（一二八〇）十二月にいたるまでの二十八年の間、ただひたすらに妙法蓮華経の五字七字を日本国の一切衆生の口に唱えさせようと努めてきたの

妙法蓮華経の七字五字を日本国の一切衆生《しゅじょう》の口に入れんとはげむ計りなり。これすなわち母の赤子の口に乳を入れんとはげむ慈悲なり。これまた時の当らざるにあらず。すでに仏記《ぶっき》の*五々百歳《ごごひゃくさい》に当れり。天台・伝教の御時は時いまだ来《きた》らざりしかども、一分《いちぶん》の機ある故、少分流布《るふ》せり。いかにいわんや、今はすでに時《とき》いたりぬ。たとい機なくして水火をなすとも、いかでか弘通《ぐずう》せざらむ。ただ不軽《ふきょう》のごとく大難《だいなん》には値《あ》ふとも、流布せん事疑ひなかるべきに、真言・禅・念仏者等の讒奏《ざんそう》に依りて、無智の国主等留難《るなん》をなす。これを対治すべき氏神八幡大菩薩、彼等《かれら》の大科を治せざるゆへに、日蓮の氏神を*諫暁《かんぎょう》するは道理に背くべしや。尼倶律陀長者が樹神をいさむるに異ならず。〔蘇悉地経《そしっちきょう》に云く、「本尊を治罰すること、鬼魅《きみ》を治するがごとし」〕等と云云。文の心は、経文のごとく所願を成ぜんがために、数年が間、法を修行《しゅぎょう》するに成就せざれば、本尊を

であって、それ以外の何もなかった。これはちょうど母親が赤子に乳を飲ませようと一生懸命に励むのと同じ慈悲の心である。このような法華経の弘通《ぐずう》は、まさしく法華経を説くべき時が来たからであって、仏が自分の滅後第五の五百歳末法のはじめに大白法の法華経を弘めよと予言された、その末法の時代に当たっているからである。天台大師や伝教大師の時代は、まだ像法の時代であったから、法華経流布の時に当たっていなかったのであるが、少しは法華経の機根もあったから、少々は法華経が流布したのである。いうまでもなく今はまさしく末法の時代、仏の予言された後五百歳広宣流布の時である。すでに時期が到来したのであるから、たとえ法華経の機根が少なく、水と火とのように敵対をなす機根ばかりであっても、どうしても法華経を弘通しなければならないのである。不軽菩薩のように折伏《しゃくぶく》弘通のために大難に値うようなことがあっても、ただひたすら法華経を弘通すれば、必ず流布することは疑いないのである。それにもかかわらず、真言宗や禅宗や念仏宗の者たちの讒奏によって、無智の国主が日蓮を迫害し難を加えて、法華経の弘通を妨げるのである。これら無智謗法の者たちを治罰すべきはずの氏神の八幡大菩薩が、少しも彼らの謗法の大罪を治罰しないから、日蓮が氏神を諫暁するのであって、これは決して道理に背くものではない。ちょうど尼倶律陀長者が樹神を諫暁したのと少しも違いはないのである。蘇悉地経の

或はしばり、或は打ちなんどせよととかれて候。相応《そうおう》和尚の不動明王《ふどうみょうおう》をしばりけるはこの経文を見たりけるか。これは他事にはにるべからず。日本国の一切の善人が、或は戒を持ち、或は布施を行ひ、或は父母等の孝養のために寺塔を建立《こんりゅう》し、或は成仏得道《じょうぶつとくどう》のために妻子をやしなうべき財《たから》を止《とど》めて諸僧に供養をなし候に、諸僧謗法者《ほうぼうしゃ》たるゆへに、謀反《むほん》の者を知らずしてやどしたるがごとく、不孝の者に契《ちぎ》りなせるがごとく、今生《こんじょう》には災難を招き、後生《ごしょう》も悪道に堕《お》ち候べきを扶《たす》けんとする身なり。しかるを日本国の守護の善神等、彼等に与《くみ》して正法の敵となるゆへに、此《これ》をせむるは経文のごとし。道理に任《まか》せたり。

成就具支法品には「本尊が祈りを成就せしめない時には、その本尊を治罰せよ、本尊を治罰するには、鬼魅を退治するようにせよ」と説かれている。この経文の心は、経文の通りに所願を成就するため、多年の間修法を行なっても成就しない時には、本尊を縛ったり、打ったりなどして責めよ、というのである。比叡山東塔無動寺の開山・相応和尚が不動明王を縛りあげて祈ったというのは、この経文を見たからであろう。今、日蓮が八幡大菩薩を諫暁するのは、尼倶律陀長者や相応和尚の場合とはまったく異なっている。なぜならば、日本国の一切の善人が、戒律を持《たも》ったり、布施をしたり、父母先祖などの孝養のために寺塔を建立したり、成仏得脱のために妻子を養うべき財物を止めて僧たちに供養をしたりしているが、その供養や布施を受ける僧たちが謗法の者であるから、ちょうど謀叛の人と知らずに宿を貸したような、また親不孝の者と知らずに夫婦の契りを結んだようなものであって、現世では種々の災難に値い、後生には必ず悪道に堕ちて苦しまなければならないのは必定である。それを、不憫《ふびん》と思い助けてやろうと努めているにもかかわらず、日本国の守護の善神たちは、かえって彼ら謗法の僧たちに味方して正法の敵となり、正法の行者を迫害するから、これを責めるのであって、これは経文の通りに行なっていることであり、道理にも契《かな》っているのである。

我《わが》弟子等が愚案《ぐあん》にをもわく、我が師は法華経を弘通し給ふとてひろまらざる上、大難の来《きた》れるは、真言は国をほろぼす・念仏は無間《むけん》地獄・禅は天魔の所為《そい》・律僧は国賊との給ふゆへなり。例せば道理ある問注《もんちゅう》に悪口《あっく》のまじわれるがごとしと云云。日蓮我《わが》弟子に反詰《ほんきつ》して云く、汝もししからば我が問《とい》を答へよ。一切の真言師・一切の念仏者・一切の禅宗等に向ひて南無妙法蓮華経と唱へ給へと勧進《かんじん》せば、彼等の云く、我が弘法《こうぼう》大師は法華経と釈迦仏とを戯論《けろん》・無明《むみょう》の辺域《へんいき》・力者《りきしゃ》・はき物とりに及ばずとかゝせ給ひて候。物の用にあわぬ法華経を読誦せんよりも、その口に我が小呪を一返もみつべし。一切の在家の者の云く、*善《ぜん》導《どう》和尚は法華経をば「千中無一《せんちゅうむいち》」、*法然《ほうねん》上人は「*捨閉閣抛《しゃへいかくほう》」、*道綽《どうしゃく》禅師は「未有一人得者《みういちにんとくしゃ》」と定めさせ給へり。汝がすゝむる南無妙法蓮

折伏の必要を説く

わが弟子たちの愚かな考えでは、わが師（日蓮）が法華経を弘通しながらいっこうに弘まらないばかりか、かえってしばしば大難に値うのは、「真言は国を亡ぼす悪法である、念仏は無間地獄に堕ちる悪業である、禅は天魔のすることである、律僧は国を賊する者である」と、四箇《しか》の格言をもって折伏するからである。たとえば、裁判において道理ある申し立てをしながら悪口を混じえるようなものである、などと思っている。そこでこのような弟子に対しては逆に問い返して、試みに汝らに問うが、すべての真言師・念仏者・禅宗の者どもに向かって、南無妙法蓮華経と唱えよと勧めてみよ。その時、かの真言師らは、「わが師弘法大師は法華経を戯論の法、釈尊を迷いの分斉《ぶんざい》である、駕籠《かご》かきや草履《ぞうり》取りにも及ばない、などと書かれている。そのような物の役にも立たない法華経を読むよりも、その口で真言の短い呪文を一回でも誦した方がましである」などというであろう。またすべての在家の者、すなわち念仏者らは、「わが善導和尚は『法華経によって成仏する者は千人の中に一人もない』といい、法然上人は『念仏の他のすべての仏や経々を捨てよ閉じよ閣《お》けよ抛《なげう》てよ』といわれ、道綽禅師は『念仏以外の教えで得道した者はまだ一人もいない』と定められている。汝の勧める南無妙法蓮華経は、わが

華経は我が念仏の障《さわり》なり。我等たとひ悪をつくるともよも唱へじ。一切の禅宗云く、我《わが》宗は教外別伝《きょうげべつでん》と申して、一切経の外《ほか》に伝へたる最上の法門なり。一切経は指のごとし。禅は月のごとし。天台等の愚人は指をまほて月を亡《うしない》たり。法華経は指なり。禅は月なり。月を見て後は、指は何のせんかあるべきなんど申す。かくのごとく申さん時は、いかにとしてか南無妙法蓮華経の良薬《ろうやく》をば彼等が口には入るべき。仏はしばらく阿含経を説き給ひて後、彼《か》の行者を法華経へ入れんとたばかり給ひしに、一切の声聞等、阿含経に著《じゃく》して法華経へ入らざりしをば、いかやうにかたばからせ給ひし。これをば仏説いて云く、「たとひ五逆罪は造るとも、五逆の者をば供養すとも、罪は仏の種とはなるとも、彼等が善根《ぜんごん》は仏種《ぶっしゅ》とならじ」とこそ説かせ給ひしか。

小乗・大乗はかわれども同じく仏説なり。

念仏の妨げであるから、たとえ悪業を造ることがあっても、決して題目などは唱えない」というであろう。また一切の禅宗の者は、「わが宗は教外別伝といって、一切経のほかに、別に心から心へ伝えたところの法門である。たとえていえば、禅は天の月、一切経はその月をさす指のようなものである。ところが天台大師などの愚かな人師は方便としての指を大切に思って肝心の月を忘れている。法華経は指で、禅は月である。月を見てしまった後は、指は何の用もない」などというであろう。このように他宗の者どもが法華経を謗っていう時に、どうしたら南無妙法蓮華経の良薬を彼らの口に飲ませることができるか、彼らの迷いをさますことができるか、よくよく考えてみるがよい、と。教主釈尊はしばらくの間小乗阿含経を説かれてから後に、徐々に彼ら二乗の徒を法華経へ導き入れようと思《おぼ》し召されたのであった。ところが一切の声聞たちは阿含経に執著して法華経へ入らなかったのを、釈尊はどのように御処置されたのであろうか。このことを仏は維摩経の仏道品に「たとえ父・母・阿羅漢を殺し、仏身から血を出し、和合僧を破るという五逆罪を犯そうとも、また五逆罪を犯した者を供養するとも、また罪悪が成仏の種子となることがあろうとも、彼ら二乗の善根は決して成仏の種子とはならない」と説かれている。

教法は小乗と大乗と異なっていても、同じ仏の説かれた経である。大大が小を破して小を大となすと、大を破して法華経に入ると、大小は異なれども、法華経へ入れんと思ふ志はこれ一なり。されば無量義経に大を破して云く、「未《み》顕《けん》真《しん》実《じつ》」と。法華経に云く、〔「此の事《じ》はさだめて不可なり」〕等と云云。仏自《みずか》ら云く、「我れ世に出《いで》て華厳・般若等を説きて法華経をとかずして入涅槃《にゅうねはん》せば、愛子に財《たから》をしみ、病者に良薬《ろうやく》をあたへずして死したるがごとし」。仏自ら記《き》して云く、「地獄に堕《お》つべし」と云云。不可と申すは地獄の名なり。いわんや法華経の後、爾前《にぜん》の経に著《じゃく》して法華経へうつらざる者は、大王に民の従《した》がはざるがごとし。親に子の見《まみ》へざるがごとし。

たとひ法華経を破せざれども、爾前の経々をほむるは法華経をそしるに当《あた》れり。〔妙楽《みょうらく》

乗が小乗を破斥して小乗を大乗にしようとするのと、その大乗の中でも権大乗を破斥して実大乗の法華経に入れるのと、破斥の対象に大小の相異はあるけれども、法華経へ導き入れようと思う心は一つである。そこで法華経の序分である無量義経には、法華経以前に説かれたもろもろの大乗経を破斥して「仏の真実の意はまだ説き顕わさない」と説かれ、また法華経方便品には「余経を説いて法華経を説かないのは、法を惜しんだことになるから、このことは疑いもなくよくないことである」と説かれた。すなわち仏はみずから「われ、もしこの世に出でて、華厳経や般若経などの諸経を説いて、法華経を説かずに入滅したならば、それはたとえば愛する子に財産を譲ることを惜しみ、病人に良薬を与えずに死に至らしめるようなものである」といわれ、さらに仏は「法華経を説かない慳貪《けんどん》の罪によって地獄に堕ちるであろう」といわれている。法華経の文に「此の事《じ》はさだめて不可なり」といわれた「不可」というのは地獄の異名であって、地獄に堕ちるということをいわれたものとみるべきである。まして法華経を説かれた後に、なお未顕真実の法華経以前の経々に執著して、法華経へ移ってこない者は、ちょうど人民が大王の命令に従わないようなものであり、子供が親に仕えないようなものである。

たとえ直接法華経を謗らなくとも、法華経以前の経々を讃めるならば、それは法華経を謗るのと同じである。ゆえに妙楽大師は法華文句記の巻

云く、「もし昔を称歎《しょうたん》せば、あに今を毀《そし》るにあらずや」と〈文〉。又云く、「発心《ほっしん》せんと欲すといえども、偏円《へんえん》を簡《えら》ばず、誓《ちかい》の境を解《さと》らざれば、未来に法を聞くとも、何ぞよく謗を免《まぬが》れん」」等と云云。真言の善無畏《ぜんむい》・金剛智《こんごうち》・不空《ふくう》・弘法《こうぼう》・慈覚《じかく》・智証《ちしょう》等は、たとひ法華経を大日経に相対して勝劣を論ぜずして、大日経を弘通すとも、滅後に生《う》まれたる三蔵・人師なれば謗法《ほうぼう》はよも免《まぬが》れ候はじ。いかにいわんや善無畏等の三三蔵は、法華経は略説、大日経は広説と同じて、しかも法華経の行者を大日経えすかし入れ、弘法等の三大師は法華経の名をかきあげて戯論《けろん》なんどかゝれて候を大科を明《あき》らめずして、この四百余年、一切衆《いっさいしゅ》生《じょう》を皆謗法の者となりぬ。例せば、大荘厳《だいしょうごん》仏《ぶつ》の末の四比丘が六百万億那由佗の人を皆無《む》間《けん》地獄に堕《お》とせると、師子音王仏《ししおんのうぶつ》の末の勝意《しょうい》比丘《びく》が無量無辺の持戒の比丘・比丘尼・うばそく・うばいを皆阿鼻大城《あびだいじょう》に導きしと、今の

三に、「もし法華経以前の経々を讃めるならば、それは法華経を毀ることになる」とも、また巻四には「たとえ発心して仏道修行を志しても、不完全な教えか完全な教えかの区別を知らず、また、仏の誓いの境地、すなわち一切衆生を救うという根本目的を解《さと》らなければ、未来に法を聞いて修行しても謗法の科《とが》を免れることはできない」ともいわれている。真言宗の善無畏・金剛智・不空・弘法・慈覚・智証などの人びとは、たとえ法華経と大日経とを比較して、大日経がすぐれているなどと言わないで、ただ大日経だけを弘めたとしてもそれは妙楽大師のいう昔の称歎であり、仏が法華経を説かれて入滅された後に生まれた三蔵人師たちであるから、偏円を簡《えら》ばず仏の出世の根本目的を解《さと》らないので、とうてい謗法の科を免れることはできない。まして善無畏・金剛智・不空の三人は、「法華経は略説であり、大日経は広説である」などと二経を同じものとして、法華経の行者を大日経へだまして誘い入れ、弘法・慈覚・智証の三人は、法華経に「第三戯論」などという名をつけた大謗法の者であるのに、彼らの謗法の大罪を誰も明らかにする者がいなかったから、この四百余年の間に一切衆生はみな謗法の者となってしまったのである。例をあげていえば、昔、大荘厳仏の時代の末に、苦岸《くがん》・薩和多《さわた》・将去《しょうこ》・跋難陀《ばつなんだ》という四人の僧が出て、六百万億那由他という無数の人びとをことごとく無間地獄に堕《お》としたのと、また師子音王仏の末の世に出た勝意

三大師の教化《きょうけ》に随ひて、日本国四十九億九万四千八百二十八人の一切衆生、また四十九億等の人々、四百余年に死して無間地獄に堕《お》ちぬれば、その後他方世界よりは生れてまた死して無間地獄に堕ちぬ。かくのごとく堕つる者は大地微塵よりも多し。これ皆三大師の科《とが》ぞかし。これを日蓮ここに大《おおい》に見ながらいつわりをろかにして申さずば、倶《とも》に堕地獄《だじごく》の者となて、一分の科なき身が十方の大阿鼻地獄を経《へ》めぐるべし。いかでか身命《しんみょう》をすてざるべき。〔涅槃経に云く、「一切衆生の異《い》の苦を受くるは、悉くこれ如来一人《いちにん》の苦なり」等と云云。日蓮云く、「一切衆生の同一の苦は、悉くこれ日蓮一人の苦なり」〕と申すべし。

比丘が、喜根《きこん》比丘をはじめ戒律を持《たも》っていた多くの僧や尼や信男・信女たちを迷わせてすべて阿鼻地獄に導いたのと同じように、今の弘法・慈覚・智証の三大師の教えに随って、日本国の四十九億九万四千八百二十八人の一切衆生や、また四十九億と数えられるような多数の人びとが、この四百余年の間に死んで無間地獄に堕ちてしまい、またその後、他方の世界からこの国に生まれかわってきた者も同じように死んでから無間地獄に堕ちてしまったのである。このようにくり返し無間地獄に堕ちた者の数は実に大地微塵《みじん》の数よりも多いのである。これらはみな、三大師の罪である。このような悲惨なありさまをみながら、知らぬふりをしていわなかったならば、日蓮もともに地獄に堕ちて、わが身には一分の罪もない身が、十方の大阿鼻地獄を経《へ》廻《めぐ》らなくてはならないであろう。こう考えてみれば今生《こんじょう》の身命を惜しんでどうして黙って見ていられようか、身命を捨てて法華経の弘通に努めなくてはならない。涅槃経の第三十八の迦葉品に、仏は「一切衆生がそれぞれの業因によって受けるさまざまな苦しみは、ことごとくこれ如来一人の苦しみである」と述べて一切衆生の多様な苦を仏が代わって受けようと説かれたが、それと同じく、いま日蓮は「一切衆生が受ける同一の堕地獄の苦しみは、みな日蓮一人の苦しみである」といわねばならない。

平城《へいぜい》天皇の御宇《ぎょう》に八幡の御《ご》託宣《たくせん》に云く、〔「我《われ》はこれ日本の鎮守八幡大菩薩なり。百王を守護せん誓願あり」〕等と云云。今云く、人王八十一・二代隠岐《おきの》法皇、三・四・五の諸皇すでに破られ畢《おわ》んぬ。残る二十余代今捨て畢んぬ。すでにこの願《がん》破るるがごとし。日蓮料簡して云く、*百王《ひゃくおう》を守護せんと云ふは、正直の王百人を守護せんと誓ひ給ふ。〔八幡の御誓願に云く、「正直の人の頂《いただき》をもつて栖《すみか》となし、諂曲《てんごく》の人の心をもつて亭《やど》らず」〕等と云云。それ月は清水に影をやどす、濁水にすむ事なし。王と申すは不妄語の人、右大将《うだいしょう》家《け》・権大夫殿《ごんのたいふどの》は不妄語の人、正直の頂《いただき》、八幡大菩薩の栖《す》む百王の内なり。

八幡の守護を期待する

昔、第五十一代平城天皇の御代に、八幡大菩薩が託宣されて「われは日本国守護の八幡大菩薩である。日本国の百王を守護するという誓願を持っている」といわれた。しかし今よく考えてみると、人王第八十一代安徳天皇・八十二代後鳥羽天皇・八十三代土御門《つちみかど》天皇・八十四代順徳天皇・八十五代仲恭《ちゅうきょう》天皇の諸王が、すでに臣下である源頼朝や北条義時のために打ち破られ、残りの二十余代の諸王は、八幡大菩薩が宝殿を焼いて天に上《のぼ》られたのであるから、見捨てられてしまったのである。そうとすれば、百王守護の誓願はもはや破れてしまったのではないだろうか。日蓮の考えでは、百王守護というのは、順番に百代までの王を守護するというのではなく、とくに正直の王百人を守護すると誓われたものであろう。それは八幡大菩薩の御誓願に「正直の人の頂を栖《すみか》とし、邪《よこしま》な人の心には住まない」とあるからである。月というものは清《す》んだ水には影を写すが、濁った水には影を写さないものである。それと同じく、八幡大菩薩も清く正直な人の頂には住まれるが、濁った不正直な人の心には住まないのである。元来、王というのは嘘をつかない正直な人をいうのである。この点からみれば、右大将源頼朝や権大夫北条義時は不妄語の人であり正直の人であって、八幡大菩薩の住まれる百王の内に入ってい正直《しょうじき》に二あり。一には世間の正直。王と申すは天人地の三を串《つらぬく》を王と名づく。天人地の三は横なり。たつてん（立点）は縦なり。王と申すは黄帝《こうてい》中央の名なり。天の主・人の主・地の主を王と申す。隠岐の法皇は名は国王、身は妄語の人、横人なり。権大夫殿は名は臣下、身は大王、不妄語の人、八幡大菩薩の願ひ給ふ頂なり。二には出世の正直と申すは、爾前《にぜん》七宗等の経・論・釈は妄語、法華経・天台宗は正直の経・釈なり。本地《ほんじ》は不妄語の経の釈迦仏、迹《しゃく》には不妄語の八幡大菩薩なり。八葉《はちよう》は八幡、中台は教主釈尊なり。四月八日寅の日に生れ、八十年を経て二月十五日申《さる》の日に隠れさせ給ふ。あに教主の日本国に生れ給ふにあらずや。〔大隅《おおすみ》の正八幡宮《しょうはちまんぐう》の石の文に云く、「昔霊鷲山《りょうじゅせん》にありて妙法華経を説き、今正宮の中にありて大菩薩と示現《じげん》す」等と云

るのである。それゆえに彼らは八幡大菩薩の守護を受けて勝利することができたのである。

正直にも二種あって、一には一般世間の正直であり、二には出世間仏法の正直である。はじめに一般世間の正直についていえば、王という字は、天と人と地とを貫くという意であって、天人地の三は横で、貫《つらぬ》いているのは縦の一本である。すなわち天人地の三を一貫する正直の道を行なう人を王というのである。また王というのは黄色のことで、古代中国において五色を五方に配する時、黄色は中央に配され中央を主宰するから黄帝といわれるように、中心となるもののことである。天の主・人の主・地の主をすべて王というのである。ところが隠岐の法皇は名は国王であったが、身は妄語の人であり、よこしまな考えの人、不正直の人であった。これに対し権大夫北条義時は名は臣下であったが、身は大王というべき人であり、不妄語の人、正直の人であったから、八幡大菩薩が守護すると誓願された頭頂《こうべ》の持ち主であったのである。二に出世間仏法の正直というのは、法華経以前の諸経やそれにもとづいて立てられた七宗などの経論釈はみな妄語であり、法華経とこれにもとづく天台宗とは正直の経釈である。八幡大菩薩は、その本地を尋ねると不妄語の経を説かれた釈迦仏で、垂迹の身と現われては不妄語の八幡大菩薩である。八葉の蓮華は八幡大菩薩であり、その中台は教主釈尊である。釈尊は四月

云。法華経に云く、「今此《こ》の三界」等と云云。また「常に霊鷲山にあり」」等と云云。遠くは三千大千世界の一切衆生は釈迦如来の子なり。近くは日本国四十九億九万四千八百二十八人は八幡大菩薩の子なり。今日本国の一切衆生は八幡をたのみ奉るやうにもてなし、釈迦仏をすて奉るは、影をうやまつて体をあなづる、子に向ひて親をのる(詈)がごとし。本地は釈迦如来にして月氏国に出でては、「正直捨方便」の法華経を説き給ひ、垂迹《すいじゃく》は日本国に生れては正直の頂《いただき》にすみ給ふ。

諸《もろもろ》の権化《ごんげ》の人々の本地は法華経の一実相なれども、垂迹の門は無量なり。いわゆる髪倶《はく》羅《ら》尊者は三世に不殺生戒《ふせつしょうかい》を示し、鴦崛摩羅《おうくつまら》は生々《しょうじょう》に殺生を示す。*舎利弗《しゃりほつ》*は外道となり、

八日寅の日の御誕生で、八十年を過ぎた二月十五日申の日の御入滅である。こうしてみると教主釈尊が日本国に八幡大菩薩と生まれかわられたものではないだろうか。その証拠には、大隅の正八幡宮の石の銘文に「昔は霊鷲山にあって妙法蓮華経を説き、今は正宮の中にあって大菩薩の姿を現わす」と書いてある。法華経譬喩品には「今この三界は、みなこれわがものであり、その中の衆生はすべてわが子である」と説かれており、また寿量品には「われは常に娑婆世界の霊鷲山にあって説法教化す」とも説かれている。それゆえに、遠くは三千大千世界の一切衆生はすべて釈迦如来の御子であり、また近くは日本国四十九億九万四千八百二十八人は八幡大菩薩の子である。それにもかかわらず今の日本国の一切衆生が、垂迹応現の八幡大菩薩を崇《あが》めたてまつって、本地の釈迦仏を捨ててしまったのは、ちょうど影を大切にして本体を侮《あなど》り、子供に向かって親を罵《ののし》るようなものである。八幡大菩薩の本地は釈迦如来であって、月氏インドに生まれては正直に方便経を捨ててただ真実の法華経を説かれ、垂迹は日本国に生まれて正直の人の頂に住まわれるのである。

　もろもろの仏や菩薩が衆生救済のため種々に身をかえて現われた人びとの本地を尋ねると、法華経の実相の一理であるけれども、垂迹の応現には限りがないのである。たとえば、薄倶羅《はくら》尊者が過去・現在・未来の三世にわたって不殺生戒の手本を示し、また鴦崛摩羅が生まれかわり死

〔かくのごとく〕門々不同なる事は、本凡夫《もとぼんぶ》にしてありし時の初発得道《しょほっとくどう》の始を、成仏の後化《け》他門《たもん》に出《い》で給ふ時、我が得道の門を示すなり。〔妙楽大師云く、「もし本《ほん》に従《したが》ひて説かばまたかくのごとし。昔殺《せっ》等の悪の中においてよく出離《しゅつり》す。故にこの故に迹の中にまた殺をもつて利他《りた》の法門となす」〕等と云云。今の八幡大菩薩は本地は月氏《がっし》の不妄語の法華経を、迹に日本国にして正直の二字となして、賢人の頂にやどらむと云云。もししからば、この大菩薩は宝殿をやきて天にのぼり給ふとも、法華経の行者日本国にあるならば、その所に栖み給ふべし。

〔法華経の第五に云く、「諸天、昼夜に常に法のための故に、しかもこれを衛護《えいご》す」〕と〈文〉。経文のごとくば、*南無妙法蓮華経と申す人をば、*大梵天・*帝釈・日月・四天等昼夜に守護すべしと見えたり。〔また第六の巻に云く、「或は己身《こしん》を説き、或は他身《たしん》を説き、

にかわり殺生の悪業を行ない、舎利弗尊者が外道の家に生まれたように、それぞれ垂迹の姿が異なっていることは、もと凡夫であった時のことを、発心して仏道に入り、修行を積んで仏となって衆生を教化する場合に、最初に自分が得道した法門として見せるがためである。ゆえに妙楽大師は摩訶止観弘決の巻二に「もし本地に従って説くならば、はじめ殺生などの悪を犯してその因縁によって悟りを得たのであるから、垂迹の中でもまた殺生を方便として衆生を教え導くのである」といわれている。今の八幡大菩薩は本地身としては月氏インドで唯一真実の法華経を説かれたが、今、日本国に八幡大菩薩として垂迹されては、かの法華経を正直の二字に収めて、賢人の頂に住むであろうと誓われたのである。もしそうであるならば、この八幡大菩薩はたとえ宝殿を焼いて天に上られようとも、法華経の行者が日本国にあるならば、必ず降《くだ》ってその行者の住処を栖《すみか》とされ守護されるに違いない。

ゆえに法華経の第五巻の安楽行品には「諸天は昼夜に常に法のために行者を守護される」と説かれている。この経文の通りならば、南無妙法蓮華経と唱える人をば、大梵天王・帝釈天・日天・月天・四天王などが昼夜に必ず守護されるはずである。また第六の巻の如来寿量品には、「仏身を説いたり、九界の身を説いたり、仏界の身を現わしたり、九界の身を現わしたり、仏界のさまざまなことがらを見せたり、九界の衆生

或は己身を示し、或は他身を示し、或は己事《こじ》を示し、或は他事を示す」と〈文〉。観音《かんのん》なお三十三身を現じ、妙音《みょうおん》また三十四身を現じ給ふ。教主釈尊何ぞ八幡大菩薩と現じ給はざらんや。〔天台云く、「すなわちこれ形を十界に垂れて種々の像《ぞう》をなす」〕等と云云。

天竺国をば月氏国と申す、仏の出現し給ふべき名なり。扶桑《ふそう》国をば日本国と申す、あに聖人《しょうにん》出で給はざらむ。月は西より東に向へり。月氏の仏法の東へ流るべき相なり。日は東より出づ。日本の仏法の月氏へかへるべき瑞相なり。月は光あきらかならず。在世はただ八年なり。日は光明月に勝れり。五々百歳の長き闇を照すべき瑞相なり。仏は法華経謗法の者を治《じ》し給はず、在世にはなきゆへに。末法には一乗の強敵《ごうてき》充満すべし、*不軽《ふきょう》菩薩の利益《りやく》これなり。各々我《わが》弟子等はげませ給へ〳〵。

の業をみせたりする」とも説かれている。観世音菩薩でさえ三十三身を現じ、妙音菩薩もまた三十四身を現じて、衆生を救わんとするのであるから、教主釈尊がどうして八幡大菩薩と示現しないということがあろうか、必ず示現されるはずである。天台大師が法華玄義の巻七に「すなわちこれ形を十界に示して種々の姿を現ずる」といわれているのはこのことである。

日本の仏法が末法の闇を照らすこと

インドの国を月氏国というのは、月は明らかなものであるから、仏の出現したまうという名である。扶桑国をば日本国と呼ぶからには、どうして太陽のように明らかな聖人が出現されないはずがあろうか。月は西から東へ向かうが、これは月氏インドの仏法が東方へ流布するという相である。太陽は東から西へ向かうものであるが、これは日本の仏法が月氏インドへ還るという瑞相である。月の光は太陽ほどに明らかではない。それゆえ仏の御在世は法華経はただ八か年に過ぎなかった。太陽の光は月よりもすぐれている。これは第五の五百歳という末法の長い闇を照らす瑞相である。仏が法華経を謗る謗法の者を救済されなかったのは、仏の在世には謗法の者がなかったからである。末法には必ず一乗法華経の強敵がいたる処に充ち満ちるであろう。この時、不軽菩薩の折伏逆化の

弘安三年〈太歳庚辰〉十二月　日

日蓮花押

利益が得られるのである。末法の弘通はきわめて困難であるから、おのおのわが弟子たちは、一生懸命に不惜身命の弘通に励み精進しなくてはならない。

弘安三年〈太歳庚辰〉十二月　日

日蓮花押

語註

あ　行

あくちしき　悪知識　悪しき友、悪師のこと。善知識に対する語。悪法邪法を説いて人びとを迷わせ邪見に導く者や、仏道を妨げる者などをさす。法華経譬喩品に「悪知識を捨てて善友に親近する」と説く。日蓮聖人は、人の善心を破り、謗法に導く者を悪知識とし、法然をはじめ法華経修行を妨げる者を名ざしで批判している。

あごんきょう　阿含経　原始仏教（もっとも初期の仏教）の経典をいう。歴史上の釈尊が説いたと思われる言葉を数多く含んでおり、成立史的には華厳経よりも早い。長阿含・中阿含・増一阿含・雑阿含の四種を数える。日蓮聖人は天台の五時八教判にもとづき、阿含経は第二時、小乗の教えで、法華経よりも数段劣る経と断定している。

あじゃせおう　阿闍世王　中インド・マガダ国の王。提婆達多《だいばだった》にそそのかされて父の頻婆娑羅《びんばしゃら》王を殺し、母の韋提希《いだいけ》夫人を幽閉し、象に酒を飲ませて仏を殺そうとするなど、極悪人の象徴とされる。のちに心を改めて釈尊の教えに帰依し、仏滅後の経典結集《けつじゅう》の時には大檀越として外護した。日蓮聖人は、五逆罪を犯した悪人の阿闍世王も法華経の教えによって救われたと悪人成仏の実例とし、末法の人びとに法華信仰を勧める。

あしゅくぶつ　阿閦仏　梵語アクショービヤの音写で、不動・無動と訳す。阿閦仏国経などでは東方にある阿毘羅提《あびらだい》（妙喜・善快）国に住し、説法するという。法華経化城喩品《けじょうゆほん》では前生は大通智勝仏の十六王子の第一子で、東方に成仏し法華経を説法するという。涅槃経では歓喜仏の末世に殉教した有徳《うとく》王が阿閦の国に生じたと説く。密教では金剛界の五仏の一で大円鏡智発菩提心門を表す。日蓮聖人が立正安国論などに引用するのは涅槃経の記述。

あなん　阿難　原名はアーナンダで阿難陀と音写。釈尊の十大弟子の一人。提婆達多の弟で釈尊のいとこに当たる。侍者として釈尊に常随給仕し説法を聴聞することが多かったので、多聞第一と呼ばれる。釈尊滅後に仏典の結集《けつじゅう》が行なわれた時には、経典の誦出に重要な役割を果たした。日蓮聖人は法華流通史を述べる時、迦葉《かしょう》・阿難と並べ記し、正法時代の仏法流布の先駆者として評している。

あびじごく　阿鼻地獄　→むけんじごく　無間地獄

あみだきょう　阿弥陀経　一巻、鳩摩羅什訳。浄土三部経の一。西方極楽世界にあって説法している阿弥陀仏の功徳を説き、弥陀の名を唱えることによって極楽世界に往生できること、また六方の諸仏による証明などを説く。日蓮聖人は、天台智顗の五時教判にもとづき、阿弥陀経は第三方等部の方便権経であり、阿弥陀仏はこの娑婆世界の衆生とは無縁の仏であると批判し、念仏の無益を強調した。

あみだぶつ　阿弥陀仏　西方極楽世界の教主。無量寿経によれば、過去久遠の昔、世自在王《せじざいおう》仏のもとで悟りを求め出家した法蔵比丘が、衆生救済のため四十八願を立て、長い間の修行を経て仏と成り、西方極楽世界にあって今も説法していると説く。日蓮聖人は法華最勝の立場から、阿弥陀仏は久遠の本仏釈尊の垂迹にすぎず、娑婆世界の衆生とは無縁の仏であると説いて、念仏信仰を否定する。

あんねん　安然　八四一〜？。天台宗の人。五大院と号す。円仁・遍昭の二人に師事し、天台・真言の二教を究めた。五時五教判、四一教判を立てて天台密教（台密）の教相学を大成した。日蓮聖人は天台法華宗を密教化して、法華経と伝教大師とに背いた謗法の人師として、円仁・源信と並べて師子身中の三虫と厳しく批判している。

いこんとう　已今当　法華経法師品の文。「已《すで》に説き、今説き、当《まさ》に説かん」とある。仏みずから法華経は、すでに説かれた四十余年の大小乗の一切の諸経、今説かれた無量義経、まさに説かれるであろう涅槃経と比べて、もっともすぐれた経典であり、信じがたく解《さと》りがたい経典であると宣言した語。日蓮聖人はこの「已今当」の三字をもって法華最勝の証文とする。

いせつ　已説　↓いこんとう　已今当

いちぎょう　一行　六八三―七二七。中国真言宗の僧。一行阿闍梨、一行禅師と呼ばれる。禅・天台・戒律を学び、数学・天文学・暦学にも精通した。善無畏について密教を学び、大日経の翻訳を助け、注釈書である大日経疏を著わした。その注釈をする時に天台法華教学を用いたことから、日蓮聖人は、一行を天台の一念三千を盗み取り、仏法の邪正を混乱させたと批判している。

いちじょう　一乗　一仏乗ともいう。一つの乗物の意。乗物とは人びとを悟りに導く教えのこと。一乗を最も強調するのは法華経で「十方仏土中に唯《ただ》一乗の法のみありて二も無く三も無し」とある。一乗には唯一と統一の二意がある。法華経は教法だけでなく修行者の統一も説き、声聞・縁覚の成仏を説く。天台教学では開三顕一の語により統一の義を強調し、日蓮聖人も一仏乗の教えを法華経が諸経に勝る特色として重視した。

いちじょうようけつ　一乗要決　恵心僧都源信著、三巻。寛弘三年（一〇〇六）の著作。法華経の一乗思想を強調し、一切衆生に仏性が存することを明らかにして、法相宗の五性各別《ごしょうかくべつ》説を破折した。日蓮聖人は、源信の往生要集と一乗要決の述作の意図について、源信の本意は一乗要決を著わすことにあったと見て、仏の先権後実の化導にたとえている。

いちだいごじ　一代五時　釈尊が成道から入滅にいたる生涯に説いた大小乗の教えを、華厳・阿含・方等・般若・法華涅槃の五時に区別したもので、天台宗の所立。(1)華厳時。釈尊成道後三七日の間、菩薩らに華厳経を説く。(2)阿含（鹿苑）時。華厳経の後鹿野《ろくや》苑《おん》などで十二年間小乗の阿含経を説いた。(3)方等時。阿含の後八年間、維摩経・勝鬘経などの諸大乗経を説いた。(4)般若時。方等の後二十二年間、般若経を説いた。(5)般若の後八年間法華経を説き、入滅に際し一日一夜に涅槃経を説く。

いちだいしょうぎょう　一代聖教　一代とは釈尊が菩提樹の下で悟りを開いてから入滅するまでをいい、聖教とは釈尊が衆生を救済するために説いた教えをいう。全仏教をさす。天台智顗は一代聖教を五時八教に整理体系づけ、釈尊一代の説法の真意は法華経にあることを明らかにした。日蓮聖人も天台の説を受けつぎ、法華経の最勝真実を強調した。

いちねんさんぜん　一念三千　われわれ凡夫の一念（日常の一瞬の心）にも三千世間（全宇宙の現象）がそなわっているということ。法華経の究極の法門で、天台智《ち》顗《ぎ》が創説した。智顗は凡夫の心にそなわる仏界を見るべく思念をこらす止観の修行を説いた。日蓮聖人は一念三千の原理を妙法五字の信心に展開し、われわれ凡夫は妙法五字を受持することによって、本仏釈尊の因果の功徳を自然に受得することができると説いた。そして南無妙法蓮華経の題目を唱えることによって、釈尊の救いの世界につつみこまれ、成仏が実現するとして、題目受持の信心を末法の行法としたのである。

いちねんしんげ　一念信解　法華経分別功徳品の文。一念とは日常刹那のきわめて短い時間。寿量品の久《く》遠実成《おんじつじょう》を聞いて、わずかばかりも信仰を生ずること。法華経の信心修行の位で最初の初信の位をいう。分別品では一念信解の功徳は、六波羅蜜の中で般若波羅蜜を除く五波羅蜜(布施・持戒・忍辱・精進・禅定)の修行に百千万億倍すぐれると説く。日蓮聖人は、末法の修行は信心にあることを説く経証とする。

いっさいきょう　一切経　一切の経典の意味で、経・律・論の三蔵をはじめ、すべての仏教典籍をさす。大蔵経と同じ。日蓮聖人は、一切経を「仏の金言」とよんで絶対肯定する経典中心主義に立つが、一切経の中から法華経が仏の唯一真実の本懐を説いた経であると、法華経至上主義を主張した。

いっせんだい　一闡提　闡提とも略し、断善根、信不具足と訳す。善根を断じていて仏となることの可能性をもたない者、いかに修行しても絶対に悟ることのできない者をいう。法華経・涅槃経では闡提成仏の可能性を説く。日蓮聖人は、法華経をそしる謗法不信の者を一闡提とし、彼らも本仏釈尊の大慈悲により成仏できると説いて、法華経の救済の広大無辺さを強調する。

いん・しんごん　印・真言　印は印契《いんげい》・印相《いんぞう》の略で、仏・菩薩などの悟りの内容を手の指の形で表わしたもの。小指から親指までを順次に地水火風空の五大とし、左手を定、右手を慧とし、左右の十指で種々の相を作る。三密の身密にあたる。真言とは梵語マントラの訳で、陀羅尼ともいい、祈禱の際に唱える呪文をいう。三密の語(口)密にあたる。密教では手に印を結び口に真言を唱え意《こころ》に本尊を観ずることにより即身成仏を得ると説く。

うじこ　氏子　氏神をまつる人びとである氏人《うじびと》に対し、氏神の守護する地域に住み、その加護を受け、愛育されるものをいう。日蓮聖人は天照大神・八幡大菩薩を日本国守護の善神とみ、日本の衆生をその氏子とみていた。神に守護され養育される意味の氏子が現われるのは鎌倉時代後半であるから、諫暁八幡抄に見える氏子の語は、その意味で貴重な資料であると指摘されている。

うとくおう　有徳(得)王　釈尊の本生譚《ほんじょうたん》（過去世の因縁談）の一つで、涅槃経金剛身《こんごうしん》品に説かれる。正法を弘通する覚徳《かくとく》比丘を護って殉教戦死した王。日蓮聖人は仙予王の故事とともに正法護持・謗法対治の典型として高く評価し、謗法断罪の論拠とし、自らの折伏逆化の実践を支える経証とした。

えしんそうずげんしん　恵心僧都源信　九四二―一〇一七。平安中期の天台宗の僧。九歳で比叡山に登り良源に師事し、顕密二教を究めた。しかし名利を嫌って横川《よかわ》に隠棲し著述に従事。往生要集を著わして念仏を勧め、一乗要決を著わして法華一乗思想を強調し法相宗の五性各別説を破折した。日蓮聖人は初期の安国論などでは天台宗の先師と見ていたが、身延入山以後には浄土教発展の源をなしたとして、法華経師子身中の虫と厳しく批判した。

えんちょう　円澄　七七一―八三六。延暦寺第二代座主。十八歳で出家受戒し、二十七歳で比叡山に登り伝教大師最澄に師事し、天台教学の奥義を学ぶ。一方、空海について密教も学んだ。ゆえに日蓮聖人は、円澄は「半ば伝教の弟子、半ば弘法の弟子」と評する。しかし円澄が大日経の所属について中国天台の広修に質問し、第三方等部の所属と回答を得たから、聖人は円澄まては比叡山は法華の山であったと評している。

えんぶだい　閻浮提　閻浮は樹木の名、提は洲と訳す。仏教の宇宙観では、宇宙の中心に須弥山《しゅみせん》があり、その四方に四大洲があって、南を閻浮提という。われわれの住む世界、現実の人間世界、娑婆世界をいう。

えんぶにほん　閻浮日本　閻浮は南閻浮提《えんぶだい》のこと。須弥山《しゅみせん》の四方に世界があり、南方が閻浮提。のちに人間の住む世界をさす。世界の中の日本の意。南閻浮提は東・西・北の他の三州に比べ、仏に会う縁の深さにおいてすぐれている。その南閻浮提の中でも日本は法華経の流布する国で、もっともすぐれているとみる日蓮聖人の日本観を示す表現である。

おうじょう　往生　この世の命が終わって、他の世界（兜率《とそつ》天・三十三天・極楽世界など）に生まれること。浄土教では、現実の娑婆世界を厭い捨てて極楽世界に往き生まれることをいう。日蓮聖人は法華経本門の教説によって、われわれの生きている娑婆世界こそが真の浄土であると説いて、法然浄土教で主張する極楽往生を否定した。

おうじょうようしゅう　往生要集　恵心僧都源信著、三巻。永観三年（九八五）の著。源信が念仏による往生極楽を説く諸経論の要文を集め、念仏の易行を説いたもの。本書が契機となって法然浄土教が生まれ、念仏信仰の全盛を導くこととなった。日蓮聖人は、本書のはたした浄土教史上の意義を指摘し、恵心を法華経・伝教大師の師子身中の虫と厳しく批判している。

か　行

かくとくびく　覚徳比丘　涅槃経金剛身品《こんごうしんぽん》に説かれる過去世の正法を護持し弘めた持戒の比丘。有徳《うとく》王の外護を受けて正法の弘通に努めた。日蓮聖人はこの有徳王と覚徳比丘の故事をしばしば引用し、法華経を弘通したため迫害にあう自らの身を覚徳比丘になぞらえて、折伏弘教の宗教活動を支える経証としている。

かこしちぶつ　過去七仏　釈尊以前にこの世に現われたといわれ

る七仏のこと。毘婆尸《びばし》仏・尸棄《しき》仏・毘舎浮《びしゃぶ》仏・拘留孫《くるそん》仏・拘那《くな》含牟尼《ごんむに》仏・迦葉《かしょう》仏・釈迦牟尼仏をいう。

かしょう　迦葉　正しくは摩訶《まか》迦葉といい、仏の十大弟子の一人で、頭陀《ずだ》（衣食住に関する煩悩を払い除く修行）第一といわれた。法華経の会座《えざ》で光明如来の授記を受け、仏滅後は教団の中心にあって指導し、仏典の編集（結集《けつじゅう》）を行なった。付法蔵の第一として小乗教を二十年弘めた。日蓮聖人は迦葉への授記を二乗作仏の実例としてあげ、法華経が諸経に超勝することを強調している。

かじょうだいしきちぞう　嘉祥大師吉蔵　五四九―六二三。中国三論宗の教学を大成した僧。三論のみならず法華経、華厳経などの大乗経を講讃し、注釈書を著わした。三論玄義・法華玄論などがある。日蓮聖人は、嘉祥の法華経解釈は誤っており、ゆえに彼は後に謗法を懺悔して、講を廃し衆を散じて天台に帰伏したと評している。

かんき　勘気　国家権力、または主君・親父からとがめを受けること。また流罪・死罪などの罪科に処せられること。日蓮聖人は鎌倉幕府による伊豆・佐渡の流罪を「二度の御勘気」と記している。

かんぎょう　諫暁　いさめさとすこと。日蓮聖人は、釈尊が聴衆に向かって身命を捨てて法華経を末法に弘通するよう勧めたことを諫暁といった。さらにこの仏の勧めに従い、仏の使者として立正安国論の上奏をはじめとして、幕府や民衆に法華信仰を勧めた聖人の立正安国の運動を国家諫暁という。

かんぎょう　観経　観無量寿経のこと。浄土宗の根本聖典である浄土三部経の一つ。釈尊が韋提希《いだいけ》夫人のために、阿弥陀仏とその浄土の荘厳を説いたもの。中国の善導は観経疏を著わして、仏意はもっぱら弥陀の仏名を称《とな》えるにあるとした。法然源空はこれによって日本浄土宗を開き、専修念仏を広めた。日蓮聖人は天台の五時八教判にもとづき、第三方等部に属する方便権教にすぎないと批判している。

かんじほん　勧持品　法華経第十三章。宝塔品の仏滅後の弘経者募集に対して、本品では薬王らの菩薩や声聞が弘経の誓願を述べる。さらに八十万億の菩薩が滅後悪世に法難に耐えて弘経する不惜身命の決意を二十行の偈文で誓ったことを述べる。日蓮聖人は、二十行の偈をすべて色読体験し、法華経の行者、本化上行の自覚に立ったのである。

かんじょう　灌頂　密教で行なう儀式。伝法や受戒の時、また修行者が一定の地位にすすむ時に、受者の頭頂に水を灌《そそ》ぎかける儀式のこと。

かんじん　観心　己心《こしん》（自己の心）を観察すること。仏の教えを自己に内面化することで、観法・観行・観門などともいう。天台教学では一心三観を説く。日蓮聖人は信を重視して、妙法五字の題目を信心受持することが末法の観心であると説き、これを「事の一念三千」といった。

がんじん　鑑真　六八八―七六三。日本律宗の開祖。中国揚州江陽県の人。天台・律を学び、律を講じて盛名をあげる。日本僧の栄叡《ようえい》・普照の律僧招請に応じて渡日を試みること六度目の七五三年に来日。東大寺に戒壇院を建てて授戒の根本道場とし、後に唐招提寺を建て戒律の弘通に努めた。日蓮聖人は、鑑真は律宗と天台宗を伝えたが、律宗を弘めて天台宗を弘めなかったのは、法華経流布の方便としてであったという。

かんのん　観音　観世音菩薩のこと。新訳では観自在と訳す。一切衆生を観察して、自在に大慈大悲をもって救済することを本願とする菩薩。法華経普門品には、苦悩する衆生の求めに応じて三十三身の応現を示して救済することを説く。浄土教では阿弥陀仏の脇侍《きょうじ》として慈悲を表わし、弥陀の教化を助ける。日蓮聖人は、観音を爾前迹門《にぜんしゃくもん》の菩薩と位置づけ、また像法の時代に南岳大師と示現して法華経迹門を弘通したという。

かんふげんきょう　観普賢経　一巻。劉宋の曇摩密多《どんまみった》の訳（四四二年）。釈尊入滅の直前に大林精舎で説かれた。仏は三か月後に入滅すべきことを宣言し、法華経の受持と六根懺悔《さんげ》の法を説示した。その内容が法華経の最終章の普賢菩薩勧発品《かんぼっぽん》を承《う》けて説かれていることから、天台智顗《ちぎ》によって法華経の結経と判定され、法華三部経の一つとされる。

がんぽんのむみょう　元品の無明　衆生に本来そなわっているあらゆる迷妄、煩悩の中の最も根本的なものをいう。この元品の無明を断つことはむずかしく、日蓮聖人は法華経の「如来秘密《にょらいひみつ》神通之力《じんずうしりき》」という大利剣によらなければ仏に成ることができないと説く。

かんもん　勘文　「かもん」とも読み、勘状ともいう。神祇官や陰陽家《おんみょうけ》などが朝廷や幕府の諮問に応じて、日時・年号・故実・自然現象の異変などについて先例や吉凶を判断して上申した文書のこと。日蓮聖人は立正安国論を勘文と述べているが、勘文は公文書であるから、安国論は私の勘文というべきである。しかも安国論は災難対治の方法を提示している点からみれば、単なる勘文ではなく、諫暁書とみるべきである。

き　記　文章で書き記したもの。日蓮聖人遺文中には、次の三種の用例を見る。(1)妙楽大師が天台大師の法華文句を注釈した法華文句記の略称。「記の三に云く」などと見える。日蓮聖人は法華経の最勝真実を主張する時、天台の文句と並べて文句記を引用し、自義の援証とする。(2)未来記や予言書の文などをいう。「仏の記文」「天台大師の記」「聖徳太子の記」などと見える。(3)授記、記別（仏が未来成仏の保証を授けること）を略して「記」という。

き　機　機根、機縁などと熟し、本来自己の心性に有し、教法のために触発されて活動する心の働きをいう。弟子・修行者など教えを受ける衆生の能力や宗教的素質をいう。

ぎしん　義真　七八一―八三三。延暦寺第一代座主。中国語にたくみであったため最澄の通訳として入唐した。最澄の遺言により天台宗の後継者となり、最澄の遺志である大乗戒壇を築き、戒師となって大戒を授けた。著書に天台法華宗義集があるが、密教的色彩はまったくない。日蓮聖人は最澄の法華中心の仏法は義真までであったと評している。

ぎょうき　行基　六六八―七四九。奈良時代の僧。十五歳で出家し、法相宗を学んだが、後に民間布教を積極的に行なった。さらに架橋・作道・布施屋造立などの社会事業に尽力し、民衆から行基菩薩と崇められた。その民間布教は僧尼令違反として弾圧されたが、後に認められ大僧正に任ぜられた。日蓮聖人は、行基が法華経を知っていて弘通しなかったと記しているが、その根拠は明らかでない。

きょうそう　教相　教相判釈のことで、仏が一代に説かれた諸経の成立順序を体系的に整理し配列し、教義の浅深勝劣を明らかに分別し判定すること。天台智顗の五時八教や三種教相、日蓮聖人の五重相対や四種三段などがそれである。また観心に対して、その経の説かれるにいたった因縁や説法の趣旨、教理などを究明することをいう。

きんご　金吾　律令制の官名で、衛門府《えもんふ》の唐名。日本の左衛門尉《さえもんのじょう》は唐の官職の左金吾校尉に相当する。日蓮聖人の檀越のうち、大田乗明や四条頼基は左衛門尉に任ぜられていたから、聖人は大田金吾・四条金吾とよんでいる。金吾殿御返事は大田乗明（一二二二―一二八三）に与えられた書状で、大田氏は富木《とき》氏や曾谷《そや》氏とともに早くから聖人に帰依していた下総地方の有力な檀越の一人である。聖人の在世中に入道し、法名を「乗明《じょうみょう》法師妙日」と号し、邸内の持仏堂を改めて本妙寺とした。夫人もまた聖人に帰依し、その子（中山第二祖日高《にちこう》）を聖人の門下として出家させた。

くおんじつじょう　久遠実成　釈尊はインドのブッダガヤーにおいてはじめて覚りを開いたのではなく、永遠の昔に成仏しているということ。法華経の二大法門の一つで、後半十四品（本門）の中心思想。特に如来寿量品で説き顕される。ブッダガヤーの菩提樹の下で覚りを開いた仏は仮の姿で、真実は永遠の過去に仏と成り、それより常に人びとを教化し救済してきたといい、久遠の本仏、無始の古仏ともいう。日蓮聖人は二乗作仏《さぶつ》とともに法華最勝の論拠とする。

くぎゃり　倶伽梨　瞿伽利とも音写。釈迦族の出身で、浄飯王《じょうぼんのう》の命令によって出家し、釈尊の弟子となるが、後に提婆達多《だいばだった》を師とし、舎利弗《しゃりほつ》・目連《もくれん》を誹謗し、生きながら地獄に堕ちたという。日蓮聖人は、倶伽利を提婆達多とともに釈尊の敵対者として名をあげ、謗法堕獄の実例としている。

ぐけつ　弘決　摩訶止観輔行伝《ふぎょうでん》弘決のこと。止観弘決、止観輔行ともいう。妙楽大師湛然《たんねん》が天台智顗の摩訶止観十巻を注釈した書。止観に説かれた実践修行の妙行を明らかにすると同時に、天台滅後に生じた異義を破折するために著わした。日蓮聖人は、止観と並べてしばしば引用し、自説の援証としているように、聖人教学の形成に大きな影響を与えている。

くしゃしゅう　倶舎宗　南都六宗の一。世親の倶舎論を研究する学派。日本へは六五八年智通・智達らが伝えたといわれ、奈良時代にはさかんに研究された。一宗として名を成さず、法相宗の寓宗として学ばれた。日蓮聖人は、律宗・成実宗とともに小乗三宗の一として名をあげる。

くまらじゅう　鳩摩羅什　三四四―四一三。羅什と略称し、中国南北朝時代初期の僧。亀茲《きじ》国の人で、経典の漢訳に従事し、法華経・般若経・大智度論など三十五部三百余巻を翻訳した。門下三千余人ともいわれる。日蓮聖人は羅什の法華経翻訳の業を高く評価し、法華仏教の基礎を築いた先駆者として位置づけている。

くやく・しんやく　旧訳・新訳　中国の仏典翻訳史において、唐代の玄奘およびそれ以後を新訳といい、それ以前の訳経を旧訳と呼ぶ。さらに旧訳を区分して、鳩摩羅什以前の訳を古訳《こやく》ということもある。

けごんかいくう　華厳海空　華厳経の教えのこと。海空とは海印三昧のことで、静かな海面にすべてのものの姿を映すように、仏の智恵の海に一切の法をはっきりと現わし出すことをいう。華厳経は仏が海印三昧の境地で説かれた経であることをさす。

けごんきょう　華厳経　釈尊が菩提樹の下に坐して悟りを得られた時の心境を説いたもの。全世界はビルシャナ（太陽を仏に表現したもの、大いなる太陽の意）仏が姿を現わしたものであるとし、一微塵の中に全世界を含み、一瞬の中に永遠を含むという、一即一切・一切即一の法界《ほっかい》観を説く。日蓮聖人は、天台の五時八教判にもとづき、二乗作仏・久遠実成を説かない華厳経は、法華経より劣るものと批判している。

けごんしゅう　華厳宗　南都六宗の一。華厳経を依経として立てられた宗派。五教十宗の教判を立てて一代仏教を判釈し、華厳経を最高の経典とし、法界縁起の世界観を説く。日本へは天平八年（七三六）に道璿《どうせん》が伝えた。日蓮聖人は、華厳宗は大乗諸宗の中ではすぐれたものであるが、二乗作仏・久遠実成を説かないから、法華宗より劣ると批判する。

けつじょうしょう　決定性　決定している本性の意。法相宗で説く五性《ごしょう》の中で、声聞《しょうもん》・縁覚・仏に成ることが決まっているもののこと。不定性《ふじょうしょう》・無性《むしょう》に対する語。この三種の中で、決定声聞種性と決定縁覚種性の二種は、二乗に決定していて永久に成仏できないから決定性の二乗といわれる。しかし、この二乗も法華経によって成仏の保証を受けることができるのである（二乗作仏）。日蓮聖人は二乗作仏を法華経の二大法門の一つと説く。

げてん　外典　外道《げどう》（インドにおける仏教以外の宗教思想）の典籍など、仏教以外の典籍をいう。さらに広く儒教・道教など世間一般の典籍をさす。これに対し仏教の典籍を内典という。

げどう　外道　仏教以外の他の宗教・哲学およびその信奉者たちをいう。仏教を内道というのに対する語。外教・外法などともいい、後には邪法・邪義・邪説の意をもつ貶称として用いられる。日蓮聖人は、外道について二天三仙、三種外道などについて記し、仏法に入る初門と位置づけている。

けどうのしじゅう　化導の始終　天台智顗が法華玄義に説いた三種教相の文。法華経と諸経の相異を示す三つの立場で、一は根《こん》性《じょう》の融不融、二は化導の始終不始終、三は師弟の遠近《おんごん》不遠近。一・二は迹門の衆生の利益《りやく》に関し、三は本門の仏陀の教化の久遠に関する論点。日蓮聖人は一代仏教を批判する時に用い、また自己の立場を第三本門におくと述べて、一・二の迹門に立つ天台・伝教との相異を明らかにしている。

げんぎ　玄義　法華玄義のこと。十巻。天台智顗が法華経の経題について講義したものを弟子の章安灌頂が筆録した書。名《みょう》・

体・宗《しゅう》・用《ゆう》・教の五重玄義によって解釈した。日蓮聖人は玄義からも多くの文を引いて自義の援証とするが、天台が名玄義を妙法蓮華経、体玄義を諸法実相と区別するのに対し、聖人は五重玄義ともに妙法蓮華経であるとする相異がある。

げんくう　源空　→ほうねん　法然

げんしょう　現証　三証の一つ。仏の教説が現実社会に具現化すること、真理の実現・実証をいう。日蓮聖人は法華経の実践には文証・理証・現証の三証がすべてそなわってはじめて真理たりうるといい、なかでも現証を重視した。三証具足は聖人の仏法受容の基本であり、諸宗批判の基準でもあった。

げんしん　源信　→えしんそうずげんしん　恵心僧都源信

けんみつ　顕密　顕教と密教の略。顕教とは、衆生の機根に応じて言語文字などにより明瞭に説かれた教えのこと。密教とは、大日如来が悟りの境界を説いた教えのこと。真言宗では、顕教を応身釈迦の所説、密教を法身大日如来の所説とし、密教の優位を説く。日蓮聖人は、大日経などの真言経は二乗作仏・久遠実成を説かないから法華経より劣ると批判し、真の秘密教は法華経であると主張した。

こうしゃく　広釈　安然《あんねん》著の普通授菩薩戒広釈三巻のこと。普通広釈ともいう。妙楽大師の十二門戒儀にもとづき、菩薩戒の伝授に関する儀式を解釈した書。日蓮聖人は初期の著作である守護国家論・災難対治鈔などに本書を引用する。また聖人は報恩の実践を強調したが、これは四恩報謝を説く本書と共通する点である。

こうじょう　光定　七七九—八五八。平安時代初期の天台宗の僧。別当大師という。二十歳で比叡山に登り伝教大師最澄の弟子となり天台教学を学ぶ。一方、空海から金胎《こんたい》両部の灌頂も受けた。最澄の意向を受けて、大乗戒壇建立に尽力し、最澄の死後七日目に勅許を受けた。日蓮聖人は、光定については空海からの受法と円珍の師として名を記すが、大乗戒壇建立運動についての評はない。

ごうにん　強仁（忍）　生没年不詳。鎌倉時代の真言宗の僧。駿河国（静岡県）富士に住した。建治元年（一二七五）十月二十五日、日蓮聖人の諸宗折伏を聞いて勘状を送り、法論をいどんだが、聖人は強仁状御返事を書き送って、公場対決を提案するとともに、強仁の邪見を厳しく破折した。

こうぼうだいしくうかい　弘法大師空海　七七四—八三五。真言宗の開祖。勤操《ごんそう》について出家し、延暦二十三年（八〇四）入唐し、恵果《けいか》より真言密教の秘法を受けて帰国。十住心論・弁顕密二教論などを著わして、真言第一・華厳第二・法華第三の十住心教判を立てて真言宗の最勝を論じ、即身成仏を主張して真言密教を弘めた。日蓮聖人は法華経と釈尊をおとしめた謗法の師として厳しく批判した。

ごぎゃくざい　五逆罪　無間《むけん》地獄へ堕《お》ちる五つの根本重罪で、無間業《ごう》ともいう。五つの大罪とは、殺父《しいぶ》（父を殺す）・殺母《しいも》（母を殺す）・殺阿羅漢《しいあらかん》（悟りを開いた聖者を殺す）・出仏身血《すいぶつしんけつ》（仏の身を傷つけ血を出す）・破和合僧（教団を破壊する）である。日蓮聖人は、末法には仏も阿羅漢もいないから「相似の五逆」

があるだけとして、末法の時代においては五逆罪よりも謗法の罪の方が重いことを強調している。

ごきょう　五教　華厳宗の教判。小乗教（阿含経など）・大乗始教（般若経・解《げ》深密経《じんみっきょう》など）・大乗終教（起信論など）・大乗頓教（維摩《ゆいま》経など）・一乗円教（華厳経・法華経など）の五教に分け、さらに円教に同別二教を立てて、諸教を超えた無尽の仏法を説く華厳経を絶対的な別教一乗として上位に、法華経を三乗に共通する同教一乗として下位に置いた。

ごげん　五眼　五つの眼力。肉眼（肉身に所有している眼）・天眼（天人が所有している眼で、衆生の未来の生死を知る力がある眼）・慧眼（二乗の人が所有する眼で、一切の現象は空《くう》であると見ぬく眼）・法眼（菩薩が一切衆生を救うためにすべての教えを照見する眼）・仏眼（前の四眼をすべてそなえ、諸法の実相を見とおし知る仏の眼）。

ごごひゃくさい　五五百歳　大集経月蔵《だいしっきょうがつぞう》分では、仏滅後の二千五百年間の仏教の衰退ぶりを五つに区分し、これを五箇の五百歳という。解脱堅固《げだつけんご》・禅定《ぜんじょう》堅固・読誦多聞堅固・多造塔寺堅固・闘諍《とうじょう》堅固（闘諍　言訟　白　法隠没《とうじょうごんしょうびゃくほうおんもつ》）の五で、堅固とは仏の予言の通りの時代が間違いなく実現するという意。これを三時説に配当し、正法千年、像法千年、末法万年の初めとする。日蓮聖人は、自身の時を第五の五百歳、末法の初め、法華経広宣流布の時とした。

ごごひゃくさいこうせんるふ　後五百歳広宣流布　法華経薬王品の文。「我が滅度の後、後の五百歳の中、閻浮提《えんぶだい》に広宣流布して」とある。日蓮聖人は、後五百歳とは仏が大集経に滅後の時代を五つに区分した第五の五百歳の末法をさし、仏法衰滅の時とする末法を、薬王品の文により法華経の広宣流布の時とした。法華経は末法の時代と社会と衆生とを救うために説かれたと見る聖人の法華経観にもとづく時代観である。

ごじ　五時　↓いちだいごじ　一代五時

ごしょうかくべつ　五性各別　法相宗では衆生が先天的に具え決して変えることのできない性質を、菩薩定性《じょうしょう》・縁覚定性・声聞定性・不定性・無性《むしょう》の五に分け、第一と第四の一分とは成仏できるが、第二・第三・第五の三種と第四の一分とは成仏できないと説いて、すべての者の成仏を認める法華宗と対立する。

ごじょく　五濁　末世に起こる五つの精神的肉体的および社会的な災厄をいう。劫濁《こうじょく》（時代の汚れ、社会悪）、見《けん》濁（思想上の汚れ）、煩悩濁（欲望や執着による汚れ、人間悪）、衆生濁（人間の身心が弱くなり苦しみの多くなること）、命《みょう》濁（人間の寿命が短くなること）の五つ。人間とその思想・社会・経済などすべてが濁り汚れた悪世の中の状態で、人びとは闘争を好む。五濁の起こる時代を「五濁悪世」といい、末法と重ねて考えられた。

ごせしてんのう　護世四天王　↓してんのう　四天王

ごだんのだいほう　五壇の大法　五壇法といい、密教で息災《そくさい》・増《ぞう》益《やく》・兵乱鎮定のために修する祈禱法。大壇（本尊壇）・息災護摩壇・増益護摩壇・聖天《しょうてん》壇・十二天壇の五壇を設け、それぞれに五大明王《みょうおう》を配し、多くの伴僧をもって修される。承久の乱に際し、関東調伏のために修されたことが神国王御書に見える。

ごつう　五通　↓ろくつう　六通

ごびく　五比丘　釈尊が出家した時、浄飯王《じょうぼんのう》の命令により、釈尊とともに修行した倶隣《くりん》（阿若憍陳如《あにゃくきょうじんにょ》）・頞鞞《あび》・跋提《ばつだい》・十力迦葉《じゅうりきかしょう》・拘利太子《くりたいし》の五人。釈尊が苦行をやめた時、鹿野苑に移って修行を続けたが、釈尊が成道して最初に教えを受け、悟りを開いた。

ごみ　五味　乳味・酪《らく》味・生蘇《しょうそ》味・熟蘇味・醍醐《だいご》味《み》のこと。涅槃経巻十四に仏法を牛乳を精製する時の五段階の味にたとえ、醍醐味を涅槃経とする。天台智顗《ちぎ》は五味を五時に配して、仏一代の説法の次第にたとえ、醍醐味を法華経・涅槃経とした。

ごんきょう　権経　かりの経、方便としての経の意。仏が衆生を教化するのに、衆生の能力に応じて説かれた真実に導くための手だてとしての経のこと。法華経以外のすべての経をいう。

こんごうち　金剛智　六七一—七四一。真言宗の付法第五祖。中インドのイーシャーナヴァルマン王の第三子。那蘭陀《ならんだ》寺で出家し大小乗を学び、三十一歳の時南インドで竜智から金剛頂経など密教を授かる。海路中国に入り、密教を弘めた。日蓮聖人は法華最勝の立場から、金剛智の祈雨の修法の失敗を指摘して、真言密教の邪法の証拠としている。

こんごうちょうきょう　金剛頂経　金剛智訳四巻と不空訳三巻がある。大日経とともに真言宗の根本聖典。大日如来の悟りの内容としての金剛界曼荼羅とその実践法としての五相成身観などを説く。日蓮聖人は、天台智顗の五時教判にもとづき、金剛頂経を第三方等部所属の方便権経と批判する。

こんこうみょうきょう　金光明経　漢訳に曇無《どんむ》讖《せん》訳四巻と義浄訳十巻がある。わが国では法華経・仁王経とともに護国の三部経として尊重されてきた。また奈良時代から諸国の国分寺や宮中の最勝会《さいしょうえ》で読誦し講説されたのは義浄訳である。日蓮聖人も義浄訳の四天王護国品の文を引用し、末法の災難の様相を説く経証としている。

ごんじつ　権実　権とは時と場所に応じて仮に手だてとして設けられたもの、実は真実究極のものの意。仏の教えも人々の能力に応じて説かれたことから、仏法にも権実を分かち、権教実教（権実二教）、権智実智（権実二智）などといわれる。日蓮聖人は仏の教法の中でも法華経だけを実教、それ以外のすべての諸経を権教とする。

こんせつ　今説　↓いこんとう　已今当

さ　行

ざいじゃりん　摧邪輪　明恵房高弁（一一七三—一二三二）の著作で三巻よりなる。法然が選択集において菩提心を否定し、聖道門を群賊に譬えたことを二種の大過と指摘し、さらに十三種の過失をあげて破折したもの。高弁は本書に続いて摧邪輪荘厳《しょうごん》記《き》（一巻）を作り、さらに三つの非難を加えた。その批判も念仏の存在を認め、諸行往生の立場からであったから、日蓮聖人は念仏の根本的批判となっていないと評した。

さいしょうおうきょう　最勝王経　十巻。唐の義浄訳、金光明最

勝王経のこと。→こんこうみょうきょう　金光明経

さいどきょうしゅ　西土教主　西方極楽世界の教主阿弥陀仏のこと。→あみだぶつ　阿弥陀仏

さいみょうじにゅうどう　最明寺入道　一二二七―一二六三。北条時頼のこと。時氏《ときうじ》の子で、二十歳で執権に就任し、幕府の権威と北条氏の権力を強めた。三十歳で執権を辞して最明寺を建立したので、最明寺入道とよばれる。辞任後も幕府最大の実力者であった。日蓮聖人が立正安国論を上呈したのもそのことによる。聖人は時頼と会見し意見を陳述したが採用されなかった。

さんあくどう　三悪道　「さんなくどう」とも読む。三悪と略し、三悪趣ともいう。地獄・餓鬼・畜生の三つをいう。生ある者が作った悪行や罪の結果として、死後に生まれる世界、またはあり方を趣（道）といい、悪趣に地獄・餓鬼・畜生の三つを数える。これに修羅を加えて四悪趣（道）という。

さんがい　三界　欲界《よっかい》・色《しき》界・無色《むしき》界の三つの迷いの世界。欲界とは食欲と性欲をはじめ種々の欲望にとらわれた生物の住む世界で、地獄・餓鬼・畜生・修羅・人・天の六道がある。色界とは欲望は超越したが、物質の制約を受ける世界。無色界とは欲望も物質的条件も超越した純粋な精神的な世界。衆生はこの三界を輪廻《りんね》する。法華経譬喩品の「三界火宅《かたく》」とは、迷いと苦しみのこの世界を燃えさかる家に喩えたもの。

さんさい　三災　世界の壊滅する時に起こるという三つの災害のことで、大と小とがある。大の三災とは火災・水災・風災をいい、小の三災は飢饉・疫病・刀兵《とうひょう》（戦乱）をいう。

さんじきょう　三時教　法相宗の教判。法相宗では釈尊一代の教説を第一時の有教《うきょう》（阿含経など）・第二時の空教（般若経など）・第三時の中道教（華厳経・深密《じんみつ》経など）の三時に分ける。中道教は宇宙万有の真実の相を有または空とする両極端の考えから離れ、非有非空《ひうひくう》の中道を顕わした最上の教とする。

さんじょう　三乗　三種の乗物の意。乗物とは人びとを悟りに導く教えのこと。声聞乗・縁覚乗・菩薩乗の三つをいう。声聞・縁覚は小乗、菩薩は大乗である。声聞は四諦の理により、縁覚は十二因縁を観じ、菩薩は六波羅蜜を修して、悟りを得るとされる。仏は衆生の機根に応じて種々に教えを説いたが、法華経は三乗の差別を説くのは方便で真実には一仏乗に帰すべきことを説き、二乗の成仏を認めた。法相宗では三乗の差別を真実とし、一乗を方便とする。日蓮聖人は、法相宗の三乗真実説を邪義謗法として否定し、二乗作仏を説く法華経に仏の本懐があると強調した。

さんぞうのほうりゅう　三蔵の法流　仏の教法を翻訳する訳者のこと。三蔵は経・律・論の三種で、ここでは仏法のこと。

さんぜ　三世　過去・現在・未来のこと。過・現・未と略すこともある。仏教における世界の時間的区分で、過去は法がすでに過ぎ去った状態、現在は現に生起している状態、未来はまだ起こって来ない状態をいう。仏教では時間を実在するものとみないので、変化する存在の上に仮に三世を立てる。法華経寿量品には久遠実成の本仏釈尊が三世にわたって常に衆生を救済し続けることを説く。

さんせつ　三説　↓いこんとう　已今当

さんねいっぱつ　三衣一鉢　僧が個人所有を許された大衣・九条・五条の三種の衣と、托鉢の時に布施を受ける一個の鉢のこと。出家修行僧の生活が質素であるべきことを示すもので、私的所有物はこれらに坐具と水漉《こ》し器を加えた六物《もつ》に限られていた。日蓮聖人は、三衣一鉢の原則を破り権力者と結びついていた当時の禅宗や律宗の僧を、人びとをあざむくものと批判した。

さんぼう　三宝　仏宝・法宝・僧宝をいう。悟りを開いた仏と、その説かれた教えの法と、その教えを受けて修行する僧の三つを宝にたとえた語。三宝は仏教を構成する根本要素で、三宝に帰依することが仏教徒の基本である。日蓮宗では、仏宝とは法華経寿量品の久《く》遠実成《おんじつじょう》の釈尊、法宝とは法華経の肝心である妙法五字の題目、僧宝とは末法の導師日蓮聖人とその教えに随う僧団である。

さんるいのてきにん　三類の敵人　法華経の行者を迫害する三種の敵のこと。三類の強敵《ごうてき》（怨敵《おんてき》）ともいう。俗衆《ぞくしゅう》増上慢・道門増上慢・僣聖《せんしょう》増上慢をさす。俗衆とは在家の人びと、道門とは出家沙門、僣聖とは出家の中でも世間から尊敬されているが世間の欲望の強い者をいう。増上慢とはうぬぼれの心の強いこと。日蓮聖人は、勧持品の予言の通り、三類の迫害をすべて体験し、法華経の行者の自覚を深めていった。

さんろんしゅう　三論宗　南都六宗の一。竜樹の中論・十二門論とその弟子提婆《だいば》の百論との三部の論にもとづいて立てられた宗。三論は鳩摩羅什によって漢訳され、吉蔵により大成された。日本へは六二五年に慧灌《えかん》によって伝えられた。

しえ　四依　依りどころとなる法と人に四種あること。涅槃経などに説く。法の四依とは「法に依って人に依らざれ、義に依って語に依らざれ、智に依って識に依らざれ、了義経に依って不了義経に依らざれ」である。人の四依とは三賢四善根、須陀《しゅだ》洹《おん》・斯陀含《しだごん》・阿那含《あなごん》・阿羅漢《あらかん》をいう。日蓮聖人は、依るべき法となる了義経は法華経であるとし、また人の四依を小乗・大乗・迹門・本門の四種に区別し、末法の四依は本化地涌の菩薩であり、自らがそれにあたると自覚した。

しえのえとう　四依の慧燈　四依は衆生が信頼し、依りどころとする宗教的指導者のこと。仏を日輪にたとえたのに対し、仏の滅後に教えを弘める論師を慧燈といって智恵の燈火にたとえる。

しおうてん　四王天　六欲天（欲界に属する六層の神々の世界）の一つで、天界のうち最下層。須弥山《しゅみせん》の中腹の四方にあり、東方に持国天王、南方に増長天王、西方に広目天王、北方に多聞《たもん》天王（毘沙門《びしゃもん》天王）がそれぞれ眷属とともに住する。この天界の一昼夜は人界の五十年にあたる。この四王天の上が忉利天《とうりてん》で須弥山の頂上にあり、その主が帝釈天《たいしゃくてん》である。

じおんだいし　慈恩大師　六三二―六八二。窺基《きき》のこと。中国法相宗の元祖。玄奘の弟子となり訳経に従事。成唯識論《じょうゆいしきろん》を訳出し、法華玄賛・法苑義林《ほうおんぎりん》等を著わす。日蓮聖人は、慈恩は法華玄賛を著わして法華経を讃めているようだが、その一乗方便説は法華の心《こころ》を死すものと批判し、また身は移らないが心は天台宗に帰伏した人と見ている。

じかいほんぎゃくなん　自界叛逆難　反逆者が出て内乱となること。国内の戦乱をいう。薬師経に説く七難の一。日蓮聖人は立正安国論で、当時の連続する災害は、正法である法華経に背く謗法に原因するとし、信仰を改めなければ自界叛逆と他国侵逼の二難がやがて起こるであろうと予言警告した。この予言は文永九年（一二七二）の北条時輔らの謀叛により現実のものとなった。

じかくだいしえんにん　慈覚大師円仁　七九四―八六四。延暦寺第三代座主。十五歳で比叡山に登り伝教大師の弟子となる。承和二年（八三五）入唐し、在唐十年、天台・真言を学び帰国。在唐中の記録が入唐求法巡礼記《にっとうぐほうじゅんれいき》である。金剛頂経疏《こんごうちょうきょうしょ》・蘇悉地《そしっち》経疏《きょうしょ》を著述し、天台密教を弘めた。そのため後に法華経の正法に背き仏法を混乱させたと日蓮聖人から厳しく批判された。

しかん　止観　↓まかしかん　摩訶止観

じきょうしゃ　持経者　受持法華経者の略。平安時代から鎌倉時代にかけて、法華経を信仰し、法華経の読誦・書写などの行に専念した修行者たちをさす。持経者には救済の論理はなく、ただ経力により利益を得ようとするものであった。日蓮聖人は、法華経受持の理念を論理化し、みずから実践することによって、持経者と区別して、自身を法華経の行者と規定した。

しこう　四劫　劫とはきわめて長い時間の単位で、四種の時劫のこと。一つの世界の成立から次の世界の成立までの変遷を四期に分けたもの。成《じょう》劫（成立の時代）、住劫（安定の時代）、壊《え》劫（破壊の時代）、空劫（空無の時代）の四期で、この四期は無限にくり返されるという。倶舎論《くしゃ》には、住劫の時には人の寿命が無限から次第に減って十歳になり、次に次第に増えて八万歳になり、また減って十歳になりと、これを十回くり返すとある。

じさい　持斎　一般には、戒律を守って身心を清浄にすることをいう。出家僧で持斎するものを持斎法師といい、略して持斎という。

ししつだん　四悉檀　悉檀とは、あまねく施すの意で、四つの方法であまねく衆生に法を施すこと。世界悉檀とは世間一般の願いや望みに従って法を説くこと。為人《いにん》悉檀とは個人の資質等に応じて法を説くこと。対治《たいじ》悉檀とは邪悪を破して正善を増長させること。第一義悉檀とは仏法の真実を直接に説いて悟らせること。日蓮聖人は、四悉檀をわきまえ、時機にかなった方法で法華経を弘めなければならないと説く。

じじゅう　地住　菩薩の発心から悟りを得るまでの修行の階位を五十二に分けた五十二位《ごじゅうにい》（十信・十住・十行・十廻向・十地・等覚・妙覚）の中の十地と十住の併称。一般には十信から十廻向までは凡夫で、十地の初地以上から聖者の位とする。天台は十住以上を無明の煩悩を断じた聖位とする。日蓮聖人は妙法五字の受持により五十二位の次第を経ないで成仏すると説く。

しじゅうよねん　四十余年　無量義経説法品に「四十余年にはいまだ真実を顕さず」と説き、法華経涌出品には「これ（成道）より已来《このかた》始めて四十余年」と説く。教主釈尊出世の本懐である法華経は、華厳・阿含・方等・般若などの方便の教えを説いた後、最後の八年に説かれた真実の説法であるとする。「四十余年」の語で仏が衆生の機根に応じて説かれた方便権教を意味し、仏一代の説法における真実経と方便経とを分別する。

ししょう　四聖　生類を十界に分けるうち、迷いの世界である六道（六凡）に対して、悟りの世界である声聞・縁覚・菩薩・仏を四聖という。

しぜんじょう　四禅定　色界（浄妙な物質によって成立している世界）に生まれるために修する四段階の瞑想、精神統一のさまをいう。初禅・第二禅・第三禅・第四禅の段階を経て、欲界の迷いを超えて色界の天に生まれることができるという。

したい　四諦　仏教の説く四つの基本的真理で、人生問題とその解決法についての四種の聖なる真理の意。苦諦（人間の生が苦であるという真実）、集諦（苦の原因が煩悩や妄執であるという真実）、滅諦（苦の原因を滅ぼすという真実で、煩悩や執着を断つことが悟りの境地すなわち涅槃《ねはん》であるということ）、道諦（悟りに導く実践という真実で、涅槃に達するためには八正道の正しい修行に励むべきであるということ）。

しちなん　七難　正法を謗《そし》ることによって起こる七つの災難をいうが、経典によって諸説がある。㈠仁王経には日月失度《にちがつしつど》難・星《しょう》宿変怪《しゅくへんげ》難・諸火焚焼《しょかふんしょう》難・諸水漂没《ひょうもつ》難・大風数起難・天地亢陽《こうよう》難・四方賊来難。㈡薬師経には人衆疾疫難・他国侵逼《しんぴつ》難・自界叛逆難・星宿変怪難・日月薄蝕難・非時風雨難・過時不雨難。㈢法華経普門品には火難・水難・羅刹《らせつ》難・王難・鬼難・枷鎖《かさ》難・怨賊《おんぞく》難。日蓮聖人は立正安国論において、これら七難のうち、謗法を改めて正法に帰依しなければ、自界叛逆と他国侵逼の二難が必ず起こるであろうと予言警告した。

じっかいごぐ　十界互具　十界とは、迷いと悟りの世界を十に分けたもので、地獄・餓鬼・畜生・修羅・人・天の六道（輪廻《りんね》転《てん》生《しょう》する迷いの世界）と、声聞・縁覚・菩薩・仏の四聖《ししょう》（悟りの世界）をいい、六道四聖ともいう。互具とは、これら十界のそれぞれには、地獄の中にも仏があるというように、他の九界がそなわっていること。天台智顗《ちぎ》がはじめて説いたもので一念三千論の基本となる教理である。十界が互いに十界をそなえて百界、百界に十如是《にょぜ》を相乗して千如是、千如是に三世間を相乗して三千世間となり、この三千世間がわれわれ凡夫の一念にそなわっているとする。一念三千論において智顗が十如是を中心としたのに対して、日蓮聖人は十界互具を一念三千論の基本とし成仏の原理とした。聖人は凡夫が仏と成ることができるのは、人界に仏界がそなわっていてはじめて可能であると説く。

じっきょう　実経　真実の経、真実を説く経の意。仏が自らの悟りのままに説かれた教えが実経。日蓮聖人にとっては法華経だけが実経で、他の諸経はすべて権《ごん》経。

じつじょうのいちぜん　実乗の一善　法華経のこと。実乗とは権《ごん》乗《じょう》（仮りの教え）に対する語で、真実の仏意を説いた教えのこと。一切衆生の成仏を実現する唯一の善教であるから、法華経を実乗の一善という。

じっぽうのしょぶつ　十方の諸仏　→ふんじんのしょぶつ　分身の諸仏

してんのう　四天王　四大天王ともいう。須弥山《しゅみせん》の中腹にある四王天の主で、帝釈天に仕え、八部衆を支配して、仏法と仏法に帰依する人びととを守護する護法の神。この世を護り仏法を守護することを誓願とするから護世《ごせ》四天王ともよばれる。東方の持国天王、南方の増長天王、西方の広目天主、北方の多聞《たもん》天王(毘沙門《びしゃもん》天王)の四王をいう。日蓮聖人は法華経の守護神として四天王を重視し、大曼荼羅の四方に大書して法華経守護の相を示している。

しぶ　四部　四衆、四部衆と同じ。比丘・比丘尼の出家僧の男女と、優婆塞《うばそく》・優婆夷《うばい》の在家信者の男女をいい、仏の弟子のこと。

しゃくしにちれん　釈子日蓮　釈子とは出家受戒した者は釈尊の弟子、子であるという意味であるが、日蓮聖人が撰時抄の撰号に「釈子日蓮」と記したのは、観心本尊抄の「本朝沙門」の自称から発展し、末法に法華経の題目を弘める真の仏子、釈子であるとの、教主釈尊への直参とその意志を継承する意識をあらわすものである。

しゃくそん　釈尊　釈迦牟尼世尊の略で、仏教の教祖釈迦牟尼仏のこと。釈迦は種族の名、牟尼は聖者の意、仏は仏陀の略で、真理を悟った者、釈迦族出身の聖者のこと。父は浄飯王《じょうぼんおう》、母は摩耶《まや》。姓は瞿曇《くどん》(ゴータマ)、名は悉達多《しっだった》。母が出産のため帰国の途中、ルンビニー園で誕生。この時「天上天下唯我独尊」と言ったと伝える。人生の苦悩を感じ、十九(一説では二十九)歳で出家、悟りの道を求め苦行生活を送るが、解脱は得られず、苦行を中止し菩提樹の下で端座思惟し、三十(一説では三十五)歳の十二月八日未明に大悟した。以来五十年にわたってインド各地を遊行し、大・小乗の教えを説いて人びとを教化した。八十歳でクシナガラの沙羅双樹の下で入滅。紀元前四八五年(前三八六年、前三八三年説もある)。滅後に釈尊の教えは編集されて、経と律が制定された。釈尊一代五十年の説法を体系化したのが、天台智顗の五時八教説である。日蓮聖人もこれを受けて法華経において釈尊の説法は完結すると見た。聖人が歴史上の釈尊の生涯で重視したのは、布教中に受けた迫害とその克服である。聖人は釈尊の受難の体験をみずからも追体験し、法華経の行者の自覚を深めた。また法華経の教主釈尊を本尊とし、久遠の釈尊の慈悲によって末法の衆生の成仏が可能となると説いた。

じゃくめつどうじょう　寂滅道場　㈠釈尊が悟りを開かれた場所。マガダ国のネーランジャラー河のほとりにある。㈡華厳経を説かれた場所。マガダ国の伽耶《がや》城の南の菩提樹の下とされている。

しゃっけ　迹化　↓ほんげ・しゃっけ　本化・迹化

しゃばせかい　娑婆世界　娑婆とはサンスクリット語サハーの音写で、忍耐の意。われわれの住んでいるこの世界のこと。西方極楽世界などと違って、娑婆世界は汚れと苦しみに満ちた穢土《えど》であるとされる。日蓮聖人は法華経寿量品の教説によって、娑婆世界が本仏釈尊の住む常寂光土《じょうじゃっこうど》であると説き、末法の穢土である娑婆世界を浄土となすべく、人びとに妙法五字の題目受持を勧めた。

しゃへいかくほう　捨閉閣抛　法然源空が選択集において、念仏だけが末法相応の教えであることを説いて、念仏以外のすべての教えと修行を否定した語。選択集に「聖道《しょうどう》を捨て（第二段）定散の門を閉じ（第十二段）聖道門を閣《さしお》き、雑行《ぞうぎょう》を抛《なげう》ち（第十六段）」とある四字を合わせた日蓮聖人の造語。聖人はこの四字が法然の念仏義の謗法の根源であると指摘し、法然を謗法者であると厳しく批判した。

しゃりほつ　舎利弗　仏の十大弟子の一人で、智恵第一といわれる。バラモン出身で外道の修行をしていたが、目連とともに仏の弟子となる。小乗の聖者であったが、法華経方便品の開三顕一の説法を聞いて悟りを開き、華光《けこう》如来となると授記された。釈尊の教化を助け活動したが、釈尊より先に入寂した。日蓮聖人は、舎利弗の授記を二乗作仏の実例としてあげ、また曼荼羅本尊にも二乗の代表として列ねている。

じゅうこう　住劫　↓しこう　四劫

じゅうごだんのほう　十五壇の法　承久三年（一二二一）の承久の乱に際し、後鳥羽上皇の命により、当時の天台・真言二宗の高僧が、関東調伏のために行なった修法が十五種あったことをいう。特定の十五の修法をさすのではなく、この時の修法を日蓮聖人が呼んだ名で、これらの修法がすべて調伏のための大法であったから「十五壇の大法、秘法」とも記している。

じゅうじんりき　十神力　法華経神力品で地涌の菩薩に対する付嘱に先立って示された仏の十種の神通力のこと。舌相・放光・謦欬《きょうがい》（欬《せき》払い）・弾指《たんじ》（指を弾《はじ》く）・地動・普見大会・空中唱声・咸皆帰命《げんかいきみょう》・遙散諸物・通一仏土の十。天台智顗は前の五を仏在世のため、後の五を仏滅後のためとしたが、日蓮聖人は十神力すべて滅後末法のためのものであるとした。

じゅうにぶきょう　十二部経　十二分経《じゅうにぶんきょう》ともいう。仏典の叙述の形式や内容によって経典を十二に分類したもの。修多羅《しゅたら》はその一つで、散文によって教えを説いている。

じゅうはちかい　十八界　六根（眼・耳・鼻・舌・身・意）と六境（色・声・香・味・触・法）と六識（眼識・耳識・鼻識・舌識・身識・意識）との十八の要素種類のことで、われわれの色《しき》心《しん》二法を開いたもの。このうち六根の中の意根を除く五根と六境の中の法境を除く五境の十は色法（物質的存在）で、六識と意根とは心法（心の働き）である。法境だけは半《なか》ば色に属し、半ば心に属する。

じゅうゆ　十喩　法華経薬王品に説かれた法華経が諸経の中で最高の経であることを示すための十の喩え。十とは、大海・須弥山・月天子・日天子・転輪聖王・帝釈天・大梵天王・阿羅漢辟支仏・菩薩・仏である。日蓮聖人も法華最勝の経証として、十喩の文をしばしば引用する。

じゅうらせつにょ　十羅刹女　法華経陀羅尼品に説かれる法華経守護の善神。薬王・勇施の二菩薩、持国・毘沙門の二天、鬼子母神などとともに、仏前で法華経の行者を守護することを陀羅尼（神呪）を説いて誓った十人の羅刹（鬼）女。藍婆《らんば》・毘藍婆《びらんば》・曲歯《こくし》・華歯《けし》・黒歯《こくし》・多髪《たほつ》・無厭足《むえんぞく》・持《じ》瓔珞《ようらく》・皐諦《こうたい》・奪一切衆生《だついっさいしゅじょう》精気《しょうけ》の鬼女たちをさす。日蓮聖人は法華経守護の善神として尊び、その守護を確信し、曼荼羅本尊にもその名を記している。

しゅごきょう　守護経　守護国界経の略称。十巻。唐の般若・牟《む》尼室利《にしり》共訳。国主を守護することはあまねく人民を守護することになると説く。その経旨が鎮護国家の意に合うと空海は真言宗に取り入れた。日蓮聖人は、仏滅後における災難の由来を説く経証として仁王経などとともに引用している。

じゆのぼさつ　地涌の菩薩　法華経従地涌出品《じゅうじゆじゅっぽん》で大地より涌き出でた無数の菩薩たちのこと。本仏釈尊が久遠の昔に教化した菩薩たちであるから本化の菩薩ともいう。この菩薩の出現によって、釈尊は自らの久遠成道を顕わし、本門の大法を説きあかした。上行《じょうぎょう》・無辺《むへん》行・浄行・安立《あんりゅう》行の四大菩薩を代表とする地涌の菩薩たちは、如来神力《じんりき》品で仏滅後の法華経弘通を誓って付嘱を受けた。日蓮聖人は地涌の上行菩薩であるという自覚に立って法華経の弘通に努めた。

しゅみせん　須弥山　仏教の世界観、宇宙観で世界の中心にあるとされる山。妙高・安明なども訳される。大海の中にあって水面より八万四千由旬の高さにそびえ、水面下に八万四千由旬ある。頂上に帝釈天の宮殿があり、中腹に四天王の住居がある。四方に四州があり、南が閻浮提《えんぶだい》で人間が住む世界とする。日蓮聖人は、法華経の最勝第一を説く時、須弥山に喩える。

じゅりょうほん　寿量品　法華経第十六章の如来寿量品のこと。釈尊は三十歳で成道したと人びとは信じているが、実は永遠の昔にすでに成仏した久遠の仏である。浄土もこの娑婆世界より他にはないと、歴史上の釈尊の本体を明らかにし、信仰の対象を明確に顕わされる。この本仏釈尊のもとにすべての仏も浄土も統一される。日蓮聖人の教学・信仰の根本は寿量品にある。

しゅるい・そうたい　種類・相対　種類は就類種で、就類種・相対種の二種開会《かいえ》のこと。経の聴聞・礼拝などを成仏の種であるとするのが就類種、煩悩・業・苦の三道がただちに法身・般若・解脱の三徳であるとするのを相対種という。前者は後天的な修《しゅ》徳《とく》、後者は先天的な性徳《しょうとく》である。就類・相対の二種で、善悪の機をすべて救済できる。日蓮聖人は、相対種を法華経受持による即身成仏として説いている。

しょうあんだいし　章安大師　五六一―六三二。灌頂。天台大師の弟子となり、天台教学の奥義を究めた。天台三大部をはじめ天台智顗の講説を百余巻に編集して後世に伝えた。釈尊における阿難のような存在であった。涅槃経疏・国清百録などを著わし、三論宗の吉蔵は章安の義記によって帰伏させられたという。日蓮聖人は涅槃経疏の「仏法中怨」の文を折伏行の依文としている。

しょうかのだいじしん　正嘉の大地震　正嘉元年（一二五七）八月二十三日、鎌倉を中心に起こった大地震。この大地震は立正安国論を執筆する直接の契機となった。当時、鎌倉松葉谷《まつばがやつ》の草庵にあって、大地震とこれに引き続いて起こった災害を体験した日蓮聖人は、天変地夭の原因を究明するため一切経を閲読し、守護国家論・災難対治鈔・立正安国論を連続して執筆しその結論を発表したのである。

じょうきゅうのかっせん　承久の合戦　承久三年（一二二一）朝廷と鎌倉幕府の間に起こった争乱。承久の乱という。鎌倉幕府の成立により打撃を受けた公家勢力が、源頼朝の死後の幕府内の混乱に乗じて、勢力回復を図り、後鳥羽上皇を中心に討幕の兵をあげたが大敗し、後鳥羽・土御門《つちみかど》・順徳の三上皇は配流された。この乱は日蓮聖人の出家の動機の一つとなった。また聖人は朝廷の敗北を真言の邪法による祈禱の結果であるとし、真言亡国の現証とした。

しょうぎょう・ぞうぎょう　正行・雑行　一般には悟りにいたる正しい修行を正行という。浄土教では、善導が観経疏に浄土に往生するための読誦・観察・礼拝・称名・讃歎供養の五種を正行とし、それ以外の種々の行を雑行とした。法然は善導の説を受けつぎ、正雑二行の得失を論じて、念仏専修を勧めた。日蓮聖人は、この主張は釈尊と法華経をはじめ諸仏・諸経を捨てさせる謗法であると批判している。

じょうぎょうぼさつ　上行菩薩　法華経従地涌出品《じゅうじゆじゆっぽん》で大地から涌き出でた地涌《じゆ》の菩薩たちの代表である上行・無辺行・浄行・安《あん》立行《りゅうぎょう》の四大菩薩の筆頭。如来神力《じんりき》品で上行菩薩を代表とする地涌の菩薩は仏滅後に法華経を弘通するように付嘱を受ける。日蓮聖人は末法弘通の使命をもった上行菩薩をとくに尊重し、みずから上行菩薩の生まれかわりであるとの自覚に立って、末法の社会と人びとを救おうと法難に耐え法華経を弘通した。

じょうぐうたいし　上宮太子　↓しょうとくたいし　聖徳太子

じょうこう　成劫　↓しこう　四劫

じょうさん　定散　定善（定心の善）と散善（散心の善）のこと。定善とは、妄想雑念を払い心を集中して仏と浄土を一心に念ずることで、禅定・三昧をさす。散善とは日常の散乱する心のままで善を修めること。観無量寿経に説く浄土へ往生するための十六種の観法を善導が定散二善にまとめ、仏の本意は念仏の一行にありとした。法然はこれをうけて称名念仏を正行とした。

しょうじき　正直　日蓮聖人は、正直に世間的なものと仏教的なものとがあるという。一般には素直で正しいこと、うそいつわりのないことをいうが、仏教では仏の本意にかなうこと、法華経の教えをさす。聖人は世間的道徳である正直の徳を重視し、正直の経である法華経を信じ行ずる者は正直者であるという。そして末法に法華経を弘める聖人こそ真の正直者であり、仏使であるという。

じょうじつしゅう　成実宗　南都六宗の一。訶梨跋摩《かりばつま》の著である成実論を研究する学派。日本へは三論宗とともに伝えられたが、一宗を成すにいたらず、三論宗の寓宗として学ばれた。日蓮聖人は小乗三宗の一としてその名をあげる。

しょうしゅう　正宗　↓じょしょうるつう　序正流通

しょうぜんじょうぶつ　小善成仏　小さな善根が仏果を成ずる原因となること。法華経方便品には、仏塔の供養・仏像造立・仏画の戯作・華香供養・一称南無仏などの小善根も、成仏の因であることを説いている。

しょうぞうまつ　正像末　正法と像法と末法の略。仏の滅後において教えの行なわれる時期を正・像・末の三時に分ける。(1)正法時。教と行と証との三つが具現されている時期。(2)像法時。像は「似」の意で、証りを得る者はないが、教と行とは存して正法時と相似した仏法が行なわれる時期。(3)末法時。教だけあって行も証も欠けた時期で、仏教衰滅の時期。三時の年限について異説があり、正・像二時については、(イ)正法五百年、像法千年、(ロ)正法一千年、像法五百年、(ハ)正・像各五百年、(ニ)正・像各千年の四説があり、末法については正像の後の一万年とすることは一致している。日蓮聖人は正・像各千年説を採用し、仏滅後二千年を経て末法に入るとした。

じょうたい　常啼　大品般若経に説かれる常啼菩薩のこと。啼《な》いて般若波羅蜜を求めて東方に向かい、曇無《どんむ》竭《かつ》菩薩に会って本懐を遂げる。その際、帝釈《たいしゃく》天が求法の志をためした時、常啼が供養のため自己の骨肉を切り売った故事は有名である。日蓮聖人は、捨身求法の典型としてその名をあげている。

じょうどう・じょうど　聖道・浄土　聖道門とは、この娑婆世界で修行し、悟りを開き、成仏しようとする教えで、法相・三論・天台・真言などの自力の修行を説く諸宗をさし、浄土門とは、娑婆世界を穢土として厭《いと》い捨てて極楽浄土に往生して生死を離れようとする教えをいい、他力の念仏を説く浄土宗をさす。道綽が安楽集にはじめて聖道・浄土の二門判を立て、法然はこれを引用し開宗の依り拠とした。

しょうとくたいし　聖徳太子　五七四—六二二。用明天皇の第三皇子、推古天皇の摂政。憲法十七条や冠位十二階を制定して国家の方針を明らかにした。仏教を深く信仰し三経（法華・維摩・勝鬘）義疏を作り、四天王寺を建て仏教興隆に尽力した。日蓮聖人は太子を南岳慧思《えし》の再誕であり、その慧思が救世《ぐぜ》観音の後身であるとされていたから、太子を救世観音の垂迹であるとして、太子と法華経の関係を強調している。

しょうとくたいしのき　聖徳太子の記　記とは未来記、予言のこと。太子の未来記とよばれるものは、平安・鎌倉・南北朝時代に五種ほどみられるが、安国論御勘由来に引用するものと共通のものはなく、日蓮聖人が何によったかは未詳。太子の未来記を引用して最澄の平安法華仏教の興隆を権威づけたことに、聖人が太子と法華仏教の関係を強調する太子観の特色がみられる。

じょうどけつぎしょう　浄土決義鈔　浄土決疑鈔とも記し、園城寺公胤（一一四五—一二一六）の撰で、三巻よりなるが現存しない。法然の生存中に選択集の一向専修思想を批判した書で、法華経に「即往安楽」の文があり、観無量寿経に読誦大乗の往生業を説いているのに、法然がこれに反して念仏だけを説くのは誤りであると非難した。しかし、公胤は後に法然の教えを受けて自分の誤りを知って本書を焼き捨てたと伝える。

じょうどさんぶきょう　浄土三部経　極楽浄土へ往生することを説く無量寿経・観無量寿経・阿弥陀経のこと。

じょうどしゅう　浄土宗　念仏宗ともいう。法然房源空を開祖とし、阿弥陀仏の本願を信じ、称名念仏によって往生極楽を期す宗派。浄土三部経にもとづき、阿弥陀仏を本尊とし、聖道・浄土、難行・易行、雑行・正行の教判を立て、諸仏諸経を否定して専修念仏を主張。日蓮聖人は、本仏釈尊を無視し、方便権経によって釈尊の真実の経である法華経を否定した法然浄土教の主張を、「念仏無間」と批判した。

じょうぶつ　成仏　悟りを開いて仏に成ること。成道・得道・作仏と同じ。仏教の根本目的。釈尊は永い間の修行を経て仏と成り、すべての人びとを仏とするべく多くの教えを説いた。法華経以前の諸経は方便権経で、成仏には永い時間を必要とし、また二乗も女人も救われなかった。法華経は一念三千・久遠実成を説いて、二乗も悪人も女人もすべての成仏を説く。日蓮聖人は妙法五字の題目受持による即身成仏を強調した。

しょぎょうおうじょう　諸行往生　念仏以外のもろもろの善行も往生浄土の行であるとすること。法然は称名念仏以外のすべての諸行を否定したが、覚明房長西とその弟子の道阿道教や聖光房弁長とその弟子の然阿良忠らの諸行往生を説く者が現われた。日蓮聖人は、念仏宗におけるこうした教義の矛盾を指摘し、厳しく批判している。

じょしょうるつう　序正流通　序分・正宗分・流通分のこと。経典などを解釈する時、その内容から三段に分科する時の名称。序分とは教義を明かす前提となるいわれ、因縁段のこと、正宗分とは教義の中心を明かす正説段のこと、流通分とは経の利益を説いてその流通を促す部分のこと。日蓮聖人は、仏一代五十年の説法を序正流通の三段に分け、次第に中心を絞り込んで、一代仏教の中心は法華経寿量品にあるとした。

じょぶん　序分　→じょしょうるつう　序正流通

じょほん　序品　法華経第一章。霊鷲山に集った人びとの前に、六種の瑞相《ずいそう》が現われ、弥勒菩薩と文殊師利菩薩の対話で、一大事の法華経が説かれることが明かされる。

しんごんしゅう　真言宗　くわしくは真言陀羅尼宗という。弘法大師空海が開祖。大日如来を本尊とし、顕密二教判を立て密教のすぐれていることを主張し、即身成仏を説く。日蓮聖人は空海を祖とする東密と、慈覚・智証系の天台密教をともに真言宗とよび、法華経至上主義に立って東・台両密を批判し、祈禱修法の無効を指摘し、「真言は亡国の法」とその教義の誤りを批判した。

しんたん　真旦　震旦と書くことが多い。古代中国に対する呼称。インドからの名で中国人は用いない。仏典漢訳の時、梵語チーナスターナを、震旦・真旦・振旦・至那・支那・斯那などと訳した。日蓮聖人は震旦の呼称を多く用いるが、真旦・真丹とも表記している。

じんみつきょう　深密経　玄奘訳、解《げ》深密《じんみつ》経五巻のこと。法相宗の根本聖典。万有の存在の実性を明かし、実践の行法を説く。一切は心の現われであるという唯識思想を初めて説いた経とされる。日蓮聖人は、天台智顗の五時教判にもとづき、深密経を第三時方等部所属の方便権経と批判する。

じんりきほん　神力品　法華経第二十一章如来神力品のこと。釈尊が十神力を現わして、上行菩薩を代表とする地涌の菩薩に、妙法蓮華経の五字を与え末法救済の使命を委嘱する。日蓮聖人は、本品の教説によって本化上行の自覚に立ち、末法の時代と衆生を救うため不惜身命の弘経活動を行なった。偈文に、聖人独自の教判である五義判の文拠がある。

ずだ　頭陀　煩悩の垢を払い落とし、衣食住に関する貪《むさぼ》りの心を払いすて、ひたすら仏道の修行をすること。これに衣について

二、食について四、住について六の十二種の行法がある。
せっせんどうじ　雪山童子　釈尊の本生譚（過去世の因縁譚）の一つで、涅槃経聖行《しょうぎょう》品に説かれる。釈尊が過去世に雪山童子として修行中に、鬼神の説く「諸行無常、是生滅法」の偈を聞き、残りの半偈を説くよう願ったところ、鬼神は飢えのため説けないと答えた。童子は自分の血肉を与えるから説くように請い、「生滅滅已、寂滅為楽」の偈を聞いたという。日蓮聖人は雪山童子の死身求法の物語を求法者の典型とし、自らの不惜身命の法華経弘通の指針としている。
ぜんきょう　漸教　→とんぎょう・ぜんぎょう　頓教・漸教
ぜんざいどうじ　善財童子　華厳経入法界品に出る。善財童子は文殊師利菩薩に会って菩提心を起こし、法を求めて南に向かい、善知識を探し求めた。五十三知識を遍歴したが、二十八人目に観音、五十二人目に弥勒、最後に普賢菩薩に会って正覚を得て法界に証入したという。日蓮聖人は捨身求法の典型として雪山童子・楽法梵志と並べあげている。
ぜんしゅう　禅宗　坐禅を通じて悟りを得ようとする宗派。仏心宗ともいう。日本では一般に臨済・曹洞・黄檗《おうばく》の三宗をさす。「教外別伝不立文字」といって、仏法の真髄は教理の追究にあるのではなく、坐禅によって仏道を悟ることにあると主張し、釈尊の説いた一切経を放棄する。日蓮聖人は禅宗のこのような主張を「天魔の所為」と批判し、とくに大日能忍や鎌倉幕府が帰依した道隆・弁円らを名ざしで批判した。
ぜんじん　善神　八部衆（天・竜・夜叉《やしゃ》・乾闥婆《けんだつば》・阿修羅《あしゅら》・迦楼羅《かるら》・緊那羅《きんなら》・摩睺羅迦《まごらが》）の中の正法と正法を信奉する人と国とを守護する神。日蓮聖人は「守護の善神」と熟語している。そして善神は正法の法味を食してその威力を発揮するが、正法が失われた国は捨去して天上に帰ってしまい、そこに災難が起こると見た。
ぜんちしき　善知識　善き友、真の友人。仏教の正しい道理を説き、利益を与え悟りの道へ導いてくれる人をいう。悪知識に対する語。法華経妙荘厳王本事品では、善知識は衆生に菩提心を起こさせると説く。善知識を重視した日蓮聖人は、末法には真の善知識がいないので法華経を善知識とするという。また聖人は、聖人に迫害を加えた北条時宗を善知識と呼んだが、これは聖人に法華経色読の縁を結ばせたことからの表現である。
せんちゃくしゅう　選択集　法然著。くわしくは選択本願念仏集といい、浄土宗の根本聖典。浄土三部経や善導の注釈を引いて念仏の法門を述べる。十六章に分けて、聖道《しょうどう》門を捨てて浄土門に帰すべきこと、雑行を捨てて念仏の正行に帰入すべきことを説く。それまでの観念の念仏を否定して称名念仏を勧めている。日蓮聖人は守護国家論・立正安国論などに、本書の文を引用して法然の専修念仏の主張を徹底的に批判している。
ぜんどう　善導　六一三―六八一。中国浄土教第三祖。道綽から浄土教を学び、観経疏などを著わし教学を大成した。修行に正・雑二行を立て、称名念仏を正行、他を雑行と否定した。法然は観経疏により宗教的回心をしたので、善導を尊敬し「偏《ひとえ》に善導に依る」といっている。日蓮聖人は、善導を教法の浅深を知らない謗法の師であると批判し、その臨終の死にざまを法華経を謗った罪による現身堕獄の現証であると指摘している。

ぜんむい　善無畏　六三七―七三五。中国唐代の真言宗の僧。東インド烏荼《うだ》国の王子で、王位を捨てて出家し、那蘭陀《ならんだ》寺で達摩《だるま》掬多《きくた》から密教を授かり、中国に入り玄宗《げんそう》皇帝に国師として迎えられ、経典の翻訳と密教の流布に努め。大日経・蘇悉地経などを漢訳し、大日経疏を著わした。日蓮聖人は、善無畏の祈雨の失敗や臨終の悪相を指摘して、真言の邪法に依って法華経を誹謗した罪による堕地獄の実例としている。

せんよおう　仙予王　釈尊の本生譚（過去世の因縁譚）の一つで、涅槃経聖行《しょうぎょう》品に説かれる。釈尊が過去世に仙予王と生まれて菩薩の道を行じていた時、大乗経典を誹謗した婆羅門を殺したが、殺生罪の報いを受けなかっただけでなく、永く地獄に堕ちることがなかった。これは大乗経を護持した力によると説く。日蓮聖人は仙予王を有徳王とともに正法護持の典型として高く評価し、謗法断罪の論拠とした。

そうかんぎょう　双観経　無量寿経のこと。同経は二巻から成るため双観経・双巻経とよばれる。

そうじょうのしょう　爪上の生　爪上とは爪の上にのるわずかな土のことで、きわめて少ないことのたとえ。人間の身を受けることのまれなことにたとえる。「閻浮日本爪上の生」は、人間と生まれることのむずかしさだけでなく、法華経と因縁の深い日本国に生を受けることのまれなことをいう。また法華信仰者の少ないことも爪上の土にたとえる。涅槃経にみえる語。

そうりんさいご　双林最後　双林はクシナーラにあった沙羅《しゃら》双樹の林。釈尊はここで涅槃経を説かれ、入滅されたから、涅槃経を双林最後の経・仏の遺言といい、入滅の時を双林最後という。

そくしんじょうぶつ　即身成仏　現身成仏ともいい、凡夫が生きているこの身のままで仏と成ること。天台宗や真言宗でも説くが、日蓮聖人は南無妙法蓮華経と題目を受持し唱えることによって即身成仏すると説くところに特徴がある。

ぞくたい・しんたい・ちゅうたい　俗諦・真諦・中諦　諦は真理の意で、天台大師が実相の真理を明かすものとして独自に組織した空《くう》・仮《け》・中の三諦《さんだい》のこと。すべての存在は実体がないから縁によって仮に生じ存在していると見るのが俗諦＝仮諦。すべての存在はとらわれの心が考えるような実体はなく空無のものであると見るのが真諦＝空諦。すべての存在を一面的な空・仮を超えた絶対なものとするのが中諦。

ぞくるいほん　嘱累品　法華経第二十二章。神力品で本化の菩薩だけに付嘱（別付嘱）したのに対し、本品では、釈尊は迹化他方などの一切の菩薩大衆に法華経一部を付嘱される（総付嘱）。多宝塔は閉じられ、十方分身の諸仏は本国に帰り、虚空会の説法は終わる。

そしっじきょう　蘇悉地経　善無畏訳、三巻。真言三部経の一・蘇悉地とは妙成就と訳され、仏部・蓮華部・金剛部の三部に分け、息災・増益・降伏の三種法や灌頂、諸曼荼羅など、妙果を得るための成就法を説く。天台密教ではとくに重視する。日蓮聖人は、天台智顗の五時教判にもとづき、第三方等部所属の方便権経にすぎないと批判する。

た　行

だいがくせそん　大覚世尊　釈迦牟尼仏の別称。仏は大いなる覚者であり、世の衆生に尊敬されるから、この称号がある。

だいしこう　大師講　大師とは天台大師智顗のことで、智顗の命日である十一月二十四日に行なう講会のこと。法華経の講讃と摩訶止観の講説を中心とした講会で、日本では伝教大師が始めた。日蓮聖人も文永五、六年ころから入滅の直前まで、毎月の月例行事として行ない、そこに集まる人びとの信仰を深め連帯を強め、門弟の組織化と教説の浸透をはかったのである。

だいじざいてん　大自在天　摩《ま》醯首羅《けいしゅら》天のこと。自在天ともいう。もとインドのバラモン教におけるシヴァ神の異称。はじめは梵天の下位にあったが、のちに世界創造の最高神となり、その住処は色界の頂上にある色究竟《しきくきょう》天とされる。仏教に組み入れられて仏法の守護神となる。

だいしっきょう　大集経　大方等大集経の略で、「だいじっきょう、だいしゅうきょう」ともいう。六十巻。曇無讖《どんむせん》などの訳を合わせて一経としたもの。日蓮聖人は、災難の原因を明かす経文や五箇の五百歳説を引いて、末法の時代相を説明する経証とした。そして大集経が「白法隠没《びゃくほうおんもつ》」とする末法には、法華経の大白法が広く弘まることを説いている。

たいしゃく　帝釈　帝釈天のこと。釈提桓因《しゃくだいかんいん》ともいう。帝釈はもとインド神話の最高神インドラで、仏教に取り入れられて梵天王とともに仏法を守護する神となる。須弥《しゅみ》山《せん》頂の忉利《とうり》天《てん》喜見城に住み、四天王を従える三十三天の主。釈尊が修行中に種々に姿を変えて求道心を試したが、成道の後は守護に努めた。法華経では眷属二万とともに会座に列なる。日蓮聖人も法華経守護の善神として敬い、大曼荼羅にも勧請している。

だいじょう・しょうじょう　大乗・小乗　乗とは人を乗せて悟りにいたらしめる教法を乗り物にたとえた語。大乗とは大きなすぐれた乗り物の意で、小乗とは小さな劣った乗り物の意。自己だけでなく他の人々に利益を与える利他行を主として、多くの衆生を救う教えが大乗で、自己の解脱を主としてめざす教えが小乗である。天台智顗《ちぎ》は五時の中では阿含部十二年の説法と、四教の中の蔵教とを小乗とする。日蓮聖人も智顗の説を受けて阿含部の諸経を小乗、華厳・方等・般若・法華・涅槃を大乗とみるが、さらに法華経以前の諸経をすべて小乗とし、真の大乗は法華経本門に限ると独自の説を立てる。

だいじょうべつじゅかい　大乗別受戒　伝教大師最澄が立てた天台法華宗の戒。「円頓の別受戒」「霊山の大戒」とも。法華経の開会《かいえ》の立場から、梵網《ぼんもう》経に説く十重禁戒《じゅうきんかい》・四十八軽戒《きょうかい》を授受する。僧俗を区別せず、一度受ければ永遠にその功徳は失われないと説く。別受とは総括的に受ける総受に対して別々に受けること。日蓮聖人は本門の戒壇を目ざした晩年に、最澄の大乗戒壇独立運動を、本門の事戒に対し迹門理戒と規定しながらも高く評価している。

だいぞうきょう　大蔵経　仏教経典の総称。一切経ともいう。経典（経）、戒律（律）、経・律の解説書・教義書（論）の三蔵をはじめ、高僧の注釈書などを集大成したもの。

だいつうちしょうぶつ　大通智勝仏　法華経化《け》城喩《じょうゆ》品に出る仏で、過去三千塵点劫《じんでんごう》の昔に出現して、八千劫の間、法華経を説いたといい、阿閦《あしゅく》・阿弥陀などの十六仏をその時の王子とする。最末子の第十六王子として法華経を聞き仏果を成じたのが今の釈迦牟尼仏で、その時の結縁《けちえん》の衆生を救わんと娑婆《しゃば》世界に出現して法華経を説いたのである。天台大師はこの教説にもとづいて仏の教化の始めとし「種熟脱《しゅじゅくだつ》」の三益を論じた。

だいにち　大日　⑴大日能忍のこと。生没年不明。鎌倉時代初期の禅宗の僧。出家して後に経論を研鑽し独悟して禅に帰依、摂津に三宝寺を開いた。嗣法の師がなかったため、弟子を宋に遣わして育王山《いくおうざん》の拙庵徳光《せつあんとくこう》から印可を受けた。日本達磨宗と称し、教外別伝の南宋禅を弘めた。日蓮聖人は、大日能忍の弘める禅に対し、依経の楞伽《りょうが》経は第三方等部の経で法華経に及ばず、教外別伝の主張も仏教の本旨に背くものとして、「天魔のそい（所為）」と批判した。⑵大日経・大日如来の略。

だいにちきょう　大日経　七巻。善無畏訳。真言宗の根本聖典。法身大日如来が金剛薩埵を相手に説いた経。印と真言と三摩地の身口意三密相応による即身成仏を説く。日蓮聖人は天台の五時八教判にもとづき、大日経を第三方等部の教えであると批判し、さらに久遠実成を説かない大日経は小乗経と同じと見る独自の見解を説いている。

だいにちにょらい　大日如来　真言密教の教主、本尊。宇宙の真如を仏格化した法身仏で、すべての仏・菩薩を生み出す根本仏とされる。天台密教では大日と釈迦とは二仏同体とするが、東密では大日と釈迦は別仏で、大日法身を勝、釈迦応身を劣とする。日蓮聖人は法華最勝の立場から、方便権経の大日経などにもとづく真言密教の教主論を妄語邪見と否定し、大日如来も法華経寿量品の本仏釈尊の所従であると主張した。

だいばだった　提婆達多　提婆・調達《ちょうだつ》ともいい、阿難の兄、釈尊のいとこにあたる。釈尊に従って出家し、八万法蔵を暗誦するほど智恵がすぐれていたが、世俗的名利への執着が強く、釈尊に敵対して五逆罪の中の出仏身血・殺阿羅漢・破和合僧の三逆罪を犯して無間地獄へ堕ちた。日蓮聖人は、法華経提婆品で提婆達多が成仏の保証を受けた経説にもとづいて、一切の悪人も謗法者も法華経によって救われることを説いた。

だいばだったほん　提婆達多品　法華経第十二章のこと。前半は釈尊に敵対した提婆達多の過去世の本事を説いて、未来成仏の保証を与え、悪人成仏の経力を示す。後半は八歳の竜女が文殊師利菩薩の教化で、法華経による即身成仏の実証を示し、女人成仏の道を開いた。

だいぼんてんのう　大梵天王　梵王・梵天王・梵天ともいう。仏法守護の神で娑婆世界の主。梵天はインド思想における最高の神で宇宙の創造主として尊崇された。仏教ではこの神を色界初禅天の主とし、帝釈天《たいしゃくてん》と並んで仏法守護の善神の最高に位置づける。釈尊成道の時には説法を要請し、法華経説法の座にも聴衆として列なっている。日蓮聖人も法華経の守護神として敬い、大曼荼羅にも勧請している。

だいろくてんのまおう　第六天の魔王　欲界の第六天の主である他化《たけ》自在天のこと。天魔波旬《はじゅん》とか魔王と呼ばれる天で、常に多くの眷属をひきいて、人の善事を害し、仏道を成ずるのを妨げるといわれる。三障四魔の天子魔にあたる。

だいろん　大論　大智度論の略称。竜樹造、鳩摩羅什訳、百巻。大品般若経の注釈書。空の思想を説くほか、大乗の菩薩思想や六波羅蜜などについて詳述し、さらにジャータカや戒律まで記している。内容の豊富さから大乗仏教諸宗に与えた影響は大きい。日蓮聖人は、大論巻百の法華経を菩薩に付嘱した文を再三引用し、竜樹も法華最勝を認めていた文証とする。

たこくしんぴつなん　他国侵逼難　外国からの侵略のこと。薬師経に説く七難の一。仁王経では四方の賊来りて国を侵《おか》すと説く。日蓮聖人は立正安国論において、謗法を禁止し正法である法華経に帰依しなければ、自界叛逆・他国侵逼の二難がやがて起こるであろうと予言警告した。文永五年（一二六八）の蒙古国書到来、文永十一年（一二七四）の第一次蒙古来襲により、他国侵逼難の予言は現実のものとなった。

たほうぶつ　多宝仏　多宝如来ともいう。東方宝浄世界の教主で、入滅した後に法華経の説かれるどのような場所にでも出現して、「善哉（その通りである）」と唱えて、法華経の証明を本願とする仏。法華経宝塔品で七宝塔とともに大地から涌現し、釈尊の法華説法の真実を証明した。日蓮聖人はこの多宝の証明を法華最勝の論拠の一つとしている。

だらにほん　陀羅尼品　法華経第二十六章。薬王・勇施《ゆうぜ》の二菩薩と毘沙門天・持国天・十羅刹女・鬼子母《きしも》とが、法華経と法華経の行者を守護することを、仏前で陀羅尼（神呪）を説いて誓った章。

だんせんちゃく　弾選択　定照《じょうしょう》の作で一巻。法然の選択集を破折した書であるが、その内容は本書が早くに散逸したため明らかでない。本書に対し浄土宗の隆寛が顕選択を作って反論したが、そのため叡山大衆の怒りを買い、嘉禄三年（一二二七）奥州へ流罪となる因となった。

ちしょうだいしえんちん　智証大師円珍　八一四―八九一。延暦寺第五代座主、園城寺《おんじょうじ》中興の祖。十五歳で比叡山に登り義真に師事。仁寿三年（八五三）入唐し在唐六年、天台・真言などを学び帰国。天台密教をさかんに弘めたために、円仁とともに法華経に背いた謗法の師と日蓮聖人の批判を受ける。

ちょうかん　澄観　七三八―八三九。中国華厳宗第四祖で、華厳教学の復興改革に尽くした。清涼《しょうりょう》国師と呼ばれる。出家して諸大乗経論を研究し、妙楽大師に天台止観を学ぶなど広く諸宗教学を学ぶ。後に華厳の研究述作に努め、華厳経疏六十巻などを著わす。日蓮聖人は法華最勝の立場から、澄観が華厳第一とした教判を否定し、さらに澄観が天台の一念三千を自己の教学に取り込んだ点を、一念三千を盗み取ったと厳しく批判した。

でんぎょうだいしさいちょう　伝教大師最澄　七六七―八二二。日本天台宗の開祖。はじめ東大寺で受戒したが、やがて比叡山に登り独学で天台智顗《ちぎ》の著作を研究。延暦二十三年（八〇四）入唐し、円密禅戒の四宗を相承して帰国。法相宗の徳一と仏性論争をたたかわし、南都僧綱との間に大乗戒壇別立論争を展開した。著書に守護国界章・法華秀句・顕戒論などがある。日蓮聖人は最澄を法華経の行者と見て、三国四師の外相承の師に列ねて尊敬した。

てんしょうだいじん　天照大神　「あまてらすおおみかみ」ともいう。伊勢神宮の祭神。八幡神とともに皇室の祖神とされる。太陽神として農耕社会で尊崇されていたが、次第に皇室の祖神とされ、諸神はこの神の子、臣であると位置づけられた。日蓮聖人は、日本の国を天照大神の造り出した島であるとみ、また日本の守護神であり、仏法の守護神であると見ている。そして法華経の守護神として大曼荼羅にも勧請している。

てんだいしゅう　天台宗　天台法華宗・法華円宗・天台円宗ともいう。中国天台宗は天台大師智顗を開祖とし、法華経を根本聖典として、五時八教判をもって一代聖教を判釈し、一心三観・十乗観法の実践を説く。日本天台宗は、伝教大師最澄が入唐して天台法華宗を伝えたことに始まる。最澄は天台円教のほかに戒・禅・密を相承したから、日本天台宗は顕密兼修が特色である。後に円仁・円珍・安然らによって密教が充実された。日蓮聖人は、天台宗の系譜から出発し、法華経色読の宗教体験を経て、法華経本門に立つ独自の法華教学を確立した。そして釈尊以来の法華経弘通の正統に立つ法華経の行者としての自覚から、天台法華宗を密教化した円仁・円珍らを厳しく批判した。

てんだいだいしちぎ　天台大師智顗　五三八－五九七。天台宗の開祖。中国の南北朝から隋にかけて中国仏教を統一し、天台教学を樹立した。法華玄義・法華文句・摩訶止観の天台三大部を講述し、法華経が最高真実の教えであるとする五時八教説を立て、一念三千の実践行を説いた。日蓮聖人の教学は天台の思想に大きな影響を受けているが、聖人は、天台は法華経迹門中心の思想で、自らは本門中心であると区別している。

てんぺんちよう　天変地夭　天変とは天空の異変による風雨・日月蝕・旱魃などの変災をいい、地夭とは地震・水害などの地上の変災をいう。これらの影響により飢饉・疫病などの災害が生じる。日蓮聖人は、これらの災害はいずれも正法を捨てて悪法に帰依したために起こるのであるから、すみやかに悪法を絶滅し正法に帰依せよと主張した。

てんぼうりん　転法輪　仏の説法のこと。輪は転輪聖王の輪宝（武器の一種）で、それが転がって自在に敵を破砕するように、仏の説法も一切衆生の煩悩を打破するので、法輪という。釈尊が成道して最初に五比丘のために法を説いたことを初転法輪という。

てんりんじょうおう　転輪聖王　転輪王、輪王ともいう。武力を用いず正法をもって全世界を治めるとされる理想的な帝王。三十二相と七宝を具えるという。転輪聖王に金銀銅鉄の四種があり、金輪王は四大州すべてを治め、銀輪王は東南西の三州、銅輪王は東南の二州、鉄輪王は南閻浮提のみを治める。

どうしゃく　道綽　五六二－六四五。中国浄土教の第二祖。十四歳で出家し、涅槃経を深く究めたが、四十八歳の時、曇鸞の碑文を見て感ずるところあり、涅槃宗を捨てて浄土教信仰に入った。安楽集二巻を著わす。法然は選択集の巻頭に安楽集を引いて、聖道・浄土二門の教判を立てて開宗の理由を示した。日蓮聖人は、教法の浅深をわきまえず、方便権経の浄土三部経に依る聖浄二門判を仏意に背くものと批判した。

とうせつ　当説　→いこんとう　已今当

とうほうにょらい　東方如来　東方浄瑠璃世界の教主薬師如来のこと。東方如来の経とは薬師経のこと。薬師如来がもと菩薩行を修していた時に十二の願を立てたが、その第七願に薬師如来の名号を一たび耳に聞けば、もろもろの病はすぐ除かれて身心ともに安楽になると説いている。

とき　時　撰時抄冒頭の「時をならうべし」という時とは、法華経を弘めるべき時の意味である。仏が「説時いまだ至らざるが故なり、今正《まさ》しく是れ其の時なり、決定して大乗を説く」（方便品）と説かれたのは、この時をさす。機があっても時が来なければ説けないという特殊性をもった時である。そして仏在世の八年と末法の今とが、法華経を説くべく選ばれた時であるというのが、日蓮聖人のいう時の意味であり、聖人独自の仏教史観である。

ときどの　土木殿　一二一六―一二九九。富木・富城とも表記。日蓮聖人門下の最も有力な檀越の富木常忍のこと。中山門流の開祖。下総国八幡庄若宮（現・千葉県市川市）に住した。観心本尊抄をはじめ重要著作を送られているように、聖人の信頼篤く、教義理解にもすぐれていた。下総地方の檀越の指導者として重きをなし、自邸の持仏堂を改め法華寺とし、聖人滅後に出家して日常と称し、中山門流の基礎を築いた。

とんぎょう　頓教　→とんぎょう・ぜんぎょう　頓教・漸教

とんぎょう・ぜんぎょう　頓教・漸教　頓はすみやかに、漸は漸次に、の意。説法の内容や形式からの区別で、教判に用いられる。すみやかに悟りを得ることのできる教えが頓教で、順序を経て長い間漸進的に修行して悟りを得るのが漸教。また、いきなり深い内容を説くのが頓教で、浅い内容から深い内容へと漸次に説き進めるのが漸教。

どんらん　曇鸞　四七六―五四二。中国浄土教第一祖。五台山で出家し、四論の教学に精通したが、のち菩提流支《ぼだいるし》に会って観無量寿経を授けられ、浄土教に帰して念仏を行じた。往生論註を著わす。日蓮聖人は、曇鸞が浄土教を第一とし、難易二道判を立てたことに対し、教法の浅深を知らない者であり、仏意に背く謗法の師と批判した。

な　行

なむみょうほうれんげきょう　南無妙法蓮華経　三大秘法の一つ「本門の題目」のこと。南無とは帰命、帰依、信順の意で、妙法蓮華経に帰依信心すること。日蓮聖人は、妙法蓮華経の題目は単なる経の題名ではなく、釈尊の説いた法華経の功徳のすべてを収めているから、これを信じ唱えることによって、そのすべての功徳を譲り与えられると説いている。そして唱題を信行の基本として、成仏のための唯一の法とした。

なんぎょう・いぎょう　難行・易行　仏の本願力によって浄土へ行ける易行に対し、みずからの修行実践によって悟りにいたる方法を難行という。竜樹の十住毘婆沙論にもとづき、中国・日本の浄土教諸師に受けつがれ、とくに法然は称名念仏の一行を易行とし、それ以外のすべての修行を難行として否定した。

なんさんほくしち　南三北七　天台智顗以前の仏教を総括していった語で、法華玄義に出る。当時の中国仏教の主流が揚子江下流の南北両岸にあったことから、江南の三家と江北の七家とをいう。教判論がさかんで、涅槃経と華厳経とを第一とし、法華経を第二とする見解は、天台によって批判された。

なんと　南都　北京（平安京）に対する語で、奈良のこと。京都の南にあるので南都という。元明天皇の和銅三年（七一〇）から桓武天皇の延暦三年（七八四）まで七代七十五年間の都であった奈良（平城京）の諸大寺をさす。東大寺・興福寺・元興寺《がんごうじ》・大安寺・薬師寺・西大寺・法隆寺の七大寺を中心に、三論・法相《ほっそう》・華厳・律・成実《じょうじつ》・倶舎《くしゃ》の六宗が競い合っていた。

にかいはちばん　二界八番　法華経説法の座に聴衆として列なった三衆（菩薩衆・声聞衆・雑衆《ぞうしゅ》）の中の雑衆のこと。二界とは三界の中の欲界と色界で、八番とは欲界天・色界天・竜王衆・乾闥婆《けんだつば》衆・阿修羅衆・緊那羅《きんなら》衆・迦楼羅《かるら》衆・人王衆をいう。

にじゅうはっしゅく　二十八宿　インドの天文学で、天体の分野や日月の運行を区画するため、おもな星群を二十八に分類したもの。宿とは星座をさし、二十八座の星ということ。一日一星を配し、東西南北に座配を分ける。星の性質、日の吉凶を占う方法として用いる。中国・日本にも伝わり用いられている。

にじょう　二乗　声聞乗・縁覚乗のこと。二乗は現世における煩悩を断った聖者（阿羅漢）であるが、自己の完成だけをめざして他人の救済を忘れたものとして、大乗から小乗と非難された。大乗経典の多くは二乗を仏に成れないとしたが、法華経では二乗も本来菩薩であるという開会《かいえ》の立場から二乗の成仏を説く。日蓮聖人は、二乗作仏を法華経が諸経にすぐれる二大特色の一つとして強調した。

にじょうさぶつ　二乗作仏　声聞《しょうもん》と縁覚の二乗が仏と成ること。法華経の二大法門の一つで、前半十四品（迹門《しゃくもん》）の中心思想。華厳経や維摩経などの諸大乗経では成仏不可能とされた二乗、すなわち小乗の修行者も一乗妙法の教えによって平等に成仏することができると説く。法華経の救済がすべてにわたることを示す。日蓮聖人は久遠実成《くおんじつじょう》とともに法華最勝の論拠とする。

にしょさんえ　二処三会　釈尊が法華経を説かれた場所のこと。法華経は霊鷲山《りょうじゅせん》と虚空《こくう》（大空）の二処で三回の説法（三会）が行なわれた。序品から宝塔品前半までは霊鷲山（前霊山会《ぜんりょうぜんえ》）、宝塔品後半から嘱累品までは虚空（虚空会）、薬王品から勧発品までは再び霊鷲山（後霊山会《ごりょうぜんえ》）で説かれた。日蓮聖人は虚空会十二品を重視して、「起顕竟《きけんきょう》」の法門を立て、法華経の末法為正、本仏釈尊の実在、本化上行の末法応現などを強調した。

にぜん　爾前　「その前」の意。法華経が説かれた以前の釈尊の教え、経典のこと。天台大師の五時判では、法華経以前を方便権教、仮りの教えと見る。日蓮聖人も天台の説にもとづいて爾前の経々では成仏できないと「爾《に》前《ぜん》無《む》得道《とくどう》」を強調する。

にぞう　二蔵　三論宗の教判。声聞・縁覚の二乗の道を説いた声聞蔵＝小乗と、菩薩の道を説いた菩薩蔵＝大乗のこと。小乗と大乗との区別を立てるが、大乗経の中での区別は説かない。

にょいほうじゅ　如意宝珠　如意珠ともいい、意のままに宝を出す珠。あらゆる願いをかなえる不思議な珠。衆生を利益《りやく》して限りないことから、仏の徳や仏の教えを喩える。日蓮聖人は、すべての人びとを成仏させる一念三千の理を「一念三千の如意宝珠」と具体的に表現している。

にんし　人師　論師や訳者の教説を受けて仏法を弘める者のこと。日蓮聖人は「人師」の語で中国・日本の仏教者をさす。

にんのうきょう　仁王経　漢訳に鳩摩羅什《くまらじゅう》訳二巻と不空訳二巻がある。波斯匿《はしのく》王などの国王を聴衆として護国の因縁を説く内容から、中国・日本を通じて護国の経典として尊重されてきた。日蓮聖人は羅什訳によって、末法の三災七難の様相を説明している。なお密教では不空訳を用いる。

ねはん　涅槃　梵語ニルヴァーナの音写。煩悩の火を吹き消した状態、さとりの境地をいう。煩悩の根本といわれる貪《むさぼ》り・瞋《いか》り・愚《おろ》かの三毒の迷いを滅した状態をいう。また生命の火が吹き消されたということで、入滅・死去をもいう。

ねはんぎょう　涅槃経　大般涅槃経《だいはつねはんぎょう》の略。漢訳に曇無讖《どんむしん》訳の四十巻（北本）と慧観・慧厳《えごん》・謝霊運らが法顕訳の六巻本を校合整理した三十六巻（南本）がある。釈尊の入滅は方便であり、仏は常住不滅であると説き、また「一切衆生悉有仏性《しつうぶっしょう》」を説く。天台智顗《ちぎ》は五時の最高に位置づけ法華経を補完する経とみた。日蓮聖人も智顗の思想をうけつぎ法華経にもれた者を救う経とみた。聖人は同経に説く「法に依れ」という教えや悪比丘を折伏すべしとの誡めを自己の教学・実践の中核においた。

ねんぶつしゅう　念仏宗　↓じょうどしゅう　浄土宗

は　行

はちまんだいぼさつ　八幡大菩薩　八幡神に奉った称号。八幡神はもと農耕神で、九州宇佐氏の氏神であったが、奈良時代に中央に進出し、平安時代初頭に朝廷から大菩薩号を贈られた。貞観二年（八六〇）に行教が山城石清水に勧請し、この頃から応神天皇と結びつけられ、皇室の祖神として尊崇され、天照大神につぐ第二の宗廟となった。源頼朝は鎌倉鶴岡に勧請した。一般に阿弥陀を本地とするのに対し、日蓮聖人は八幡の本地を釈尊とする独自の説を示し、八幡は日本国の守護神であると同時に、法華経の行者を守護する善神であるとして、大曼荼羅本尊にも勧請している。

はっけ　八家　入唐《にっとう》八家のことで、唐（中国）に留学して真言密教を伝えた八人のこと。東密の五人（空海・恵運・宗叡・常暁・円行）と台密の三人（最澄・円仁・円珍）とをさす。

はらないこく　波羅奈国　中インドの古代国家の名。現在のベナレス市を中心とした一帯の地域。釈尊の当時、バラモン教の聖地として修行と教学がさかんに行なわれていた。ゆえに釈尊も最初の説法を、阿若憍陳如ら五比丘のためにこの地の鹿野《ろくや》苑《おん》で行なった。

はんそく　**班足**　仁王経護国品にみえる。班足王は外道の教えを信奉し、千人の王の頭を神に捧げようとして最後に普明《ふみょう》王を捕えた。普明は請うて百座仁王会を設ける。班足王はその講師の説法を聞いて改悔した。日蓮聖人は、班足王の改信の故事を引いて、普明は班足を仏道に誘引した善知識であると説く。

はんにゃきょう　**般若経**　くわしくは摩訶般若波羅蜜経。般若波羅蜜（智恵によって悟りに達すること）の真理を説いた経典の総称。鳩摩羅什訳や玄奘訳をはじめ多数の漢訳が現存する。日蓮聖人は、天台智顗の五時教判にもとづき、第四時所属の方便権経と批判し、法華の最勝真実を強調した。

びしゃもんてんのう　**毘沙門天王**　四天王の一人。多《た》聞《もん》天ともいう。須弥山の中腹第四層の天にいて北方を守護する神。夜叉・羅刹をひきいて常に仏の道場を守り、法を聞くところから多聞天と名づける。法華経の説法には聴衆として眷属とともに列座し、陀羅尼品では法華経の行者守護の誓いを説く。日蓮聖人は大曼荼羅に四天王の一人として左上に法華経守護の善神として記している。

ひゃくおう　**百王**　百代の王をさす。百王はもと代々の王を意味し王朝の悠久を指したが、平安時代末期から百代に限る見方があらわれ、日蓮聖人も百代に限定されるという考え方を示している。聖人は百王を百代の王と解釈し、八十三代以後の残る十八代は関東の武家政権に移ったとしたこと、また八幡大菩薩の百王守護の誓いは、正直の王百人に限られるとしたこと、などにその特色がみられる。

ひゃくかいせんにょ　**百界千如**　すべての迷いと悟りの世界を十種に分けて十界とし、この十界のそれぞれが互いに十界をそなえているので百界となる。この百界の各界に十如（すべてのものの存在の仕方で、如是相から如是本末究竟《くきょう》にいたる十種の如是）があるから千如となる。天台宗の観心の対象。この千如に三世間を乗じて三千となり、三千の諸法という。

ひゆほん　**譬喩品**　法華経第三章。方便品で説かれた三乗方便一乗真実の法門を悟った舎利弗に成仏の保証が与えられる。しかし他の声聞たちは理解できなかったので、釈尊は三車火《か》宅《たく》の譬えを説いて理解せしめようとする。偈文に、釈尊の三徳有縁の文(今此三界…唯我一人能為救護)、十四謗法が説かれている。

ふきょうぼさつ　**不軽菩薩**　法華経常不軽菩薩品に登場する菩薩で、常不軽菩薩という。一切衆生には仏性があり、やがて成仏するであろうと、「我、深く汝らを敬う、仏となるべき故に」と二十四字を説いて、迫害や軽蔑にもめげることなく、衆生を礼拝した。不軽菩薩は釈尊の過去世の姿であるという。日蓮聖人は不軽菩薩の行を手本とし、末法の時代に法華経を弘める方法として、不惜身命の折伏下種を実践した。

ふきょうぼん　**不軽品**　法華経第二十章の常不軽菩薩品のこと。逆縁（不信の者）に対し仏性を植えつけるため、積極的に教化し、あらゆる迫害を忍んで救済活動をした不軽菩薩の故事を説く。日蓮聖人は、不軽菩薩の折伏弘経を末法の法華経の行者の手本として、実践活動を行なった。

ふくう　不空　七〇五―七七四。真言宗付法第六祖。北インドの人。十三歳の時中国へ入り、金剛智について出家受戒し密教を学ぶ。金剛智の死後インドに行き経論千二百巻を持って帰国。玄宗《げんそう》以下三代の皇帝の信頼を受け、護国の宗教として密教を定着させた。理趣経・菩提心論などを訳出する。日蓮聖人は、菩提心論の誤りを指摘し、祈雨の失敗を真言亡国の現証とするなど、不空の謗法堕獄を強調した。

ふげんきょう　普賢経　↓かんふげんきょう　観普賢経

ふげんぼさつ　普賢菩薩　釈尊の脇士《きょうじ》として右脇に侍し、理・定・行の徳をつかさどり、もろもろの菩薩たちの上首として仏の教化を助ける。法華経勧発品では、法華経を信ずる者のために白象に乗って現われ行者を守護すると説く。日蓮聖人は、大曼荼羅本尊の中に迹化の菩薩の代表として列ねている。

ふぞく　付嘱　仏が滅後の教法の弘通を弟子に委託すること。属《ぞく》累《るい》ともいう。法華経には二種の付嘱が説かれる。属累品で仏がすべての菩薩に弘通の使命を付託したのが総付嘱で、神力品で仏が特に上行らの本化の菩薩に弘経の使命を付託したのが別付嘱である。日蓮聖人は、仏が末法の衆生を救うために妙法五字の題目を付嘱されたものとして別付嘱を重視し、自ら上行菩薩の自覚に立って妙法五字の題目を弘通した。

ぶつげん　仏眼　仏の眼。五眼の一。すべてを見とおし、知る眼。

ぶつにち　仏日　仏のこと。仏の徳が広く世間にゆきわたって衆生を利益することを、日輪が世界を照らし闇を除くことにたとえて「仏日」という。「余光」は仏の教法をさす。

ふほうぞうきょう　付法蔵経　六巻。吉迦夜《きつかや》・曇曜訳、付法蔵因縁伝のこと。付法蔵とは、仏の教法を付嘱することで、仏滅後のインドにおける仏法を相伝した迦葉以下二十三人をあげて、その次第と因縁を述べた書。第二十四祖の師子が弥羅崛《みらくつ》王の破仏にあって殺され、付法が絶えたとされる。日蓮聖人は、この二十四人の出現は仏の予言したところであると、本書を予言の書、仏の未来記とみている。

ふるな　富楼那　仏の十大弟子の一人で、説法第一といわれる。はじめ外道の修行をしていたが、釈尊の弟子となり、悟りを得て後は、各地に遊化して釈尊の教化を助けた。法華経五百弟子品で法明《ほうみょう》如来の授記を受ける。日蓮聖人は二乗作仏の実例としてしばしば引用される。

ぶんえいのだいすいせい　文永の大彗星　文永元年（一二六四）七月五日の大彗星をさす。文応元年に発表した立正安国論では、正嘉以来の地震・暴風・飢饉など災害続出の原因を法然浄土教の謗法によることを明らかにし、この謗法を禁止して正法に帰依しなければ、外国の侵略と国内の戦乱との二難が起こることを予言警告した。この文永の大彗星は災難の原因が謗法によるとする見方を確信させることとなった。

ふんじんのしょぶつ　分身の諸仏　分身とは衆生を導くために作られ分かたれた仏の身をいい、十方の世界で人びとを教化している釈尊の分身の諸仏のこと。宝塔品で多宝塔を開くために法華説法の座に来集し、神力品《じんりきほん》で舌を梵天にとどかせて、釈尊の法華説法の真実を証明した。

へいのさえもんのじょう　平左衛門尉　―一二九三。平頼綱《よりつな》のこと。北条時宗・貞時の被官で、鎌倉幕府侍所の所司。文永八年（一二七一）の法難で、日蓮聖人逮捕の指揮をとった責任者。また弘安二年（一二七九）の熱原《あつわら》法難の際の幕府側の中心人物でもあった。聖人は幕府内の実力者であった頼綱に立正安国の趣旨を再三諌言したが用いられなかった。

べつじいしゅ　別時意趣　四意趣（平等意趣・別時意趣・別義意趣・衆生意楽《いぎょう》意趣）の一つ。意趣とは仏が説法する時の意向。別時意趣とは、すぐには利益が得られないで、後に（別時に）利益が得られるような場合、ただちに利益が得られるように説くこと。方便による教化。日蓮聖人は、守護国家論で法然が小善成仏を別時意趣としたと批判したが、選択集にその明文は見えず、聖人は善導が一称南無仏を別時意趣としたから法然も同じとみて批判した。

ほうかん　法鑑　―一二六八―。一説に平左衛門尉頼綱《へいのさえもんのじょうよりつな》の父盛時《もりとき》が入道して法鑑と号したという。しかし法鑑房の房は僧名の下に添える語で、入道や禅門を指すのではなく、純粋な出家・僧侶を考えるべきという説もある。安国論御勘由来の宛所《あてどころ》が法鑑房であることから考えれば、具体的に誰であるかは不明であるが、北条氏にきわめて近く、しかもかなりの力を持っていた僧侶であると思われる。

ほうこうずい　放光瑞　法華経序品に説かれる。釈尊が法華経を説かれる前に示した六の瑞相の一つ。眉間から光明を放って東方万八千の世界を照らしたこと。

ほうどうきょう　方等経　広く大乗経一般をさし、大方等経という。また天台智顗が一代仏教を整理体系づけた五時教判にもとづいて、華厳部・般若部・法華涅槃部に属さない大乗経典をさして方等経と呼ぶ。この中には、真言宗の大日経や浄土宗の阿弥陀経なども含まれる。日蓮聖人は後者の意味で用いている。

ほうとうほん　宝塔品　法華経第十一章の見宝塔品のこと。多宝如来が七宝の塔に乗って大地から涌き出で、釈尊の説法の真実を証明し、十方世界より釈尊の分身の諸仏が召集される。多宝塔は開かれ、塔の中に釈迦・多宝の二仏が並び座し、仏滅後の弘教者を募られる。本品より虚空の会座での説法となる。日蓮聖人は本品から嘱累品までの十二章を重視し、教学・信仰の立脚点とした。

ほうねん　法然　一一三三―一二一二。源空。浄土宗の開祖。十三歳で比叡山に登り修行研鑽を積む。四十三歳のとき善導の観《かん》経疏《ぎょうしょ》を読み専修念仏に帰した。まもなく叡山を下り東山吉水で人びとに念仏の教えを説いた。しかし念仏の隆盛と選択集に対して比叡山や南都仏教から念仏停止の訴えが出され、土佐へ流罪となる。日蓮聖人は守護国家論・立正安国論などで法然の念仏義を批判し、謗法者として厳しく弾劾した。

ほうべんぽん　方便品　法華経第二章。序品で三昧に入った釈尊が出定《しゅつじょう》して舎利弗に向かって、仏の智恵に方便と真実の二智があり、ただ仏のみ知るだけで二乗には難信難解であるといって、諸法実相・十如是の法を説いた。舎利弗の三度の請願に対し、釈尊は三度制止したが、更なる懇願に釈尊は妙法を説いて、仏の出現は仏知見を開示《かいじ》悟入《ごにゅう》せしめるためであると述べて、三乗の方便、一仏乗の真実を明らかにしたのである。

ほうぼう　謗法　誹謗正法の略で、仏の教えをそしること。一般的には仏教に悪口をあびせることが謗法とされるが、日蓮聖人は教主釈尊の真実の教えである法華経をそしることを謗法とし、最大の罪とみた。また釈尊の真意を知りながら積極的にそれを伝えようとしないことも謗法とみた。聖人は謗法を止め正法を立てることにより国土の安穏を実現しようとした。そのため聖人は法難に耐え幕府への諫暁をはじめとする法華経の弘通に生涯を捧げた。

ほけきょう　法華経　妙法蓮華経のこと。鳩摩羅什訳、八巻（ただし、羅什訳は七巻）。漢訳はほかに正法華経（竺法護訳、十巻）と添品妙法蓮華経（闍那崛多・達摩笈多訳、七巻）がある。二十八品より成り、天台大師智顗の分科にもとづき、前半十四品を迹門、後半十四品を本門という。迹門は、方便品を中心に三乗差別の教えは方便で、一仏乗の教えを説いて一切衆生を仏の世界に導くことが釈尊の本懐であることを顕わす。本門は、寿量品を中心に、釈尊は永遠の昔にすでに仏と成り、それより未来永遠にわたって人びとを救済しつづける久遠の仏であることを明らかにする。そしてこの娑婆世界も永遠不滅の浄土であることを顕わす。天台智顗は迹門を中心に教学を組織したが、日蓮聖人は本門を中心に教学と信仰を樹立し、妙法五字の題目を弘めたのである。

ほけきょうのぎょうじゃ　法華経の行者　法華経の修行者。法華経の教説にしたがって修行する者。法華経には仏滅後の修行者は大難にあうと説かれていることから、日蓮聖人は法華経の弘通とそれによる多くの受難を体験することによって、法華経の行者としての自覚と確信を深めていき、「日本第一の法華経の行者」「閻浮第一の法華経の行者」と称している。

ほっけ・しんごんのじきどう　法華・真言の直道　法華経と大日経・金剛頂経・蘇悉地《そしつじ》経の真言三部経、さらに天台法華宗と真言宗の教えを成仏へのまっすぐで最短の道とする。日蓮聖人は守護国家論・立正安国論などの初期の段階では真言宗を肯定していたが、後には本門法華の立場から批判を加えた。

ほっしほん　法師品　法華経第十章のこと。釈尊が薬王らの八万の菩薩に向かって、法華経の功徳の大きさを説いて、受持すべきことを説く。「已今当《いこんとう》」の三説、「況滅度後《きょうめつどご》」の大難予言、如来使、衣座室の三軌など、重要な教えが説かれ、日蓮聖人の教学・信仰との関わり深い一章である。

ほっしゃみたらおう　弗沙弥多羅王　紀元前二世紀頃のインドの王。バラモン教を信奉し、仏教を迫害した王として知られる。軍隊をもって仏塔や伽藍を破壊し、僧侶を殺害した。日蓮聖人は、仏法を破壊した悪王として、しばしばその名をあげる。

ほっそうしゅう　法相宗　南都六宗の一。解深密経《げじんみっきょう》・成唯識論《じょうゆいしきろん》など六経十一論を所依とし、中国唐代の玄奘が伝え、慈恩大師窺基が開いた。唯識の立場から諸法のあり方（法相）を分析し究明するので法相宗という。日本では南都六宗の中で最もさかんであり、三乗説を主張して一乗を説く天台宗や三論宗と論争を展開した。日蓮聖人は法華経至上主義に立って、法相宗の三乗真実説を邪義謗法と批判している。

ほんげ・しゃっけ　本化・迹化　本化とは法華経本門の教主釈尊によって教化された菩薩をいい、迹化とは迹門の教主によって教化された弟子たちをいう。本化は法華経涌出品で大地の下から涌き出て来た菩薩たち（地涌の菩薩）で、神力品で滅後末法の法華経弘通の使命を与えられる。迹化の弟子にはもともと娑婆世界にいた菩薩と他方の国土から来た菩薩とがあり、文殊・弥勒・普賢・観音・薬王などの菩薩や、阿難・舎利弗・目連・迦葉などの弟子たちがいる。迹化の菩薩は他経にも見えるが、本化は法華経本門だけに登場する。日蓮聖人は、迹化の菩薩たちは釈尊在世から正法・像法にかけての弘通を任務とし、末法の法華経弘通は本化の菩薩の責務であると説き、みずから本化上行菩薩の自覚に立って法華経を弘めた。

ぼんのう　梵王　↓だいぼんてんのう　大梵天王

ぼんぶ　凡夫　「ぼんぷ」とも読む。聖者に対する語で、愚かで凡庸な人。仏教の教えを知らない人。いまだ仏道に入っていない人。日蓮聖人は仏滅後の末法の衆生はすべて愚かな謗法の凡夫、悪人であると見て、本仏釈尊の慈悲のはたらきは、これらの末法の凡夫救済を目的とすると強調した。

ま　行

まかしかん　摩訶止観　十巻。天台智顗の講述を章安灌頂が筆録した書。法華玄義・法華文句によって明かされた法華経の真理を、実践体得するための修行法として十境十乗の観法を説く。日蓮聖人は、第七正観章に説かれる一念三千を天台教学の極説とし、法華経の根本真理・仏種であると見た。しかし一念三千の観法は末法の時代に合わないといって、妙法五字の受持による信心行を本門事の一念三千とし、末法の行法とした。

まかだこく　摩竭陀（提）国　古代インドの十六大国の一。現在のビハール州に当たる。釈尊在世中の説法教化の中心地。釈尊はこの国のネーランジャラー河のほとりにある菩提樹の下で悟りを開いた。法華経を説いた霊鷲山はこの国の首都王舎城の東北にある。

まっぽう　末法　仏教の時代観である正法時・像法時・末法時の三時の一で、釈尊入滅後二千年を過ぎた濁悪の時代。仏の教えだけが残り、人がいくら修行しても悟りを得ることのできない時代で、末代・末世ともいう。仏法が次第に衰え滅びていくという末法思想は、インドでは六世紀ごろに、中国では隋・唐の時代に見られる。日本では平安時代から広まり、鎌倉仏教の法然・親鸞・道元などの宗教は、いずれも末法思想をどのように受けとめ克服するかというところに生まれた。日蓮聖人は末法の時代と人びとを救う教えは妙法蓮華経に限ると、題目の受持を勧めた。

みょうじ・かんぎょう　名字・観行　天台大師が立てた法華円教の菩薩が修行する六つの階位（六即《ろくそく》）の中の第二の名字即と第三の観行即のこと。名字即は経巻や善知識に従って法華経の名字を聞き、信順するに至った位。観行即は所聞の仏法を体得するため実践修行する位で、教理と自己の智恵が相応一致し修行に励む位。日蓮聖人は、六即の階位を経ないで、妙法五字の題目を信じ唱えたとき、ただちに成仏を決定する名字即成仏を説く。

みょうしょうごん　妙荘厳　法華経妙荘厳王本事品に説かれる妙荘厳王のこと。王は外道の教えを信奉し邪見強盛であったが、妻の浄徳夫人と浄蔵・浄眼の二子の導きによって仏の所に詣り、その教化を受けて邪見を改め、仏から成仏の保証を得た。日蓮聖人は、妙荘厳王を、阿闍世王とともに邪見に住した悪人であったが、法華経によって成仏できた悪人成仏の例とする。さらに二子と夫人とを法華信仰に導いた善知識であると説く。

みょうらくだいし　妙楽大師　七一一—七八二。湛然《たんねん》。中国天台宗第六祖。荊渓《けいけい》大師とも称する。天台教学の宣揚につとめ、華厳宗や法相宗・真言宗などの教学を意識しつつ、天台三大部の注釈である法華玄義釈籤《しゃくせん》・法華文句記・摩訶止観輔行伝弘《ふぎょうでんぐ》決《けつ》をはじめ多数の著述において、諸宗の見解を批判し、天台円教の優秀さを主張したので、天台宗中興の祖とされる。日蓮聖人は天台大師と同じく妙楽大師の法華超勝思想を継承している。

みらいき　未来記　未来のことを予想し予言した経典や文書などのこと。日蓮聖人は法華経および末法の様相を説いている大集《だいしつ》経《きょう》・仁王経などの諸経典を未来記とし、さらに天台・妙楽・伝教などの先師の著書も未来記としている。とくに法華経勧持品《かんじほん》の二十行の偈と薬王品の広宣流布の文は、聖人の弘経活動を支えた仏の未来記であった。また立正安国論は聖人の未来記である。

みろくぼさつ　弥勒菩薩　未来に釈尊の仏位を継ぐとされる菩薩で、一生補処《いっしょうふしょ》の菩薩といわれる。釈尊より先に入滅して兜率天《とそつてん》に生まれ、五十六億七千万年の後に再びこの世に下生《げしょう》して成道し、釈尊の説法にもれた衆生を救済するという。法華経では迹《しゃっ》化《け》の菩薩として、仏に説法をするようしむける発起衆《ほっきしゅ》という重要な役割を担っている。

むくろんじ　無垢論師　インドの小乗論師。カシュミールの人で、説一切有部《うぶ》について出家し、小乗教に執着して大乗教を謗ったために、舌が五つに裂け、無間地獄に堕ちたと伝える。日蓮聖人は、謗法堕獄の例としてしばしばその名をあげる。

むけんじごく　無間地獄　八大地獄の一つ。無間は梵語アヴィーチの訳で、音写して阿鼻《あび》地獄ともいう。間断なく苦を受けるから無間といい、閻浮提《えんぶだい》の下二万由旬《ゆじゅん》の所にあり、諸地獄の中で最も苦しい場所で、五逆罪や謗法罪を犯した者が堕ちる所とされる。ここに生じた者は激しい苦を受けて絶えず叫びわめくから阿鼻叫喚《きょうかん》地獄ともいい、その境界は広く容易に脱出できないので阿鼻大城ともいう。

むしょう　無性　無仏性の略で、仏性のない者のこと。法相宗で説く五性の一つで、無性有性、無性種性ともいい、絶対に仏となることのできない者のことをいう。しかし、法華経・涅槃経では無性の一闡提も成仏の可能性があると説く。日蓮聖人も本仏の大慈悲による無性の闡提の成仏を強調する。

むりょうぎきょう　無量義経　一巻。南斉の曇摩《どんま》伽《か》陀《だ》耶《や》舎《しゃ》訳（四八一年）。徳行品・説法品・十功徳品の三品から成る。法華経の序論に相当する内容から、法華経の開経とされ、観普賢経とともに法華三部経をなす。説法品の「四十余年未顕真実」の文は、法華経とそれ以前の諸経との勝劣を判定するもので、日蓮聖人もこの文をもって法華経以前の諸経を方便の経、法華経を真実の経と判定する文証としている。

むりょうじゅきょう　無量寿経　二巻。康僧鎧《こうそうがい》訳。大無量寿経・双巻経・大経ともいい、浄土三部経の一つ。法蔵菩薩が四十八願を成就して阿弥陀仏となったこと、極楽世界の荘厳な相、浄土へ往生する三種のあり方などを説く。第十八願は称名念仏による浄土往生を保証したものとして重視される。日蓮聖人は、天台智顗の五時教判にもとづき、第三方等部の方便権経とし、阿弥陀仏を娑婆無縁の無力な仏であると批判する。

もくれん　目連　仏の十大弟子の一人で、神通第一といわれる。舎利弗とともに仏弟子となり、のち神通力を得て阿羅漢となった。法華経授記品で未来成仏の保証を受ける。釈尊在世中に外道に殺害された。日蓮聖人は、目連の受難を仏在世の受難の例としてあげ、滅後の法華経弘通に伴う受難と対比し、滅後弘経の困難を説く。また目連が餓鬼道に堕ちた亡母を救うため、仏の教えに従って盂蘭盆供養をした故事を述べている。

もんぐ　文句　法華文句のこと。十巻。天台智顗が法華経の文々句々について講義したものを弟子の章安灌頂が筆録した書。一経二十八品を分段して一経三段・二経六段の科文を立て、因縁・約教・本迹・観心の四種の解釈を加える。日蓮聖人は文句の経文解釈を継承しながら、色読《しきどく》という宗教体験をふまえて独自の法華経観を説く。また二経六段の科文を承けて、天台の法華経弘通を迹面本裏、みずからのそれを本面迹裏と規定した。

もんじゅしりぼさつ　文殊師利菩薩　梵語マンジュシリーの音写で、妙吉祥・妙徳と訳す。釈尊の左の脇士《きょうじ》として智・慧・証の徳をつかさどる。智恵の威力を象徴して獅子に乗っている。法華経序品では釈尊の法華説法を予告し、提婆品では竜女の成仏を明かす。日蓮聖人は、大曼荼羅本尊の中に迹門の菩薩の代表として列ねている。

もんしょう　文証　三証の一つ。経文に証拠を求めること。教えの真実や優劣を判定するとき、文証・理証・現証の三証がすべてそろうことによって真理であることが証明される。日蓮聖人は三証具足を自らの仏法受容と諸宗批判の基準とした。

や　行

やくおうぼさつ　薬王菩薩　法華経に説く二十五菩薩の一。薬王品に、一切衆生喜見菩薩として仏道を精進し、みずから身を燃やして仏に供養し、その功徳によって再び日月浄名徳仏の国に生まれ変わり、仏の滅後に自分の臂を燃やして供養したと説かれる。さらに法師品では対告衆《たいごうしゅ》となり、勧持品では仏滅後の弘経を誓い、陀羅尼品では法華経の行者守護を誓っている。日蓮聖人は、薬王菩薩の捨身供養を正法護持の典型とする。また迹門の菩薩である薬王とその化身としての天台智顗の法華経弘通を、本化の菩薩出現の先駆けをなすものと位置づけ、本化上行菩薩の応現として末法に法華経を弘める自覚を表明している。

やくしきょう　薬師経　東方浄瑠璃世界の教主薬師仏の十二の大願について述べ、薬師の名号を受持し、その仏を供養する者についての功徳を説く。漢訳に四種あるが、日蓮聖人が引用するのは玄奘訳の薬師本願功徳経一巻である。聖人は末法の災難興起の原因を究明する時、金光明経などと並べて引用し、七難の名をあげる典拠とする。

やどやにゅうどう　宿屋入道　生没年不明。宿谷・屋戸野とも表記。法名を最信といい、宿屋左衛門入道とも呼ばれる。北条時頼と時宗に仕え、立正安国論上奏の取次ぎをし、文永五年（一二六八）蒙古国書到来の際にも時宗への取次ぎを依頼されている。はじめ極楽寺良観から念仏と律を受けたが、文永八年の竜ロ法難に際し、日朗ら五人を自邸の土牢に入れたが、この時に改宗し法華信仰に入ったという。

ようかん　永観　一〇三二―一一一一。「えいかん」ともいう。平安時代末期の三論宗の僧。十一歳にして出家し三論宗を学び、華厳・法相など諸宗を兼修した。早くから念仏の行をはじめ、称名念仏を行なって浄土教の流布につとめた。往生拾因《じゅういん》・往生講式などを著わした。日蓮聖人は、永観を源信・法然とともに浄土教展開史上の重要人物と見なして厳しく批判した。

ら　行

らじゅうさんぞう　羅什三蔵　↓くまらじゅう　鳩摩羅什

りじんげみ　理深解微　法然が選択集の中で道綽《どうしゃく》の安楽集を引用して、法華・真言などの聖道門の教えを批判した語。法華経・涅槃経などは理論が深いために、末世の人間の劣った智恵では理解できることは少なく、修行にたえられず成仏できないという。

りっしゅう　律宗　南都六宗の一。戒律を修行する宗派。四分律および三聚浄戒を受持することを成仏の因とする。日本へは天平勝宝六年（七五四）鑑真《がんじん》が伝えた。日蓮聖人は、律宗を小乗三宗の一とし、「律国賊」と批判した。とくに聖人と同時代の叡尊や忍性の持戒主義の強調に対し、末法における小乗戒の無益を説き、法華経の受持こそが持戒であると主張した。

りゃくこうしゅぎょう　歴劫修行　劫はきわめて長い時間、無限の時間をいい、菩薩が仏に成るために限りなく長い時間をかけて種々の修行をすること。日蓮聖人は、法華経以前の諸大乗経は歴劫修行の成仏で、法華経のみが即身成仏の経であると強調した。

りゅうにょ　竜女　法華経提婆品に登場する娑竭羅竜王《しゃからりゅうおう》の八歳の娘。古来より女人は梵王・帝釈天・魔王・転輪聖王・仏の五種にはなれない（五障）とされてきたが、法華経では竜女が悟りを求める心を起こしてすみやかに成仏したことを説く。日蓮聖人は、この竜女の成仏をすべての女人の成仏への道を開いたものといって、悪人成仏とともに仏の大慈悲による救いがすべての人びとに及んでいることを強調する。

りょうぎきょう　了義経　涅槃経に出る語で、仏法の真実の教理を直接に完全明白に述べ尽くしている経のこと。これに対して方便の教えを説いているのが不了義経。日蓮聖人は一切経の中で法華経だけが本当の了義経であるとする。

りょうじゅせん　霊鷲山　インドのマガダ国の首都王舎城の東北にある山で、耆闍崛山《ぎしゃくつせん》と訳され、単に霊山《りょうぜん》ともいう。釈尊はこの山で八年間にわたり法華経を説いたとされる。日蓮聖人はこの山を最も尊い浄土として崇めている。晩年にはこの山と身延山とを法華経信仰によって結びつけ、両山を法華信仰の根本となる霊山とみている。

りょうぼうくじゅう　令法久住　法華経宝塔品の文。「法をして久しく住せしめん」と読む。釈尊が仏滅後における法華経の流通を勧められた語。日蓮聖人は、この文を仏が末法に法華経を弘通することを命じた文（仏勅）と受けとめ、数々の法難に耐えて末法の人びとに法華経の信仰を勧めた。

りんじゅうしょうねん　臨終正念　死に臨んで迷いの心を起こさず、心を正し安らかに成仏を信じ疑わないこと。浄土教では臨終の行儀を重視し、弥陀の来迎を期すべきことを説く。日蓮聖人は、若き日に念仏者の臨終悪相を目撃した体験から念仏を否定し、妙法五字の題目受持によって臨終正念を得ることができると説く。

るつう　流通　→じょしょうるつう　序正流通

ろくつう　六通　六神通《じんずう》のこと。仏や菩薩などがもつ六種の不思議な能力をいう。天眼《てんげん》通（あらゆるものを見通す）。天耳《てんに》通（あらゆる音を聴く）。他心通（他人の考えがわかる）。宿命《しゅくみょう》通（過去世の生涯がわかる）。神足通（自由自在な飛行・変身）。漏尽《ろじん》通（すべての煩悩を断じ尽くす）。この中、漏尽通を除く他を五通（神通）という。

ろんじ　論師　経に精通した人、また論を作って仏法を広める人のこと。日蓮聖人は論師の語でインドの仏教者をさす。

解題

守護国家論（しゅごこっかろん）

正元元年（一二五九）著述、三十八歳。真蹟身延山久遠寺曾存。

日蓮聖人が本書を述作した目的は、法然浄土教を徹底的に批判し、末法の時代における衆生救済と国土の安穏は法華経の教えに限られることを明かすためであった。そのため七科十六門の科段を立てて、法然の選択集が正法を破壊し、衆生を悪道に導き入れ、国土に災害をもたらす悪書であると指摘し弾劾する。聖人みずから序文を記し、章節を分けた遺文は本書だけである。

第一に仏の教えに権実二教があり、法華経以外の諸経はすべて方便権教であり、法華経のみが唯一真実の教法であるとする。第二に仏滅後の正像末三時に仏法の興廃があり、とくに末法に最も相応した教えは法華経であることを明示する。第三に選択集が釈尊の正法である法華経を誹謗する邪悪の書であることを、具体的に同書の文を引用して指摘する。第四にこのような謗法者を絶滅しなければならないことを金光明経・仁王経・大集経・涅槃経などの文をあげて強調し、謗法絶滅の任に当たるべき者として国主をあてている。第五に人間として生をうけながら、末代においては真実の法と良き指導者に出会うことが困難であると述べ、第六に法華経信仰者は題目を唱えることにより三悪道に堕ちることを脱れることができ、さらにこの日本国は法華経と深い因縁を有する大乗の国であり、法華経信仰者の住するこの娑婆世界こそが浄土であると示される。第七に法華経信仰者に対する諸宗の論難とそれへの対処の仕方が述べられている。本書は、立てるべき正法を法華・真言といい、唱題の功徳を三悪道に堕せずと説くにとどまるなど、教理上未完成の面はあるが、聖人初期の教学を代表する重要な遺文である。

災難興起由来（さいなんこうきゆらい）

正元二年（一二六〇）二月上旬の作。三十九歳。真蹟十紙断（前半部分を欠く）、中山法華経寺蔵。重要文化財。

続発する災難の原因は謗法の存在することによると諸経を引いて論証し、災難を止めるためには謗法を根絶し、正法を立てなければならないと論ずる。立正安国論を鎌倉幕府の最高権力者である北条時頼に献上する五か月前の著作で、その論旨が立正安国論と共通するところから、立正安国論を著述する際の習作と考えられている。

災難対治鈔（さいなんたいじしょう）

正元二年（一二六〇）著作。三十九歳。真蹟十五紙、中山法華経寺蔵。重要文化財。

冒頭に「国土に起る大地震・非時の大風……勘文」と題しているように、建長から正嘉・正元にかけて、鎌倉を中心に全国各地に地震・飢饉・疫病などの天災地変が続出したが、本書はその解決策を一切経に探った聖人の結論を提示した一書である。聖人は、この災難は念仏・禅などの邪法が流行し、正法の流布が止められたために、日本を守護すべき善神や仏法を守護する諸天がその力を失い、この国を捨て去ったことによるのであるから、ただちに邪法、とくに法然浄土教を禁止すべきであると主張するのである。ゆえに本書は守護国家論、災難興起由来と一連の遺文であり、立正安国論へと展開していくのである。本書に引用されている災難の原因を説く諸経の文は、安国論と同じである。

立正安国論（りっしょうあんこくろん）

文応元年（一二六〇）七月十六日。三十九歳。真蹟三十六紙（ただし第二十四紙欠）、中山法華経寺蔵。国宝。『広本』は、建治・弘安の頃（一二七八）、五十七歳。真蹟二十四紙、京都本圀寺蔵。

本書撰述の理由は、正嘉元年（一二五七）から文応元年にかけて連続して発生した天変地夭などの災害にあった。聖人はこの災害を根絶すべく、一切経にその原因と対策を探り、そこで得た結論を守護国家論・災難対治鈔などに発表し、それを集約的にまとめたのが安国論である。聖人は本書を宿屋入道を通じて鎌倉幕府の実力者である前執権最明寺入道北条時頼に上奏したのであり、本書はいわば私的な勘文である。

本書は十段から成り、仏法中心の立場に立つ主人と王法中心の立場に立つ客との問答体で構成されている。第一段は災難の由来について、連続する天変地夭は日本国の人々が正法に背き悪法に帰したため、国を守る善神は国を捨て、聖人は所を辞して還らず、それゆえに魔や鬼が来たって災難が起こることを明らかにする。第二段はその証拠として金光明経・大集経・仁王経・薬師経の四経の文をあげる。第三段では現在の日本は仏法隆盛のように見えるけれども、実はその中に破仏法の因縁を作る者、謗法者があるという。第四段・第五段ではその謗法者とは浄土宗の法然であると、選択集の文を引いてその謗法を指摘し、先例をあげて災難は法然の念仏に起因すると断定する。第六段は上奏の先例をあげて謗法の禁止を訴える。第七段は攘災の方法について謗法の禁断を提言する。第八段は謗法禁断の方法について、謗法者への布施を止めればよいと具体的に提示する。第九段は七難のうち、自界叛逆難と他国侵逼難が残っており、すみやかに謗法の施を止めて正法に帰依しなければ、これらの二難が起こるであろうと予言し、「汝早く信仰の寸心を改めて速やかに実乗の一善に帰せよ」と謗法対治を催促する。この六十四字（漢文）の文に本論の表題「立正安国」の意義と聖人の宗教の基本的理念が示されている。第十段は主人の訓誡によって仏法の大道を知った客が、自ら謗法を禁断するだけでなく、他の誤りをも誡めようと領解を述べて終わる。

本書の主張の中心は、正しい仏法が行なわれることによって、この地上に仏国土が顕現されるということにある。この立正安国思想は聖人の教学信仰の中核をなすものであり、生涯を通じて主張されたものである。聖人はその生涯において数度にわたり本書を書写しており、建治・弘安のころには真言宗破折に関する要文を加え、空海・円仁・円珍などを名ざしで批判した文を添えた『広本』が清書されている。

安国論副状（あんこくろんそえじょう）

文永五年（一二六八）の書状。四十七歳。宛所は後半部分を欠くため不明であるが、北条時宗と推定されている。真蹟身延山久遠寺曾存。

文永五年正月十八日、蒙古国王フビライの国書を持った使者が日本を訪れた。日蓮聖人は九年前に北条時頼に上奏した立正安国論に予言したことが正しかったことを鎌倉幕府の為政者に認識させるため、立正安国論を書写し、本書状を副えて北条時宗に進献したのである。内容は立正安国論の趣旨を採用するように進言している。

安国論御勘由来（あんこくろんごかんゆらい）

文永五年（一二六八）四月五日執筆。四十七歳。宛所は法鑑房。真蹟五紙、中山法華経寺蔵。重要文化財。

文永五年正月、蒙古より国書が届いた。これは日蓮聖人が九年前の文応元年（一二六〇）に立正安国論に予言したことが現実化したのである。聖人は改めて諫暁運動を起こすべく、この書状をしたため、法鑑房に送り、危機的状況を認識せしめ、安国論の趣旨を理解せしめようとしたのである。まず安国論述作の理由と上奏の経過を述べ、次に安国論の概要を示す。そして文永元年の大彗星と蒙古の国書到来をあげて予言の的中を説き、国難対治のため当時の諸宗謗法の高僧に祈らせるならば、日本は亡国となることは疑いなく、真に対治することのできるのは「日蓮但一人なり」と断定して結んでいる。

宿屋入道再御状（やどやにゅうどうさいごじょう）

文永五年（一二六八）九月頃の書状。四十七歳。宛所は後半部分を欠くため不明であるが、宿屋入道最信と推定される。真蹟一紙十一行断簡、京都本圀寺蔵。

内容は、前に送った書状に対する返答が届かないため、その返事を要求したもの。本書状は文永五年の蒙古国書が届けられた頃の日蓮聖人の動向を明らかにするものである。

本書状によってもなお返答を得られなかったため、聖人は政界・仏教界の要人十一名に書状を送り、警告を発し、公場での対決を求めたのである。これが十一通御書である。

安国論奥書（あんこくろんおくがき）

文永六年（一二六九）十二月八日。四十八歳。真蹟、中山法華経寺蔵。

文永五年正月と文永六年九月とに蒙古から国書が届けられ、日蓮聖人が立正安国論に予言警告したことが、まさに実現しようとしていた。そこで聖人が同年十二月八日、安国論の末尾に書き加えたのが本書である。内容は、安国論執筆の動機が正嘉元年（一二五七）の大地震にあることを明記し、文応元年（一二六〇）宿谷入道を通じて北条時頼に上奏したことを述べる。そして安国論の予言が的中したことにより、法華経の広宣流布も疑いないと、「此の書は徴ある文なり」と述べている。

故最明寺入道見参御書（こさいみょうじにゅうどうけんざんごしょ）

文永六年（一二六九）の書状。四十八歳。真蹟一紙五行断簡、石川県滝谷妙成寺蔵。

本書状は前後を欠いているが、日蓮聖人が立正安国論を上奏する前に北条時頼と会見し、念仏と禅の教えが誤っていることを進言し、その後に立正安国論を上奏したことが記されている。聖人が時頼と直接対面し諫言したことを記す聖人の伝記資料として貴重な断簡である。

金吾殿御返事（きんごどのごへんじ）

文永七年（一二七〇）十一月二十八日の書状。四十九歳。宛所は大田乗明（富木常忍とする説もある）。真蹟四紙（ただし末尾と端書を欠く）、中山法華経寺蔵。重要文化財。

大師講に際し大田氏が供養を捧げたことに対するお礼の書状。まず、今年の大師講が盛況であったことを述べ、次に蒙古の国書が届いたことにより国内が動揺している状況を記し、立正安国論の予言警告が事実となったため、さらに政界・仏教界の要人に書状を送り公場対決を要求したことを明かし、流罪・死罪は必至であろうと日蓮聖人の法華経の行者としての強い自覚が表明されている。文永五年、六年の二度の蒙古国書の到来によって、蒙古来襲近しとの危機感から、一日も早く謗法を根絶しようとする死身弘法の決意が述べられている。

安国論送状（あんこくろんそうじょう）

文永九年（一二七二）五月二十六日の書状。五十一歳。宛所は不明。執筆地は佐渡。真蹟一紙、中山法華経寺蔵。

内容は立正安国論を書写して佐渡まで送り届けてくれるように依頼したもの。本書状から日蓮聖人は佐渡配流の際に立正安国論を持っていく余裕がなかったことが知られる。なお、書状の内容からみると「安国論送状」という題名は適当ではない。

夢想御書（むそうごしょ）

文永九年（一二七二）十月二十四日執筆。五十一歳。真蹟一行、三島市玉沢妙法華寺蔵。

弟子の日興上人が書写した立正安国論の紙背に、涅槃経・法華文句記・止観弘決などの要文とともに註記されている。内容は、文永十年正月九日に蒙古軍対治のために、相模国から大小の軍勢が向かうであろうとの十月二十四日の夢想を書き記したもの。この記述は、日蓮聖人が立正安国論に予言警告した他国侵逼難、すなわち蒙古の来襲がさし迫っていることとを示している。また聖人が予言者的霊感を有することを示すものでもある。

合戦在眼前御書（かっせんざいげんぜんごしょ）

文永十一年（一二七四）十一月頃の執筆。五十三歳。真蹟一紙三行断簡、三島市本覚寺蔵。

内容は、文永十一年十月の蒙古襲来、いわゆる「文永の役」に関するもので、来襲当時の生々しい衝撃を簡潔な文章で記している。なお曾谷入道殿許御書（本全集第三巻所収、〔一七〇〕、定九〇八頁）の草案とみる説もある。

顕立正意抄（けんりつしょうぃしょう）

文永十一年（一二七四）十二月十五日著述。五十三歳。宛所は門下一同。真蹟は現存しないが、日春（—一三〇三—）の写本が沼津市光長寺に現存する。題号は立正安国論の意を顕わすという意味。

内容は、立正安国論に予言警告した自界叛逆難と他国侵逼難の二難が少しも違わず的中し、文永九年二月には国内に謀反が起こり、文永十一年十月には蒙古が攻め寄せてきたのに、日本国中はまだ目ざめずにいる。今までの予言の的中から推量して、未来は必ず日本国のすべての人びとは、法華経不信の謗法罪によって、無間地獄に堕ちることは疑う余地はない、と重ねて警告している。そして、聖人の弟子・信者の中でも信心の弱い者は、また同じように無間地獄に堕ちるであろうと誡めて、門下一同に不惜身命の信仰を貫くように勧めたものである。

神国王御書（しんこくおうごしょ）

文永十二年（一二七五）二月著述。五十四歳。真蹟四十四紙（但し第二十二紙末と後尾を欠く）京都妙顕寺蔵。重要文化財。

本書は、まず日本の国土と国主について述べることに始まる。仏教諸宗の日本伝来について叙述し、やがて伝教大師最澄が現われて法華経中心の仏教を比叡山に立てたが、円仁・円珍によって真言化されてしまったと批判する。
また承久の変に執権北条義時は朝廷を討ち滅ぼし、後鳥羽・土御門・順徳の三上皇は流罪されたが、これは真言密教の祈禱による敗北であると指摘する。こうした仏法の邪正と国家の盛衰との関係に疑問を抱いたことが出家発心の動機であったと述べる。そして謗法の流行が国土の乱れと衰えの原因であると指摘する。さらに日蓮聖人が諸宗の誤りを正そうと折伏し、釈尊の真精神である法華経を弘通することによって生じた迫害受難の様相を述べ、法難を乗り越えた聖人こそ真の法華経の行者であることを示し、法華経の行者を守護すべき諸天善神の加護をうながし諫暁している。本書は聖人自ら出家発心の動機を述べ、また聖人独自の歴史観、国家観、神祇観などが見られる重要な遺文である。

撰時抄（せんじしょう）

建治元年（一二七五）六月著述。五十四歳。真蹟一一〇紙のうち一〇七紙を三島市玉沢妙法華寺蔵、一紙数行が京都立本寺ほか三か寺に現存。重要文化財。

文永十一年（一二七四）十月に蒙古が来襲し、日蓮聖人が立正安国論において予言警告した他国侵逼難が眼前の事実となった。本書は、こうした亡国の危機的状況のもとにあって、日本国の救済は法華経によってのみ可能であり、聖人こそが釈尊から委ねられた閻浮統一の使命をになって衆生を救済する法華経の行者であり、末法の導師であることを明かすのである。本書は冒頭に「時」の問題が論じられる。法華経の流布は時により規定されると、聖人は仏滅後三国三時の仏法流布の歴史を述べ、末法こそが法華経流布の必然の時であることを明らかにする。そして聖人は自ら法華経弘通の仏使として、法華経の流布を妨げ、人心を惑わす謗法の教えを批判する。本書では浄土・禅・真言の三宗に批判を加え、とりわけ真言宗をとくに厳しく弾劾している。そして空海・円仁・円珍・安然・源信・法然などの人師を師子身中の虫と批判する。日本国の亡国の危機を救うのは妙法蓮華経の大白法以外にないとの確信と仏使としての自覚から、不惜身命の弘通に身命を捧げてきた聖人は、門下一同にも不惜身命の弘通に生きるよう勧めている。

強仁状御返事（ごうにんじょうごへんじ）

建治元年（一二七五）十二月二十六日付の書状。五十四歳。宛所は強仁。真蹟八紙、京都妙顕寺蔵。重要文化財。

強仁は駿河の富士に住する真言宗の僧で、同年十月、日蓮聖人の諸宗折伏を聞いた強仁が難状を送り届け、法論を求めてきた。本書状はそれに対する回答で、聖人は田舎での私的な法論は無益であり、また喧嘩出来の基でもあるから、すみやかに朝廷・幕府に奏問して公場で対決すべきことを提議する。そして、法華経の正法を失い、日本を大謗法の国とし、滅亡の危機におとしいれた空海・円仁の東・台両密の邪義を厳しく破折したものである。

諫暁八幡抄（かんぎょうはちまんしょう）

弘安三年（一二八〇）十二月著述。五十九歳。真蹟四十七紙のうち第十六―四十七紙、富士大石寺蔵。重要文化財。

弘安三年十一月の鎌倉鶴ヶ岡八幡宮の焼失を契機として述作された。この焼失は、日本国を救おうとしている法華経の行者である日蓮聖人を、八幡の氏子である北条氏が迫害するのを処罰しないから、日月・四天に責められたのであろうか、あるいはまた八幡大菩薩は教主釈尊の垂迹であるから、この謗法の国を見捨てて、宝殿を焼き払って天上へ上られたためであろうかと指摘する。しかし八幡は天に上るといっても、正直の法華経の行者があるならば、その頭に住むであろうといって、八幡大菩薩に法華経の行者守護を諫暁したものである。最後に末法の日本に聖人によって開顕された仏法が、仏教の発祥地インドへ帰るべきことを述べて終わる。本書もまた聖人独自の神祇観、国主観が示され、また仏と同じく一切衆生の苦を代わって受けようという代受苦者の自覚が見られる点でも重要な遺文である。

参考文献

法華経・法華経註釈

鳩摩羅什訳『妙法蓮華経』、大正大蔵経第九巻、大正新脩大蔵経刊行会、大正一一年。

法華経普及会編『真訓両読妙法蓮華経並開結』、平楽寺書店、大正一三年。

坂本幸男・岩本裕訳注『法華経』全三巻、岩波文庫、岩波書店、昭和四二年。

田村芳朗著『法華経』、中公新書、中央公論社、昭和四四年。

望月歓厚著『法華経講話』、平楽寺書店、昭和五一年。

茂田井教亨著『法華経入門』、大蔵出版、昭和五一年。

山川智応著『法華思想史上の日蓮聖人』、浄妙全集刊行会、昭和五三年。

塩田義遜著『法華教学史の研究』、地方書院、昭和三五年。

遺文・遺文注釈書

立正大学日蓮教学研究所編『昭和定本日蓮聖人遺文』増補版全四巻、身延山久遠寺、昭和六三年。

法蔵館編『日蓮聖人真蹟集成』全一〇巻、法蔵館、昭和五一年。

立正安国会編『日蓮大聖人御真蹟対照録』全三巻、立正安国会、昭和四二年。

加藤文雅編『日蓮聖人御遺文』、山喜房仏書林、昭和四二年。

山川智応・長滝智大共編『類纂高祖遺文録』、獅子王文庫、大正四年。

浅井要麟編『昭和新修日蓮聖人遺文全集』全三巻、平楽寺書店、昭和三五年。

山中喜八編著『定本注法華経』、法蔵館、昭和五五年。

弘経寺日健著『御書鈔』、本山本満寺、昭和五一年。

円智日性著『御書註』、本山本満寺、昭和五二年。

安国日講著『録内啓蒙』、本山本満寺、昭和五〇年。

禅智日好著『録内扶老』、本山本満寺、昭和五二年。

禅智日好他著『録内拾遺』他、本山本満寺、昭和五一年。

観寿日耀・禅智日好著『録外考文並徴考』、本山本満寺、昭和五〇年。

望月歓厚他著『日蓮聖人御遺文講義』全十九巻、日本仏書刊行会、昭和三二年。

清水竜山他著『日蓮聖人遺文全集講義』全二八巻三二冊、ピタカ、昭和五二年。

望月歓厚他著『原文対照口語訳日蓮聖人全集』全七巻、隆文館、大正一〇年。

小林一郎著『日蓮上人遺文大講座』全十二巻、日新出版、昭和四一年。

新間進一・兜木正亨校注『親鸞集・日蓮集』、日本古典文学大系第八二巻、岩波書店、昭和三九年。

戸頃重基・高木豊編『日蓮』、日本思想大系第一四巻、岩波書店、昭和五一年。

清水竜山著『立正安国論講義』、名著出版、昭和五一年。

田辺善知著『立正安国論通釈』、平楽寺書店、大正一五年。

田村完誓訳『立正安国論』、徳間書店、昭和四八年。

田村芳朗編『日蓮集』、日本の思想4、筑摩書房、昭和四四年。

渡辺宝陽・小松邦彰著『日蓮』、日本の仏典9、筑摩書房、昭和六三年。

山川智応著『撰時抄講話』、浄妙全集刊行会、昭和三七年。

山川智応著『撰時抄の研究』、松楓居、昭和三五年。

山川智応著『開目抄講話』、増補版、平楽寺書店、昭和二八年。

山川智応著『観心本尊抄講話』、浄妙全集刊行会、昭和四四年。

茂田井教亨著『開目抄講讃』、山喜房仏書林、昭和五二年。

茂田井教亨著『本尊抄講讃』、山喜房仏書林、昭和五八年。

茂田井教亨著『報恩抄講讃』、佼成出版社、平成元年。

茂田井教亨著『日蓮の行法観』、佼成出版社、昭和五六年。

茂田井教亨著『日蓮の人間観』、佼成出版社、昭和五九年。

茂田井教亨著『日蓮の信心観』、佼成出版社、昭和六一年。
浅井円道著『観心本尊抄』、仏典講座三八、大蔵出版、昭和五七年。
鈴木一成著『日蓮聖人遺文の文献学的研究』、山喜房仏書林、昭和四〇年。
冠賢一著『近世日蓮宗出版史研究』、平楽寺書店、昭和五八年。

祖伝・教義書

宮崎英修・田村芳朗編『講座日蓮』全五巻、春秋社、昭和四七年。
姉崎正治著『法華経の行者日蓮』、講談社学術文庫、講談社、昭和五六年。
大野達之助著『日蓮』、吉川弘文館、昭和三三年。
鈴木一成著『日蓮聖人正伝』、平楽寺書店、昭和三九年。
高木豊著『日蓮とその門弟』、弘文堂、昭和四〇年。
高木豊著『日蓮―その行動と思想』、評論社、昭和四五年。
田村芳朗著『予言者の仏教』、筑摩書房、昭和四二年。
田村芳朗著『日蓮―殉教の如来使』、日本放送出版協会、昭和五〇年。
久保田正文著『日蓮―その生涯と思想』、講談社現代新書、講談社、昭和四二年。
宮崎英修著『日蓮とその弟子』、毎日新聞社、昭和四六年。
川添昭二著『日蓮―その思想行動と蒙古襲来』、清水書院、昭和四六年。
戸頃重基著『日蓮という人―その虚像と実像』、至誠堂、昭和四一年。
今成元昭著『日蓮のこころ』、有斐閣、昭和五七年。
今成元昭著『挫折をこえて・日蓮』、講談社、平成元年。
中村錬敬著『日蓮聖人と諸人供養』、平楽寺書店、昭和四七年。
佐々木馨著『日蓮と立正安国論』、評論社、昭和五四年。
茂田井教亨著『日蓮―その人と心』、春秋社、昭和五九年。

立正大学日蓮教学研究所編『日蓮宗読本』、平楽寺書店、昭和三六年。
日蓮宗勧学院監修『宗義大綱読本』、日蓮宗新聞社、平成元年。
望月歓厚著『日蓮教学の研究』、平楽寺書店、昭和三六年。
茂田井教亨著『観心本尊抄研究序説』、山喜房仏書林、昭和三九年。
茂田井教亨著『日蓮教学の根本問題』、平楽寺書店、昭和五六年。
茂田井教亨著『日蓮の法華経観』、佼成出版社、昭和五五年。
浅井要麟著『日蓮聖人教学の研究』、平楽寺書店、昭和四八年。
宮崎英修・茂田井教亨編『日蓮聖人研究』、平楽寺書店、昭和四七年。
茂田井先生古稀記念会編『日蓮教学の諸問題』、平楽寺書店、昭和四九年。
宮崎先生古稀記念会編『日蓮教団の諸問題』、平楽寺書店、昭和五八年。
田村芳朗著『鎌倉新仏教思想の研究』、平楽寺書店、昭和四〇年。
戸頃重基著『日蓮の思想と鎌倉仏教』、富山房、昭和四〇年。
戸頃重基著『日蓮教学の思想史的研究』、富山房、昭和五一年。
室住一妙著『純粋宗学を求めて』、山喜房仏書林、昭和六二年。
上田本昌著『日蓮聖人における法華仏教の展開』、平楽寺書店、昭和五七年。
上田本昌著『日蓮聖人の救済観』、国際情報社、昭和五七年。
庵谷行亨著『日蓮聖人教学研究』、山喜房仏書林、昭和五九年。
北川前肇著『日蓮教学研究』、平楽寺書店、平成元年。
望月歓厚著『日蓮宗学説史』、平楽寺書店、昭和四三年。
執行海秀著『日蓮宗教学史』、平楽寺書店、昭和三九年。
高木豊著『平安時代法華仏教史研究』、平楽寺書店、昭和四八年。
高木豊著『鎌倉仏教史研究』、岩波書店、昭和五七年。
浅井円道著『上古日本天台本門思想史』平楽寺書店、昭和四八年。
渡辺宝陽著『日蓮宗信行論の研究』、平楽寺書店、昭和五一年。

辞典・事典・年表

師子王文庫編『本化聖典大辞林』、国書刊行会、昭和四四年。
宮崎英修編『日蓮辞典』、東京堂出版、昭和五三年。
日蓮宗事典刊行会編『日蓮宗事典』、日蓮宗宗務院、昭和五六年。
河村孝照・石川教張編『日蓮聖人大事典』、国書刊行会、昭和五八年。
立正大学日蓮教学研究所編『日蓮聖人遺文辞典―歴史編』、身延山久遠寺、昭和六〇年。
冠覧一・小松邦彰編『日蓮宗小事典』、法蔵館、昭和六二年。

宇井伯寿編『仏教辞典』、大東出版社、昭和四九年。
織田得能著『織田仏教大辞典』、大蔵出版、昭和四九年。
塚本善隆編『望月仏教大辞典』、世界聖典刊行会、昭和三八年。
多屋頼俊・横超慧日・舟橋一哉編『仏教学辞典』、法蔵館、昭和三〇年。
中村元著『仏教語大辞典』、東京書籍、昭和五六年。
総合仏教大辞典編集委員会編『総合仏教大辞典』、法蔵館、昭和六二年。
古田紹欽・金岡秀友編『仏教大事典』、小学館、昭和六三年。
中村元他編『岩波仏教辞典』、岩波書店、平成元年。

新村出編『広辞苑』、岩波書店、昭和三〇年。
日本大辞典刊行会編『日本国語大辞典』、小学館、昭和四七年。
久松潜一監修『新潮国語辞典』、新潮社、昭和四〇年。
松村明編『大辞林』、三省堂、昭和六三年。
鎌田正・米山寅太郎著『漢語林』、大修館書店、昭和六二年。
諸橋轍次他著『広漢和辞典』、大修館書店、昭和五六年。

日本歴史大辞典編集委員会編『日本歴史大辞典』、河出書房、昭和四三年。
影山堯雄編『新編日蓮宗年表』、日蓮宗新聞社、平成元年。
歴史学研究会編『日本史年表』、岩波書店、昭和四一年。
山崎宏・笠原一男編『仏教史年表』、法蔵館、昭和五四年。

あとがき

今般『日蓮聖人全集』（全七巻）の出版されるについて、そのうちの一巻を担当するようお話しがあり、日蓮聖人遺文の研究に携わってきた者としてこの上ない光栄であり、喜んでお受けしたのである。

さて、本書（宗義1）は、日蓮聖人の教義・信仰・行動を理解するうえで、もっとも重要な遺文である『立正安国論』を中心に、これと直接関わりのある遺文十七篇を選んで編年体に配列し、原文と対照しながら現代語訳したもので、これによって『安国論』成立の前史とその主張の展開を明らかにしようとしたものである。『立正安国論』の現代語訳については、筆者はすでに別の叢書で試みているので、本書では文応本（上奏本）と建治の広本とを対校したものを底本に用いて、現代語訳をした。

かつて幕末の学匠であり、近世日蓮宗学を大成した優陀那日輝和上は「立正安国論は是れ破立の初、此鈔（撰時抄）は是れ正しく破立の終なり」（撰時鈔略要）といわれた。しかし今、本書収録の十八篇によって、日蓮聖人一代の思想と行動を「立正安国」の主張を中心としてみるとき、筆者は「守護国家論は是れ破立の初、諫暁八幡抄は是れ破立の終なり」ということができると考えるものである。

すなわち、『守護国家論』『立正安国論』の、国土と民衆の謗法を救わんとする切なる祈りと、日本から閻浮世界へと広がる視野に立つ仏国土建設の理想は、『撰時抄』を経て『諫暁八幡抄』における代受苦思想にみる導師・救済主の自覚と仏法西漸・世界広布の予言的発言と密接に連なるからである。

さらに『安国論』の持つ多くの問題点のうち、国家観、国主観、歴史観、神祇観、諫暁と折伏などについては、本書収録の諸遺文から、その特色ある思想を知ることができよう。

『安国論』を執筆し上奏するについて、聖人は綿密かつ周到な準備を経て実行されたのであり、さらにその後も再三浄書し上奏され、「立正安国」の実現を主張されたのである。まさに「立正安国」の理想の実現こそは、聖人畢生の願業であり、それは今日にいたるまでの聖人門下に課せられた課題でもあったのである。しかし七百有余年の歴史においては誤解されてきた点のあることも否定できない。本書によって、聖人の思想を正しく理解してもらいたいというのが筆者の切なる願いである。

本書の現代語訳に当たっては、先師の注釈を参照し、できる限り平易な表現を心がけたが、筆者の浅学非才と努力の足らざることにより、聖人の真意を発揮しえなかったことは、ひとえに筆者の責任である。また信解の不足から、祖意を誤り解したことの多きを深く慙愧し、読者の叱正を乞うとともに、他日の研究を期したいと思う。なお語註に採録した語句が少なく、必要な用語で漏れたものも多くあるが、それらについては参考文献に掲げた各種辞典を参照し、理解を深めていただきたい。

おわりに本書刊行までに春秋社編集部の佐藤清靖氏、浜野哲敬氏には、原稿の遅延などいろいろご迷惑をおかけしたが、ここに厚くお礼を申しあげる次第である。

合掌

平成四年七月二十五日

小松邦彰

『日蓮聖人全集』全巻一覧

〔 〕内の数字は昭和定本の遺文番号を示す

第一巻　宗義1　小松邦彰

〔一五〕守護国家論
〔二〇〕災難興起由来
〔二一〕災難対治鈔
〔二四〕立正安国論
〔四八〕安国論副状
〔四九〕安国論御勘由来
〔五一〕宿屋入道再御状
〔六九〕安国論奥書
〔七一〕故最明寺入道見参御書
〔七三〕金吾殿御返事
〔一〇八〕安国論送状
〔一一一〕夢想御書
〔一五五〕合戦在眼前御書
〔一五六〕顕立正意抄
〔一六八〕神国王御書
〔一八一〕撰時抄
〔二〇〇〕強仁状御返事
〔三九五〕諫暁八幡抄

第二巻　宗義2　渡辺宝陽・関戸堯海

〔八一〕十章鈔
〔九二〕寺泊御書
〔九六〕八宗違目鈔
〔九八〕開目抄
〔一〇一〕富木殿御返事
〔一〇六〕真言諸宗違目
〔一一八〕観心本尊抄
〔一一九〕本尊抄副状
〔一二五〕顕仏未来記
〔一二六〕富木殿御返事
〔一二七〕波木井三郎殿御返事
〔一三六〕小乗大乗分別鈔
〔一三九〕其中衆生御書
〔一四五〕法華取要抄
〔一五八〕立正観抄
〔一六五〕立正観抄送状
〔一七五〕三沢鈔
〔一七七〕始聞仏乗義
〔一九四〕富木入道殿御返事
〔三〇七〕本尊問答鈔
〔三一〇〕富木入道殿御返事
〔三六七〕諸経与法華経難易事
〔四〇三〕三大秘法稟承事

第三巻　宗義3　庵谷行亨

〔二二三〕報恩抄
〔二二四〕報恩抄送文
〔一〇〕一代聖教大意
〔二九〕教機時国鈔
〔三一〕顕謗法鈔
〔三八〕南条兵衛七郎殿御書
〔一七〇〕曾谷入道殿許御書

〔五〕 諸宗問答鈔
〔九四〕 法華浄土問答鈔
〔一五四〕 曾谷入道殿御書
〔一五九〕 大田殿許御書
〔一八三〕 三三蔵祈雨事
〔一八六〕 大学三郎殿御書
〔三六一〕 慈覚大師事
〔一七〕 爾前二乗菩薩不作仏事
〔一九〕 二乗作仏事
〔図二〇〕 一代五時鶏図

第四巻　信行　上田本昌

〔三三〕 唱法華題目鈔
〔四一〕 薬王品得意抄
〔四四〕 法華題目鈔
〔四六〕 善無畏鈔
〔一一三〕 祈禱鈔
〔一二二〕 諸法実相鈔
〔一二四〕 如説修行鈔
〔一三八〕 木絵二像開眼事
〔二一七〕 宝軽法重事
〔二三〇〕 事理供養御書
〔二四二〕 四信五品鈔
〔二四六〕 上野殿御返事
〔二五五〕 富木殿御書
〔二六二〕 崇峻天皇御書
〔二七六〕 上野殿御返事
〔二八二〕 上野殿御返事
〔二八三〕 檀越某御返事
〔二九三〕 日女御前御返事
〔三〇一〕 妙法尼御前御返事
〔三〇二〕 千日尼御前御返事
〔三一七〕 九郎太郎殿御返事
〔三二一〕 随自意御書
〔三五〇〕 上野殿御返事
〔三七〇〕 大田殿女房御返事
〔三七四〕 盂蘭盆御書
〔三八八〕 上野殿母尼御前御返事
〔四二九〕 法華証明鈔

第五巻　聖伝・弟子　冠賢一

〔三〕 不動愛染感見記
〔三二〕 論談敵対御書
〔八三〕 行敏御返事
〔八四〕 行敏訴状御会通
〔八六〕 土木殿御返事
〔一二一〕 正当此時御書
〔一四〇〕 法華行者値難事
〔一四三〕 未驚天聴御書
〔一四四〕 富木殿御書
〔一五七〕 聖人知三世事
〔一七六〕 種種御振舞御書
〔二一三〕 光日房御書
〔二三六〕 破良観等御書
〔二三九〕 現世無問御書
〔二四七〕 下山御消息
〔二四九〕 頼基陳状
〔二六八〕 庵室修復書
〔二七八〕 弘安改元事
〔二八〇〕 諸人御返事
〔三三四〕 一大事御書
〔三四三〕 聖人御難事
〔四〇四〕 大風御書
〔四一六〕 地引御書
〔四一七〕 老病御書
〔四三二〕 身延山御書
〔四三三〕 波木井殿御報
〔一三〕 武蔵殿御消息
〔一四〕 十住毘婆沙論尋出御書
〔六四〕 御輿振御書

〔六五〕 弁殿御消息
〔七〇〕 法門可被申様之事
〔八八〕 五人土篭御書
〔一〇九〕 弁殿御消息
〔一二九〕 弁殿尼御前御書
〔一四八〕 聖密房御書
〔一四九〕 別当御房御返事
〔一八四〕 浄蓮房御書
〔二〇五〕 清澄寺大衆中
〔四三六〕 覚性御房御返事
〔二一六〕 筍御書
〔二二一〕 覚性房御返事
〔二二二〕 弁殿御消息
〔二六三〕 石本日仲聖人御返事
〔二七一〕 実相寺御書
〔二八九〕 霖雨御書
〔四三七〕 越後公御房御返事
〔三四二〕 伯耆殿御書
〔四三八〕 伯耆殿並諸人御中
〔三四四〕 伯耆殿御返事
〔三四五〕 滝泉寺申状
〔三四六〕 変毒為薬御書
〔三八五〕 両人御中御書
〔三九三〕 智妙房御返事
〔四二八〕 伯耆公御房御消息

第六巻 信徒1 北川前肇・原慎定

〔二〕 富木殿御返事
〔六六〕 問注得意鈔
〔六七〕 富木殿御消息
〔一三一〕 土木殿御返事
〔一六二〕 富木殿御返事
〔一九五〕 御衣並単衣御書
〔一九八〕 尊霊御菩提御書
〔二一二〕 忘持経事
〔二三二〕 道場神守護事
〔二五一〕 鼠入鹿事
〔三五一〕 富城入道殿御返事
〔三六四〕 富城入道殿御返事
〔三八九〕 富木殿御返事
〔四一三〕 富城入道殿御返事
〔四一四〕 越州嫡男並妻尼事
〔八九〕 転重軽受法門
〔一九七〕 大田入道殿御返事
〔二〇一〕 除病御書
〔二四三〕 乗明聖人御返事
〔三三七〕 乗明上人御返事
〔一七五〕 法蓮鈔
〔四〇八〕 曾谷二郎入道殿御報
〔一七四〕 兄弟鈔
〔二四八〕 兵衛志殿御返事
〔二五四〕 兵衛志殿御返事
〔二六〇〕 兵衛志殿御書
〔二六六〕 兵衛志殿御返事
〔二九一〕 兵衛志殿御返事
〔二九六〕 兵衛志殿御返事
〔三一八〕 兵衛志殿御返事
〔三二八〕 孝子御書
〔三九六〕 大夫志殿御返事
〔四〇五〕 八幡宮造営事
〔一一二〕 四条金吾殿御返事
〔一六六〕 瑞相御書
〔一七三〕 王舎城事
〔二二〇〕 四条金吾釈迦仏供養事
〔二四五〕 四条金吾殿御返事
〔二五〇〕 四条金吾殿御返事
〔二九五〕 中務左衛門尉殿御返事
〔三一三〕 不孝御書
〔三三一〕 陰徳陽報御書
〔三四〇〕 四条金吾殿御返事
〔四二四〕 四条金吾殿御返事

〔三二二〕大学三郎御書
〔一七二〕こう入道殿御返事
〔一七八〕一谷入道御書
〔一三三〕直垂御書
〔一六七〕大善大悪御書
〔二〇四〕白米和布御書
〔二五九〕仏眼御書
〔三〇九〕十月分時料御書
〔三八七〕大豆御書
〔四二五〕内記左近入道殿御返事
〔四二七〕春の始御書
〔四四一〕かわいどの御返事
〔四四二〕おけ・ひさご御消息

第七巻　信徒2　今成元昭

〔一四七〕上野殿御返事
〔一五三〕上野殿御返事
〔一六一〕春之祝御書
〔一七七〕上野殿御返事
〔一八五〕南条殿御返事
〔二〇六〕南条殿御返事
〔二一五〕南条殿御返事
〔二五二〕上野殿御返事
〔三〇〇〕時光殿御返事
〔三一四〕上野殿御返事
〔三二五〕上野殿御返事
〔三二六〕上野郷主等御返事
〔三三八〕上野殿御返事
〔三五七〕上野殿御返事
〔三五九〕上野殿御返事
〔三七二〕上野殿御返事
〔三七七〕上野殿御返事
〔三八〇〕南条殿御返事
〔三九一〕南条殿御返事
〔三九四〕上野殿御返事
〔四〇二〕上野殿御返事
〔四〇六〕上野殿御書
〔四三九〕南条殿御返事
〔七四〕上野殿母尼御前御書
〔二九〇〕南条殿女房御返事
〔三七九〕上野殿後家尼御前御書
〔四〇〇〕上野尼御前御返事
〔四一五〕上野尼御前御返事
〔四一八〕上野殿母尼御前御返事
〔二〇七〕松野殿御消息
〔二七四〕松野殿御返事
〔二七二〕松野尼御前御返事
〔三三六〕松野殿女房御返事
〔一八七〕高橋入道殿御返事
〔一八九〕高橋殿御返事
〔二〇三〕智慧亡国御書
〔二八八〕窪尼御前御返事
〔二九七〕窪尼御前御返事
〔三三三〕窪尼御前御返事
〔三四九〕持妙尼御前御返事
〔三五六〕窪尼御前御返事
〔三六九〕窪尼御前御返事
〔四二〇〕窪尼御前御返事
〔二三八〕西山殿御返事
〔四二二〕西山殿後家尼御前御返事
〔一九一〕妙心尼御前御返事
〔一九二〕妙心尼御前御返事
〔三六五〕妙心尼御前御返事
〔三六八〕新田殿御書
〔三九九〕重須殿女房御返事
〔一四六〕富木尼御前御返事
〔一六三〕可延定業御書
〔二一一〕富木尼御前御書
〔三五二〕富城殿女房尼御前御書
〔一六〇〕四条金吾殿女房御返事
〔三二七〕日眼女釈迦仏供養事

〔三五三〕　兵衛志殿女房御返事
〔一七九〕　さじき女房御返事
〔四〇一〕　桟敷女房御返事
〔一二〇〕　妙一尼御返事
〔一八〇〕　妙一尼御前御消息
〔一〇七〕　日妙聖人御書
〔一三二〕　乙御前母御書
〔三九七〕　王日殿御返事
〔一六四〕　新尼御前御返事
〔三八二〕　大尼御前御返事
〔三八一〕　光日尼御返事
〔四〇九〕　光日上人御返事
〔四四〇〕　出雲尼御前御書
〔三七一〕　千日尼御返事
〔一八二〕　国府尼御前御書
〔二四四〕　中興政所女房御返事
〔二八四〕　是日尼御書
〔八〇〕　南部六郎殿御書
〔九九〕　女人某御返事
〔二九九〕　種種物御消息
〔三〇四〕　芋一駄御書
〔三一一〕　初穂御書
〔三一九〕　食物三徳御書
〔三二〇〕　師子王御書
〔三二三〕　衣食御書
〔三二四〕　十字御書
〔三九八〕　法衣書
〔四三〇〕　莚三枚御書
〔四三五〕　御衣布給候御返事
〔四四三〕　御所御返事

日蓮聖人全集　第一巻　宗義1

一九九二年一〇月一二日　初　版第一刷発行
二〇一一年　八　月三〇日　新装版第一刷発行
二〇二〇年　六　月二五日　新装版第二刷発行

訳　者　小松邦彰
発行者　神田　明
発行所　株式会社　春秋社
東京都千代田区外神田二-一八-六（〒一〇一-〇〇二一）
電話　〇三-三二五五-九六一一
振替　〇〇一八〇-六-二四八六一
https://www.shunjusha.co.jp/

印刷所　株式会社　平河工業社
装幀者　本田　進

ISBN978-4-393-17341-1
定価はカバー等に表示してあります

索　引

あ

い

う

え

お

か

き

く

け

こ

さ

し

す

せ

そ

た

ち

つ

て

と

な

に

ね

の

は

ひ

ふ

へ

ほ

ま

み

む

め

も

や

ゆ

よ

ら

り

る

れ

ろ